삼한三韓, 인식과 이해

삼한三韓, 인식과 이해

문창로 지음

서경문화사

서문

오래 전 박사학위논문을 바탕삼아 『삼한시대의 읍락과 사회』(신서원, 2000)를 펴낸 이후, 그동안 여기저기에 발표한 삼한 관련 주제의 글들을 추려서 『삼한, 인식과 이해』라는 제하의 논문집을 엮었다. 앞의 책이 주경야독하던 20여 년의 중등학교 교사 생활을 정리하며 펴낸 것이라면, 이 책은 그 뒤 모교에 정착하고 보낸 20여 년 '교학상장敎學相長'의 시간 중에 상당 부분을 담은 셈이다.

삼한三韓은 고조선古朝鮮과 함께 우리나라 상고사 연구에서 중요한 축을 이루는 정치체이다. 문헌상 삼한은 고조선과 삼국을 잇는 중간에 자리하며, 시간적 범주에서 삼한과 고조선은 서로 선후 관계이고 공간적으로도 남북으로 인접하여 긴밀한 관계를 맺는 것으로 전한다. 실제로 『후한서後漢書』 및 『삼국지三國志』 등에는 고조선의 준왕準王 등이 위만衛滿에 밀려 삼한지역으로 들어왔으며, 『삼국사기三國史記』 신라본기는 시조 혁거세왕의 건국에 앞서 조선 유민이 내려와 6촌을 이루었다고 전한다. 물질 문화로 보아도 고조선의 시공간 범위는 청동기시대와 초기 철기시대에 걸쳐 요령遼寧과 서북한西北韓 지역을 대상으로 논의가 진행되며, 삼한은 그 전신으로 전하는 진국辰國과 함께 초기 철기시대와 철기시대에 걸쳐서 대체로 한반도 중·남부 지역에 산재했던 것으로 추정한다. 곧 이들은 상고시대 우리 민족의 분포 구역에서 각각 북쪽과 남쪽 방면을 상징하는 대표적인 정치체였다고 할 수 있다. 이러한 중요성으로 인해 근현대뿐만 아니라 고려 후기 이후 조선시대에 이르는 전통 시대에도 삼한 문제는 고조선과 함께 늘 주목받는 연구 대상이 되었다.

이처럼 '고조선과 삼한' 양자의 연계성은 문헌 전승뿐 아니라 물질 문화에서도 포착되는데 이는 우리 상고사 주인공의 삶과 흔적을 반영하는 역사적 산물로 인식될 수 있다. 그리하여 삼한은 앞선 시기 존재했던 고조선과의 정치·경제·사회 문화적인 연계성 탐색 작업과 함께, 백제·신라·가야의 모태가 되는 정치체로서 서북한 지역 이남의 고대국가 형성 문제를 위시한 제반 역사상을 해명하는데 첩경이 되는 대상이라고 할 수 있다. 흔히 삼한은 백제·신라·가야와 서로 죽순과 대나무 관계로 이해되었으며, 후자의 정치적 성장은 전자 곧 마한·진한·변한의 해체 내지는 쇠락으로 인식하였다. 또 삼한의 존재는 소멸 이후 조선 후기 실학자들에 의해 제대로 인식되기까지 비교적 오랜 기간 한반도의 역사 주체를 총체적으로 지칭하면서도 그 의미는 역사적 실상과 무관하게 확대·변용하면서 전승되었다.

　삼한의 역사적 실체를 해명하기 위해서는 무엇보다 먼저 삼한 관련 문헌자료의 서술 맥락을 검토하면서 삼한의 역사상을 도출하는 작업이 요구된다. 이와 함께 시간의 흐름에 따른 삼한 관련 전승의 변천과 인식의 변화상을 정리할 필요가 있다. 이를 바탕으로 초기국가 발전에 따른 삼한의 변천 과정을 종적으로 추적하여 삼한 사회의 역동성을 해명해야 할 것이다. 다른 한편 삼한이 존재한 시간적·공간적 범주를 고려하여 부여·고구려·동예 등 같은 시대의 다른 사회와의 비교를 통한 접근이 필요하다. 곧 삼한 자체에 대한 접근과 분석을 넘어서 주변 동이 제족과의 상관관계 속에서 삼한의 사회상을 해명하는 구조적인 이해가 모색되어야 할 것이다. 나아가 고대국가의 성립과정에서 지배 이념 및 그 사회의 운영 원리를 역사적 측면에서 설명할 수 있는 바탕으로서 삼한 사회에서 이루어진 토착 신앙과 제의祭儀에 관한 구체적인 해명이 필요하다.

　이러한 과제를 염두에 두면서 이 책은 문헌자료에 전하는 삼한 인식과 그 변천 과정을 정리하고, 삼한의 성장에 따른 사회상의 변화 및 삼한의 역사상을 구체적으로 해명하면서 궁극적으로 삼한에 대한 이해를 심화하기 위해서 엮은 것이다. 제1편 '삼한 인식과 전승'에서는 중국 사서에 보이는 삼한 관련 자료를 검토하여 거기에 담긴 삼한 인식과 그 역사상을 살펴보았다. 이를 위해 제1장은 삼한 연구의 기본적 사료인 『삼국지』 동이전의 서술 맥락을 짚고 이를 바탕으로 삼한 인식과 역사상 도출을 위해 힘썼다. 시대적 소산으로서 『삼국지』 동이전은 편찬 당시 중국인의 동이관東夷觀과 중국 중심의 편향성에서 벗어날 수 없다. 이에 『삼국지』 한전韓傳의 서술 맥락을 확인하여 삼한 인식에 대한 방향성과 토대를 마련하고, 삼한의 형성 및 그 출발점이 되는 진국辰國과 삼한의 관계에 접근하였다. 그런 다음 문헌에 확인되는 '삼한' 인식과 실제 삼한의 역사적 실체를 구분하여 그 변천상을 정리해 보았다. 이를 통해 고조선 멸망 이후 삼한지역의 사회 변화상을 추구함으로써 초기국가의 성장 과정 및 삼한에서 삼국으로의 전환과정에 관한 일단을 유추하였다. 이어서 제2장은 삼한에 대한 이해를 심화하기 위하여 문헌자료에 전하는 소도蘇塗 인식의 형성과 전승 과정을 탐색하면서 그것이 갖는 사회적 위상과 특징을 살펴보았다. 소도 신앙과 제의에 대한 접근은 삼한을 위시한 초기국가의 종교 및 사회상을 이해하고 상고대의 토착 신앙과 제의 양상을 파악하는 첩경이 될 수 있다. 특히 '소도'로 상징되는 종교현상은 마한 혹은 삼한지역의 독특한 것으로 한정하기보다는 한국 고대의 문화 속에서 그것이 차지하는 사회적 위상과 의미를 되짚어 볼 필요가 있다. 이에 따라 당시 보편적인 사회발전 단계 속에서 삼한의 소도 신앙과 제의가 지닌 위상과 그 의미를 새겨보았다.

　제2편 '삼한사 정립과 발전적 계승'은 성호星湖 이익李瀷의 삼한사 연구와 이를 발전적으로 계승한 후석後石 천관우千寬宇의 고조선·삼한사 연구를 일별하고 각각의 사학사적 의미를 되새겼다. 제1장에서는 조선 후기 실학자들의 삼한 인식체계 정립에 밑돌 역할을 한 이익의 저술을 통해 그의 정통론과 삼한 인식에 대해 살펴보았다. 먼저 삼한이 소멸한 이후에 전개된 전근대 삼한 인식의 변천 과정에서 전통적으로 고수되던 최치원의 인식을 극복하고 삼한사 인식체계를 정립하는 과정에 초점을 두어 접근하였다. 특히 이익을 비롯한 조선 후기 실학자의 삼한 서술에는 『삼국지』 동이전보다는 『후한서』 동이열전을 우선하여 활용한 점이 주목된다. 이는 주자朱子의 정통론을 적용하는 관점에서 조위曹魏를 정통으로 삼았던 『삼국지』에 대해 비판적이었던 태도, 그리고 단대사斷代史로서 『후한서』를 해당 시기의 사료로 채택했던 점 등이 반영된 것으로 볼 수 있다. 『후한서』 한전에서 포착할 수 있는 '진국-삼한-한왕(준)-진왕'의 계통적인 인식은 조선후기 '삼한정통론三韓正統論'의 전개에 중요한 논거로 이해할 수 있다. 이를 바탕으로 우리나라의 역대 흥망을 중국에 견주어 '단군조선檀君朝鮮(요堯)→기자조선箕子朝鮮(주周 무왕武王)→마한馬韓(한漢)'으로 이어지는 이익의 정통론과 그의 독자적인 삼한 인식이 안정복安鼎福의 『동사강목東史綱目』으로 발현되

는 과정을 추구하였다. 나아가 안정복 이후 그 영향은 정약용·한치윤 등의 삼한 인식과 저술에 수렴되면서 조선후기 삼한사 인식체계가 정립되는 과정과 그 의미를 탐색하였다. 제2장에서는 후석後石 천관우千寬宇가 거둔 고조선사·삼한사 연구의 성과와 그 의미에 대해 고찰하였다. 언론인이자 역사학자로서 천관우는 이른바 '언관言官'과 '사관史官'의 역할을 강조하며, 현실 참여의식과 '비非아카데미 사학史學'을 내세운 인물이다. 그의 고대사 연구 체계는 『해동역사海東繹史』를 비롯한 조선 후기 실학자들의 연구성과를 두루 살피면서 신채호, 정인보, 안재홍 등 민족주의 역사학자들이 추구하였던 연구 경향을 발전적으로 계승한 것이라고 할 수 있다. 천관우의 고조선과 삼한 연구에서 핵심은 북삼한北三韓(고조선)이 남삼한南三韓(삼한)으로 정립되는 과정 곧 고조선에서 삼한으로 이어지는 '한韓=조선계朝鮮系'의 전개 과정을 해명하는 데에 있다고 할 수 있다. 실제로 그는 단군조선과 기자조선의 실체, 위만조선의 국가적 성격, '삼한 이동설'에 입각한 삼한의 기원 및 성립, 삼한 제국諸國의 위치 비정, 삼한-삼국의 고대국가 형성 문제 등을 고찰하였다. 이와 관련한 연구 성과를 구체적으로 검토하면서 그 의미와 한계를 헤아려 보았다. 비록 기자箕子 전승의 재해석 문제나 목지국目支國 위치 비정 및 삼한 토착사회의 실상에 대한 접근 등에서 일부 미흡한 점을 제기할 수 있지만, 그의 연구는 광복 이후 고조선 및 삼한 연구가 한 단계 도약하는 데 충실한 역할을 한 것으로 평가할 수 있다.

　　제3편 '삼한의 성장과 인식 변천'은 흔히 죽순과 대나무 관계로 비유하는 삼한-삼국의 관계 곧 '마한-백제'·'진한-신라'·'변한-가야'의 관계에 초점을 맞추어 접근하였다. 이를 위해 마한馬韓의 세력범위와 백제국伯濟國의 성장, 진한 사로국斯盧國의 성장과 낙랑樂浪, 그리고 변한弁韓과 가야加耶 관계 및 인식 변천을 중심으로 살펴보았다. 제1장은 마한의 세력범위와 백제에 대한 본격적인 이해를 위해서 문헌 자료의 '마한'에 대한 인식과 실제를 비롯하여 마한과 백제국의 성립, 백제국의 성장과 '근군제국近郡諸國'의 관계, 그리고 마한 목지국과 진왕의 정치적 위상 등의 문제를 다루었다. 마한 제소국의 하나였던 백제국의 성장은 목지국으로 상징되는 기존 마한 중심 세력의 쇠퇴와 표리관계에 있다. 곧 초기 백제의 성장과 외연의 확대로 목지국 진왕의 위상이 약화하고 그 세력범위도 점차 백제에 잠식되었던 셈이다. 따라서 백제국의 성장 및 마한 목지국 진왕辰王과의 관계를 해명하는 데에 중점을 두었다. 제2장에서는 진한 사로국의 성장과 신라와의 관계에 초점을 맞추면서 신라사의 전개 과정에서 확인되는 '낙랑' 또는 '낙랑군(국)'이라는 역사적 실체가 갖는 역사적 의미를 탐색하였다. 이를 위해 낙랑군이 설치된 이후 전개된 서북한 방면의 유이민 파

동 및 남하 과정에서 낙랑계 유민의 사로국 일대 유입에 대한 전반적인 흐름과 그 의의를 살펴보았다. 나아가 낙랑 방면의 유이민 파동을 신라 초기의 석탈해 세력 등장과의 관련성을 통해서 접근하였다. 일찍이 서기 2세기 중후반경에 한군현의 지배 아래에 있던 서북한 방면의 토착민들은 중국 후한의 세력 약화로 대거 삼한 사회에 유입되었다. 이 시기에 경주지역의 묘제는 '토광목관묘'에서 '토광목곽묘'로 이행하였고 다량의 토기와 철기가 부장되는 특징을 갖는다. 이러한 현상은 낙랑 방면의 유이민 파동과 그들이 지닌 철기문화가 본격적으로 사로국 일대에 유입되는 상황을 알려 주며, 초기 신라 사회에 끼친 파장이 적지않은 것으로 추정된다. 곧 토광목곽묘의 출현은 '야장冶匠설화'를 지닌 석씨 왕계의 등장으로 상징되는 지배 세력의 변동과 깊은 관계가 있는 것으로 이해된다. 그리하여 경주지역 토광목곽묘의 출현에 주목하여 석씨 왕계의 대두에서 엿볼 수 있는 신라 초기 지배 세력의 변동양상을 유추하였다. 낙랑계통의 새로운 유이민 세력과 철기문화는 사로국의 성장과 지배 세력 교체에 영향을 주었던 만큼, 삼국 정립 이후에 신라는 곧 낙랑이라고 지칭하는 '신라=낙랑'이라는 친연 의식이 부각하는 측면을 정리하여 신라사의 전개 과정에서 보이는 '낙랑'의 실체와 그 의미를 살펴보았다. 제3장에서는 전근대 '변한과 가야' 관계에 대한 전통적인 인식과 그 변천 과정을 정리하고 근현대 들어 변한과 가야 관련 연구가 어떻게 이어졌는지를 살펴보았다. 이를 위해 먼저 최치원 이래 전통적으로 고수했던 '변한=백제' 인식의 전승과 그것을 극복해 갔던 조선 후기 실학자들의 '변한=가야' 인식이 정립하는 과정에 접근하였다. 한백겸 이래 전개된 실학자들의 변한과 가야 연구는 그것의 연원을 비롯하여 성립 시기와 역사 전개 과정, 가야 여러 소국의 위치와 세력범위 등을 고증하여 변한에서 가야로의 계승 발전 사실을 분명히 했으며, 접근 방법과 자료 활용 면에서 이후 근대적 역사 연구의 바탕이 되었던 것으로 평가할 수 있다. 이와 함께 근대적 방법론을 빌려 추진했던 일제강점기 식민사학자들의 연구 동향을 살펴보고 그 대척점에 섰던 반反식민사학자들의 관련 연구 성과를 정리하였다. 이를 바탕으로 광복 이후 최근까지 이루어진 변한과 가야 관계 연구의 주요 연구성과를 검토하여 관련 연구의 흐름을 짚어보면서 그 특징을 도출하고, 변한과 가야 관계를 둘러싼 쟁점과 앞으로 풀어야 할 과제에 대해서 생각해 보았다.

제4편 '삼한 이웃의 정치와 사회상'에서는 부여의 관제官制와 그 계통에 대한 이해를 통해 당시 부여 정치상의 일단을 살폈으며, 또한 동예의 불내예국을 중심으로 하는 읍락의 변화와 사회상에 접근하였다. 고조선 이래 정치사회의 역사적 경험은 부여를 비롯한 삼한

등지에 직·간접적으로 영향을 주었다. 또한 한군현의 통치체제를 경험하면서 그 조직이나 관명은 부여를 비롯한 동예 및 삼한 그리고 고구려 등 삼국 초기에 원용하기도 하였다. 이러한 이해를 바탕으로 제1장에서는 삼한에 이웃한 부여의 관제 성립과 그 연원적인 속성을 살펴보면서 관명의 계통적 이해를 추구하였다. 먼저 부여의 군왕이 대두하면서 제가층을 중앙의 관제로 편제하는 과정을 살펴보고, 부여 왕의 위상과 관제의 전개 과정을 초기국가의 발전과정에 결부하여 접근하였다. 이를 바탕으로 앞선 시기의 고조선 관명으로 주목되는 '상相·장군將軍', 중국 군현의 강한 영향을 받은 동예 불내예국不耐濊國의 속리屬吏 등이 갖는 속성을 부여의 관명과 연관하여 탐색하였다. 그리하여 부여에 비해 상대적으로 자료가 풍부한 고구려 초기 관제의 실상에 접근하여 부여 관제의 계통적 이해를 도모하였다. 그리고 제2장에서는 동예 사회의 기본적인 구성단위로 주목되는 읍락의 실상과 변천, 그리고 그 사회적 성격을 밝혀서 그것이 우리나라 고대의 국가 형성과정에서 차지했던 역사적 성격을 음미해 보았다. 먼저 『삼국지』 동이전에 등장하는 읍락의 모습과 그 변천 과정을 정리하여 논지 전개의 바탕으로 삼았다. 그런 다음 동예지역에서 영동 7현 가운데 유력한 세력으로 대두했던 불내예국과 그 지배자였던 불내예후의 정치적 위상을 살펴서 동예 사회의 발전 단계를 가늠하였다. 이를 바탕으로 동예 읍락 사회의 호신 숭배 및 계층분화 양상 등에 접근하여 그 사회상의 일면을 엿보았다. 그리하여 동예 읍락의 사회상을 부여나 고구려의 그것과 비교하여, 우리나라 고대의 국가 형성과정에서 차지하는 역사적 위상을 살펴보았다.

끝으로 보론은 『삼국유사』의 '가락' 입전과 가야 인식을 살펴보았는데, 이를 통해 『삼국유사』에 보이는 가야 관련 전승의 역사적 이해와 그 접근 방향에 대해 모색하였다. 일연이 찬술한 『삼국유사』는 '정사'인 『삼국사기』를 보완하는 역할을 넘어서, 일정한 체계를 갖추고 민족의 역사와 문화를 재구성하려는 의도를 지닌 것으로 평가한다. 「기이」편은 한국 고대의 역사적 흐름을 전하며 '고조선'·'삼한'·'발해' 등 삼국 이전과 이후의 역사도 포함하여 시공간적으로 확장된 고대사 인식을 확인할 수 있다. 이와 같은 이해를 바탕으로 『삼국유사』에 보이는 가야 관련 기록을 검토하여 거기에 담긴 가야사 인식과 그 이해 방향을 추구하였다. 먼저 『삼국유사』 편찬 시에 '가야'를 주목하여 '가락국'을 입전하는 과정과 그 의미를 새겨보았다. 그런 다음 현전하는 가야 관련 기록 가운데 상대적으로 많은 내용을 전하는 '가락국기'조에 접근하여, 기왕의 연구성과를 바탕으로 가락국 곧 금관가야의 건국과 그 역사상을 찾아서 일별하였다. 나아가 『삼국유사』에 실린 가야 관련 전승을 검토하여 거기에 투영된 가야 인식과 그 변모 양상을 헤아려 봄으로써 『삼국유사』에 실린 가야 관련 기록에 대한 역사적 접근과 이해 방향을 가늠해 보았다.

예전부터 어른들께서 인생은 화살처럼 빠르게 흐른다고 하셨다. 그 말씀을 귀담아듣지 않은 필자의 우둔함은 게으름과 더해져 설익은 연구성과로 이어졌고, 막상 한 권의 책으로 엮어 보니 고치고 채울 부분이 적지 않다. 특히 삼한 연구가 마주하는 현실적인 제약으로 인해 논지 전개 과정에 비약과 자료 활용에 미진한 부분이 적지 않을 것이다. 애초에 한 권의 책자를 염두에 두고 차분히 준비한 것이 아니므로, 내용 전개에 있어서 중복을 피하기 어려운 것도 사실이다. 또 비교적 오랜 시간에 걸쳐 서로 다른 계기나 기획 등으로 발표한 글들을 한데 모아 엮었기 때문에, 글의 분량이나 체제 역시 가지런하지 못한 면이 있다. 독자 제현의 너른 양해와 거리낌 없는 질정을 바란다. 주어진 가르침은 새겨들어 앞으로 시간을 갖고 보완할 것을 다짐한다.

대학 졸업 뒤 군 복무를 마치고 교직을 천직으로 삼아 학생들과 함께 생활한 지도 40여 년이 훌쩍 넘었다. 초임 시절 '봄날 대지의 힘을 믿고 씨뿌리는 농부의 마음'으로 교직 생활을 하자는 다짐은 시간이 갈수록 퇴색하고 엷어져서, 이제 돌이켜 보니 부끄러운 마음을 감출 수 없다. 그러함에도 그 기간은 일상에서 끊일 듯 이어지며 맺었던 모든 인연에 새삼 감사한 시간이었음이 분명하다. 겁 없이 선택한 학문의 길에 저자의 더딘 공부를 인내하며 이끌어 주신 김두진 선생님께 감사드리며 다른 한편으로 기대에 미치지 못하여 송구한 마음뿐이다. 선생님께서 앞으로도 오래도록 평강하시기를 기원한다. 또 대학원 학위 심사 과정에서 큰 가르침을 주신 김정배 · 이현혜 · 정만조 · 박종기 선생님, 그리고 그간 학회 활동 과정에서 따뜻한 배려와 도움을 주신 이문기 · 노중국 · 주보돈 · 김영하 · 서영대 · 신종원 · 최광식 · 김수태 · 김태식 · 조인성 · 이영호 · 이도학 · 김창겸 · 조범환 · 윤용구 · 정재윤 · 송호정 · 전덕재 · 김창석 · 오강원 · 박대재 선생님은 물론, 미처 이름을 기억하지 못하지만 묵묵히 같은 길을 걸으며 힘이 되어 주신 여러 선생님께도 진심으로 감사드린다.

올해로 국민대학교 한국역사학과 창립 50주년이 된다. 새삼 세월의 빠른 흐름을 깨닫게 한다. 학과의 발전을 기원하며 힘든 여건 속에서도 우리 학과의 성장과 성숙을 위해 애쓰시는 동료 김재홍 · 김영미 · 문명기 교수님께 고마운 마음을 전한다. 지난 30여 년을 함께 공부하며 인연을 맺은 북악사학회 고대사분과원과 북악사학회 회원, 대학 박물관 및 교사자료위원회 활동을 함께하며 고생한 이계형 선생님과 이상현 팀장님을 비롯한 연구원들,

특히 강의 시간 내내 호기심 어린 눈망울로 함께했던 제자들에게도 감사할 뿐이다. '코로나19'라는 미증유의 팬데믹 시간을 극복하면서 학교 발전을 위해 혼신의 노력을 아끼지 않은 임홍재 총장님을 비롯한 처장단, 비상대책위에서 함께 했던 류희봉 실장님과 성신희 차장님 등 구성원분들께도 지면을 통해 감사의 마음을 전한다. 천성이 게으른 저자가 그나마 부족하고 모자란 부분을 채우고 더하며 지금까지 건강을 유지하며 공부를 이어올 수 있었던 것은 모두 이분들 덕택이다. 그간 짧지 않은 삶의 여정에서 저자가 지치고 흔들릴 때마다 마음을 다잡고 제 걸음으로 갈 수 있도록 위로와 용기를 준 아내와 가족들에게 이 자리를 빌려 특별히 감사의 마음을 전한다. 끝으로 요즘 같은 힘든 여건 속에서도 이 책의 출판을 흔쾌히 승낙하신 서경문화사 김선경 사장님, 아울러 깔끔한 편집과 꼼꼼한 교정을 위해 힘쓰신 김소라 선생님께도 다시 한번 감사드린다.

2023년 8월
북한산 자락에서 저자

목차 ———————————————————————

제1편 삼한 인식과 전승

contents

제3편 삼한의 성장과 인식 변천

제4편 삼한 이웃의 정치와 사회상

제1편

삼한 인식과 전승

제1장

『삼국지』 한전의 '삼한' 인식,

서술 맥락과 역사상

제2장

삼한 인식의 전승과 실상,

문헌 자료를 통해 본 삼한의 소도와 제의

제1편 제1장

『삼국지』 한전의 '삼한' 인식,
서술 맥락과 역사상

I. 머리말

주지하듯이 『사기史記』이래 고대 중국사서는 '술이부작述而不作'의 편찬 태도를 견지
하였기 때문에,[1] 정사正史에 대한 편사編史 작업 시에는 될 수 있는 한 기존 사료들의
원문과 원의原意에 충실을 기하고자 노력했다. 사실 전통적 사서들은 그 자체가 일차적
사료의 집성과 같은 성격을 갖게 되므로, 서술된 내용의 사료적 가치를 소홀히 취급할
수는 없을 것이다.[2] 물론 그렇다고 해서 사료 원문에 충실한 노력이 반드시 사서의 기
술과 내용에 신뢰도를 높여주는 것은 아니라고 본다.

고대 중국사서가 각각 해당 편찬 시기의 역사적 산물이므로 거기에 포함된 동이전
東夷傳에는 당시 중국인 중심의 세계관과 중화주의적 관념이 반영될 수밖에 없다. 이와
관련하여 『삼국지』 동이전은 편찬 당시에 중국인의 이민족에 대한 편견과 중국 중심

---

1) 『史記』卷130, 太史公自序, "余所謂述故事 整齊其世傳 非所謂作也". 司馬遷은 編史의 기
  본태도는 지난 일들을 서술할 때, 그 세대의 傳記를 정리하는 것이지 함부로 지어내는 것이
  아님을 강조하였다.

2) 高柄翊, 「韓·中·日의 古代史書」『아시아문화』 2, 1987, pp.68~70.

적 편향성, 그리고 부족한 정보와 불철저한 견문의 한계 등이 지적되기도 했다.[3] 『후한서』 동이전은 물론이고 『삼국지』 동이전과 『위략魏略』의 동이전 관계 기사는 해당 사서의 찬자가 제국諸國을 주관周觀하거나 사역使譯의 말을 직접 기술했다기보다는 대부분 전사前史나 전서前書에 근거한 서술로 본다.[4] 특히 동이전에서 후한말後漢末 삼국기三國期에 이르는 중국과의 관계 기사는 진수가 새로 보충한 것으로, 내용상으로나 본기本紀와 비교해 볼 때 두찬杜撰으로 평가되었다.[5]

『삼국지』 한전에 보이는 난해한 문구는 본래 진수陳壽(233~297)가 원자료를 재정리하여 축약 혹은 고쳐 쓴 데서 비롯된 것이며, 여기에 배송지裴松之(372~451)의 주문注文이 섞이기도 하고 전승 과정상에서 발생한 자구 혼동 등의 실수가 복합적으로 작용한 것으로 이해된다.[6] 다만 그것은 진수 등의 찬자가 전대前代의 사서史書에 근거한 서술에서 자의적인 개서改書와 분식粉飾을 일삼았다기보다는 의도하지 않은 착오錯誤와 무지無知로 인한 결과였을 가능성이 크다고 하였다.[7] 따라서 『삼국지』 한전의 관련 기사를 상상력에 의한 작문 또는 창작으로 확대하여 해석하고 사료 자체를 부정하거나 역사적 실상과는 전혀 무관한 것으로 취급해서는 곤란하다. 시대적 소산으로서 『삼국지』 동이전은 편찬 당시의 역사관과 중국 중심의 편향에 자유로울 수 없다. 이에 『삼국지』 한전에 반영된 삼한의 사회상에 접근하기 위해서는 무엇보다 이들 사료의 서술 맥락과 성격을 이해한 바탕 위에서 그 실상을 추구할 필요성이 제기된다.

한편 『삼국지』 동이전의 찬술 대상은 이전 사서에서 주로 중국과 직접 관계되는 사건에 국한된 데 비하여, 동이 제족東夷諸族의 위치와 지세地勢 · 인구 · 통치 형태 및 사회구조 · 습속 · 대중국 관계 · 종교 신앙 등으로 범위를 확대하였다. 이는 당시 동이 제족 사회에 대한 현실적인 관심의 고조와 관련 지식의 축적을 전제로 한다. 『삼국지』 동

---

3) 이강래, 「『삼국지』 동이전과 한국고대사」 『전남사학』 25, 2005, p.321.

4) 이에 대해 '諸國에 관한 直接的인 見聞의 記錄을 두루 參閱하였다'라는 뜻으로 보기도 한다(高柄翊, 「中國正史의 外國列傳 -朝鮮傳을 中心으로-」 『東亞交涉史의 研究』, 서울大學校出版部, 1970, p.15).

5) 全海宗, 『東夷傳의 文獻的 研究』, 一潮閣, 1980, pp.49~53.

6) 尹龍九, 「3세기 이전 中國史書에 나타난 韓國古代史像」 『韓國古代史研究』 14, 1998, pp.130~144.

7) 徐毅植, 「辰國의 變轉과 '辰王'의 史的 推移」 『歷史教育』 114, 2010, pp.239~240.

이전을 구성하는 한전韓傳은 편찬 당시 중국인들의 현실적인 관심을 반영한 사서라는 점에서 중요한 사료로 취급되었다. 실제로 한전의 내용은 지리적 위치 · 면적 · 인구수를 비롯하여 정치제도 일반과 사회 · 경제 제도, 제반 시설과 특산물, 각종 문물, 중국과의 관계, 설화 · 습속 등으로 분류할 수 있다.[8] 크게 보아 (1) 중국과의 관계, (2) 통치조직 관련, (3) 특산물, (4) 법속 · 풍속 · 종교 관련, (5) 각 정치세력 주민들의 성품 · 주거 · 의복 · 언어 · 종족 등에 대한 사항 등으로 묶을 수 있다.[9] 이를 중국인의 관점에서 접근한다면, 동이 제족과 실제로 벌였던 관계의 기록(1), 동이 제족과의 외교 · 군사적 관계 유지를 위해 필수적인 정보(2), 동이 제족과의 교역을 위해 알아야 할 사항(3), 동이 제족과의 접촉에 필요한 제반 사항(4 · 5) 등으로 귀결이 된다.[10] 그리하여 한전을 포함한 『삼국지』 동이전은 중국사 일부로서 중국인에 의하여 쓰인 중국인을 위한 저술로 볼 수 있으며, 그 내용으로 보아 동이지역에 산재했던 유력한 정치세력에 대한 통제 및 그들과의 관계 유지에 필요한 현실적인 정보의 활용을 위해 남긴 것으로 이해할 수 있다.

그런데 『삼국지』 한전에서 마한은 선주 토착 세력으로 인식한 데 비해, 진한은 전국시대 중국 유이민 세력과 결부시켰으며 진한의 성립에 마한의 도움이 있었던 점을 특기하였다. 곧 삼한 가운데 마한은 진 · 변한에 비해서 우월한 입장이었던 정치체로 인식되었으며, 마한제국諸國은 진 · 변한의 그것에 비해 인적 구성도 그 규모가 크게 나타난다. 삼한 상호 관계, 즉 마한과 진 · 변한의 영속 관계에 대한 인식의 출발은 바로 이 지점에서 비롯된 것이라고 해도 과언이 아니다. 그러함에도 불구하고 한전의 전반에 걸쳐 마한은 진 · 변한에 비하여 정치적 기강이 떨어지고 사회 문화적으로 후진적인 양상을 묘사하고 있다. 마한과 진 · 변한에 대한 인식의 이중적인 모습은 『삼국지』 한전 찬술 당시 중국의 삼한에 대한 통제력 확보라는 의도가 개입되었을 소지가 크다.

이러한 이해를 바탕으로 『삼국지』 한전에 보이는 서술 맥락을 통해 삼한 인식의 실상에 접근하려고 한다. 먼저 중국 사서에 나타나는 고대 중국인의 동이관東夷觀과 한전에 투영된 서술 방향을 가늠해 보려고 한다. 이를 바탕으로 삼한의 형성 및 그 출발점

---

8) 全海宗, 「三國志 東夷傳 譯註」 『韓國史學』 16, 韓國精神文化研究院, 1996, pp.11~12.
9) 李鍾旭, 「『三國志』 韓傳 정치관계 기록의 사료적 가치와 그 한계」 『吉玄益敎授停年紀念史學論叢』, 1996, p.372.
10) 李鍾旭, 앞의 논문, 1996, pp.371~373.

에 접근하기 위하여 한전의 진국辰國 인식과 삼한과의 관계에 대해서 정리하려고 한다. 고조선 남쪽에 자리했던 진국의 존재는 삼한의 연원을 이해하는 첩경이 되며, 삼한의 성립과 그 실상을 해명하는 토대가 되기 때문이다. 그런 다음 한전에서 확인되는 '삼한'에 관한 인식의 이중적인 면을 부각하여 그렇게 된 편찬 배경과 함께, 본래 마한과 진·변한의 역사적 실상에 접근해 보려고 한다.

Ⅱ. 한전韓傳의 서술 맥락

전통적으로 중국의 역사 기록에는 주변 이민족에 관한 내용을 적지 않게 수록하였다. 특히 정사를 편찬하는 경우, 중국왕조의 정통성과 통일적인 역사 인식을 확립하려는 의도가 강하였다. 중국 정사의 서술 체제는 시·공간적으로 '천하일가天下一家'의 왕조적 정통성을 내세우기 위한 역사 인식에 바탕을 두었다.[11] 이 때문에 중국 정사는 다른 기록에 비해서 '중화주의'적 관념이 두드러지며, 그것은 기본적으로 중국 중심의 세계관에 근거한 것이라고 이해된다. 실제로 중국 역사관의 기저에는 중화주의적 세계관이 자리하며, 이는 중국인의 주변 이민족에 대한 종족적, 문화적 우월감의 소산으로 볼 수 있다. 다만 중화주의적 관념은 주변 이민족에 대한 대립적인 관점과 배타성이 강했던 '화이론華夷論'적 입장과 비교하여 상대적으로 포용적인 면도 내포한 것으로 보았다.[12]

선진先秦 시대부터 이어진 주변 이민족에 대한 중국의 덕화德化 이념은 『사기史記』의 체제에 '외이전外夷傳'을 두는 형식으로 발현되었고,[13] 이와 같은 입장은 이후 『한서漢

---

11) 동북아역사재단 편, 『三國志·晉書 外國傳 譯註』(譯註 中國 正史 外國傳 4), 2012, p.7.

12) '中華主義'는 중국인이 이민족과 비교해서 민족성이 우월하고 문화적으로 월등하여 이민족을 德化 또는 函化할 수 있으며, 덕화된 이민족은 중국적 세계의 일원이 될 수 있는 것으로 이해된다. 또한 중화주의와 비슷한 용어로 사용되는 '華夷論'에는 이민족에 대한 포용성보다는 배타성 및 대립관을 강조하는 면이 내포되었다고 본다(全海宗, 「中國의 中華主義的 民族觀의 變遷」 『韓國과 中國-東亞史論集』, 知識産業社, 1979, pp.50~51).

13) 全海宗, 「古代 中國人의 韓國觀」, 앞의 책, 1979, pp.34~35.

書』·『삼국지三國志』 등의 편찬 작업에도 계승되었다. 특히 주변 이민족에 관한 기록을 열전列傳에 수록하는 사실은 외국을 중국적 세계의 일부로 인식했던 중국 중심의 세계 관에 입각한 것으로 이해할 수 있다.[14] 이러한 관점이 투영된 역사서술은 후대로 갈수록 확대 재생산되면서 본래의 사실에 대한 과장이나 왜곡으로 나타날 소지가 크므로, 중국 정사 외이전에 수록된 주변 이민족의 역사 · 지리 · 문화 · 습속 등을 문면文面에 보이는 그대로 받아들이기는 어려운 형편이다. 그렇다면 중국 정사 외이전의 서술내용에 접근할 때, 중화주의적 관념에 의해 굴절된 역사상과 실제의 역사적 사실을 서로 분별하고 이민족 자체의 형편과 정치 사회적 배경 등을 고려한 접근이 요구된다.

『사기』를 위시하여 『한서』·『후한서』·『삼국지』 등의 고대 중국사서가 각각 해당 편찬 시기의 소산이므로, 거기에 포함된 동이전에는 당시 중국인의 세계관과 편찬자의 역사관이 반영될 수밖에 없었다. 실제 중원 대륙 밖의 사방에 존재하는 '사이四夷' 또는 '만이蠻夷'가 문헌에 대두하는 현상은 진秦 · 한漢 시대 이후 화이華夷 사상의 정립과 짝하여 전개되었다.[15] 특히 동이 제족에 관한 내용을 하나의 전傳으로 묶어서 수록한 『후한서』의 동이열전東夷列傳, 그리고 『삼국지』의 오환선비동이전烏丸鮮卑東夷傳은 중국인의 관점에서 편찬 대상 지역과 거주민을 하나의 이역異域 단위 내지는 주변 종족 단위로 인식한 결과라고 할 수 있다. 자연 두 사서의 동이전에 투영된 동이관은 물론 동이전에 포함된 제 종족과의 관계 및 역사 · 지리 · 문화 · 습속 등의 내용에는 중국인 중심의 세계관과 중국 중심의 편향에서 벗어날 수 없음이 분명하다.

일찍이 『사기』 조선열전의 기록을 바탕으로 한漢 무제武帝 이전의 역사를 부가하여 찬술한 『한서』 서남이양월조선전西南夷兩粤朝鮮傳에는 그 내용이 주로 고조선과 중국의 관계를 중심으로 이루어졌다. 그런데 『삼국지』는 기전체를 추구하는 정사인데도 본기와 열전으로만 구성되었으며, 앞선 시기에 편찬한 『사기』·『한서』와 달리 표表와 서書, 지志 등은 없다. 그리고 편찬 대상 시기도 66년간으로 짧았기 때문에 총 65권의 편찬 분량은 이전 정사에 비해서 적은 편에 속한다. 이처럼 『삼국지』의 구성 체제가 다른 정

---

14) 全海宗, 앞의 책, 1979, pp.16~23.

15) 夷는 중국 四方의 異族을 지칭하며, 東夷와 관련하여 夷蠻은 구체적으로 조선에 대한 증오 내지는 멸시를 나타내는 표현으로 이해한다(全海宗, 앞의 책, 1979, pp.16~19).

사와 차이 나는 점은 하나의 왕조를 대상으로 하는 역사가 아니라 동시에 병존했던 삼국의 역사를 대상으로 했다는 사실에서 비롯하였다.[16]

<표 1> 중국 정사 동이전 내용 및 구성 체제
(全海宗,「古代 中國人의 韓國觀」『韓國과 中國』, 1979, p.12의 〈표〉 발췌 보완)

사서명 (저자)	대상시기	편찬 시기	동이 편명 (국명)	내용의 일반 분류									구성 체제 (총 권수)
				동이 관	일반 관계	조공 관계	인성	문화	습속	제도 시설	지리	기타	
『史記』 (司馬遷)	黃帝~ 漢 武帝 太初 年間	B.C. 91	朝鮮列傳 (朝鮮)	○	○	△							本紀 12 · 表 10 · 書 8 · 世家 30 · 列傳 70 (130卷)
『漢書』 (班固)	漢 高祖 ~王莽 (B.C.206 ~A.D.24)	1C 말 ~ 2C 초	西南夷兩粤 朝鮮傳 (朝鮮)	○	○	△							本紀 12 · 年表 8 · 志 10 · 列傳 70 (120卷)
『後漢書』 (范曄)	後漢 光武帝 ~孝獻帝 (A.D.25 ~219)	432년	東夷列傳 (夫餘國 · 挹婁 · 高句 麗 · 東沃沮 · 濊 · 韓)	○	○	△	○	○	○	○	○	○	本紀 10 · 志 30 · 列傳 80 (120卷)
『三國志』 (陳壽)	三國時代 (A.D.220 ~265)	3세기 후반	烏丸鮮卑 東夷傳 (夫餘 · 高句 麗 · 東沃沮 · 挹婁 · 濊 · 韓)	○	○	△	○	○	○	○	○	○	魏志 30 · 蜀志 15 · 吳志 20 (65卷)

『삼국지』는 삼국 중에 위魏나라를 정통으로 삼았기 때문에 주변 종족에 관한 서술도 「위서魏書」의 마지막 권에 수록된 '오환선비동이전烏丸鮮卑東夷傳' 뿐이다. 그렇지만 중국과의 관계에 주로 치중한 이전 역사서에 비해서『삼국지』동이전은 서술 대상의 폭이 크게 확장했음을 확인할 수 있다. 중국인의 동이지역에 대한 지식은 중국 동북 지방과 한반도 북부지역에 한 무제의 군현 설치를 기점으로 점차 그 범위가 확대되어 갔다. 특히 위나라의 동방 경략으로 동이 제족에 관한 정보와 지식이 본격적으로 축적되면서

---

16) 高柄翊,「中國正史의 外國列傳 -朝鮮傳을 中心으로-」『東亞交涉史의 硏究』, 서울大學校出版部, 1970, p.13.

『위략魏略』의 이민족전, 『삼국지』 위지 동이전 등으로 수렴, 찬술되었다.[17] 자연 『사기』 조선열전과 『한서』 조선전이 동이관 및 고조선과 중국의 교섭 관계 내용에 국한되는 데 비하여, 『후한서』 및 『삼국지』 동이전에서는 중국과 직접 관계되는 대외적 사건의 기술을 넘어서 동이 제족의 위치와 지세地勢·인구·통치 형태 및 사회구조·습속·대 중 관계·종교 신앙 등의 제반 분야를 대상으로 하여, 이전보다 찬술 범위와 내용이 확 대되고 구체적으로 서술했음을 알 수 있다[18](이상 <표 1> 참조).

이와 같은 현상은 『삼국지』 동이전의 편찬을 전후한 시기에 중국과 동이 제족 사이 에 활발한 교섭이 전개되었고, 중국의 동이 세계에 대한 현실적인 관심 고조와 함께 관 련 지식의 증대라는 사실과 맥을 같이한다. 다음 『삼국지』 동이전의 관련 기록에서 그 러한 사실을 엿볼 수 있다.

> (1) 『서경書經』에 "동쪽은 바다에 닿았고 서쪽은 사막에까지 이르렀다"라고 하였으니, 구 복九服의 제도制度 이내에 있는 것은 말할 수가 있으나 황역荒域 밖은 여러 번의 통역 을 거쳐야 이르게 되어, (한인漢人의) 발걸음이나 수레가 닿지 않기 때문에 그 나라의 풍속이 중국中國과 다르다는 사실을 아는 사람이 없었다. 우虞로부터 주周대에 이르 기까지 서융西戎은 백환白環을 바쳤고 동이東夷에는 숙신肅愼의 조공이 있었으나, 모 두 여러 해가 지나서야 도달했으니 그 머나먼 거리가 이와 같다. 한漢 대에 장건張騫을 서역西域에 사절로 파견하여 황하黃河의 근원을 찾아내고, 여러 나라를 두루 방문하 여 드디어 도호都護를 설치하고 그들을 통치하게 되었다. 그렇게 한 뒤에는 서역의 사 정을 모두 알 수 있어 그 결과 사관史官도 상세히 기재할 수 있었다. 위魏나라가 일어 서는 서역의 모든 나라가 다 오지는 않았으나, 그들 가운데 대국大國인 구자龜玆·우 치于寘·강거康居·오손烏孫·소륵疎勒·월씨月氏·선선鄯善·차사車師 등의 무리가 조공을 바치지 않는 해가 없었으니 대략 한漢나라 때의 고사古事와 같았다. 공손연公 孫淵의 부조父祖 삼대三代가 계속 요동遼東을 차지하자, 천자天子는 그 지방을 절역絶域 으로 여겨 해외海外의 일로 위임하였다. 그 결과 동이東夷와의 관계가 단절되어 중국 과 통하지 못하게 되었다. 경초景初 연간에 크게 군대를 일으켜 공손연을 죽이고, 또

---

17) 曺佐鎬, 「魏志東夷傳의 史料的 價値」 『大東文化硏究』 13, 1979, p.143.

18) 『三國志』 東夷傳은 중국 정사의 한국 열전 중에서 한국 고대의 종교를 가장 먼저 본격적으 로 언급한 점에서 그 가치를 찾을 수 있다고 하였다(徐永大, 「韓國宗敎史 資料로서의 『三 國志』東夷傳」 『한국학연구』 3, 仁荷大學校 韓國學 硏究所, 1991, pp.2~3).

한 몰래 바다를 건너가서 낙랑군樂浪郡과 대방군帶方郡을 수습하였다. 그 뒤로 해외가 안정되어 동이東夷들이 굴복하였다. 그 후 고구려高句麗가 배반하므로 또 다시 약간의 군대를 파견하여 토벌하면서 지극히 먼 지방까지 추격하니, 오환烏丸과 골도骨都를 넘고 옥저沃沮를 거쳐 숙신肅慎의 왕정王庭을 짓밟고 동쪽으로 대해大海에까지 이르렀다. (그곳의) 장로長老가 "얼굴이 이상한 사람이 해가 돋는 근처에 살고 있다"고 이야기 하였다. 마침내 여러 나라를 두루 관찰하고 그들의 법속을 수집하여 나라의 대소 구별과 각국의 명칭을 상세하게 기록할 수 있었다. 비록 오랑캐의 나라이기는 하지만 조두俎豆를 쓰는 예절이 남아있으니, "중국이 예禮를 잃으면 사이四夷에게서 구한다"는 것을 더욱 믿을 수 있다. 그러므로 그 나라들을 순서대로 찬술하고 그 같고 다른 점을 열거하여 전사前史의 미비한 점을 보완하였다.

(2) 평하여 가로되 『사기史記』와 『한서漢書』에는 조선朝鮮과 양월兩越을 기록하였고, 동경東京(후한後漢) 시대에는 서강西羌을 찬술하였다. 위魏나라 때부터 흉노匈奴가 쇠약하게 되자 다시 오환烏丸과 선비鮮卑가 나타났다. 이어 동이東夷에 이르러서는 사신이 늘 왕래하여 사건에 따라 기술하였으니 어찌 범상凡常한 일이라 하겠는가(이상 『삼국지』 오환선비동이전).

  (1)은 동이전의 서문으로 편찬자인 진수가 동이전을 찬술하면서 '마침내 여러 나라 (諸國)를 두루 관찰하고 그 법속法俗을 수집하여 … 상세하게 기록할 수 있었다'라고 언급하여 주목된다. 이는 진수가 직접 동이제국東夷諸國을 직접 방문했다기보다는 동이 사회에 관한 직접적인 견문 기록들도 폭넓게 살폈다는 뜻으로 이해할 수 있다.[19] 이와 같은 사실은 사서 편찬 당시 동이 사회에 대한 현실적 관심이 고조되고, 또한 이전보다 구체적인 지식의 축적과 풍부한 자료의 확보를 전제로 한다. 왜냐하면 진수는 '주관제국周觀諸國'과 관련한 기록 바로 앞에 경초景初 연간(237~239)에 요동의 공손연 세력을 수습하고 뒤이어 관구검의 고구려 경략을 통하여 중국이 동이 사회에 대한 통제력을 강화했던 내용을 서술했기 때문이다.

  사실 『삼국지』 동이전 편찬은 오래 전부터 한족漢族과 깊은 관계를 맺고 있었던 동이 제족에 대해서 조위曹魏 대에도 낙랑樂浪·대방군帶方郡을 소유했던 사실, 그리고 요동 지역의 영유 및 관구검의 고구려 경략 사실 등을 통하여 보다 현실적이고 시대적인

---

19) 高柄翊, 「中國正史의 外國列傳 -朝鮮傳을 中心으로-」, 앞의 책, 1970, p.14.

관심이 높았기 때문이라고 한다.[20] 이와 관련하여 『삼국지』 동이전 말미에 제시한 (2)의 사평史評을 참고할 수 있다. 거기에서 진수는 『사기』와 『한서』의 조선朝鮮과 양월兩越은 물론 후한 대의 서강西羌 등 찬술 대상의 확대와 함께, 흉노匈奴 및 오환烏丸·선비鮮卑사회의 변화양상 특히 동이지역과의 빈번한 사신 왕래와 이에 따른 정보 증가, 그리고 주요 사건의 역사서술에 대해 특기하면서 범상한 일이 아니라는 점을 강조하였다.

『삼국지』 동이전은 이보다 먼저 편찬되었던 후한 시대에 관한 역사서를 이으면서 삼국시대의 동이 제족에 관한 사실에 중심을 두고 편찬하려고 하였다.[21] (1)의 마지막 부분에서 언급했듯이 진수는 동이전 찬술을 동이 제족의 나라들을 순서대로 기술하고 그 같고 다른 점을 열거하여 전사前史 곧 앞선 시기 편찬사서의 미비점 보완을 강조했다. 진수의 『삼국지』는 단대사斷代史로서 중국의 삼국시대를 주요 대상으로 기술한 사서이므로, 동이전은 부분적으로 이전 사실을 전하지만 주요 찬술 대상은 바로 삼국시대의 동이 제족이었음을 알려주는 대목이다.

한편 『삼국지』 외에 위魏·촉蜀·오吳 삼국의 국별사國別史로서 현전하는 삼국시대에 관한 사서로는 어환魚豢의 『위략魏略』 일문逸文뿐이라고 한다.[22] 그 내용에는 편찬 당시에 중국인들이 가졌던 정통론正統論이나 천하관天下觀과 같은 외면外面 분식적粉飾的 의식뿐 아니라 현실적인 시대적 관심도 강하게 반영되었다고 한다.[23] 물론 당시 중국인의 동이관이 기본적으로 중화주의적 관념에 바탕을 두었고 이전보다 현실적인 측면이 강했다고 하지만, 실제로 동이 사회의 내부 사정이나 현상에 대한 역사적 맥락을 충실히 파악하는 데에 일정한 한계를 가졌다. 왜냐하면 당시 중국인의 주요 관심은 동이전을 구성하는 여러 나라의 내부 사정보다는 중국과의 관계를 우선시했을 것이기 때문이다.[24] 곧 『삼국지』 동이전의 찬술 배경은 중국이 동이 사회의 주요 정치세력과의

---

20) 國史編纂委員會, 『中國正史 朝鮮傳 譯註』 1, 1987, p.201.

21) 徐永大, 앞의 논문, 1991, p.11.

22) 中國 三國時代에 관한 사서로는 吳의 韋昭가 편찬한 『吳書』가 있으며, 魏·蜀·吳의 國別史로서 현존하는 것은 『三國志』와 『魏略』의 일부뿐이라고 하였다(全海宗, 「中國人의 傳統的 歷史意識과 歷史敍述」, 앞의 책, 1979, p.88).

23) 高柄翊, 앞의 논문, 1970, pp.12~15.

24) 이강래, 「『삼국지』 동이전과 한국고대사」, 『전남사학』 25, 2005, p.342.

관계에 깊은 관심을 갖고, 그들을 효율적으로 통제하기 위한 현실적인 목적에 치중했던 면에서 찾을 수 있다.

그런데 동이전의 경우 시대상을 전하는 기록은 대부분 중국과의 관계를 전하는 교섭 기사가 중심을 이루며, 한전에 반영된 사회상에 접근하기 위해서는 무엇보다 이들 사료의 서술 맥락과 의미를 이해한 바탕 위에서 그 실상을 추구할 필요가 있다.[25] 일찍이 반고班固와 진수陳壽는 후대의 사가에게 혹평받기도 했다. 예컨대 당唐대의 유지기劉知幾(661~721)는 『사통史通』을 통해 곡필曲筆의 사례를 언급하면서 "반고는 돈을 받고 책을 썼으며 진수는 쌀을 주면 열전을 써주겠다고 하였다. 이들은 모두 역사가 중의 간적奸賊이며 저술자 중의 흉인凶人이다"라고 하였다.[26] 이러한 평가는 『한서』와 『삼국지』의 편찬에 일정한 한계를 엿볼 수 있는 대목이다. 거기에 더해 고대 중국인의 외이전 서술은 중국인의 주변 이민족에 대한 이념상의 상념과 현실상의 상념, 곧 이념상의 역사관과 실제 역사서술 사이에 괴리를 확인할 수 있다고 했다.[27] 그리하여 편찬자의 역사관에 의하여 서술이 윤색되고 왜곡되면서 그 내용을 더하거나 뺄 가능성이 있다는 사실도 『삼국지』 한전에 접근할 때 유의할 점으로 본다. 곧 한전을 통하여 삼한의 정치 및 사회상을 복원하는 데는 해당 서술내용의 맥락을 고려한 보다 신중한 접근이 필요하다.

실제로 삼한의 사회상과 관련하여 『삼국지』 한전에는 다음과 같은 기록을 전하고 있어, 한전의 서술 맥락을 엿보는 데 도움이 된다.

> (3) 그 풍속은 기강이 흐려서, 제국諸國의 국읍에 비록 주수主帥가 있어도 읍락邑落에 뒤섞여 살기 때문에 제대로 다스리지 못하였다. 궤배跪拜하는 예禮 또한 없다.
>
> (4) 그(마한) 북방의 중국 군현에 가까운 제국은 그런대로 약간의 예속禮俗이 있지만, 멀리 떨어져 있는 곳은 마치 죄수와 노비가 모여 사는 곳과 같았다(이상 『삼국지』 한전).

---

25) 尹龍九, 「『三國志』韓傳에 보이는 馬韓 國目」『漢城百濟 史料 研究』, 2005, p.28.

26) 『史通』內篇 卷7, 曲筆 第25, "若王沈魏錄濫述貶甄之詔 陸機晉史虛張拒葛之鋒 班固受金而始書 陳壽借米而方傳 此又記言之奸賊 載筆之兇人 雖肆諸市朝 投畀豺虎可也".

27) 全海宗, 「古代 中國人의 韓國觀」, 앞의 책, 1979, pp.22~23.

먼저 (3)에서 마한은 풍속에 기강이 흐려서 국읍의 주수가 읍락을 제대로 통제하지 못하며, 또한 꿇어앉아 절을 하는 '궤배의 예禮'가 없다고 하였다. 곧 한전에서는 마한의 정치적 질서가 미숙함을 "기속소강기其俗少綱紀"와 "무궤배지례無跪拜之禮"라는 사실을 통해서 전하고 있으며, 나아가 마한 사회의 후진성을 '예禮'와 '속俗'이 없었다는 점에서 찾았다. 이러한 입장은 (4)에서 중국의 군현에 가까운 마한 북쪽의 여러 소국은 중국의 유교적 예속이 그런대로 행해지는 데 비하여, 중국 군현으로부터 멀리 떨어진 소국들은 마치 죄수와 노비가 모여 사는 미개한 지역으로 파악한 사실과 맥을 같이한다.

(4)의 기록을 문면 그대로 받아들이면 중국 군현에 가까운 마한의 일부 소국은 유교적 '예속'을 점차 시행했을 가능성도 있다. 그렇지만 한전의 마한 관련 기사에서 대부분 유교적 예속과는 거리가 먼 사회상을 묘사하고 있다는 점을 감안한다면, 이에 대해서는 달리 접근할 필요가 있다. 곧 (4)는 마한 사회가 실제 유교적 예속을 수용하기보다는 중국 군현에서의 발전된 생활양식을 일부 마한 소국들이 받아들인 것으로 해석할 수 있기 때문이다.[28]

그런데 (3)과 (4)에 언급한 '예'와 '예속'의 의미는 중국 고대의 예속이 갖는 기능과 관련하여 이해할 수 있다. 중국 고대의 예속은 정치·사회적 질서 유지와 통합이라는 기능적 측면에서 접근할 수 있다. 실제로 '예'는 정치·교화·도덕·형법이 통합되어있는 구조로서 명분을 확실히 정하고 존비귀천을 구별하여 정치와 사회의 질서를 유지하는 기능을 지닌다.[29] 그리고 '속'은 집단생활 가운데 생긴 공통의 경향으로서 '습속'을 가리키는데 집단생활의 주요한 가치판단의 기준으로서 공동체의 질서를 강조하게 된다고 하였다.[30] 곧 한전에서 마한 소국의 '예속' 유무는 중국 군현의 마한 제소국에 대한 정치적인 영향력이 있고 없음이라는 측면에서도 고려해 볼 수 있다.

---

28) 高柄翊, 앞의 논문, 1970, p.16.

29) 장인성, 『백제의 종교와 사회』, 서경문화사, 2001, pp.40~41.

30) 『三國志』 東夷傳에서 '法俗'이라는 표현은 동이 사회의 생활방식으로서의 습속이 사회적 규범으로 전환되는 과정에서 공동체의 구성원들을 규제하여 질서를 강조하게 된다고 보았다. 곧 俗은 자연적·경제적 여건들로부터 야기된 사회의 생활방식들인 습속, 더 나아가 사회규범으로서의 관습을 서술한 것이라면 法은 이에 대한 위반으로써 죄와 刑을 중심으로 서술되었던 것이라고 하였다(한영화, 「『三國志』 東夷傳에 보이는 한국 고대사회의 俗과 法」 『사림』 43, 2012, pp.157~158).

마한을 구성하는 여러 소국은 이른바 '예속'의 수용 정도에 따라 북방인 '근군近郡' 과 그 남쪽 지역인 원처遠處로 구분하였다. 이때 이른바 '근군제국近郡諸國'에 그런대로 약간의 예속이 있다고 우호적으로 서술한 것은 중국 군현이 마한 북부의 여러 소국 들에 모종의 통제력 내지는 정치적 영향력을 행사했던 것으로 볼 수 있다.[31] 곧 한전에서 마한제국의 일부에게 전파된 '예속'의 의미는 중국 군현의 마한에 대한 정치적 영향력을 전제로 이해될 수 있을 법하다. 중국 군현 입장에서 자신과 인접한 마한 북부 제국의 동향은 늘 주목의 대상이 되었을 것이기 때문이다.[32] 사실 한강 하류 일대는 서북한 방면의 군현 세력과 가까워 중국 문물의 수용에 유리하였지만, 다른 한편으로 그들의 간섭과 통제로부터 크게 자유롭지 못하였을 것이다. 특히 마한의 '근군제국'으로서 군현과 인접했던 한강과 임진강 유역 일대에 분포한 백제국伯濟國 등 마한 북부 소국들의 경우에는 더욱 그러하였을 것이다.[33] 자연 중국 군현과 멀리 떨어져 그들의 직접적인 영향권에서 벗어나 현실적인 통제가 어려웠던 마한 남부의 여러 소국에 대해서는 상대적으로 비하하여 '예속'을 모르는 죄수와 노비가 모여 사는 곳과 같다고 언급했다.[34] 이러한 사실을 통해서 중국 중심의 세계관에 입각한 한전의 서술 맥락을 언뜻 엿볼 수 있을 듯싶다.

---

31) 『삼국지』 한전에 三韓 小國의 渠帥에 衣幘과 印綬를 賜與한 내용과 결부해 보면, 중국 군현이 마한을 비롯한 三韓 諸國과의 개별적 교섭을 통하여 삼한 사회의 통합을 방해했던 측면과도 맥이 닿을 듯하다.

32) 주지하듯이 東夷傳의 삼한 관련 기사는 낙랑군이나 대방군을 통하여 제공된 자료들이 큰 비중을 차지하였으며, 특히 삼한의 정치적 동향을 관심 있게 주시하였던 한군현의 입장에서는 자신들과 인접했던 마한 북부 제소국의 동향과 정보를 확보하기 위해 노력했을 것이다. 그 가운데 한강 이북 지역은 군현 세력의 안정을 위해서 회유와 통제가 강화될 수밖에 없는 곳이었다. 자연히 군현 당국은 인접한 마한 諸國에 대한 정치적 영향력을 관철하기 위해서 다각적인 접근을 시도하였을 것으로 이해된다(文昌魯, 「『三國志』韓傳의 馬韓과 伯濟國」 『韓國學論叢』 27, 2004, pp.30~31).

33) 『三國史記』百濟本紀에는 百濟와 靺鞨의 잦은 충돌에도 불구하고 樂浪과의 직접 교전한 기사가 거의 확인되지 않는다. 이는 백제의 북쪽 방면, 곧 한강 북쪽으로부터 예성강과 임진강 방면에 이르는 지역에 여러 소국이 존재했을 가능성을 암시한다.

34) 馬韓 諸國 가운데 남부의 소국들에는 대체로 노령산맥 이남의 영산강 유역에 자리했던 것으로 추정되는 新彌諸國 등을 꼽을 수 있으며, 이들에 대한 상론은 지면상 별도의 기회가 필요하다.

이와 관련하여 『삼국지』 동이전에 투영된 중국인의 현실적 입장과 서술 맥락은 다음 사료에서도 확인할 수 있다.

> (5) 일찍이 기자箕子가 조선朝鮮에 가서 8조八條의 교敎를 만들어 그들을 가르치니, 문을 닫아걸지 않아도 백성은 도둑질하지 않았다. 그 뒤 40여 세世를 지나 조선후 준準이 참람되게 왕이라고 일컬었다. … 연나라 사람 위만衛滿이 북상투魋結를 하고, 오랑캐의 복장으로 (조선에) 와 그 王이 되었다. 한漢 무제는 조선을 정벌하여 멸망시키고, 그 지역을 분할하여 4군四郡을 설치하였다(『삼국지』 예전濊傳).

> (6) (조선)후 준이 함부로 왕이라 일컫다가 연나라에서 망명한 위만의 공격을 받아 나라를 빼앗겼다. 그의 근신近臣과 궁인宮人들을 거느리고 도망하여 바다를 경유해 한지韓地에 거주하면서 스스로 한왕韓王이라 칭하였다. 그 뒤에 준의 후손이 절멸絕滅 하였으나, 당시 한인韓人 중에는 아직 그의 제사를 받드는 사람이 있다. 한漢나라 때에는 낙랑군樂浪郡에 소속되어 철마다 조알朝謁하였다(『삼국지』 한전).

(5)와 (6)은 각각 『삼국지』 동이전에 실린 고조선과 중국, 그리고 고조선과 삼한의 관계에 대한 사실을 전하고 있다. 먼저 (5)에서 기자는 '8조지교八條之敎'로써 조선을 교화한 인물로 미화시킨 데 반하여, 위만은 북상투와 오랑캐 복장으로 조선에 피난해서 왕이 되었던 인물로 부각하였다. 곧 설화적 성격이 짙은 '기자'와 실재성이 분명했던 '위만' 사이에는 시간 적으로 매우 큰 격차가 있음에도 불구하고, 양자를 각각 '현인賢人'의 표본과 '악인惡人'의 대표적인 인물로 극명하게 대비시킨 서술에 주목할 수 있다.

이와 같은 서술 경향은 한 무제의 조선 원정에서 겪었던 위만에 대한 적대감이 위만 조선의 전반적인 서술에 반영된 것으로 이해하였다.[35] 결국 (5)는 한 무제의 조선 정벌과 4군의 설치로 귀결되었지만, 이는 사서 편찬 당시 중국인의 현실적 입장이 크게 작용했던 면을 보여주는 것이다.

이러한 이해는 (6)에서 기자의 후손인 준왕準王이 위만에게 쫓겨서 남쪽의 한지韓地 곧 삼한 지역으로 피신했던 사실과 그곳에서 '한왕'을 자칭했다는 사실을 특기한 점에

---

35) 司馬遷의 『史記』 朝鮮傳에서 魏滿과 위만이 차지한 朝鮮에 대한 증오 또는 적개심을 확연하게 보인 것은 漢의 朝鮮 遠征에서의 패전으로 인한 조선에 대한 불만이 반영된 것이며, 후대의 중국 역사서술에 그대로 이어지는 것으로 본다(全海宗, 「古代 中國人의 韓國觀」, 앞의 책, 지식산업사, 1979, pp.22~23).

서도 유추할 수 있다. 본래 기자의 후손으로 상징되는 준왕 세력의 삼한 지역으로의 남하는 물론, 그곳에서 한왕이 되었다는 사실은 '악인' 위만의 고조선과는 무관한 '현인' 기자 후손의 고조선과 삼한과의 연계 또는 긴밀한 관계를 강조하려는 의도가 반영되었던 서술로 볼 수 있다. 그리하여 한전에서는 위만조선에 대한 적대감과는 별개로 중국의 삼한 사회에 대한 영향력은 물론 이 지역에 대한 전통적인 연고를 강조하려는 현실적 입장을 반영하였던 결과로 이해된다. 특히 (6)의 준왕 관련 서술 말미에 삼한이 '한나라 때 낙랑군에 속하여 조알朝謁하였다'고 강조한 것은 양측 관계에 대한 단순한 사실 전승의 차원을 넘어서, 서술 맥락상 당시 중국 군현의 삼한 사회에 대한 현실적인 영향력 내지는 통제력 확보라는 정치적 의도가 드러난 셈이다.36)

III. '진국辰國' 인식과 삼한과의 관계

주지하듯이 『삼국지』 한전에 전하는 진국의 존재는 진한辰韓의 전신 내지는 그 앞선 시기 정치체로 이해되었다. 일찍이 진국의 존재를 알려주는 최초의 기록으로 『사기』 권115, 조선열전朝鮮列傳을 주목하였는데, 관련 내용은 판본에 따라 ㉠'진번방진국眞番旁辰國' 혹은 ㉡'진번방중국眞番旁衆國'으로 갈려 전하기 때문에 이후 판본에 대한 서지학적 검토가 꾸준히 진행되었다. 곧 ㉠의 기록을 취하는 경우 이는 진국辰國의 존재를 알려주는 최초의 사료로 취급할 수 있으므로, 주로 진국의 역사적 성격과 위치 문제를 중심으로 논의를 전개하였다.37) 다른 한편 ㉡에 근거하는 경우는 중국衆國의 실체에 주

---

36) 이와 관련하여 『三國志』 韓傳에서 "(馬韓은) 각각 長帥가 있어서, 세력이 강대한 사람은 스스로 臣智라 하고, 그 다음은 邑借라 하였다. … 그들의 관직에는 魏率善·邑君·歸義侯·中郞將·都尉·伯長이 있다"라고 하였는데, 삼한 諸國의 渠帥들을 대상으로 한 '魏率善' 이하의 관직 지급 기사 역시 찬술 당시 중국 군현의 삼한 사회에 대한 영향력 행사를 과시하려는 의도적인 서술과 관련하여 유의된다.

37) 辰國의 존재 및 三韓과의 관계에 대한 검토로는 다음 논고가 참고된다(金貞培, 「'辰國'과 '韓'에 關한 考察」 『史叢』 12·13합, 1968, pp.343~348; 文昌魯, 「『三國志』 韓傳의 馬韓과 伯濟國」 『韓國學論叢』 27, 2004, pp.7~13; 朴大在, 「三韓의 기원에 대한 사료적 검토」 『韓國學報』 119, 2005, pp.5~11).

목하고 그것을 진번眞番과 인접한 한반도 남부에 산재했던 정치세력으로 상정하는 경향이 크다.[38] 이에 따라 진국의 존재는 부정되거나 진국을 '많은 나라(衆國)' 가운데 하나의 국國으로 보기도 하였으며, 심지어 진국의 실체를 부정하여 탁상에서 만든 가상의 국國으로 문헌 상에만 존재하는 것이라고 상정했다.[39]

진국은 이미 위만조선의 남쪽에 존재하면서 고조선 멸망 이전부터 『사기』 조선열전에서 "욕상서현천자欲上書見天子"라고 하여 천자에게 알현하고자 했던 존재이자, 위만조선에 비견되는 정치세력으로 인식되었을 가능성이 크다.[40] 이때 한漢은 고조선 남쪽의 정치세력을 대표하는 하나의 교섭 주체로서 진국을 상정하였을 법하다. 다만 중국 사서의 '진국' 인식에는 전통적으로 한군현 이남에 존재했던 한인韓人의 세력권 전체를 가리키는 지역적 개념이 자리하였기 때문에,[41] 실제 진국의 역사적 실체에 부합한다고 보기는 어려울 듯싶다. 곧 진번과 함께 거론된 진국의 역사적 실체는 용어상 '진辰+국國'으로 볼 경우, 언뜻 보아 진번 이남에 자리한 특정 지역의 정치체를 지칭하거나 '국'이라는 개별 단위에 국한된 정치 세력으로 상정할 가능성도 없지 않다.

사실 『삼국지』 한전에서 진한은 옛 진국이라고 하여 진국을 계승한 정치체로 인식

---

38) 丁仲煥, 「辰國 · 三韓 及 加羅의 名稱考」 『釜山大學校十周年記念論文集』, 1956; 『加羅史研究』, 혜안, 2000, pp.271~272; 全海宗, 『東夷傳의 文獻的 研究』, 一潮閣, 1980, p.121; 李鍾旭, 『新羅國家形成史研究』, 一潮閣, 1982, p.51; 權五榮, 「三韓의 '國'에 대한 研究」, 서울大學校 博士學位論文, 1996, pp.30~34; 白承玉, 『加耶 各國史 研究』, 혜안, 2003, pp.42~43.

39) 三品彰英, 「事實と考證 -魏書東夷傳の辰國と辰王」 『史學雜誌』 55-1, 1944, pp.76~81; 村上正雄, 「辰國臆斷」 『朝鮮學報』 81, 1976, pp.397~416.

40) 辰國은 漢과의 통교를 위해 노력하였지만, 위만조선의 방해로 무산되었던 것으로 전한다. 특히 『史記』 朝鮮列傳에서 "欲上書見天子 又擁閼不通"이라고 하여, 위만의 손자 우거왕이 진번 옆에 있는 진국이 글을 올려 천자를 만나려고 해도 가로막고 통하지 못하게 하였다고 전한다. 곧 辰國은 당시 漢과의 교섭 통로와 물질 문화에 관한 충분한 지식을 확보하였지만, 위만조선의 방해로 漢과의 직접적인 교섭이 불가능했던 것으로 본다(李賢惠, 「한반도 서남부지방 청동기 생산활동의 쇠퇴 배경」 『韓國古代史研究』 40, 2005, pp.27~28).

41) 고조선 멸망 이후 한 군현 이남의 한반도 중 · 남부 지역은 옛 辰國과 계통을 같이 했던 하나의 세력권으로 취급한 결과, 『후한서』 한전에서는 삼한 전체를 '古之辰國'으로 인식했을 것으로 본다(文昌魯, 「『三國志』 韓傳의 伯濟國과 '近郡諸國'」 『韓國學論叢』 28, 2005, p.12).

했고, 처음 6국에서 기록 당시에 12국으로 구성되었던 점을 염두에 둔다면, 진국은 개별 소국의 범주를 넘어서 복수의 소국들을 포괄하는 세력범위를 가졌을 것으로 볼 수 있다. 진국과 함께 거론된 인근의 진번 역시 다수의 속현屬縣으로 구성되었고, 이들 속현은 소국에 해당하는 세력 단위로 이해된다.[42] 진번과 임둔臨屯은 한漢이 조선을 정복하면서 군현에 각각 편제하였던 세력 단위였다. 실제로 이들은 위만조선의 위세에 눌려 복속되기 이전까지 각각 주변의 소읍小邑들과 함께 파악된 정치세력이었으며 이때 '소읍'은 '동이 소국小國'에 비견되는 것으로 보았다.[43] 곧 진국은 후대의 삼한 혹은 진한 지역 전체를 아우르는 정치체라기보다는 여러 소국 가운데 두각을 나타냈던 유력한 중심 소국으로서 일정한 지역의 소국연맹체를 이끌어갔던 존재를 지칭했던 것으로 상정할 수 있다. 따라서 본래 진국의 역사적 실체는 삼한보다 앞선 시기에 존재했기 때문에, 뒷날 마한 목지국目支國과 같은 대국大國을 중심으로 주변 소국들을 결속하였던 소국연맹체의 범주를 벗어나지 못했을 법하다.[44]

한편 진국의 존재를 대신하여 한지韓地에 산재했던 '중국衆國'의 실체에 주목하더라도, 이때 '중국'은 문자 그대로 많은 수의 국을 뜻하므로 삼한(한지)에 분포한 제국諸國이 되는 셈이다. 이들은 '한제국韓諸國' 또는 '한국韓國'으로 표기될 수도 있으며, 바로 삼한 지역에 분포했던 여러 소국과 맥을 같이할 수 있다. 곧 진번과 함께 존재했던 중국衆國에 관한 인식은 한제국韓諸國과 무관하지 않을 듯하다. 이와 관련하여 『삼국지』 한전

---

42) 樂浪郡의 南部都尉는 옛 진번군의 殘縣으로, 그것이 뒤에 帶方郡으로 分設되었다고 보았는데, 본래 진번군에는 소속 15현이 있었으며, 후에 북부의 잔현인 7현이 대방군의 속현으로 남았다는 것이다. 이때 진번군의 속현은 小國 규모에 해당하는 것으로 보았다(李丙燾, 「眞番郡考」, 앞의 책, 1976, pp.118~125).

43) 『史記』 卷115, 朝鮮列傳 55, "遼東太守卽約滿爲外臣 保塞外蠻夷 無使盜邊 諸蠻夷君長欲入見天子 勿得禁止. 以聞 上許之 以故滿得兵威財物侵降其旁小邑 眞番臨屯皆來服屬 方數千里". 한편 後漢의 應邵는 『史記索隱』에서 眞番과 臨屯에 대한 주석으로 "東夷小國 後以爲郡"이라고 하여, 진번은 본래 동이 소국 단위의 정치체에 비견되는 존재로 구성되었으며 뒤에 郡으로 편제되었음을 유추할 수 있다.

44) 서기전 3세기~2세기경 한반도 중남부지역의 청동기 유물군을 통하여 이 지역에서 성립, 발전해온 정치집단의 존재를 辰國으로 파악하고, 이들의 발전과정 속에서 馬韓지역 諸小國의 대두 현상을 파악하여 辰國과 馬韓小國의 계기적 발전과정을 상정하였다(李賢惠, 『三韓社會形成過程研究』, 一潮閣, 1984, pp.8~47).

에는 삼한에 마한 50여 국·진한 12국·변한 12국 등 모두 70여 국이 산재했으며 각기 구체적인 국명을 열거하였다. 한韓을 구성하는 삼한 역시 각각 다수의 국으로 구성된 정치체에 대한 합칭合稱으로 이해할 수 있다.[45] 이처럼 뒷날 여러 소국(諸國)을 포괄하는 삼한 또는 진한과의 관계를 염두에 둔다면 '중국衆國'은 '진국辰國'이 갖는 세력 범주에서 크게 벗어나지 않는다. 그리하여 『삼국지』 한전에서 인식하는 '옛 진국(古之辰國)'과 그것을 계승한 '진한辰韓'은 시기를 앞뒤로 하지만 모두 한지韓地에서 존재했던 정치세력으로서 복수의 소국으로 구성된 것이라 볼 수 있다.

이와 같은 맥락에서 '한국韓國'이라는 용어 역시 '한제국韓諸國'과 서로 통하는 것으로 이해할 수 있는데, 『삼국지』 왜인전倭人傳에는 중국 군현으로부터 그 동남쪽에 자리한 왜까지의 행로를 언급하면서 다음과 같이 밝혀 주목된다.

> (7) 왜인倭人은 대방군帶方郡 동남쪽 큰 바다(大海) 가운데 있는데, 산이 많은 섬에 의지하여 국읍國邑을 이루었다. 예전에는 100여 국國이었는데, 한漢나라 때 조정에 알현하는 나라가 있었고, 지금은 사역使譯이 통하는 곳이 30국이다. 대방군에서 왜까지는 해안을 따라 물길로 가서 한국韓國을 거치면서 때로는 남쪽으로 가다가 때로는 동쪽으로 가면 그 북쪽 대안對岸인 구야한국狗邪韓國에 도착하는데 거리가 7천여 리이다. 비로소 바다를 건너는데 1천여 리를 가면 대마국對馬國에 도착한다(『삼국지』 왜인전).

(7)은 서북한 방면에 자리한 대방군에서 출발하여 왜의 대마국에 가기 위해서는 해안을 따라 물길로 한국韓國을 경유했으며, 대마국에 가기 위한 한국의 최종 기착지는 '구야한국'이라고 하였다. 여기서 '구야한국'이란 '한국'에 속한 '구야', 바로 김해 일대에 있던 변진弁辰 12국 가운데 하나인 '구야국'을 말한다. 실제로 대방군이 있던 황해도 일대에서 낙동강 하구의 김해지역으로 가기 위해 뱃길로 '한국'을 거치면서 때로는 남쪽으로 때로는 동쪽으로 경유하였는데, 이때 거론한 '한국'은 구체적으로 서·남해 연안 지역 일대에 분포한 소국들로, 주로 마한과 변진의 소국들이 분포한 지역일 가능성이 크다.

---

45) 丁仲煥, 『加羅史草』, 1962, p.36에서 "衆國이란 말은 여러 나라를 意味하는 것이고 辰韓이라고 함은 열두 개의 작은 部族國家가 모여서 된 亦是 여러 나라의 集合 名稱이다"라고 하였다.

이와 관련하여 『삼국지』 한전에서 후한의 환·영제 말기에 한韓과 예濊의 세력이 강성하여 군현이 제대로 통제하지 못하니, 군현의 많은 백성이 한국으로 유입되었다고 했던 사실도 주목할 수 있다.[46] 당시 서북한 지역의 군현 백성들이 유입된 '한국'이란 역시 마한을 비롯한 삼한 여러 소국을 지칭했던 것으로 본다. 곧 '한국'이 마한과 변진은 물론 진한 등 삼한의 여러 소국을 포함하는 용어로 이해할 수 있다면, 이는 앞서 진국 혹은 중국衆國 등과도 서로 맥이 닿는 정치체로서 인식했을 법하다. 결국 한전에서 언급한 '옛 진국(古之辰國)'은 한지韓地에 자리한 정치세력으로서 이후 진한 또는 마한을 비롯한 삼한 전체와도 연결될 수 있는 존재이지만, 실제 그 세력범위는 개별 소국을 넘어서 여러 소국으로 구성된 소국연맹체로 이해할 수 있다.

한편, 서기전 2세기 말 위만조선의 멸망과 한군현의 설치에 따라 서북한 방면의 유이민과 철기문화 유입이 가속화되면서 진국의 정치·사회적 변화를 수반하였다. 기록상 진국의 존재는 전한사前漢史에 국한되는 정치체이기 때문에, 진국의 해체와 맞물려 삼한 여러 소국의 성립과 성장으로 이어졌다고 보았다.[47] 『삼국지』 한전의 서두에는 '한'의 구성에 대해 '세 종족이 있다(有三種)'라고 하여 마한·진한·변한을 언급하였다. 여기서 '有三種'은 지역적 구분의 뜻도 포함될 수 있지만, 그보다는 종족의 의미를 갖는 것으로 이해될 수 있다. '有三種'을 포함하는 '한'은 '한반도 중부 이남에서 신석기시대 이래로 꾸준히 계승 발전된 다양한 종족집단에 대한 통칭'으로서[48] 곧 삼한을 지칭한다. 이들의 지역 범위는 서북한에 설치되었던 군현의 이남 지역을 포괄하므로 옛 진국과의 긴밀한 관계 속에서 인식되었다. 다음 기록을 참고할 수 있다.

> (8) 한韓은 세 종족이 있으니, 하나는 마한 둘째는 진한 셋째는 변진이다. 마한은 서쪽에 있는데 54국이 있으며, 그 북쪽은 낙랑樂浪, 남쪽은 왜倭와 접하였다. 진한은 동쪽에 있는데 12국이 있으며, 그 북쪽은 예맥濊貊과 접하였다. 변진은 진한의 남쪽에 있는데

---

46) 『三國志』韓傳, "桓靈之末 韓濊彊盛 郡縣不能制 民多流入韓國". 그리고 다음과 같이 '읍군인수'를 받은 諸韓國臣智의 용례에서도 諸韓國은 馬韓·弁辰 등의 삼한 諸國을 지칭했던 것으로 이해할 수 있다(『三國志』韓傳, "景初中 明帝密遣帶方太守劉昕樂浪太守鮮于嗣 越海定二郡 諸韓國臣智加賜邑君印綬 其次與邑長").

47) 文昌魯, 앞의 논문, 2005, pp.11~12.

48) 권오영, 「馬韓의 종족성과 공간적 분포에 대한 검토」 『한국고대사연구』 60, 2010, p.15.

역시 12국이 있으며, 그 남쪽은 왜와 접하였다. 모두 78국으로 백제伯濟는 그 가운데 한 나라이다. 대국大國은 1만여 호戶, 소국은 수천 가家인데, 각기 산과 바다 사이에 있어서 전체 넓이가 사방 4천여 리이다. 동쪽과 서쪽은 바다를 경계로 하니 모두 옛 진국이다. 마한이 가장 강대하여 그 종족들이 함께 왕을 세워 진왕辰王으로 삼아 목지국目支國에 도읍하여 전체 삼한의 왕으로 군림하는데, 그(삼한) 제국왕諸國王의 선대는 모두 마한 종족의 사람이다(『후한서』 한전).

(9) 한韓은 대방군 남쪽에 있는데, 동쪽과 서쪽은 바다를 한계로 하고 남쪽은 왜와 접하니 면적이 사방 4천 리이다. (한은) 세 종족이 있으니, 하나는 마한 둘째는 진한 셋째는 변한인데, 진한은 옛 진국이다. 마한은 서쪽에 있다. … 모두 5십여 국이 있다. 대국은 1만여 가家이고, 소국은 수천 가로서 총 10여만 호戶이다. 진왕은 목지국을 치소로 삼는다(『삼국지』 한전).

(8)에서 마한은 삼한의 서쪽에 있는데 그 북쪽으로 낙랑군과 접하였으며, (9)에서는 삼한이 대방군의 남쪽에 있다고 하였다. 곧 사서의 편찬 대상 시기에 따라서 삼한의 북쪽 경계에는 후한 대에 낙랑군이 있었으며, 그 뒤 낙랑군 남쪽의 황해도 일원에 대방군이 설치되면서 삼국시대에는 대방군이 있었음을 전한다. 비록 『후한서』가 『삼국지』보다 후대에 편찬되었지만, 단대사로서 서북한 방면에 자리했던 중국 군현 세력의 변동에 따라 그 남쪽에 자리했던 삼한의 경계가 '낙랑군'에서 '대방군'으로 변했던 사실을 반영했음을 알 수 있다.

그런데 (8)과 (9)는 기왕에 진국과 삼한, 혹은 진국과 진한의 시간적 선후를 가늠하는데 주목받았다. (8)은 삼한 전체를 '옛 진국'이라고 하였고, (9)는 진한만을 '옛 진국'이라고 하여, 양 사서의 기록을 두고 자구字句는 물론 그 의미에도 사실상 차이가 크게 날 수밖에 없다. 이는 서로 다른 전적을 참고했거나, 같은 전적을 참고했을 경우 전승 과정에서 착오 등으로 인한 결과로 상정하기도 하였다.**49)** 그런데 양 사서의 기록상 차이

---

49) 『三國志』에서 참고했던 典籍은 魚豢의 『魏略』으로 보거나(高柄翊, 앞의 책, 1970, pp.24~25; 尹龍九, 앞의 논문, 1998, p.150), 그보다 앞서 찬술된 별개의 『魏略』 異本(全海宗, 앞의 책, 1980, pp.47~48), 또는 『魏略』보다 먼저 편찬된 謝承의 『後漢書』 東夷列傳으로 추정하였다(朴大在, 앞의 논문, 2009, pp.40~45). 이에 대해 진수와 범엽은 어환의 『위략』을 참고했으며, 같은 전거를 참조했음에도 다른 기사를 남긴 까닭은 진수가 『위략』 원문을 잘못 읽고 문의를 조정했을 개연성이 큰 것으로 보기도 한다(徐毅植, 「辰國의 變轉과 '辰王'의 史

에도 불구하고 삼한 또는 진한은 계통상 모두 앞선 시기의 '옛 진국'에 연결하였다. 이는 적어도 진국이 시간상 삼한 혹은 진한의 앞선 단계에 존재했던 정치체이며, 계통상 그 성립 기반이 되었던 역사적 실체로 인식되었던 셈이다.[50] 다만, 서기전 2세기 말까지 중국 문헌에 보이는 고조선 이남 지역 곧 한반도 중남부지역의 정치체는 '진국'뿐이며, 같은 지역에서 '한韓'의 존재는 전한前漢 말 이후에야 비로소 확인된다.[51] 이를 고려한다면 '진한만을 옛 진국'이라고 했던 (9)의 기록보다는 한韓 곧 삼한을 옛 진국으로 인식한 (8)의 기사가 맥락상 좀 더 타당한 면을 갖는 것으로 생각할 수 있다.[52]

서기전 3세기 이래 중국의 진秦·한漢 교체에 따른 유이민 파동은 인접한 고조선 사회의 변화와 긴밀하게 연동되었다. 곧 위만 세력의 대두, 준왕 세력의 한지韓地로의 남하, 조선상朝鮮相 역계경歷谿卿 세력의 진국으로의 이동, 그리고 한漢의 고조선 공격과 군현 설치, 그에 따른 서북한 방면 고조선계 유민들의 남하 등으로 이어졌다. 한전에서는 고조선계 유이민 집단이 남하했던 지역을 '한지韓地' 또는 '진국辰國' 등으로 전하고 있다. 모두 후대의 삼한지역과 관련된 명칭으로서 다음 기록을 통하여 살펴볼 수 있다.

的 推移」『歷史教育』114, 2010, pp.238~244).

50) 文昌魯, 「『三國志』韓傳의 辰王에 대한 이해방향」『韓國學論叢』26, 2003, pp.9~10. 이와 관련하여 辰國과 辰韓은 서로 존재했던 시기의 선후가 있다는 점을 지적하여 辰韓이 있을 당시에 辰國은 이미 과거의 역사가 되었다고 하였다(김정배, 「辰國의 政治發展段階」『韓國古代의 國家起源과 形成』, 高麗大學校 出版部, 1985, pp.272~273). 한편 진국의 시간적 선행단계를 인정하지 않는 입장에서는 진국이 삼한의 범칭으로 이해하거나(사회과학연구소, 「진국사」『조선전사』2, 과학백과사전종합출판사, 1991, p.81), 진국은 삼한과 같은 시기에 병존하였던 것으로 파악하였다(盧重國, 앞의 논문, 1987, p.29). 그런가 하면 '옛 진국(古之辰國)'이라는 표현은 3세기 후반 현재의 시점에서 진국이 소멸된 것을 의미하는 것이 아니라 진국은 있지만 예전의 진국과 다르다는 뜻으로 이해하기도 한다(徐毅植, 앞의 논문, 2010, pp.245~247).

51) 실제로 辰國은 『史記』와 『漢書』에서 확인되기 때문에 前漢史에 국한되는 존재이며(박대재, 앞의 논문, 2002, p.38), 『後漢書』와 『三國志』에서는 '古之辰國'으로 이미 사라진 정치체로 인식되었다. 그리고 韓에 관한 기사는 王莽 地皇(A.D.20~23) 연간의 辰韓 右渠帥 廉斯鑡 일화(『三國志』韓傳 所引 魏略)나 後漢 建武 20년(A.D.44)의 廉斯邑君에 封했던 韓人 蘇馬諟(『後漢書』韓傳) 이전으로 소급하기 힘들다.

52) 이성규, 「고대 중국인이 본 한민족의 원류」『한국사시민강좌』32, 2003, p.131. 이는 다음 장에서 후술하는 바와 같이 『삼국지』 한전의 마한에 대한 이중적인 인식 내지는 진한에 대한 편향적인 관점에서 연유했을 가능성이 클 것으로 추론된다.

(10) (조선)후 준準이 참람되게 왕이라고 일컫다가 연燕나라에서 망명한 위만의 공격으로 나라를 빼앗겼다. 준왕은 근신近臣과 궁인宮人들을 거느리고 도망하여 바다를 경유해서 한지韓地에 살면서 스스로 한왕이라 칭하였다(『삼국지』 한전).

(11) 일찍이 우거右渠가 격파되기 전에 조선상朝鮮相 역계경歷谿卿이 우거에게 간諫하였으나 받아들여지지 않자, 동쪽의 진국辰國으로 갔다. 그때 백성으로서 그를 따라가 거기에 산 사람이 2천여 호가 되었는데, 그들도 역시 조선에 조공하는 번국藩國과는 서로 왕래하지 않았다(『삼국지』 한전에 인용한 『위략魏略』).

(10)에서 조선후 준은 위만의 공격에 쫓겨나 고조선 남쪽의 한지韓地로 내려와 살면서 스스로 '한왕'을 칭하였다. 여기서 준왕이 남하했던 한지는 옛 진국 지역 내지는 그것을 포괄하는 곳으로 상정할 수 있다.[53] (11)에서 조선상 역계경은 위만조선의 우거왕(?~B.C.108)에게 간하였다가 받아들여지지 않자, 주민 2천여 호를 이끌고 진국으로 이탈하였다. 이때 이들이 갔던 '동쪽의 진국'은 실제 위치가 고조선의 남쪽 방면으로 이해된다. 사실 고조선 세력이 남하했던 '한지'라는 용어는 구성상 '한韓+지地'에서 '지' 곧 지역을 염두에 둔 명칭이라고 볼 수 있다면, '진국'은 '진辰+국國'으로 '국'이라는 세력 단위를 기반으로 하는 의미를 담은 것이라 억측해 볼 수 있다.

(10)과 (11)의 사례를 통하여 서기전 2세기 무렵 준왕 세력의 남하, 뒤이어 고조선 지역에서 남쪽 방면으로 이탈했던 역계경과 그 휘하의 세력이 있었음을 알 수 있다. 우거왕에게 불만을 가져 진국으로 이탈했던 역계경은 '조선상朝鮮相'으로서 본래 위만조선의 국가 운영에 참여했던 비중 있는 인물로 이해된다.[54] 당시 역계경이 거느린 주민 2천여 호는 소국의 평균 인구수에 해당하는 규모이며, 이들을 받아들인 '동쪽의 진국'은 소국 단위를 훨씬 넘어선 인적 규모와 세력범위를 가졌던 정치체로 상정할 수 있다.

그런데 옛 고조선 지역에 중국 군현이 설치되면서 (6)과 같이 삼한은 낙랑군에 소속되어 철마다 조알朝謁하였다고 전한다. 특히 그 뒤부터 진국의 존재가 기록에서 사라졌으며, 대신에 이 지역은 삼한과 관련된 진한 또는 변한(변진), 한국 등의 존재만이 확인될 뿐이다. 이는 한군현이 설치된 이후 서기전 2세기에 그 남쪽의 진국이 질적인 변화

---

53) 조법종, 「삼한사회의 형성과 발전」 『한국사』 2, 한길사, 1994, pp.157~161.

54) 金光洙, 「古朝鮮 官名의 系統的 理解」 『歷史敎育』 56, 1994, p.11.

와 함께 과거 지칭하던 '진국'에서 '한韓'으로 그 명칭을 고쳐서 불렀던 것으로 이해될 수 있다.[55)]

　고조선 멸망을 전후하여 주요 이탈 세력이 유입된 한반도 남부지역을 '진국' 또는 '한韓지'로 지칭한 것은 앞서 살펴본 중국인의 역사관과 무관하지는 않을듯싶다. 실제로 중국이 이민족의 거주지인 삼한지역을 미칭美稱인 '진辰'과 '한韓'으로 칭한 것은 이적夷狄 혹은 이만夷蠻이라고 했던 주변 종족에 대한 명칭으로는 무척 이채로운 면이 있다. 이와 같은 점에 착안하여 중국이 이 지역을 본래 은殷에 속하는 변방종족으로 간주하고 이에 대한 신속을 요구할 수 있는 명분을 확보하기 위한 까닭에서 찾았다.[56)] 그렇다면 『삼국지』 한전에서 진한은 옛 진국이라고 한 기록, 그리고 마한과 진한의 내용을 비교할 때 후자에 우호적인 서술 경향은 당시 중국의 현실적 이해를 반영한 의도된 삼한 인식과도 무관하지 않을 듯 싶다. 곧 한전에 수록된 삼한의 사회상 서술과 실제 삼한의 실상 사이에는 괴리가 있을 것이며, 이를 구분하여 삼한 사회의 역사적 실상에 접근할 필요가 있는 셈이다.

IV. '삼한' 인식의 역사상

　『삼국지』 한전에 보이는 다음 기사는 앞서 제시한 (9)와 함께 삼한의 형성과 세력범위를 가늠하는 데 참고된다.

---

55) 실제로 韓傳에서는 한반도 중남부지역 정치체에 대하여 韓으로 지칭한 것은 중국 군현과의 교섭 기사인 점에 주목하여 낙랑군이 설치된 지 1세기 정도가 지난 때부터 韓人·韓國·三韓 등의 명칭이 등장하였으며, 이는 군현과의 직접적인 교섭을 통하여 낙랑인들에 의해 호칭된 것으로 보았다(전진국, 「한(韓)의 유래와 명칭의 형성」 『정신문화연구』 35-4, 2012, pp.173~174).

56) 중국 문헌에서 朝鮮을 箕子의 나라라고 주장하고, 기자가 殷의 후예라고 했던 사실을 상기할 때, 중국이 조선 남부를 辰으로 표기한 것은 殷系의 변방종족임을 분명히 한 것으로 이해된다. 韓 역시 조선을 정벌한 뒤에 辰國과의 연속성을 고려하여 은에서 유래한 중국계임을 강조하기 위한 漢의 관점이 반영된 명칭이라고 상정하였다(이성규, 앞의 논문, 2003, pp.131~134).

(12) 진한辰韓은 마한의 동쪽에 위치하였다. … 변한弁韓과 진한은 합하여 24국이 있다. 대국은 4~5천 가이고, 소국은 6~7백 가로서 모두 4~5만 호이다. … 변진(변한)은 진한과 뒤섞여 살며 역시 성곽城郭이 있다(『삼국지』 한전).

먼저 (9)에서 '한韓'은 서로 구분되는 세 종족, 곧 마한, 진한, 변한 등 삼한이 있으며 각기 여러 소국으로 이루어졌다. 삼한은 대방군의 남쪽 곧 한반도 중남부에 자리하며, 왜와는 남북으로 접경하였다고 전한다. 마한의 위치를 서쪽 방면에 있다고 앞서 언급한 뒤에 그것을 기준으로 진한과 변진의 위치를 기술하였다. 곧 진한은 마한의 동쪽에 있고, 변진과 서로 뒤섞여 살았다는 것이다. 이때 한韓의 동쪽에 있는 진한이 옛 진국이었다는 서술은 앞의 (11)에서 조선상 역계경 집단이 '東之辰國'이라고 하여 동쪽의 진국으로 갔다는 전승에 진국의 방향을 동쪽이라고 언급했던 것과 관계가 있을 듯싶다. 『삼국지』 한전에서 진한에 앞선 시기 존재한 정치체로서 '옛 진국'을 거명한 것은 아무래도 후술할 진한의 노인耆老들이 언급했던 '옛 망명인(古之亡人)'으로서 진한의 유래를 서북한 방면의 중국 군현인 '낙랑' 관련 이주민 세력에 두었던 인식과는 거리가 먼 것이다.

또한 삼한을 구성하는 여러 소국은 마한 50여 국·진한 12국·변진 12국 등이었다고 하였다. 곧 삼한과 거기에 속한 70여 국은 서쪽에 마한, 그 동쪽에 진한, 그리고 동남부 변한에 각기 위치했으며, 삼한에 널리 분포한 '국'이라는 정치체는 당시 중국의 시각에서 삼한의 주요 구성단위로 인식했음을 알 수 있다.

그런데 한전의 서술에는 마한과 진·변한을 구분하면서 서로 대조적인 인식을 했던 점을 찾을 수 있다. 널리 알려졌듯이 마한의 인구 규모는 물론이고 소국과 대국의 규모도 마한이 변·진한보다 상대적으로 컸다고 하였다.[57] 그래서인지 전통적으로 마한은 진·변한에 비해서 우위에 있었던 정치체로 인식했음을 확인할 수 있다.[58] 특히 마한

---

57) 이 같은 인식은 『後漢書』 韓傳에서도 확인할 수 있다. 곧 "마한이 (韓族 중에서) 가장 강대하여 그 종족들이 함께 王을 세워 辰王으로 삼아 目支國에 도읍하여 전체 三韓 지역의 王으로 군림하는데, 諸國王의 선대는 모두 마한 종족의 사람이다"라고 하여 삼한 중에 마한이 가장 컸다고 하였다.

58) 『三國史記』 卷1, 新羅本紀1, 始祖 赫居世居西干, "38년(서기전 20년) 봄 2월, 瓠公을 보내 馬韓을 예방하였는데, 馬韓王이 호공을 꾸짖으며 '辰韓과 卞韓은 우리나라의 屬國인데, 근래에는 공물을 보내오지 않았으니 大國을 섬기는 예의가 이렇단 말인가'라 말했다"라고 하

은 50여 국의 국명을 하나의 범주로 엮어 열거했는데, 진한과 변진의 국명은 따로 구분하지 않고 변진한 24국의 국명으로 뒤섞어서 소개하였다.

이와 함께 변진은 의복과 주택뿐만 아니라 언어와 법속法俗도 진한과 같다고 하여, 진한과 변진을 하나의 문화권으로 인식하고 마한의 그것과는 뚜렷하게 구분하여 기록했다. 물론 진한 · 변진에 각각 소속된 여러 소국은 변진의 경우에는 국명 앞에 '변진'자를 표기하였지만, 앞서 언급한 바와 같이 진한 · 변한의 국명을 따로 나누지 않고 뒤섞어 나열하였다. 이러한 사실은 '변진과 진한이 서로 섞여 살았다'라고 기술한 내용과 맥이 닿을 수 있다.

사실 변 · 진한이 섞여 살았다고 하는 전승은 삼한 서쪽에 자리했던 마한이 비교적 그 경계가 뚜렷한데 비하여 진한과 변한은 그렇지 못하였음을 알려 주는 사실로 이해할 수도 있다. 실제로『삼국지』한전 찬술 당시에 마한 제소국이 대방군과 경계를 이루고 있다는 점을 염두에 둔다면, 당시 마한의 북쪽 세력범위는 예성강 · 임진강 유역을 경계로 그 이남 지역에 설정할 수 있다.[59] 대방군은 낙랑군 둔유현 이남의 옛 진번군 지역에 설치한 것으로 전하는데,[60] 대체로 대방군의 치소는 황해도 봉산군 일대로 비정하기 때문이다.[61] 마한 50여 소국의 구체적 위치는 분명하지 않지만,『삼국지』한전에 수록된 마한 50여 국의 거명 순서가 중국 군현에 가까운 곳부터 수록했다는 견해를 참고하면,[62] 백제국伯濟國 앞에 나열된 원양국爰襄國 · 모수국牟水國 · 상외국桑外國 · 소석색국小石索國 · 대석색국大石索國 · 우휴모탁국優休牟涿國 · 신분고국臣濆沽國 등 7개의

여 본래 진 · 변한이 마한의 속국이었음을 전한다.

59) 마한의 북방한계는 대략 禮城江 · 臨津江 유역에 한정시킬 수 있을 것으로 상정하였는데(成周鐸, 「馬韓 · 初期百濟史에 對한 歷史地理的 管見」『馬韓 · 百濟文化』10, 1987, pp.164~165), 이곳은 帶方郡이 설치된 황해도 지역과의 교섭지점이 되며, 옛 진번군 이남 지역에도 해당한다고 보았다.

60) 『三國志』韓傳에 "建安中 公孫康分屯有縣以南荒地爲帶方郡"이라고 하여 後漢 獻帝 建安 연간(196~220, 백제 초고왕 31년~구수왕 7년)에 屯有縣 이남의 황무지를 나누어 대방군으로 만들었다고 전한다.

61) 李丙燾,『韓國古代史研究』, 朴英社, 1976, pp.125~126.

62) 千寬宇, 「馬韓諸國의 位置試論」『東洋學』9, 檀國大學校 東洋學研究所, 1979;『古朝鮮史 · 三韓史研究』, 一潮閣, pp.415~419.

제국은 한강 유역의 백제국보다 북쪽에 자리한 것으로 볼 수 있다. 이를 바탕으로 억측하자면, 예성강 이남에서 한강 이북의 경기 북부에 7~8개 소국이 위치하고, 한강 이남 경기 남부에도 그와 비슷한 규모의 소국들이 분포하며, 그 나머지 40여 개 남짓한 소국들은 충청도와 전라도 일대에 분포한 것으로 상정할 수 있다.[63] 그리고 3세기 중반 당시 경상도 일대에 산재했던 진·변한 제국은 각각 낙동강 동쪽 지역, 낙동강 서쪽 지역 및 남해안 일대에 분포한 것으로 이해된다.[64] 변한(변진)이 진한과 잡거雜居했다는 기록은 일부 진·변한 제국이 낙동강 양안 지역에 섞여 있어 중국인들의 눈에 그 경계를 명확히 구분하기 어려웠기 때문으로 보았다.[65]

기왕에 마한을 비롯한 삼한의 형성과정과 기원에 대해서는 여러 견해가 제시되었지만, 대체로 마한은 삼한 가운데 가장 먼저 성립했던 것으로 인식하였다.[66] 다음과 같이 진한의 유래를 전하는 한전의 기록을 통해서 유추할 수 있다.

> (13) (진한의) 노인들이 대대로 전하여 말하기를 "(우리는) 옛날의 망명인으로서 진秦나라의 고역苦役을 피하여 한국韓國으로 왔는데, 마한이 그들의 동쪽 땅을 나누어서 우리에게 주었다"라고 하였다. 그곳에는 성책城柵이 있다. 그들의 말은 마한과 달라서 나라(國)를 방邦이라 하고, 활(弓)을 호弧라고 하고 도적(賊)을 구寇라 하고, 술잔을 돌리는 것(行酒)을 행상行觴이라 한다. 서로 부르는 것을 모두 도徒라 하여 진秦나라 사람들과 흡사하니, 단지 연燕나라·제齊나라의 명칭만은 아니었다. 낙랑 사람(樂浪人)을 '아잔阿殘'이라 하였는데, 동방東方 사람들은 나我를 아阿라 하였으니, 낙랑 사람들이 본래 그 가운데 남아있는 사람이라는 뜻이다. 지금도 (진한辰韓을) 진한秦韓이라고 부르는 사람이 있다(『삼국지』 한전).

---

63) 千寬宇, 앞의 논문, 1989, p.422.

64) 千寬宇,「辰·弁韓諸國의 位置試論」『白山學報』20, 1976;『古朝鮮史·三韓史研究』, 一潮閣, 1989.

65) 전통적으로 변·진한의 경계는 낙동강을 기준으로 그 동쪽은 진한 諸國이, 그 서쪽과 남해안 일대에는 변한 제국이 주로 존재한 것으로 이해된다. 그러나 그 경계는 명확한 것이 아니어서 『삼국지』 찬자의 눈에는 '雜居'의 형태로 보일 정도로 낙동강의 양안 지역에는 섞여서 존재하였던 것으로 본다. 변·진한 제국의 경우 단일연맹체는 아닐지라도 지역 연맹체를 형성하고 있었는데, 어떤 지역 연맹체의 경우에는 변·진한의 國이 섞여 있었던 것으로 이해된다(백승옥,「변·진한 및 가야·신라의 경계」『한국고대사연구』58, 2010, pp.64~66).

66) 文昌魯,『삼한시대의 읍락과 사회』, 신서원, 2000, pp.27~40.

(13)에서 진한 노인들이 전언한 내용을 인용하여 일찍이 중국 진나라의 고역을 피하여 한국으로 왔으며, 이때 마한이 그 동쪽 경계의 땅을 진한에게 떼 주었다고 한다. 이와 관련하여 마한은 그 백성이 토착 생활을 하였다고 전하는데,[67] 여기서 '토착'은 가축을 따라 이동하지 않고 농경하며 정착 생활을 한다는 뜻이다.[68] 이는 다분히 마한이 선주 정착했던 사실을 염두에 둔 표현으로 이해될 수 있으며, 자연 마한의 도움으로 그 동쪽에 정착한 진한은 후래 이주민 세력으로 인식했음을 유추할 수 있다. 이와 관련하여 '변진'은 한전의 첫머리에서 한韓을 구성하는 마한·진한과 함께 '변한'으로 명시했으므로, 변진과 변한은 당시 같은 실체에 대해 함께 사용했던 명칭으로 볼 수 있다.[69] 이때 '변진'은 본래 '변진한'의 약칭으로 생각할 수 있으며,[70] 그러한 경우에 변진은 진한의 한 갈래로서의 의미를 내포한 것으로 상정할 수 있다.[71] 곧 진한의 기원과 관련하여 중국 방면의 이주민 세력임을 강조한 만큼, 변진의 기원 역시 진한과 더불어 중국

---

67) 『三國志』韓傳에 "그(馬韓) 백성들은 土著 생활을 하고 곡식을 심으며 누에치기와 뽕나무 가꿀 줄을 알고 綿布를 만들었다"라고 하였다. 마한이 토착 생활을 했다는 기록은 진·변한과 비교해 선주 정착 생활을 했다는 인식의 반영으로 보인다. 『三國志』夫餘傳에도 "그 (夫餘) 백성들은 土著 생활을 하며, 宮室과 倉庫 및 감옥이 있다"라고 하였다. 이 역시 부여가 고구려와 비교하여 선주 정착 생활한 것을 염두에 둔 표현으로 이해할 수 있다.

68) 『漢書』西南夷兩粵朝鮮 서두에 "其俗 或土著 或移徙"라고 하여, 西南夷사회의 풍속에 어떤 부류는 정착하여 살지만, 어떤 부류는 옮겨 다닌다고 하였다. 또한 같은 책, 西域傳에 "西域諸國大率土著 有城郭田畜 與匈奴烏孫異俗 故皆役屬匈奴"라고 하여, 서역 諸國의 대부분은 정착 생활을 하며 성곽과 밭과 가축을 갖고 있어서 유목 생활을 했던 흉노와 풍속이 다르다고 하였다. 이에 顏師古는 '土著'에 대해 "言著土地而有常居 不隨畜牧移徙也"라고 注를 달아 토지에 정착하여 지속해서 거주하는 것을 말하며 가축을 따라 이동생활을 하는 것이 아니라고 하였다.

69) 『三國志』韓傳과 『後漢書』韓傳에는 弁韓을 대부분 弁辰으로 표기하였으며, 변한의 용례는 『三國志』韓傳 所引 『魏略』에서 廉斯鑡이 辰韓으로부터 보상으로 받은 '弁韓布'의 존재를 통해 확인할 수 있다.

70) 都守熙, 「弁韓·辰韓語에 關한 硏究(Ⅰ)」『東洋學』20, 檀國大學校 東洋學硏究所, 1990, pp.10~11.

71) 이처럼 '弁辰'이 辰韓을 바탕에 두고 거기에서 파생된 '弁辰韓'의 약칭으로 볼 수 있다면(都守熙, 앞의 논문, 1990, p.10), 삼한의 명칭은 '마한/진한'→'변진한' 순으로 성립되었음을 상정할 수 있다. 나아가 진한과 변한의 관계에서도 진한이 주가 되고 변한을 부수적인 존재로 인식했던 면이 반영된 것으로 억측해 볼 수 있다.

이주민 세력에 연결하여 인식하였던 것으로 이해될 수 있다.

사실 마한이 그 동쪽 경계의 땅을 진한에 나누어주었다는 전승에는 전통적으로 마한이 한강 이남의 중·남부 지역을 주도적으로 이끌어 갔던 세력 내지는 맹주라는 인식이 전제되었음을 유추할 수 있다.[72] 그러함에도 불구하고 (13)의 내용을 통해서는 『삼국지』 한전의 진한에 대한 우호적인 인식의 일면을 엿볼 수 있다. 사실 진한의 기원과 관련해서 다수의 중국 이주민이 정착한 사실과 함께, 한전을 찬술할 당시에도 '진한辰韓을 진한秦韓이라고 부른다'라는 사실을 언급한 점은 마한에 비해서 매우 두드러진 면이 있다. 또 진한의 언어는 마한과 다를 뿐만 아니라,[73] 중국 연燕·제齊나라뿐 아니라 진秦나라 사람들과 흡사한 점을 강조하였다.[74]

특히 진한사람들이 고된 일을 피해 이주했던 '진秦'나라 유민들과 직접 연관 지어서 기록된 점은 실제 진한 지역에 전국戰國계 중국 이주민의 정착 사실을 나름대로 반영한 것으로 볼 수도 있다. 물론 앞서 진한의 노인들이 대대로 전하여 스스로 이야기했던 '진秦의 고된 일(苦役)'을 피하여 한국으로 갔던 집단과 관련하여 진한을 '진한秦韓'이라고 불렀던 점을 고려한다면, 고조선 멸망 이후 진행된 서북한 방면의 낙랑계통 유이민들이 꾸준히 진한 지역으로 남하했던 사실이 반영된 전승이라고 이해할 수도 있다.[75]

다른 한편으로 진한을 중국의 진나라와 연결하려고 했던 『삼국지』 한전 편찬 당시 중국의 정치적인 의도 또한 개입되었을 여지도 있어 보인다. 실제로 진나라 유민 기사에 이어서 낙랑인은 본래 진한인 중에 남아있는 무리라는 뜻으로서 '아잔阿殘'이라 했던 사실도 따로 떼어서 생각할 수 없다. 곧 진한과 낙랑의 상호 관련성을 알리는 '아잔'

---

72) 馬韓이 진·변한을 속국으로 삼았던 사실은 마치 『後漢書』 韓傳에서 辰國의 전통을 이은 辰王이 목지국을 도읍으로 삼아 삼한 전체를 다스렸던 인식을 연상하게 한다.

73) 다만 진한의 언어가 마한과 다르다고 한 것은 문자언어를 말하는 것이며, 동의 또는 유사한 뜻의 한자를 이처럼 분간해 사용했을 정도로 한자 문화 내지는 한문화의 수준이 높았다는 사실을 나타내는 것으로 보았다(全海宗, 「古代 中國人의 韓國觀」, 앞의 책, 1979, p.30).

74) 진한의 언어가 燕·齊는 물론 秦과의 유사성이 있음을 언급한 것은 중국 이주민의 진한 유입을 전제로 이해할 수 있다. 곧 韓傳에서 중국문화의 삼한 이식 내지는 중국과의 친연성을 강조하려는 의도가 일정 부분 반영되었을 것으로 본다.

75) 全德在, 「尼師今時期 新羅의 成長과 6部」 『新羅文化』 21, 2003, p.186

곧 '우리의 남은 무리'라는 전승에는 양자 사이에 이어지는 연고 의식을 엿볼 수 있으며, 나아가 3세기 후반 무렵 『삼국지』 한전에 반영된 중국의 '진한'에 대한 강한 연고 의식의 산물로 생각할 수 있다.[76] 이와 같은 맥락에서 본다면 한전의 첫머리에 '진한은 옛 진국'이라고 언급한 사실도 진한에 대한 중국의 오랜 연고 의식을 강조하려는 의도가 반영된 것일지도 모른다. 그렇다면 변진이 진한에 속하였다는 후대의 전승 역시 진한에 치우친 『삼국지』 한전의 삼한 인식이 투영된 것으로 풀이할 수 있는 여지가 있는 셈이다.[77]

다음에 제시하는 <표 2>는 『삼국지』 한전에 수록된 마한과 진·변한의 제반 내용 중에 서로 대비되는 부분을 발췌하여 항목별로 작성한 것이다. 이를 통해서 한전에 반영된 삼한 인식의 일정한 경향성을 엿볼 수 있다. 곧 『삼국지』 한전의 마한 관련 기사에는 찬자 진수의 마한 인식에서 서로 상치되는 점을 찾을 수 있다(①②③). 먼저 마한을 구성하는 인구수와 제소국은 규모 면에서 진·변한에 비해 두 배 정도의 차이가 난다 (①). 실제 1만여 가인 마한의 대국과 6~7백 가인 진·변한 소국은 서로 열 배 이상 차이가 있다. 인구의 규모에 따라 정치체의 수준이 반드시 구별되지는 않지만, 한전에서 대국과 소국을 이끌어갔던 거수층의 명칭과 그들이 소지한 관작 등에는 차이가 있어, 이들을 단순히 '국'이라는 동일 범주에서 균질적인 정치체로 상정할 수 없다.[78] 곧 소국이라는 정치체가 국읍을 중심으로 주변의 읍락이 결속된 단위라고 할 때, 대국은 거기에 더해 '별읍'이라는 세력 단위를 포함하는 보다 확대된 규모의 정치체로 설정할 수 있다.[79] 이를 통해 마한의 대국을 이끌었던 신지급 지배자의 위상과 거수층의 정치적 성장을 엿볼 수 있다.

---

76) 文昌魯, 「新羅와 樂浪의 關係」 『한국고대사연구』 34, 2004, p.202.

77) 『晉書』 東夷列傳, "又有弁辰 亦十二國 合四五萬戶 各有渠帥 皆屬於辰韓"이라 하여, 변진 곧 변한 12국이 모두 辰韓에 속했다는 전승은 진한과 변진의 관계에 대한 후대의 인식을 엿볼 수 있는 대목이다.

78) 大國이라는 세력 단위의 등장이 小國의 단계를 거쳐서 성장, 확대된 것이라고 할 때, 大國은 우세한 소국이 주변 지역을 통합해 가는 영역 확대 과정에서 이루어진 것이라 여겨진다 (文昌魯, 「三韓時代의 邑落社會와 그 變遷過程」 『國史館論叢』 74, 1997, p.196).

79) 金杜珍, 「三韓 別邑社會의 蘇塗信仰」 『韓國 古代의 國家와 社會』, 一潮閣, 1985, pp.95~98.

<표 2> 『삼국지』 한전의 마한과 진·변한 주요 내용 비교

구분			관련기사	내용
①	규모	馬韓	凡五十餘國 大國萬餘家 小國數千家 總十餘萬戶.	대국(1만여 가)·소국(수천가) 모두 50여 국으로 총인구 10만여 호
		辰·弁韓	弁·辰韓合二十四國. 大國四五千家 小國六七百家總四五萬戶.	대국(4~5천가)·소국(6~7백가) 모두 24국으로 총인구 4~5만호
②	진왕 관련	馬韓	辰王治月支國. 臣智或加優呼臣雲遣支報安邪踧支濆臣離兒不例拘邪秦支廉之號. 其官有魏率善·邑君·歸義侯·中郎將·都尉·伯長.	진왕(목지국), 신지에 간혹 우대하는 호칭을 더함(마한과 변진을 대상). 관직에 '위솔선'읍군 등의 여러 관명이 있음
		辰·弁韓	其十二國屬辰王. 辰王常用馬韓人作之 世世相繼 辰王不得自立爲王.	진왕(12국)은 마한인이 대대로 세습, 자립하여 왕이 되지 못함(진한과 밀접)
③	유래·생활	馬韓	侯準旣僭號稱王 爲燕亡人衛滿所攻奪 將其左右宮人走入海 居韓地 自號韓王. 其民土著 種植 知蠶桑 作綿布. 散在山海間 無城郭.	고조선 준왕이 한의 지역으로 남하, 자칭 한왕이라 함(마한과 연계) 토착 생활(선주민), 산과 바다 사이에 흩어져 삶, 성곽이 없음
		辰·弁韓	辰韓者 古之辰國也. 其耆老傳世 自言古之亡人避秦役 來適韓國 馬韓割其東界地與之 有城柵. 其言語不與馬韓同 … 有似秦人 非但燕·齊之名物也 名樂浪人爲阿殘 東方人名我爲阿 謂樂浪人本其殘餘人 今有名之爲秦韓者. 弁辰與辰韓雜居 亦有城郭.	진한은 옛 진국 秦役을 피해 온 중국 이주민(秦人) 유래 戰國系 燕·齊 문화의 영향 낙랑인은 진한의 잔여 무리(阿殘), 辰韓을 '秦韓'이라고도 부름 변진과 진한이 뒤섞여 살며, 城柵·城郭이 있음
④	군현 관계	馬韓	漢時屬樂浪郡 四時朝謁. 桓·靈之末 韓濊彊盛 郡縣不能制 民多流入韓國. 建安中 公孫康分屯有縣以南荒地爲帶方郡 遣公孫模·張敞等收集遺民 興兵伐韓濊 舊民稍出 是後倭韓遂屬帶方. 景初中 明帝密遣帶方太守劉昕·樂浪太守鮮于嗣越海定二郡 諸韓國臣智加賜邑君印綬 其次與邑長 其俗好衣幘 下戶詣郡朝謁 皆假衣幘 自服印綬衣幘千有餘人. 部從事吳林以樂浪本統韓國 分割辰韓八國以與樂浪 吏譯轉有異同 臣智激韓忿 攻帶方郡崎離營 時太守弓遵·樂浪太守劉茂興兵伐之 遵戰死 二郡遂滅韓.	漢나라 때 마한이 낙랑군에 소속되어 朝謁한 사실 강조 중국 군현의 對마한 예속 강조(漢-낙랑군, 曹魏-대방군) 후한 및 삼국시대 중국 군현과 마한세력의 갈등 및 충돌(찬술시기에 가까울수록 갈등 심화-마한의 정치적 성장과 관련)
		辰·弁韓	國出鐵, 韓·濊·倭皆從取之. 諸市買皆用鐵 如中國用錢 又以供給二郡.	낙랑·대방 2군에 철 공급 군현과의 갈등·충돌 기록 없음

구분		관련기사	내용
⑤ 풍속 · 정치 기강	馬韓	其俗少綱紀 國邑雖有主帥 邑落雜居 不能 善相制御. 無跪拜之禮. ⋯ 無長幼男女之 別. 不知乘牛馬, 牛馬盡於送死.	기강이 흐려서 정치적 통제 미흡함 跪拜하는 禮가 없으며 長幼 · 남녀 분 별이 없음 소나 말을 탈 줄 모름
		其北方近郡諸國差曉禮俗 其遠處直如囚 徒奴婢相聚. 其立蘇塗之義 有似浮屠 而所行善惡有異.	소도-중국 불교와 사회적 기능의 차이 (행하는 바 좋고 나쁨이 다름)
	辰 · 弁韓	乘駕牛馬 嫁娶禮俗 男女有別. 其俗 行者相逢 皆住讓路. 有瑟 其形似筑 彈之亦有音曲. 衣服絜淸 ⋯ 法俗特嚴峻.	소나 말을 탈 줄 알고, 남녀 분별이 있음 길에서 양보하는 풍속, 비파와 연주하는 음곡이 있음을 특기. 의복 청결, 법속이 특히 엄준함

이와 관련하여 진왕 관련 기록에서 마한의 목지국을 치소로 삼았던 '진왕'과 '간혹 우대하는 호칭을 더한(或加優呼)' 사실을 운운했던 '신지'는 본래 소국 단위를 세력 기반 으로 성장했던 지배자로 이해할 수 있다(②). 사실 '가우호加優呼'했던 호칭이 마한과 변 진 제국 가운데 유력한 대국의 신지와 관련된 칭호로서 '신운견지보臣雲遣支報', '안야축 지安邪踧支', '분신리아불례濆臣離兒不例', '구야진지렴拘邪秦支廉' 등으로 나눌 수 있는 것 인지, 혹은 진왕의 겸호兼號로서 전체가 하나의 명칭인지는 사실 불분명한 점이 있다. 다만 마한제국의 신지 가운데 '진왕'으로 성장했던 존재는 '간혹 우대하는 호칭을 더한' 신지보다 우월한 존재로 상정할 수 있으며, 그들은 그렇지 못한 여러 소국의 거수들에 비해서 상대적으로 우월한 존재라고 본다. 마한제국의 거수층을 상대로 한 관직명으로 언급된 '위솔선魏率善 · 읍군邑君 · 귀의후歸義侯 · 중랑장中郎將 · 도위都尉 · 백장伯長' 역 시 진왕의 권위와 무관하지는 않을 듯싶다.[80] 이에 비해 진 · 변한에서 "그 중 12국은 진왕에게 신속되었다(其十二國屬辰王)"라고 했던 '진왕'은 마한 목지국을 치소로 삼았던 '진왕'과는 구분하여 접근할 수 있는데,[81] 그는 자립하여 왕이 되지 못하였다는 점에서

---

80) 文昌魯, 「『三國志』韓傳의 '辰王'에 대한 理解方向」『韓國學論叢』26, 2003, pp.163~165.

81) 진왕은 『삼국지』 한전에서 마한의 目支國王, 변진 12국의 辰王으로 나타난다. 그래서 변진 의 辰王은 진한왕으로서 斯盧國王으로 설정하고, 마한 目支國의 辰王은 이와 구분하여 伯 濟國王으로 나누어 파악하였다(千寬宇, 「三韓攷 第2部-'三國志' 韓傳의 再檢討」『震檀學 報』41, 1976; 『古朝鮮史 · 三韓史硏究』, 1989, pp.234~239). 나아가 弁辰의 辰王은 目支國 辰王과 관련이 없는 존재였으며 더구나 진왕은 삼한의 총체적인 왕은 아니었다고 이해한다 (金貞培, 「'辰國'과 '韓'에 關한 考察」『史叢』12 · 13합집, 1968, pp.348~372). 곧 12國이 속

마한의 진왕에 비해 상대적으로 그 위상에 한계를 보인다(②). 물론 3세기 중반 마한 목지국과 관련하여 진왕으로 칭했던 존재는 의식상 마한을 대표하는 지배자로 인식했을지라도, 본래 그가 치소로 삼았던 세력 기반인 목지국은 마한의 대국에서 크게 벗어나지 않는 규모였을 것이다.[82]

　　삼한의 유래와 관련하여 진한은 마한의 배려로 한국에 정착했던 사실을 전한다(③). 또한 그 기원에 있어 선주 토착 생활을 했던 마한에 비하여 진·변한은 뒤에 이주한 중국 진나라 사람들과 연결하였다. 전반적으로 당시 삼한의 세력 중에 마한이 중심이 되고 상대적으로 진·변한이 부수적인 형세로 인식하였음을 알려준다.[83]

　　그런데 한 무제 이후로 마한은 낙랑군에 소속되어 조알한 사실을 비롯하여 중국 군현의 마한에 대한 예속이 강조되고 두 세력 사이에 전개된 갈등과 충돌 관련 기록이 두드러진다(④). 반면 진·변한은 낙랑·대방 2군에 철을 공급한 사실을 전할 뿐이다. 이와 함께 한전의 내용 전반에 걸친 마한의 사회상, 특히 정치적 질서 및 문화적인 수준 등에서는 마한의 후진성을 강하게 부각하였다(⑤). 예컨대 마한에는 기강이 흐려 국읍의 주수가 주변의 읍락 내지는 읍락 거수에 대한 통제력에 한계가 있었음을 보이는가 하면, 궤배跪拜의 예禮가 없고 장유長幼·남녀의 분별이 없으며 소나 말을 탈 줄 모른다고 하였다. 나아가 소도蘇塗는 중국의 부도(불교)와 비교하여 행하는 바에 좋고 나쁨이 다르다고 하면서 그 사회적 기능을 나쁜 것으로 깎아내렸다.[84] 반면에 진·변한은 소나 말을 탈 줄 알고, 남녀의 분별이 있었다고 하였다. 거기에 더해 축筑 모양과 같은 악

　　했던 변·진한의 진왕은 마한의 진왕과는 무관한 존재로서 바로 진한 諸國을 대표하는 지배자로서 辰韓王을 지칭하는 것으로 이해된다.

82) 文昌魯, 앞의 논문, 2004, pp.151~161.

83) 『三國志』韓傳의 마한과 진·변한에 관한 서술 경향은 마치 고구려와 부여에 대한 그것과 크게 차이 나지 않는듯하다. 사실 동이전에서 중국 군현 세력과의 갈등 및 충돌 기사는 해당 동이 제족의 정치적 성장을 전제로 이해할 수 있다.

84) 『三國志』韓傳의 蘇塗 관련 기사에서 "蘇塗를 세운 뜻이 浮屠와 비슷하나 행하는 바의 善과 惡은 달랐다"는 언급은 편찬자의 소도에 대한 인식 내지는 일종의 평가에 해당하며, 당시 '부도'는 그 용례로 보아 불교(사찰)로 이해된다. 곧 삼한의 소도가 당시 중국에 전래된 부도(불교)와 흡사한 신앙체계를 가졌지만, 그것의 사회적 기능에 차이가 있었음을 부각한 것으로 본다(文昌魯, 「三韓 '蘇塗' 인식의 전개와 계승」『한국학논총』39, 2013, p.4).

기인 비파와 연주하는 음곡도 있었을 뿐 아니라, 길에서 사람을 만나면 모두 양보한다는 풍속을 특기하였다(⑤). 이와 같은 사실은 의복이 청결하고, 법속이 특히 엄준嚴峻하였던 기록과 더불어 모두 진·변한의 풍속과 정치 기강이 제대로 갖추어졌음을 강조한 것으로 이해된다.

마한과 진·변한에 대한 인식의 이중적인 모습은 『삼국지』 한전 찬술 당시의 역사관을 반영한 것으로 보인다. 곧 중국 중심의 이민족관, 특히 중국의 삼한에 대한 통제력 확보라는 현실적인 입장은 한전 기록에 전반적으로 영향을 끼쳤을 소지가 크다. 본래 한전에서 마한제국의 지배자는 국의 규모에 따라 신지와 읍차 등으로 불렸으며, 한 군현(낙랑)에 복속된 이래 마한의 '신지'에게는 '읍군'의 인수를 더하고 그 다음에게는 '읍장'의 인수를 주었다고 하였다(④). 관작官爵과 인수印綬의 사여 행위는 중국 군현의 마한 사회에 대한 정치적 영향력 행사라는 의도가 반영된 것이라 할 수 있다. 물론 실제로 읍군의 인수를 더하였던 신지와 그가 이끄는 대국은 마한의 다른 소국에 비해 성장하면서 그 정치적 위상이 이전보다 한층 높았던 것으로 이해할 수 있다.

그런데 『삼국지』 한전의 본문에서는 진·변한 제국의 지배자들이 읍군·읍장 등의 칭호와 인수를 받았다는 사실을 확인하기 어렵다. 다만 『후한서』 한전에서 염사 읍군의 칭호를 더했던 염사인廉斯人 소마시蘇馬諟가 낙랑군에 조공한 사례를 통해서 유추할 수 있으며, 이를 통하여 진·변한 지역의 대국과 소국의 지배자 사이에도 구별이 있음을 추정할 수 있다.[85] 또한 한전에 수록된 『위략』 일문逸文에 전하는 진한의 우거수 염사착廉斯鑡이 낙랑군으로부터 관책冠幘과 전택田宅을 받았다고 하여 낙랑군과 진한 사이에 이루어진 모종의 긴밀한 관계를 암시한다. 물론 염사착의 사례는 '염사' 읍락 내지는 '염사국'의 존재가 진·변한 제국으로부터 이탈해 갔던 모습과 함께 중국 군현이 이 지역에 대한 통제력을 관철하려는 의도를 헤아려 볼 수 있다.[86]

일찍이 고조선 패망 이후 토착 사회의 반발을 수습하고 일부 군현의 재편을 통해 낙

---

85) 『後漢書』 東夷列傳 韓傳, "建武二十年(44) 韓人廉斯人蘇馬諟等詣樂浪貢獻 光武封蘇馬諟爲漢 廉斯邑君 使屬樂浪郡 四時朝謁"이라고 하여 읍군의 사여를 낙랑군에 예속되는 사실과 연관시켰다.

86) 『三國志』 所引 『魏略』 逸文, "魏略曰 … 至王莽地皇時 廉斯鑡爲辰韓右渠帥 聞樂浪土地美 人民饒樂 亡欲來降 出其邑落"이라고 하여, '진한 우거수'였던 廉斯鑡이 낙랑으로 투항하는 모습은 중국 군현의 진·변한 지역에 대한 통제와 관련하여 주목할 수 있다.

랑군의 서북한 지역에 대한 통제가 안정되자, 낙랑군의 삼한에 관한 관심이 높아지면서 상호 교류가 전개되었다. 낙랑군과 주변 동이 사회와의 교섭은 전한前漢 후기 소昭·선제宣帝 대(B.C.86~49)부터 시작되었으며, 서기전 1세기 중엽 이래 삼한에 낙랑계 문물이 확산하는 현상을 통해서 본격적인 상호 교섭이 전개되었음을 유추하였다.[87] 사실 한전의 군현 관계 기사를 보면(④), 한전은 전한前漢 대 이래로 마한이 낙랑군에 속하여 조알했던 사실을 강조했다. 실제로 경초景初 연간(237~239)에는 마한제국의 지배자들에게 읍군·읍장의 인수를 더하여 주었고 그 풍속에 의책을 입기 좋아한다고 하여 중국 군현의 마한 사회에 대한 영향력을 언급했다.

그렇지만 이후 기록에서는 마한과 중국 군현 사이의 갈등과 충돌 양상이 여기저기에 보인다. 후한의 환제桓帝와 영제靈帝 말기에 한韓과 예濊가 강성해져서 군현이 제대로 통제할 수 없게 되자, 군현의 많은 주민이 한국韓國에 유입되었다고 하였다. 후한의 세력 약화는 한군현의 삼한에 대한 통제력 약화로 이어졌다. 서북한 지역의 유이민 파동은 마한을 비롯한 삼한 사회의 변화와 정치적 성장에도 영향을 주었던 것으로 이해된다. 곧 2세기 중반 이후 삼한은 지역별로 여러 소국을 하나로 결속한 세력권을 구축하면서 정치적 외연을 확대하였던 것으로 상정된다.

뒤이어 후한의 쇠퇴는 요동태수 공손씨公孫氏 세력의 독립으로 나타났으며, 후한의 건안建安 연간(196~220)에 공손씨 세력은 낙랑군 남쪽에 대방군을 설치하여 삼한에 대한 분리 통제를 시도하였다(④). 이는 중국 군현의 삼한지역에 대한 통제력을 유지, 강화하려는 노력과 무관하지 않다. 이에 한강 유역의 마한 북부 세력과 갈등이 빈발하면서 군현 세력과의 충돌이 심화했음을 전한다. 대방군의 설치 배경에는 당시 한강 유역 마한 소국 세력들의 정치적 성장과 관계 깊다. 한군현 세력의 공격에 대한 공동 대처라는 마한제국의 현실적 필요성은 서기 2세기 중반 이후 마한 북부의 여러 소국 가운데 두각을 나타냈던 백제국伯濟國의 주도적인 역할로 귀결될 수 있다.[88]

특히 한군현은 마한제국에 대한 통제가 어려워지자 대대적인 군사적 공격을 감행하였고 마침내 기리영崎離營 전투에서 대방태수 궁준弓遵이 전사할 정도로 격화되었다. 한

---

87) 林孝澤, 「洛東江 下流域 加耶의 土壙木棺墓 硏究」, 漢陽大學校 博士學位論文, 1993, p.58.
88) 文昌魯, 「『三國志』 韓傳의 馬韓과 伯濟國」 『韓國學論叢』 27, 2004, pp.32~34.

전에서는 마한에 대한 군사적 행동의 결과로 '한과 예를 토벌하였다'라고 하거나 2군 (낙랑, 대방)이 '마침내 한을 멸망시켰다'라고 할 정도로 매우 격한 반응을 보였다(④). 이러한 과장된 표현은 한전을 편찬할 당시 고조된 마한에 대한 적대감과 함께, 현실적으로 중국 군현 세력의 통제와 영향력으로부터 이탈하는 마한에 대한 위기감의 반영으로 볼 수 있다.

Ⅴ. 맺음말

전통적으로 중국 정사의 서술에는 '중화주의'적 관념이 투영되었는데, 그것은 주변 이민족에 대한 종족적, 문화적 우월감의 소산으로 본다. 『사기』 편찬 이래로 열전에 '외이전外夷傳'을 수록한 사실은 주변 종족을 중국적 세계의 일부로 인식했던 중국 중심의 세계관에 입각한 것이다. 『삼국지』 동이전은 편찬 당시의 시대적 소산이므로, 그것은 편찬 당시의 역사관과 중국 중심의 편향성에서 벗어날 수 없다. 『삼국지』 동이전은 이전 사서보다 찬술 내용과 범위가 확대되었는데, 이는 당시 중국의 동이 사회에 대한 현실적인 관심의 고조와 관련 지식의 축적을 전제로 한다.

『삼국지』 한전에 전하는 삼한의 사회상에 접근하기 위해서는 거기에 반영된 찬술 의도와 서술 맥락을 가늠해 볼 필요가 있다. 한전에서는 마한의 정치적 질서가 미숙함을 "그 풍속에 기강이 흐리다"라고 하거나 "궤배跪拜하는 예가 없다"라는 기록을 통해 전한다. 곧 한전은 '속俗'과 '예禮'가 미약하다는 사실을 통하여 마한사회의 후진성을 강조했다. 이는 중국의 군현에 가까운 마한 북쪽의 제소국이 중국의 유교적 예속이 약간 행해지는 데 비하여, 중국 군현으로부터 멀리 떨어진 곳은 마치 죄수와 노비가 모여 사는 미개한 지역으로 언급한 사실과도 맥을 같이한다. 마한제국의 일부에 전파된 '예속'의 의미는 중국 군현의 마한사회에 대한 정치적 영향력과 무관하지 않았다. 또한 『삼국지』 한전에 인용된 『위략』의 일문逸文에 조선후 준準이 남하하여 한왕이 되었다는 사실은 위만조선에 대한 적대감과 마한 지역에 대한 전통적인 연고 의식을 부각하려는 현실적인 관점이 반영된 것으로 본다. 특히 준왕 관련 서술의 끝부분에 삼한이 한漢 나라 때 낙랑군에 속하여 철마다 조알했다고 언급한 사실은 서술 맥락상 중국 군현의 삼한 사회에 대한 현실적인 영향력 관철 내지는 통제력 확보라는 의도를 엿볼 수 있다.

『삼국지』 한전에는 고조선계 유이민 집단이 남하했던 곳을 '한지韓地' 또는 '진국辰國' 등으로 전한다. 지역성을 내포한 '한지'와 정치세력 단위의 의미를 지닌 '진국' 모두 후대의 삼한 지역과 관련된다. '한국韓國'과 '한제국韓諸國' 역시 마한과 변진은 물론 진한 등 삼한을 구성하는 여러 소국을 포함한다. '진국'은 위만조선의 남쪽에 위치하여 중국과 교섭을 주도한 정치세력으로 위만조선에 비견되는 존재로 인식되었다. 기록상 진국의 존재는 시기적으로 전한사前漢史에 국한되는 정치체이다. 이후 진국의 해체와 맞물려 삼한 소국의 성립과 성장이 이어졌다. 곧 진국은 삼한보다 앞선 시기에 존재했기 때문에, 그 역사적 실체는 뒷날 마한 목지국과 같은 대국大國을 중심으로 주변 소국들이 결속되었던 일정한 지역의 소국연맹체 범위를 크게 벗어나지 못했을 것이다.

『후한서』 한전과 『삼국지』 한전에는 각각 삼한과 진한을 '옛 진국'에 연결하였다. 진국은 삼한 혹은 진한의 선행단계에 존재했던 정치체로서, 계통상 그 성립 기반이 되었던 역사적 실체로 인식했던 셈이다. 다만 서기전 2세기 말까지 중국 문헌에 보이는 고조선의 남쪽에 존재한 정치체로는 진국이 확인되며, 같은 지역에서 한의 존재는 전한 말前漢末 이후에 대두하므로, 한韓 즉 삼한을 '옛 진국(古之辰國)'으로 인식한 『후한서』 한전의 전승이 서술 맥락상 좀 더 타당한 면이 있다.

고조선 멸망을 전후하여 주요 이탈 세력이 유입된 남쪽 방면을 '진국' 또는 '한지'로 호칭을 한 것은 중국인의 역사관과 관련해 이해할 수 있다. 중국이 삼한 지역을 미칭美稱인 '진辰'과 '한韓'으로 지칭한 까닭은 이 지역을 본래 은殷나라에 속하는 변방 종족으로 간주하고, 이에 대한 신속臣屬을 요구할 수 있는 명분 확보에서 찾을 수 있기 때문이다.

『삼국지』 한전의 서두에 '진한은 옛 진국'이라 하고, 진한과 변진(변한)에 우호적 경향의 기사에는 당시 중국의 현실적 입장이 투영된 삼한 인식과 무관하지 않다. 사실 한전에서 진한이 옛 진국이라 했던 인식은 진한의 유래를 중국 이주민 세력에 두었던 서술과도 상치된다. 삼한의 동쪽에 있는 진한을 옛 진국으로 인식한 사실은 조선상 역계경 집단의 전승에서 진국의 방향을 동쪽(東之辰國)으로 인식했던 점과 맥을 같이 한다.

『삼국지』 한전의 서술에는 마한과 진·변한을 서로 구분하여 대조적으로 인식했던 점을 찾을 수 있다. 마한의 위치를 언급한 뒤에 그것을 기준으로 진한과 변진의 위치를 기술하였다. 또한 마한을 구성하는 인구수와 소속 제소국의 규모가 진·변한의 그것보다 크며, 삼한 가운데 가장 먼저 성립했던 것으로 전한다. 선주 토착 생활을 했던 마한의 배려로 한국韓國에 정착했던 진한의 기원은 '옛날의 망명인(古之亡人)'으로 인식했다. 마한 목지국의 진왕이 진·변한조의 진왕보다 그 위상이 강하게 부각되는 등 전반적으로 마한이 중심이 되고 진·변한을 부수적인 형세로 묘사하였다.

『삼국지』 한전에 보이는 마한과 진·변한에 대한 기록이 서로 어긋나거나 이중적인 모습은 찬술 당시 중국이 삼한에 대한 통제력을 확보하려는 현실적 의도가 개입되었던 것으로 이해된다. 진한의 성립에서 다수의 중국 이주민이 정착한 사실과 함께, 진한辰韓을 진한秦韓이라고도 부른다고 언급한 점은 마한에 관한 서술과 비교해도 이채롭다. 진한에 대한 연고 의식은 진한과 낙랑의 상호 관련성을 알리는 '아잔阿殘' 곧 '우리의 남은 무리'라는 전승에서도 엿볼 수 있다. 변진(변한)이 진한에 속했다는 후대의 전승 역시 진한에 우호적인 『삼국지』 한전의 인식이 투영된 것으로 본다. 반면 마한의 사회상, 특히 정치적 질서 및 문화적인 수준 등이 진·변한에 비해 후진적으로 나타나고, 마한이 낙랑군에 속했다는 사실을 강조하였다. 서기 3세기에 들어서 공손씨 세력의 대방군 설치 이후 마한과 중국 군현의 충돌이 심화하면서, 군현 세력의 대대적인 군사적 공격 결과로 '한과 예를 토벌했다'라고 하거나 '2군郡이 마침내 한을 멸했다'라고 할 정도로 매우 격한 표현으로 과장되게 서술하였다. 이는 결국 『삼국지』 한전을 편찬할 당시 마한 세력의 성장에 따른 갈등으로 고조된 적대감과 함께, 중국 군현의 통제와 영향력으로부터 마한 세력이 이탈하는 현실에 대한 위기감의 반영으로 볼 수 있다.

제1편 제2장

삼한 인식의 전승과 실상,
문헌 자료를 통해 본 삼한의 소도와 제의

I. 머리말

주지하듯이 『삼국지三國志』 한전韓傳에는 '소도蘇塗' 관련 기록을 전한다. 한국 상고대上古代의 종교 및 제의 활동과 관련된 문헌자료가 적지 않지만, 실상 그 내용까지 전하는 경우는 흔하지 않다. 소도에서 행한 제의 기록은 무의巫儀를 연상시켜서, 대체로 오늘날의 무당을 설명하는 가장 오랜 사료로 취급되었다. 사실 소도와 관련한 기록은 비교적 소략疏略하지만, 마한을 비롯한 삼한 사회의 신앙과 제의 모습을 전하기 때문에 이른 시기부터 여러 면에서 주목받았다. 예컨대 '입대목立大木'과 '입소도立蘇塗' 기록의 중복 관계 여부를 비롯한 소도와 별읍의 관계 설정 문제, '별읍別邑'이라는 공간의 역사적 실체를 인정하는 경우 그 성격을 제장祭場 내지는 신성지역과 관련된 종교적인 면에 국한할 것인지 또는 정치·사회적인 입장에서 살펴볼 것인가 하는 문제, 국읍에서 '주제천신主祭天神' 했던 천군의 성격과 위상 설정 문제, 제사 대상으로 언급된 '제천祭天'에서의 천신天神은 물론 섬김(事)과 믿음(信)의 대상이었던 귀신鬼神 등의 신관념神觀念 문제도 관심을 끌었다. 또한 해마다 봄·가을에 이루어진 집단적인 농경의례 행위의 실상 등은 마한을 비롯한 삼한 사회의 종교 및 제의 활동을 조망할 수 있는 과제

로 다루어졌다.[1]

소도의 역사적 실체와 그 의미를 해명하는 일은 삼한 사회를 비롯하여 우리나라 상고대의 고유 신앙과 제의祭儀 체계, 나아가 초기국가의 정치 및 사회상을 이해하는 첩경으로 생각된다. 이에 민속학을 비롯한 종교학, 역사학 등 여러 방면에 걸쳐 다각적인 접근이 이루어졌다. 일찍이 삼한의 소도와 제의 연구는 이른바 근대 사학의 수용과 함께 진행되었다. 관련 연구의 성과가 축적되면서 소도에 대한 개념이 확대되었고, 그 의미와 성격도 조금 더 구체적으로 탐색되었다. 처음에는 종교 · 민속학적인 연구가 집중되었으며, 이때 '입대목立大木'과 '기립소도지의其立蘇塗之儀'의 기록에 주목하여 소도는 입목이나 제단을 뜻하는 것으로 여겼다. 그래서 소도는 마을 입구의 원시 경계표 혹은 부락 수호신 성격을 갖는 것이며, 나아가 세속 권력이 함부로 접근할 수 없었던 제장을 의미하는 종교적 신성 공간으로 이해했다.[2]

이후 동이전에 보이는 소도를 별읍과 결부시켜 천군天君이 제사를 주관했던 성역으로 상정했으며, 점차 신간神竿을 세운 성역聖域에서 이루어졌던 제의 행위까지도 포함하는 개념으로 넓어졌다.[3] 이와 함께 삼한의 소도 신앙이 갖는 특징과 그 의미를 삼국의 제의 및 종교문화와 연계시켜 고찰하여, 삼한의 소도가 소멸한 이후에 그것을 계승한 흔적을 찾았다. 곧 삼한의 신성지역으로서 소도는 불교 전래 이후 사찰이 대신했으

---

1) 徐永大, 「韓國宗教史 資料로서의 『三國志』 東夷傳」 『韓國學 研究』 3, 인하대학교 한국학연구소, 1991, p.10.

2) 孫晉泰, 「蘇塗考」 『民俗學』 4-4, 1932; 『朝鮮民族文化의 研究』, 1948; 葛城末治, 「朝鮮의 幢及幢竿에 就하여」 『朝鮮金石考』 9, 1935; 田村專之助, 「魏書韓傳에 見える 蘇塗ついて」 『史觀』 29, 1936; 末松保和, 「魏志韓傳의 別邑에 就하여」 『史學雜誌』 64-12, 1955; 村上正雄, 「魏志韓傳に見える 蘇塗의 一解釋」 『朝鮮學報』 9, 1956; 趙芝薰, 「서낭竿攷」 『新羅伽倻研究』 1, 1966.

3) 崔吉城, 「韓國 原始宗教의 一考」 『語文論集』 11, 1968; 金泰坤, 「韓國 巫系의 分化變遷」 『韓國民俗學』 창간호, 1969; 「蘇塗의 宗教民俗學的 照明」 『馬韓 · 百濟文化』 13, 1990; 李鍾哲, 「장승과 솟대에 대한 考古民俗學的 接近試考 -장승과 솟대의 成立 및 巫佛習合을 중심으로」 『尹武炳博士回甲紀念論叢』, 1984; 金宅圭, 「蘇塗と卒土」 『三上次男喜壽記念論文集』 歷史編, 平凡社, 1985; 永留久惠, 『海神と天神』, 白水社, 1988; 朴昊遠, 「장승 솟대신앙 小考 -역사적 변천과정 및 그 기능」 『古美術』 여름호, 1988; 이필영, 「마을공동체와 솟대신앙」 『孫寶基停年紀念考古人類學論叢』, 1988; 『마을 信仰의 社會史』 韓國의 生活과 風俗史4, 웅진, 1994.

며, 소도의 불교적 변용은 토착 신앙과 불교의 타협 또는 습합習合을 의미하는 것으로 해석했다.

한편 소도를 한국 고대의 사회발전에 따른 신앙체계의 변화 속에서 탐색하는 역사학 방면의 연구가 더해졌다.[4] 삼한의 사회발전 단계 및 국가 기원 문제와 관련지어 소도의 정치사적 의미를 탐색하거나, 당시의 보편적인 사회 발전단계 속에서 소도 신앙의 실상과 그 의미를 부각했다. 그리하여 소도의 역사적 위상을 소도가 자리한 삼한 사회의 정치체계 내지는 사회발전에 따르는 종교의식의 변화 과정 속에서 접근하여, 소도의 정치·사회사적 의의를 보다 구체적으로 음미할 수 있는 기반을 마련했다.[5]

소도 관련 기록은 『삼국지』 한전을 비롯하여 『후한서』, 『진서』 등 주로 중국 정사에 전하며, 후대의 중국 사서에도 계속해서 여기저기 보인다. 그렇지만 정작 『삼국사기』·『삼국유사』 등 국내 사서에는 소도 기록을 확인할 수 없으며, 최치원이 찬한 「봉암사지증대사적조탑비鳳巖寺智證大師寂照塔碑」와 그밖에 조선 후기의 학인 일부가 남긴 기록이 전할 뿐이다. 이에 시기적으로 가장 먼저 편찬된 『삼국지』 한전의 관련 내용이 갖는 중요성은 커질 수밖에 없지만, 자료의 활용 면에서는 그만큼 신중한 접근이 요구된다. 『삼국지』 한전 이후 편찬된 사서에는 관련 내용을 기본적으로 같은 맥락에서 대부분 전재轉載되었지만, 시대별로 사서 편찬 당시의 사회상 혹은 편찬자의 역사의식에 따라 일부 구절의 축약과 조정이 이루어지면서 뒷날 소도 인식에 변화를 끌어낸 것으로 이

---

4) 金哲埈, 「韓國古代 政治의 性格과 中世政治思想의 成立過程」 『東方學志』 10, 1969; 「三國時代의 禮俗과 儒教思想」 『大東文化研究』 6·7合, 1971; 許回淑, 「蘇塗에 關한 研究」 『慶熙史學』 3, 1972; 徐永大, 「蘇塗의 宗教的 性格」 『文理大學報』 19, 1973; 金貞培, 「蘇塗의 政治史的 意味」 『歷史學報』 79, 1978; 『韓國古代의 國家起源과 形成』, 高麗大學校 出版部, 1985; 徐永大, 「韓國宗教史 資料로서의 '三國志' 東夷傳」 『韓國學研究』 3, 1991; 金杜珍, 「三韓 別邑社會의 蘇塗信仰」 『韓國古代의 國家와 社會』, 일조각, 1985; 「馬韓社會의 構造와 性格」 『馬韓·百濟文化』 12, 1989; 崔光植, 「韓國 古代의 祭天儀禮」 『國史館論叢』 13, 1990; 『한국고대의 토착신앙과 불교』, 고려대학교출판부, 2007; 金洸, 「蘇塗遺蹟의 調查研究」 『國史館論叢』 19, 1990; 宋華燮, 「馬韓蘇塗의 構造와 機能」 『韓國宗教』 17, 1992; 「蘇塗關係文獻記錄의 再檢討」 『韓國宗教의 再照明』, 1993; 「馬韓蘇塗의 成立과 歷史的 意義」 『韓國古代史研究』 7, 1994; 「『三國志』魏志 東夷傳의 蘇塗와 浮屠」 『歷史民俗學』 4, 1994; 文昌魯, 「三韓時代 邑落社會의 信仰儀禮와 그 變遷」 『北岳史論』 5, 1998; 『三韓時代의 邑落과 社會』, 新書苑, 2000.

5) 문창로, 「삼한사회의 소도와 신앙의례」 『한국역사민속학강의』 1, 민속원, 2010, p.87.

해하였다.[6]

사실 우리나라 고대사회에서 이루어진 신앙과 제의 행위는 토착적인 성격이 강하기 때문에 그것의 보편적 성격을 부각하는 것은 연구사적으로 의미를 지닌다고 본다. 이는 한국의 특수한 문화양상에 내포된 보편성을 찾아가는 작업이 되므로,[7] 소도라는 종교현상을 마한 내지는 삼한 지역의 독특한 것으로 한정하기보다는 한국문화 속에서 그것이 차지하는 사회적 위상과 의미를 되짚어 볼 필요가 있다. 다시 말해 동이전에 수록된 삼한의 소도 신앙과 제의 행위를 부여·고구려·동예 등지의 종교 및 제의 활동에 견주어 당시의 보편적인 사회 발전단계 속에서 그 위상을 검토하는 작업이 요구된다. 이와 같은 입장에서 본고에서는 먼저 근대 사학이 수용된 이후에 진행된 선학의 연구성과를 바탕으로 『삼국지』 한전 이래 전승된 소도 관련 기록을 검토하여 소도 인식의 형성과 그 변화 과정을 살펴보고자 한다. 이와 함께 관련 문헌자료를 통하여 삼한 소도와 제의의 구체적인 모습을 가늠하면서 그 역사적 실상에 접근해 보려고 한다. 그리하여 당시 보편적인 사회 발전단계 속에서 삼한의 소도 신앙과 제의가 지닌 위상을 부각함으로써 그 역사적 의미를 엿보고자 한다.

II. 관련 연구의 동향과 성과

일찍이 삼한의 소도와 그곳에서 전개된 신앙 의례에 관한 탐색은 근대 역사학의 수용과 함께 본격적으로 이루어졌다. 대체로 소도의 원형을 오늘날 민속 현장에서 찾거나 동아시아 주변 민족의 습속과 비교를 통해 유사성을 부각하면서 소도의 실체에 접근했다. 그리하여 소도 관련 기록 가운데 '입대목'에 주목하여 소도를 입간(신간) 신앙으로 파악하거나, '별읍'의 존재를 결부시켜 신성神聖 공간으로 보기도 했다.

먼저 일제 강점기 손진태孫晋泰(1900~?)는 광범위한 현지답사로 수집한 민속학 자료를 바탕으로 관련 문헌 기록을 망라하여 실증적인 측면에서 소도의 실상을 밝히려고

---

6) 문창로, 「三韓 '蘇塗' 인식의 전개와 계승」 『한국학논총』 39, 2013, pp.4~12.
7) 金杜珍, 『韓國古代의 建國神話와 祭儀』, 一潮閣, 1998, pp.3~4.

노력했다.[8] 그의 연구가 민속학적 접근에 기초한 것은 일제 식민지 체제에서 일본인 학자보다 불리한 여건, 예컨대 행정력의 도움을 받거나 동원할 수 없는 현실적인 한계를 넘어서기 위해서였다고 본다. 그는 『삼국지』 한전의 소도와 별읍은 서로 구분되는 종교적 대상물이라고 추정했다.[9] 이에 따라 별읍은 그리스 아실럼(Asylum)과 같은 종교적 특수지역이 아니며, 한족韓族의 자치적인 제소부족사회諸小部族社會였던 소별읍小別邑 곧 국國에 속하는 일종의 읍락으로 보았다.

자연 소도는 별읍을 칭하는 것이 아니며 여러 소부족이 제각기 세웠던 신간입목의 명칭일 것으로 이해했다. 또한 '기립소도지의其立蘇塗之義'와 함께 언급되었던 부도浮屠는 불교, 불사, 고급 불탑 등을 가리키는 것이 아니고 고대 불교 습속 중에 있었던 원시 소도파率堵婆(stūpa)인 찰주刹柱를 의미하는 것으로 새겼다.[10] 그리하여 소도는 경계신의 처소棲所(사祠) 또는 신체神體(신주神主)로서 받들었으며, 이곳에서 제사를 지낼 때는 제단으로 기능하다가 점차 읍락 및 부족의 재산과 생명을 지키는 수호신으로 발전했다고 본다. 민속학적으로 관찰되는 이러한 소도의 흔적은 화주華柱 또는 '솟대', '거릿대', '짐대' 등의 입간立杆 신앙, 나아가 만주의 '신간神竿'이나 몽골의 '악박鄂博(Obo)', 그리고 인도의 '찰주刹柱'·'인타라주因陀羅柱' 등과 맥락을 같이하는 것으로 파악했다.[11]

이미 삼한의 소도는 고대 '불함 문화계' 공통의 신간神竿 신앙으로 이해하고, 그 흔적을 만주의 색막간索莫杆, 우리나라의 솟대, 일본의 신사 앞에 세운 조거鳥居(トリイ) 등

---

8) 孫晉泰의 민속학 연구에 대한 논고로 다음을 참고할 수 있다(이필영, 「南滄 孫晉泰의 역사민속학연구」 『韓國學報』 41, 1985; 최광식, 「『손진태 유고집』의 내용과 성격」 『韓國史學報』 30, 2008; 宋華燮, 「日帝强占期 歷史民俗學의 胎動과 展開 -孫晉泰 民俗學을 중심으로」 『南道民俗硏究』 23, 2011).

9) 손진태는 소도를 별읍과 무관한 존재로 보고, 大木을 세웠다는 문구에 주목했다. '立大木'과 '立蘇塗'라는 문구를 통해서, 『삼국지』의 찬자가 蘇塗를 사찰에 세워진 '率堵婆'에 비견되는 것으로 파악했을 것으로 추정했다(孫晉泰, 「蘇塗考」 『民俗學』 4-4, 1932; 『朝鮮民族文化의 硏究』, 乙酉文化社, 1948, p.185).

10) 孫晉泰, 「蘇塗考」, 앞의 책, 1948, pp.218~219.

11) 오늘날의 솟대를 비롯한 神竿들이 삼한의 蘇塗로부터 계승된 민속으로 파악하여, 현존 민속상의 솟대를 비롯한 볏가릿대 등의 신간은 소도와 결부된다고 했다(孫晉泰, 앞의 책, 1948, pp.173~219).

에서 찾기도 했다.[12] 곧 소도 신앙은 솟대, 효대(爻대), 수구막이대 등으로 이어졌으며, 그것이 남아있는 풍속으로 향촌 사회에서 액막이를 위해 항상 신조神鳥를 끝에 얹은 신간이 뜰 앞에 세워졌던 민속학 사례를 꼽았다.

일찍이 동구 및 마을 경계 등에 자리했던 소도는 이정표 또는 부락의 수호신으로 기능했다고 보는 손진태의 견해를 수용하여, 오늘날 서낭, 장승, 솟대 등이 모두 소도 민속에서 분화 발전된 것으로 추정했다.[13] 자연히 솟대는 마을의 수호신이나 신성 구역의 표지, 혹은 이정표 등의 기능을 갖는다는 측면에서 장승과 같은 부류로 이해될 수도 있다는 것이다.[14] 따라서 『삼국지』 한전의 "큰 나무를 세워서 방울과 북을 매달아 귀신을 섬긴다"라는 기록을 소도의 유습과 연관 짓고, 그것을 오늘날 서낭간에 방울을 걸었던 입간 민속에서 찾았다.

한편 삼한 사회에 존재했던 소도를 입간 신앙의 관점에서 파악할 경우, 소도와 별읍을 별개의 역사적 실체로 여겼기 때문에 별읍의 신성 공간이라는 사실을 간과하게 되는 한계가 지적될 수 있다. 곧 소도와 별읍을 분리하여 신간으로 보는 견해와는 달리, 소도는 제단이자 제천祭天을 하는 땅으로서 신성 공간(Asylum)이었을 것으로 접근하기도 했다. 다음 기록을 참고할 수 있다.

> (1)-① "古代에 諸 小國의 宗主되는 大國을 辰國이라 하며, 諸 小王을 管轄하는 大王을 辰王이라 하며, 諸 蘇塗(神壇)의 宗主되는 大蘇塗를 臣蘇塗라 한 바, '臣', '辰' 等을 다 '신'으로 讀할지니, '신'은 太의 義며 總의 義며 상의 의며 제일의 의요 …"[15]
>
> ② "古代의 莊嚴한 자리나 神聖한 땅이면 반드시 '신'이라 하야, '蘇塗'는 祭天하는 땅인 고로 臣蘇塗國(三韓傳에 보인 나라)이라 하고 …".[16]

(1)-①에서 신채호申采浩(1880~1936)는 소도를 신단神壇이라고 보았으며, ②에서는

---

12) 崔南善, 「不咸文化論」『朝鮮及朝鮮民族』, 1927;『六堂崔南善全集』2, 현암사, 1975, p.50.

13) 趙芝薰, 「新羅의 原義와 詞腦歌에 대하여」『趙芝薰全集』7, 일지사, 1973, pp.121~126.

14) 趙芝薰, 「서낭竿考-注谷의 서낭信仰에 대하여」『新羅伽倻研究』1, 1966, pp.53~62.

15) 신채호, 「古史上吏讀文名詞解釋法」『朝鮮史研究草』, 1929;『단재 신채호전집』제2권, 독립기념관 한국독립운동사연구소, 2007, p.335.

16) 신채호, 『朝鮮上古文化史』, 1931;『단재 신채호전집』제3권, 2007, p.364.

소도를 제천하는 신성한 땅으로 상정했다. 특히 삼한전에 보이는 나라인 '신소도국臣蘇塗國'은 소도를 기반으로 성장한 정치체(國)로 이해한 면이 있어서 주목된다. 곧 삼한의 소도는 신단 또는 제천을 하는 성역이며, 나아가 신소도국과 같은 정치체와 연관 지었기 때문에 앞서 신목에 방점을 두었던 민속학적인 견해와는 입장을 달리했음이 분명하다.

그런가 하면 소도의 대목大木(솟대)은 단군신화의 신단수와 맥락을 같이하는 존재이며, 동아시아지역의 수목숭배 현상으로 확인되는 몽골의 고목高木(Sopomodo), 만주의 소마索摩(Somo), 일본의 신리神籬(Himorogi) 등과 같은 범주에서 이해했다.[17] 곧 수목숭배에서 비롯한 삼한의 소도는 점차 천신의 하강 계단 및 그 머무는 곳, 또는 신역神域의 표지상징 등으로 인식이 확장되었다고 본다. 따라서 삼한의 소도는 천군이 주관하는 제사 구역으로, 그곳에 세운 솟대(大木)에서 음을 취하는 것이 아니라 높은 지대(高臺) 또는 높은 언덕(高墟)을 뜻하는 말인 '솟터'의 음역으로 파악했다. 그 뒤에도 소도는 우리말로 '높이 솟은 곳' 혹은 '솟대'의 한자어 표기이거나, 부활 갱생의 의미인 '소蘇'와 길(路)의 뜻을 갖는 '도塗' 즉 부활 갱생의 길 내지는 피둔처避遁處라고 풀이하여 신성 구역인 별읍으로 받아들이기도 했다.[18] 이밖에 삼한의 소도는 소규모의 제장 혹은 제단으로서 단군의 신단수 및 고구려의 동맹제의 목신木神과 연결하여, 현존하는 신간 솟대 신앙에서 그 유습을 찾기도 했다.[19]

한편 지금까지 문헌에 전하는 소도와 별읍의 관계에 대한 견해는 '소도=별읍' 또는 '소도=대목≠별읍'으로 크게 나뉘지만, 사실 소도 관련 기록을 살펴보면 '별읍'과 '대목'은 서로 무관한 존재로만 취급하기는 어렵다. 곧 '소도'와 '별읍', 그리고 '대목'은 삼한 사회의 신앙과 제의라는 차원에서 그 관계와 기능에 접근할 필요가 있다고 본다. 이에 소도는 종교적 신성 공간인 별읍을 말하는 것이며, 대목은 신이 내리는 곳이자 신이 머무는 신좌神座로서 별읍 곧 소도에 세웠던 신목巫木이라고 추정했다.[20] 같은 맥락에서

---

17) 李丙燾, 「三韓의 社會相」『韓國古代史研究』, 朴英社, 1976, p.281.

18) 末松保和, 「魏志韓傳의 別邑에 就いて」『史學雜誌』 64-12, 1955; 「對馬의 '神地'について」 『朝鮮學報』 81, 1976; 村上正雄, 「魏志韓傳에 見える蘇塗의 一解釋」『朝鮮學報』 9, 1956, pp.298~299.

19) 柳東植, 『韓國巫教의 歷史와 構造』, 延世大出版部, 1975, pp.40~50.

20) 金宅圭, 「韓國部落慣習史」『韓國文化史大系』 4, 高麗大民族文化研究所, 1969, p.659; 金烈圭, 『韓國神話와 巫俗研究』, 一潮閣, 1977, pp.25~26.

소도는 하늘과 소통하는 종교적 신성지역으로 보아, 산꼭대기 또는 산을 상징하는 자리에 있었을 것으로 보았다.[21] 곧 우주산(Cosmic Mountain)인 소도(별읍)에 세운 대목(신목)은 천상계와 지상계를 잇는 우주목(Cosmic Tree)이며, 자연 신목을 세운 곳은 우주의 중심이자 신성 지역인 소도의 성격을 보완하는 존재로 이해했다.[22] 이에 따라 별읍이라고 불렸던 소도는 신성지역(Sacred Place)과 우주수(Cosmic Tree)가 하나의 신성 체계로 짜인 제장祭場이며, 소도의 상징체계는 제장인 별읍과 우주수宇宙樹의 기능을 가진 '입대목立大木 현령고縣鈴鼓'가 신성 구조화된 것으로 상정했다.[23]

삼국시대에 불교가 본격적으로 전래 되기 이전인 삼한 사회에는 전통적으로 조상신에게 제사했으며, '소도 신앙'도 그 가운데 하나로 이해했다. 실제로 신라 시조 알지가 태어났던 시림始林(계림)은 성역聖域으로서 소도와 연결할 수 있는 제의 장소로 추정했다.[24] 이와 함께 단군신화에서 신단수가 있었던 신시神市를 비롯하여 사로국의 6촌장이 모임을 가진 알천안상閼川岸上, 가락국의 9간이 모여 6란六卵을 맞이했던 구지봉 등도 소도(별읍)와 맥이 닿을 수 있는 종교적 신성 공간으로 꼽았다.

삼한 사회의 신성 공간으로서 소도는 삼국시대 불교의 전래 이후 점차 변용되었고 사찰이 그 자리를 대신했던 것이라고 보았다. 소도의 불교적 변용은 기존 토착 신앙과 불교의 타협 또는 무불습합巫佛習合으로 볼 수 있는 데, 그 구체적인 사례로서 태백산의 갈반지葛蟠地를 제시하였다.[25] 일찍이 『해동고승전』과 『삼국유사』 아도기라조에 신라 전불시대前佛時代의 7처 가람터(天鏡林, 三川歧, 龍宮南, 龍宮北, 沙川尾, 神遊林, 婿謂田)를 거론했는데, 이를 불교 전래 이전 삼한의 별읍인 소도와 관련하여 주목했다.[26]

21) 서영대, 「蘇塗의 宗敎的 性格」『文理大學報』 23, 1973, pp.167~188.

22) 柳東植, 『韓國巫敎의 歷史와 構造』, 延世大出版部, 1975, pp.40~50.

23) 宋華燮, 앞의 논문, 1992, p.16.

24) 金杜珍, 「三韓 別邑社會의 蘇塗信仰」『韓國古代의 國家와 社會』, 1985; 『韓國古代의 建國神話와 祭儀』, 一潮閣, 1999, p.83.

25) 徐永大, 「葛蟠地小考 -蘇塗의 佛敎的 變容-」『宗敎學研究』 2, 1979, p.41.

26) 李基白, 「新羅初傳佛敎와 貴族勢力」『震檀學報』 40, 1975, pp.25~37; 『新羅思想史研究』, 一潮閣, 1986, p.29; 徐永大, 앞의 논문, 1979, pp.38~39; 金宅圭, 「新羅上代의 土着信仰과 宗敎習合」『新羅文化祭學術發表論文集』 5, 1984, pp.213~214; 洪潤植, 「馬韓蘇塗信仰領域에서의 百濟佛敎의 受容」『馬韓·百濟文化』 11, 1988, pp.20~21.

곧 이곳은 지명이나 위치 등으로 보아 신라의 성역으로서 불교사찰이 세워지기 전에는 소도와 맥을 같이했던 토착 신앙의 제장으로 상정했다.[27] 실제로 흥륜사의 창건터 '천경림'을 비롯해서 천왕사가 건립된 '신유림', 그리고 황룡사 장육상을 주성鑄成한 '문잉림文仍林' 등은 별읍을 연상시키는 성림聖林 또는 원시적 무격신앙의 터전으로 추정하여 삼한 소도의 전통을 이은 곳이라고 여겼다. 이밖에 소도의 흔적을 사찰 내에 세웠던 구조물에서 찾기도 했는데, 대목을 세워 방울과 북을 매달았다는 소도 관련 기록을 사찰 입구에 당간을 세워 법당法幢을 매달았던 행위와 서로 통하는 것으로 이해했다.[28] 곧 소도에 신간으로서 대목을 세워 기원하는 습속은 사찰의 '당간'으로 계승되었을 것으로 추정했다.

그리고 삼한의 소도가 갖는 성격과 의미를 삼국시대의 의례와 종교문화 속에서 탐색하기도 했다. 고구려의 동맹 제의에 남았던 소도 신앙적인 요소를 찾거나,[29] 고구려의 단군 인식과 그 종교 문화적 기반을 소도와 천군으로 상징되는 삼한의 샤머니즘적 성격과 관련하여 접근했다.[30] 또 삼한의 소도는 동이 제족의 대표적인 고대 종교 가운데 하나로서 삼국시대 불교수용의 재래 신앙적 기반으로 파악하기도 했다.[31]

한편 현전하는 소도 계통의 신성 공간과 관련하여 그 흔적을 일본 쓰시마(對馬島)에 전하는 '솟도(卒土)' 등의 민속자료를 통해서 살펴보기도 했다. 이미 일제 강점기에 '일·한 동원同源'의 관점에서 소도의 자취를 대마도의 '솟도'에서 찾았으며, 이는 식민사학의 '일선동조론日鮮同祖論' 범주에서 이루어진 것이다.[32] 한반도 남부에서 일본 열도로 이어지는 상고대 동북아 문화의 전파경로를 감안할 때, 대마도에 소도 계통의 유적이 남았던 것으로 보고 꾸준히 관심을 가졌다. 이와 관련하여 다음의 민속학적인 현장 보

---

27) 金宅圭, 앞의 논문, 1984, p.231; 李基白, 앞의 책, 일조각, 1986, p.69.

28) 葛城末治, 「朝鮮の幢及幢竿に就いて」 『朝鮮金石考』 9, 1935, p.712; 辛鍾遠, 「幢竿造營의 文化史的 背景」 『江原史學』 3, 1987, pp.24~26.

29) 金杜珍, 「高句麗 初期 東盟祭儀의 蘇塗信仰的 要素」 『韓國學論叢』 18, 1996; 앞의 책, 1999, pp.115~124.

30) 조법종, 「고구려 사회의 檀君認識과 종교문화적 특징 -蘇塗文化와의 관련성을 중심으로」 『韓國古代史硏究』 21, 2001, pp.198~200.

31) 宋華燮, 「『三國志』 魏志 東夷傳의 蘇塗와 浮屠」 『歷史民俗學』 4, 1994, pp.18~21.

32) 川本達, 「日韓同源と對馬の蘇塗」 『朝鮮』 143, 朝鮮總督府, 1927.

고를 참고할 수 있다.

> (2) "우리의 蘇塗 文化와 同系의 文化로 보이는 일본의 대마도지방에 밀집 분포하는 텐
> 도오(天道·天童) 信仰과 그 儀式, 그리고 그 祭場인 '소도'(卒土)에서 原形에 가까운
> 모습을 볼 수 있을 것 같다. 1976년 11월 말 우리가 답사한 대마도의 소도(卒土)는 양
> 편에 '도리이'(鳥居)들이 林立한 깊은 숲속의 오솔길을 지나 '오소로시도꼬로'(恐所)
> 에 板石 모양의 돌을 피라밋 型으로 쌓아 올린 제단의 形狀이며, 그 정상에 조그마한
> 堂宇를 세운 것이었다."[33]

(2)에서는 우리나라 소도 문화와 같은 계통으로 대마도에 널리 퍼져있는 천도天道 신
앙과 의식, 그 제사 장소인 '졸토'를 꼽고, 그것을 통해 삼한 소도 문화의 원형을 살필
수 있을 것으로 보았다.[34] 또한 '소도'와 '졸토'의 음이 서로 비슷한 점에서도 가까운 연
관성을 인정할 수 있다는 것이다.[35]

이처럼 소도 관련 유적을 일본 대마도 등지에서 확인할 수도 있다고 보았기 때문에,
우리나라에서도 소도의 흔적을 찾기 위해 노력하였다. 일찍이 소도가 갖는 공간적 특
성을 헤아려 야산이나 구릉 지대에서 소도 유적을 찾았다. 곧 익산시 금마면의 '깃대섶',
익산시 부송동(옛 팔봉면)의 '깃대배기', 대전시 서구 도안동 '소태봉蘇台峯' 등을 꼽을
수 있다.[36] 그 뒤 현전하는 소도 유적으로 상주시 사벌면 원흥리의 '솟대' 주변 지역 및
부안군 보안면 우동리의 '당산' 일대 등을 더했다.[37] 이밖에 익산시 춘포면 '춘포산春浦

---

33) 金宅圭, 앞의 논문, 1984, pp.205~206.

34) 이와 관련하여 대마도에는 예전부터 '恐惟의 地'로 불리는 森林의 중앙에 정면 20척, 측면
    18척, 총 7단으로 된 平石의 제단이 있는데, 주민들이 함부로 출입하는 것을 막기 위해 돌을
    쌓고 나뭇가지로 얽어 경계를 만들었다고 한다. 그리고 대마도에는 특수촌락의 형태로 동
    반부에는 神社가 있는 聖地가 존재하고, 서반부에는 인가로 구성되는 구역에 주목하여 그
    것이 별읍과 성격을 같이한다고 보았다(末松保和, 「對馬の'神地'について」『朝鮮學報』81,
    1976; 金宅圭, 앞의 논문, 1984; 永留久惠, 『海神と天神』, 白水社, 1988).

35) 金宅圭, 「蘇塗と卒土」『三上次男喜壽記念 論文集』歷史篇, 1985.

36) 金貞培, 「蘇塗의 政治史的 意味」『歷史學報』79, 1978;『韓國古代의 國家起源과 形成』, 高
    麗大學校 出版部, 1985, p.165.

37) 金宅圭, 앞의 논문, 1984, pp.210~212.

山', 익산시 금마면 '굿대숲토성(猪土城)', 수원시 장안구 '꽃뫼(堂山)'와 서둔동 '여기산성 麗妓山城', 경주시 동천동 '표암봉瓢巖峯' 등 야산을 입지 조건으로 하는 곳도 소도 유적으로 미루어 짐작했으며,[38) 특히 '꽃뫼' 유적을 통해서 소도의 전통이 오늘날 '당산'으로 이어졌을 것이라고 보았다.

오늘날 종교 민속학적으로 삼한의 소도 신앙과 의례가 어떤 모습으로 계승되었는가에 주목하여, 호남지역에서 이루어진 무巫의 '단골제'와 '당산' 신앙을 소도와 결부시켰다.[39) 소도는 별읍으로 신성 공간인 성역이며, 여러 소국의 최고신으로 천신을 모셔놓고 천군이 공적 의례인 농축제農祝祭를 주관했던 곳으로 파악했다. 곧 천군은 공적 성격을 지닌 제사장으로 호남지역에서 제도적 조직을 갖춘 '단골' 무와 맥을 같이하며, 소도를 '별읍'이라고 불렀던 사실은 '천군'이 머물렀던 특별한 장소이기 때문으로 보았다. 그리하여 삼한의 소도는 본래 천군이 주관하는 성스러운 의례 장소이며, 그 뒤 시간이 흐름에 따라 점차 그 기능이 축소되면서 오늘날 호남지역에 전하는 동신당인 '당산'과 같은 형태로 전승되었을 것으로 상정했다.

광복 이후 역사학 방면의 관련 연구는 1970년대에 들어서 본격적으로 진행되었다. 삼한 사회의 소도가 갖는 역사적 실체를 그것이 포함되는 고대국가의 발달 과정에서 찾았는데, 주로 정치체계나 사회 변화를 소도 신앙과 의례 양상에 연계하여 접근했다. 곧 삼한 사회의 변동에 따른 소도의 신앙체계와 그 정치·사회적 의미를 해명하기 위한 노력이 이루어졌다. 먼저 소도는 삼한지역에서 전개된 청동기문화에서 철기문화로의 변천 과정에서 일어났던 신·구 문화의 갈등을 조정하고 통제하는 과정에서 나타난 것으로 보았다.[40)

실제로 철기 문화를 가진 유이민들이 삼한 지역으로 와서 토착민을 복속하거나 연합하여 부족국가를 세울 적에 나타난 주요 현상은 신석기시대 이래 청동기시대까지 오래 계속된 제정일치의 신정에서 족장과 제사장 직능이 분리되는 사회 운영방식의 변화라고 했다. 곧 삼한 지역에서 철기 문화를 배경으로 하는 보다 강력한 정치권력이 성립

---

38) 金洸, 「蘇塗遺蹟의 調査硏究」『國史館論叢』 19, 1990, pp.129~165.

39) 金泰坤, 「蘇塗의 宗敎民俗學的 照明」『馬韓·百濟文化』 13, 1990, p.158.

40) 金哲埈, 「三國時代의 禮俗과 儒敎思想」『大東文化硏究』 6·7合, 1971;『韓國古代社會硏究』, 知識産業社, 1975, pp.186~188.

함에 따라 이들의 지배하에 들어간 선주민들이 새로운 지배력과 충돌하든가 죄를 범했을 경우, 소도로 피하면 그대로 내버려 둔 제도가 남아서 신·구 문화의 갈등을 조절 발산했다는 것이다. 그리하여 소도는 청동기문화기의 사회적 산물로서, 소도 지역으로 피하거나 쫓기어 달아난 사람을 모두 돌려보내지 않았던 현상은 철기문화가 성립시킨 부족국가의 새로운 사회질서에 대항하는 재래적 전통의 반동적 성격으로 이해했다.[41] 따라서 소도의 기능은 철기문화를 가진 이주민과 청동기문화의 토착민들 사이에서 예견되는 갈등과 대립을 조정하는 완충적인 역할을 했던 것으로 보았다.

그 뒤『삼국지』한전의 소도 관련 기사를 삼한의 정치발전단계 및 국가의 기원 문제와 연결하여 삼한 소도의 정치사적 의미를 탐색했다.[42] 소도의 역사적 실체를 군장사회(Chiefdom)라는 정치적 발전단계의 신앙체계로 이해하고, 삼한의 70여 소국은 평균 2,000호, 약 1만 명 규모로 이루어진 군장사회 내지는 준국가準國家 단계에 해당하는 것으로 상정했다.[43] 이때 국읍의 천군이 의례를 주관했던 곳은 신성 구역인 별읍(소도)이므로, 소도는 민속학 방면에서 말하는 경계 표시나 대목 등이 아니고 무문토기 이래 생활의 근거로 삼았던 야산이나 구릉 지대에서 찾았다. 대목을 세우고 방울과 북을 장치했던 소도라고 하는 신성한 공간은 신전에 비견되는 위엄을 지니며 군장사회의 중심지 역할을 했다는 것이다. 곧 천군은 무(Shaman)에서 발전한 제사장(Priest)으로서 공적 임무를 수행하는 존재이며, 그는 정치적 지배자에 맞먹는 권위와 권한을 가졌다고 보았다.[44] 이와 관련하여 신라 왕호인 '차차웅 혹은 자충은 무당'이라고 했던『삼국사기』기록은 제사장에서 한층 발전했던 왕의 속성을 알려주는 근거로 삼았다.[45] 따라서 삼한 사회의 지배자가 '천군'에서 '왕'으로 발전해 갔다면, 소도의 위상은 강화되어 점차 정치적 중심지로 그 위치가 옮겨갔을 것으로 전망했다.[46] 그리하여 삼한 사회의 소

41) 金哲埈,「韓國古代政治의 性格과 中世政治思想의 成立過程」『東方學誌』10, 1969; 앞의 책, 1975, p.297.

42) 金貞培, 앞의 논문, 1978; 앞의 책, 1985, p.140.

43) 金貞培,「韓國古代國家 起源論」『白山學報』14, 1973, pp.59~85; 앞의 책, 1985, pp.148~152.

44) 金貞培, 앞의 책, 1985, p.154.

45) 金貞培, 앞의 책, 1985, p.157.

46) 金貞培, 앞의 책, 1985, p.166.

도가 갖는 정치사적 의미는 바로 군장사회의 역사적 산물이라고 해석했다.

사실 마한에서 이루어진 소도 신앙과 의례는 그 사회만의 독특한 문화현상이 아니므로, 삼한을 포함하여 당시 동이 제족의 보편적인 사회발전 단계 속에서 그 역사적 위상을 고찰했다.[47] 삼한 별읍 사회의 소도 신앙은 양상을 조금씩 달리할지라도『삼국지』동이전에 보이는 부여, 고구려, 동예 등 주변 지역의 신앙체계와 비교할 때, 각각 소도 신앙의 단계를 겪었거나 겪어가고 있었다고 보았다. 본래 소도 신앙은 삼한 사회의 농경문화를 배경으로 대두한 별읍의 성립과 밀접한 관계를 이루었는데, 당시 삼한 사회는 1만 여가에 이르는 대국이 '소연맹국'을 형성했고, 거기에 편입된 읍락이나 소국들은 별읍이 되었다는 것이다.[48] 따라서 별읍 사회의 소도 신앙은 읍락의 부락 공동체를 중심으로 행해지던 부락제에서 분화 발전했으며, 장차 제천의례로 체계화되어 신화적 세계관을 형성해 갈 소지를 갖추었다고 본다.[49] 실제로 삼한 별읍 사회가 성립된 소연맹국의 신앙·의례 내지 관념 형태는 소도 신앙으로 발현되었으며, 그 숭배 대상은 국읍에서 천군이 주제하는 천신을 비롯하여 별읍에서 제사 되는 귀신 곧 지모신 등 토착 부족이 신앙한 제신諸神을 포함하는 것으로 상정했다.[50]

그런데 별읍에서 제사를 주관한 인물로 천군을 반드시 배제할 수는 없지만, 천군은 국읍에 1인을 세워 '주제천신主祭天神' 했던 존재로 전한다. 어쩌면 천군은 별읍에서 귀신을 받드는 존재와 구분해서 이해될 수도 있다. 실제로 별읍 제사를 주관하는 존재를 천군과 별개의 인물로 상정하여 무적巫的 성격을 갖는 것으로 보기도 한다.[51] 곧 삼한의 국읍과 별읍에서 전개된 제사 형태나 신앙 대상은 서로 분리하여 이해하고, 국읍에서 천군이 주관한 천신 제사와는 따로 별읍의 소도에서는 귀신을 섬기는 제사가 시행되었다고 보았다. 물론 삼한 사회에서 차지하는 양자의 위상에는 차이가 나서 국읍 제사는 별읍 제사에 비해 현실적으로 격格이 높았을 것으로 추정했다.

---

47) 金杜珍, 앞의 책, 1999, p.65.
48) 당시 삼한 사회에는 萬餘家에 이르는 소연맹국을 형성했고 그곳에 편입된 邑落이나 小國들이 별읍을 이루었다고 본다(金杜珍, 앞의 책, 1999, p.67).
49) 金杜珍, 앞의 책, 1999, pp.99~100.
50) 金杜珍, 앞의 책, 1999, p.85.
51) 洪潤植, 「馬韓社會에서의 天君의 位置」『馬韓文化研究의 諸問題』, 1989.

이후 선행 연구성과를 바탕으로 부여의 영고, 고구려의 동맹, 예의 무천 등과 함께 삼한의 계절제를 우리나라 고대의 제천의례로 파악하면서, 각 나라가 처한 초기국가 발전단계와 연관하여 탐색했다.[52] 이른바 '군장사회론'을 적용하면서도 문헌자료에 보이는 장수, 거수 등에 주목하여 그 범칭으로서 삼한 소국을 '수장首長사회'로 상정했다. 특히 기존 연구에서 삼한의 대국과 소국을 균질적인 정치체로 취급했던 견해를 비판하고, 대국과 소국의 발전단계를 구분했다. 실제로 소국에서 발전한 대국은 초기국가 (State) 단계로 파악하고 이를 종교적인 측면에서 살폈는데, 천군은 대국의 국읍에서 천신 제사를 주관했던 제사장에 가까운 존재이고, 별읍인 소도에서 귀신을 섬겼던 인물은 무적인 성격을 가졌던 존재로 보았다. 그리하여 국읍의 천군이 천신 제사를 주관하던 대국은 천신을 정점으로 그 아래 여러 신들이 위계화되는 초기국가 단계에 도달했으며, 이러한 현상은 중앙 집권력의 강화와 상관관계에 있었다고 이해했다.[53] 이와 함께 삼한 사회는 천신과 호랑이신 제사가 함께 행해졌던 동예와 비슷한 발전단계로 보면서, 이보다 사회발전이 앞선 부여와 고구려는 천신과 국조國祖를 동일시하는 관념이 관찰되기 때문에 국가 의식이 일찍 형성되었던 사회로 상정했다.

한편 소도는 사회 풍속사의 관점에서 접근할 때, 마한 사회의 관습화된 농경의례로 파악하기도 했다.[54] 곧 소도의 본질은 농경의례이므로 소도 신앙의 성립과 배경은 읍락 사회에서 비롯되었다는 것이다.[55] 마한에서 귀신을 숭배하고 제사했던 농경 신앙은 읍락 사회에서 관습화된 농경의례로 자리 잡았고, 그 뒤 읍락 연합체적인 소국 사회가 형성되면서 천신에 제사를 지낸 소도로 확대되었고 본다. 이때 여러 농경 신들이 상위의 천신을 중심으로 통합되어 위계화되었던 것으로 상정했다. 그리하여 서기전 3~2세기경 철기문화의 전래로 성립된 소도는 마한 소국에서 성행했던 종교의례로서, '국중

---

52) 崔光植, 「韓國 古代의 祭天儀禮」『國史館論叢』13, 1990, pp.42~54에서 부여의 영고는 수렵 의례, 고구려의 동맹 및 예의 무천은 잡곡 의례, 그리고 삼한의 계절제는 농경의례의 성격을 갖는 것으로 구분하면서, 그 정치적 의미는 제의를 주관하는 지배자의 정당성을 뒷받침하는 이데올로기로 기능했다고 보았다.

53) 崔光植, 앞의 논문, 1990, pp.53~54.

54) 宋華燮, 「馬韓蘇塗의 成立과 歷史的 意義」『韓國古代史研究』7, 1994.

55) 宋華燮, 「馬韓蘇塗의 構造와 機能」『韓國宗教』17, 1992, pp.19~20.

대회' 방식으로 국가적 수호신을 모셨던 제천의식이라고 파악했다.[56] 특히 마한 지역에서 확인되는 청동의기靑銅儀器는 제정일치의 권력 출현과 함께 농경의례의 성행 사실을 입증하는 상징물로서 천군과 밀접한 물품으로 보았다. 천군은 제정일치의 군장 신분으로 천신의 대리자 역할을 강조하기 위해 청동의기를 지녔으며, 직능 상으로 샤먼보다는 제사장(Priest)에 가까운 존재로 이해했다.[57] 나아가 청동의기가 소멸하는 서기전 1세기경부터 제정 분리가 진행되면서 소도의 기능도 약화 되었던 것으로 본다. 삼한 사회는 주수의 정치력이 강화되면서 천군의 권한은 상대적으로 약해졌고, 제사 체계도 변화하면서 소도는 점차 민간신앙으로 전락해 갔을 것이라고 추정했다.

최근 삼한의 국읍을 재검토하는 과정에서 그동안 국읍을 일반적인 국의 중심지로 상정했던 선행 연구에 비판적으로 접근하여, 국읍은 소국과 대국을 포함하는 제국諸國 각각의 중심지가 아니라 대국 단계의 중심지로 파악하기도 했다.[58] 이때 대국은 초기국가(Early State)로 발전한 양상을 보이며, 반면에 소국은 아직 제정일치 단계의 복합사회에 머문 것으로 상정했다. 이에 소국의 별읍은 대국의 국읍과 병존했던 별도의 중심지라는 의미에서 대국과 구분되는 소국의 중심지를 지칭한 것으로 보았다. 곧 국읍은 초기국가 단계인 대국의 성읍이자 주변 제소국의 중심지인 별읍에도 영향을 미쳤던 지역 제소국의 중심지라는 뜻을 내포한 것으로 이해했다. 이에 따라 별읍의 실체는 본래 무가 머물면서 귀신 제사를 이끌던 소국 단계의 중심지이고, 대국의 국읍은 제의(천군) 및 정치(주수)적 중심지로 한 단계 발전한 형태라고 했다. 자연 국읍은 별읍에 없는 정치적 중심지로서 그 기능을 더했고, 신앙과 의례의 대상이 천신이라는 점에서 별읍의 귀신보다 그 격이 우위에 있다고 보았다. 기왕의 연구에서 신성 구역으로서 별읍이 갖는 종교적 성격에 치중했던 경향을 넘어서, 별읍이 제정일치 단계의 복합사회였던 소국의 중심지로서 정치·사회적인 성격과 위상을 환기하였다는 점에서 의미가 있다.

---

56) 宋華燮, 앞의 논문, 1994, pp.244~248.
57) 天君은 제정일치의 군장 신분으로 天神의 대리자 역할을 강조하기 위해서 청동의기를 소지했으며, 직능상 샤먼이라기보다는 제사장(Priest)에 가까운 존재로 파악했다(宋華燮, 앞의 논문, 1992, pp.28~36; 앞의 논문, 1994, pp.254~258).
58) 박대재, 「三韓의 '國邑'에 대한 재인식」 『한국고대사연구』 91, 2018.

한편 고고학 발굴성과를 바탕으로 하여 소도의 흔적으로서 의례 공간에 접근한 일련의 연구들이 진행되었다. 특히 마한 소도의 공간구성에 대한 고고학적 접근을 통해서 중부지역에 퍼져있는 환구環溝 유적에 주목하기도 하였다.59) 곧 한강 유역 미사리에서 확인되는 청동기~원삼국시대의 환구 유적을 소도와 관련된 의례 공간으로 상정하고 소도의 구체적인 공간구성을 유추했다. 실제로 해당 유적의 내부에서는 제장, 수장首長 및 제사장과 관리인 등의 가옥으로 추정되는 건물터, 의례 시설인 제전祭殿, 의례 관련 시설로 보이는 고상 창고와 저장혈, 야외화덕 등이 함께 확인된다는 점을 부각했다. 이와 같은 맥락에서 보령 명천동 환호유적을 소도의 의례 공간에 연결하기도 했다.60) 이 유적의 중심에 광장이 있고 내부에는 주공을 확인할 수 있지만, 단순히 일반 취락으로 취급하기는 힘든 것으로 추론했다. 일반적으로 취락의 중앙에 자리한 광장에서 의례를 행한 것으로 추정되는 다른 환호유적과는 달리, 이곳은 의례를 치르기 위한 성역의 장소로서 독립적으로 입지한 것이라고 보았다.

그런가 하면 진안 여의곡과 김해 율하리의 수혈유구를 '입대목立大木'의 흔적으로 주목하기도 했다.61) 서기전 4세기로 추정되는 농경문청동기를 '입대목' 제의의 출발로 삼았고, 이후 여기저기에 보이는 다양한 청동방울 및 북의 존재를 '현령고縣鈴鼓'의 근거로 여겼다. 이를 바탕으로 소도 유적이 구릉 지대에서 다중 환구라는 특수한 형태의 제의 공간으로 변화했을 것이라고 예상했다. 또한 '입대목' 제의가 성행하던 서기전 3세기경 새 관념을 매개로 한 솟대 제의가 따로 갈라지게 되었을 것으로 보았다.62)

이상에서 살펴본 바와 같이 근대 이후에 삼한의 소도 신앙과 의례에 관한 연구는 처

---

59) 이형원, 「삼한 소도의 공간구성에 대한 고고학적 접근 -중부지역의 환구유적을 중심으로」 『百濟學報』 24, 2018.

60) 나혜림, 「보령 명천동 유적을 중심으로 본 소도와 의례 공간」 『百濟學報』 22, 2017.

61) 이종철, 「입대목, 솟대 제의의 등장과 전개에 대한 시론」 『한국고고학보』 106, 2018.

62) 그런데 고고학 유적을 소도 관련 기록에 적용할 경우, 문헌 기록의 해석에 따라 관련 유물 및 유적에 대한 적용이 달라질 가능성도 있다. 예컨대 '국읍 천군과 별읍 소도'의 관계 설정 여부에 따라 달라지는 의례 공간의 입지 적용 문제라든가, '입대목현령고'의 해석에 따른 솟대 또는 소도 유적 적용 문제 등을 예상할 수 있다. 이에 문헌 기록의 해석은 물론 이를 바탕으로 하는 고고학 유물의 적용에도 좀 더 신중한 접근이 요구되며, 이에 대해서는 별도의 상론이 필요하다.

음 민속학적인 측면에서 이루어진 입간 신앙 또는 신성 공간의 흔적을 찾아 그 기원과 기능을 탐색하는 경향이 강했다. 그 뒤 우리나라 고대사회의 발전에 따른 신앙체계의 변화양상을 구명하는 역사학 방면의 접근으로 무게 중심이 옮겨갔다. 이에 따라 소도가 갖는 역사적 의미는 그것을 포함하는 정치체계 속에서 추구되거나 사회발전 단계에 따른 신앙 의례의 변천 과정에서 이해되었다. 그리고 고고학적 발굴성과가 축적되어 의례 공간으로 확인되는 유적을 소도와 결부시키면서 당대의 사회상과 문화를 복원하는 노력도 병행했다. 그리하여 삼한 소도 신앙의 정치ㆍ사회사적 의미를 보다 구체적으로 해석하고, 삼한의 사회상과 문화에 좀 더 가까이 접근할 수 있는 바탕을 마련하게 되었다.

III. 소도 인식의 전승과 변천

현전하는 문헌 자료에서 삼한 소도 인식의 출발점은 『삼국지』 한전에서 찾을 수 있다. 그 내용은 이후 편찬된 『후한서』나 『진서』 등의 사서에도 기본적으로 같은 맥락에서 언급되었지만, 소도 및 별읍에 관한 일부 구절에는 축약과 조정이 있었다. 이런 까닭으로 소도에 관한 인식의 전승에 변화를 야기했던 것으로 보인다. 다음의 소도 관련 기록을 통해서 확인할 수 있다.

(3) ①해마다 5월에 씨뿌리기를 마치면 귀신에게 제사를 지내고 사람들이 모여서 노래하며 춤추고 술을 마시는데 밤낮을 가리지 않는다. 그들의 춤은 수십 명이 같이 일어나서 뒤를 따라가며 땅을 밟고 몸을 낮게 구부렸다가 높이 치켜들었다가 하면서 손발을 서로 맞추게 한다. 그 가락과 율동이 (중국의) 탁무鐸舞와 흡사하다. 10월에 농사일을 마치면 또다시 이와 같이한다. ② 귀신鬼神을 믿어서 국읍國邑에서는 각각 한 사람을 세워서 천신天神 제사를 주관하게 하는데, 이를 천군天君이라고 부른다. 또 여러 국국에는 각각 별읍別邑이 있으니 그곳을 소도蘇塗라고 부른다. (그곳에) 대목大木을 세워 방울과 북을 걸어 놓고 귀신을 섬긴다. ③(다른 지역에서) 그곳으로 도망해 들어가면 다 돌려보내지 않으므로 도적질을 잘하게 되었다. 그곳에 소도蘇塗를 세운 뜻은 부도浮屠와 비슷하나 행하는 바의 좋고 나쁜 점은 다르다(『三國志』卷30, 魏書30, 烏丸鮮

卑東夷傳30, 韓).**63)**

(4) ①해마다 5월에 농사일을 마치면 귀신鬼神에게 제사를 지내는데 밤낮으로 술자리를 베풀고 사람들이 모여 노래하며 춤춘다. 춤을 출 때는 수십 명이 서로 따라가며 땅을 밟으며 가락을 맞춘다. 10월에 농사일을 마치면 또 이와 같이 한다. ②여러 국읍國邑에서는 각각 한 사람이 천신天神 제사를 주관하는데 (그 사람을) 천군天君이라고 부른다. 또 소도蘇塗를 세우고 (그곳에) 대목大木을 세워 방울과 북을 걸어 놓고 귀신을 섬긴다(『後漢書』卷85, 東夷列傳75, 韓).**64)**

(5) ①풍속은 귀신鬼神을 믿으며 해마다 5월에 씨뿌리기를 마치면 사람들이 모여서 노래하고 춤추면서 귀신에게 제사를 지낸다. 10월에 이르러 농사일을 마치면 또 이와 같이한다. ②국읍國邑에는 각각 한 사람을 세워 천신天神 제사를 주관하게 하는데, 그를 천군天君이라고 부른다. 또 별읍을 설치하여 이름을 소도蘇塗라고 하는데 대목을 세워 방울과 북을 걸어 놓는다. ③그 소도의 뜻은 서역西域의 부도浮屠와 비슷하나 행하는 바의 좋고 나쁜 점은 다르다(『晉書』卷97, 列傳67, 東夷 馬韓).**65)**

먼저 (3)의 『삼국지』 한전은 삼한 사회에서 해마다 파종기 5월과 추수기인 10월에는 귀신에게 제사하는 농경의례를 지냈으며 그 과정에서 이루어진 집단유희의 모습을 전한다(①). 또한 귀신을 믿었으며 국읍은 각기 한 사람씩을 세워 천신 제사를 이끌게 했는데 그를 '천군'이라고 불렀다. 이와 함께 삼한을 구성하는 제국에는 각각 '별읍'이 있으니 그곳을 '소도'라고 했다. 그곳에 큰 나무를 세워서 방울과 북을 매달아 놓고 귀신을 섬겼다고 한다(②). 별읍을 소도라고 했으므로 이때 소도는 '특별한 읍락' 또는 '별도의 읍락'으로서 읍邑이라는 일정한 지역을 상정했다고 본다. 곧 소도라고 칭하는 삼

---

63) 『三國志』卷30, 魏書30, 烏丸鮮卑東夷傳30, 韓, "①常以五月下種訖 祭鬼神 羣聚歌舞 飮酒晝夜無休 其舞 數十人俱起相隨 踏地低昂手足相應 節奏有似鐸舞 十月農功畢 亦復如之 ②信鬼神 國邑各立一人 主祭天神 名之天君 又諸國各有別邑 名之爲蘇塗 立大木 懸鈴鼓 事鬼神 ③諸亡逃至其中 皆不還之 好作賊 其立蘇塗之義 有似浮屠 而所行善惡有異."

64) 『後漢書』卷85, 東夷列傳75, 韓, "①常以五月田竟 祭鬼神 晝夜酒會 羣聚歌舞 舞輒數十人相隨 蹋地爲節 十月農功畢 亦復如之 ②諸國邑各以一人 主祭天神 號爲天君 又立蘇塗 建大木以縣鈴鼓 事鬼神."

65) ①俗信鬼神 常以五月耕種畢 群聚歌舞以祭神 至十月農事畢 亦如之 ②國邑各立一人主祭天神 謂爲天君 又置別邑 名曰蘇塗 立大木懸鈴鼓 ③其蘇塗之義 有似西域浮屠也 而所行善惡有異(『晉書』卷97, 列傳67, 東夷 馬韓)

한의 별읍에는 종교시설인 대목(神樹)을 중심으로 귀신에게 제사하는 모습을 그려볼 수 있다. 이와 같은 전승은 『삼국지』 한전의 편찬 당시에 확보했던 삼한 사회의 토착 신앙에 관한 정보에서 기초한 것으로 보인다.

그런데 삼한 사회에는 다른 곳에서 소도 지역으로 도망쳐온 사람을 누구든 돌려보내지 않아서 도적질을 좋아하게 되었다고 했다. 특히 그들이 소도를 세운 뜻은 부도와 유사하나 행하는 바의 좋고 나쁜 점은 다르다고 전한다(③). 앞서 ①・②의 내용이 삼한의 소도 및 관련 의례 행위에 대한 사실을 전한다면, ③의 서술에는 당시 편찬자 진수가 가졌던 소도의 신앙체계와 기능에 대한 인식을 일정하게 투영했을 법하다. 곧 진수는 삼한의 소도를 당시 서역에서 전래한 부도(불교 혹은 사찰)에 견줄 수 있는 종교 내지는 신앙체계로 보면서도, 그 종교・사회적 기능이 부도와 서로 다른 점을 부각한 듯하다. 소도 관련 기사의 끝부분에 언급한 '선善'(=중국, 부도)과 '악惡'(=삼한, 소도)으로 대비되는 평가는 『삼국지』 한전이 편찬될 당시의 역사관과 중국 중심적 편향에서 벗어날 수 없는 점을 감안하여 해석할 필요가 있다.[66]

진수가 소도를 '부도浮屠'와 비교하여 평가한 사실은 당시 중국의 불교 전래 상황과 연관하여 이해할 수 있다. 본래 '부도'라는 명칭은 범어인 '부다(Buddha)'가 인도 서북부에서 서역을 거치면서 '부도(Buddho)'로 중국에 전해진 뒤, '부도'는 불타佛陀, 불도佛道, 부두浮頭, 부도浮圖(浮途) 등으로 다양하게 쓰였다.[67] 실제로 3세기 중후반 무렵 『삼국지』 한전 편찬 당시에 부도의 용례는 불타佛陀 그 자체뿐만 아니라 불사리탑佛舍利塔, 불교의 예배 공간인 사찰 혹은 불경佛經, 불교도 등과도 관련되었다. 곧 부도는 당시 중국 초기 불교를 상징하거나 그와 긴밀하게 연관된 명칭이었음을 알 수 있다.

한편 중국 남조의 송 문제文帝(424~453) 때에 편찬된 (4)의 『후한서』 한전은 앞서 찬

---

66) 이하 전통적인 소도 인식의 성립과 변화에 대한 주요 논지는 문창로, 앞의 논문, 2013, pp.4~12의 내용을 참조하여 보완 및 재정리했으며, 참고논문에 대한 별도의 인용은 생략했다.

67) 중국에 전래되었던 浮屠는 佛陀만을 뜻하는 것이 아니고, 佛教를 浮屠道 또는 浮屠之教, 佛經을 浮屠經, 佛教徒를 浮圖, 佛像을 모신 사당을 浮屠祠, 佛塔을 浮圖 등으로 지칭하기 때문에, 부도는 중국 초기 불교를 상징하는 명칭이며, 나아가 불교 수용기에 중국인들에게 기원의 대상이 되는 神으로 인식되었다고 본다(宋華燮, 「『三國志』 東夷傳의 蘇塗와 浮屠」 『歷史民俗學』 4, 1994, pp.17~18).

술된 『삼국지』 한전의 내용을 대체로 전재했으나 '晝夜酒會'와 '羣聚歌舞'의 순서를 바꾸었고(①), '별읍'을 삭제하고 '名之爲蘇塗'를 '立蘇塗'로 고쳤으며(②), 이어지는 "諸亡逃至其中 … 而所行善惡有異"(③) 부분을 모두 생략했다. 이는 편찬자 범엽范曄(398~445)이 저술과정에서 나름의 판단에 따라 일부 문구를 조정하거나 삭제하여 문맥을 매끄럽게 통하도록 도모한 것으로 추정된다. 이로 인하여 그 뒤 후대 사서 편찬에도 영향을 주어 삼한 소도에 관한 인식 변화 내지는 변용에 영향을 끼친 것으로 보인다.

(5)의 『진서』 마한전 역시 기본적으로 『삼국지』 한전 기사를 받아들이면서 전체 문맥이 명료하도록 일부 문구의 축약·조정을 취했다.[68] 첫머리에 '俗信鬼神'을 언급하여 (3)의 '祭鬼神', '信鬼神', '事鬼神' 등 '귀신' 관련 신앙 행위의 서술을 반복했던 점을 피했고, '祭鬼神 群聚歌舞飮酒'의 문구를 '群聚歌舞以祭神'으로 간략하게 조정했다(①). 그리고 『삼국지』 한전의 "又諸國各有別邑 名之爲蘇塗"를 "又置別邑 名曰蘇塗"라고 수정하여 '또한 제국에 각기 별읍이 있다'라는 내용을 '또한 별읍을 설치했다'라고 전한다. 『삼국지』 한전에서 별읍이 제국 내에 각각 존재한 구성단위로 인식되었던 것이 『진서』에서는 제국을 생략하고, "國邑各立一人主祭天神 謂爲天君"에 뒤이어 "又置別邑 名曰蘇塗"로 서술하였다. 곧 천군이 주제하던 국읍과는 구별되는 존재로서 별읍을 설치하여 소도라고 이름한 것으로 해석할 소지를 주었다(②). 나아가 '蘇塗之義'와 관련하여 '諸亡逃至其中 皆不還之'의 부분을 삭제하였고, '有似浮屠'를 '有似西域浮屠'라고 하여 '서역'을 삽입하면서 그 뜻을 보다 분명히 보완했다(③). 곧 '부도' 앞에 '서역'을 덧붙여서 소도의 뜻을 서역으로부터 중국에 전래된 불교와 유사한 것으로 풀이했다.[69]

---

68) 申鉉雄, 「『晉書』 馬韓傳 記事의 性格」 『新羅文化』 26, 2005, p.350.

69) 『晉書』는 643년(貞觀 17)에 唐 太宗의 명을 받은 房玄齡, 褚遂良 등이 참여하여 편찬했으므로, 이 때 중국의 소도 인식은 서역의 불교와 결부되어 정착된 듯하다. 660년경에 張楚金이 찬한 『翰苑』 蕃夷部, 三韓, "鈴鼓旣懸, 用展接神之禮 後漢書曰 馬韓人常以五月田竟 祭鬼神 盡[晝]夜酒會 郡[群]聚歌舞 舞輒數十人相隨 蹋地爲節 十月農功畢 亦復如之 諸國邑各以一人祭天神 號爲天君 又立蘇塗 遠[建]大夫[木] 以懸鈴鼓 事鬼神 蘇塗之義 有似於西方淳[浮]圖之"라고 하여, '蘇塗之義'를 '西方'의 부도로 언급했다. 다만 3세기 후반에는 삼한지역에 아직 불교가 널리 전파되지 않았던 것으로 이해되기 때문에, 진수가 언급한 삼한의 소도는 불교 전래 이전에 전통적으로 삼한 지역에 전승되었던 토착신앙과 관련된 공간을 가리키는 상징적 표현으로 볼 수 있다(문창로, 앞의 논문, 2013, p.5).

이처럼 중국 정사의 소도 관련 기록은 『삼국지』 편찬 이래로 일부 문구의 가감과 조정이 있었지만, 기본적인 내용은 대체로 큰 맥락에서 같이 한다.[70] 중국 정사에서는 『진서』 마한전을 끝으로 소도 관련 기사를 확인할 수 없다. 이는 시대를 한 왕조에 한정하여 기술한 단대사로서 중국 정사 각각의 대상 시기를 고려한다면, 삼한의 소멸 시기와 맞물려 나타나는 당연한 결과라고 볼 수 있겠다.

그런데 중국인들의 소도 인식은 후대로 가면서 변모해 가는 사실을 확인할 수 있다. 중국 송나라 정대창程大昌(1123~1195)의 『연번로演繁露』에는 『통전』의 소도 관련 기록과 함께 소도가 부도와 유사하다는 주석을 인용한 뒤에, 안설按說을 통해 "부도浮屠는 부도浮圖이며 탑이다"라고 했다.[71] 일찍이 중국 정사의 소도 관련 기록에서 부도는 중국 초기 불교와 관련된 용어로 이해되었다. 『연번로』의 안설에 '부도를 탑'이라고 언급한 것으로 보아, 당시 찬자는 소도를 불교 사원에 세웠던 불탑으로 인식했을 법하다.

그런가 하면 소도를 입간 신앙의 입장에서 파악한 견해는 청나라 건륭제乾隆帝(1711~1799)의 명을 받아 아계阿桂(1717~1797)와 우민중于敏中(1714~1780) 등이 편찬한 『흠정만주원류고欽定滿洲源流考』(1777)에서 확인할 수 있다. 곧 삼한의 소도 풍속을 만주의 그것과 비교하여 신간으로 추정했는데, 그 근거로 『후한서』 한전의 "立蘇塗 建大木" 기사를 인용했다.[72] 그리하여 삼한이 설립한 소도에는 큰 나무를 세워서 방울과 북을 매달아 놓고 귀신을 섬기는 장면이 만주 일대에서 시행되는 입간제사立杆祭祀 의식과

---

70) 이후 중국사서의 소도 관계 기사는 앞서 편찬한 중국 정사의 내용을 수용하면서도 일부 문구를 조정했다. 곧 杜佑(735~812)가 편찬한 唐 대의 『通典』 卷185, 邊防1, 東夷, "俗信鬼神 常以五月耕種畢 晝夜酒會 羣聚歌舞 數十人俱起相隨踏地 低昂手足 相應爲節 十月農功畢 亦復如之 諸國邑各以一人主祭天神 號爲天君 又蘇塗 建大木以懸鈴鼓 事鬼神"라고 하여, 『後漢書』와 『晉書』의 내용을 참고하여 기록했다. 송나라 樂史(930~1007)가 편찬한 『太平寰宇記』 卷172, 四夷1, 東夷1 三韓國, "土俗物産 … 俗信鬼神 常以五月耕種畢 祭鬼神 晝夜飮會 羣聚歌舞 舞輒數十人 相隨踏地 爲節十月農工畢 亦復如之 諸國邑 各以一人主祭天地 號天君 又立蘇塗 有似浮屠 建大木以懸鈴鼓 事鬼神"라고 하여, 비슷한 서술 경향을 보인다. 그 뒤 1013년 北宋의 王欽若 · 楊億 등이 편찬한 『册府元龜』 卷959, 外臣部4, 土風조는 『後漢書』 한전을 그대로 전재했다.

71) 『演繁露』 卷7, 蘇塗, "通典 東夷馬韓 祭鬼神 立蘇塗 建大木 以垂鈴鼓 注蘇塗有似浮塗 按浮塗 卽浮圖 卽塔也".

72) 『欽定滿洲源流考』 권18, 國俗3, 祭天.

서로 합치하는 것으로 파악했다. 실제로 한 사람이 제사를 주관하고, 제사에 방울과 북을 활용한 점, 소도의 음이 만주어로 신간을 칭하는 소마索摩(Somo)와 서로 비슷한 점을 들어서 소도를 대목신간으로 간주했다. 이처럼 소도 인식은 후대로 가면서 편찬 당시 찬자의 역사관이나 종교관에 따라 변모했음을 엿볼 수 있다.

한편 현전하는 국내 문헌 자료 가운데 소도에 대한 인식을 살필 수 있는 가장 오래된 것으로 신라 말 최치원崔致遠(857~?)이 지증대사 도헌道憲(824~882)을 기리며 찬술했던 「봉암사지증대사적조탑비鳳巖寺智證大師寂照塔碑」의 다음 내용을 꼽을 수 있다.

> (6) 옛날 우리나라가 셋으로 나뉘어 솥발과 같이 서로 대치하였을 때 백제百濟에 소도蘇塗의 의식이 있었는데, 이는 감천궁甘泉宮에서 금인金人에게 제사를 지내는 것과 같았다. 그 뒤 섬서陝西의 담시曇始가 맥貊 땅에 들어온 것은 섭마등攝摩騰이 동東으로 후한後漢에 들어온 것과 같으며, 고구려의 아도阿度가 우리 신라에 건너온 것은 강승회康僧會가 남으로 오吳에 간 것과 같았다(「鳳巖寺智證大師寂照塔碑」 『朝鮮金石總覽』上).[73]

(6)에서 최치원은 '옛날 우리나라가 셋으로 나뉘어서 솥발과 같이 서로 대치할 적에 백제에는 소도의 의식이 있었는데, 이는 감천궁 금인에 제사 지내는 것과 같다'라고 했다. 본래 감천궁에서 제사 지낸 금인은 '휴도왕제천금인休屠王祭天金人'으로서, 흉노의 휴도왕이 하늘에 제사를 지내면서 모셨던 금인을 뜻한다.[74] 금인은 중국 삼국시대에는 휴도왕이 제천행사에 모셨던 흉노 고유의 천신상으로 인식되었다가, 그 뒤 남북조

---

73) 「鳳巖寺智證大師寂照塔碑」 『朝鮮金石總覽』(上), "昔當東表鼎峙之秋 有百濟蘇塗之儀 若甘泉金人(之)祀 厥後西晉曇始之貊 如攝騰東入 句驪阿度度于我 如康會南行." 「鳳巖寺智證大師寂照塔碑」의 판독문에서 "若甘泉金人之祀"는 본래 비석 명문에는 "若甘泉金人祀"로 되어 있으며, '金人' 뒤에 '之'자를 넣은 것은 뒤에 교감하여 작성한 것이다(국사편찬위원회>한국사데이터베이스>한국고대금석문자료집>통일신라:http://db.history.go.11r/item/level.do?itemId=gskh 참조).

74) 『漢書』卷68, 霍光金日磾傳, "武帝元狩中 票騎將軍霍去病將兵擊匈奴右地 多斬首 虜獲休屠王祭天金人"; 『漢書』卷94, 匈奴列傳, "漢使票騎將軍霍去病將萬騎出隴西 過焉耆山千餘里 得胡首虜八千餘級 得休屠王祭天金人". 곧 漢武帝 元狩年間(서기전 122~117)에 표기장군 곽거병은 흉노의 이치사 선우의 번왕이었던 휴도왕의 군대를 격파하고 '휴도왕제천금인'을 노획했던 것으로 전한다.

시대(420~589)를 거치면서 '금인불상설金人佛像說'의 대두와 함께 금인을 불교의 예배 대상인 불상으로 받아들였다고 한다.[75]

실제로 백제의 소도 의식에 비견되는 흉노의 감천궁 금인 제사에 대한 인식은 시간이 흐르면서 점차 변했다. 중국 남조 송(420~479)의 배인裴駰이 찬술한 『사기집해史記集解』에 인용된 『한서음의漢書音義』에는 "흉노의 제천처祭天處가 본래 운양 감천산 아래 있었는데, 진秦나라가 그 땅을 빼앗은 뒤에 휴도왕의 서쪽 지역으로 옮겨서 제천금인祭天金人을 갖게 되었다"라고 전한다.[76] 적어도 이때까지는 금인 제사를 흉노 고유의 토착적인 제천의례로 인식했던 사실을 확인할 수 있다.

그 뒤 559년에 편찬된 『위서』 석로지釋老志에는 금인 전래 사실을 중국의 불교 유통과 연관하여 기록했다.[77] 곧 한나라 때에 곽거병霍去病(B.C.140~117)이 흉노를 토벌하여 획득한 휴도왕의 금인을 한 무제에게 바쳤더니 금인을 대신大神으로 여겨 감천궁으로 모시고 분향 예배했다고 전하면서, 바로 금인의 전래로 중국에서 불교 유통이 시작되었던 것이라고 인식했다. 또한 당의 사마정司馬貞(679~732)이 쓴 『사기색은史記索隱』과 장수절張守節의 『사기정의史記正義』는 앞서 편찬된 배인의 『사기집해』와 함께 『사기』 주석서 중에 인정받는 3대 주석으로 이른바 '사기삼가주史記三家注'라고 불리는데, 『사기색은』과 『사기정의』에서는 금인을 '부도금인浮圖金人' 혹은 '불상'으로 인식했다.[78] 그리하여 당나라 이후 확산된 '금인=불상'이라는 인식은 근대까지 중국의 전통적인 통설로 이어졌다고 본다.[79]

그렇다면 최치원이 거론한 '백제소도지의百濟蘇塗之儀'는 당시 중국에 널리 퍼졌던 '금인불상설'과 무관하지 않을 법하다. 곧 최치원이 소도의 의식에 빗댄 '감천금인지사甘泉金人之祀'는 바로 '한 무제가 부처에게 예배드리는 의식'을 말하는 것이며, 이때 백제

---

75) 徐永大, 앞의 논문, 1979, p.28.

76) 馬持盈, 『史記今註』 第6冊, 臺灣商務印書館, 1979.

77) 『魏書』 卷114, 釋老志10, "案漢武元狩中 遣霍去病討匈奴 至皐蘭 過居延 斬首大獲 昆邪王 殺休屠王 將其眾五萬來降 獲其金人 帝以爲大神 列於甘泉宮 金人率長丈餘 不祭祀 但燒香禮拜而已 此則佛道流通之漸也".

78) 馬持盈, 앞의 책, 1979.

79) 徐永大, 앞의 논문, 1979, pp.28~29.

의 '소도 의식'은 부처에게 예배하는 불교 의식을 가리키는 셈이 된다. 사실 최치원은 「봉암사지증대사적조탑비」의 첫머리에 군자가 사는 우리나라에 불법이 전래하여 크게 성행했던 사실을 언급하면서 신라 불교사를 선종사 중심으로 간명하게 정리하였다. 그 과정에서 백제 소도 의식을 거론하고 뒤이어 고구려는 서진에서, 그리고 신라는 고구려에서 불교를 수용했다고 전한다.[80] 최치원은 우리나라 불교 전래가 백제를 시작으로 고구려, 신라 순으로 인식했음을 유추할 수 있다. 이처럼 비문의 서술 맥락을 고려할 때, 최치원이 언급한 '백제소도지의'는 백제의 불교 전래 사실을 거론한 용례로 이해할 수 있다.

그런데 최치원이 언급한 '백제소도지의'는 마한 소도가 아닌 백제 소도로 언급한 사실에 주목하여, 그의 삼한·삼국 인식을 달리 해석할 수 있는 근거로 삼기도 했다. 곧 기왕의 '마한→고구려' 인식과는 별개로 '백제소도지의'에서 '백제'는 최치원이 '마한→백제'라는 역사적 선후 관계를 염두에 둔 서술이라고 상정했다.[81] 그렇지만 이와 같은 견해는 최치원이 '삼한=삼국'으로 상정하여 마한→고구려, 변한→백제, 진한→신라로 인식했으며,[82] 삼국통일 이후의 신라를 '삼한'으로 칭했던 점을 감안하면 재고할 필요가 있다. 사실 삼한과 삼국을 같은 실체로 인식한 것은 최치원뿐만 아니라, 당시 중국이나 신라의 일반적인 삼한 인식에 기인한 것으로 이해된다. 곧 '백제소도지의'에서의 백제는 마한과의 계승 관계를 염두에 둔 기록이라기보다, 최치원 찬술 당시 '삼한일통'을 이룩했던 통일신라에 편입되었던 옛 백제지역 정도로 인식했을 법하다.[83]

---

80) 「鳳巖寺智證大師寂照塔碑」 『朝鮮金石總覽』(上), p.89에는 "厥後 西晉曇始始之貊 如攝騰東入 句驪阿度于我 如康會南行"이라고 하여, 그 뒤 陝西의 曇始가 貊 땅에 들어온 것은 攝摩騰이 東쪽으로 後漢에 들어온 것과 같았고, 고구려의 阿度가 신라에 건너온 것은 康僧會가 남쪽으로 吳에 간 것과 같았다고 전한다.

81) 李康來, 「최치원의 고대 인식과 그 함의」 『孤雲學報』 2, 2004; 이도학, 「최치원의 고구려 인식」 『한국사상사학』 24, 2005; 金炳坤, 「崔致遠의 三韓觀 再考」 『韓國史研究』 141, 2008.

82) 최치원은 馬韓·卞韓·辰韓을 각각 高句麗·百濟·新羅으로 상정했다(『三國史記』 卷46, 列傳6, 崔致遠, "故其文集上大師侍中狀云 伏聞東海之外 有三國 其名馬韓卞韓辰韓 馬韓則高麗 卞韓則百濟 辰韓則新羅也").

83) 신라가 삼국을 통일한 뒤에 '三韓一統'의식이 대두하면서 삼한과 삼국을 구분하기 어렵게 했던 점이 최치원의 삼한 인식에도 작용했을 것으로 본다(盧泰敦, 「三韓에 대한 認識의 變遷」 『韓國史研究』 38, 1982, pp.138~140). 곧 옛 삼국 지역은 삼한이자 '삼한일통'을 이룩했

전통적으로 전근대에는 『삼국지』 한전 기사보다는 『후한서』 한전의 내용을 취신하는 경향이 강한데, 『후한서』 한전에서는 삼한 78국 가운데 한 나라로 유독 '백제국伯濟國'을 거명하여 부각했다.[84] 어쩌면 최치원은 이 기록에 주목하여 백제와 소도를 연결했을 가능성도 배제할 수는 없다.[85] 결국 최치원은 신라 말 중국에 널리 퍼진 '금인불상설'과 『후한서』 한전의 기사 등을 통해 '백제소도지의'는 백제의 불교 제사로 인식하고, 신라의 불교사를 정리했던 「봉암사지증대사적조탑비」 첫머리에서 백제 불교 전래의 근거로 삼아 서술한 것으로 보인다.

최치원이 불교 제사에 상정했던 소도 인식은 그 뒤에도 꾸준히 계승되어, 조선 후기의 학인들 중에는 '삼한 시기에 불교가 전래하였다'라고 주장하는 근거로 삼기도 했다. 예컨대 『해동역사』(1823) 석지釋志에 수록된 한진서의 안설에는 최치원의 「봉암사지증대사적조탑비」 내용을 거론하면서 『삼국지』의 소도 관련 기사를 '동방에 불교가 싹튼 조짐' 곧 불교의 시작이라고 언급한 바 있다.[86] 한진서는 '소도=불교'라는 인식을 바탕으로 고구려 불교 전래 등을 들어서 이미 서진 대에 불교가 우리나라에 전래했던 것으로 보았다. 또한 이유원李裕元(1814~1888)이 찬술한 『임하필기林下筆記』(1871)에서도 최

던 최치원 당시의 통일신라로 인식했을 법하다. 그렇다면 '百濟蘇塗之儀' 역시 굳이 마한을 의식하여 '백제'라는 국명으로 기록하려고 했던 것은 아니며, 최치원 당시 '소도의식'이 통일신라 내의 '옛 백제지역'에서 시행되었기 때문에 그렇게 표현했을 가능성도 있을 듯싶다.

84) 『後漢書』 卷85, 東夷列傳, 韓, "韓有三種 一曰馬韓 二曰辰韓 三曰弁韓 … 凡七十八國 伯濟是其一國焉". 『後漢書』 동이열전에 高句麗傳이 따로 설정되었기 때문에 '마한=고구려'로 인식했던 최치원의 입장에서는 고구려와 소도를 연결하기 어려웠을 법하다.

85) 『후한서』의 삼한 관련 서술이 마한·진한·변한을 구별한 것도 아니며, 삼한 78國에서 '伯濟' 한 나라만을 거명했던 점 등으로 보아, 최치원이 동이열전을 통해서 소도와 백제가 상관관계를 가진 것으로 이해했을 것이라고 보았다(徐永大, 앞의 논문, 1979, pp.31~32).

86) 『海東繹史』 卷32, 釋志, 釋教에는 고대 한국의 불교 전래 사실을 언급했는데, 그 첫머리에는 고구려 小獸林王 2년(372) 前秦의 苻堅이 僧 順道에게 佛像과 佛經 등을 고구려에 전했고 이것이 고구려에 佛法을 전래한 시초였다는 사실을 밝혔다. 그 뒤를 이어 같은 책, 釋教, "鎭書謹案三國志 馬韓立蘇塗 其義有似浮屠而所行善惡有異 此東方釋教之兆也 故崔致遠智證碑云 當三國鼎峙之日立 有百濟蘇塗之儀 若甘泉金人之祀 卽此也 崔碑又云 西晉曇始之貊句麗阿度度于我 則釋教之東來已在西晉之時也"라고 하여 '백제소도지의'가 있었던 것으로 보아 동방에 불교가 이미 전래되었던 것이라 언급했다.

치원의 소도 인식을 받아들여 소도를 우리나라 불교의 출발로 삼았고, 「봉암사지증대사적조탑비」를 인용하여 중국 서진 대에 이미 불교가 존재했다고 하면서 최치원의 소도 인식을 충실히 계승했다.[87]

그런가 하면 최치원의 '소도=부도' 인식과 궤를 같이하지만, 소도를 사찰 내에 세웠던 불탑으로 파악했던 견해도 확인된다. 앞서 '명물전고名物典故'에 뛰어났던 중국 남송의 정대창程大昌이 편찬한 『연번로』에는 안설을 통하여 "부도는 부도浮圖이며 탑"이라고 했다. 이와 같은 견해는 이규경李圭景(1788~1863)이 찬한 『오주연문장전산고五洲衍文長箋散稿』의 '화동음사변증설華東淫祀辨證說'에서도 확인할 수 있다.[88] 곧 이규경은 『연번로』와 『통전』의 관련 기록을 인용하면서 소도와 유사한 부도는 탑이라고 하여 삼한의 소도를 사찰 내에 조영된 탑으로 파악하였다.

한편 허목許穆(1595~1682)의 『미수기언眉叟記言』(1689)에서는 최치원 이래 고수했던 '소도=부도(불교)'라는 전통적인 인식에서 벗어나는 견해를 확인할 수 있어 주목된다. 다음 기록을 참고할 수 있다.

> (7)-① 국읍國邑에서는 각각 한 사람을 세워서 천신天神 제사를 주관하게 하고 (그 사람을) 천군天君이라고 불렀다. 별도로 읍邑(마을)을 두고 대목大木을 세워 방울과 북을 걸어 놓는데 (이 읍을) 소도蘇塗라고 불렀으니 엄하게 섬기는 것이 서역西域에서 부처를 섬기는 것과 같았다(『記言』卷32, 原集 外篇, 東事1, 三韓).[89]
>
> ② 사이四夷는 귀신鬼神에게 제사 지내는 것을 엄하게 하는데, 흉노凶奴가 사람을 잡아서 제사를 지내고, 금인金人이 대림蹛林에서 대회大會를 하고, 마한馬韓이 소도蘇塗에서 제사 지내고, 숙신씨肅愼氏가 석노石砮를 취하기 전에 먼저 귀신에게 기도

---

87) 『林下筆記』卷11, 文獻指掌編, 釋敎始於東方, "三國志 馬韓立蘇塗似浮屠而所行善惡有異 此東方釋敎之兆也 崔致遠智證碑曰 當三國鼎峙之日 有百濟蘇塗之儀 則釋敎之東來已在 西晉時也".

88) 『五洲衍文長箋散稿』天地篇, 天地雜類, 鬼神說, 華東淫祀辨證說, "通典 馬韓祭鬼神立蘇塗之遺俗也歟 演繁露云 通典 馬韓祭鬼神 立蘇塗建大木 以垂鈴鼓 注蘇塗有似浮塗 按浮塗 卽浮圖 浮圖卽塔也". 그리고 『五洲衍文長箋散稿』詩文篇, 論文類, 文字, 東方古語辨證說 등에서도 같은 내용을 전한다.

89) 『記言』卷32, 原集 外篇, 東事1, 三韓, "國邑各立一人 主祭天神 口爲天君 別置邑 立大木 懸鈴鼓之 曰蘇塗 嚴事如西域之事佛者."

하는 것이 같은 이치이다(『記言』卷48, 續集, 四方2, 南北道風土誌).**90)**

　(7)-①에서 소도는 '別置邑' 곧 '특별히(또는 별도로) 설치한 읍'에 대목을 세워 방울과 북을 매달았던 곳이라고 했다. 소도를 국읍과 구분되는 별읍으로서 일정한 구역의 제의 공간으로 상정한 듯하다. 특히 삼한에서 소도를 엄격하게 섬기는 것은 마치 서역에서 부처를 섬기는 것과 같다고 하여, 반드시 소도를 불교와 같은 것으로 인식하지는 않았다. 이는 ②에서 사이四夷 곧 고대 중국 주변에 있던 이민족은 귀신에게 제사 지내는 것을 엄격히 했으니, 흉노는 사람을 잡아서 제사 지내고, 금인이 대림蹛林에 크게 모여 제사 지내며, 마한은 소도에서 제사 지내고, 숙신이 석노에 기원하는 것은 모두 같은 이치라고 했던 사실과 무관하지 않을 법하다. 곧 허목은 마한의 소도를 흉노 등 사이가 귀신에 엄하게 제사했던 고유한 종교의식의 하나로 거론하여 불교 의식과 연관짓지 않았던 셈이다. 그리하여 허목과 같은 일부 학인은 '소도=불교(또는 불탑)'라는 전통적인 소도 인식과는 결을 달리했던 것으로 짐작된다. 곧 허목은 소도 제사를 삼한 고유의 제사 의식으로 상정하여, 최치원 이래의 전통적인 소도 인식에서 벗어났던 면을 확인할 수 있다.**91)**

　삼한의 소도에 관한 전통적인 인식은 불교적으로 변용되어 계승되었지만, 다른 한편 '솟대'로 상징되는 민간의 입간(신간) 신앙과 서로 맥이 닿는 것으로 이해할 수 있다. 중국 송宋나라 서긍徐兢(1091~1153)의 고려 견문 기록인 『선화봉사고려도경』에는 삼한 소도에서 '입대목'하는 습속이 고려의 민간 풍속에 이어졌던 것으로 유추할 수 있는 기록을 전하여 관심을 끌었다. 서긍이 개경에 한 달간 머물면서 관찰한 고려의 민간 풍속 중에 "대개 그 풍속이 음사와 귀신을 받들어서 '장간長竿' 역시 굿하고 기양祈禳을 하는

---

90) 『記言』卷48, 續集, 四方2, 南北道風土誌, "四夷嚴祀鬼神 凶奴人祭 金人大會蹛林 馬韓祭蘇塗 肅愼氏先祝石砮一也."

91) 許穆의 역사의식은 한국사를 하나의 독립된 천하질서로 상정하여 당시 주류적인 흐름인 서인의 尊華的 문화 의식을 탈피한 것으로 본다. 허목의 사학은 土風을 존중하는 역사의식을 바탕으로 주자학의 尊王攘夷를 배격하고 민족 자각적인 의식을 강조했기 때문에, 한말·일제강점기 대종교 계통의 민족주의 사학 성립에 큰 자극을 준 것으로 평가된다(韓永愚, 「許穆의 古學과 歷史認識」『韓國學報』40, 1985, pp.65~87).

도구일 뿐이다"라고 했다.[92] 곧 고려 중기의 민간 풍속에서 '장간'은 음사와 귀신을 받들어 제사하는데 사용된 도구라고 했는데, 이러한 전승은 마한의 사람들이 대목을 세우고 귀신에게 제사했던 민속이 고려시대까지 계승되었던 사례로 받아들였다.[93] 그 뒤에도 대목이나 장간을 세워 제사하는 민간의 신간 신앙에는 솟대나 거릿대, 짐대 등은 물론이고 과거 급제자가 세웠던 '화주華柱' 풍속 등의 사례를 들어서 이해하기도 했다. 실제로 성해응成海應(1769~1839)의 『연경재전집외집研經齋全集外集』에는 『후한서』 한전을 인용하여 소도에 대목을 세우고 방울과 북을 매달아 귀신에게 제사했던 사실을 당시 등과자登科者가 세웠던 '효간孝杆' 풍속으로 여기고, 효간은 곧 소도로 우리말의 와전이라고 설명했다.[94] 이처럼 민간의 입간 신앙은 삼한 이래 현전하는 소도 신앙의 한 모습으로 보기도 하는데, 소도를 만주 지역의 입간제사로 인식했던 전승과 함께 근대 이후 민속학 방면의 연구에 영향을 주었으며, 동아시아 수목숭배 차원에서 소도를 이해하려는 경향에도 일정한 영향을 끼쳤던 것으로 보인다.

IV. 소도 신앙과 제의의 실상

일반적으로 제의는 공동체 혹은 집단의 이해관계와 밀접하게 관련되어 비일상적인 시·공간에서 주기적으로 이루어지는 종교 행위이자, 인간사와 함께 지속되어 온 역사성을 갖는 행위로 이해된다.[95] 집단은 제의 행위를 통해서 풍요와 다산 등을 기원할 뿐

---

92) 『宣和奉使高麗圖經』 卷3, 城邑, 民居, "舊傳 唯倡優所居 揭長竿以別良家 今聞不然 蓋其俗淫祠鬼神 亦厭勝祈禳之具耳".

93) 손진태는 『선화봉사고려도경』의 기사에 대해 "이것은 馬韓人이 大木을 세우고 그에 鈴鼓를 걸어서 鬼神을 祭祀하던 그 遺俗이 아니었던가 推測되는 것이다. … 이 記錄에 依하여 馬韓의 大木을 세우는 民俗이 高麗 時代까지 계속하고 있었던 것 같은 것만은 大略 確實히 알 수 있지 않을까"라고 했다(孫晉泰, 앞의 논문, 1948, p.187).

94) 『研經齋全集外集』 卷53, 故事類, 少華風俗攷, "後漢書韓傳曰 立蘇塗 建大木 以懸鈴鼓 事鬼神 今俗登科者 建數丈之木 上設龍頭懸鈴 伶人呈戲 名曰孝竿 卽蘇塗 方言之轉僞也".

95) 祭祀와 儀式을 의미하는 祭儀는 사전적으로 "공동체의 이해관계와 관련되어 주기적으로

아니라, 공동체의 안녕을 위협하는 외부의 공격을 막기 위해서도 제의를 시행했던 것으로 본다. 이와 관련하여 『삼국지』 동이전에는 다음과 같이 각 지역에서 행해졌던 제의 행위의 양상과 특징을 개관하는 데에 보탬이 되는 기록을 확인할 수 있다.

(8) 은殷 정월 하늘에 제사를 지내는데, 국중대회國中大會로 연일 마시고 먹고 노래하고 춤추는데 그 이름을 영고迎鼓라고 부른다. 이때에 형옥刑獄을 단행하고 죄수를 풀어 준다. … 전쟁할 때도 또한 하늘에 제사를 지내며 소를 잡아서 그 발굽을 보아 길흉吉凶을 점치는데, 발굽이 갈라지면 흉하고 발굽이 붙으면 길하다고 한다. 적군이 있으면 제가諸加들이 몸소 전투하고 하호下戶는 양식을 져다가 음식을 만들어 준다(夫餘).

(9) 그들의 습속은 먹는 것을 아끼지만 궁실宮室은 잘 치장하는 것을 좋아한다. 거처하는 좌우에 큰 집을 세워서 (그곳에서) 귀신에게 제사하며 또 영성靈星과 사직社稷에 제사 한다. … 연노부涓奴部는 본래 나라의 주인(國主)으로 지금은 비록 국왕이 되지 않으나 그 적통適統을 이은 대인大人은 고추가古雛加라고 불리며, 또한 종묘宗廟를 세우고 영성과 사직에 제사를 지낸다. … 그 백성들은 노래와 춤을 좋아하며 나라 안의 읍락에서는 어두어 밤이 되면 남녀가 무리를 지어 모여 서로 노래하며 유희를 한다. … 10월에 하늘에 제사를 지내는데 국중대회國中大會로 이름하여 동맹東盟이라고 부른다. … 그 나라의 동쪽에 큰 굴이 있는데 그것을 수혈隧穴이라고 부른다. 10월에 온 나라 사람이 크게 모여 수신隧神을 맞이하여 나라의 동쪽 (강) 가에 모시고 가서 제사를 지낸다. 나무로 만든 수신을 신좌에 모신다(高句麗).

(10) 해마다 10월에는 하늘에 제사를 지내는데, 밤낮으로 술을 마시며 노래하고 춤을 추니 이를 무천舞天이라고 한다. 또 호랑이를 신神으로 여겨 제사를 지낸다. 읍락끼리 서로 침범하면 반드시 벌로 생구生口와 우마牛馬를 부과하는데 이를 책화責禍라고 한다(濊).

(11) ①해마다 5월에 씨뿌리기를 마치면 귀신鬼神에게 제사를 지내고 사람들이 모여서 노래하며 춤추고 술을 마시는데 밤낮을 가리지 않는다. 그들의 춤은 수십 명이 같이 일어나서 뒤를 따라가며 땅을 밟고 몸을 낮게 구부렸다가 높이 치켜들었다가 하면서 손발을 서로 맞추게 한다. 그 가락과 율동이 (중국의) 탁무鐸舞와 흡사하다. 10월에 농사일을 마치면 또다시 이와 같이한다. ②귀신鬼神을 믿어서 국읍國邑에서는

반복되는 종교행위를 가리킨다. 제의 행위는 인류의 역사와 더불어 오랫동안 지속되어 온 역사성을 갖는다"로 풀이한다(『문학비평용어사전』, 국학자료원, 2006; http://terms.naver.com/entry.nhn?docId=1530862&cid=41799&category10d=41800).

각각 한 사람을 세워서 천신天神 제사를 주관하게 하는데, 이를 천군天君이라고 부른다. 또 여러 국國에는 각각 별읍別邑이 있으니 그곳을 소도蘇塗라고 부른다. (그곳에) 대목을 세워 방울과 북을 걸어놓고 귀신을 섬긴다. ③(다른 지역에서) 그곳으로 도망해 들어가면 다 돌려보내지 않으므로 도적질을 잘하게 되었다. 그곳에 소도를 세운 뜻은 부도浮屠와 비슷하나 행하는 바의 좋고 나쁜 점은 다르다 … ④변진弁辰도 12국으로 되어 있다. 또 여러 소별읍小別邑이 있으며 각각 거수渠帥가 있다. 세력이 큰 사람을 신지臣智라고 하고, 그 다음에 험측險側이 있고 다음에 번예樊濊가 있고 다음에 살해殺奚가 있고 다음에 읍차邑借가 있다. … 큰 새의 깃털을 사용하여 장사를 지내는데 그것은 죽은 사람(의 영혼)이 날아 올라가라는 뜻이다. … 풍속은 노래하고 춤추며 술 마시기를 좋아한다. … 변진은 진한辰韓과 뒤섞여 산다. 또 성곽이 있고 의복과 거처는 진한과 같으며 언어와 법속法俗이 서로 비슷하다. 귀신鬼神에게 제사하는 것은 다르다. 부엌은 모두 집의 서쪽에 두었다(韓).

먼저 『삼국지』 동이전에는 부여를 비롯하여 고구려, 예, 삼한 등지에서 이루어진 동이 제족의 제의 관련 내용을 전한다(8)~(11). 대체로 제의 행위는 특정 시기에 주기적으로 행해졌던 정기 행사로 추정된다. 곧 부여에서는 은 정월에 '영고'라고 하는 제천행사를 했고(8), 고구려의 '동맹'과 동예의 '무천'은 10월에 제천을 했으며(9)(10), 삼한은 5월과 10월에 농경 제사와 관련된 행사를 정기적으로 시행했다(11). 그런가 하면 뜻하지 않게 발생하는 전쟁 등 집단의 중대사를 앞두고는 부정기적으로도 제의가 시행되었을 것이다. 곧 부여에서는 주변 지역과의 전쟁을 앞두고 시행되는 제의에서 길흉을 점치기도 했다(8).

비록 제의 행위가 동이 사회 전반에 걸쳐서 확인되는 현상이지만, 그들이 각각 처한 자연환경과 사회적 형편에 따라 그 모습을 달리하였다.[96] 동예와 삼한의 '떼를 지어서 술을 마시고 노래하며 춤추는 행위'는 본래 읍락 단위에서 비롯된 것으로 공동체적 일체감을 확인할 수 있는 부락제의 유습으로 보인다(8)(9). 이러한 행위는 부여와 고구려의 제천행사에서도 확인되어(8)(9), 초기국가의 발전과정에 따라 제의 양상이 변모했을 것으로 유추할 수 있다.

실제로 위의 기록에 나타나는 제의 양상은 사회발전상에 짝하여 구분할 수 있다. 제

---

96) 文昌魯, 「三韓時代의 邑落社會와 그 變遷過程」 『國史館論叢』 74, 1997, pp.197~216.

의 규모에 주목해서 본다면, 부여와 고구려처럼 여러 소국을 통합하는 '국중대회' 차원의 제의(8)(9), 삼한과 같이 소국 단위의 별읍에서 시행했던 제의(11), 또는 동예에서 호신을 숭배하는 읍락 단위의 제의(10) 등 각각의 제의에서 포괄하는 공간적 범위와 참여 규모에 일정한 편차를 유추할 수 있다. 이와 관련하여 삼한이나 동예에서는 '국중대회'라는 기록이 보이지 않으며(10)(11), 동예는 호신虎神 숭배에 대한 기록에 이어서 읍락 단위의 독자적인 생활상을 부각했다(10). 그리고 삼한은 국읍의 천군이 천신 제사를 주관하면서도 별읍인 소도에서는 귀신을 섬긴다고 했다(11-②). 이처럼 국중대회 차원에서 치러진 부여·고구려의 제천의례는 국읍과 별읍 혹은 읍락별로 행해진 삼한·동예의 제의 체계와 그 규모를 비교할 때 좀 더 통합되고 확대된 모습을 전한다. 그런가 하면 동이 제족 가운데 사회발전이 뒤떨어졌던 읍루는 제의 관련 기록을 전하지 않으며, 그들은 동이지역 가운데 법속에 가장 기강이 약하다고 했다.[97]

앞서 삼한은 국읍의 천군이 천신 제사를 주관하면서도 별읍인 소도에서는 귀신을 섬긴다고 하여, 제사 대상인 '천신'과 '귀신'이 별개로 전한다(11-②). 동예에서 이루어진 호신 숭배도 무천과 함께 이루어졌는지에 대해서는 명확하게 전하지는 않지만, 제사 대상으로서 '천天'과 함께 '호虎'가 존재했음은 분명하다. 비록 부여나 고구려의 제천 행사를 '국중대회'로 표현했지만, 동이전에 전하는 모습은 아직 일원적인 제의 체계가 갖추어지지는 못한 듯싶다. 실제 고구려는 계루부 왕실의 제천행사와 함께 종묘 및 영성과 사직에 제사했으며, 전 왕족인 연노부에서도 종묘를 세우고 영성과 사직에 제사했다고 전한다(9). 또한 10월의 국중대회에서는 제천과 함께 수신隧神을 맞이하여 제사를 지낸 사실도 알려준다. 이처럼 고구려 경우에도 제사 대상이 하나로 통합되지 않고 크게 보아 천신과 지신으로 구분할 수 있으며, 제의 체계 또한 이중적으로 짜인 모습을 전하고 있다.

한편 제의 규모의 확대와 통합에 따라 제의에 포함되는 신앙 대상이 늘어가면서 그들 사이에는 신격神格에도 차이가 났을 법한데, 특히 제의를 주도했던 지배 세력의 신격은 상대적으로 높았을 것이다. 제의의 대상으로는 동이 제족 가운데 사회발전이 앞

---

97) 『三國志』卷30, 魏書, 烏丸鮮卑東夷傳, 挹婁, "東夷飮食類皆用俎豆 唯挹婁不 法俗最無綱紀也".

선 부여와 고구려에서는 '천신'을 비롯하여 '수신', '귀신' 등을 확인할 수 있다(8)(9). 그보다 사회발전이 더딘 삼한에는 국읍의 '천신'과 별읍의 '귀신', 그리고 동예에서의 '천신'과 '호신'의 존재가 보인다(10)(11). 특히 고구려의 경우에는 종묘를 세우고 영성과 사직에도 제사하는 모습을 전하여(9), 삼한과 동예의 제의 양상에 비해서 제의 체계가 정연하게 갖추어졌던 것으로 이해된다. 사실 고구려의 동맹 제의가 천신과 수신에 대해 각각 제사를 지내는 것으로 나타나지만, 이는 『삼국지』 동이전을 편찬할 당시 중국인의 신관神觀에서 볼 때 이중적인 제의 체계로 파악되었을 가능성이 있다. 이미 고구려의 제천의례 때에 함께 제사를 지낸 천신과 수신은 『삼국사기』 제사지에 보이는 부여신과 고등신高登神으로 나타나기도 한다. 곧 제천의 성격은 천신에 대한 제사이자 지신(수신)에 대한 제사로서, 점차 왕권의 강화와 함께 천신을 정점으로 고구려에 편입된 여러 세력의 신격을 하나로 엮어서 편제하는 일원적인 형태로 나아갔을 것이다.

그런데 삼한 중에 진한과 변한은 의복과 거처는 물론 언어와 법속 등이 비슷함을 강조하면서도, '사제귀신유이祠祭鬼神有異'라고 하여 귀신에게 지내는 제사는 다르다는 사실을 특기했다(11-④). 이는 제사 대상인 귀신 곧 조상신이 달랐다는 의미로 해석할 수도 있으나, 문맥상 귀신에게 지내는 제사 행위 내지는 제사 의식의 방법이나 절차에 일정한 차이가 있었다는 사실로 이해할 수도 있다.

동이전에 보이는 제천행사는 단순한 종교적 행사의 차원을 넘어서기도 했다. 일찍이 고대사회의 왕은 천손인 건국 시조의 후예로서 제의 주제와 군사 통수, 그리고 사법 집행 등의 직무를 수행했다는 점을 상기한다면,[98] 부여의 국왕이 주관한 제천의례에 정치적 의미가 담겨있을 것으로 예상된다. 부여는 제천의례로서 '영고'를 시행하면서 '날마다 마시고 먹고 노래하고 춤춘다'라고 하여 축제의 성격을 보여주면서도, '이때에는 형옥을 단행하고 죄수를 풀어 주었다'라고 하여 형옥 판결과 사면을 단행하는 조치가 이루어졌다(8). 곧 부여의 제천의례는 형옥을 판단하는 법률 집행의 장으로 이해되며,[99] 함께 이루어진 사면 행위는 부여왕의 권위를 부각하려는 정치적 행위로 볼 수 있다. 이처럼 '국중대회'로서 제천행사 과정에서 단행된 형옥의 판결과 사면 조치는 공공

---

98) 김영하, 「三國時代의 王과 權力構造」『韓國史學報』 12, 2002, p.246.
99) 崔光植, 「韓國 古代의 祭儀硏究」, 高麗大學校 博士學位論文, 1989, p.31.

의 장소에서 법률 집행권을 행사하는 국왕의 권위를 공인받고 부각하려는 정치적 행위의 일환이었을 것으로 해석할 수 있다.

또 부여는 긴급한 사안인 전쟁을 앞두고 제천행사를 시행했는데, 이때 길흉을 점치는 행위가 병행되었다. 실제로 제의에서 '소를 잡아 그 발굽을 보아 길흉을 점치는 행위'는 희생 의례적 요소를 갖는데, 이러한 절차는 전쟁의 승리를 위한 하나의 이데올로기적 의미를 갖는 것이라고 보았다.[100] 그리하여 전쟁에서 승리한다면 부여 국왕의 권위는 더욱 절대화될 것이고, 전쟁에 패하더라도 국왕의 권위는 손상되지 않고 다만 점복에 패전의 책임을 돌릴 수 있으므로, 당시 부여 왕권의 위상이 강했던 것으로 상정했다.[101] 결국 부여의 제천행사는 형옥과 사면 행위를 동반하며 군사 행동의 전제로서 행해지는 등 중요한 정치적 행위와 함께 이루어지기 때문에 국왕의 통치 차원에서 국가의 결속력을 다지는 정치적 성격이 내포된 것으로 추측된다. 그렇다면 삼한이나 동예에서 종교적 차원에서 이루어진 '제천祭天神', '사귀신事鬼神' 그리고 '제호이위신祭虎以爲神'하는 제의 행위 역시 그것을 주관했던 지배 세력의 정치적 의도가 담긴 것으로 풀이할 수 있다.

앞서 살펴보았듯이 삼한지역의 제의 장소로 전하는 소도와 관련된 기록은 『삼국지』를 비롯하여 『후한서』·『진서』·『통전』·『한원』 등의 여러 사서에서 확인할 수 있다. 그 가운데 『삼국지』 동이전은 다른 사서에 비하여 삼한의 소도와 그곳에서 시행된 제의 관련 내용을 좀 더 상세하게 전한다. 실제로 사료 (11)-①은 삼한의 종교행사로서 이루어진 계절제에 대한 관찰 기록으로 보인다. 곧 삼한에서 5월과 10월에 파종이 끝나거나 추수한 뒤에 제사를 지낸다고 했으므로 이는 농경의례의 한 장면으로 이해된다. 이때 집단으로 행한 노래와 춤은 원시사회 이래로 제의 과정의 하나로 짐작된다.[102] 특

---

100) 崔光植,「韓國 古代의 祭天儀禮」『國史館論叢』13, 1990, p.54.

101) 이와 달리 부여왕권의 한계를 거론하면서 牛蹄占法이 군왕(왕권)과 諸加(귀족세력) 양측을 상징하는 갈라진 소 발굽의 합치여부로 길흉을 점쳤던 행위는 초월적인 힘을 빌려서 연맹왕과 귀족세력의 견해차를 조정하는 기능을 수행했던 것으로 추정했다(金瑛河,「韓國 古代社會의 政治構造」『韓國古代史硏究』8, 1995, p.41). 비록 부여왕의 위상 설정에는 차이가 있지만, 적어도 제천행사가 종교적 차원을 넘어서 부여국가의 정치, 군사적인 결속을 위한 중요 기능을 가졌던 것으로 파악했다.

102) 金杜珍, 앞의 책, 1999, p.75.

히 땅을 밟으며 춤추는 행위는 대지신을 즐겁게 하고 농사 풍요를 기원하는 의식의 일환이라고 본다. 그렇다면 이는 귀신이라는 제사 대상과 더불어, 소박한 형태로나마 일정한 형식을 갖춘 제의 행위로 추정할 수 있다. 자연 삼한의 소도에서 이루어지는 제의 행사는 본질적으로 농경의례를 기반으로 전개되었을 것이며, 의례 과정에서 행해진 집단적인 가무는 공동체 구성원들의 일체감을 추구하며 결속력을 다졌던 것으로 이해할 수 있다.[103]

그런데 (11)-②에서 삼한은 귀신을 믿어서 국읍에 각각 한 사람씩을 세워서 천신 제사를 주관하게 했는데 그를 '천군'이라 불렀다. 또한 제국에는 각각 별읍이 있어 이곳을 '소도'라 했다. 소도에 큰 나무를 세우고 방울과 북을 걸어 귀신을 섬긴다고 했다. 곧 삼한에서는 천신에 대한 제사뿐 아니라 귀신에 대한 제사도 거행했던 사실을 알려준다. 일찍이 삼한의 별읍은 소도로 파악되면서 그 종교적인 성격을 부각하였다. 종래 이 기록에 대한 접근은 소도와 천군의 존재를 연결하여 이해하려는 견해와 양자를 서로 분리하여 파악하려는 견해로 나뉘면서 그 해석이 분분했다.

전자의 입장은 국읍의 천군이 제사장으로서 제의 장소인 별읍에서 천신에 대한 제사를 주관했으며, 이곳에 큰 나무를 세워 북과 방울을 걸어 놓은 것은 천군이 제사 의식에 활용한 도구로 파악했다.[104] 별읍에서 행해진 제사 의식은 그 주제자로서 천군을 반드시 배제할 수는 없겠지만, 기록에는 국읍에 각각 한 사람씩 세운 천군이 천신 제사를 이끌었다고 전한다. 이때 천군은 별읍에서 귀신을 받들었던 존재와는 구분해 볼 수 있으므로 별읍에서 귀신 제사를 주관하는 인물은 따로 상정할 수 있다. 이와 같은 맥락에서 마한의 국읍과 별읍에서 전개된 제의 형태와 신앙의 대상은 각각 구분되는 것으로 보았다.[105] 곧 소도 신앙은 소도를 세웠던 제단에서 이루어진 신앙 행위로 보면서,[106] 천군의 주관 아래 천신에 제사를 지낸 국읍의 제의는 별읍의 그것에 비하여 그 격이 높은 것으로 상정했다. 그리하여 천군과 소도를 분리해서 파악하려는 후자의 견

---

103) 文昌魯, 앞의 책, 2000, p.254.
104) 金貞培, 앞의 책, 1985, pp.140~167.
105) 洪閏植, 앞의 논문, 1988, pp.22~23.
106) 洪潤植, 앞의 논문, 1988, p.23.

해는 제사장인 천군이 국읍에서 상위의 천신에게 제사를 주관했고, 이와 별개로 별읍(소도)에서는 무적인 존재가 귀신으로 기록된 지모신 내지는 토템신과 같은 조상신에게 따로 제사를 지냈던 것으로 보았다.[107]

사료 (11)을 허심하게 문면 그대로 정리한다면, 후자의 해석이 기록에 충실한 접근이 될 듯싶다. 삼한의 중심 읍락인 국읍에는 천신에 대한 제사를 주관하는 천군이 있었으며, 그는 정치적 지배자였던 국읍의 주수와는 구분되는 인물로 보인다. 또 여러 국國에는 중심지인 국읍이나 일반 거주지역인 읍락과 구별되는 별읍이 있었다. 국에 속하는 별읍은 소도로 불렸으며 귀신을 섬겼는데 거기에 대목을 세우고 북과 방울을 매달아서 기도의 대상으로 삼았던 것이라 이해할 수 있다.

이러한 제의 행위는 무의巫儀를 연상할 수 있는데, 북과 방울은 거울과 함께 모두 무의에 쓰이는 신물神物로 본다.[108] 본래 방울은 무의에서 사용했던 도구이며, 그 뒤 천군에 이르기까지 계속 전승되었던 것으로 추정한다.[109] 큰 나무에 걸었던 방울은 대체로 세형동검문화 단계 이래 한반도 중남부지역에서 의식 용구의 하나로 널리 활용된 물품이기 때문에, 소도에서 이루어진 종교의식과 신앙은 과거 청동기문화 단계의 토착 신앙을 계승한 것으로 이해할 수 있다. 특히 『삼국지』 왜인전에서는 "비미호卑彌呼가 있어 귀신을 섬기고 능히 무리를 미혹했다"라고 전하는데,[110] 여기서 귀신을 섬기는 행위는 주술 신앙적인 샤머니즘을 말하며, 비미호는 무적인 성격을 지녔던 존재로 본다.[111] 따라서 별읍에서 귀신을 섬겼던 행위는 무의와 연결될 수 있으며, 그것을 주관한 존재는 무적인 인물로 볼 수 있다. 또한 죄인이 도망하여 소도 안에 숨어 버리면 그들을 잡아가지 못하였기 때문에(11-③), 동이전 편찬 당시 소도는 별읍으로 신성한 성격을 갖는

---

107) 文昌魯, 앞의 책, 2000, p.107.

108) 金杜珍, 앞의 책, 1999, p.83.

109) 金貞培, 앞의 논문, 1978; 앞의 책, 1985, pp.163~164.

110) 『三國志』 卷30, 魏書, 烏丸鮮卑東夷傳, 倭, "名曰卑彌呼 事鬼道 能惑衆"; 『後漢書』 卷85, 東夷列傳, 倭, "名曰卑彌呼 年長不嫁 事鬼神道 能以妖惑衆". 두 사서를 살펴보면 倭의 女王 卑彌呼가 '鬼道' 또는 '鬼神道'를 섬겼다고 했는데, 이처럼 귀신을 섬기는 모습은 주술 신앙적인 샤머니즘으로 비미호의 巫的 성격을 알려준다.

111) 나희라, 『신라의 국가제사』, 지식산업사, 2003, p.105.

일종의 종교적 구역에 상정하기도 했다.

　일반적으로 신神·정령精靈 등 초월적 존재에 대한 관념이나 그와 관련된 신앙체계 등 고대 종교의 제관념은 정치·사회적 질서와 짝하기 때문에, 사회적 소산으로서의 신 관념은 지배 이데올로기를 비롯한 당대의 사회 인식이 반영되었던 것으로 본다.[112] 소도 관련 기록은 중국 사가의 시각이 반영되었기 때문에, 문면 그대로 받아들이기는 곤란하다. 특히 국읍의 '천군'은 물론 '별읍'과 신앙 대상이 되는 '귀신'의 실체라던가, "그 행하는 바의 선악이 서로 달랐다"라고 하는 등의 내용은 『삼국지』 한전 편찬 당시에 중국인의 신관 및 종교관이 투영되었을 것이므로, 삼한 사회의 견지에서 되짚어 볼 필요가 있다.

　별읍인 소도에서 섬겼던 '귀신'의 사전적 의미는 "원시 신앙 및 종교의 대상인 범신론적인 존재" 또는 "눈에 보이지 않으면서 사람에게 화복禍福을 내려 준다고 하는 정령" 등으로 풀이된다. 이와 관련하여 천군이 천신 제사를 주관했던 삼한 국읍에서도 귀신을 믿었다고 했으므로, 이때의 귀신은 천신을 비롯한 당시 삼한 사회에서 신앙 대상이었던 제신諸神을 포괄하는 개념으로 받아들일 수 있다.[113] 실제로 『삼국지』 오환선비전에는 "귀신을 공경하여 천지, 일월, 성신星辰, 산천에 제사를 지냈으며, 또한 죽은 대인 중에 날쌔고 튼튼하여 이름을 떨친 사람에게도 똑같이 소와 양을 바쳐 제사를 지냈다"라고 전한다.[114] 이로 보아 『삼국지』 동이전에서 제사 대상이 되었던 '귀신'의 개념에는 천지를 비롯한 해, 달, 별, 산천, 그리고 죽은 대인 중에서도 일부 포함할 수 있다.

　다만 『삼국지』 고구려전의 아래 기사를 고려한다면, 삼한의 소도에서 신앙한 귀신의 실체는 좀 더 구체적으로 해석할 수 있는 여지가 있다.

　　(12) 그들의 습속은 먹는 것을 아끼지만 궁실宮室은 잘 치장하는 것을 좋아한다. 거처하는 좌우에 큰 집을 세워서 (그곳에서) 귀신鬼神에게 제사하며 또 영성靈星과 사직社

---

112) 神이나 종교적 신앙 등의 종교적 諸觀念은 사회질서와 관련되기 때문에, 신의 관념은 당시 사회상이 투영되어 형성된 것으로 보았다(E.E.Evans-Pr9tchard, Theories of Primitive Religion, Oxford, 1965; 金杜珍 譯, 『原始宗敎論』, 探求堂, 1976, pp.109~112).

113) 나희라, 앞의 책, 2003, pp.105~107.

114) 『三國志』 卷30, 魏書, 烏丸鮮卑東夷傳, 烏丸, "敬鬼神 祠天地日月星辰山川 及先大人有健名者 亦同祠以牛羊".

稷에 제사한다. … 연노부涓奴部는 본래 나라의 주인(國主)으로 지금은 비록 국왕이 되지 않으나 그 적통嫡統을 이은 대인大人은 고추가古鄒加라고 불리며, 또한 종묘宗廟를 세우고 영성과 사직에 제사를 지낸다.

고구려는 궁실 좌우에 큰집을 세워 귀신에게 제사를 지냈다고 하며, 또한 영성과 사직에도 제사했다고 전한다. 이와 함께 전 왕족이었던 연노부가 따로 종묘를 세우고 영성과 사직에 제사를 지냈다. 사료 (12)의 앞부분은 편찬 당시 고구려 계루부 왕실에서 '立大屋' 곧 큰 집을 지었다는 사실을 말하는데, 이는 뒷부분에서 연노부가 '입종묘' 곧 자체의 '종묘를 세웠다'라는 사실에 해당하는 것으로 볼 수 있다. 사실『삼국지』고구려 전에서 "於所居之左右"에 지었던 '대옥大屋'은『양서』고구려전에 "於所居之左立大屋 祭鬼神 又祠零星社稷"이라고 전하여, 궁실의 좌측에만 대옥을 세웠다고 한다.『양서』 고구려전 기록은『삼국사기』권32, 잡지 1, 제사조에도 전재되었다. 고구려 궁실 좌측에 세운 대옥은 '좌묘우사左廟右社'의 좌묘에 해당하는 신묘神廟로서 종묘로 추정할 수 있다. 따라서 대옥의 제사 대상이었던 귀신은 종묘에 모신 고구려 왕실의 조상신과 맥이 닿을 법하다. 곧 이때 귀신의 역사적 실체는 인격신으로서 '종묘'에 모셔던 특정 지배 족단의 조상신으로 추정할 수 있다.[115] 당시 중국인들의 신관으로 보면 동이 제족이 믿었던 제신諸神은 잡신으로서 곧 '귀신'이라고 파악했을 소지가 크기 때문이다. 그리하여 삼한의 소도에서 섬겼던 귀신은 국읍의 천신과는 별개로 별읍에서 신앙하였던 특정 지배집단의 조상신으로 이해할 수 있다.[116]

앞서『삼국지』한전에서는 도망자가 소도 안에 들어가면 모두 돌려보내지 않았다는 사실에 대하여 그들이 소도를 세운 뜻은 부도와 비슷하지만, 그 행하는 바의 좋고 나쁜 점이 다르다고 했다(11-③). 소도를 세운 의미를 부도와 비교한 것으로 보아 본래 소도가 갖는 종교적 성격 내지는 그 기능을 짐작할 수 있다. 곧 이곳에서는 당시 개인 및 집

---

115) 文昌魯, 앞의 책, 2000, pp.283~284.
116) 이와 관련하여 동이전에서 동예는 祭天을 하면서 또한 호랑이를 神으로 삼아 제사 지냈다는 사실도 참고할 수 있다. 虎神 제사는 단순한 동물숭배의 차원을 넘어선 토템신앙으로 파악되며, 이때의 호신은 읍락 단위의 조상신으로 이해된다(文昌魯, 「東濊 邑落社會의 虎神信仰」『韓國學論叢』30, 2007, pp.510~513).

단의 안녕과 번영 등을 기원하는 제의 행위가 이루어졌을 것이다. 특히 부도는 별읍이라는 공간적 개념을 염두에 둔다면 사찰의 뜻으로 기록했을 법하다. 부도(사찰)가 석가의 유골을 안치한 불탑을 세우고 그 공덕을 기리기 위한 곳으로 그 행하는 바가 좋은 것이고, 반면에 소도는 죄를 지은 도망자에게 피신할 곳을 제공하여 그 행하는 바가 나쁘다는 뜻이 담긴 것으로 해석할 수 있다.

이와 같은 내용 역시 삼한 사회의 제의 장소 및 종교 사회적 기능에 대한 중국인의 시각이 반영되어 서술 그대로 받아들일 수는 없다. 오히려 당시 삼한의 사회상 및 초기 국가의 발전단계와 연관하여 접근하는 것이 삼한 별읍 및 소도의 역사적 실상에 가까이 갈 수 있을 것이다. 일찍이 우리나라 고대의 국가 성립과정에서 지배자가 행사하는 권력의 특징으로 공공성과 합법성을 꼽을 수 있는데, 그 근거는 통치행위의 정당성을 보장받는 제사 의례를 통해서 보편적으로 확인된다고 본다.[117] 자연 초기국가의 발전에 따른 지배자의 위상 강화는 제의의 변화를 수반할 것으로 예상한다.

이와 관련하여 『삼국지』 한전에 보이는 국읍은 본래 읍락을 기반으로 하는데, 읍락 사이의 등차화 과정에서 대두한 세력 단위로 이해된다.[118] 곧 국읍은 주변에 산재한 여러 읍락 중에 규모가 크거나 혈연적으로 종宗에 해당하는 존재로 삼한 소국의 중심 읍락이었다. 삼한의 국읍은 정치, 군사적인 면은 물론 경제적으로나 종교적으로 중심적인 기능을 수행하면서 주변의 읍락들을 결속하여 '국'을 하나의 단위 정치체로 성립시켰다고 본다.[119] 그래서인지 국읍은 때로 국과 연계하여 동일한 실체로 인식되기도 했다.[120] 삼한의 제국은 각기 고유의 '국명'으로 나열하여 한전에 소개되었으며 이들은 서로 구분되는 단위 정치체로 이해된다.

본래 읍락에서 성장한 소국의 구성은 국읍과 주변의 읍락들이 결속해서 이루어진 2

---

117) 김영하, 「三國時代의 王과 權力構造」『韓國史學報』 12, 2002, p.246.

118) 李賢惠, 「三韓의 國邑과 그 成長에 대하여」『歷史學報』 69, 1976, pp.7~9.

119) 權五榮, 「三韓 國邑의 기능과 내부 구조」『釜山史學』 28, 1995, pp.29~45.

120) 『삼국지』 왜인전에는 "倭人은 대방군 동남쪽의 큰 바다 가운데 살았는데, 산이 많은 섬에 의지하여 國邑을 이루었다. 이전에는 100여 國이었는데 …"라 하여 '국읍'과 '국'은 같은 맥락에서 이해할 수 있다.

차적인 정치체로 볼 수 있다.[121] 동물이나 식물을 조상으로 숭배하는 읍락 단계의 토템 신앙을 넘어서, 소국 단계에 이르면 인간의 조상이 씨족의 토템을 대신하는 것으로 이해하였다.[122] 곧 조상숭배와 얽힌 소국의 시조 신앙은 제정일치의 지배자로 존재했던 국읍의 주수가 제사 의식을 주관했던 것으로 보인다.

그런데 『삼국지』 한전의 제국은 규모에 따라 대국과 소국으로 구분하고, 특히 마한 50여 국은 대국 1만여 가, 소국 수천 가였다고 전한다. 그 지배자들 또한 세력의 크고 작음에 따라 각각 신지와 읍차로 자칭自稱했기 때문에, 양자를 단순히 같은 수준의 균질적인 정치체로 일축할 수 없을 법하다. 실제로 삼한 제국은 큰 규모의 '영역국가'와 그보다 작은 규모의 '성읍국가', 그리고 성읍국가로서 편입된 '성읍' 등으로 구분했는데,[123] 이때 영역국가는 대국에, 성읍국가는 소국에 해당하며, '성읍'은 (소)별읍에 비견할 수 있다. 또한 『삼국사기』에 보이는 '사벌국'과 같은 '군' 단위의 국, '음즙벌국'과 같은 '현' 단위 국은 각각 그 규모가 『삼국지』 한전의 대국과 소국에 비견되는 것으로 상정하고, '신지'와 '읍차'의 차등도 같은 맥락에서 이해하기도 했다.[124]

마한을 비롯한 삼한 사회에서 대국·소국·별읍 등의 병립 현상은 본래 읍락을 기반으로 성장했던 제국 간에 세력의 우열이 진행된 결과로 상정할 수 있다. 이때 대국은 우세한 소국을 중심으로 주변의 소국이나 읍락 등을 통합하여 대두한 것으로 추정된다. 삼한의 대국에는 마한의 목지국과 백제국伯濟國을 비롯하여 진한 사로국, 변한 구야국 등을 꼽을 수 있다. 이들은 여러 소국 중에 성장한 유력한 정치체로서,[125] 이들 대국의 구성단위는 국읍을 중심으로 주변 읍락 외에 새로 편입했던 별읍 등을 상정할 수 있다.[126]

사실 별읍은 대읍인 국읍에 상대되는 표현으로 이해할 수 있으며,[127] 그러한 경우

---

121) 李賢惠, 앞의 논문, 1976, pp.7~9.

122) 文昌魯, 앞의 책, 2000, p.249.

123) 千寬宇, 『古朝鮮史·三韓史研究』, 一潮閣, 1989, pp.271~273.

124) 박대재, 『고대한국 초기국가의 왕과 전쟁』, 景仁文化社, 2006, pp.182~184.

125) 김태식, 「초기고대국가론」 『강좌 한국고대사 제2권』, 한국고대사회연구소, 2003, pp.47~86.

126) 金杜珍, 앞의 논문, 1985, pp.94~102.

127) 『日本書紀』 卷14, 大泊瀨幼武天皇, 雄略天皇 21年(477) 3月조에서 "久麻那利者 任那國

별읍은 본래 정치적 기능을 가졌던 취락 단위로 볼 수 있다. 곧 별읍이 대국으로 편입되기 전에는 독자적인 운동력을 가진 소국과 같은 정치체로 생각된다. 그리하여 소국이 국읍을 중심으로 주변 읍락들이 결합한 구조였다면, 소국보다 큰 규모의 대국은 그 세력범위가 확장된 큰 규모의 성읍국가 또는 영역국가에 비견되는 '소연맹국'으로 파악하기도 한다.[128]

이처럼 소국에서 성장한 대국은 제정 분리가 이루어지면서 국읍에는 지배자인 주수와 함께 천신 제사를 주관했던 천군이 존재했다. 대국에 포함된 별읍이 비록 국읍 중심의 지배 질서에 편제되었다고 하더라도 아직 독자적으로 일정한 영역을 유지하면서 독립된 종교의식을 고수한 것으로 보인다.[129] 곧 별읍에 들어간 도망자를 모두 돌려보내지 않았다는 사실은 바로 이러한 사회 분위기 속에서 이해할 수 있다. 물론 『삼국지』 한전에서 별읍은 국읍의 정치적 영향력이 아직 미치지 못하는 신성한 구역으로 전하지만, 국읍의 천군은 천신 제사를 주관하는 데에 비해서 별읍에서는 귀신을 섬긴다고 하여 그 위상이 상대적으로 열등했을 것이다.[130]

下哆呼唎縣之別邑也"라고 하여 '하다호리현'과 별읍인 '구마나리'가 서로 영속관계에 있었던 사실을 전한다. 이를 통해 별읍은 대읍인 국읍에 상대되는 표현으로 정치적 기능의 취락단위(소읍)로 파악했다(李道學, 『백제 고대국가 연구』, 一志社, 1995, pp.211~212).

128) 金杜珍, 「三韓時代의 邑落」 『韓國學論叢』 7, 1985, p.27.

129) 金杜珍, 앞의 책, 1999, pp.107~112; 文昌魯, 앞의 책, 2000, pp.249~250. 한편 『三國史記』 卷14, 高句麗本紀, 大武神王 4년(21)조에 "겨울 12월 왕은 군대를 내어 부여를 정벌하려고, 비류수 가에 도달했다. 물가를 바라보니 마치 여인이 솥을 들고 遊戲를 하는 것 같았다. 가서 보니 솥만 있었다. 그것으로 밥을 짓게 하자 불이 없이도 스스로 열이 나서, 밥을 지어 한 군대를 배불리 먹일 수 있었다. 홀연히 한 장부가 나타나 말하기를 '이 솥은 우리 집의 물건입니다. 나의 누이가 잃어버렸는데, 왕이 지금 이를 얻었으니 지고 따르게 해 주십시오' 라고 했다. 마침내 그에게 부정(負鼎)씨의 성을 내려 주었다"고 전한다. 여기서 솥을 들고 유희하는 여인의 모습은 여사제로 짐작되며, 불 없이도 저절로 밥을 지어 군사를 배불리 먹일 수 있었던 솥은 제기로서 부정씨 세력의 독자적 제의와 관련된 神物로 보인다(姜英卿, 「韓國古代社會의 女性 -三國時代 女性의 社會活動과 그 地位를 中心으로」 『淑大史論』 11 · 12合, 1982, p.171). 나아가 이 기록은 부정씨 부족이 고구려 연맹왕국이 팽창하는 과정에서 그 내에 흡수되면서 독자의 제의를 주관한 것으로 보기도 한다(金杜珍, 앞의 책, 1999, pp.112~113).

130) 동예에서 신앙된 천신과 호신 또한 제사 장소와 신격을 구분하여 볼 수 있다. 동예지역에

삼한의 대국 가운데 성장하여 주변 소국들을 결속하면서 이전보다 세력권을 확대할 경우, 『삼국지』 동이전에 보이는 부여나 고구려와 같은 연맹왕국 체제로의 진입을 상정할 수 있다.[131] 부여나 고구려의 국왕은 그 안에 편입된 대소세력의 제사 의례를 흡수, 통합하여 '국중대회' 차원에서 시행된 제천의례로 뚜렷이 부각하였을 것으로 예상한다. 그리하여 삼한 제국 가운데 소국 단위에서 이루어진 시조 신앙은 대국 단계의 소도 신앙에서 천신과 연결되며, 이후 부여나 고구려와 같은 국가적 성장을 하게 되면 '국중대회' 차원의 제천의례에 그 맥이 닿을 것으로 상정할 수 있다.

V. 맺음말

마한의 소도와 제의에 대한 접근은 삼한 사회를 비롯한 한국 고대의 신앙과 제의, 나아가 초기국가의 정치 및 사회상을 이해하는 첩경이 된다. 근대 사학의 수용과 함께 진행된 종교 · 민속학적인 연구는 소도의 '입대목' 기록에 주목하여 동아시아 수목숭배의 범주에서 접근했다. 소도는 입목이나 제단 또는 제장을 뜻하는 종교적 신성 공간 등으로 이해했으며, 점차 신간을 세운 성역에서의 제의 행위까지 포함하는 개념으로 확대되었다. 그 뒤 소도의 터전은 불교 전래 이후 사찰이 대신하는 것으로 이해되면서, 소도의 불교적 변용을 토착 신앙과의 타협이나 습합으로 해석하기도 했다.

그러다가 역사학적인 연구가 더해지면서 소도와 제의의 실상을 그것이 포함되는 정치체계 속에서 탐색하거나 한국 고대의 사회발전에 따른 제의의 변천 과정에서 접근하여 소도 신앙의 위상을 보다 구체적으로 부각하였다. 곧 『삼국지』 한전의 관련 기사를

서 不耐濊侯와 같은 지배자가 국읍에서 '祭天' 곧 天神제사를 주관했다면, 읍락 단위에서는 巫的인 존재가 虎神제사를 이끌어갔을 것이다. 사실 虎神제사가 읍락 단위에서 이루어졌더라도, 그것이 동예사회를 구성하는 읍락에서 시행되었기 때문에, 크게 보아 그것은 舞天의례에 포함되는 방향으로 전개되었을 법하다(문창로, 「동예의 읍락과 사회상」 『한국고대사연구』 81, 2016, p.49).

131) 文昌魯, 「夫餘의 王과 祭天儀禮」 『北岳史論』 10, 2003, pp.14~15.

삼한의 정치발전단계 및 국가의 기원 문제와 연관하여 소도의 정치사적 의미를 탐색하는가 하면, 삼한 별읍 사회의 소도 신앙을 동이전에 보이는 부여를 비롯한 고구려·동예·옥저 등 주변 지역의 종교 신앙과 비교·검토하기도 했다.

기록상 전통적인 소도 인식의 발단은 『삼국지』 한전에서 마한의 소도가 부도와 유사하다는 기록에서 찾을 수 있다. 그 뒤 편찬된 『후한서』나 『진서』 등의 중국 사서에도 같은 내용이 전재되었지만, 일부 구절에 축약과 조정이 있었다. 이는 그 뒤 소도에 관한 인식의 변화 내지는 변용에 영향을 끼친 것으로 이해된다. 중국의 초전 불교 인식에 바탕을 두었던 『삼국지』 한전의 소도 인식은 『진서』가 편찬되었던 7세기 무렵까지 서역 불교와 결부시켜 전승되었다. 그 뒤에도 중국사서는 소도를 불교 관련 사실로 확대하여 해석했지만, 다른 한편 소도에 대목을 세워 제사한 사실에 주목하여 만주의 입간제사와 부합하는 것으로 인식하기도 했다.

신라 말 최치원은 「봉암사지증대사적조탑비」에서 '금인불상설'을 바탕으로 소도 의식을 불교 제사로 여겨서 백제 불교 전래의 사례로 제시했다. 이는 조선 후기 학인들에게까지 이어져 우리나라 불교 전래의 시작을 중국 서진 시대에 해당하는 삼한으로 소급하는 근거로 삼았다. 소도 인식은 사찰 또는 불탑 등 불교적 변용이 대세를 이루면서도, 간혹 소도 제사를 불교와 무관한 삼한 고유의 제사 의식으로 보기도 했다. 다른 한편 민간의 입간제사로 상정하여 오늘날 솟대 등의 민간신앙과 관련되는 것으로 이해했다.

『삼국지』 동이전에 보이는 제의 관련 행사는 그들이 처한 자연환경과 사회적 형편에 따라 그 모습을 달리한다. 일찍이 동물이나 식물을 조상으로 숭배하는 읍락 단계의 토템 신앙을 넘어서 소국 단계에 이르면 인간의 조상이 씨족의 토템을 대신하는 것으로 이해된다. 소국 단위에서 이루어진 시조 신앙은 제정일치의 지배자로 존재했던 국읍 주수가 제사 의식을 주관했던 것으로 보인다. 소국에서 성장한 대국은 제정 분리가 이루어지면서 국읍에는 지배자인 주수와 함께 제사장인 천군이 존재했다. 곧 대국 단계에서 이루어진 소도 신앙의 제의는 읍락 단위의 부락제가 발전한 것이며, 대국이 주변 소국을 통합하여 별읍으로 편제하면서 나타난 현상으로 상정할 수 있다.

『삼국지』 한전에서 별읍은 국읍의 정치적 영향력이 아직 미치지 못하는 신성한 구역으로 전하지만, 국읍의 천군이 천신 제사를 주관하는 데에 비해서 별읍에서는 귀신을 섬긴다고 했다. 이때 국읍의 천군은 별읍에서 귀신을 섬겼던 인물과 구분할 수 있다. 곧 천군이 국읍에서 상위의 천신 제사를 주관하고, 별읍인 소도에서는 따로 무적 존재가 하위의 귀신에게 제사했을 것이다. 귀신의 실체는 국읍의 천신과는 별개로 별읍에서 신앙하였던 특정 지배집단의 조상신일 가능성이 크다. 이후 삼한의 대국이 외연을 확장하면서 부여나 고구려처럼 국가적 성장을 하게 되면 '국중대회' 차원의 제천의례로 그 맥이 이어질 것으로 예상한다.

제2편

삼한사의 정립과 발전적 계승

제1장

'삼한정통론'과 인식체계 정립,

성호 이익(1681~1763)의 삼한 인식

제2장

삼한 인식의 발전적 계승,

후석 천관우(1925~1991)의 고조선사·삼한사 연구

제2편 제1장

'삼한정통론'과 인식체계 정립,

성호 이익(1681~1763)의 삼한 인식

I. 머리말

성호星湖 이익李瀷(1681~1763)은 조선 후기 근기남인近畿南人 계열의 학문적 종장으로서 그의 학문을 '성호학', 그를 따르는 문인들을 '성호학파'라고 부를 정도로 조선 후기 실학實學과 그 역사 인식을 이해하는데 첩경이 되는 인물이다. 이익은 전론의 역사서를 직접 지은 적이 없지만,[1] 『성호사설星湖僿說』 경사문經史門 등에 실려 있는 여러 편의 사론과 『성호선생전집星湖先生全集』에 실린 문인 순암順庵 안정복安鼎福(1712~1791)과의 편지글 등을 통하여 고대사를 비롯한 그의 삼한 인식을 엿볼 수 있다.[2] 특히 그의

---

1) 『星湖先生全集』 卷26, 書, 與安百順(戊寅)에서 이익은 "학문이란 원래 實用實行의 터전이 되어야 하며, 우리 역사의 온전한 저술을 실로 기대하였으나 일찍이 도모하지 못한 것을 한스럽게 여긴다"라고 하였다.

2) 韓㳓劤, 「星湖 李瀷 研究-그의 史論과 朋黨論」 『社會科學』 1, 1957; 「星湖 李瀷 研究」 『震檀學報』 20, 1959; 李佑成, 「李朝後期 近畿學派에 있어서의 正統論의 展開」 『歷史學報』 31, 1966; 鄭奭鍾, 「星湖 李瀷」 『創作과批評』 여름호, 1969; 宋贊植, 「星湖의 새로운 史論」 『白山學報』 8, 1970; 韓永愚, 「李瀷의 史論과 韓國史 理解」 『韓國學報』 40, 一志社, 1987; 鄭昌烈, 「實學의 歷史觀 -李瀷과 丁若鏞을 중심으로」 『碧史李佑成敎授停年退任記念論叢』(하), 창작과비평사, 1990; 崔英成, 「星湖 李瀷의 歷史認識」 『韓國思想과 文化』 4, 1999;

사론은 조선 후기의 역사학 흐름에 변곡점이 될 만한 새로운 역사 인식으로 주목받으면서,[3] 조선 후기 사학사 연구에서 중요하게 취급되었다.

이익에 관한 연구는 그의 학문적 관심만큼이나 비교적 폭넓게 이루어졌다.[4] 실제로 그의 성리설性理說과 경세학經世學 · 사학 · 시문학 · 예학 등은 물론 서학西學과 과학사상에 이르기까지 다방면에 걸쳐 진행되었다. 특히 이익의 사론을 통하여 그의 역사 인식과 자국사自國史에 추구했던 정통론을 중심으로 활발한 논의가 있었다. 그 결과 최근에는 이익의 역사 인식을 '근기남인의 도덕주의가 반영된 주체적이고 발전적인 역사학'이라고 정리하기도 한다.[5]

일찍이 조선 후기의 실학은 '경세經世의 실학'으로서 실사구시의 고증학적 성격을 지녔으며, 이익은 그에 걸맞게 사가史家의 실증적인 태도와 문헌 취급에서의 비판적인 입장을 요구하였다고 본다.[6] 특히 이익은 '성패론成敗論'과 '화이론華夷論', 그리고 '시세론時勢論'을 중심으로 하는 '새로운 사론'을 통하여 전통적인 중국사 인식에서 벗어난 자국사 입장의 역사서술, 그리고 '역사학'을 하나의 독립 학문으로 인정하는 방향성을 제시하였다.[7] 다만 그의 사론에 보이는 새로운 경향성에도 불구하고 그것을 이론적으로 체계화시키지 못하고 유교적 윤리 사상을 극복하지 못한 한계도 적시하여, 그 사학사적 의미를 중세에서 근대로 넘어가는 과도기적인 역사관으로 평가했다.

신항수, 「李瀷의 筆法論과 역사인식」『韓國史學史學報』4, 2001; 趙誠乙, 「朱熹와 李瀷의 歷史理論 比較」『韓國史研究』122, 2003; 南相樂, 「星湖의 歷史觀」『儒敎思想研究』18, 2003; 金文植, 「星湖의 歷史認識」『성호 이익 연구』(실학연구총서1), 사람의 무늬, 2012.

3) 宋贊植, 앞의 논문, 1970; 鄭昌烈, 앞의 논문, 1990; 崔英成, 앞의 논문, 1999; 趙誠乙, 앞의 논문, 2003.

4) 李瀷에 관한 연구 성과 및 동향은 다음 논문을 참고할 수 있다(신항수, 「성호 이익의 연구사」『성호학보』1, 성호학회, 2005; 원재린, 「성호학 연구 논저 목록」『성호학연구』창간호, 2003; 최석기 외 3인, 「성호 연구논저 목록」『성호 이익 연구』(실학연구총서1), 사람의 무늬, 2012).

5) 金文植, 앞의 논문, 2012, p.269.

6) 韓㳓劤, 앞의 논문, 1957; 「朝鮮時代 實學의 槪念에 대하여」『震檀學報』19, 1958; 『朝鮮後期思想史研究論攷』, 一潮閣, 1996, pp.105~112.

7) 이익은 역사 인식에서 유교적 관념을 배제하고 종래 華夷 사상에 의한 역사서술을 비판하였으며, 객관적 時勢에 의한 역사 변동을 설명함으로써 역사인식에 큰 진전을 이루었다고 본다(宋贊植, 앞의 논문, 1970; 『韓國의 歷史認識』(下), 創作과 批評社, 1976, pp.363~381).

이에 앞서 이익의 학문적 연원을 그가 사숙했던 반계磻溪 유형원柳馨遠(1622~1673)
에서 찾아 '유형원-이익'으로 이어지는 학문적 계보를 상정하였다.[8] 이익을 계승한 근
기학파近畿學派의 학풍은 유교의 전통적 경학에 바탕을 두면서도 경학 그 자체가 목적
이 아니고 현실적인 경세치용을 위한 수단으로 여겼다고 보았다.[9] 실제로 이익의 역사
관은 안정복의 『동사강목』에 발전적으로 계승되었을 뿐 아니라, 완산莞山 이긍익李肯翊
(1736~1806)의 『연려실기술』과 옥유당玉蕤堂 한치윤韓致奫(1765~1814)의 『해동역사』에
도 그 맥이 닿았다고 하였다.[10] 또한 이들의 사론에서 함께 제시하는 '정통론'은 한국
사의 계통적 이해를 위한 새로운 한국사상의 모색이라는 점에서 주목되었다.

한편 17~18세기 조선의 사서는 범례의 보편화와 강목체 서술형식의 등장, 그리고
정통론의 대두를 특징으로 하며, 그것은 주로 이익을 위시한 근기남인 학자들에게서
강조되었다.[11] 일찍이 목재木齋 홍여하洪汝河(1620~1674)의 『동국통감제강東國通鑑提
綱』에서 비롯된 정통론은 이익과 안정복에 이르러 중국 중심의 세계관에서 탈피하는
경향이 나타나는데, 이는 양란 이후의 사회발전, 명·청 교체에 따른 조선의 전통적 중
화관中華觀 변화, 서양문명의 유입에 의한 세계관의 확대 등에 기인한 것으로 보았다.
그런가 하면 이익은 역사를 기본적으로 시세時勢에 의하여 결정된다고 보는 점에서 현
실주의자이지만, 역사에의 도덕적 평가를 강조하는 점에서는 주자학적 역사 이론의 연
장선에 있는 인물로 평가하였다.[12]

---

8) 千寬宇,「磻溪 柳馨遠 研究(下)」『歷史學報』3, 1952, p.133에서 "磻溪에 私淑한 星湖가 그
    考證에 있어 더욱 精密을 더하고 西學을 攝取하매 그 一門 弟子를 더불어 한 學問의 集團
    으로써 學派로서의 存在를 確認하게 된 것이었다"라고 하였다.
9) 이익의 三韓正統論은 柳馨遠의 『東史綱目』 凡例와 함께 安鼎福에게 전해져 역사 파악의
    체계성을 갖추었으며 丁若鏞에게 이어져 종족 위주의 '中華主義적 절대성'이라는 잔재가
    일소되고 '문명의 수준' 위주라는 현실성에 입각한 역사의 이해를 갖게 했다고 본다(李佑成,
    앞의 논문, 1966; 『韓國의 歷史認識』(下), 創作과 批評社, 1976, pp.356~362).
10) 실학파의 역사서술은 실증적인 접근방법과 한국사의 체계화, 그리고 왕실 중심에서 문화
    전반으로 역사서술 대상의 확대 등을 특징으로 한다(黃元九, 앞의 논문, 1970; 「實學派의
    史學理論」『韓國의 歷史認識』(下), 창작과 비평사, 1976, pp.382~383).
11) 李萬烈, 앞의 논문, 1974; 『韓國의 歷史認識』(下), 創作과 批評社, 1976, pp.315~355.
12) 다만 조선 후기의 實學과 朱子學은 모두 현실에 바탕을 두는 학문이라는 점에서는 차이가
    없지만, 주자학이 중세사회의 기본구조를 인정한 위에 그 모순을 개선하려는데 비하여 조

종래 이익의 시세론時勢論을 주목하면서 이익은 시세를 역사의 기본적 원동력으로 인식했다고 보는데,[13] 이에 대하여 입장을 달리하는 견해가 제기되었다. 곧 이익이 '고금古今의 성패成敗가 개인의 주관이나 유교적 선악善惡이 아닌 역사적 현실의 추세를 뜻하는 시세에 의해 결정됨'을 언급한 것은 '성패'에 관한 상황 설명이므로,[14] 근대적 역사 인식에서 추구했던 '역사의 원동력을 이해하고 인과관계를 규명하며 역사의 발전을 논하는' 입장과 거리가 멀다는 것이다. 또 이익은 역사서술의 목적을 도덕적 가치평가에 있음을 부정하지 않았기 때문에, 그의 정통론 역시 도덕적 가치에 기준을 둔 것으로 유교적 도덕주의에서 잉태되고 극대화된 문화 자존의식으로서의 한계를 갖는다고 하였다.[15] 곧 이익의 역사관은 기본적으로 도덕 사관이며, 시세에 의한 성패에 중점을 두기는 곤란하다고 평가하였다. 나아가 이익의 학문은 기본적으로 조선 성리학의 틀에서 벗어나지 않는 것으로 보아,[16] 그의 역사 인식을 성리학의 학문적 전통 속에서 찾기도 하였다.[17] 그리하여 이익의 역사 인식은 전통적인 춘추필법春秋筆法을 역사서술의 전범典範으로 받아들였고, 주자가 제시한 정통의 논리를 그대로 자국사에 적용한 것으로 이해하였다.[18]

한편 이익의 역사 인식은 '화이론의 극복', '정통론의 주체적 전개', '도덕 사관의 지

선 후기 실학은 중세사회의 근본적 해체를 생각한 점에서 그 추구하는 목표가 다른 것으로 보았다. 이는 주희와 이익이 처한 시대적 성격의 차이를 반영하는 것으로, 이익의 역사 이론은 새로운 '민중 지향적 가치'가 투영되어 주자학보다 발전된 역사인식으로 평가하였다(趙成乙, 앞의 논문, 2004, pp.253~297).

13) 鄭昌烈, 앞의 논문, 1990, p.253에서 "李瀷은 역사운동 · 역사 사실에서 時勢가 기본적인 결정요인임을 거듭 강조하였는데, 시세가 역사운동 · 역사 사실의 기본적인 원동력이었다"라고 하였다.

14) 趙珖, 「朝鮮後期의 歷史認識」 『韓國史學史의 研究』, 乙酉文化社, 1985, p.158.

15) 韓永愚, 앞의 논문, 1987; 『朝鮮後期史學史研究』, 一志社, 1989, pp.192~207.

16) 池斗煥, 「조선후기 실학연구의 문제점과 방향」 『泰東古典研究』 3, 1987, pp.108~113.

17) 신항수, 「李瀷의 筆法論과 역사인식」 『韓國史學史學報』 4, 2001.

18) 이익의 사론은 '經史一體的이고 道德的인 褒貶과 中國 中心의 正統論'을 극복한 새로운 역사 인식의 단초를 제시했다는 점에서 폭넓은 공감을 얻고 있지만, 그의 사론과 전통적인 역사관의 구체적인 비교보다는 이익의 기존 역사서술에 대한 비판을 주된 논거로 사용했기 때문에 한계가 있다고 본다(신항수, 앞의 논문, 2001, pp.63~64).

양', 그리고 조선 후기 3사三史 중 하나로 손꼽히는 '안정복의 『동사강목』에 끼친 영향' 등을 특징으로 하며, '중세적 역사 인식'을 극복하게 하는 단서와 전기를 마련하였던 것이라고 적극적으로 평가하였다.[19] 특히 이익은 기왕의 윤리적인 역사해석에서 탈피하지 못한 한계를 갖지만, 한국사에 정통론을 적용하여 고대사의 체계화 작업을 시도한 점, 역사 지리적 접근 및 실증적인 고증을 통한 역사 연구를 추구 한 점, 고대사 연구의 활동공간을 크게 넓히고자 한 점에서 '전문사가專門史家'로 평가받을 만하며, 따라서 근대적 역사학의 성립에 초석을 놓았던 선구적인 학자로서 그의 사학사적 위상을 부각하였다.[20]

    이익의 사론에 관한 연구성과가 축적되면서 이익이 갖는 역사 인식의 근원을 기자箕子의 「홍범설洪範說」에서 찾기도 하였다. 이익의 역사관은 홍범의 원칙을 '정덕正德 · 이용利用 · 후생厚生'으로 파악한 것이라고 보아 실증과 실용 그리고 자주를 추구하였던 것으로 본다.[21] 또 중국 중심의 지리적 세계관을 극복하였던 이익의 사유 세계를 바탕으로 그 학맥을 계승했던 이른바 '성호학파'의 단군조선 강역에 대한 이해와 단군에서 출발하는 정통론의 전개 과정을 탐색하기도 하였다.[22] 곧 이른바 '단군조선 정통론'은 유형원에서 시작되어 근기남인 미수眉叟 허목許穆(1595~1682)에 이르러 확고히 자리 잡게 되었고, 이들의 역사관을 계승한 이익과 안정복이 중심이 되어 '단군조선 정통론'을 사서에 남기게 되었다는 것이다.

    이익의 기자 인식을 정리하여 이익은 조선을 단군 이후 우수한 중국 문화가 고스란히 계승된 문화국가로 보았으며, 특히 이익이 진한의 본거지였던 영남지역에 주목한

---

19) 崔英成, 「星湖 李瀷의 歷史認識」 『韓國思想과 文化』 4, 1999, pp.175~200.

20) 崔英成, 앞의 논문, 1999, pp.198~200.

21) 이익은 箕子의 '洪範說'을 통해 중국과 비견되는 문화적 정통과 자존의식을 나타냈으며, 우리나라는 중국과 대등한 독립적 역사임을 주장했다고 한다. 또한 성호의 실증, 실용, 자주의 역사관은 안정복의 『東史綱目』에 그대로 전해졌는데, 비록 『東史綱目』이 주자학적 역사관인 '강목체' 형식이지만, 그것은 역사의 도덕 판단에 중점을 둔 것이 아니라 '目'이라는 사실 판단에 기초하여 국가의 보전이라는 실리판단의 '綱'에 가치의 중점을 둔 실학적 강목체였다는 것이다(南相樂, 앞의 논문, 2003, pp.67~84).

22) 강병수, 「조선 후기 성호학파의 단군조선 인식 -『성호사설』·『동사강목』 기사를 중심으로-」 『仙道文化』 2, 2003, pp.125~159.

것은 퇴계退溪 이황李滉(1501~1570)에서 비롯되는 영남의 인재와 풍속을 적극적으로 평가한 사실과 관계가 깊다고 하였다.[23] 이와 함께 이익과 안정복의 편지를 분석하여 그의 역사 인식에 접근함으로써 관련 자료의 활용에 있어 시야를 넓힐 수 있는 계기를 마련하는가 하면,[24] 이익의 고대 건국 신화에 대한 견해를 분석하는 등 좀 더 구체적인 주제에 접근하면서 그의 고대사 인식에 대한 이해를 심화시켰다.[25]

사실 조선 후기 실학자에 관한 연구에서 근대적 혹은 근대지향적인 측면을 크게 부각하여 그 실학적인 요소에 초점을 맞추는 경향도 유의해야 하지만, 실학의 전근대적 면모를 강조하거나 유학儒學을 부정하지 못한 점에서 근대적 사유가 되기에는 한계가 있다는 지적 역시 반론의 여지를 갖고 있다.[26] 향후 실학의 바탕에 놓인 유학 사상의 전반을 파악한 위에 근대지향적 사유를 유기적으로 고찰하려는 연구가 절실하다는 지적은 이익의 역사 인식을 객관적으로 접근하기 위해 귀담아들어야 할 대목이라고 생각한다. 물론 실학자 개인의 방대한 저작 가운데 일부분의 '실학적' 자료만을 부각하거나, 그 내용이 갖는 학설사적 의미나 시대적 맥락을 고려하지 않는 태도 역시 경계해야 할 것이다.[27] 다만 '실학적' 자료가 소략할 수밖에 없었던 이유를 감안한다면,[28] 비록 일부분의 '실학적' 자료라도 그것 역시 해당 인물이 갖는 인식의 흔적 내지는 소산이므로, 그 내용이 지향하는 가치를 따로 떼어서 평가할 수는 없을듯하다. 실제로 이익의 '삼한정통론三韓正統論'에서 보듯이 중국 중심의 화이론과 그에 바탕을 둔 정통론을 당시 조선의 역사에 적용하여 '조선화朝鮮化한 정통론'으로 재해석하였다는 점에서 나름의 주체적 인식과 문화적 성숙을 헤아려 볼 수 있기 때문이다.

이익은 삼한에 정통성을 부여하여 별도의 '삼한정통론'을 저술할 만큼 삼한에 주목

---

23) 金文植, 「星湖 李瀷의 箕子 인식」 『退溪學과 韓國文化』 33, 2003, pp.65~90.
24) 김문식, 「星湖 李瀷의 歷史認識」, 앞의 책, 2012, pp.269~324.
25) 이건호, 「성호학파의 한국 건국신화 인식」 『한국언어문화』 44, 2011, pp.323~351.
26) 이익은 유학을 묵수하거나 무조건 부정한 것이 아니라 유학의 현실적 효능을 잘 인식하여 그 장점을 살리면서도 그것을 비판적으로 흡수하는 자세로 그 한계를 적극적으로 극복하고 보완하였다는 점에서 새롭게 접근할 필요가 있다고 하였다(이헌창, 「이 책을 마치며」 『성호 이익 연구』(실학연구총서1), 사람의 무늬, 2012, pp.392~393).
27) 신항수, 「비판적 시각으로 살펴본 실학 연구」 『내일을 여는 역사』 21, 2005, pp.209~210.
28) 강병수, 앞의 논문, 2003, p.132.

하였다. 그동안 이익의 학문 및 역사 인식을 탐구하는 과정에서 그의 삼한 인식에 대해 부분적인 언급은 있었지만, 정작 삼한정통론과 삼한 인식에 관한 본격적인 접근은 찾기 힘든 형편이다. 이에 기왕의 연구성과를 바탕으로 이익의 고대사 인식체계와 삼한 인식에 대하여 집중해서 살펴보려고 한다. 이를 위해 먼저 이익의 사론에 보이는 사가史家 및 사서史書에 관한 견해를 정리하여 그의 역사 인식을 살펴보려고 한다. 그런 다음 '삼한정통론'을 제기한 입론 배경을 추구하면서 삼한정통론의 구성과 내용의 특징을 부각하려고 한다. 이와 함께 삼한의 연원 및 삼한 상호 관계, 삼한-삼국의 관계 등을 중심으로 삼한 인식에 관한 내용을 검토하고자 한다. 그리하여 이익의 학맥을 이었던 대표적인 인물로 손꼽히는 안정복과 정약용에게 그의 삼한 인식이 어떻게 계승되었는지 살펴봄으로써 그 사학사 의미의 일면을 엿보려고 한다.

II. 사가史家 및 사서史書에 관한 입장

17세기 중엽에 조선은 청淸과의 병자호란(1636), 그리고 명明의 패망과 청의 중원 지배(1644)를 목격하면서 사회 전반에 걸친 전방위적인 충격에서 벗어나지 못하였다. 특히 조선은 현실적으로 명의 부활과 청의 멸망이 불가능하다는 인식이 확산하는 18세기 중엽에 이르러 정치·경제·사회·문화 등 여러 방면에 걸친 변화가 진행되었으며, 이익은 바로 이러한 시기에 살아갔다.[29]

『성호사설』은 이익이 40살 전후부터 책을 읽으면서 느낀 점이나 흥미 있는 사실을 그때그때 기록했다가 80살 무렵에 집안 조카들이 정리한 책이다.[30] 실제 서명에서 이익의 호인 성호에 붙은 '사설'이란 '세쇄細碎한 논설' 곧 매우 가늘고 작은 논설이라는 뜻으로 겸사로 붙인 것이지만, 이 책은 이익이 독서와 관심의 폭을 경전 연구에서 역사와 제자諸子 그리고 응세둔속應世循俗하는 일상의 잡사雜事 쪽으로 확대하면서 생각이 미친 바를 손이 가는 대로 기록한 것이라고 하였다.

---

29) 李成茂, 「星湖 李瀷(1681~1763)의 生涯와 思想」『朝鮮時代史學報』 3, 1997, pp.124~125.

30) 『星湖僿說』 序.

이익의 학문 탐구가 경서로부터 출발한 것은 전통적인 유가적 독서법에 따른 것이며, 주자朱子가 주장했던 '선경후사先經後史'의 독서 순서가 후대 유학자들에게 기준이 되었기 때문이라고 한다.[31] 그는 66세 되던 영조 22년(1746)에 안정복과 교류를 시작한 이래 처음 십 년간은 주로 경전과 예설 문목, 퇴계의 언행과 문인들의 글에서 채록한 『도통론道統編』을 재정리한 『이자수어李子粹語』, 그리고 '시헌력時憲曆'과 '천주지설天主之說' 등 서학에 대하여 논하였다. 특히 안정복이 『동사강목』 편찬을 시작하기 전해인 영조 31년(1755)부터 이익은 역사에 대한 문목問目에 답변하면서 중국사와 한국사의 정통론 및 기자의 행적, 요동 지역의 중요성에 대해 논하였는데 이는 '선경후사'의 공부와 무관하지는 않을 듯싶다.[32]

『성호사설』은 경사經史와 예교禮敎를 비롯하여 역산曆算·지리·경제·군제軍制·서학·시문詩文 등을 다루고 있어 이익의 학문적 온축과 박학, 그리고 견문의 넓음과 고증의 명확함을 전하는 것으로 평가된다.[33] 『성호사설』의 편차編次는 천지문天地門·만물문萬物門·인사문人事門·경사문經史門·시문문詩文門의 5개 문으로 크게 분류해 총 3,007칙則(항목)의 글이 실려 있으며, 개중에는 분류가 엄정하지는 않아 일부 내용의 혼입混入과 중복이 있다고 보았다.[34] 특히 이익이 가장 깊은 관심을 가졌던 것은 '인사문'과 '경사문'이며, 각각 그의 '경세론'과 '경학사상'·'역사인식'을 헤아려 보는데 기본 자료가 되는 것으로 이해된다.

이익의 학문 세계, 특히 그의 고대 역사지리 및 삼한 인식과 관련한 내용을 중심으로 『성호사설』의 체제 및 주요 항목을 정리하면 <표 1>과 같다. 『성호사설』에서 천문·지리를 서술한 '천지문', 경전 및 사서의 주석과 논평을 저술한 '경사문'에는 여러 편의

---

31) 『朱子語類』 卷11, 132章에 "먼저 『논어』와 『맹자』를 읽은 뒤에 역사를 보면 밝은 거울이 있어 곱거나 미운 것이 모두 드러나게 되는 것과 같다"고 하여, 역사공부와 관련하여 반드시 四書를 먼저 읽은 뒤에 史書를 보는 '先經後史'의 독서 순서를 강조하였다(鄭萬祚, 「星湖의 政治思想」 『성호 이익 연구』(실학연구총서1), 2012, pp.102~103).

32) 『星湖僿說』 第2卷, 天地門, '浿濿' 등의 史論 말미에 安百順(정복)의 견해를 소개하기도 하였는데, 이를 통해 이익이 안정복과 교류하였던 60대 후반에 쓴 글도 『星湖僿說』에 수록되었음을 알 수 있다.

33) 韓㳓劤, 「『星湖僿說』 解題」, 民族文化推進會, 1977; 『朝鮮時代 史料 解題 譯註』(韓㳓劤全集12), 한국학술정보, 2001, pp.84~88.

34) 韓㳓劤, 「星湖僿說」 『民族文化』 3, 1977, pp.89~111.

사론과 고조선 · 삼한 관련 역사 · 지리 고증 등에 관한 내용이 수록되어 그의 역사인식에 관한 대강을 엿볼 수 있다.

<표 1> 『성호사설』의 체제 및 내용구성

門名	권	역사 · 지리 관련 주요 항목(則數)	주요 내용	則數	
天地門 (천문 · 지리)	1	箕指我東 · 幷營 · 東國地圖 · 國中人才 · 東國地脈 · 白頭正幹 · 東方人文 · 檀箕疆域 · 首艮尾坤 · 濟州 · 風氣流傳 (11)	檀君 · 箕子 강조, 箕國=東國, 요동지역(고조선 강역), 압록강(凟水=浿水) · 대동강(洌水=濖水) · 한강(帶水), 영남지역의 인문 전통 강조(退溪, 殷 · 秦 등 중국 풍속의 유입)	72	223 (33)
	2	春川保障 · 分野 · 地厚 · 朝鮮地方 · 水利 · 浿濊 · 地球 · 白頭山 · 羅風未泯 · 廢四郡 · 新羅始末 · 三韓金馬 · 樂浪滅貊 · 沃沮邑婁 · 卒本扶餘 · 渤海黃龍 · 銅仙關 (17)	中國은 地球의 일부분, 保障之處, 箕國의 子爵, 중국사서의 오류 지적, 영남풍속 강조, 신라와 가야의 경계=낙동강, '발해(震)'에서 궁예의 '摩震'국호 유래, 삼국 중 신라가 최초 건국, 백제(의령 · 고성 · 사천 · 단성 · 하동 및 진주 등 여덟 고을 포함), 최치원의 삼한설 옹호, 史書의 오류 유의, 三沃沮(북옥저=두만강 일대, 동옥저=함흥일대, 남옥저=철령이남)	101	
	3	朝鮮四郡 · 嶺南俗 · 三韓 · 造命 · 兩南水勢 (5)	樂浪郡治=朝鮮縣(요동일대, 평양 서쪽은 屬縣), 영남 숭상, 韓百謙의 '潮汐說' 비판, 三韓의 유래 · 위치, 時勢와 造命(人力의 참여) 강조, 地勢(영남>호남)	50	
萬物門 (생활상)	4 ~ 6	없음 (則名:居蔡~婚禮朴桂 · 道袍~婦人服 · 空靑~虱蛾)	服飾, 飮食, 農業 및 家畜, 각종 禽獸草木, 錢貨, 度量, 樂律, 書畵筆墨, 兵器, 西洋器機 (생활관련 事物의 詳考 · 辨證을 통한 박학, 정밀한 학식을 엿볼 수 있음)	130	368
				126	
				112	
人事門 (경세론)	7 ~ 17	없음 (則名:科薦合一~本政書 · 屠家子祭父~七事 · 天堂地獄~雜役米 · 程朱聖人~老而好學)	政治 · 經濟, 社會制度, 學問 · 思想, 婚禮 · 祭禮, 八道 人心 · 風俗, 人物 · 事件 관련 故事 등	96	990
				63	
				113	
				99	
				91	
				106	
				86	
				65	
				102	
				88	
				81	

門名	권	역사·지리 관련 주요 항목(則數)	주요 내용	則數	
經史門 (經傳·史書의 주석, 논평)	18	綱目·首露許后·崔文昌 (3)	綱目의 오류 사례 지적, 난생신화 비판(최치원의 鸞郎碑의 3교포용 내용 비판)	125	1,048 (28)
	19	三韓始終·帶方·駕洛伽耶(3)	삼한의 역사전개와 위치, 마한-진변한 관계, 가라와 임나, 초기신라와 진한6부의 관계, 백제와 낙랑관계, 변한의 史의 전개와 범위	71	
	20	古史善惡·讀史料成敗·錯寫誤讀·陳壽贊諸葛·徐市·氣化·虎康王(7)	史書의 오류, 편찬태도에 유의, 陳壽의 편찬태도 비판, 신라 알지신화·가야의 수로신화 비판, 마한 시조=호강왕(箕子 41세손)	104	
	21	白衣·渤海(2)	箕子(殷 전통 계승), 三韓 流入說(馬韓-朝鮮(遼河), 辰韓-秦地, 弁韓-압록강 밖)	90	
	22	箕子朝周·東史多諱·留記新集·高金二姓(4)	朝鮮은 문명국, 고조선 경역(요동-연과 접경), 東史에 은폐 사실 많음 지적, 국내사서의 부족 지적(사서편찬의 필요성 제기) 麗羅王姓-중국에서 전래	119	
	23	檀箕·朝鮮侯(2)	단군시대(요순과 같은 시대), 箕子=箕國의 子爵, 조선후-의리와 명분 강조	107	
	24	仙桃山神(1)	중국의 '東神[仙桃山神=辰韓(海東)始主]' 제사 비판	94	
	25	史家掩諱·前代君臣祠·作史之難·新羅稱王(4)	史家의 사실 엄폐 태도 비판, 檀·箕 및 三國의 祀典, 史家의 어려움(참과 거짓 결단), 신라 稱王의 타당성	106	
	26	箕子之後(1)	'箕子후손=韓氏' 비판(箕準 南遷 이전에 韓 존재)	135	
	27	陳迹論成敗·綱目(1)	史料 비판의 필요성, 綱目의 오류 사례 지적	97	
詩文門	28 ~ 30	없음 (則名:原涉傳~洪裕孫·律詩路程~招魂·荀子解蔽篇~蘭池)	中國 및 韓國 詩文의 校勘, 詩語·詩句의 考證 및 辨證-董仲舒·司馬遷의 賦, 蘇軾·陶淵明·李太白·杜甫·王維·白樂天·蘇東坡·歐陽修의 詩 등	116 / 137 / 125	378

실제로 이익은 '고사선악古史善惡'·'독사료성패讀史料成敗'·'착사오독錯寫誤讀'·'동사다휘東史多諱'·'사가엄휘史家掩諱'·'작사지난作史之難'·'진적론성패陳迹論成敗' 등의 사론을 통하여 역사가와 사서에 관한 자신의 견해를 피력하였다.[35] 또한 '기지아동箕指我東'·'단기강역檀箕疆域'·'조선지방朝鮮地方'·'조선사군朝鮮四郡'·'기자조주箕子朝周'·

---

35) 李瀷은 '陳壽贊諸葛'·'造命'·'綱目'·'氣化'·'留記新集'·'高金二姓'·'仙桃山神'·'新羅稱王' 등의 史論을 통해서도 史家 및 史書에 대한 엄정한 입장과 태도를 강조하였다.

'단기檀箕'·'조선후朝鮮侯' 등의 항목을 통해서 단군에서 기자로 이어지는 고조선의 계통과 강역에 대하여 논설하였다. 그리고 '삼한금마三韓金馬'·'삼한三韓'·'삼한시종三韓始終'·'호강왕虎康王'·'기자지후箕子之後' 등의 항목에서 삼한의 연원 및 강역, 그 역사적 전개 과정에 관해서 언급하였으며,[36] '동국지도東國地圖'·'동국지맥東國地脈'·'백두정간白頭正幹'·'수간미곤首艮尾坤'·'춘천보장春川保障'·'분야分野'·'지구地球'·'패산浿灘'·'양남수세兩南水勢' 등에서 고대 역사 지리 및 주요 위치에 대한 비정을 시도하였다. 이 밖에 '신라시말新羅始末'·'낙랑예맥樂浪濊貊'·'옥저읍루沃沮邑婁'·'졸본부여卒本扶餘'·'수로허후首露許后'·'대방帶方' 등의 항목을 통하여 삼국 초기를 비롯한 고대사회의 정치사회상을 서술하였다. 이상 발췌한 항목 가운데 이익의 사론을 중심으로 그가 강조한 역사가의 태도 및 역사서에 관한 입장을 살펴보려고 한다.

이익은 먼저 역사서술이 매우 어려운 일임을 전제로 "역사를 쓰는 것이 어렵다는 것은 화禍를 입는 것을 두려워하기 때문이 아니라, 과거에 일어난 어떠한 사실의 진眞·가假를 가려내는 것이 어려운 일이기 때문"이라고 하였다.[37] 곧 고금을 막론하고 애매하고 의심스러운 사실에 대하여 그 참과 거짓을 단정하기 쉽지 않으므로, 역사가가 다른 지역에서 일어난 일을 쓰는 때에는 직접 보지 못한 것에 대해 그 전모全貌가 확실한 사실 외에는 소문으로 함부로 서술하는 것을 삼가야 한다고 하였다. 그리하여 막연한 억측과 요량에 의한 역사서술과 그로 인한 오류를 경계하면서, 역사가는 있는 그대로 기록해야 한다는 실증적인 서술 태도를 요구하였다.[38]

이익은 옛날 서적에 잘못 쓰거나 그릇되게 읽은 용례가 많다는 점을 환기하면서,[39] 사서를 문면文面 그대로 받아들이지 말고 비판적으로 접근하여 한쪽으로 치우치지 않는 공정한 자세가 필요하다고 하였다.[40] 무릇 사서의 기록에는 '선'과 '악' 어느 한 편에

---

36) 이익은 '國中人才'·'濟州'·'崔文昌'·'駕洛伽耶'·'徐市'·'渤海'·'前代君臣祠' 등에서도 삼한과 관련하여 부분적으로 논설하였다. 또한 朝鮮이 중국을 대신하여 문명국으로써 箕子 이래로 전해지는 문명과 풍속의 전통을 '東方人文'·'風氣流傳'·'地厚'·'羅風未泯'·'嶺南俗'·'白衣' 등에서 언급하고 嶺南地方에 주목하였다.

37) 『星湖僿說』 第25卷, 經史門, 作史之難.

38) 韓㳓劤, 『星湖 李瀷 硏究』(韓㳓劤全集6), 한국학술정보, 2001, p.245.

39) 『星湖僿說』 第20卷, 經史門, 錯寫誤讀.

40) 『星湖僿說』 第20卷, 經史門, 古史善惡.

치우침으로써 공정하게 시是·비非와 진眞·가假를 가리기 어려운 경우가 많다고 지적하였다. 이러한 현상은 역사서술이 사건의 성패가 결정된 뒤에 이루어지기 때문이며, 원인보다는 결과에 따라서 사건의 내용을 당연한 것처럼 꾸며서 선한 것에는 허물을 숨기고, 악한 것에는 장점이 있어도 버린다는 것이다.[41] 실제로 이익은 "사람들이 늘 과거의 사적事迹으로 성패를 논하기 때문에 많은 실수가 있다. 그것은 마치 약제藥劑로 병을 다스리는 것과 같아서, 사람의 병에는 심천深淺의 차이가 있고, 약력藥力에도 독하고 헐하여 다른데 어찌 모든 병을 같게 보고 또 같은 방법으로 치료할 수가 있겠는가?"라고 하여,[42] 종래의 사서에 대한 비판적 읽기를 피력하였다.

이익은 예전부터 사가들이 사건의 실상을 가리거나 과장되게 서술하여 후세에 전하는 경우가 많았으므로 역사가로서 책임 의식과 사필史筆의 중요성을 강조하면서,[43] 사가의 가치평가가 개입되어 왜곡·과장된 서술에 유의할 것을 지적하였다.[44] 이처럼 그는 중국 사서의 서술상 오류에 대한 지적과 함께 우리나라 사서에서도 허물을 숨긴 사실이 많았음을 적시하였으며,[45] 역사가가 사서를 서술할 때 허물을 숨기는 잘못에 대해 경계하였다. 그리하여 이익은 사료의 취급에 있어 하나의 서적만 취신을 하기보다는 전사前史를 두루 살피고 가능한 여러 사서를 참고하여 교감·상고하는 신중한 자세를 요구하였다.[46] 이는 고증을 통한 역사서술의 객관성을 강조한 것으로 이해할 수 있다.[47]

종래 답습 전승되어온 단군신화를 위시한 삼국의 시조 전승뿐 아니라 국사에 전하는 여러 기록에 대해서도 비판적인 견해를 밝혔다. 곧 이익은 실증되지 않은 고대의 전설이나 신화에 대해서는 역사적 사실로 인정하지 않았는데, 단군 시대는 인정하면서도

---

41) 『星湖僿說』第20卷, 經史門, 讀史料成敗.
42) 『星湖僿說』第27卷, 經史門, 陳迹論成敗.
43) 『星湖僿說』第22卷, 經史門, 明史.
44) 『星湖僿說』第25卷, 經史門, 史家掩諱.
45) 『星湖僿說』第22卷, 經史門, 東史多諱.
46) 『星湖僿說』第20卷, 經史門, 讀史料成敗.
47) 이익이 강조한 객관성은 사안의 시비를 가리기 위한 도덕적 가치판단의 기준으로 보기도 하지만(신항수, 앞의 논문, 2001, p.63), 이익이 '公心'에 의한 '公是'를 밝히는 입장에서 선악의 眞·假를 분명히 하는 것이므로 역사서술의 철저한 실증성과 연결되는 것으로 이해하기도 한다(南相樂, 앞의 논문, 2003, pp.73~77).

환인과 환웅에 관한 전설과 건국 시조의 난생설 등에 대하여 '황탄가기荒誕可棄' 또는 '황원난징荒遠難徵'한 것으로 부정하였다.[48] 나아가 괴탄怪誕한 기사를 역사적 사실로 믿고 의심하지 않았기 때문에 곡설이론曲說異論이 세상에 행해지게 되므로 역사가가 사서를 저술할 때는 사료의 취사선택에 유의할 것을 당부하였다.[49]

이익은 천하의 일에 만나는 시세時勢가 가장 중요하고 고금의 흥망은 사람의 재덕才德보다는 시세에 의한 것이라는 점을 분명히 하였다.[50] 곧 역사가는 역사적 사실을 논할 때, 그렇게 될 수밖에 없는 사회적·객관적 추세의 파악을 주문하였던 셈이다.[51] 일찍이 그의 역사 인식에서 주목되는 특징으로 역사적 사실의 설명을 도덕과 분리된 시세의 강조에서 찾았는데,[52] 이는 종래 경사일체의 역사관을 넘어서 사학史學이 경학經學으로부터 분리되는 계기로 파악하였다.[53] 곧 이익이 강조한 시세는 바로 특정한 개인의 주관과는 관계없이 객관적으로 움직이는 각 시대의 사회적 제 관계의 형세로 규정할 수 있다는 것이다. 이와 같은 맥락에서 이익은 역사서술에서 실용과 실증을 추구한 만큼, 사물이나 역사에 대한 인식에서도 그 당시의 형세나 형편에 유용한 '시세'에서 찾는 데 그 목적을 두었던 것으로 보았다.[54] 그리하여 그는 시비선악을 판단해 결정하는 '포폄褒貶'을 목적으로 하는 종래의 역사관을 넘어서, 주관적 관점보다는 사실에 입각한 객관적 서술을 중시하였던 것으로 이해할 수 있다.

III. '삼한정통론'의 배경과 구성

조선 후기 사학사 연구에서 두드러지는 이 시기 역사 인식론의 특징으로는 전통적

---

48) 『星湖先生全集』卷26, 書, 答安百順(丙子).

49) 『星湖僿說』第22卷, 經史門, 高金二姓.

50) 『星湖僿說』第20卷, 經史門, 讀史料成敗; 같은 책, 第27卷, 經史門, 陳迹論成敗.

51) 韓㳓劤, 앞의 책, 2001, p.250.

52) 宋贊植, 「星湖의 새로운 史論」『白山學報』 8, 1970; 앞의 책, 1976, p.372.

53) 宋贊植, 앞의 논문, 1970, p.372; 趙珖, 「朝鮮後期의 歷史認識」『韓國史學史의 研究』, 乙酉文化社, 1985, pp.144~145.

54) 南相樂, 앞의 논문, 2003, p.77.

화이관 극복과 자아 인식 강화를 꼽을 수 있으며,**55)** 이를 바탕으로 '정통론'에 입각한 자국사 서술과 체계화 노력에 주목하였다. 당시 실학자들은 종래 중국 중심의 화이사상을 극복해가며, 이익을 비롯한 근기남인 학자 중 일부는 집권 서인 세력의 명분론적인 입장에 선 '존아적尊我的 화이관'에 비판적 입장을 가졌던 것으로 이해된다.**56)** 사실 중국은 청淸의 옹정제雍正帝(1723~1723) 시기에 '화華와 이夷는 문화의 유무에 있으며 인종人種 자체에 둘 수 없다'라는 입장이 대두하면서, 이른바 '소출지처所出之處'의 화이론을 지양하고 문화적 가치에 의한 화이론을 갖추었던 것으로 본다.**57)** 그 뒤 중국에서 논의되던 문화적 가치에 의한 화이론은 조선의 지식인들 사이에 전파되어 점차 인종과 지역을 중심으로 한 기존의 화이론은 퇴색되었다.**58)** 이러한 추세에서 이익은 명明 건국 이래 화이의 분별만 강조하고 강약의 형세는 따질 수 없는 문제점을 거론함으로써,**59)** 명이 멸망한 지 100여 년 뒤까지도 당시 조선에서 숭정기원崇禎紀元 사용을 고집하였던 '존화명분尊華名分'과 현실적으로 불가능했던 '북벌론' 주장 등에 대하여 비판하였다.**60)**

이익은 조선의 역사와 중국사를 분명히 구별하여 독자적인 '자국사' 연구와 저술의 필요성을 강조하였다. 그는 먼저 당시 조선 사람들이 중국 사서는 읽으면서 자국의 역사를 제대로 모르는 사실에 안타까움을 표하면서, 우리나라 역사를 중국사와는 다른 입장에서 서술할 것을 주문했다.**61)** 곧 조선의 제도와 문물이 중국사와 다르고 사대와

---

55) 趙珖, 앞의 논문, 1985, pp.147~155.

56) 조선 후기에 집권 서인-노론 계는 중화주의를 대명의리에 연결하여 '조선중화주의'를 주장하였는데, 이는 현실을 장악한 입장에서 당시의 조선이 보편을 구현하는 존재였음을 상정한 것으로 이해된다(정재훈, 「실학자들의 '한국사' 탐구」『한국사시민강좌』48, 일조각, 2011, p.120). 이에 반해 소론이나 남인 계는 현실보다는 과거에서 중화주의의 구현을 탐색하여, 정치 세력이 처한 현실에 따라 역사인식과 서술 면에서 차이가 있었던 것으로 본다.

57) 閔斗基, 「淸初의 皇帝統治와 思想統制의 實際」『中國近代史研究』, 一潮閣, 1973, pp.50~53.

58) 李萬烈, 앞의 책, 1976, p.349; 李佑成, 앞의 책, 1976, p.361.

59) 『星湖僿說』第9卷, 人事門, 華夷之辨.

60) 『星湖先生全集』卷28, 書, 答李汝久(甲子)에서 "「崇禎紀元後」라는 다섯 자가 전국에 널리 사용되는 것은 가문의 우환이자 나라의 근심이 될 것"이라고 하였다.

61) 『星湖先生文集』卷25, 書, 答安百順(乙亥).

교린의 외교관계를 제대로 모르기 때문에, '험고驗古'와 '준금準今'으로써 조선의 역사를 제대로 해명해야 한다는 것이다. 또 이익은 고대사를 비롯한 우리나라 역사가 대부분 중국사를 전거典據로 삼았으나 훼손과 착오로 제대로 읽기 어려우며,[62] 그나마 남아 있는 사서 역시 그 내용에 적지 않은 문제가 있음을 지적하였다. 실제로 당시 유일하게 전하는『삼국사기』조차 중국 사서에 크게 의존하여 정확한 사실을 분별하기 어려우므로,[63] 그것이 갖는 사료로서의 한계가 명백하다고 지적하였다. 그리하여 이익은 문헌을 증거할 수 없는 것이 우리나라와 같은 데가 없을 것이라고 하여, 우리나라 고대사와 관련한 새로운 사서의 저술이 필요함을 역설하였다.

이익은 전통적 화이관을 넘어서 우리 역사의 정통을 바로잡아야 한다는 관점에서 '분야설分野說'을 통하여 그의 새로운 세계관을 표명하였다. 중국이 대지大地 가운데에 한 조각 땅덩어리에 불과하다는 전제하에, 나라의 크기와 상관없이 하나의 나라로 인정함으로써[64] 주자학적 우주관에서 보는 기존의 중국 중심적인 관점을 상대화시켰다.[65] 그리하여 이익은 중국이 아니더라도 어느 곳이나 중심이 될 수 있으며, 또한 성인聖人은 장차 중국 바깥에서 나타날 것이라는 '역외성인론域外聖人論'을 주장하였다.[66] 그는 만리장성 밖에도 중국에 견줄 만한 크기의 세계가 있음을 적시함으로써 중국 중심적인 천하 사상에서 벗어났음을 알려주었는데, 이는 명·청 교체라는 정세의 변화와 당시 조선 사회에 수용된 서양의 지리학과 천문학 지식의 확산이라는 현상과 무관하지 않다.[67] 이익은 당시 유포되었던 천문·역산曆算·지리에 관한 한역서학서漢譯西學書나 천문도·세계지도 등의 열람을 통하여 계발되었던 지식을 근거로 전통적 화이·성인 관聖人觀에서 탈피하였다고 본다. 이처럼 그는 중국에 국한된 지역적 정통의식과 거기에 기반한 한족漢族 중심의 혈연적 정통의식을 넘어서 문화적 측면에서의 정통의식을

---

62) 『星湖先生文集』卷26, 書, 答安百順(丙子), "東史者本文不可見 每以中國史爲據 攙錯以亂 之 尤不可讀."

63) 『星湖僿說』第22卷, 經史門, 留記新集.

64) 『星湖僿說』第2卷, 天地門, 分野.

65) 趙珖, 앞의 논문, 1985, p.148; 李佑成, 앞의 책, 1976, p.360.

66) 『星湖先生全集』卷27, 書, 答安百順(己卯)에서 "나는 매번 九州 안에서는 마땅히 聖人이 다시 나타나지 않을 것이요 기대하는 곳은 구주 바깥이라고 말하였다"라고 하였다.

67) 韓㳓劤, 앞의 책, 1976, pp.56~57.

새롭게 모색하였다.

　한편 이익은 우리나라가 중국의 주나라에 비견되는 문명국가였음을 기자를 통하여 특별히 강조하였다. 단군에서 시작된 동국東國의 역사는 기자에게 계승되었으며, 기자에 의해서 은나라의 정치원리와 제도가 그대로 우리나라에 전승되었던 것으로 보았다. 예컨대 은나라에서 흰색을 숭상하는 풍속이 우리나라의 백의白衣 풍속에 그대로 전해졌다든지,[68] 은이 멸망한 뒤 천하의 '홍범'은 기자로부터 우리나라에서만 행해졌으며, 평양의 '사구지전四區之田' 흔적 또한 바로 은나라 제도라고 하였다.[69] 그리하여 이익은 은나라 멸망 이후 기자에 의한 '홍범'의 전승이라는 인식을 통하여, 조선에 대한 문화적 정통의식을 가졌던 것으로 이해할 수 있다. 같은 맥락에서 이익은 두 글자로 국호를 쓰는 것이 오랑캐의 풍속이며, 우리나라는 문명국으로서 중국처럼 한 글자의 국호를 사용한 것으로 보았다.[70] 따라서 '단군'은 '단檀'이라는 나라를 다스린 임금의 뜻이며, '단궁'은 단국檀國의 활을 지칭한 것이라 하였다. 삼한 역시 '한韓'이 국호였으며, '기자'라는 명칭도 '기箕'는 국호이고 '자子'는 작호爵號라고 하여 기자는 바로 '기국의 자작'을 뜻하는 것으로 풀었다. 이때 '기국'은 우리나라를 가리키며 그 위치는 별자리 28숙宿에서 일곱 번째인 기성箕星으로서 중국 동북지방에 해당한다고 하였다.[71] 곧 중국 역대 국호가 한 글자로 되었듯이 우리나라의 처음 국호 역시 중국에 비견되는 '단檀', '기箕', '한韓' 등 한 글자를 칭했던 문명국가로 인식하여,[72] 그가 지닌 조선에 대한 문화적 정통의식의 일면을 유추할 수 있다.

　이익은 우리나라의 역사 전개가 대체로 중국과 시기를 같이한다고 전제하고, 처음 단군이 요堯와 같은 시대에 일어났던 것으로 본다.[73] 곧 삼한 정통의 시작은 단군에서 비롯된 것으로 간주함으로써, 종족적 측면에서도 우리나라의 시조로 단군을 상정하였던 셈이다. 그는 단군과 기자에서 찾았던 종족적·문화적 정통의식뿐 아니라, '단기강역檀

---

68) 『星湖僿說』第21卷, 經史門, 白衣.

69) 『星湖先生全集』卷41, 雜著, 洪範說.

70) 『星湖僿說』第15卷, 人事門, 和寧.

71) 『星湖僿說』第1卷, 天地門, 箕指我東.

72) 韓永愚, 앞의 책, 1989, pp.207~211; 南相樂, 앞의 논문, 2003, p.101.

73) 『星湖先生全集』第47卷, 雜著, 三韓正統論.

箕疆域'에 대한 논설을 통하여 중국과 구별되는 지역적 측면에서 정통의식의 타당성을 모색하였다.[74] 이익은 압록강 너머 요양遼陽과 심양瀋陽 지역에 주목하여 그곳을 단군 · 기자 시대의 강역에 포함하였으며, 그곳은 일찍이 미개사회에서 벗어나 중국과 같은 문명사회로 보았다. 고조선은 연燕과의 전쟁에서 밀려나 만번한滿潘汗 곧 압록강을 경계로 대치하였는데, 이때 고조선은 요양과 심양 지역을 연나라에 빼앗기면서 쇠퇴했다는 것이다. 그 뒤 조선시대에 들어 압록강을 국경선으로 삼았기 때문에, 옛 고조선 영토의 일부인 요양과 심양 지역 일대를 완전히 상실하였지만, 그 남쪽의 일부 지역에 있는 조선은 여전히 문명의 전통인 옛 문화를 지키고 있다고 하였다. 그는 당시 자신이 사는 조선이 단군 · 기자 때의 강역 중에 비록 일부 지역을 보존하였지만, 그곳에 문화적 정통이 계승되고 있음을 강조하였다. 결국 이익의 '단군조선' 설정은 우리 역사의 고유성과 종족적 정통성을 염두에 둔 것이라면, 그것을 잇는 '기자조선'은 문화적 정통성을 부각하는 근거로 설정하였으며, 나아가 지역적으로 문화적 정통성이 단군 · 기자[요양 · 심양→서북한西北韓(평양 일대)]→삼한三韓(한강 이남)에 계승된 것으로 이해할 수 있다.

이와 같은 이익의 단군 · 기자조선 인식은 마한을 우리 역사의 정통으로 삼는 이른바 '삼한정통론'을 세운 배경이 되었을 법하다. 사실 정통론은 기본적으로 중국적 중화 의식의 소산이며 소속 왕조에 대한 의리와 깊은 관계를 갖는다.[75] 이익의 삼한정통론은 비록 외견상 주자의『강목綱目』에 영향을 받은 것이지만, 중국에서 강조하는 소속 왕조에 대한 의리에 바탕을 두기보다는 우리나라 역사에 일정한 계통과 체계를 수립하려는 의식이 강하게 반영된 것으로 이해할 수 있다.

일찍이 영남 남인 계통의 홍여하洪汝河는 본격적으로 정통론에 입각한 우리 역사를 정리하여『동국통감제강東國通鑑提綱』(1672)을 편찬하였다.[76] 그는 유교적 합리성에 기

---

74) 『星湖僿說』第1卷, 天地門, 檀箕疆域.

75) 中國史에서 正統論과 관련하여 가장 논란이 되었던 것은 三國時代의 蜀과 魏에 관한 것이 었다. 실제로 西晋의 陳壽와 東晋의 習鑿齒가 각각 魏와 蜀을 정통으로 삼았으며, 北宋의 司馬光이 魏를 정통으로 보았음에 비하여 南宋의 朱子는 蜀을 정통으로 규정하였는데, 이는 각 史家들이 처한 소속 왕조에 대한 義理에서 정통을 돌려주었던 것으로 근저에는 중국 중심주의 세계관이 관통하고 있다(李佑成, 앞의 논문, 1966;『韓國의 歷史認識』(下), 創作과 批評社, 1976, pp.357~358; 李萬烈, 앞의 책, 1976, pp.340~341).

76) 李萬烈, 앞의 책, 1976, p.341.

초하여 삼국 시조의 탄생 설화를 비판하면서도 삼국 이전의 역사를 '조선기朝鮮紀'에 수록하였는데,[77] 단군을 '국절무사國絶無嗣'라고 하여 정통에서 제외하고 기자로 시작되는 '기자-마한-신라'의 계통을 상정하여 정통론에 입각한 고대사 체계를 제시하였다.[78] 곧 기자조선에서 시작된 우리 역사가 마한으로 연결된다는 '마한정통론'을 처음 제기하였다. 이에 반해 북인 계통의 학통도 받은 근기 남인 계의 허목許穆은 기전체 형식의 사서인 『동사東事』(1667)에서 우리 고대사 체계를 '단군-부여-고구려 · 백제'의 북방계와 '기자-마한-신라'의 남방계 두 주류로 인식하여 한백겸과 비슷한 인식체계를 보인다.[79] 그는 '단군세가檀君世家'를 통하여 단군조선을 정통국가로 인식하였으며,[80] 단군에 앞서 그 아버지 환웅천왕桓雄天王을 신시씨神市氏로 상정하고 신시 · 단군의 시대가 중국의 제곡帝嚳 · 요堯 · 순舜 시대에 해당한다고 보아,[81] 문화적으로 우리 역사의 유구성을 강조하였다.

그 뒤 서인의 유력한 가문 출신이지만 도교사상 등 이단적인 학문에도 깊은 관심을 보였고, 만년에는 소론 계와도 가까웠던 홍만종洪萬宗은[82] 『동국역대총목東國歷代總目』(1705)에서 단군을 우리 역사의 시작으로 삼아 그 정통을 기자가 계승하는 것으로 보았다.[83] 홍만종이 제시한 이른바 '단기정통론檀箕正統論'은 정통의 시작을 기자에서 단

---

77) 『木齋先生文集』卷10, 雜著, 東史提綱凡例에는 "舊史에서 箕準이 남쪽으로 달아난 뒤를 '위만조선'이라 불렀는데, 이는 史家의 '正統之體'를 잃은 것이다. 이 책에서는 '朝鮮紀'에 箕準을 덧붙였다"라고 하였다. 또한 삼국 시조들의 탄생 설화는 세속의 와전에서 나왔음으로, 매우 황당하고 괴이한 것은 기록에서 삭제한다고 하였다.

78) 김영심 · 정재훈, 「朝鮮後期 正統論의 受容과 그 變化 -修山 李種徽의 『東史』를 중심으로」 『韓國文化』 26, 2000, pp.186~189.

79) 朴光用, 「檀君認識의 歷史的 變遷」 『檀君-그 이해와 자료』, 서울대학교 출판부, 1994, pp.165~166.

80) 韓永愚, 앞의 책, 1989, pp.112~115.

81) 『記言』 東事 序.

82) 朴光用, 앞의 논문, 1994, p.166.

83) 『東國歷代總目』 法例에서는 『東國通鑑』에서 단군과 기자를 外記에 기록한 것을 世代와 事蹟이 자세하지 못했기 때문으로 보았다. 또한 檀君은 가장 먼저 출현한 神君이며 箕子는 立敎의 聖君으로 우리나라의 역대흥망이 믿을만한 까닭에 '東國統系'의 시초로 기록하며, 기준이 비록 위만에게 쫓겨 남하하였으나 그곳에서 기자의 제사가 이어졌으므로 강목의 범

군으로 소급 적용함으로써 우리 역사의 초기를 규정하는 중요한 시도로 평가된다.[84] 그는 특히 기준箕準이 남하했던 마한을 정통으로 삼았으며, 진한과 변한은 마한에 귀속되었으므로 정통에서 제외하였고, 삼국 역시 『강목』에서 제시하는 무통無統의 예를 따랐다. 홍만종은 단군 시대의 문화 내용에 큰 관심을 보였으며, '단군-기자-마한(기준)-삼국(무통)-통일신라(문무왕 이후)'로 이어지는 정통 체계를 마련함으로써 이익의 '삼한정통론' 수립에 직접적인 영향을 주었던 것으로 평가받는다.[85]

이익이 입론한 삼한정통론을 주요 내용에 따라 나누어 정리하면(<표 2> 참조), 대체로 동국 역사의 시종始終이 중국과 같이한다는 사실과 '단군-기자' 계승 관계를 강조한 '역대흥폐歷代興廢'(1 · 2 · 4), 위만을 찬적簒賊으로 정통에서 제외하고 기준의 마한을 동국의 정통이라고 논설한 '마한정통馬韓正統'(5 · 7 · 8 · 9), 기자 8교八敎 및 기자 교화의 흔적을 설명한 '기자교화箕子敎化'(3 · 12), 춘추필법과 강목綱目의 범례를 준용하여 서술할 것을 강조한 '필법론筆法論'(6 · 10), 그리고 마한-진 · 변한의 영속 및 진한의 유래를 언급한 '삼한관계'(11)로 구성되었음을 확인할 수 있다.

<표 2> '삼한정통론'의 구성과 내용(『星湖先生全集』第47卷, 雜著)

구분		삼한정통론 내용 [( )는 기록 순서]	중국과 대비	비고
역대 흥폐	(1) 東國의 역대 흥망은 대략 中國과 서로 시대를 같이한다.	(2) 檀君은 堯와 동시대에 일어났으며, 武王이 天命을 받아 周를 건국할 때에 箕子가 朝鮮에 봉해졌다. 짐작컨대, 檀君 이후로 쇠약해져서 다시 국가나 군주가 없었기 때문에 箕子가 와서 王業을 닦을 수 있었을 것이다.	檀君 / 堯 箕子 / 周武王	檀君-箕子 계승관계
		(4) 檀君과 箕子 때에는 遼河의 동쪽부터 臨津江 서쪽까지가 東方의 중심 지역이었고, 三韓의 경계는 남쪽 변방의 변두리에 불과하였는데, 箕準이 도적을 피해 남쪽으로 옮긴 다음 마침내 馬韓이라 칭하였다. 역사기록에 "箕準이 즉위한지 20여 년 뒤에 陳勝과 項羽가 봉기하였다"고 하였으니, 마한이 창건된 시기도 漢나라가 興起한 즈음이 아니겠는가.	箕準 卽位 20餘年 / 陳勝 · 項羽 蜂起 馬韓 創建 / 漢 建國 初	고조선 강역-遼河以東~臨津 以西 / 三韓과 南北으로 경계

례에 따라 정통으로 삼았다고 하였다.

84) 韓永愚, 「17세기후반~18세기초 洪萬宗의 會通思想과 歷史意識」 『韓國文化』 12, 1991, pp.402~406.

85) 김영심 · 정재훈, 앞의 논문, 2000, pp.186~189.

구분	삼한정통론 내용 [( )는 기록 순서]	중국과 대비	비고
마한 정통	(5) 聖賢의 敎化는 실로 箕子에서 시작되었고 후손들이 전통을 이어 변함이 없었는데, 衛滿이 속임수를 써서 箕準을 내쫓았다. 이에 箕準은 오히려 그 人民을 이끌고 남쪽으로 피해 국토를 개척하여 屬國이 50여 개였으니, 이는 東方의 正統이 아직 끊어지지 않은 것이다. 衛氏는 周나라의 狄人과 漢나라의 曹瞞에 불과할 뿐이었으므로 역사가 마땅히 이들을 正統에 넣지 말아야 한다.	衛滿 / 周의 狄人, 漢의 曹瞞	馬韓-箕準南下 衛滿-簒賊으로 正統에서 제외
	(7) 馬韓은 신라가 來聘하자, 事大의 예절과 辰韓·弁韓의 職貢을 요구하였고, 百濟가 熊津에 木柵을 세우자 땅을 떼어 준 은혜를 갚지 않는다고 다시 책망하니, 百濟도 부끄럽게 여겨 城柵을 허물어버렸으며, 遷都하면 마한에 아뢰고 포로가 있으면 마한에 바쳤다. 비록 馬韓이 쇠잔해진 뒤에도 그 기강과 유풍은 그래도 남아 있었다.		馬韓- 신라·백제· 진변한과의 영속 관계
	(8) 箕準이 南下한 이후로 衛氏는 비록 朝鮮의 옛 땅을 차지했지만, 겨우 80여 년만에 멸망하였다. 衛滿이 멸망한 뒤에도 馬韓은 117년을 더 오래 존속하였으니, 西北지방의 일부분을 四郡·二府에 넘겨주긴 했지만 동국의 정통 있는 나라는 오직 馬韓뿐이었다. 마한이 國號를 고쳐 부른 것 역시 周가 처음 邰에 봉해졌다가 豳으로 옮기자 빈으로 칭하고, 周로 천도하자 周나라로 호칭한 것과 같으니, 어찌 이상할 게 있겠는가.	朝鮮→馬韓 / 邰→豳→ 周(國號 改稱)	위만 멸망 이후 漢四郡· 二府시기- 기준의 마한 (정통) 존속
	(9) 馬韓이 망할 무렵에 百濟에게 땅을 빌려 주었는데, 百濟가 술책을 써서 삼켜버린 것이니, 백제의 간교한 술책은 바로 옛날 魏氏의 계략이었던 바, 마한이 前後에 걸쳐 나라를 잃은 일은 참으로 仁者의 과실이었다. 하늘의 뜻으로 보나 사람의 일로 보나 창연히 마음을 서글프게 할 만하다. 百濟가 馬韓을 멸망시킨 해는 또한 新의 王莽이 漢나라를 찬탈한 元年이니, 나라의 크고 작은 것은 비록 다르지만 氣數가 공교롭게 서로 들어맞는 그 까닭은 무엇인가? 우리 東方이 禮義가 있고 어진 나라라고 칭송된 지 오래이다. 그리하여 논하는 자들은 반드시 '小中華'라고 하는데, 이는 다른 列國들로서는 우리나라와 대항할 수 없는 것이다. 길흉과 성쇠가 중국과 비슷하게 돌아가니, 이는 어쩌면 그러한 이치가 있을 듯하다. 나는 이 때문에 '馬韓이 바로 東國의 正統'이라고 하는 것이다.	百濟의 馬韓 滅亡 / 新 王莽의 漢 簒奪 元年 (馬韓; 漢 昭烈帝)	백제의 마한 병탄을 위만에 견주어 비판 馬韓은 東國의 正統 주장
기자 교화	(3) 箕子의 八條目 가르침 중에 지금 전해지는 것은 세 가지로, 살인을 한 자는 즉시 사형으로 갚아 주고, 상해를 입힌 자는 곡식으로 갚게 하며, 도둑질을 한 자는 籍沒하여 피해자의 노비로 삼는다는 것이다. 이는 漢高祖의 約法三章과 동일한 것이다. 기타 彝倫과 五典은 국가에 없어서는 안 될 법칙이니, 만일 父子 사이에 친애하지 못하거나 君臣간에 의롭지 못하거나 한 따위를 또한 반드시 공경히 펴야할 政敎 가운데 있었을 것이 분명하다. 이 다섯 가지는 비록 말하지 않았지만 말한 것과 마찬가지이다. 漢나라가 세 가지 법으로 요약했지만, 이것들을 일찍이 버린 적이 없었으니, 箕子의 가르침인들 어찌 이와 다르겠는가. 이것이 이른바 '八敎'라는 것이다.	箕子八敎 / 漢高祖 約法三章	箕子八敎 (犯禁3條+ 五倫) 추정
	(12) 箕子가 平壤에 井田을 구획하였는데, 이는 聖人이 아니면 이런 역량이 나올 수 없다. 지금 慶州는 바로 辰韓의 옛 터인데, 정사각형의 경계가 아직도 남아 있으니, 이것이 어찌 먼 변방의 오랑캐 풍속으로 해낼 수 있는 일이겠는가? 나는 이 때문에 '이는 반드시 箕子의 遺化로 이룩되었다'고 말하는 것이다. 孔子는 "文獻이 충분하다면 내가 능히 증거를 댈 수 있다"고 하였는데, 역사 기록에 나타나지 않은 것은 또한 뜻으로 미루어 알 수 있는 것이다.		기자 교화 흔적- 평양 정전, 경주 정방형 토지구획

구분	삼한정통론 내용 [( )는 기록 순서]	중국과 대비	비고
필법론	(6) 애석하도다. 문헌이 없어진 것이 많고 世數가 분명하지 않아 도리어 王正을 특별히 기록하는 전례를 행하여 尊王攘夷를 알려 주지 못하는구나. 하지만 强弱은 형세이고, 大義는 天命이다. 益州가 비록 피폐했지만 漢나라 正統의 계승을 높이 내걸었으니, 이것은 『春秋』가 남긴 뜻이다. 新羅와 百濟가 흥하고 망할 때에 역사에 드러낼 만한 사람들 또한 많았으나 우리나라 사람들은 식견이 여기에 미치지 못하여 수천 년 동안을 매몰되어 드러나지 않았으니, 이는 무슨 까닭인가.		『春秋』 필법 강조 및 『資治通鑑綱目』의 범례 준용 / 東史의 記錄 유실 유감
	(10) 百濟가 몰래 군대를 출동시켜 마한을 습격한 것은 마땅히 '백제가 入寇했다'라고 써야 하며, 圓山과 錦峴이 항복한 것은 마땅히 '두 城이 陷落되었다'라고 써야 한다. 馬韓이 망하자 周勤이 죽은 것은 마땅히 '馬韓의 옛 장수 周勤이 군대를 일으켜 牛谷城에 웅거했다가 이기지 못하고 死節했다'라고 써야 한다. 이렇게 기록한 뒤에야 큰 법도가 어두워지지 않고 勸善懲惡에도 근거할 바가 있을 것이다. 저 高句麗·新羅·百濟의 三國은 다만 東·西로 땅을 쪼개어 점령해 있었을 뿐, 일정한 전통을 세우지 못하였으니 마땅히 『資治通鑑綱目』의 南北朝를 기록한 전례에 따라야 한다.	(馬韓 舊將 周勤 / 蜀漢 諸葛亮)	
삼한 관계	(11) 辰韓과 弁韓은 바로 馬韓의 屬國이었다. 辰韓은 항상 마한 사람을 군주로 삼아, 비록 대대로 내려왔지만 자립하지 못한 채 항상 馬韓의 통제를 받았다. 弁韓은 다시 辰韓에 예속되었다. 辰韓이 비록 秦나라 사람에게서 시작되었다고 하지만, 후대의 君長이나 政敎는 馬韓의 통치권을 벗어나지 못했다.	辰韓 / 秦人 流入	馬韓- 辰·弁韓 영속관계 辰韓 유래

이익은 삼한정통론의 첫머리에 단군을 내세워 조선 역사의 시작이 중국 요임금 대에 비견되는 것으로 보아 그 유구성을 강조하였다(1). 특히 삼한 가운데에서 마한은 선성先聖의 교화를 받았던 기자의 후손이 익산에 남하하여 세운 나라로 '동방의 정통'이라고 상정하였다.[86] 비록 기준의 남하 이후 위만은 조선의 옛 땅을 차지했지만 80여 년 만에 망하면서 그 땅을 한군현漢郡縣에게 넘겨주었으므로(8),[87] 우리나라의 '유국전서有國傳緖'는 기자조선의 정통을 계승한 기준의 '마한'에 있다고 하였다(5). 곧 이익은 정통론을 수용하여 마한은 우리 역사의 정통으로 기자조선의 뒤를 계승한 것임을 분명히

---

86) 『星湖僿說』第25卷, 經史門, 前代君臣詞.

87) 『星湖僿說』第3卷, 天地門, 朝鮮四郡에서 "漢이 朝鮮 땅을 빼앗아 四郡을 삼았으니, 四郡은 본래 우리나라에 속한 것이다"라고 하여, '漢郡縣'이 아닌 '朝鮮郡縣'으로 지칭하였다. 이때 이익이 '朝鮮四郡'이라는 항목을 설정한 것은 '조선의 영역에 설치된 사군'이라는 지역적 의미로 해석하기 보다는 '조선의 역사 범위에 포함된 사군'이라는 역사적 의미로 적극 해석하기도 한다(오영찬, 「조선 후기 고대사 연구와 漢四郡」『역사와 담론』64, 2012, p.7).

하였다(9).

사실 삼한정통론의 핵심은 단군조선과 기자조선의 중국에 대한 문화적 대등성과 정통성을 피력한 것이기 때문에, 삼한정통론을 이른바 '단기정통론'으로 간주해도 무방하다고 보았다.[88] 그러함에도 불구하고 그가 '삼한정통론'을 논제로 제기한 것은, 위만조선 멸망 이후 고조선의 옛 땅에 설치된 한군현으로 인해 자칫 단절된 듯이 보이는 단군·기자의 정통을 삼한이 시·공간적으로 메워줌으로써 굳건히 계승된 '동방의 정통성'을 강조하려는데 있었을 듯싶다.

이익은 주희가 『자치통감강목』의 범례에서 밝힌 내용을 '삼한정통론'에서 적용하였다(10). 실제로 백제의 마한 공격을 마땅히 '백제가 입구入寇했다'라고 해야 하고, 원산과 금현 2성의 항복도 '2성의 함락陷落'이라 표현해야 하며, 마한의 옛 장수 주근周勤의 사례에서 우곡성에 웅거했다가 이기지 못하고 죽었다는 '불극不克', '사지死之' 등의 표현은 절개를 위해 목숨을 바친 '사절死節'로 해야 한다는 것이다.[89] 특히 마한의 주력은 촉한蜀漢의 제갈량에 비견되는 인물로 보았으며,[90] 단군과 기자의 정통을 잇는 마한에 대하여 '마한여소열지례馬韓如昭烈之禮'라고 기술하였다.[91] 곧 마한은 중국 한漢 소열제昭烈帝의 예와 같다고 했는데, 이때 '소열'은 바로 촉한의 유비를 지칭하며 이익의 마한정통 인식은 그 뒤 안정복의 『동사강목』 범례에 그대로 계승되었다.

IV. 삼한사 인식체계의 정립

이익의 『성호사설』과 『성호선생전집』에는 삼한과 관련한 기록을 여기저기서 찾을

---

88) 하우봉, 「이익」『한국의 역사가와 역사학』(상), 창작과비평사, 1994, p.243.
89) 실제로 朱熹, 『資治通鑑綱目』凡例, 征伐 18항에서 "犯城邑寇得曰陷 居曰據"라고 하였고, 같은 책, 19항에 "凡中國有主 則夷狄曰入寇 凡入討逆賊而敗者 亦曰不克 死曰死之"라고 한 용례를 들어, 이와 같은 표현은 正統王朝와 簒賊 또는 夷狄의 구분을 엄격히 하여 사용한 용어로 본다(신응수, 앞의 논문, 2001, pp.58~59).
90) 『星湖先生全集』卷25, 書, 答安百順(丙子).
91) 『星湖先生全集』卷25, 書, 答安百順 問目.

수 있다. 대체로 역사적 실체로서의 삼한을 의미하는 경우가 대부분이지만, 간혹 후삼
국과 연계되거나 고려 또는 우리나라를 지칭하는 사례도 확인된다. 곧 이익은 자신의
저술에 '삼한'이라는 용어를 사용하면서도 해당 주제 및 적용 시기에 따라 반드시 '삼
한' 본래의 의미로만 사용하지 않았음을 알 수 있다. 그 내용을 정리하면 다음 <표 3>
와 같다.

<표 3> 삼한 용례와 인식

出典	門目(항목수)	주제	인식
『星湖僿說』	天地門(4)	東方人文 · 朝鮮地方 · 三韓金馬 · 三韓	三韓
	萬物門(3)	古錢 · 銀瓶 · 朝鮮墨	우리나라
	人事門(4)	生財 · 和寧	三韓
		道詵	統一新羅
		奴隷軍	高麗
	經史門(12)	三韓始終 · 駕洛伽耶 · 徐市 · 氣化 · 虎康王 · 渤海 · 高金二姓 · 前代君臣祠	三韓
		薄賦輕刑 · 麗朝減賦 · 王建世系	統一新羅
		僧統義天	高麗
	詩文門(1)	東方石刻	三韓
『星湖全集』	雜著(1)	三韓正統論	三韓
	序(3)	擇里志序	三韓
		謙齋河先生文集序	三韓(辰國)
		送宋德章 儒夏 序	우리나라
	墓碣銘(1)	副提學權公墓碣銘 幷序	統一新羅

삼한에 대한 인식은 삼국시대 이래로 그 실체와는 무관하게 '요하遼河 이동지역' 내
지는 '삼국'을 뜻하는 용어로 사용되었으며, 나말여초 이후 '후삼국' 또는 '아방我邦(우
리나라)' 등을 지칭하다가, 조선 건국에 이르러 삼한 본래의 역사적 위상에 접근할 수
있게 되었다.[92] 이처럼 삼한에 대한 인식은 조선 전기까지 다양한 과정을 거쳐 변화하
였지만, 일반적으로 이익의 경우처럼 조선 후기에도 역사적 실체로서의 삼한뿐 아니

---

92) 盧泰敦, 「三韓에 대한 認識의 變遷」 『韓國史研究』 38, 1982, pp.130~140.

라, 삼국 혹은 조선이라는 국호를 대신하여 우리나라를 지칭하는 용어로도 활용했음을 알 수 있다.[93]

　물론 이익은 앞서 '삼한정통론'에서 볼 수 있듯이 고조선과 삼국의 중간시기에 존재했던 역사적 실체로서의 삼한을 인식하고, 이와 함께 '고조선-삼한-삼국-고려-조선'으로 이어지는 계통적 발전체계를 분명하게 설정하였다. 그는 단군·기자 시대를 거쳐서 삼한, 삼국 및 조선왕조에 이르는 우리 역사의 큰 흐름을 개관하였는데, 우리 역사의 시작을 중국 요임금 대에 비견되는 단군 시대에서 찾아, 중국과 구별되는 자국사 인식을 강하게 표방하였다. 특히 한강 이남 지역에는 기자조선 이후 900여 년이 지난 삼한 시대에 이르러 문화가 열렸고 뒤이어 삼국의 영토가 정해졌다고 하였다.[94] 이를 통하여 이익이 인식한 삼한의 시·공간적 범주를 추론할 수 있는데, 곧 그는 '고조선-삼한-삼국'으로 이어지는 역사적 전개 및 '한강 이남 지역'이라는 공간적 범주를 상정한 것으로 이해된다. 실제로 위만조선 이후 고조선 지역은 한강을 경계로 남쪽의 삼한과 국경을 이루었다고 인식하였다.[95]

　사실 준왕의 남하를 매개로 기자조선과 마한을 연결하는 '삼한정통론'은 『삼국지』 동이전보다는 『후한서』 동이열전의 기사에 충실한 것이라 할 수 있다(<표 4> 참조). 곧 『후한서』 한전에서 포착할 수 있는 '진국-삼한-한왕(준)-진왕'의 계통적인 인식은 조선 후기 '삼한정통론'의 전개에 중요한 논거로 이해할 수 있기 때문이다.[96]

---

93)　이익이 저술한 삼한의 용례(<표 3> 참조)는 '三韓始終'과 같이 대부분 본래의 삼한을 가리키며, '王建世系'처럼 고려 건국 과정을 설명하는 경우에는 (후)삼국을 지칭하였다. 또한 고려의 '노예군'을 삼한의 노예로 칭하거나 우리나라의 종이를 '三韓紙'라고 하였으며, 이밖에 '僧統義天'과 '古錢' 등을 통해서 高麗 혹은 我邦의 의미로도 사용하였다.

94)　『星湖僿說』 第1卷, 天地門, 東方人文에서 "箕子가 동쪽 우리나라에 봉해지면서 암흑이 걷혀졌으나, 아직 한강 이남까지는 미치지 못하였다. 9백여 년이 지나서 三韓 시대에 이르러서야 이 지역이 모두 열리고 삼국의 영토가 정해졌다. 또한 천여 년이 지나서 우리 (조선)왕조가 창건되면서 문화가 비로소 열렸다"고 하였다.

95)　『星湖僿說』 第2卷, 天地門, 朝鮮地方.

96)　朴性鳳, 「馬韓認識의 歷代變化」 『馬韓·百濟文化』 12, 1990, pp.115~116; 박대재, 「『三國史記』 高句麗本紀의 「馬韓」에 관한 一考察」 『史學研究』 58·59合, 1999, p.237.

<표 4> '삼한정통론' 관련 한전(韓傳) 기사

『後漢書』卷85, 東夷列傳 第75, 韓	『三國志』卷30, 魏書30, 烏丸鮮卑東夷傳 第30, 韓
韓有三種 一曰馬韓 二曰辰韓 三曰弁辰… 皆古之辰國也. 馬韓在西…其北與樂浪	韓在帶方之南…有三種 一曰馬韓 二曰辰韓 三曰弁韓 辰韓者古之辰國也
馬韓最大 共立其種爲辰王 都目支國 盡王三韓之地 其諸國王先 皆是馬韓種人焉	辰王治月支國…(辰韓)其十二國屬辰王 辰王常用馬韓人作之 世世相繼 辰王不得自立爲王
	魏略曰 明其爲流移之人 故爲馬韓所制.
初 朝鮮王準爲衛滿所破	侯準旣僭號稱王 爲(燕亡人)衛滿所攻奪
	魏略曰 昔箕子之後朝鮮侯 見周衰 燕自尊爲王 欲東略地 朝鮮侯亦自稱爲王 欲興兵逆擊燕以尊周室. 其大夫禮諫之 乃止 使禮西說燕 燕止之 不攻 後子孫稍驕虐 燕乃遣將秦開攻其西方 取地二千餘里 至滿番汗爲界 朝鮮遂弱. 及秦幷天下 使蒙恬築長城 到遼東. 時朝鮮王否立 畏秦襲之 略服屬秦 不肯朝會. 否死 其子準立 二十餘年而陳項起 天下亂 燕齊趙民愁苦 稍稍亡往準 準乃置之於西方 及漢以盧綰爲燕王 朝鮮與燕界於浿水 及綰反 入匈奴 燕人衛滿亡命 爲胡服 東度浿水 詣準降 說準求居西界 故中國亡命 爲朝鮮藩屛. 準信寵之 拜爲博士 賜以圭 封之百里 令守西邊. 滿誘亡黨衆稍多 乃詐遣人告準 言漢兵十道至 求入宿衛 遂還攻準. 準與滿戰 不敵也.
乃將其餘衆數千人走入海 攻馬韓破之 自立爲韓王	將其左右宮人走入海 居韓地 自號韓王
	魏略曰 其子及親留在國者 因冒姓韓氏 準王海中 不與朝鮮相往來
準後滅絶	其後絶滅 (今韓人猶有奉其祭祀者)
馬韓人復自立爲辰王	

이익을 비롯한 안정복·정약용·한치윤 등의 삼한 서술에는 예외 없이 『후한서』 동이열전을 우선 활용하였음을 확인할 수 있다. 안정복은 『동사강목』의 '삼한고'에서 삼한의 연혁과 위치를 상고하기 위하여 『후한서』·『북사北史』·『삼국사기』·『삼국유사』·『주관육익周官六翼』·『여지승람輿地勝覽』·『동국지리지』 등에 수록된 역대 삼한설을 제시하였다.**97)** 특히 『후한서』에서 처음으로 '삼한전'을 두었던 사실을 강조하였고, 그 내용을 토대로 마한을 비롯한 삼한의 강역에 대하여 논설하였다. 또한 정약용은 『여유당전서』의 '강역고疆域考'에서 『후한서』를 근거로 기준箕準과 마한의 관계를 언급하였

---

97) 『東史綱目』 附錄 下卷, 三韓考.

는데,**98)** 기준의 남래南來한 도읍지는 익산이며 이곳은 진왕의 치도治都로서 『후한서』의 목지국에 비정하였다. 한치윤 역시 『해동역사海東繹史』의 '지리고'에서 『후한서』 동이열전의 내용을 바탕으로 삼한의 범위를 획정하였으며, 진왕의 위상과 목지국의 위치 등은 앞서 정약용과 같은 견해를 고수하였다.**99)** 이처럼 그들의 삼한 인식이 『후한서』 동이열전을 근거로 삼은 까닭은 단대사로서 『후한서』를 해당 시기의 사료로 채택했을 가능성을 고려할 수 있다. 실제로 안정복이 『후한서』에 처음 삼한전을 입전한 사실을 강조하였고, 정약용도 삼한이 양한兩漢 시대에서 위진魏晉 시대에 걸쳐서 존재하였기 때문에 중국 사서에 '삼한전'이 입전되었던 것으로 보았다.**100)**

이와 함께 이익은 촉한蜀漢의 관우關羽에 대한 진수陳壽의 서법書法이 잘못되었음을 지적하는**101)** 등 그의 사론을 통하여 『삼국지』 서술에 대한 비판적 견해를 확인할 수 있다. 곧 이익이 주자의 정통론을 적용하려는 입장에서 조위曹魏를 정통으로 삼았던 『삼국지』의 서술 태도에 비판적이었을 것이며, 자연 삼한 인식과 관련하여 『삼국지』보다 『후한서』 한전을 우선 취신하는 데에도 일정하게 작용하였을 법하다.

한편 삼한의 연원을 비롯하여 한韓의 실체 등 이익이 갖는 삼한에 관한 인식은 다음 사료를 통해서 가늠할 수 있다.

> 箕準이 馬韓 땅을 빼앗아 王이 되었으니, 箕氏 이전부터 韓이 있었던 것이다. 대체로 辰은 秦과 음이 같은데, 「春秋傳」에 辰嬴이 바로 그 증거이니, 辰韓은 秦 나라 사람들이 와서 선 것이 진실로 믿을 만하다. 다만 韓의 명칭이 어디서 유래된 것인지 모르겠다. … 六國 중에서 韓이 秦에 가장 가까우므로 秦을 피한 일은 韓에서 반드시 먼저 시작했을 것이다. … 滄海가 어느 지방임을 막론하고 중국에서 멀리 떨어진 곳이며, 장량이 왕래함

---

98) 『與猶堂全書』 第6集, 地理1, 疆域考, 馬韓考.

99) 『海東繹史』 續集 第3卷, 地理考3, 三韓, 疆域總論에서 "삼가 살펴보건대, 예로부터 漢水의 남쪽을 통틀어서 한국이라고 하였으며, 그곳을 총괄하는 왕을 辰王이라고 하였다. 그러므로 역시 辰國이라고도 이른다고 하였으며, … 범엽의 『후한서』를 근거로 보면, 馬韓은 본디 스스로 나라가 있었는데, 箕準이 특별히 와서 습격해 탈취한 것이다. 그런즉 金馬가 마한의 國都가 된 것은 箕準이 오기 전에 있었던 듯한데, 이른바 月支國이 아마도 그것일 것이다" 라고 하였다.

100) 『與猶堂全書』 第6集, 地理1, 疆域考, 辰韓考.

101) 『星湖僿說』 第18卷, 經史門, 關羽敗死.

에 있어 바닷길을 이용하여 반드시 우리나라 서해의 해변에 정박했을 것이니, 창해는 곧 그 지방일 것이다. 생각건대 당시에 우리나라가 남북으로 나뉘어 帶水로써 경계를 삼았을 것이니, 대수는 오늘의 한강이다. 오늘날의 黃海·平安 兩道는 당시에 三朝鮮의 땅이 되었고, 漢水 이남은 통솔하는 자가 없어서 中國에서 단지 창해라고 칭했으며, 韓人이 秦을 피하여 동으로 와서 웅거했으므로 스스로 韓이라고 했으니 … 徐福 외에 韓終이 있었고, 한종은 반드시 韓의 후예로 장량과 원수를 함께 한 사람이리라. 弁辰도 또한 반드시 그 뒤를 좇아 나온 사람들인데, 秦人이므로 이름을 辰이라고 한 듯하니, 이는 비록 상고할 수는 없으나, 이치로 미루어 짐작되는 것이다. 舊韓(마한)이 기준에게 쫓겨난 후 마한과 진한 두 나라 사이에 별도로 弁韓이 있었으니, 또한 弁辰이라고도 하는데, 馬는 金馬로써 이름을 얻은 것이다. 쫓겨나서 옮긴 자는 마땅히 별다른 칭호가 있을 것이나 韓의 명칭은 반드시 고치지 않았을 것이니, 생각건대, 변한이 이것인 듯하다. 弁은 혹시 당시의 지명인지도 알 수 없는데, 마한과는 구별이 있으니, 마한에 예속된 나라가 아닌가 한다.**102)**

이익은 먼저 우리나라가 대수帶水(한강)을 경계로 남북으로 나뉘어 삼한은 한강 이남에 자리하고 그 북쪽에 있었던 삼조선의 땅과는 뚜렷이 구별되며 한韓은 국호로 단정하였다. 또한 진한은 중국 진秦의 망명객들이 세운 나라가 분명한데 그 이유를 진辰과 진秦의 음이 비슷한 데서 찾았다. 삼한의 기원과 관련하여 기준의 마한 남천 사실에 주목하였는데, '삼한'이라는 호칭은 기준이 남하하여 마한의 왕을 내쫓고 스스로 왕이 되면서부터 있게 되었다고 하였다.**103)** 특히 고조선에서 남하한 기준이 마한의 땅을 빼앗아 왕이 되었으므로 기준 이전(B.C.194)부터 한韓이 있었다고 하였다. 여기서 말하는 한은 바로 마한을 가리키므로,**104)** 적어도 이 지역에서 마한이라는 정치체가 성립한 시기는 기준 남하 이전인 서기전 2세기 말 이전에 상정한 셈이다. 그렇다면 기준 남하 이전에 존재했던 구한舊韓 곧 '전마한前馬韓'과 남하 이후 기준이 한왕으로 자립하였던 마한인 '후마한後馬韓'의 존재를 염두에 두었던 이른바 '전·후 마한' 인식을 가졌던 것으로 이해할 수 있다. 이익의 전·후마한 인식은 그뒤 안정복에게 계승되었으며, 정약용에 이르러서는 기준 남래 이전의 마한(전마한)-기준 당대의 마한(기준마한)-기준 멸망

---

102) 『星湖僿說』第3卷, 天地門, 三韓.

103) 『星湖僿說』第8卷, 人事門, 生財.

104) 『星湖僿說』第19卷, 經史門, 三韓始終.

이후의 마한(후마한)으로 발전하였다.[105]

한편 한韓의 유래에 대해서는 분명한 언급이 없었지만, 진秦나라의 난리를 피해 동쪽으로 이주해 온 중국 한韓의 유민들이 한강 이남 지역에 자리 잡고 스스로 한韓이라 했다고 짐작하였다. 이때 중국에서 온 한인韓人의 후예로서 '서복徐福'과 '한종韓終' 등을 거론하였는데, 이들이 바닷길로 도착한 창해滄海는 동방의 통칭으로 '서해지빈西海之濱'과 밀접한 마한 지역에 비정했을 법하다. 이익은 종래 한씨韓氏의 성姓을 기자의 후손과 연결하고 '삼한이라는 명칭이 기준의 남하에서 비롯되었다'라는 견해가 잘못된 것이라고 비판하면서,[106] 마한의 연원은 중국에서 이주한 한인韓人과 연결된 것으로 파악하였다.

변진弁辰 역시 한인의 뒤를 이어 유입된 사람들에 의해 성립된 것으로 보았다. 진한辰韓의 연원을 진인秦人과 연결하고 그들이 '한韓'에 나라를 세웠으므로 '한'에 '진'을 더하여 '진한辰韓'이라고 하였으며, 변진은 진한에서 갈렸던 것으로 보아 '변'을 더하여 진한과 분별했으므로 그 실상은 '변진한弁辰韓'이라고 하였다.[107] 곧 변한은 마한이 기준에게 쫓겨난 뒤에 별도로 세운 나라이며, 그 위치는 마한과 진한 사이였던 것으로 이해하였다. 이와 관련하여 이익은 변한의 출자를 기준에 쫓겨난 마한 선주민들로 파악하였다고 보기도 한다.[108] 그렇지만 변한 역시 본래 압록강 밖에 있다가 산융山戎에 쫓겨서 들어온 것으로 추정하여,[109] 삼한의 연원은 모두 삼한의 바깥에서 찾아 중국 유이민 세력에 닿는 것으로 인식하였음을 알 수 있다. 안정복 역시 이익의 견해를 따라서

---

105) 李瀷의 兩馬韓說은 뒤에 安鼎福 · 丁若鏞 · 韓致奫 등에 의해 箕準 멸망 이후의 마한까지 인정되어 이른바 三馬韓說로 발전하게 되었다(韓永愚, 앞의 책, 1989, p.218).

106) 『星湖僿說』第26卷, 經史門, 箕子之後.

107) 『星湖僿說』第15卷, 人事門, 和寧.

108) 韓永愚, 앞의 책, 1989, pp.218~219에서 이익은 변한을 기준에 쫓겨난 마한 선주민들이 세운 나라로 인식하였으며 弁韓이 馬韓의 後裔로서 箕準에게 臣屬되었다는 이익의 주장은 이전의 삼한설에서 변한의 출자를 알지 못한다고 생각했던 통념과는 다른 독창성을 보여 준다고 하였다.

109) 『星湖僿說』第21卷, 經史門, 渤海에서 "추측컨대 三韓은 모두 밖에서 들어온 나라인 듯하다. 馬韓은 朝鮮에서 들어오고 辰韓은 秦地에서 들어왔다면 변한도 본래 압록강 밖에 있다가 山戎에게 쫓겨서 들어온 것이 아닌가를 또한 어찌 알겠는가?"라고 하였다.

삼한형성의 연원 및 그 주도 세력을 중국 유이민에서 비롯한 것이라고 보았다.[110]

한편 이익은 삼한의 성립순서를 마한→진한→변한 순으로 인식하였다. 그 구체적인 성립 시기는 먼저 마한이 전국 7웅의 하나였던 한韓과 연결되므로 진秦나라 통일 이전의 전국시대로 상정하였으며, 그 뒤 진秦의 망명객에 의해 성립한 진한은 기준의 남하보다 오래되지 않았던 진나라 통일 전후 시기로 추정하였다.[111] 그리고 변한은 기준 남하 이후에 성립한 것이라고 보았다. 그리하여 삼한은 먼저 성립한 마한을 중심으로 진한과 변한이 예속되었던 형세로 파악했다.[112] 이처럼 마한의 위상을 부각한 것은 마한을 정통으로 삼았던 '삼한정통론'을 뒷받침하는 것으로 이해할 수 있다.

이익은 삼한의 범위를 한강帶水 이남으로 설정했던 한백겸의 설을 수용하면서, 삼한의 동쪽 절반에 진한과 변한이 있고 나머지 서쪽에 마한이 있다고 했다.[113] 곧 마한은 전체를 금마金馬라고 했는데, 익산 및 직산稷山 등을 중심으로 하는 전라 · 경기 · 충청 일대에 분포했다고 보았다. 또한 진한과 변한은 영남 일대에 자리했으며,[114] 특히 변한은 진한의 서남쪽에 위치하여 왜와 접경을 이루며 경남 해안 일대의 진주 등 몇 개 고을에 국한된 것으로 비정했다.[115]

이익은 삼한의 지리적 위치와 범위 문제를 넘어서 삼한의 역사적 전개 과정에까지 관심을 확장하였다. 그는 '삼한시종'(『성호사설』 19권, 경사문)의 논설에서 삼한-삼국의 관계, 곧 마한-백제는 물론 진한-신라, 변한-가야로 각각 이어지는 삼한의 성립과 소멸과정을 밝혔다. 실제로 기준 남하 이후의 마한은 신망新莽 원년元年(9) 백제에 멸망했으나, 후한 광무제 20년(44)에 염사읍군廉斯邑君으로 봉해진 소마시蘇馬諟의 존재 및 후한 안제安帝(122~125) 때에 고구려와 함께 요동 침략에 참여했던 마한, 그리고 유송劉宋

---

110) 『東史綱目』 附錄 上卷(下), 雜說, 三韓辰國說.

111) 『星湖僿說』 第19卷, 經史門, 三韓始終.

112) 『星湖僿說』 第19卷, 經史門, 三韓始終에서 "기준이 처음에는 비록 마한을 쫓아내고 자립하여 왕이 되었다고 해도 나중에는 다시 또 辰王이라 하였으니, 대개 진한과 변한은 모두 마한에 소속되었던 것이다"라고 하였다.

113) 『星湖僿說』 第2卷, 天地門, 三韓金馬.

114) 『星湖僿說』 第19卷, 經史門, 駕洛伽耶.

115) 『星湖僿說』 第19卷, 經史門, 三韓始終.

때에 왜왕倭王 봉작호封爵號 안에 있는 '모한慕韓'을 마한으로 인식하고 그 실체를 마한 잔존殘存세력에 비정하였다. 이익의 영향을 받은 안정복 역시 『삼국사기』에 백제가 마한을 멸망시킨 온조 27년(9) 이후에 등장하는 마한 관련 기록을 열거하고, 특히 『진서晉書』의 마한왕 입조入朝 사실 등을 들어서 마한의 잔존세력이 지속되었을 것으로 보았다.[116]

그리고 이익은 신라가 진한 6부에서 일어났으므로 신라와 진한은 가까운 곳에 있었으며, 진한은 신라 건국 직후에 소멸했으나 진晉 무제武帝(280~289) 때에 세 차례 조공한 것으로 보아 진한의 잔존세력이 오랜 기간 있었다고 여겼다. 특히 변한은 본래 마한에 신속臣屬되었다가 그 뒤 한漢 원제元帝(서기전 43~39) 무렵에 신라에 부속附屬되었으며 나중에는 백제에 병합되었던 것으로 추정하였다.[117] 그는 변한과 별개로 신라와 백제의 중간지대에 있던 가라加羅(가락)와 임나任那(대가야)는 수문제隋文帝 이후 신라에 모두 섬멸되었다고 보았다.[118]

V. 맺음말 - 삼한 인식의 계승과 의미

최치원 이래로 고수되었던 '삼한-삼국'의 계승 관계와 관련한 전통적인 인식은 조선 초기에 일부 비판이 제기되기도 했지만, 대체로 17세기 초반까지는 정설로 받아들였다 (<표 5> 참조).[119] 그러다가 한백겸(1552~1615)의 역사 지리학적 접근을 계기로 삼한-삼국의 계승 관계는 전면적으로 재인식하게 되었다. 이익은 전통적인 삼한-삼국 관계를 비판한 한백겸의 견해를 받아들이면서 삼한의 지역적 범위를 한강 이남에 상정하였다. 그렇지만 이익은 최치원의 삼한 인식, 곧 '마한-고구려'·'변한-백제'·'진한-신라'라

---

116) 『東史綱目』附錄 上卷(下), 雜說, 三韓後說.
117) 『星湖僿說』第2卷, 天地門, 三韓金馬.
118) 『星湖僿說』第19卷, 經史門, 三韓始終.
119) 문창로, 「조선후기 실학자들의 삼한사 연구와 의의」『실학자들의 한국 고대사 인식』, 경인문화사, 2012, p.98의 <표>를 수정 보완하였음.

는 계통적 이해를 적극적으로 옹호하여 이채롭다.[120)]

<표 5> 삼한 - 삼국 관계와 위치에 대한 역대 인식

구분	馬韓		辰韓	弁韓(弁辰)			비고
	고구려	백제	신라	고구려	백제	가야	
『三國史記』(金富軾, 1145)	●		●		●		최치원 설(삼한=삼국) 인용, 辰韓=秦韓(我邦), 변한=백제
『三國遺事』(一然, 1281)	●		●		●		최치원 설(삼한=삼국) 인용, 고조선-삼한-삼국(箕準-馬韓)
『帝王韻記』(李承休, 1287)	●		●		●		최치원 설 수용, 고조선-삼한-삼국-고려의 일원적 계통 체계
『東國史略』(權近·河崙 등, 1403)		●	●	●			최치원 설 비판, '卞韓在南'은 漢나라 경계인 遼東의 위치로부터 말하는 것으로 봄(權近)
『世宗實錄地理志』(1454)		●	●	●			권근 설 수용, 변한-고구려(황해·함길도)
『東國通鑑』(盧思愼·徐居正 등, 1485)		●	●	●?			권근 설 수용, 변한≠가야
『新增東國輿地勝覽』(李荇·洪彦弼, 1530)	●		●		●		최치원 설 수용, 권근 설 비판, 마한-황해·경기·충청, 진한-경상도, 변한-전라도, 각 지역의 연원을 삼한으로 소급
『芝峯類說』(李睟光, 1614)	●		●		●		김부식(최치원) 설 지지, 마한-경기·충청·황해도, 진한-경상도, 변한-전라도
『東國地理誌』(韓百謙; 1615)		●	●			●	최치원 설 비판, 권근 설 비판 / 북; 삼조선-4군-2부-고구려, 남; 삼한-백제·신라·가락 / 마한-호남·호서, 진한-경상 동북, 변한-경상 서남
『東國輿地誌』(柳馨遠, 1656)		●	●			●	한백겸 설 수용, 한강 중심으로 南(三韓)·北(朝鮮)之界後漢書 韓傳 취신; 진국-삼한, 마한-箕準의 金馬(익산) 南遷, 辰韓-秦의 亡人 유입
『星湖僿說』(李瀷, 1740)		●	●			●	최치원 설 옹호, 삼한정통론(조선-기자-마한), 後漢書 韓傳 취신; 마한-중국의 韓 亡人, 진한-秦 亡人, 변한-마한 후예 / 지리산 경계로 북쪽-6가야, 남쪽-변한
『擇里志』(李重煥, 1751)		●	●			●	단군조선-기자조선-마한 / 삼한통일을 고려에 귀속

---

120) 『星湖僿說』第2卷, 天地門, 三韓金馬.

구분	馬韓		辰韓	弁韓(弁辰)			비고
	고구려	백제	신라	고구려	백제	가야	
『彊界考』 (申景濬, 1756) 『增補東國文獻備考』 (李萬運, 1789)		●	●			●	남·북 이원적 역사체계 북; 삼조선-한사군-2부·2군-고구려 남; 진국-삼한(마한-진·변한)-신라, 백제, 가야 '삼마한국'설(前馬韓-箕準馬韓-後馬韓)
『東史綱目』 (安鼎福, 1778)		●	●			●	삼한정통론(단군-기자-마한-삼국(무통)-통일신라-고려), 최치원 설 옹호(고구려의 마한병합, 백제의 변한 半面 통합) / 後漢書 韓傳 취신; 韓(중국 韓終 등 韓亡人)-辰國(秦 亡人 유입 이후)-馬韓(箕準 이후) / 가야의 범위-낙동강 以西~지리산 以南
『四郡志』 (柳得恭, 1795)		●	●			●	마한-호남, 진·변한-영남
『我邦彊域考』 (丁若鏞, 1811)		●	●			●	최치원 설 비판, 권근 설 비판 / 남·북 이원적 역사체계(북; 조선-사군-고구려-발해, 남; 韓國=삼한(마한-백제, 진한-신라, 변진-가야)/ 수로와 석탈해-마한계통, 백제·가야의 선진성 부각 / '삼마한'설(前馬韓-箕準馬韓-後馬韓) / 後漢書 韓傳 취신
『海東繹史續』 (韓鎭書, 1823)		●	●			●	권근(삼한 요동설) 비판 / 後漢書 韓傳 취신; 韓國=辰國 / '삼마한'설 주장 / 혁거세-진한의 총왕, 진한=신라, 변한=가야 / 狗邪韓國(가락국), 任那(=대가야)-일본의 附庸國

이익은 최치원의 삼한 인식을 비판하는 주장들이 본래 최치원의 삼한설에 내포된 의미와 맥락을 제대로 파악하지 못했기 때문이며, 확실한 전적典籍이 전해지지 않는 한 당시의 사람이었던 최치원이 어긋난 판단을 할 리가 없다고 하였다. 곧 최치원이 언급한 마한-고구려, 변한-백제로의 계통적 이해에는 나름 타당한 이유가 있을 것으로 보고, 마한을 고구려와 연계한 까닭은 본래 기준이 고구려 땅에 거주하다가 마한으로 남하하였기 때문으로 추정했다. 또 변한은 백제에 최종 편입되었기 때문에 백제와 연결했던 것이라고 해석하였다. 이익의 학맥을 이은 안정복安鼎福(1712~1791)은 진한이 신라가 되었으며, 변한은 마한에 복속되었다가 그 뒤 신라에 병합되었다고 이해하였

다.[121] 나아가 변한이 나뉘어 5가야가 되었고 지리산 서남쪽은 백제에 흡수되었으며, 마한은 멸망하여 백제에 흡수되었던 것으로 인식하였다.

그런데 최치원의 삼한설과 달리 인식했던 안정복 역시 최치원의 삼한 인식은 오류가 아니었음을 분명히 하며 이익의 입장을 충실하게 따랐다. 곧 최치원이 마한을 고구려라고 한 까닭은 고구려가 일어난 땅을 가지고 말한 것이 아니라 마한 동북쪽 땅을 병합한 데서 비롯한 것으로 보았다. 그리고 변한이 백제라고 한 것은 마한이 백제의 땅이 아니라는 사실을 말한 것이 아니고, 변한의 반면半面이 또한 백제에 흡수되었기 때문으로 추정하였다.[122]

이익은 삼한의 정통을 논하면서 조선이 단군 이래로 중국의 옛 제도와 문화를 받아들여 그가 생존할 당시까지 계승되었던 것으로 이해하였다.[123] 특히 우리나라의 역대 흥망을 중국에 견주어 '단군조선-요堯→기자조선-주周 무왕武王→마한-한漢'으로 이어지는 정통론을 강조함으로써 독자적인 삼한 인식체계를 제시하였다. 그 뒤에 안정복은 이익의 삼한정통론을 따라 '단군조선→기자조선→마한[기준원년箕準元年(B.C.192)~온조왕 27년(9)]→무통無統(삼국)→통일신라(문무왕 9년 이후)→고려(태조 19년 이후)-조선'으로 이어지는 일원적인 한국사의 체계를 세워 '삼한정통론'을 확립하였다.

이익의 삼한 인식은 그의 학맥을 잇는 후학들에게 계승되었지만, 전면적으로 수용된 것은 아니었다.[124] 안정복이 이익의 삼한 인식을 비교적 충실하게 따랐던 데 비하여, 정약용(1762~1836)은 최치원 이래 전통적으로 삼한을 삼국에 분배하였던 인식이 오류임을 지적하였다. 곧 한강 이북 지역은 본래 삼한 땅이 아닌데 선유先儒들이 매번 삼한을 삼국에 각각 비정을 한 것은 잘못이며,[125] 새롭게 '마한-고구려'의 계통적 인식

---

121) 『東史綱目』附錄 上卷(下), 雜說, 三韓後說; 『東史綱目』附錄 下卷, 三韓考.
122) 『東史綱目』附錄 下卷, 三韓考.
123) 金文植, 「星湖 李瀷의 箕子 인식」 『退溪學과 韓國文化』 33, 2003, pp.66~69.
124) 이하 안정복 및 정약용의 삼한인식에 대한 서술은 文昌魯, 「조선 후기 실학자들의 삼한 연구」 『韓國古代史硏究』 62, 2011, pp.84~94의 내용을 참조하여 정리하였으며, 참고논문에 대한 별도의 인용은 생략하였다.
125) 『與猶堂全書』 第6集, 地理1, 疆域考, 三韓總考.

을 모색하였다.[126] 이는 정약용이 한백겸의 견해를 정론으로 삼아서 한강을 중심으로 북쪽은 '조선朝鮮→4군四郡→고구려-발해'로, 남쪽은 '한국韓國(진국)→삼한(마한-백제, 진한-신라, 변진-가야)→통일신라'로 각각 이어지는 양자 병립의 이원적 고대사 체계 수립[127]과 무관하지는 않을 듯하다. 정약용은 한韓의 명칭이 중국 전국시대의 한韓과 관계없으며, 토착민들이 그 추호酋豪를 추대하여 '한韓'이라고 지칭한 데서 삼한의 전신 인 한국 곧 진국이 성립하였다고 하였다.[128]

이익과 안정복은 기자조선과 마한의 계승 관계에 관한 관점에서 벗어나지 못했지 만, 정약용은 마한-고구려 관계를 살피는 과정에서 『삼국사기』의 고구려본기에 등장하 는 마한을 기자조선의 유민으로 상정하였다.[129] 정약용은 고구려에 존재한 '마한'이 기 준의 남하 이후에도 그 종족 일부가 몰래 평양에 남았다가, 위만조선 멸망 이후 낙랑군 이 설치되자 하나의 부部를 형성하여 '한씨韓氏'를 모성冒姓한 데서 연유하였다는 것이 다.[130] 그리하여 이들은 기준이 마한에서 한왕韓王이 되었던 연유로 자칭 '마한'이라고 했으며, 『위략』에 보이는 '기준의 자손 및 친척 가운데 나라에 남아있던 자들은 한씨를 모성했다(準子及親留在國者 因冒姓韓氏)'라고 하는 기록과 연결하였다.

이익은 변한이 가야 지역 전체라고 비정했던 한백겸의 견해에서 벗어나 변한과 가 야의 범위를 구분하여 파악했다. 영남지역에 존재했던 신라와 가야는 진 · 변한과 그 역사적 실체를 달리하며, 낙동강을 중심으로 각각 동 · 서쪽에 자리하였다고 보았 다.[131] 그리하여 가야의 범위는 지리산 북쪽의 5가야 및 가락(금관국)으로 상정하였으

---

126) '馬韓-高句麗說'에 대한 전통사학의 검토는 다음 논문을 참고할 수 있다(박대재, 「『三國史 記』 高句麗本紀의 「馬韓」에 관한 一考察」『史學研究』 58 · 59合, 1999, pp.231~238).

127) 韓永愚, 앞의 책, 1989, p.370.

128) 이는 정약용이 箕準 死後에 마한의 토착세력이 왕으로 복위하였으며, 마한은 箕氏가 아니 라고 인식했던 사실(『與猶堂全書』 第6集, 地理1, 疆域考, 馬韓考)과 맥을 같이한다.

129) '北馬韓說' 혹은 '平壤=馬韓說'의 오랜 典據가 되었던 茶山의 史論은 『三國史記』 高句麗 本紀에 보이는 馬韓을 箕子朝鮮이 멸망한 뒤에 남아있던 '箕氏遺民'으로 해석한 것이 중 요 논지라 할 수 있는데, 이와 같은 '箕氏遺民系 馬韓說'은 李瀷의 '三韓正統論'을 발전적 으로 계승한 결과라고 이해한다(박대재, 앞의 논문, 1999, pp.236~237).

130) 『與猶堂全書』 第6集, 地理1, 疆域考, 馬韓考.

131) 『星湖僿說』 第8卷, 人事門, 生財.

며,[132] 변한의 범위는 지리산 이남 지역에 국한된 것으로 이해한다.[133] 안정복은 마한과 진한의 강역에 대해서는 이익의 설을 따랐지만, 변한과 가야의 강역을 구분하지 않고 변한지역이 나뉘어 가야 제국諸國이 되었다고 본다.[134] 반면에 정약용은 변진의 중심은 수로왕이 일어난 가락駕洛이고, 가락은 곧 가야로서 변진을 가리키며, 그 분포지역을 김해·거제·함안·고성固城 등 연해沿海 지역으로 상정하였다.[135] 또 가야는 해안에 자리한 지리적 조건을 이용하여 중국과 조공을 통한 교역에서 신라보다 우위에 있어서, 그 형세가 가야가 주인이 되고 신라가 부용附庸이 되었던 것으로 추론하였다.

한편 이익은 하나의 서적만 취하기보다는 가능한 여러 사서를 참고하여 교감·상고하는 신중한 자세를 요구하여, 고증을 통한 역사서술의 객관성을 강조한 바 있다. 안정복이 마한을 중심으로 하는 삼한 인식체계를 정립하고 그 역사적 실상에 접근할 수 있었던 것은 폭넓은 인용 사서의 수집과 활용, 그리고 합리적인 사실 고증에 바탕을 둔 것이라 할 수 있다. 실제로 그는 『동사강목』의 편찬을 위하여 수집한 사서로 채거서목採據書目에는 60종(국내사서 43종, 중국사서 17종)의 서적과 그 외 사론 등을 포함하여 총 155종의 다양한 전적을 참고하여[136] 삼한을 비롯한 관련 고대사 연구 저술에 활용하였다. 또한 백제의 국호와 관련하여 "십제十濟에서 백제百濟가 되었다"라고 전하는 『삼국사기』 백제본기의 기록은 신빙성이 떨어지는 것으로 보고, 마한 54국 가

---

132) 『星湖僿說』第19卷, 經史門, 駕洛伽耶.

133) 韓永愚, 앞의 책, 1989, p.217에서 이익은 변한이 지금의 지리산 남쪽인 전라도 동남지방과 경상도 해안지방을 차지한 것으로 보아, 지리산을 경계로 그 북쪽은 6가야, 그 남쪽은 변한으로 위치를 비정했던 것을 보았다.

134) 『東史綱目』附錄 下卷, 三韓考.

135) 『與猶堂全書』第6集, 地理1, 疆域考, 弁辰考.

136) 『東史綱目』凡例, 採據書目에 제시된 국내서적으로는 '三國史記·三國史略·三國遺事·高麗史·高麗史節要·麗史提綱·東國通鑑·東史纂要·東史會綱破閑集·補閑集·李相國集·櫟翁稗說·牧隱集·陽村集·龍飛御天歌注·應製詩註·海東諸國記·輿地勝覽·東文選·筆苑雜記·傭齋叢話·退溪集·攷事撮要·箕子實記·平壤志·東閣雜記·芝峯類說·稽古篇·海東樂府·大東韻府群玉·拙翁集·眉叟記言·松都雜記·輿地考·經世書補編·隨錄·海東名臣錄·範學全書·東國摠目·僿說·麗史彙纂', 중국서적으로는 '史記·漢書·後漢書·三國志·南北史·隋書·唐書·通鑑前編·資治通鑑·綱目·宋元綱目·通典·文獻通考·皇明通紀·吾學編·盛京通志·竹書紀年' 등이 있다.

운데 백제국伯濟國이 백제의 전신이라고 지적하였다. 그런가하면 삼한에 백여 개의 소국小國이 있었고 신라가 이서국伊西國 등의 인접 소국을 병합하는데 여러 대代가 소요되었던 점을 들어 백제가 일시에 마한을 멸滅했다는 기록 또한 이치에 맞지 않는다고 하였다.

정약용은 삼한의 자연 지리적 환경을 바탕으로 마한과 진·변한 관계를 설명하였다. 마한은 궁벽한 영남지역의 진·변한보다 온화한 기후와 비옥한 환경으로 우리나라 안의 중국中國이며, 그런 까닭에 삼한의 패자가 되어 진·변한의 왕을 세우는데 간섭할 정도로 강성하였다고 본다.[137] 이에 따라 마한을 병합한 백제의 위상은 '최강최문最强最文'이라고 하였으며, 신라는 자립한 뒤에도 한동안 백제의 영향을 받았던 것으로 보았다.[138] 특히 백제가 마한을 멸했다는 『삼국사기』 백제본기의 기사는 안정복의 견해를 받아들여, 이때 마한 총왕總王의 나라가 망한 것이며 그에 소속된 제국諸國은 잔존했을 것으로 상정하였다. 또한 『진서』에서 무제武帝 태강 원년(280)에 보이는 마한 왕의 사신 파견 및 조공 기사에서, 마한 왕의 실체는 백제왕(고이왕)으로 이해하였다.[139] 신라의 혁거세왕과 금관국의 수로왕을 각각 진한과 변진(변한) 12국의 총왕으로 인식하여, 진한·변한과 초기 신라·가야 제국은 서로 표리관계에 있었던 것으로 보았다.[140] 진한의 주민구성은 진秦의 유이민만이 아니라 고조선 계통의 유이민 집단도 함께하였던 것으로 이해하였다. 이처럼 정약용은 기록 자체를 비판하는 엄밀한 고증으로 오늘날 학계의 통설에 근접한 삼한의 역사적 실상을 제시하였는데, 이는 '역고전서歷考前書'와 '방증제서旁證諸書'를 바탕으로 철저한 교감과 고증을 강조했던 이익의 입장과 견해를 발전적으로 계승한 결과라고 할 수 있다.

이익은 삼한정통론을 통해 고대사 인식체계를 새롭게 수립하고, 삼한의 연원과 지역 범위를 비롯하여 마한을 중심으로 한 진·변한과의 영속 관계, 나아가 삼한-삼국으로 이어지는 전개 과정을 부각하였다. 또한 '단군→기자→마한'으로 이어지는 이익의

---

137) 『與猶堂全書』 第6集, 地理1, 疆域考, 三韓總考.

138) 『與猶堂全書』 第6集, 地理1, 疆域考, 弁辰別考.

139) 『與猶堂全書』 第6集, 地理1, 疆域考, 馬韓考.

140) 『與猶堂全書』 第6集, 地理1, 疆域考, 辰韓考; 『與猶堂全書』 第6集, 地理1, 疆域考, 弁辰考.

정통론과 삼한 인식은 그 뒤 안정복에게 계승되어 삼한 인식체계의 정립을 견인하였으며, 그 주요 내용 대부분이 안정복의 『동사강목』 저술에 반영되었다. 곧 이익이 피력했던 '험고驗古'와 '준금準今'에 입각한 자국사 연구와 저술의 간절함은 안정복의 『동사강목』에 발현되었으며, 이후 정약용·한치윤 등의 역사 연구 및 저술에도 영향을 끼치면서 조선 후기 새로운 역사 인식의 성장과 사학사의 발전에 디딤돌이 되었다.

제2편 제2장

삼한 인식의 발전적 계승,
후석 천관우(1925~1991)의 고조선사·삼한사 연구

Ⅰ. 머리말

후석後石 천관우千寬宇(1925~1991)는 광복 이후 우리나라 언론계는 물론 역사학계 발전에 한 획을 그은 인물로 손꼽힌다.[1] 일찍이 역사학자로서 일구었던 그의 한국 고대사 연구성과에 대한 검토로는 『인물로 본 한국고대사』(1982), 『고조선사·삼한사연구』(1989), 『가야사연구』(1991) 등의 저서 출간에 즈음하여 이루어진 개별 서평이 있으며,[2] 이밖에 관련 연구자들의 논문에서 언급했던 단편적인 검토 이상을 확인하기 힘들

---

1) 천관우는 자신의 墓碑銘에 '言論人이며 國史學者'로 새겨지기를 원했으며, 자타가 공인하는 해방 후 제1세대 언론인이자 역사학자로서 평가한다(한영국, 「편집후기」 『자료로 본 한국현대사』, 지식산업사, 2007, p.404). '후석'이라는 호는 천관우의 서울대학교 문리대 재학시절 스승이며 동아일보 주필시절 사장으로 모셨던 '一石' 이희승 선생의 호에서 따온 것으로 전한다.

2) 천관우의 저서에 대한 서평으로는 다음을 참고할 수 있다(李基白, 「書評: 千寬宇 著『韓國史의 再發見』」 『歷史學報』 63, 1974, pp.163~166; 金廷鶴, 「書評: 爭點 남긴 最高水準 ─韓國上古史의 爭點」 『新東亞』 137, 1976, pp.326~333; 한승조, 「서평: 人物로 본 韓國

다. 물론 언론인 혹은 역사학자로서의 삶과 활동을 개관하는 글이 꾸준히 발표되었지만,[3] 정작 그의 한국사 연구 활동과 성과를 본격적으로 다룬 경우는 상대적으로 드문 형편이다.[4] 아마도 그의 사회활동이 대부분 언론계를 터전 삼아 이루어졌기 때문에,

　　古代史(千寬宇 지음: 正音文化社, 1983, p.425)」『精神文化』 16, 1983, pp.92~94; 李基東, 「書評:『古朝鮮史·三韓史硏究』(千寬宇 著, 1989, 一潮閣, p.429)」『韓國古代史論叢』 1, 韓國古代社會硏究所, 1991, pp.245~251; 金泰植, 「書評: 千寬宇 著『加耶史硏究』(서울: 一潮閣, 1991, 239면)」『歷史學報』 133, 1992, pp.92~94).

3) 천관우 사후 그에 관한 추모의 글이나 회고담은 언론계를 중심으로 이루어졌으며, 그 뒤 역사학계에서도 종종 언급되었다. 천관우의 삶과 활동을 다룬 글은 다음과 같다(李榮鎭, 「聖書와 펜대 池學淳과 千寬宇」『政經文化』 252, 京鄕新聞社, 1986; 李兌榮, 「역사에 통달한 千寬宇 동창」『나의 만남, 나의 인생』, 정우사, 1991; 閔賢九, 「千寬宇 선생 訃音을 접하고」, 中央日報 1991.1.18.(제7850호); 李基白, 「故 千寬宇兄을 哀悼함」, 韓國日報 1991.1.17.(제13071호); 남재희, 「언론인 千寬宇 선배의 추억」『양파와 연꽃』, 民音社, 1992; 김형욱, 「개헌설득공작과 언론인 천관우」『김형욱회고록(2. 한국중앙정보부)』, 전예원, 1991; 함경옥, 「사학자·대기자-천관우」『한국 기자사회의 이해』, 나남출판, 1994; 이한우, 「겸연쩍은 역사학도-천관우」『우리의 학맥과 학풍』, 문예출판사, 1995; 김삼웅, 「언관·사관의 천관우」『월간 인물과 사상』 2월호(통권 34호), 인물과 사상사, 2001; 정경희, 「1970년대 민주투사 천관우 선생」『월간 참여사회』 8월(http://www.peoplepower21.org/ Magazine/712528), 2001; 李浩哲, 「재야 <민주화 투쟁> 과정의 文壇과 千寬宇」『藝術論文集』 제41집, 藝術院, 2002; 이호철, 「천관우」『이 땅의 아름다운 사람들: 소설가 이호철이 만난 사람 19명』, 현재, 2003; 김지하, 「천관우 선생」『(김지하 회고록 2) 흰 그늘의 길』, 학고재, 2003; 남재희, 「호통 치는 유교 선비 언론인 천관우」『언론·정치 풍속사』, 민음사, 2004; 文昌魯, 「고대사연구 60년의 동향과 과제」『韓國古代史硏究』 40, 2005; 한운사, 「경성대 예과 학생가를 지은 천관우」『구름의 역사』, 민음사, 2006; 유경환 외, 「千寬宇의 '西部'」『계간수필』 44, 수필문우회, 2006; 조맹기, 「천관우의 민족주의 언론사관」『한국언론인물사상사』, 나남출판, 2006; 閔賢九, 「해방 이후 韓國史學의 발전」『韓國史學의 성과와 전망』, 고려대학교 출판부, 2006; 한영국, 「편집후기」『자료로 본 대한민국 건국사』, 지식산업사, 2007; 손동우, 「'마골피'의 덫」, 경향신문 2007.3.5.(http://www. khan.co.kr/olympic/2012/article/view.html?artid=200703051741381&code=990503&s_code=ao022); 이희진, 「식민사학의 희생자, 매장된 천재 천관우」『식민사학과 한국고대사』, 소나무, 2008; 김덕형, 「한국의 名家 <현대편>(25) 천관우」『주간조선』 2163호(2011.7.4.); 조혁연, 「정론직필을 찾아서-제천출신 언론인 천관우」충북일보 2014.2.20.(http://www.inews365.com/news/article.html?no=327943); 조맹기, 『천관우의 언론 사상』, 커뮤니케이션북스, 2015).

4) 文昌魯, 「千寬宇(1925~1991)의 史學과 古代史硏究」『韓國古代史硏究』 53, 2009; 조인성, 「이병도와 천관우의 고조선사 연구」『한국사시민강좌』 49, 일조각, 2011; 민현구, 「천관우」『한국사시민강좌』 49, 일조각, 2011.

대학에 자리 잡고 연구 활동에 전념할 수 없었던 형편도 일부 작용했을 법하다.

지난 2011년 그의 사후 20년을 추모하는 문집으로 『우리 시대의 '언관 사관' 거인 천관우』(천관우선생 추모문집간행위원회, 일조각)가 출간되었다. 이 책은 총 4부로 구성되었으며(1부 언론인 천관우, 2부 사학자 천관우, 3부 민주투사 천관우, 4부 인간 천관우), 모두 62편의 글이 실렸다. 그와 직·간접적으로 인연을 맺었던 필자들이 추모 형식의 글을 통해서 '언관 사관'으로서의 삶과 업적을 기리고 그의 인간적 풍모를 되새겼다. 특히 2부에 실린 글들은 역사학자로서 천관우의 면모와 그 학문적 위상을 가늠하는 데 도움이 된다.[5]

광복 이후 한국 사학사상에서 차지하는 천관우의 연구업적과 위상을 고려한다면, 이제는 그의 학문 세계에 대한 종합적이고 체계적인 정리와 함께 본격적인 조명이 이루어질 필요가 있다. 마침 백산학회 창립 50주년을 기념하는 학술회의에서 '후석 천관우의 한국사 연구와 역사인식'을 주제로 '반독재·민주화운동을 전개했던 대표적인 언론인이자 한평생 한국사 연구에 열정을 바친 민족주의 계열의 역사학자인 후석 천관우를 집중 조명'하려는 기획 의도는 시의적절한 것으로 본다.

앞서 필자는 천관우의 생애와 한국 고대사 연구를 개관하면서 그 사학사상의 의미에 대해 일별한 적이 있다.[6] 당시 지면의 한계와 시간적 제약 등으로 그의 고대사 연구 성과에 대한 구체적인 검토가 미진하여 후일의 과제로 남겨 두었다. 이에 본고는 천관우의 연구 활동을 조망하면서 그의 고대사 연구에서 핵심이 되는 고조선과 삼한 관련

---

5) 『우리 시대의 '언관 사관' 거인 천관우』(천관우선생 추모문집간행위원회, 일조각, 2011)에서 <2부 사학자 천관우>는 모두 3장으로 구성되었는데, 다음과 같이 목차를 살펴보면 그 대강을 알 수 있다(1장 사학계의 거목, 한국사학의 스승: 한국사학자로서의 천관우 선생(閔賢九), 獨對聽講(韓榮國), 후학을 아끼는 마음 씀씀이(柳承宙), 위암 선생, 민세 선생, 후석 선생(金京熙), 술자리가 곧 역사 강의 시간(李章熙), '군계일학'의 칭송 기억이 새롭다(李萬烈), 유신법정의 태산 같은 장중한 모습(金榮漢), 호쾌한 대세적 판단의 역사 강의(李在範) / 2장 고난 속에 꽃피운 한국사학의 이정표: 사학에 대한 열정과 천재성(韓永愚), 시대의 아픔을 학문성과로 승화(金貞培), 연금 중에 한국사 연구 몰두한 대인(李基東), 좌·우파를 뛰어넘는 넓고 깊은 뜻(李泰鎭), 인고 속에 한국고대사 대중화에 심혈(金杜珍), 글을 통해 얻은 배움의 은혜(鄭萬祚), '실학'으로 파악한 韓國史像(高柄翊), 우리 시대의 큰 별이…(李基白) / 3장 학문으로 만난 천관우 선생: 민족주의 사학의 맥(安龍煥), 현실에 기초하는 역사 연구 중시(文昌魯).

6) 文昌魯, 앞의 논문, 2009, pp.5~46.

연구성과를 살펴보면서 그것이 갖는 현재적 의미를 되짚어 보려고 한다.

이를 위해 먼저 천관우가 조선 후기 실학 연구에 주목하여 진행했던 학문 활동 과정에서 고대사 연구로 전환하게 되었던 배경과 함께, 고대사 분야에서 주된 관심을 두었던 연구 주제와 범위에 대해서 개관하려고 한다. 그런 다음 고조선의 성립과 전개를 중심으로 한국사의 기원과 관련 있는 단군조선을 비롯하여 기자조선의 역사적 실체 및 위만조선에 관한 주요 연구성과를 검토하려고 한다. 이와 함께 '주민 이동설'에 입각하여 고조선과 밀접하게 결부된 것으로 보았던 삼한의 성립과 그 전개 과정, 백제 · 신라 · 가야의 초기 역사로서 상정했던 삼한 지역의 국가 형성 문제 등 삼한의 변천과 고대국가의 형성 문제에 대해 주목하여 살펴보려고 한다. 그리하여 천관우가 제시했던 한국 고대사상의 일면을 엿보면서, 그의 고조선사 · 삼한사 연구성과 전반에서 부각할 수 있는 연구사적 의미를 되새겨 보고자 한다.

II. 고대사 연구의 배경

주지하듯이 천관우는 임종에 앞서 자신의 묘비명에 스스로 '언론인이며 국사학자이었던 천관우(1925~1991)'로 새겨져 기억되기를 원했다. 그는 평생 언론인이자 역사학자로 살면서 문자 그대로 '언관言官'과 '사관史官'의 역할에 충실을 기하려고 노력했다(<참고자료 1> 천관우 선생 연보 참조). 그는 평소에 신문과 역사가 사실을 기록한다는 점에서 표리관계에 있다고 여겼다. 곧 '언관(신문)이 오늘의 비판을 맡는다면 사관(역사)은 내일의 비판을 예비하는 것'이라고 누차 강조한 바 있다.[7] 자연히 그는 현실을 바탕으로 절실한 요구에서 쓰인 역사일수록 바람직한 역사라고 보았으며, '나와 우리의 입장'은 물론 '현재의 입장'이 투철한 역사상歷史像을 구축하기 위해 힘썼다. 현실 참여의 역사의식을 중요하게 여겼던 그는 일반 대중을 위한 역사학자 곧 '비非아카데미 사학자'를 자처했다. 이처럼 현실에 기반을 둔 역사의식을 강조하면서도 특히 역사를

---

7) 千寬宇, 「新聞의 自由(二) -言官과 史官」『思想界』1962年 1月號; 『言官 史官 -韓國新聞의 體質』, 培英社, 1969, pp.83~85.

향해 부끄러움이 없는 신실信實한 생각으로 연구에 매진할 것을 피력했다.[8]

실제로 천관우는 역사의식이란 역사를 통해 파악되는 '문제의식'과 역사의 형성에 대한 '책임의식', 그리고 역사를 향해 뉘우침 없는 신실한 '참여의식' 등으로 정의했다.[9] 그래서 '문제'가 생겼으면 '책임'을 느끼는 것이 당연하고, 책임을 느꼈으면 '참여' 또한 당연하다는 것이다. 그는 비록 실증이 역사 연구에서 불가결의 기초이지만, 실증 일변도에 가까웠던 당시의 사풍史風은 한국 사학계에서 반성해야 하며 거시적인 역사서술이 좀 더 많이 나오기를 기대했다.[10] 이와 함께 천관우는 "역사교육의 성패가 바로 민족의 번영과 사멸死滅을 가늠한다"라고 하여, 민족주의 사관에 입각한 객관적이고 올바른 역사교육의 중요성을 새삼 강조했다.[11]

일찍이 그가 한국사와 인연을 맺게 된 것은 대학 진학을 앞두고 접했던 육당 최남선의 저술에서 비롯한 것으로 전한다.[12] 물론 본격적인 한국사 연구의 출발점은 두계 이병도의 지도를 받아 서울대학교 사학과 학부 졸업논문으로 제출했던 「반계 유형원 연구磻溪 柳馨遠 硏究」(『歷史學報』 2 · 3, 1952년 발표)라고 할 수 있다. 천관우는 조선 후기 실학에 대하여 "1930년대의 역사가들이 실학에 관심을 갖게 된 것은 실학의 근대지향적이고 민족적인 면과 함께, 나와 우리 그리고 현재의 실천적 관심이 투영된 것"이라고 파악했다.[13] 그렇다면 그가 조선 후기 실학 문제를 연구의 출발로 삼았던 것은 한국

---

8) 千寬宇, 「六十自敍」『文學思想』 5월호, 1984; 『千寬宇散文選』, 심설당, 1991, pp.134~135. 천관우는 한국고대사를 주체적으로 인식하는 경향이 강하지만, 한국사에서 낙랑군이 갖는 의미에 대해 배타적이지 않은 인식을 확인할 수 있다. 곧 낙랑군과 대방군으로부터의 문화 흡수로 한반도는 이전보다 수준 높은 한문화와 한자 생활을 시작할 수 있었다는 것이다.

9) 千寬宇, 「六十自敍」, 앞의 책, 1991, p.136.

10) 千寬宇, 「韓國史를 어떻게 볼 것인가」『知性』 3월호, 1972; 「韓國史學의 反省」『韓國史의 再發見』, 一潮閣, 1974, pp.39~50.

11) 千寬宇, 「國史學의 動向과 國史敎育」『歷史敎育』 13, 1970, p.122에서 "참된 민족사관은 우리의 취약성, 허점을 스스로 깨우쳐 주는데도 용감해야 하겠지만, 남이 잘못 알고 혹은 의식적으로 몰아붙이는 歪曲을 타파하는데도 용감해야 한다"라고 했다.

12) 千寬宇, 「六十自敍」, 앞의 책, 1991, p.130에서 "'이것 참 희한하다'고 느낀 것이 崔南善 선생의 역사책들과 기행집들이었다. 그것은 시골 글방에서 「통감」 초권이나 읽던 어렸을 때의 기억과는 전혀 다른 신선한 세계였다. 나의 한국사와의 인연은 이렇게 해서 시작되었다"라고 했다.

13) 千寬宇, 「韓國史를 어떻게 볼 것인가」, 앞의 책, 1974, pp.45~46.

사학의 당면 과제로서 현실에 바탕을 둔 절실한 요구로 '나와 우리, 현재의 입장'이 반영된 역사상의 구축을 추구했던 면에서 찾을 수 있다.[14]

사실 천관우에게 실학 연구는 학문 활동 전반에 걸쳐서 남다른 의미를 지녔던 것으로 보인다. 먼저 한국사 연구의 동기에 대하여 그가 답했던 다음 내용을 통해서 확인할 수 있다.

> "그 무렵의 사학과는 졸업반이 되자마자 곧 졸업논문을 준비하는 것이 보통이었다. 그만큼 학사 논문을 소중하게 여겼던 것이다. 처음 쓰는 논문이라 우선 주제를 고르는데 고심을 하는 것은 누구나가 경험하는 터이지만, 나는 그저 수월하게 조선 후기의 實學을 택했다. 해방 직전, 그러니까 대학 예과 시절에 우연한 機緣으로 비교적 자주 뵈온 일이 있는 安在鴻 선생에게서 실학에 대한 단편의 몇 마디 귀동냥을 얻어둔 일이 있었기 때문이다. … 아무튼 이렇게 해서, 특히 지도교수이셨던 李丙燾 선생의 각별한 가르치심을 받아, 나의 처녀 논문이 나왔다. 이 학문을 택한 동기를 말해야 할 자리에서 졸업논문에 대해 길게 언급하는 데는 이유가 있다. 나의 연구 테마는 그 뒤 여러 가지로 바뀌었으나 그것은 모두 졸업논문에서 새끼를 치고 가지가 뻗고 한 것이기 때문이다. … 나의 한국사학은 사실상 대학 졸업에서 시작이 되었다."[15]

조선 후기 실학 연구의 첫걸음은 그의 학부 졸업논문에서 비롯되었으며, 이는 대학 예과 시절에 그의 친형과 동서지간이었던 인연으로 안재홍에게 사숙했던 경험, 그리고 지도교수 이병도의 가르침을 바탕으로 작성되었다고 했다. 곧 실학 관련 연구는 천관우의 한국사 연구에서 출발점이자 튼실한 뿌리가 되었던 셈이다. 실학 연구를 바탕으로 이후 그가 추구한 연구 주제는 여말선초 지방사회의 유력 계층을 형성했던 '한량閑良'과 한량의 전신으로 상정되는 '한인閑人', '공·사전'과 '관·민전'의 토지 문제, 그리고 조선 전기 병제兵制의 근간이 되었던 '오위五衛' 등 조선 전기의 군사·토지제도 문제로 확장되었다. 다른 한편으로 그는 '근대의 기점' 문제를 비롯한 '3·1운동', '자료로 본 해방 10년 약사', '자료 중심, 정부가 수립되기까지' 등 근현대사의 주요 과제를 다루기도 했다.[16] 특히 1970년대 초반 이후 그의 학문 연구 여정에서 후반부에 해당하는 시

---

14) 文昌魯, 앞의 논문, 2009, p.26.

15) 千寬宇, 「六十自敍」, 앞의 책, 1991, pp.132~133.

16) 천관우의 한국사연구 활동은 1970년대 초반을 기점으로 나눌 수 있다. 연구 활동의 전반부

기에는 주로 고조선과 삼한 등을 중심으로 하는 한국 고대사 연구에 진력했음을 확인할 수 있다.[17](이상 <참고자료 2> 천관우 선생 저작목록 참조)

일찍이 천관우는 '신동아 필화' 사건으로 동아일보 주필에서 해직(1968.12)되었다

에 해당하는 1970년 초까지는 주로 '實學·朝鮮制度·近現代史'에 치중했는데, 다음의 연구 성과를 통해 확인할 수 있다(「磻溪 柳馨遠 研究 (상)(하)」『歷史學報』2·3;「甲申政變과 近代化」『思想界』12월호, 1954;「史料로 본 解放 10年 略史」『韓國日報』8.15~12.1.일자, 1955;「麗末鮮初의 閑良」『斗溪李丙燾博士華甲紀念論叢』, 一潮閣, 1956;「閑人考-高麗初期의 地方統制에 關한 一考察」『社會科學』2, 韓國社會科學研究會, 1958;「磻溪 柳馨遠 研究 疑補」『歷史學報』10, 1958;「洪大容의 實學思想」『서울大文理大學報』6-2, 1958;「資料中心, 政府가 樹立되기까지(1~42)」『朝鮮日報』8.18~10.13일자, 1959;「五衛考(1)-朝鮮初期 '五衛'의 形成」『歷史學報』17·18, 1962;「韓國近代史의 諸問題」『震檀學報』23, 1962;「五衛考(2)-朝鮮初期 '五衛'의 兵種」『史學研究』18, 1964;「五衛考(3)-五衛와 朝鮮初期 國防體制」『李相佰博士回甲紀念論叢』, 乙酉文化社, 1964;「韓國土地制度史(下)」『韓國文化史大系』2, 1965;「洪大容 地轉說의 再檢討」『曉城趙明基博士華甲紀念佛敎史論叢』, 東國大學校, 1965;「張志淵과 그 思想」『白山學報』3, 1967;「朝鮮後期 實學의 概念 再檢討」『延世大 實學公開講座』1, 延世大 東方學研究所, 1967;「民衆運動으로 본 三·一運動」『三·一運動五十周年紀念論集』, 東亞日報社, 1969;「三·一運動史 研究의 問題點」『東洋史學』4, 1969;「實學概念 成立에 관한 史學史的 考察」『李弘稙博士回甲紀念韓國史學論叢』, 新丘文化社, 1969;「韓國實學思想史」『韓國文化史大系』6, 高麗大 民族文化研究所, 1970;「韓國史上의 中世-近代의 界線」『韓國史時代區分論』, 韓國經濟史學會, 乙酉文化社, 1970;「三·一運動史 總論」『獨立運動史』1, 國史編纂委員會, 1971;「韓國史를 어떻게 볼 것인가」『知性』3월호, 1972;「韓國 民主主義의 歷史」『新東亞』9월호, 1973).

17) 천관우의 한국사연구 활동 후반부에 해당하는 1970년 초반부터 고대사분야로 무게 중심이 옮겨갔는데, 다음 연구 성과를 통해서 알 수 있다(「韓國史의 潮流-古代」『新東亞』, 東亞日報社, 1972.5~1973.8;「箕子攷」『東方學志』15, 延世大 國學研究院, 1974;「南北의 古代國家」『新東亞』9월호, 1975;「三韓攷 第1部-三韓의 成立過程」『史學研究』26, 1975;「三韓攷 第2部-『三國志』韓傳의 再檢討」『震檀學報』41, 1976;「三韓攷 第3部-三韓의 國家形成」(상)·(하)『韓國學報』2·3, 1976;「辰·弁韓諸國의 位置 試論」『白山學報』20, 1976;「韓國史에서 본 騎馬民族說」『讀書生活』11~12월호, 1976;「灤河下流의 朝鮮-中國 東方州郡의 置廢와 관련하여-」『史叢』21·22, 1977;「復元 加耶史(상)」『文學과 知性』여름호, 1977;「復元 加耶史(중)」『文學과 知性』가을호, 1977;「任那日本府 管見」『歷史教育』23, 1978;「復元 加耶史(하)」『文學과 知性』봄호, 1978;「目支國考」『韓國史研究』24, 1979;「馬韓諸國 位置試論」『東洋學』9, 1979;「百濟史의 基本問題 몇 가지」『讀書新聞』4.29~5.20일자, 1979;「廣開土王陵碑文 再論」『全海宗博士華甲紀念史學論叢』, 一潮閣, 1979;「人物韓國史 古代篇」(東京:『統一日報』1979.10월~1980.3월;『京鄕新聞』1980.11월~81.3월 국문 연재), 1979~1981;「古朝鮮에 관한 몇 가지 問題」『韓國精神文化研究院 研究論叢』87-1, 韓國精神文化研究院, 1979~1981).

가 1970년 2월에 복귀하여 상근이사로 동아일보 사사 편찬을 담당했다. 그는 1970년 대에 들어서 박정희 정권의 '3선 개헌'에 맞서 '민주수호협의회' 공동대표(1971.4)로 반독재 민주화운동에 앞장섰으며, 그해 12월 6일 대통령 박정희의 '국가비상사태선언'에 따라 두 번째 해직과 함께 가택연금 상태에 놓이게 되었다. 그 뒤 유신 체제하에서 감시와 탄압으로 약 10여 년 가까이 자유로운 사회활동이 불가능해지자, 그는 자칭 '저술업' 시절 동안 자택에 칩거하며 고조선과 삼한 문제를 중심으로 하는 한국 고대사 연구에 몰두했다.[18] 자택 연금 기간에 거둔 고대사 방면의 연구성과에 대하여, 혹자는 "선생이 당한 화禍가 사학계에는 복이 되는 기막힌 전기가 되었다"라는 이야기가 전할 정도였다고 한다.[19]

천관우는 1971년 1월부터 5월까지 월간 『신동아』지에 「토론 : 한국사의 쟁점」(1971년 1월~5월호)의 사회를 맡아 기획연재를 주도했는데, 이는 그가 고대사 연구로 방향을 전환하는데 바탕이 되었던 요소 중 하나로 꼽을 수 있다.[20]

"그러니까 동아일보의 社史 담당으로 다소 한가로웠던 때, 월간 新東亞 誌가 「討論 : 한국사의 爭點」이라는 거창한 連載 기획을 세워 날 더러 사회를 맡아 달라는 것이었다. 이런 종류의 토론이라는 것이 자칫하면 물줄기를 못 찾고 엉뚱한 데로 표류를 하는 것을 종종 보았기 때문에, 나는 매회의 토론 예정자들을 사전에 찾아가서, 말을 맞춘다기보다도 그 분들이 말하고자 하는 방향을 사회자로서 대충 미리 알아두기로 하였다. 이 작업이 의외로 힘이 들었고, 또 매달 한 번 여러 분야의 전문가들 여럿이 한자리에 모이기란 생각보다 쉽지 않아, 연재 토론은 결국 5회로 중단이 되고 말았다. 뒤에 이것이 단행본으로 되어 나올 때, 이 책을 사회자인 내 이름의 '編著'로 하겠다는 출판사의 뜻을 토론참가자들 쪽에서도 이의 없이 받아들여 준 것은 정말 큰 호의였다."[21]

---

18) 千寬宇, 「나의 韓國史硏究」『韓國史 市民講座』2, 一潮閣, 1988, p.142; 민현구, 앞의 글, 2011, p.343에서 "그 시기의 선생은 외면상 민주투사로서의 이미지를 풍기지만, 내면적으로는 커다란 간난을 오히려 기회로 삼아 한국 고대사 연구에 심혈을 기울임으로써 새로운 경지를 개척한 전업의 순수한 학자 모습을 보여주었다"라고 평가할 정도로 고대사 연구에 몰두했음을 알 수 있다.

19) 이장희, 「술자리가 곧 역사 강의 시간」『우리 시대의 '言官 史官' 巨人 천관우』(천관우선생추모문집간행위원회), 일조각, 2011, p.369.

20) 이하 논지의 전개는 文昌魯, 앞의 논문, 2009, pp.27~37을 바탕으로 보완하여 정리했음.

21) 千寬宇, 「六十自敍」, 앞의 책, 1991, pp.142~143.

당시 '한국사의 쟁점' 토론에는 역사학과 고고학뿐 아니라 인류학, 언어학, 지질학, 신화학, 정치학, 사회학, 경제학, 농학 등 다양한 분야의 전문가들이 참여했다.[22] 삼국의 형성 문제까지 이어졌던 토론의 주요 쟁점은 한국 상고사의 주인공 문제를 위시하여 단군조선을 비롯한 고조선 문제, '부족국가론'의 검토를 통한 고대국가의 형성 문제 등이었다.[23] 이는 당시 한국 고대사 연구의 당면 과제로서 학계의 반향을 일으키기에 충분했던 것으로 본다. 당시 토론 내용은 월간『신동아』지에 연재되었고, 그 뒤 천관우의 편저로『한국 상고사의 쟁점』(일조각, 1975)이 출간되었다. 이때 토론의 부제는 '한국사의 거시적 재구성과 대중화를 위한 시리즈'로 정했는데, 이는 평소 그가 모색했던 한국사의 거시적 통찰과 대중화라는 입장을 반영한 것으로 추정된다.

천관우는 '한국 상고사의 쟁점' 토론에 이어서 1972년 5월부터『신동아』지에 고조선부터 삼국통일까지 한국 고대사 전반을 다룬 통사通史로「한국사의 조류」를 연재했다. 이를 통해 그는 한국 고대사 연구를 본격적으로 시작하면서 자신이 구상했던 한국 고대사에 관한 대강의 얼개를 갖추었던 것으로 생각된다. 다음 내용을 참고할 수 있다.

> "내가 아주 집에 들어앉게 된 것은 바로 이 연재 토론이 중단된 뒤 얼마 안 되어서이다. 신동아 誌는 보기가 안됐던지 다시 나를 끌어내어, 韓國史 通史를 써 보라는 주문이었다. 몇 해가 걸려도 좋다는 격려에 힘입어, 자신의 역량도 재보지 않은 채, 어떻게 되겠지

---

22) 千寬宇의 사회로 역사학과 고고학에서 高柄翊(아시아史) · 金元龍(考古學) · 金貞培(韓國史) · 金哲埈(韓國史) · 梁秉祐(歐美史) · 李基白(韓國史) · 全海宗(아시아史), 그리고 역사학의 인접 과학에서는 金芳漢(言語學) · 金鳳均(地質學) · 金柄夏(經濟學) · 金烈圭(神話學) · 李光奎(人類學) · 李基文(言語學) · 李用熙(政治學) · 李燦(地理學) · 李春寧(農學) · 李海英(社會學) · 鄭昌熙(地質學) 등이 토론에 참여했다(千寬宇 編,「編者 序」『韓國上古史의 爭點』, 一潮閣, 1975, p.3).

23) 千寬宇 編, 앞의 책, 1975, pp.187~234에 수록된 <5장 國家의 形成과 都市國家>에는 다음과 같이 소목차를 구성하여 주요 쟁점을 살펴볼 수 있다(檀君朝鮮 / 古朝鮮은 어느 地域? / 箕子朝鮮은 國家이었나? / 衛滿朝鮮王國 / 古朝鮮王國의 消滅과 樂浪郡 / 樂浪郡과 中國文化圈 / 北方의 夫餘 · 高句麗 諸王國 / 南方의 百濟 · 新羅 · 加耶 諸王國 / 加耶와 任那 / 太祖王 · 古爾王 · 奈勿王과 古代國家 / 三國의 아테네型 · 스파르타型 / 部族國家라는 槪念 / 古代 그리이스의 部族과 國家 / 部族國家의 槪念 再論 / 古代國家라는 槪念 / 막스 웨버의 都市國家論 / 中國 邑制國家의 경우 / 城柵 · 宮室 · 神殿 · 倉庫 / 韓國史에도 都市國家 있었나?).

하고 「韓國史의 潮流」라는 새 연재를 시작했다. 준비 부족으로 연재를 더러 쉬기도 하면서 12회 만인가에 三國統一까지는 어찌어찌 끌고 내려갔으나, 다음 統一新羅와 高麗는 준비가 더욱 달려서 도저히 더 계속할 도리가 없었다. … 그런대로 책으로 내자는 권유도 있었지만 엄두를 못 내다가, 그로부터 6, 7년이 지난 후에 『人物로 본 韓國古代史』라는 제목으로, 비록 人物史라는 서술형식의 제약은 있었으나마 내 나름의 古代史를 새로 써서 다소의 줄거리를 세울 수 있었던 것이 다행이었다."[24]

천관우는 처음 한국사 통사를 염두에 두고 「한국사의 조류」를 연재했는데, 집필 과정에서 향후 진행하게 될 고대사 연구의 밑그림을 그렸던 것으로 전한다. 「한국사의 조류」에서 미진했던 부분은 1976년 3월부터 11월까지 「한국사의 전환점」(『현대인』, 주부생활사)을 주제로 집필했던 '조선후朝鮮侯의 칭왕稱王', '위만조선의 대한항전對漢抗戰', '삼국시대의 개막', '유교와 불교의 전래' 등을 통해 일부 채워갔다. 뒤이어 그는 1979년 10월부터 이듬해 3월까지 『통일일보』에 집필(같은 내용을 뒤에 『경향신문』 1980년 11월~81년 3월 연재)했던 「인물 한국사-고대편」을 통해서 고대사 연구를 보다 구체화했던 것으로 보인다. 그리하여 그가 스스로 한국 고대사에 대한 줄거리를 세웠다고 자부하는 『인물로 본 한국고대사』(정음문화사, 1982)를 발간함으로써 나름의 한국 고대사 체계를 새롭게 제시했던 것으로 평가된다.

천관우는 『인물로 본 한국고대사』를 펴내면서 "비록 인물사의 형식을 취하기는 하지만 단순한 이야깃거리로 시종始終하지 않겠다고 했고, 각 시대의 인물을 중심에 놓고 그 시대적 사회적 주변 등 통사적인 측면을 배려하여 나름의 새로운 국사상像을 제시"[25]하고자 했다. 특히 일반대중이 어렵지 않게 읽을 수 있도록 내용 선정과 서술에 유의했음을 확인할 수 있다.[26]

그는 한국 고대사 상의 대표적인 인물을 각 장의 제목으로 삼았지만, 그 세부 목차를 보면 단순한 인물 연구라기 보다는 해당 시기의 주요 역사적 사건을 중심으로 서술했다(<참고자료 3> 『인물로 본 한국고대사』 목차 발췌 참조). 이와 함께 주요 논지 전개는 '고조선→삼한→한군현→북부여 및 졸본부여(고구려), 남부여(백제)→삼국시대

24) 千寬宇, 「六十自敍」, 앞의 책, 1991, p.143.
25) 千寬宇, 『人物로 본 韓國古代史』, 正音文化社, 1982, p.422.
26) 千寬宇, 앞의 책, 1982, pp.424~425.

(백제, 신라, 가야)→백제의 발전과 임나일본부→고구려의 발전과 왜→신라의 발전과 삼국통일' 순으로 했다(<참고자료 4> 한국고대사 약연표略年表 참조). 이 책의 세부 목차와 주요 내용을 살펴보면 그가 한국 고대사 연구에서 다루었던 개별 논문의 주제 및 논지 전개와 서로 짝하는 점을 확인할 수 있다. 곧 그는 이 책을 펴내는 과정에 그간 이루었던 개별 연구 성과를 적극적으로 반영했다는 사실을 유추할 수 있다. 실제로 단군조선의 주요 문제를 다룬 '제1장 단군'은 물론, 기자조선과 북삼한·남삼한 문제를 중심으로 하는 '제2장 조선후', 조선의 붕괴와 낙랑군의 역사적 의미 등을 포함한 '제3장 왕조', 그리고 남삼한, 가야사와 임나일본부 문제를 다루었던 '제5장 수로' 및 '제6장 근초고' 등은 1970년대 천관우의 고대사 연구에서 근간을 이룬 주제라고 할 수 있기 때문이다.

한편 천관우는 그간의 연구성과를 엮어 만년에 펴낸 『고조선사·삼한사연구』의 머리말에서, 다음과 같이 기자箕子에 관한 연구를 시작으로 고대사 분야에 관심을 가지고 연구에 집중했던 까닭을 밝혔다.

> "중년 50이 다 되어 加耶史(日本에서 말하는 任那史)에 관심을 갖기 시작하면서 그러자면 弁辰史 내지 三韓史, 나아가서는 古朝鮮史까지 거슬러 올라가야 무엇인가 잡힐 것 같다는 생각에서였다. 箕子는 中國史에도 물론 적지 아니 관련이 된다. 뿐만 아니라 古代史를 처음 다루어보는 作業인 것이 크게 어깨를 무겁게 하였다. 그러나 당시는 부득이한 身邊의 事情으로 여러 해 동안 蟄居를 하던 중이어서 중국사 資料가 비교적 풍부할 外國은 고사하고 國內 연구기관에도 자주 出入하기가 사실상 힘들어, 도저히 關係論著를 넓게 涉獵할 처지가 되지 못하였다. 이리하여 주로 韓致奫의 『海東繹史』를 비롯하여 조선후기 實學派 諸儒의 箕子 연구에서 거론된 中國古文獻을 出發點으로 삼는 것이 고작일 수밖에 없었다."[27]

천관우가 고대사 연구를 시도하게 된 것은 연구 외적으로 가택연금과 감시로 인한 연구 활동의 물리적인 제약과 자료 활용의 한계에 기인한 것이지만, 근본적으로 '일본에서 말하는 임나사任那史' 곧 임나일본부의 왜곡을 극복하고 가야사의 복원을 추구하는 데서 비롯된 것임을 알 수 있다. 이는 당시 '임나일본부설'로 상징되는 식민사학의

---

27) 千寬宇, 「凡例를 겸한 自序」 『古朝鮮史·三韓史研究』, 一潮閣, 1989, p.3.

한국 고대사 왜곡을 불식하려는 현실적인 문제의식과 맥이 닿는다. 그가 평소 강조했던 '현재의 절실한 요구에서 써진 역사가 바람직한 역사'라는 사실과 무관하지 않다. 결국 가야사 문제의 해명과 복원을 위한 관심은 삼한사와 고조선사 연구로 소급 확대되었으며, 특히 기자 문제로 상징되는 고조선 연구를 그 출발점으로 삼게 되었다.[28]

천관우가 비교적 단기간에 한국 고대사 연구에서 의미 있는 성과를 거둔 것은 유년 시절에 쌓았던 한학漢學의 소양과 함께, 20년 가까이 실학을 연구하는 과정에서 한치윤의 『해동역사』를 비롯하여 조선 후기 실학자들이 남긴 고대사 관련 각종 문헌 자료를 꾸준히 습득한 데서 연유했던 것으로 이해된다.[29] 또한 한말 장지연의 『대한강역고』 등에 대한 숙독은 물론 신채호, 최남선, 정인보, 안재홍 등 선학이 일구어놓은 연구 성과를 숙독하면서 축적한 지견知見도 함께 했을 것으로 보인다.

III. 고조선의 성립과 전개[30]

1. 한국사의 기원과 단군조선

일찍이 천관우는 한국사 연구를 회고하는 지면에서 자신의 한국 고대사 인식체계에 관한 대강을 다음과 같이 언급하였다.

> "나는 한국 上古史의 주인공을 韓·濊·貊으로 보는 설을 따르고, 그것을 다시 韓系(朝鮮·眞番·三韓…)와 濊·貊系(夫餘·高句驪·東濊…)로 대별하는 편인데, 이 중에서

---

28) 千寬宇, 「나의 韓國史 硏究」, 앞의 책, 1988, pp.141~142에서 "처음에 대상으로 잡고 싶었던 것은 加耶史이었다. 그러자면 弁韓史 내지 三韓史, 나아가서는 古朝鮮史까지 거슬러 올라가야 무언가 잡힐 것 같아, 箕子 연구를 第一着으로 내놓은 것도 그런 사정에서였다"라고 했다.

29) 文昌魯, 앞의 글, 2009, pp.27~28.

30) 千寬宇, 「古朝鮮에 관한 몇 가지 問題」『韓國精神文化硏究院 硏究論叢』87-1, 1987; 「箕子攷」『東方學志』15(洪以燮博士 追悼號), 1974; 「灤河下流의 朝鮮 -中國 東方州郡의 置廢와 관련하여-」『史叢』21·22, 1977(이상 千寬宇, 『古朝鮮史·三韓史硏究』, 一潮閣, 1989에 수록) 참조.

韓系를 살펴보느라 한 셈이다. … 拙著 『人物로 본 韓國古代史』에 그런대로 줄거리는 알아볼 만큼 적어 두었다. 이러한 견해들은 원체 종래의 통설과는 거리가 있는 경우가 많아, 아직은 '이상한 소리' 정도로 듣는 이도 적지 않을는지 모르나, 명색 研究者의 한사람으로서 自說의 줄거리에 대한 소신은 아직 흔들리지 않고 있다."[31]

천관우는 한국 고대사의 주인공을 크게 한韓=조선계朝鮮系(조선 · 진번 · 삼한 등)와 예濊 · 맥貊=부여계夫餘系(부여 · 고구려 · 동예 등)로 분류했으며(<표 1> 참조), 이와 같은 전체 구성 속에서 같은 뿌리의 두 계열이 지역과 시기에 따라 분리 혹은 결합을 거듭하여 한국 고대사를 형성한 것으로 보았다. 특히 그의 고대사 연구는 주로 '북쪽의 삼한(北三韓)'이 '남쪽의 삼한(南三韓)'으로 이동하여 정립되는 과정을 탐색했기 때문에, 전자인 고조선(북삼한)에서 후자인 삼한(남삼한)에 이르게 되는 '한=조선계'의 역사적 실체와 전개 과정을 추적한 것이 특징이라고 하겠다.

<표 1> 한국상고사의 계통도(千寬宇, 『古朝鮮史 · 三韓史研究』, 一潮閣, 1989, p.205)

천관우는 이른바 '저술업' 시절에 거둔 고조선사와 삼한사를 중심으로 하는 자신의 연구 성과에 대해서 크게 네 가지로 나누어 제시했다. 첫째 조선 · 진번 · 삼한의 실체 문제, 둘째 진국辰國과 진왕辰王의 관계 및 그 실체 문제, 셋째 남방 백제 · 신라 · 가야의 국가 형성 문제, 넷째 가야사의 복원과 임나 · 임나일본부의 실체 문제 등으로 정리할 수 있다.[32] 그가 제시했던 고대사 연구의 주요 성과 가운데 먼저 한국사의 기원과 관련된 단군조선의 연구내용을 살펴보면 다음과 같다.

---

31) 千寬宇, 「나의 韓國史 研究」, 앞의 책, 1988, pp.144~146.

32) 이하 千寬宇, 「韓國上古史의 問題들」 『創作과 批評』 11(봄호), 1976, pp.298~315.

천관우는 단군을 전형적인 신화의 주인공으로 보았지만, 신화 속에 반영된 역사적 사실을 파악할 필요가 있다고 했다. 그래서 고조선의 건국 신화로서 단군신화에 대해 그 기본적인 줄거리를 다음과 같이 구분했다. 곧 (A) 천제의 아들이 '태백太白'에 강림, (B) 그곳에 이미 곰과 범이 살고 있음, (C) 천제의 아들과 곰이 결합하여 단군을 낳음, (D) 단군의 조선 건국, 뒤에 산신이 되었음 등으로 정리했다. 이때 (A)의 '태백'은 인간 세상의 서방인 '삼위'에 대한 동방이며, (B)의 곰과 범이 살고 있던 곳(토착세력)에 '천제의 아들'을 표방하는 지배자와 그가 이끌었던 족단族團이 이주했던 것으로 본다. 그래서 (C)는 천제의 아들이 지상의 곰과 결합에 성공하여 '단군'이라는 새로운 지배자(그 사회의 새 대표적 존재)의 등장을 알려준다는 것이다. 이때 천제의 아들인 환웅계는 곰으로 상징되는 선주민 세력을 동화 내지 정복했던 후래後來의 농경민들로 상정했다.

이와 관련해서 그는 선주 어렵민과 후래 농경민, 그리고 단군의 실체에 대해서 아래와 같이 언급하여 주목된다.[33]

(1) "檀君神話 해석에 여러 가지 角度가 있어 온 것은 물론이다. 그러한 試圖의 하나로서 나는 이것을, ①先住의 漁獵民인 古아시아人, ②後來의 農耕民인 알타이人 내지 北몽골人, 이 兩系의 同化 내지 交替에 의하여 韓民族의 原型인 「韓·濊·貊」이 形成되는 과정, 따라서 우리 역사에서 農耕文化가 시작되는 과정을 反映한 것이라는 面에서도 바라볼 수 있지 않을까 생각하고 있다."

(2) "檀君도 처음에는 古朝鮮 地域의 어느 지배적인 族團의 祖上神이었을 것이며, 그 뒤의 역사 전개에 따라 檀君은 점차 韓·滿 방면 住民이 共通으로 섬기는 祖上神으로 되었다고 보는 것이 타당할 것이다."

(3) "檀君神話에 반영된 文化段階에서 廣域의 大帝國이 있었다는 것은 人類史 전체의 진행과정으로 보아 있기 어려운 일이나, 이것을 同一한 族團(人種 혹은 種族)의 分布範圍 또는 同一한 文化圈으로 보면 해석의 여지가 넓어질 수도 있을 듯하다."

(1)에서 단군신화는 '곰'·'범'으로 상징되는 선주 어렵민인 고아시아인(고시베리아인)과 '천제의 아들'을 표방하는 후래 농경민인 북몽골인(알타이어족, 퉁구스인)과의

---

33) 이하 千寬宇, 「古朝鮮에 관한 몇 가지 問題」 『韓國精神文化研究院 研究論叢』 87-1, 1987; 『古朝鮮史·三韓史研究』, 一潮閣, 1989, pp.5~9 참조.

동화 혹은 교체를 통하여 오늘날 우리 민족의 원형인 '한 · 예 · 맥'의 형성과정, 곧 한국사에서 농경문화의 본격적인 시작을 전하는 것으로 이해했다. 그래서 '단군' 또는 '단군조선'에 투영된 역사적 사실은 선주민인 즐문토기계 어렵민의 사회를 반영한 것이라기보다는, 농경문화가 본격적으로 시작되는 단계 곧 무문토기 문화를 지닌 북몽골족의 농경민이 처음 한반도로 들어온 것이라 상정했다.[34] 사실 그는 '곰 · 범'=고아시아족, '천제의 아들(환웅)'=북몽골족으로 설정했지만, 실제로 '곰' · '범'은 고아시아족뿐 아니라 북몽골족과도 밀접한 존재였음을 지적한 바 있다. 또 고고학적으로 볼 때 한반도 서북지방, 요동, 두만강 유역 등의 지역에서는 신석기시대-청동기시대의 계승적인 발전과정이 확인된다고 하였다.[35] 곧 신석기시대의 고아시아족과 청동기시대의 퉁구스족이 상호 관계를 맺고 교체했던 사실을 고고학적으로 입증하기 어렵다고 보았다.

(2)에서 단군은 본래 대동강 하류 일부 지역의 지배적인 특정 족단이 모셨던 조상신이며, 역사 전개에 따라 점차 모든 한국인 공통의 조상신으로 확대 고정되었는데,[36] 그 시기는 일러도 신라의 삼국통일 이후로 추정했다.[37] 천관우는 시대에 따라 부침이 있었지만 '한인韓人은 모두 단군의 자손'이라는 오랜 관념과 함께 단군에 관한 관심이 꾸준히 이어져 온 점도 중요하게 여겼다. 특히 그는 단군과 민족의식의 관계를 강조하면

---

34) 단군신화의 줄거리를 크게 ①太伯 땅에 곰과 범이 본래 살아 있었고, ②거기에 天帝의 아들 桓雄이 하늘에서 下降하였으며, ③환웅이 곰과 결합하여 단군을 탄생하였고, ④환웅이 바람 · 비 · 구름 등의 諸神을 거느리고 곡식을 비롯한 人間諸事를 주관하였다는 내용으로 구분하였으며, 단군신화의 핵심 모티브는 곰이 아니라 바로 桓雄임을 강조하였다(千寛宇, 「韓國上古史의 問題들」, 앞의 책, 1976, p.303). 여기서 桓雄은 後來民인 桓雄族을 상징하며 그 실체는 알타이系言語를 쓰는 農耕民으로 보았다.

35) 안승모, 「고고학으로 본 한민족의 계통」『한국사시민강좌』 32, 일조각, 2003, pp.87~89에서 "고고학적으로 볼 때 고아시아족의 신석기시대, 퉁구스족의 청동기시대라는 신석기-청동기 종족교체의 가설은 부합되지 않으며, 한반도 서북지방, 요동, 두만강 유역 등의 지역에서는 신석기-청동기시대의 문화적 연속성이 확인되고 토착집단이 변화하면서 청동기시대로 전이 된다"라고 했다.

36) 檀君이 全民族의 祖上神으로 자리 잡은 것은 일러도 新羅의 삼국통일 이후로 보았다(천관우, 「古朝鮮에 관한 몇 가지 問題」, 앞의 책, 1989, p.7).

37) 이에 대해 삼국이 각각 시조신을 제사했던 때에는 단군이 삼국 전체를 아우르는 조상으로 인식되지 않았을 것이라는 점을 고려한 것으로 추정하기도 한다(조인성, 「이병도와 천관우의 고조선사 연구」『한국사시민강좌』 49, 일조각, 2011, p.100).

서도, '단군 국조' 인식의 형성과 존숭 사실을 국난 극복이라는 역사적 배경과 연관하여 거론했다. 실제로 우리 역사에서 단군을 불가佛家와 유가儒家에서 각각 '제석천帝釋天'(『삼국유사』), '동방시수명지주東方始受命之主'(『태조실록』 원년)로 지칭하면서 상호 습합習습을 시도한 적은 있지만 단군 자체를 무시하거나 말살하려는 흔적이 보이지 않는 점, 그리고 고려시대 몽골 침입부터 한말 구국운동의 일환으로 시작된 대종교 탄생에 이르기까지 국난 극복으로 민족의식이 고양되어야 할 때마다 단군 존숭이 강조된 점 등을 들었다.

한편 천관우는 단군신화의 모티브를 단군의 아버지인 환웅으로 삼았으며, 단군조선의 성격을 국가 성립 이전의 단계에 있었던 것으로 보았다. 특히 (3)과 같이 단군신화에 반영된 문화단계로 보아 조선 후기 이래 압록강 이남은 물론 요령遼寧-하북河北과 산동山東-산서山西를 포함하는 광역의 대제국으로 상정하는 견해는 인류사 전체의 진행 과정으로 볼 때 받아들이기 어렵다고 했다. 오히려 그는 요서 지방과 한반도 북부에 걸친 동일한 농경 문화권으로 상정했다. 곧 문헌이나 고고학적으로 문화적 동질성이 확인될 때, 이를 정치적 세력범위인 '영역'이라기보다는 일정한 시대 동일한 족단의 '분포범위' 혹은 동일한 '문화권'으로 볼 것을 제안했다. 그의 제안은 이후 발간된 중등 교과서에 고조선 관련 지도를 '고조선 관련 문화범위' 등으로 표기하여 어느 정도 반영된 것으로 평가하였다.[38]

『삼국유사』에 전하는 단군신화의 핵심은 단군이 고조선을 세웠다는 역사적 사실을 배경으로 하는 건국 신화라는 점에 있다고 본다.[39] 곧 단군왕검이 건국했다고 전하는 고조선(단군조선)은 현재 문헌상 확인할 수 있는 우리나라에서 가장 역사가 오래된 성읍국가로 상정했다. 우리나라에서 청동기시대가 시작되어 국가가 세워지던 초기에는 만주와 한반도 일대에는 많은 수의 성읍국가가 존재했으며, 단군조선도 그 가운데 하나로 파악할 수 있다.

천관우는 고조선의 발전단계를 '단군조선-기자조선(조기·만기)-위만조선'의 단계로 나누어 이해하면서 단군조선을 국가성립 이전단계로, 그리고 조기 기자조선을 성읍국가 단계로 보았다. 건국 신화에 반영된 단군조선의 실체를 고려한다면 단군조선~조기

---

38) 조인성, 앞의 글, 일조각, 2011, p.101.

39) 李基白, 「古朝鮮의 國家 형성」『韓國史市民講座』2, 一潮閣, 1988, p.10.

기자조선 단계는 오히려 그가 상정한 '성읍국가'의 단계로 이해될 수도 있다. 왜냐하면 후술하는 바와 같이 그는 기자족이 대동강 유역에 도달하여 새로운 지배층으로 등장하면서 성립한 만기 기자조선을 '영역국가' 단계로 파악했기 때문이다.

2. 기자의 동래와 기자조선의 실체

일찍이 일제강점기 식민사학을 통해 두드러지게 제기된 '기자동래설箕子東來說'에 저항하여 기자의 존재 및 동래 사실을 부정했던 민족주의 역사학자들의 의도와 견해에 대해서, 천관우는 그것이 당시의 정황상 나름대로 의미가 있었음을 인정했다. 다만 그는 기자 관련 중국 고문헌의 기록을 전면적으로 부인하거나 기자조선의 존재 자체를 부정하는 대신에 그것의 재해석이 필요하다는 견해를 가졌다. 곧 기자의 동래와 기자조선의 실재를 부정하기보다는 '동이계 기자족의 고조선으로 이동'이라는 관점에서 재해석하여 그 역사적 실체에 접근을 시도했다. 특히 기자의 국적을 따져서 그것을 확대하여 해석하려는 기존의 입장을 경계했는데, 다음 내용을 통해서 확인할 수 있다.

> "箕子는 韓國人인가 中國人인가 하는 問題提起는 無意味하다. 만일 箕子가 殷人이요 箕子의 東來가 사실이라 假定하더라도, 殷人은 오늘의 中國人을 형성하게 된 여러 要素의 하나에 불과하고, 東來後의 箕子族도 오늘의 韓國人을 형성하게 된 여러 要素의 하나에 불과하기 때문이다."[40]

천관우는 기자의 국적을 논하는 자체가 무의미한 것이며, '은인殷人 기자동래설'이 설령 사실이라 하더라도 그것은 오늘의 한국인을 형성하는 여러 요소 중 하나에 불과하다고 보았다. 또한 중국 옛 기록에 보이는 주변 이민족의 출자出自가 대체로 중국 고제왕古帝王의 후예로 부회하려는 경향이 많기 때문에, 기자가 '은실殷室의 일족'이라는 전승 역시 기록 그대로 취신하기 어렵다고 했다. 다만 그는 다음과 같이 김상기의 한·예·맥 이동이라는 견해에 착안하여 이를 동이계 기자족이 이동한 사실이라는 입장에서 기자조선의 실체에 접근했다.

---

40) 千寬宇, 「箕子攷」『東方學志』 15;『古朝鮮史·三韓史研究』, 一潮閣, 1989, pp.34~35.

"箕子가 殷室의 一族이라는 기록을 처음부터 무시하는 경우, 箕子東來 부인론도 모두 여기에 속하는 것이지만, 金庠基선생의 '韓·濊·貊移動考'(「史海」1, 1948)는 많은 示唆를 던져주는 견해이다. 이 견해에 의하면, 東夷의 一支인 韓·濊·貊이 岐周(西安 以西)~陝西省 韓城~河北省 固安~南滿洲 및 韓半島의 經路를 밟아 이동, 이것이 後朝鮮(箕子朝鮮)의 母體가 되었다고 하는 것으로, 河北 방면에서의 이동은 "周室의 東遷(B.C.770년경)과 거의 同時期"였으리라고 한다."[41]

그는 고조선사의 전개와 관련하여 기자족의 이동에 주목했는데, 이는 김상기의 견해[42]에 시사받은 바가 크다고 밝혔다. 또 천관우는 '한韓을 중심으로 하는 예·맥족' 곧 한국 상고사의 주인공을 본래 '한·예·맥'이라는 일원—元에서 분파된 것으로 보았던 김상기의 견해를 전적으로 수용했다.[43] 그리하여 그는 '은'이 화하계華夏系가 아닌 동이계이며, 은인 기자동래의 설화는 은말 주초(B.C.12세기 후반)에 은·주가 모두 무시하지 못할 세력이었던 '기국箕國(산서성 태곡현 지역)'을 근거지로 동이계 기자족이 주나라의 압력을 받아 그 주력이 동쪽으로 옮겼던 사실을 반영한 것'이라고 해석했다. 기자족 일부는 난하灤河-대능하 방면으로 이동하여 고죽국孤竹國(북경 동쪽 하북성 노룡현·난현 지역)에 정착했는데, 이 지역은 본래 '고죽국은 기자가 봉해졌던 조선'이라는 전승에서의 '조선'과 관계가 있다고 보았다. 기자족의 일부는 다시 고죽국을 떠나 발해안을 따라서 동진했으며 요서·요동 방면으로 옮기면서도 계속 '조선'으로 불렸고, 마침내 수세기 뒤 평양지역에 도달하여 지배권을 잡았을 것으로 파악했다. 문헌상 '창려昌黎의 험독險瀆(대능하 유역의 조양현·의현 일대)', '광녕廣寧의 험독(요하구遼河口의 반산현盤山縣 지역)', '낙랑樂浪의 험독(평양지역)' 등은 기자족 이동과정에서 일정 기간 근거지였던 것으로 상정했다. 그리하여 최종적으로 평양지역에 도착했던 기자족은 기자가 직접 영도한 세력이 아니라, 오랜 이동과정을 거치면서 기자를 조상신으로 섬기고 기자 전승을 온존했던 일정한 규모의 족단으로 추정했다(이상 <지도 1> 遼西·遼東의 朝鮮 참조).

---

41) 千寬宇, 「箕子攷」, 앞의 책, 1989, p.88.
42) 金庠基, 「韓·濊·貊移動考」 『史海』 1, 1948; 「東夷와 淮夷·徐戎에 대하여」 『東方學志』 1·2, 1955.
43) 千寬宇, 「箕子攷」, 앞의 책, 1989, p.63.

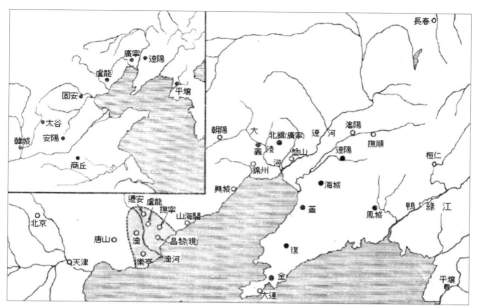

<지도 1> 遼西 · 遼東의 朝鮮(千寬宇,『古朝鮮史 · 三韓史硏究』, 一潮閣, 1989, p.72)
(점선의 부분은 明 永平府, ●은「盛京通志」에 보이는 '箕子朝鮮界')

천관우는 청동기 문화를 배경으로 성립했던 '조기 기자조선'이 '만기 기자조선'과
서로 이질적인 면을 갖는 것으로 보았다. 사실 기자 설화(B.C.1100년경) 이후 기록상
오랜 공백을 보였던 기자조선의 존재는 전국시대 말(B.C.4세기 후반)에 기자의 후손
임을 내세운 일명逸名의 '기자지후箕子之後 조선후朝鮮侯'로부터 재개된 것으로 확인된
다. 이 시기는 철기문화가 성숙단계에 들어섰던 연燕의 동방 침략과 때를 같이한 것으
로 추정했다.『위략』에 전하는 '조선후'는 이른바 '만기 기자조선'의 시작을 알리는 인
물로 상정하고, 그는 문헌에서 확인할 수 있는 한국사 최초의 영역 국가를 확보했던
존재로 주목했다. 또한 그 뒤를 이은 부否 · 준왕準王 등은 기자족의 수장일 가능성이
크다고 했다.**44)**

한편『위략』의 '조선후'는 '왕'호를 칭하며 조선을 이끌었던 존재인데, 다음과 같이
천관우는 조선후의 '칭왕' 사실에 주목하여 그것을 중대한 정치적 변화로 해석했다.

---

44) 千寬宇,「箕子攷」, 앞의 책, 일조각, 1989, pp.14~15.

"이 당시 箕子朝鮮은 燕과 伯仲하는 형세에 있어서 燕이 王을 칭하자 朝鮮도 王을 칭하고, 이 두 세력은 자칫하면 戰爭으로 돌입할 위기에까지 갔었다고 『魏略』은 전하고 있다. 朝鮮侯의 이 稱王이란, 단지 呼稱의 變更에 그치는 것이 아니라, 部族社會가 분명한 國家形態를 이루게 된 것을 宣布하는 중대한 政治的 變化였다고 보는 것이다. 中國의 戰國七雄인 燕·趙·魏·韓·齊·秦 등이 종래 公이나 侯를 칭하다가 비로소 王을 칭한 것이 대략 B.C.350경~320경인데(楚만은 예외적으로 B.C.700 이전), 이 당시의 七雄을 國家以前이라 하지 않고 이 당시의 朝鮮만을 國家以前이라 할 수 있을 것인가"[45]

천관우는 '조선후의 칭왕'이라는 정치적 변화와 함께 '연나라와 호각의 형세'에 있었던 고조선의 국력, 그리고 이 무렵 고조선 지역의 '철기문화' 등을 국가 형성의 징표로 꼽았다. 곧 지배자의 칭왕 사실을 단지 호칭의 변경에 그친 것이 아니라 부족사회를 넘어선 국가형태의 성립을 상징하는 것으로 보았다. 실제로 기자조선은 비슷한 시기에 왕을 칭했던 연(B.C.323)나라와 호각을 다투면서 당시 서북한-요동-요서 동부에 걸치는 '영역국가'를 이루었다는 것이다. 그래서 이 무렵을 한국사상 '고대의 개막'이라고 의미를 부여했으며, 늦어도 이 시기에는 고조선이 국가를 형성했을 것으로 파악했다. 물론 전국 말 이후 조선의 중심은 대동강 하류 일대로 비정했으며, 그것이 발해안에 있었다는 주장에 대해서는 서기 4세기 이후 낙랑군이 발해안 방면으로 축출되면서 남겼던 흔적으로 추정했다.[46]

한편 기자조선은 『사기』·『위략』 등의 기록에서 '연인燕人' 위만에 왕권을 빼앗긴 것으로 전하는데, 이때 위만조선의 지배자가 중국인 계통인 것처럼 오해되는 것은 옳지 않다고 보았다. 곧 '연인' 위만 기록은 이병도의 논증을 받아들여, '연인'의 실상은 당시 연나라와의 경계인 개평蓋平-박천博川선 이북 지역에 살던 사람이라는 뜻으로 이해될 수 있으므로 위만은 중국계가 아닌 바로 한인계韓人系로 상정할 수 있다는 것이다(이상 <지도 2> 朝鮮·燕의 境界「滿-潘汗」참조).

이와 같이 천관우는 '기자'로 상징되는 기자 집단의 동향에 주목하면서 B.C.4세기 무렵을 기준으로 기자조선의 역사적 실체를 각각 '조기 기자조선'(B.C.12세기~)과 '만

---

45) 千寬宇, 「韓國上古史의 問題들」, 앞의 책, 1976, p.306.

46) 千寬宇, 「樂河下流의 朝鮮 -中國 東方州郡의 置廢와 관련하여-」『史叢』21·22, 1977; 앞의 책, 일조각, 1989, pp.90~91.

<지도 2> 朝鮮 · 燕의 境界「滿-潘汗」(千寬宇,『古朝鮮史 · 三韓史硏究』, 一潮閣, 1989, p.159)

기 기자조선'(B.C.4세기~B.C.2세기)으로 구분했다. 그리하여 '단군조선'~'조기 기자조선'은 요서 · 요동 일대를 지나 대동강 하류에 도달하는 과정에 있었으며 그 중심지는 유동적인 것으로 보았고, '만기 기자조선'~'위만조선'은 그 뒤 같은 위치에 설치되었던 낙랑군과 함께 대동강 하류 일대에서 그 중심지를 찾았다.

일찍이 기자조선의 실체는 일제 강점기 식민주의 역사학자들에 의해 부각되었으며 그것은 단군조선을 부인하고 기자조선을 중국의 식민국가로 해석하려는 경향이 짙었다. 자연 일제 강점기 민족주의 역사학자들에 의해 기자조선의 실체는 부정되었고, 광복 이후 오랜 기간 연구의 공백 상태로 남겨졌다고 해도 과언이 아니다. 동이족의 이동설에 기초하여 소위 기자족의 이동 현상을 추적했던 천관우의 견해는 종래 학계에서 부인되어 오던 기자조선의 실체를 긍정적인 관점에서 재검토하는 계기를 마련했던 것으로 평가된다.[47] 다만 기자조선의 존재를 인정하기 어렵다는 견해가 여전한 실정이며, 기자전설의 의미를 고조선 사회의 발전과정에서 왕실의 교체 가능성에서 접근하거

---

47) 李基東, 앞의 논문,『韓國古代史論叢』1, 韓國古代社會硏究所, 1991, pp.247~248.

나, 기자는 우리나라 고유의 왕호일 것으로 해석하여 고조선의 왕호가 '단군왕검'-'기자'-'왕'으로 바뀌어 간 것으로 파악하기도 한다.[48]

주지하듯이 『사기』를 비롯한 중국 정사는 여타 기록에 비해서 '중화주의'적 관념이 투영되었으며, 그것은 중국 중심의 세계관에 기반한 것으로 볼 수 있다. 선진先秦 시대부터 이어졌던 중국의 주변 민족에 대한 덕화德化 이념은 『사기』에 '외이전外夷傳'을 입전하는 체제로 발현되었고,[49] 그 뒤 『한서』·『삼국지』 등을 편찬할 때에도 계속해서 반영되었다. 특히 주변 민족에 대한 기록을 열전에 편제한 사실은 외국을 중화 세계의 일부로 인식했던 편찬 당시 중국 중심의 세계관으로 이해된다.[50] 중국 중심의 세계관이 투영된 역사서술은 후대로 갈수록 확대 재생산되면서 사실 왜곡이나 과장 등으로 나타날 소지가 있다. 선진~전한前漢 초기의 기자 전승은 전한 무제 대에 사마천의 『사기』로 집대성되었는데, 이때를 중심으로 새로운 기자 전승이 급증하는 현상을 보인다.[51] 특히 『사기』에 앞서 기자가 조선으로 갔다는 '기자조선설'을 처음 수록했던 『상서대전尙書大傳』은 전한 무제 대에 편찬된 것으로 추정되며, 그 이전의 문헌 기록에는 기자와 고조선을 연결한 사실을 확인하기 어렵다고 한다.[52] 곧 『상서대전』이나 『사기』에 실린 기자조선 관련 기록은 위만조선을 정복했던 전한 무제 대의 중화주의적 역사의식의 산물로 이해할 수 있다.

한편 중국에서 만들어진 '기자조선설'은 고려 중기 이후 고조선사의 한 단계로 '역사화' 되었으며, 조선시대에 확고히 체계화되는 과정에서 '소중화' 인식이 작동했음을 확인할 수 있다.[53] 곧 '기자조선설'이 중국인에 의한 중국사 일부로서 만들어진 것이라면, 기자 전승을 바탕으로 하는 역사적 접근은 '오류와 가공의 역사 만들기'와 다름이 아닐 수 있어, 기본적으로 그 의미가 반감될 수밖에 없다고 본다. 서기전 2세기 말에 위

---

48) 李基白, 「古朝鮮의 國家 형성」 『韓國史市民講座』 2, 一潮閣, 1988, pp.17~18에서는 기자는 본래 왕을 말하는 우리나라 고유의 칭호였다는 언어학적 해석에 착안하여, 고조선의 왕호가 마치 신라에서 거서간-차차웅-이사금-마립간 등으로 변화한 것에 견주어 이해했다.

49) 全海宗, 「古代 中國人의 韓國觀」 『韓國과 中國-東亞史論集』, 知識産業社, 1979, pp.34~35.

50) 全海宗, 앞의 책, 1979, pp.16~23.

51) 오현수, 「箕子 전승의 확대 과정과 그 역사적 맥락 -중국 고대 문헌을 중심으로」 『大東文化研究』 79, 2012, pp.159~163.

52) 오현수, 「箕子傳承의 형성과정 연구」 『韓國史學報』 65, 2016, pp.71~81.

53) 박대재, 「箕子朝鮮과 小中華」 『韓國史學報』 65, 2016, pp.34~44.

만조선이 실재했고, 이에 앞서 기씨를 칭했던 '조선왕'의 존재는 큰 이의 없이 받아들일 수 있는 역사적 사실이다. 그렇다면 '기씨왕'의 조선이라는 정치세력이 언제까지 소급될 수 있으며, 그 활동 영역의 변천양상과 문화 및 사회·경제상이 어떠한가를 해명하는 작업이 선행되어야 할 것이다.[54]

IV. 삼한의 변천과 고대국가의 형성

1. 삼한의 성립과 실상[55]

천관우는 주민 이동설에 바탕을 두고 삼한의 국가 형성 문제를 고조선과 밀접하게

---

54) 이성규, 「중국사학계에서 본 고조선」 『한국사시민강좌』 49, 2011, pp.66~67.

55) 이하 千寬宇, 「三韓攷 第1部-三韓의 成立過程」 『史學研究』 26, 1975; 앞의 책, 1989, pp.138~205의 세부목차로서 삼한의 성립과 변천과정에 대한 주요 흐름과 논지를 일별하는데 참고된다(1. 北三韓 : (1) 前三韓·後三韓(北三韓·南三韓說) -北三韓의 可能性 / 李圭景說 / 申采浩說 / 北三韓 史料 (2) 北馬韓과 晚期 箕子'朝鮮' -高句麗와 北馬韓 / 朝鮮과 北馬韓 / 두 北馬韓의 相互關係 (3) 北辰·弁韓과 北'眞番' -北辰韓 / 北弁韓 / 眞番在北說과 眞番在南說 / 眞番=辰·弁의 根據 / 北三韓=朝鮮(北)眞番 / 弁韓은 辰韓의 附庸 / 北弁韓 再論 2. 北三韓 南下의 背景 : (1) 北馬韓=朝鮮의 國家形成 -'箕子之後 朝鮮侯' / 稱王 鐵器文化 征服活動 / 韓國史 古代의 開幕 (2) 燕의 遼河방면 侵入과 北三韓 -燕長 秦開의 東侵 / 朝鮮-燕의 境界線 '滿潘汗' / 燕 東侵의 意味 (3) 秦·漢初의 激動과 北三韓의 南下 -燕·秦과 遼河방면의 動搖 / 北辰·弁韓의 南下 開始 / '滿潘汗'에서 '空地上下鄣'으로 / 浿水 / 秦末漢初의 流民 / 漢初 衛滿의 '朝鮮'王國과 北馬韓의 南下開始 / 北眞番=北辰弁韓 再論 3. 南三韓의 成立 : (1) 朝鮮王 準의 南'馬韓'王國; 「三國史記」의 '馬韓'國-益山? 洪城? (2) 辰·弁韓系의 南'眞番'·'辰國'; 南眞番 -黃海道 / '眞番旁'의 辰國 -漢江下流 / 「三國志」 韓傳의 辰國과 「後漢書」 韓傳의 辰國 / 辰國의 實體 (3) 辰·弁韓='古之辰國'系의 계속 南下 ; 新羅本紀 早期記錄의 二重構成 -慶州 先住세력과 南下中인 古之辰國 세력 / 淸州·槐山방면의 '古之辰國'系 / 百濟와의 蛙山城(報恩)爭奪 (4) 辰·弁韓 -'古之辰國'系의 斯盧國·狗邪國 定着 -鳥嶺·竹嶺을 넘은 辰·弁韓 / 慶州지역에 도달한 辰國系 -南'辰韓' / 金海지역에 도달한 辰國系 -南'弁韓' 4. 南三韓의 몇가지 問題 : (1) 南三韓의 意味內容과 그 位置; 種族名·國名·地域名 / '韓'의 語源 / 南三韓의 位置 (2) 南三韓의 種族構成; 三韓은 南韓 三個地域의 各 核心 / 諸'國'도 각각 異質세력의 重層 (3) 韓=朝鮮系와 濊·貊=夫餘系; 韓國上古史의 主人公 / 「三國志」의 濊·貊과 韓 / 出自 및 言語로 본 兩系 / 韓·濊·貊).

결부된 것으로 이해했다. 일찍이 신채호는 북방으로부터의 주민 이동과정에서 삼한 사회가 형성되었다는 '삼한 이동설'을 주장했다. 그는 삼한의 역사적 주체를 연장燕將 진개秦開의 요하 방면 침입에 의한 조선족의 이동이라는 관점에서 파악하고,[56] 삼한의 실체를 '전(북)삼한'-'중삼한'-'후(남)삼한'의 3단계로 구분했다. 곧 삼한의 종족은 계통상 북방의 조선족과 직결되며, 마한 · 진한 · 변한은 이후 각각 백제 · 신라 · 가야로 발전했다는 견해를 제시했다.[57]

일찍이 신채호의 삼한 연구가 전 · 후 삼한의 이동을 중심으로 접근했다면, 1930년대 중반에 이병도는 대체로 지리 고증적인 문제를 중심에 두고 삼한의 여러 문제를 해명했다.[58] 이병도의 삼한 연구는 한백겸을 비롯한 조선 후기 실학자들 중심의 역사 지리적인 연구를 중요한 배경의 하나로 본다.[59] 곧 한백겸이 주장한 상고사의 '남북분야설南北分野說'은 신경준과 한진서에게 발전적으로 계승되어 '진국삼한설辰國三韓說'이 제시되었으며, 이후 이를 바탕으로 하는 이병도의 '진국진한설辰國辰韓說'로 이어졌다.[60] 그런 면에서 볼 때 이병도의 실증적인 삼한 연구를 비판적으로 계승하면서 신채호의 삼한 이동설을 수정 · 보완하여 접근한 것이 천관우의 삼한 인식으로 이해된다.[61] 다만 이병도는 삼국시대 이전 고대사회의 분포 행렬行列을 이른바 서북西北 행렬의 사회(고조선 · 진번 계통)와 후방後方 행렬의 사회(부여 · 예맥 · 임둔 계통), 그리고 남방 행렬의 사회(辰의 제종족 계통: 삼한)로 크게 나누었다. 이는 단순한 지역에 의한 배열이 아니라 동일 계통의 종족에 의한 구분이기 때문에, 고조선에서 삼한에 이르는 '한韓=조선계'의 역사적 실체와 전개 과정을 추적했던 천관우의 삼한 인식과는 결을 달리하는 셈이 된다.

천관우는 『삼국지』 한전에 전하는 마 · 진 · 변한을 본래 요하-압록강-대동강 방면에

---

56) 신채호의 고대사 인식과 '前後 三韓說'에 대한 구체적 검토로 다음 논고를 참고할 수 있다 (李萬烈, 「丹齋 申采浩의 古代史認識 試考」 『韓國史研究』 15, 1977, pp.45~75).

57) 文昌魯, 『三韓時代의 邑落과 社會』, 新書苑, 2000, p.36.

58) 李丙燾, 「三韓問題의 新考察」(1~6) 『震檀學報』 1 · 3 · 4 · 5 · 6 · 7, 1934~1937.

59) 조인성, 「李丙燾의 韓國古代史研究」 『韓國古代史研究』 56, 2009, p.33.

60) 鄭求福, 『韓國近世史學史 -朝鮮中 · 後期篇-』, 景仁文化社, 2008, p.208.

61) 李萬烈, 「丹齋 申采浩의 古代史認識 試考」 『韓國史研究』 15, 1977, p.99.

있다가 한반도 남부에 정착한 뒤의 상황을 서술한 것으로 보았다. 곧 이들 삼한은 북방에서 각각 남하해온 세력의 후신으로 상정했다. 실제로『사기』등 고문헌에 보이는 '조선·진번' 중에서 '조선'은 대동강(내지 압록강) 하류 일대에서 기자조선의 중핵을 이루었던 족단인데, 이들의 실체는 마한족이 지배했던 '북마한'이라고 상정했다. 또한 조선과 함께 연칭되는 '진번'(북진번)은 원래 요하 하류를 중심으로 분포했던 진·변한족의 합칭이며, 그 실체는 '북진한'과 '북변한'으로 파악했다. 이때 '북진한'은 요동반도 일대에서 기자조선의 외곽을 형성한 족단이었으며, '북변한'은 북진한과 섞여 살았거나 가까운 지역에 거주했던 것으로 본다. 결국 '조선·진번'의 역사적 실상은 북쪽 방면에 각각 존재했던 '북마한(=조선)'·'북진한·북변한(=진번)'의 북삼한을 지칭하는 것으로 이해했다.

천관우는 북진번의 주력이 진秦(B.C.3세기 후반)의 요동 방면에서 진행한 장성 수축을 계기로 '진역秦役'을 피해 남하하여 '남진번'(황해도 방면)이 되었고, 북마한(기자조선왕 준準)은 전한 초(B.C.2세기 초)에 '위만조선왕국'이 성립하면서 그 공격을 받아 바닷길로 남하하여 '마한왕국'(전북 방면 아니면 충남 방면)을 이루었다고 본다.[62] 그는 진나라 말의 내란(B.C.209~)과 한나라의 재통일(B.C.202)에 즈음한 중국 사회의 변동으로 '동이'계 유민 수만여 명이 기자조선의 서쪽 방면에 유입되는 상황을 초래했다고 보았다. 이 당시에 '연나라 사람'으로 칭해졌던 위만은 당시 연나라 영역이었던 요하 하류의 개평 지역을 본래의 근거지로 삼았던 조선(북진번)인 계통으로 이해했다. 곧 위만은 조선의 서쪽 경계에서 이들 동이계 유민과 북진번 등의 세력을 규합하여 일대세력을 형성하면서 '위만조선왕국'을 성립시켰던 존재라고 파악했다. 특히 위만이 재위 중에 정복한 진번의 실체는 '남진번(남진한·남변한)'이며, 그 위치는 훗날 한나라가 진번군으로 삼았던 황해도 재령평야 일대로 비정했다.[63] 이처럼 천관우는 조선과 진번을 각각 북마한과 북진한·북변한으로 구분했지만, 그것은 크게 보아 '북삼한'이며 준왕을 내쫓고 '만기 기자조선'을 차지했던 위만 역시 북삼한의 지배자로 보았다.

---

62) 千寬宇,「三韓攷 第1部-三韓의 成立過程」『史學研究』26, 1975.
63) 『盛京通志』建治沿革, "蓋平縣은 … 본래 辰韓 땅으로서 … 燕人 衛滿이 거했던 곳"이라는 점을 들어 위만은 北辰韓 내지 北眞番 사람이요, 箕子朝鮮과 衛滿朝鮮의 교체는 대동강 하류의 지배권이 北馬韓人에서 北辰韓人으로 옮겨갔다는 뜻으로 새겼다.

한편 천관우는 우거右渠왕 당시 '남진번'과 이웃했던 '진국'의 실체에 대하여 '삼한의 전신'이라고 전하는 『후한서』 한전보다 '진한의 전신'이라고 했던 『삼국지』 한전의 내용을 취신하였다.

> "韓半島南部에는 百濟·新羅·加耶 이전에 <辰國>이라는 三韓의 總聯盟體가 있어서 그 王인 <辰王>이 三韓의 總王이었다는 것이 通說처럼 되어 있다. 이것은 『後漢書』에 기초를 둔 立論이지만, 三韓 전체의 總聯盟이란 거창한 세력은 그 당시에 있어 상식으로는 생각할 수 없는 일이 아닌가"[64]

그는 '진국'의 실체를 당시의 대세를 고려할 때, 삼한(혹은 마한) 전체를 포괄하는 총연맹체로 상정하기 곤란하다고 했다. 대신 『삼국지』 한전에 따라 '고지진국古之辰國'은 진한의 전신이며, 그것은 북진한이 남하하는 과정에서 대두했던 일정한 시기의 과도적인 존재로 파악했다. 자연 『사기』 조선전에서 전하는 '진번방진국眞番旁辰國'에서의 진국은 황해도 방면(남진번)에도 정착하지 않았던 북진한·북변한 계통의 일부가 더 남하했던 존재로 보았다. 곧 경주지역에 정착하기 이전에 진한이 전한 무제 때를 전후하여 한동안 한강 하류 방면에 자리 잡았던 상태로 이해한 것이다. 이때의 진왕은 '고지진국'이 소멸한 뒤의 존재이므로 진국과 진왕 양자는 서로 직접 연결되지 않는 것으로 파악했다.

천관우는 북마한이 대동강 하류의 '조선' 곧 말기의 기자조선이며, 그 뒤 전한 초에 남하한 준왕이 익산(혹은 홍성) 방면에 '마한국'을 세움으로써 비로소 남방에 '마한'이라는 명칭이 대두했다고 보았다.[65] 그런데 진국은 『삼국지』가 편찬된 시대에는 '예전의 진국'으로 실재하지 않았으며, 진·변한계는 훨씬 더 남쪽 방면으로 이동하여 정착했다고 본다. 실제로 그는 진·변한(진국계)이 낙랑군 설치 이후 한강 하류에 출현했던 부여-고구려계의 백제伯濟족에게 밀려서 다시 남하했으며, 마침내 각각 경주와 김해지역 일대에 정착하여 사로국(남'진한')과 구야국(남'변한')의 중심 세력이 되었던 것으로 상정했다. 바로 이들이 신라의 석씨왕계와 가야의 수로왕계이며, 한반도 남부지역에 등장하는 진한·변한으로 각각 지칭했다는 것이다.[66]

---

64) 千寬宇, 앞의 논문, 『創作과 批評』 봄호, 1976, p.307.

65) 千寬宇, 「目支國攷」 『韓國史研究』 24, 1979; 앞의 책, 1989, pp.371~372.

66) 千寬宇, 앞의 책, 1989, p.372.

천관우는 이들의 남하 과정이『삼국사기』신라본기 초기 기록에 반영되었기 때문에, 신라본기는 경주 중심의 '원原사로' 세력과 한반도 중부에서 남하하는 '구진국舊辰國(진한)' 세력의 두 계열 사실史實을 단일편년사로 교착 배열하면서 이원적으로 구성된 것이라고 파악했다. 특히 신라 초기의 대 북방 관계 기사는 남하 중인 옛 진국계의 사실로 추정했으며, 뒤늦게 경주지역에 도착한 옛 진국계는 벌휴이사금(184~196) 이하의 석씨왕계로 설정했다.

그는 삼한 사회를 구성하는 마한 · 진한 · 변한의 명칭이 원래는 종족 명칭이었지만 그 뒤 국명 혹은 지역 명칭으로도 사용되었다고 본다.[67] 곧 처음에 종족명은 국명으로도 쓰이다가, 점차 익산 · 경주 · 김해 등 삼한의 핵심 세력을 지칭하게 되었으며, 그 뒤 이들의 영역 확대로 말미암아 마 · 진 · 변한은 한반도 남부를 삼분하는 정도의 광역을 가리키는 지역명으로 확대 사용되었다는 것이다. 본래 마 · 진 · 변한은 남한의 세 지역에서 각각 핵심을 이룬 세력의 명칭이기 때문에, 삼한은 그 지역의 여러 이질적인 세력의 집합이자 총칭으로 파악했다. 따라서 그는 삼한을 구성하는 세력 단위로 제諸'국國'도 각각 이질적인 세력의 중층인 경우가 많은 것으로 보았다. 또 천관우는 삼한 70여 소국의 위치 비정을 일일이 시도했다. 그동안 소국의 위치를 비정할 때 주로 지명 간의 음상사에 중점을 둔 고증의 경향이 강했는데, 그는 이와 같은 연구 경향에서 벗어나 소국의 배열순서 및 고분군의 소재지 등을 종합적으로 고려하여 위치를 찾았다.

한편 천관우는 진왕을 삼한의 총왕으로 전하는『후한서』한전을 비판하고,『삼국지』한전 기록에 근거하여 진왕을 마한과 진한에 각각 존재했던 유력한 지배자로 이해했다. 먼저『삼국지』진 · 변한조의 '진왕'은 석씨왕계의 진한-사로국왕을 지칭하며, 그는 이미 '고지진국'이 되었던 옛 진국과는 직접 연결되지 않는 인물로 이해했다.[68] 곧

---

67) 실제로 北馬韓族의 國名은 '朝鮮', 北辰 · 弁韓族의 국명은 北'眞番'이며, 그 뒤 남하한 마한이 국가를 형성하면서 종족명인 동시에 국명으로 사용했다고 본다. 다시 馬韓 · 辰韓 · 弁韓의 명칭은 종족명과 관계없이 삼한의 각 핵심이 되는 세력의 국명으로, 마침내 南韓을 三分하는 광역의 지역 명칭으로 쓰였다고 한다(千寬宇, 앞의 책, 1989, pp.192~194).

68) 뒤늦게 경주지역에 도착한 舊辰國系가 바로 昔氏王系이며, 그들은 吐含山神으로 崇仰되던 北方系 인물인 脫解를 그 先祖로 假託하였을 가능성이 있다고 본다. 곧 석씨왕계의 사실상 始祖는 설화적 요소가 짙은 伐休이며, 脫解는 誕生說話나 冶匠王의 성격으로 보아 匈奴文化와 밀접한 관련을 가졌던 것으로 보아, 舊辰國系인 뒤의 석씨왕계와는 이질적인 인

옛 진국계의 진한 세력이 경주지역에 정착한 것은 늦어도 서기 2세기 후반(벌휴왕 즉위 이전) 이전이며, 이들은 선주민이었던 김씨계와 제휴한 뒤 박씨계의 세습왕권을 이어받았던 석씨왕계와 관련이 깊은 것으로 파악했다.[69] 이에 반해 『三國志』 마한조의 진왕은 '고지진국'의 땅에 새로이 자리 잡았던 지배자, 바로 백제국伯濟國왕으로 상정하여 진·변한조의 진왕과는 서로 다른 존재로 보았다. 그리하여 백제왕을 '진왕'이라 한 것은 '옛 진국 지역의 왕'을 지칭한 것이며, 신라왕을 '진왕'이라 한 것은 '진한 지역의 왕'이라는 뜻이 담긴 것으로 해석했다. 따라서 『三國志』 한전에서 마한의 진왕과 진변한의 진왕은 동명이체同名異體이며, 전자는 한반도 중남부지역에서 3세기 중후반에 가장 두각을 나타냈던 옛 진국 지역의 백제국왕을, 후자는 '진한'의 지배자인 사로국왕으로 상정하였다.[70]

천관우는 진왕의 근거지였던 마한 '목지국'의 위치를 미추홀(인천)로 비정하면서, 초기의 백제는 한동안 서울 강남의 '백제국'(온조계)과 인천의 '목지국'(비류계)이 병립하여 서로 왕계의 계승에까지 영향을 주었던 것으로 이해하였다. 그는 백제 시조 전승을 주몽朱蒙-온조溫祚-초고왕계肖古王系의 온조 전승과 우태優台-비류沸流-고이왕계古爾王系의 비류 전승으로 구분하고, 백제 초기의 건국 세력이 이원적으로 구성된 것이라고 보았다.[71] 실제로 그는 백제 고이왕(234~286)을 마한 목지국의 지배층으로 상정하여 비류계로 파악했다. 일찍이 백제 시조 전승의 성립은 초기 왕실의 지배 세력이 교체되는 사실과 관련하여 추구되었는데, 특히 제8대 고이왕은 구태 시조 전승과 연관된 인물로

물로 상정했다(千寬宇, 앞의 책, 1989, pp.299~230).

69) 『三國史記』 新羅本紀의 早期記錄은 '慶州세력의 史實'과 '南下 中인 舊辰國(=辰韓)系 세력의 史實'이 단일 편년사에 복합 기록되었던 것으로 보았다(千寬宇, 앞의 책, 1989, pp.178~179).

70) 『삼국지』 한전에서 진·변한의 "辰王은 自立하여 王이 되지 못하였다"는 기사가 『梁書』 新羅傳을 비롯한 『北史』 新羅傳·『通典』 辰傳조 등에 모두 "辰韓은 自立하여 王이 되지 못하였다"고 되어있어, 辰王은 辰韓의 誤記임을 지적하는 견해가 우세한 형편이다.

71) 백제의 왕위계승은 서로 계통을 달리하는 溫祚-肖古系와 沸流-古爾系가 경쟁하였는데, 처음 沸流系가 왕위를 차지하다가 그 뒤에 溫祚系로 교체되었으며, 교체과정에서 역사적 전기를 이루는 것은 비류계의 古爾王과 온조계의 肖古王으로 파악했다(千寬宇, 「三韓의 國家形成(下)-三韓攷 第3部」『韓國學報』 3; 앞의 책, 1989, pp.326~330).

주목된다.[72] 곧 고이왕은 백제 초기 왕실에서 이질적인 집단으로 등장하였기 때문에 백제의 시조로도 인식되었다고 한다.[73]

사실 고이왕은 제4대 개루왕의 둘째 아들로 전하지만, 실제로는 온조왕에서 초고왕 및 사반왕으로 이어지는 초기 백제의 왕실 가계와 구별되는 집단이었기 때문에, 왕실의 계보에서 고이왕을 구수왕계와 연결하려는 목적에서 후대에 조작된 것으로 보기도 한다.[74] 그래서 백제 국가의 성장 과정에서 하나의 획을 이루는 시기로서 바로 고이왕대를 주목했으며,[75] 실제로 백제는 고이왕을 뒷날 시조 구태로 받들면서 1년에 네 번씩 제사를 지낼 만큼 업적이 뚜렷한 인물로 인식했을 법하다.[76] 천관우가 『삼국사기』 백제 본기의 초기왕계 구성을 이원적인 것으로 상정하고, 고이왕의 실체를 『삼국지』 마한조의 진왕과 연결하였던 접근 방향은 이후 삼한 진왕의 실체 및 그 정치적 위상과 관련한 논의를 활성화하는 계기를 마련했던 것으로 보인다.

2. 고대국가의 형성과 백제 · 신라 · 가야[77]

천관우는 삼한과 백제 · 신라 · 가야의 관계를 죽순(筍)과 대나무(竹)의 관계로 비유하

---

72) 仇台는 溫祚의 後裔로 백제 건국의 太祖인데, 그는 중국 三國末 西晉初 시기에 해당하는 인물로 『삼국사기』 백제본기의 諸王 가운데 古爾王으로 상정했다(李丙燾, 「百濟의 建國問題와 馬韓中心勢力의 變動」 『韓國古代史硏究』, 朴英社, 1976, pp.472~475).

73) 金杜珍, 「百濟始祖 溫祚神話의 形成과 그 傳承」 『韓國學論叢』 13, 1991; 『韓國古代의 建國神話와 祭儀』, 一潮閣, 1999, p.215.

74) 李基東, 「百濟王室 交代論에 대하여」 『百濟硏究』 12, 1981, p.23~24.

75) 李丙燾, 앞의 책, 1976, pp.467~477; 李基東, 「百濟國의 成長과 馬韓倂合」 『百濟論叢』 2, 1990, p.59.

76) 『周書』 卷49, 列傳, 異域上, 百濟條에 仇台 시조 전승이 확인되며, 이를 『隋書』 卷81, 列傳, 東夷, 百濟條에서 부연하여 전하고 있다. 두 사서의 말미에는 구태의 묘에 해마다 네 번씩 제사한 사실을 전하는데, 특히 『翰苑』 雍氏註所引 『括地志』에서 "百濟城立其祖仇台廟 四時祠之也"라고 한 기사도 같은 계통으로 볼 수 있다(李弘稙, 「百濟 建國說話에 대한 再檢討」 『國史上의 諸問題』 6 · 7, 國史編纂委員會, 1960; 『韓國古代史의 硏究』, 新丘文化社, 1970, p.330).

77) 千寬宇, 「三韓攷 第2部-『三國志』韓傳의 再檢討」 『震檀學報』 41, 1976; 「三韓攷 第3部-三韓의 國家形成」 『韓國學報』 2 · 3, 1976; 앞의 책, 一潮閣, 1989.

면서, 양자를 어느 선으로 경계 삼아 구획할 수 없는 성질의 것이라고 했다. 백제국伯濟
國·사로국斯盧國·구야국狗邪國은 각각 백제·신라·가야의 성립기에 해당하는 정치
체이기 때문에, 그는 이른바 '삼한시대'의 하한을 중국 자료에서 삼한이 소멸하는 서기
310~320년경으로 추정하여,[78] 삼한의 역사를 삼국시대의 초기 역사에 해당하는 것으
로 보았다. 다만 그는 이 시기를 '삼한시대'라고 규정하기에는 한반도 남부의 일정한 시
기를 내포하는 한계가 있으므로, 이보다는 한반도 북부와 만주 일부까지 포괄할 수 있
는 '원삼국시대'라는 호칭을 선호했다.[79]

특히 천관우는 기왕의 '부족사회→부족국가→부족연맹→고대국가'라는 한국 고대
국가의 형성단계를 대신하여, 은·주 시대의 읍제국가→춘추·전국시대의 영역국가→
진·한 제국 시대의 중앙집권적 관료국가로 이어지는 중국 고대국가의 발전단계를 삼
한의 국가 형성과정에 원용하였다. 흔히 '계급의 발생'이나 '노예제'와 같은 국가 형성
징표를 한국사에서 찾기에는 일정한 한계가 있으므로 그는 사료상 좀 더 실상을 분명
하게 파악할 수 있는 '정복'이라는 관점, 곧 '영역 확대'를 그 징표로 삼아 국가 형성 문
제를 추구했다.

실제로 천관우는 『삼국사기』에 보이는 '국國'들의 존재는 『삼국지』 한전의 70~80여
개 제소국에 포함되는데, 이들 여러 소국의 중요한 하위단위는 '성'으로 보았다. 뒷날
신라와 백제가 지방 행정단위로서 주·군·현을 제도화할 때 그것은 몇 개의 성으로
구성이 되었다고 한다. 그리하여 국은 대개 이러한 성들을 병합하면서 성립된 것으로
① 감로국甘路國(감문국甘文國)·여심국如湛國(조문국召文國) 등과 같은 '성읍'(과거 '성
읍국가'였으나 백제국·사로국에 편입)→② 구야국狗邪國·안야국安邪國 등과 같은 '성
읍국가'→③ 백제국伯濟國·사로국斯盧國과 같은 '영역국가' 단계로 설정했다. 그리하여
그는 고대국가의 형성단계를 '부족→성읍국가→영역국가'라는 발전 도식으로 제시하

---

78) 中國正史에서는 대체로 南朝의 劉宋(A.D.420~), 北朝의 拓跋魏(A.D.386~)부터는 '韓' 대신
에 '百濟'·'新羅' 등의 명칭이 널리 쓰였으며, 특히 『晉書』의 용례로 보아 西晉이 망하고 北
中國에 五胡十六國, 南中國에 東晉이 시작되는 서기 310~320년경이 三韓과 三國의 경계
가 된다고 하였다(千寬宇, 앞의 책, 1989, pp.340~341).

79) 千寬宇, 앞의 책, 1989, pp.346~348.

였다.[80] 이와 함께 그는 국을 형성하지 못했거나 국의 하위단위로서 '별읍別邑'을 상정하여, 기왕에 종교적 행위와 그 기능을 크게 부각하던 별읍의 존재에 대해서 그것이 본래 정치적 단위였음에 주목했다. 자연 삼한의 '신지', '읍차' 등 지배자의 호칭은 영역국가나 성읍국가의 왕만이 아니라 그들에 흡수된 뒤의 족장들도 포함된 것으로 보았다.

천관우는 사로국과 구야국이 성채에서 발전한 일종의 도시국가 곧 직경 100리(40km) 정도인 '성읍국가' 단계에서 그 역사 기록이 시작되었던 것으로 추정했다. 먼저 사로국은 5대 파사이사금(80~112) 대에 다벌국多伐國(영일군 흥해)으로부터 굴아화촌屈阿火村(울산)에 이르는 약 80리 반경의 영역을 보유했기 때문에 이때를 국가형성기로 상정했다. 나아가 사로국이 가야 지역을 제외한 경상도 전역을 영역으로 삼은 것은 석씨왕계의 첨해이사금(247~261) 대라고 보았다. 구야국의 경우에는 가야사의 전기를 대표하는 세력이었지만 그 세력은 성읍국가를 이룩한 수로왕 대가 지나면서 약세로 전락했고, 이후 영역국가로의 발전이 뚜렷하지 못했던 것으로 파악했다.

그는 사로국과 구야국의 시조왕 대가 성읍국가 단계의 시발을 반영하는 것과 달리 백제국은 그 시조인 온조왕 때에 이미 성읍국가 단계를 넘어서 영역국가 단계에 진입했던 것으로 보았다. 이는 『삼국사기』 백제본기에서 온조왕 때에 백제 세력이 '북쪽은 패하, 남쪽은 웅천, 서쪽은 대해, 동쪽은 주양'에 이르는 광역의 영역을 확보했으며, 특히 마한의 국읍을 병합했던 사실에 주목했다. 그리하여 이들은 기마에 능했던 북방 예·맥=부여 계통이며, 북쪽 방면에서 남하한 세력으로서 이른 시기부터 서울 이북·이동의 광역을 차지했을 소지가 큰 데서 연유한 것이라고 했다.[81]

한편 천관우는 고조선을 비롯한 부여·고구려 등의 국가 형성 시기도 삼한과 같이 정복 활동의 시작, 곧 영역 확대라는 관점에서 접근했다. 이처럼 영역 확대를 국가 형성의 중요 징표 가운데 하나로 보는 까닭은 기존에 '국가가 형성된 뒤 그 지배 체제하의 전통적 단위로서 부족의 혈연구조가 강인하게 잔존하는 일면을 지나치게 강조하여, 한국사에서 국가형성기를 상대적으로 뒤늦게 잡는 경향'과 입장을 달리했기 때문이다.[82]

---

80) 千寬宇, 앞의 책, 1989, pp.263~275.
81) 千寬宇, 앞의 책, 1989, pp.291~340.
82) 千寬宇, 앞의 책, 1989, p.275.

실제로 그는 『삼국사기』에 전하는 삼국의 건국 연대를 신빙했던 김원룡의 견해,[83] 그리고 한국사의 고대국가는 철기 문화 기반 위에서 이해해야 하며 그 기원을 고조선에서 찾았던 김정배의 견해[84] 등을 거론하며 이에 적극적으로 동의했다. 따라서 그는 이전까지 고대국가 형성 시기의 통설로 삼았던 고구려의 태조왕 대(A.D.53~146), 백제의 고이왕 대(A.D.234~286), 신라의 내물왕 대(A.D.356~402)에 대해 비판적 입장을 견지했다.

천관우는 고조선의 국가형성기를 일명逸名의 조선후 대(B.C.320년경)인 서기전 4세기로 보고,[85] 이때를 한국사상 고대의 상한으로 설정했다. 고조선 다음으로 한반도에 출현한 고대국가는 서기전 190년경 준왕이 남하하여 한반도 서남부의 한 지역(익산?, 실은 홍성의 금마천 방면)에 세운 '남마한'으로 보았다. 뒤이어 농안農安 방면의 부여와 환인桓仁 지역의 고구려가 고대국가를 성립시켰는데, 특히 양국은 오래 전부터 기마의 기동력과 전투력을 보유했던 점에 주목했다. 고구려는 주몽왕 대(?~B.C.19)에 이미 태백산 동남 지역과 북옥저를 정복할 정도로 뚜렷한 고대국가였으며, 부여 또한 고구려에 비견되는 고대국가로 보았다.[86] 그리하여 남하한 부여계가 한강 하류의 서울 강남지역에 세운 백제국은 온조왕 대(?~A.D.28)인 서기전 1~1세기경, 사로국은 그 뒤 파사왕 대(A.D.80~112)인 1~2세기경, 그리고 김해지역의 구야국(금관가야)은 수로왕 대(?~A.D.199)에 각각 고대국가가 성립한 것으로 파악하여 종래의 통설보다 그 성립 시

---

83) 金元龍은 고고학적인 자료를 바탕으로 『三國志』 東夷傳에 수록된 三韓의 實年代 추정과 함께, 삼국시대의 개시를 『三國史記』 초기기록에 나타나는 그대로 신빙할 수 있다고 했다 (金元龍, 「三國時代의 開始에 關한 一考察」 『東亞文化』 7, 1967).

84) 金貞培는 기자조선을 청동기문화 단계의 濊貊朝鮮으로 파악하고 準國家段階인 '군장사회' 단계로 설정하였으며, 衛滿朝鮮은 정복전쟁을 통해서 '국가' 단계에 진입한 것으로 이해했다(金貞培, 「衛滿朝鮮의 國家的 性格」 『史叢』 20·21合, 1977).

85) 고조선과 관련하여 기록의 오랜 空白期를 보낸 뒤에 나타나는 逸名의 '朝鮮侯' 이후에 '否王'·'準王'이라는 王系가 기록에 남게 된 것도 國家의 형성과 무관하지 않은 것으로 보았다(千寬宇, 앞의 책, 1989, p.157).

86) 夫餘의 고대국가 형성 시기에 대해서는 구체적으로 명시하지 않았지만, 朱蒙과 왕위를 다툰 帶素가 고구려보다 더 강대한 國力을 과시하였던 사정을 『三國史記』에 전한다는 사실을 지적하였다(千寬宇, 「韓國上古史의 問題들」 『創作과 批評』 11, 1976, p.307).

기를 각각 1~2세기 이상 소급해서 설정했다.[87]

그런데 천관우는 고조선에 비해 고구려의 국가 형성이 크게 늦었던 까닭은 서기전 107년 이후 이 지역에 한동안 자리했던 현도군의 간섭과 제약을 하나의 요인으로 꼽았다. 또 전한 무제의 침입으로 설치되었던 한군현의 위치에 대해서는 이병도의 견해대로 낙랑군의 중심을 평양 방면, 진번군을 봉산 방면, 임둔군을 덕원 방면, 그리고 현도군을 집안 방면으로 각각 비정했다. 그는 중국 군현의 위치와 관련하여 다음과 같은 견해를 피력하여 주목된다.

> "이 樂浪 渤海岸說은 外勢强占下에 나온 것이라, 한국 상고사가 韓半島內에 踳躇한 것이 아님을 나타내려는 그 動機에는 존경한 만한 점이 있다. 그러나, 하나의 假定으로, 漢四郡이 鴨綠江 以南에 있었으면 수치스럽고 鴨綠江 以西에 있었으면 무망하다는 것이 만일 心中에 전제가 되어 있다고 한다면, 한편으로 韓國史의 全過程에서 볼 때 鴨綠江線 정도는 그다지 意識하지 않았던 시대도 많았다는 점도 아울러 생각해 봄직하다."[88]

천관우는 일제 강점기 민족주의 역사학자들이 비정했던 낙랑 '발해안설'의 동기는 충분히 이해할 수 있지만, 낙랑군이 옛 조선의 땅에 둔 것인 만큼 '평양설'을 취하는 것이 대세론상의 순리임을 강조했다. 곧 그는 ①'발해안설'을 취하면 단군 · 기자 · 위만조선의 위치도 따라서 발해안이 된다는 점, ②'발해안설'의 경우에 낙랑군 소멸까지 수백 년간 대동강 하류의 상태가 어떠하였는지 설명하기 어려운 점,[89] ③고구려와 백제의 충돌이 낙랑군 소멸 이후에야 시작된다는 점, ④평양지역에서 압도적 수량의 낙랑군 관련 유적 · 유물이 출토되는 사실을 무시할 수 없는 점 등을 들었다.

이와 함께 그는 종래 진번군의 재북 · 재남설을 받아들여 요동의 '북진번'이 황해도 일대로 남하한 것이 '남진번'이며, 남진번의 땅에 설치된 것이 중국 군현인 진번군으로 보았다. 특히 그는 당시 일본 역사 교과서에 수록된 진번군의 위치에 관한 참고 지도가

---

87) 千寬宇, 앞의 책, 1989, pp.346~347.

88) 千寬宇, 앞의 책, 1976, p.312.

89) 千寬宇, 「韓國上古史의 問題들」, 앞의 책, 1976, p.311에서 "韓 · 滿지방에서 가장 先進的인 上古文化를 가진 朝鮮이 渤海岸이라면 그 대신 韓半島의 상고문화는 그야말로 未開 상태이었다고 하겠는데, 그것은 考古學으로도 용납되지 않는 것"이라고 했다.

거의 예외 없이 '영산강 유역설'을 취하여 전남 일대로 표시하고 있는 점에 큰 우려를 나타냈다.[90] 그러한 지도에 따른다면 함북 방면과 경상·충북 일원을 제외한 한반도 전부가 중국 군현의 지배 아래에 있었다는 사실이 되기 때문이다. 또한 그 뒤에 임나로 상징되는 왜의 활동 무대를 경상도 일원으로 설정하기 때문에, 한반도는 일찍부터 외세의 지배 아래 있었다는 복선과 무관하지 않을 것을 우려하면서, 식민사학의 잔영이 당시 일본 역사 교과서에 강하게 남았음을 경계했다.

V. 맺음말 – 사학사상의 의미

후석 천관우는 이른바 '민의 입장을 지키는 언관'과 '민의 눈높이에 맞는 사관'으로서의 시대적 사명을 다하기 위해 노력했던 인물이다. 또 그는 연구 활동 전반에 걸쳐서 스스로 강조했던 '참여의식'과 '비아카데미 사학'을 추구했다. 현실에 바탕을 둔 절실한 요구의 참여의식과 일반 대중을 위한 '비아카데미 사학'은 천관우의 한국사 연구 활동 전반에 걸쳐서 관찰된다. 특히 그는 연구 과정에서 사실의 면밀한 검토를 바탕으로 하는 '철저한 실증'과 함께 한국사의 전체 흐름을 고려한 '거시적 통찰'을 무엇보다 중시했다. 그래서 그의 역사의식은 거시적인 관점이 특징이라는 평가를 종종 받았으며,[91] 실제로 근대화나 민족·민중 등을 언급할 때에는 현실적 과제(요구)를 중요하게 여겼다.[92] 같은 맥락에서 그는 민족주의 사관에 입각하되 세계사와 연계된 객관적인 입장을 견지한 역사교육의 중요성을 새삼 강조했다.[93]

---

90) 千寬宇, 앞의 논문, 1976, pp.312~312.

91) 李基白, 「書評: 千寬宇 著『韓國史의 再發見』(一潮閣 刊, 1974년)」『歷史學報』 63, 1974, pp.164~165.

92) 千寬宇, 「韓國 民族主義의 構造」『新東亞』 9월호, 1973; 「韓國 民族主義의 歷史」『韓國史의 再發見』, 一潮閣, 1974, pp.377~378.

93) 천관우는 '民族史觀'이라고 해서 반드시 '世界史'와 분리해서 생각해서는 안 되며, 우리나라 안에서만 통용되는 孤立된 '國史'에는 만족할 수 없음을 분명하게 강조했다(千寬宇, 「國史學의 動向과 國史教育」『歷史教育』 13, 1970, p.121).

천관우의 한국사 연구는 조선 후기의 실학을 연구 주제로 삼아 출발했는데, 실학에 관한 관심은 해방 직전인 경성제대 예과 시절에 안재홍으로부터 홀로 가르침을 받은 데서 비롯했다고 한다. 역사가로서 그의 학문적 관심은 꾸준히 확장되었는데, 여말선초의 군사·토지 제도사, 조선 후기의 실학, 그리고 3·1운동과 해방 10년사 등 전근대 및 근·현대사 방면에 이르기까지 폭넓게 이루어졌다.

한국사 전반에 걸친 폭넓은 관심은 1970년대 초부터 고대사 연구로 이어졌는데 이는 천관우의 한국사 연구 여정에서 볼 때 시기적으로 후반부에 해당한다. 그는 유신 체제하에서 감시와 탄압으로 약 10여 년 가까이 자유로운 사회활동이 불가능해지자, 자택에 칩거하며 자칭 '저술업' 시절 동안 고조선과 삼한의 역사를 중심으로 하는 고대사 연구에 몰두했다. 천관우는 1971년 월간 『신동아』지에 「토론: 한국사의 쟁점」(1971년 1월~5월호)의 사회를 맡아 기획연재를 주도했으며, 이는 한국 고대사 분야로 연구의 관심을 전환하는 바탕이 되었던 것으로 이해된다. 이어 1972년 『신동아』지에 연재한 「한국사의 조류」를 통해 본격적으로 한국 고대사 연구를 시작했다. 그 뒤 「한국사의 전환점」(1976), 「인물 한국사-고대편」(1979년 10월~1980년 3월) 등의 집필을 바탕으로 『인물로 본 한국고대사』(1982)를 발간했다. 『인물로 본 한국고대사』는 한국 고대사 분야의 일반 대중서로서 효시를 이룬 업적으로 평가된다. 이 책은 그동안 발표했던 고대사 분야의 개별 논문들을 망라하여 그 연구성과를 반영한 것이며, 그 나름의 한국 고대사 체계를 제시한 것이라고 자부했다.

천관우가 고대사 연구를 시도한 것은 연구 외적으로 가택연금과 감시로 인한 연구활동의 물리적인 제약과 자료 활용의 한계에 연유했지만, 근본적으로는 임나일본부의 왜곡을 극복하고 가야사의 복원을 추구하는 데서 비롯되었다. 그가 길지 않은 시간에 고대사 연구에서 의미 있는 성과를 거둔 것은 『해동역사』를 위시하여 조선 후기 실학자들이 남긴 전적에 보이는 각종 자료를 두루 섭렵하고, 지도교수 이병도의 실증사학을 계승하면서도 한국 고대사를 주체적으로 인식했던 장지연·신채호·정인보·안재홍 등 근현대 민족주의 역사학자들의 연구성과를 발전적으로 계승한 점에서 찾을 수 있다.

천관우의 한국 고대사 연구는 주로 북삼한이 남삼한으로 정립되는 과정을 탐색했기 때문에, 고조선에서 삼한에 이르는 한韓=조선계朝鮮系의 역사적 실체와 전개 과정을 추적한 것이 특징이다.[94] 먼저 고조선사 연구에서 그는 단군신화가 선주 어렵민인 고아시아인과 후래 농경민인 북몽골인의 동화 혹은 교체를 반영한 것이며, 단군조선은 국가 성립 이전 단계로 상정했다. 이른바 '은인 기자동래설'은 '기국'(산서성 태곡현)을 기반으로 하는 동이계 기자족이 은말 주초(서기전 12세기 후반)에 동방으로 이동한 사실을 반영한 것으로 보았다. 전국 말(서기전 4세기 후반)에 기자의 후손을 내세운 '조선후'가 왕을 칭하고 연나라와 호각의 형세를 이루었는데, 이때를 한국사상 고대의 개막으로 설정했다. 『사기』에 보이는 '조선·진번'의 실체는 북삼한으로, 이때 '조선'은 대동강 하류를 중심으로 하는 마한족, '진번'(북진번)은 요하 하류를 중심으로 분포했던 진·변한족의 합칭으로 각각 파악했다. 북진번은 진秦(B.C.3세기 후반)의 요동 방면 장성 수축을 계기로 남하하여 황해도 방면 '남진번'이 되었고, 북마한은 전한前漢(B.C.2세기 초반) 위만의 공격을 받고 남하하여 '마한국'이 되었다고 본다.

한편 천관우는 삼한사 연구와 관련하여 '진국'은 삼한 총연맹체가 아니며, 황해도 방면(남진번)에 정착하지 않은 북진번계의 일부가 남하를 하여 한 무제 때를 전후로 한강 하류 일대에 있었던 존재로 보았다. 이들은 그 뒤 부여계인 백제에 밀려 남하를 계속해서 각각 사로·구야국의 중심 세력이 되었다고 파악했다. 특히 『삼국지』 한전의 '진왕'은 진국과 무관하며, 3세기 후반 한반도 남부에서 가장 두각을 나타냈던 백제국과 사로국의 왕을 각각 가리키는 같은 이름의 다른 존재로 상정했다. 곧 마한조에 보이는 목지국 진왕의 근거지는 미추홀이며, 초기 백제는 한동안 서울 강동의 '백제국'과 인천의 '목지국'이 병립하여 왕계의 계승에까지 영향을 주었다고 보았다. 또한 진변한조의 진왕은 경주를 근거지로 하는 석씨왕계의 진한-사로국왕으로 파악했다. 그는 고대의 국가형성을 '성읍국가-영역국가'라는 발전단계로 파악하고, 고조선을 비롯한 삼국의 국가형성기도 정복활동의 시작이라는 관점에서 접근하여 종래의 통설보다 소급했다.

사실 1970년대 당시 고조선과 삼한의 역사에 대하여 천관우만큼 집중적으로 연구에 매진한 경우가 드물었기 때문에 이병도 이래로 이 방면의 연구에서 가장 활발하고 지속적이었던 것으로 평가된다.[95] 천관우의 고대사 연구는 무엇보다 『삼국사기』 초기

---

94) 千寬宇, 「나의 韓國史 硏究」, 앞의 책, 1988, pp.144~146.
95) 한영우, 「사학에 대한 열정과 천재성」 『우리 시대의 '言官 史官' 巨人 천관우』, 2011, p.406.

기록을 긍정적인 관점에서 취급하여 자료 활용의 폭을 넓힐 수 있는 계기를 제공했을 뿐 아니라, 기자조선의 문제를 본격적으로 다룬 「기자고箕子攷」 등 한국 고대사의 핵심적인 쟁점들에 접근하여 한·일 양국의 역사학계에 주목받았다. 또한 가야사를 연결고리로 하는 고대 한일관계사 연구에 획기적인 신설을 제시한 점 등에서 그 사학사적 의미를 부여했다.[96]

특히 천관우는 1970년대 초에 '한국 상고사의 쟁점'을 주제로 한 토론회를 실질적으로 이끌면서 고대국가의 기원 및 형성 문제에 관한 본격적인 논의에 물꼬를 텄다.[97] 1970년대 이전까지 우리나라 고대국가의 발달단계는 '부족국가→부족연맹→고대국가'라는 도식의 '부족국가론'을 통설로 받아들였다. 그런데 부족국가론은 수용 초기의 계급성을 강조하는 경향에서 벗어나 점차 혈연성에 무게 중심을 두는 방향으로 바뀌었고, 이후 국가 형성론과 관련된 논의에서는 용어 자체뿐 아니라 그 개념에 대한 비판에서 자유롭지 못했다. 천관우는 이에 대신할 만한 새로운 용어와 개념을 모색했으며, '영역'의 확대를 국가 형성의 중요한 요소로 파악하면서 '부족→성읍국가→영역국가'론을 제시했다.[98] 사실 한국 고대의 국가 형성론에 관한 논의는 광복 이후 한국 고대사 연구의 흐름에 커다란 변곡점이 되었는데, 그 성과는 한국 고대의 역사상을 복원하기 위한 일련의 노력 속에서 얻었던 값진 수확의 하나로 받아들일 수 있다. 이처럼 천관우는 고대의 국가 형성 문제에 관한 논의를 촉발하여 한국 고대사 연구의 외연을 확장하는데 기여하였으며, 다른 한편으로 그동안 소홀하게 취급했던 연구 주제에도 관심을 가지고 주목할 수 있는 계기를 마련했다.[99] 곧 단군 및 기자조선의 실체를 비롯한 위만조선의 국가적 성격 문제는 물론, '삼한 이동설'에 입각한 삼한의 기원과 성립과정, 진국-삼한 관계 및 삼한 제소국의 위치 비정 문제, 진왕의 실체와 삼한-삼국과 연관된 고대국가 형성 문제 등 고조선사·삼한사 연구에서 반드시 짚고 넘어가야 할 주요 과제

---

96) 이기동, 「연금 중에 한국사 연구 몰두한 대인」 『우리 시대의 '言官 史官' 巨人 천관우』, 2011, pp.420~421.

97) 千寬宇 編, 「國家의 形成과 都市國家」 『新東亞』 5월호, 1971; 『韓國上古史의 爭點』, 一潮閣, 1972.

98) 千寬宇, 「三韓攷 第3部-三韓의 國家形成」(上)·(下) 『韓國學報』 2·3, 1976.

99) 문창로, 앞의 논문, 2009, pp.39~42.

에 대한 해명을 시도했다.

한편 그는 임나 및 임나일본부의 재검토와 가야사 복원을 위해 노력하면서 이후 가야사 및 신라·백제사 연구를 촉진하는 토대를 제공했다. 이러한 연구를 진행하는 과정에서 『삼국사기』 초기 기록의 재검토와 그 기년의 재해석을 통한 적극적 활용 방안을 제시했다.[100] 그리고 『일본서기』의 한국사 관련 기록을 비판적으로 활용하는 등 고대사 연구 자료의 활용 폭을 넓히는 데에 크게 기여하였다. 이와 함께 천관우는 당시 한국 사학계의 철저한 자기 점검과 현실 인식을 바탕으로 당시 대만과 일본의 역사 왜곡에 적극적으로 대응하는 실천적 노력을 강조했다.[101] 실제로 기왕의 '임나일본부설'을 재검토하면서 가야사의 복원을 꾀했던 일련의 연구는 한국 고대사학계에서 이룩했던 주체적 전통과 민족적 독자성을 부각하려는 노력과 무관하지 않으며, 당시 식민사학의 폐해를 불식하기 위한 노력의 일환이라고 할 수 있다. 그의 연구는 기자 전승의 재해석 문제를 비롯하여 목지국 위치 비정이나 삼한 토착 사회의 실상에 대한 접근 등에서 일부 한계가 지적되기도 하지만, 광복 이후 고조선 및 삼한 연구가 한 단계 발전하는데 중요한 초석이 되었다고 본다.

그리하여 천관우는 고조선사·삼한사를 중심으로 하는 고대사 연구의 주요 쟁점을 꼼꼼한 실증과 포괄적인 해석을 통해 접근하여 독특한 역사학자의 상을 구축했으며, 특히 상·고대로부터 근·현대에 이르기까지 한국사 전반에 걸친 폭넓은 연구를 바탕으로 역사 대중화를 위해 노력했던 것으로 평가할 수 있다.[102]

---

100) 千寬宇, 『人物로 본 韓國古代史』, 正音文化社, 1982, p.44에서 "『삼국사기』는 十二세기라는 近古의 저술이므로 믿을 수 없는 부분이 많다느니, 『삼국사기』도 『일본서기』 식으로 「闕代」를 인위적으로 보충하고 後代의 史實을 前代에 附會한 부분이 있다느니 하기도 하지만, 그 같은 냉정한 批判의 방향과 동시에, 이것을 史料로서 어느 선까지 믿을 수 있는가, 肯定的인 방향에서도 再檢討가 있어야 할 줄로 안다"라고 했다.

101) 千寬宇, 「國史學의 動向과 國史教育」 『歷史教育』 13, 1970, p.122에서 "참된 민족사관은 우리의 취약성, 허점을 스스로 깨우쳐 주는데도 용감해야 하겠지만, 남이 잘못 알고 혹은 의식적으로 몰아붙이는 歪曲을 타파하는데도 용감해야 한다"라고 했다.

102) 천관우는 스스로 '非아카데미사학'을 표방하면서 자신의 글을 게재지 형식에 구분 없이 투고했다. 일반대중과 쉽게 교감하려는 그의 역사 대중화를 위한 노력의 일환으로 볼 수 있다. 실제로 천관우의 역사 대중화를 위한 입장은 다음의 글을 통해서도 확인할 수 있다. 곧 李基白 외, 『우리 歷史를 어떻게 볼 것인가』, 三星文化財團, 1976, p.157에서 "기왕 말이

【천관우 선생 연보】

1925 6.2(음)		忠北 提川郡 錦城面 北津里에서 부친 천병선公과 모친 민수흥 여사의 2남 3녀 중 막내로 출생(호적 : 1925. 8. 10생), 가업은 농업
1929 (5세)		忠北 提川郡 淸風面 邑里로 이사
1930 (6세)		조부 千仁鳳 公의 슬하에서 7년 남짓 漢文 수학(~1937. 3)
1931 (7세)	4.	淸風公立普通學校 입학
1937(13세)	3.	淸風公立普通學校 졸업
	4.	淸州公立高等普通學校 입학
1942(18세)	3.	淸州第一公立中學校 졸업
1944(20세)	4.	京城帝國大學 豫科 文科 乙類(人文系) 입학
1946(22세)	7.	京城大學 豫科 수료
	9.	國立서울大學校 文理科大學 史學科 진입
1949(25세)	7.	國立서울大學校 文理科大學 史學科 졸업
	9.	서울大學校 文理科大學 史學科 助手(~1950. 6)
1951(27세)	1.	임시수도 釜山에서 大韓通信 기자(~1952. 9)
1952(28세)	4.	부산에서 歷史學會 創立에 發起人, 이어 평의원
	9.	유네스코 기금으로 미국 미네소타大學 新聞學科 수학(~1953. 5)
1954(30세)	3.	서울大學校 講師(~1959. 8), 弘益大學校 講師(~1955. 8)
	6.	韓國日報 창간에 調査部 次長 보임, 이어 논설위원(~1955. 11)
1955(31세)		韓國日報 논설위원

나온 기회에 하나 덧붙여서 제기하고 싶은 문제가 있습니다. 우리나라 역사학이 좀 더 일반 국민을 의식해야 하지 않을까 하는 점인데요. 역사학이라는 것은 물론 역사과학 자체로서 중요한 것이고 그것이 기초가 되어서 역사에 대한 국민교육도 가능하겠지만, 지금까지는 그것이 좀 소홀하지 않았느냐, 역사학이 연구실 속에서만 머물러 있다든지, 시험 준비하기 위한 공부로나 하게 된다든지, 그런 것이 아니고 전문가가 아니라도 건전한 국민이라면 누구든지 자기나라 역사에 대해서 애착을 가지고 알아보려 하고 또 그것을 통해서 자기가 사회에 공헌하는 길을 찾을 수 있다면 찾으려고 하는, 그런 길을 열어주는 역사, 그런 것이 좀 더 필요하지 않겠느냐 하는 생각이 드는군요. 그렇다고 역사의 대중화가 너무 지나쳐 가지고 질적으로 저속해지는 것은 또 전혀 별개의 문제입니다만"이라고 했다.

1956(32세)	1.	朝鮮日報 論說委員(~1958. 10)
	5.	崔採庚 공의 長女 貞玉과 결혼
	9.	高麗大學校 講師(~1959. 2)
1957(33세)	4.	韓國新聞編輯人協會 창립 發起人, 「新聞倫理綱領」 起草. 이어 運營委員 등 역임(~1966. 4)
	9.	檀國大學校 講師(~1959. 2)
1958(34세)	10.	朝鮮日報 編輯局長(~1959. 9)
1959(35세)	8.	서울 佛光洞에 정착
	9.	韓國日報 論說委員(~1960. 6)
1960(36세)	3.	中央大學校 講師(~1961. 2)
	6.	世界日報에 입사, 民國日報로 개편, 編輯局長(~1961. 3)
1961(37세)	1.	英國 公報部 초청으로 英國 言論界 등 견학
	3.	서울日日新聞 主筆(~1961. 12)
	12.	서울日日新聞 폐간으로 퇴사
1962(38세)		자택에서 著述生活
	3.	서울大學校 講師(~1963. 2), 成均館大學校 講師(~1963. 2) 『韓國史 近世前期篇』(李相佰 저, 乙酉文化社 간)의 기초집필
1963(39세)	1.	東亞日報 編輯局長(~1965. 12)
1964(40세)	6.	월간 『新東亞』 복간, 主幹 겸임(~1965. 5)
	11.	뉴델리에서 열린 國際新聞人協會(IPI) 세미나 참석 「언론윤리위원회법을 반대하는 全國言論人大會 宣言」 起草
1965(41세)	11.	女 文珠 출생
	12.	東亞日報 主筆, 理事(~1968. 12)
1966(42세)	4.	韓國新聞編輯人協會 副會長에 피선(~1969. 1)
	4.	백산학회 창립에 발기인 참여, 이어 평의원
	11.	東京에서 열린 제1회 韓日言論人 세미나에 참석 『近代韓國名論說集』(新東亞 부록) 제작에 참여
1967(43세)	2.	濠洲 公報部 초청으로 濠洲 言論界 등 견학 東亞日報 常用漢字 2,000字案 발표(1965~1967), 이 制定委員會 主務 담당 『續 近代韓國名論說集』(新東亞 부록) 제작에 참여
	12.	한국사연구회 창립에 발기위원 참여, 이어 평의원
1968(44세)	11.	東亞日報 사설 「신동아필화」 집필

	12.	新東亞 筆禍事件으로 東亞日報 退社
1969(45세)		자택에서 著述生活 시작
1970(46세)	2.	東亞日報社에 복귀, 常勤理事로 社史 담당(~1971. 12)
1971(47세)	4.	民主守護國民協議會 창립, 共同代表의 1인으로 被選(~1974. 1월경 활동정지)
	12.	다시 東亞日報社 퇴사
1972(48세)		자택에서 저술생활(이후 약 10년간 민주회복운동에 참여)
1973(49세)		『韓國史大系』(三珍社 刊) 감수
1974(50세)	12.	民主回復國民會議 창립, 共同代表 1인으로 被選(~1975. 4월경 활동정지)
1977(53세)		『改訂版 丹齋 申采浩全集』 校閱
1980(56세)	2.	國土統一院 顧問(~1985. 4)
		韓國日報 제정 韓國出版文化賞 著作賞 수상
	3.	외솔회 제정 외솔상 文化部分賞 수상
1981(57세)	2.	韓國日報 常任顧問
	3.	建國大學校 대우교수(~1983. 2)
	4.	社團法人 民族統一中央協議會 창립, 議長으로 피선(~1983. 4)
	6.	平和統一政策諮問委員會 委員(~1985. 5)
		『民世 安在鴻選集』(전 5권) 책임편집
1982(58세)	7.	國史編纂委員會 委員
	8.	財團法人 獨立紀念館(가칭) 建立委員會 창립 準備委員, 이어 理事
		「獨立紀念館(가칭) 建立 發起趣旨文」 起草
1983(59세)	2.	文化財委員會 委員(~1985. 2)
	5.	韓國日報 理事 겸임
	6.	民族統一中央協議會 中央指導委員(~1985. 12)
	9.	成均館大學校 講師(~1985. 2)
	9.	金冠文化勳章 받음
1984(60세)	12.	韓國思想史學會 창립, 會長으로 피선(~1986. 12)
1985(61세)	4.	國政諮問委員 피촉
	9.	仁荷大學校 客員教授
1986(62세)	7.	千寬宇先生還曆紀念 韓國史學論叢』(正音文化社 刊) 贈呈式
1991(67세)	1.15.	서울대병원에서 입원 치료를 받다 宿患으로 불광동 자택에서 별세

【천관우 선생 저작 목록】

1. 저서

1965.『(千寬宇短評集)썰물 밀물』, 語文閣

1969.『言官 史官 -韓國新聞의 體質』, 培英社

1974.『韓國史의 再發見』, 一潮閣(1976, 日譯版 東京:學生社)

1979.『近世朝鮮史研究』, 一潮閣

1982.『人物로 본 韓國古代史』, 正音文化社(1985, 日譯版 東京:學生社)

1986.『韓國近代史散策』, 正音文化社

1989.『古朝鮮史・三韓史研究』, 一潮閣

1991.『加耶史研究』, 一潮閣

1991.『千寬宇 散文選』, 심설당

2007.『資料로 본 大韓民國 建國史』, 지식산업사

2. 공저・편찬・감수

1969.『三・一運動五十周年紀念論集』, 東亞日報社

1973.『韓國史大系』(全12冊), 三珍社

1974.『湛軒書(洪大容)』(千寬宇 柳承宙 共譯), 大洋書籍

1975.『韓國上古史의 爭點』, 一潮閣(1977, 日譯版 東京:學生社)

1977.『丹齋申采浩全集(개정판)』別集(기념사업회, 乙酉文化社)

1980.『日本文化의 源流로서의 比較 韓國文化(金東旭 공편)』, 三省出版社(1980, 日譯版『(比較) 古代日本と韓國文化』, 東京:學生社)

1981.『民世 安在鴻選集』(전5권), 知識産業社(1981~逝去)

3. 논문 및 사평

1952. 11・12. 「磻溪 柳馨遠 研究: 實學發生에서 본 李朝社會의 一斷面(상)(하)」『歷史學報』 2・3

1954. 12.	「甲午更張과 近代化」『思想界』12월호
1955. 8.	「史料로 본 解放 十年 略史」『韓國日報』8~11월(미완)
1956. 10.	「麗末鮮初의 閑良」『斗溪李丙燾博士華甲紀念論叢』, 一潮閣
1958. 3.	「閑人考 -高麗初期 地方統制에 關한 一考察」『社會科學』2, 韓國社會科學研究會
7.	「洪大容의 實學思想」『文理大學報』6-2, 서울大學校文理科大學學藝部
9.	「磻溪 柳馨遠 研究 疑補」『歷史學報』10
1959. 8~10.	「資料中心, 政府가 樹立되기까지(1~42)」『朝鮮日報』8.18~10.13일자
1962. 2.	「五衛考(1) -朝鮮初期「五衛」의 形成」『歷史學報』17 · 18
12.	「韓國近代化의 諸問題」『震檀學報』23
1963.	「韓國新聞前史의 몇 가지 問題」『民族과 自由와 言論 : 高在旭先生 華甲紀念論叢』, 一潮閣
2.	「내가 보는 韓國史의 問題點들 -史觀과 考證 및 時代區分」『思想界』117
	「韓國史觀은 可能한가? -轉換期에서 본 民族史眼」『思想界』117
3.	「李承晩時代의 終焉 -1960年 2月 3日부터 118日間의 <革命日誌>」『思想界』119
4.	「韓國史研究의 回顧와 展望 -第五回 全國歷史學大會 심포지움報告(近世後期)」『歷史學報』20
9.	「聖雄 李舜臣論」『世代』9월호
1964. 1.	「世界史參與의 史的過程 -韓國近代化始發期의 基本性格」『思想界』130
9.	「五衛考(2) -朝鮮初期 五衛의 兵種」『史學研究』18, 韓國史學會
	「五衛考(3) -五衛와 朝鮮初期의 國防體制」『李相栢博士回甲紀念論叢』, 乙酉文化社
1965.	「韓國土地制度史(下)」『韓國文化史大系』2, 高麗大學校 民族文化研究所
	「洪大容 地轉說의 再檢討」『曉城趙明基博士華甲紀念佛教史論叢』
1966. 3.	「實學思想의 構造와 發展」『思想界』157
5.	「韓國史學의 새 試鍊 -歪曲된 韓國史의 새로운 解釋」『思想界』159
8.	「또 무엇이 問題인가? -韓國史의 論爭點」『新東亞』24
1967.	「朝鮮後期 實學의 概念 再檢討」『延世大 實學公開講座』1, 延世大學校 東方學研究所
1967. 12.	「張志淵과 그 思想」『白山學報』3, 白山學會(1992,『韓國史市民講座』11, 一潮閣 재수록)
1969.	「民衆運動으로 본 三·一運動」『三·一運動五十周年紀念論集』, 東亞日報社

	「三·一運動史 研究의 問題點」(全國歷史學大會 주제 발표), 『東洋史學研究』 4, 동양사학회
	「韓國新聞의 발자취」『言官 史官 -韓國新聞의 體質』, 培英社
1969. 9.	「實學槪念 成立에 관한 史學史的 考察」『李弘稙博士華甲紀念韓國史學論叢』
1970.	「韓國史研究 百年」 (역사교육연구회 심포지엄 주제 발표문), 『東亞年鑑』, 동아일보사
	「韓國實學思想史」『韓國文化史大系』 6, 高麗大學校 民族文化研究所
	「韓國史上의 中世 -近代의 界線」『韓國史時代區分論』, 韓國經濟史學會
1970. 7.	「國史學의 動向과 國史教育」『歷史教育』 13, 歷史教育研究會
12.	「Trends in Studies of Korean History」『KOREA JOURNAL』 10-12, Korean National Commission for UNESCO
1971.	「三·一運動史 總論」『獨立運動史』, 독립운동사편찬위원회
1971. 1~5.	「연재토론 -韓國史의 爭點(古代)」『新東亞』 1~5월호, 동아일보사
1971. 3.	「The Samil Revolt Considered as a Mass Movement」『KOREA JOURNAL』 11-3, Korean National Commission for UNESCO
1972. 3.	「韓國史를 어떻게 볼 것인가」『知性』 2-3, 知性社
5.	「檀君으로이어지는 歷史의 序幕 : 韓國史의 潮流(1)」『新東亞』 93, 東亞日報社
6.	「桓雄族의 登場 : 韓國史의 潮流(2)」『新東亞』 94
7.	「古代文明의 段階로 : 韓國史의 潮流(3)」『新東亞』 95
9.	「南北의 古代國家 : 韓國史의 潮流(4)」『新東亞』 97
10.	「三國時代(1) : 韓國史의 潮流(5)」『新東亞』 98
12.	「三國時代(2) : 韓國史의 潮流(6)」『新東亞』 100
1973.	「廣開土王陵碑의 새 解釋」(한국신문협회 주관), 한국고대사 세미나 발표문
1.	「三國時代(3) : 韓國史의 潮流(7)」『新東亞』 101
2.	「三國時代(4) : 韓國史의 潮流(8)」『新東亞』 102
3.	「三國時代(5) : 韓國史의 潮流(9)」『新東亞』 103
4.	「南鮮經營說의 虛構 -歪曲된 韓國史의 問題點」『月刊中央』 67, 中央日報社
5.	「三國의 統一(上) : 韓國史의 潮流(10)」『新東亞』 105
6.	「三國의 統一(中) : 韓國史의 潮流(11)」『新東亞』 106
7.	「Nouvelle Interpretation des problemes du Mimana」『Revue de COREE』 5-2, Commission Nationale Coreenne pour l'UNESCO UNESCO
8.	「三國의 統一(下) : 韓國史의 潮流(12)」『新東亞』 108

9.	「韓國 民主主義의 歷史」『新東亞』109, 동아일보사
1974. 12.	「箕子攷」『東方學志』15(洪以燮博士追悼號), 延世大學校 東方學研究所
1975.	「韓國古代史 研究の現況」『アジア公論』39(1976,『東亞細亞の古代文化』8, 大和書房에 재수록)
12.	「三韓攷 第1部 -三韓의 成立過程」『史學研究』26
1976. 3.	「韓國上古史의 問題들」『創作과 批評』41
4.	「三韓攷 第2部 -「三國志」韓傳의 再檢討」『震檀學報』41
3 · 6.	「三韓攷 第3部 -三韓의 國家形成(上)(下)」『韓國學報』2 · 3, 一志社
6.	「辰 · 弁韓諸國의 位置 試論」『白山學報』20, 白山學會
11~12.	「韓國史에서 본 騎馬民族說」『讀書生活』(1980,『日本文化의 源流로서의 比較 韓國文化』에 재수록)
11.	「韓國史研究 百年」(『韓國의 歷史認識(上)』, 창작과 비평사
1977.	「韓國 近代思想 槪觀」『世界思想全集』31, 삼성출판사
	「序에 代하여 -申采浩선생의 民族主義思想」『丹齋申采浩全集(개정판)』別卷, 螢雪出版社
5 · 8.	「加耶史(상),(중)」『文學과 知性』28 · 29, 문학과 지성사
10.	「灤河下流의 朝鮮 -中國 東方州治의 置廢와 관련하여-」『史叢』21 · 22合, 高麗大學校史學會
12.	「民世 安在鴻 年譜」『창작과 비평』50
1978.	「任那日本府 管見」『歷史教育』23, 歷史教育研究會(1978,『韓』78號, 日語譯)
2.	「復元 加耶史(하)」『文學과 知性』31, 문학과 지성사
12.	「東史綱目 管見」『韓國學』19, 영신아카데미 한국학연구소
1979. 2.	「3 · 1運動研究史論」『文學과 知性』35, 문학과 지성사
3.	「자료소개 -傅斯年 夷夏東西說」『韓國學報』14, 一志社
4.	「箕子朝鮮이란 무엇인가 : 그 實在 是非에 붙여」『月刊中央』130
4~5.	「百濟史의 基本問題 몇 가지」『讀書新聞』4월 29일~5월 20일자
5.	「目支國考」『韓國史研究』24, 韓國史研究會
10.	「馬韓諸國 位置試論」『東洋學』9, 檀國大學校 東洋學研究所
12.	「廣開土王陵碑文 再論」『全海宗博士華甲紀念史學論叢』, 一潮閣
1979. 10~1980.3.	「人物 韓國史 -古代篇」(東京:『統一日報』1979년 10월~80년 3월 연재;『京鄕新聞』1980년 11월~81년 3월 연재)
1980.	「Ch'on Kwan-u, Research in Korea History : Past and Present」『Korea Journal』21, Korean National Commission for UNESCO

12.	「廣開土王의 征服活動에 대하여」『軍史』창간호, 國防部戰史編纂委員會
1981. 2.	「槪說」『韓國의 近代思想』, 三省出版社
3.	「古代에 있어서 韓國의 日本觀과 日本의 韓國觀 -倭의 實體를 중심으로」『硏究課題報告書』, 韓國精神文化硏究院
	「韓國 近代歷史學의 발달」『韓國史硏究入門』, 知識産業社
10.	「廣開土王代의 高句麗領域에 대하여」『領土問題硏究』창간호, 高麗大學校領土問題硏究所
1985. 12.	「六十自敍」『千寬宇先生還曆紀念 韓國史學論叢』, 정음문화사
1987. 4.	「古朝鮮의 몇 가지 問題」『韓國上古史의 諸問題 : 韓國精神文化硏究院 硏究論叢』87-1
1988. 2.	「나의 韓國史 硏究」『韓國史市民講座』2, 一潮閣
9.	「廣開土王의 征服活動」『韓國史市民講』3, 一潮閣

4. 서평 및 기타 글

1952. 9.	「『朝鮮史』, 旗田巍 著 <書評>」『歷史學報』1, 歷史學會
1953. 6.	「아메리카 紀行<第一信>」『自由世界』2,3合
1954. 5.	「美國大學 新聞 雜感(上)」『서울대학교신문』(1954.5.26)
6.	「美國大學 新聞 雜感(下)」『서울대학교신문』(1954.6.2)
9.	「韓國 動亂 三年誌」『서울대학교신문』(1954.9.22)
1955. 3.	「매스 · 코뮤니카이숀」 硏究를 爲한 序說」『文理大學報』3, 서울大學校 文理科大學 學藝部
1956. 10.	「選擧와 農村」『自由世界』1-1
11.	「光州 學生 事件의 歷史的 背景」『서울대학교신문』(1956.11.5)
12.	「政治的無關心의 몇 가지 問題」『自由春秋』1-3
1957. 6.	「라디오 · 映畵 · TV」『放送』2-6
6.	「輿論調査의 意義」『自由春秋』1-4
8.	「콤뮤니카이숀」 分析의 諸問題」『放送』2-8
9.	「매스와 매스콤」『放送』2-9
10.	「콤뮤니카이숀」과 「매스콤」『放送』2-10
1958. 5.	「六十年前에 될번했던 國會 -우리祖上은 그때부터 國會를 生覺했다(上)」『新太陽』68, 新太陽社

6.	「六十年前에 될번했던 國會 -우리祖上은 그때부터 國會를 生覺했다(下)」『新太陽』69, 新太陽社
11.	「[實學의 槪念] 再論」『서울대학교신문』(1958.12.1)
12.	「우리文化의 命脈:磻溪 柳馨遠」『思想界』65
1959. 4.	「[韓國 硏究]機關을 두라」『서울대학교신문』(1959.4.13)
12.	「磻溪柳馨遠 : 우리문화의 命脈」『思想界』77
1960. 4.	「所謂 一流라는 이름의 是非」『敎育評論』22, 敎育評論社
9.	「大學 新聞의 나아갈 길」『서울대학교신문』(1960.9.5)
10.	「學生 運動의 새로운 方向 -學生 運動의 獨走만으로 全體 問題 解決은 期待難」『서울대학교신문』(1960.10.10)
	「書評 : 丁若鏞의 政治經濟思想의 硏究(홍이섭 저)」『歷史學報』13
1961. 9.	「書評 : 李朝後期의 社會와 思想(한우근 저)」『歷史學報』15
1962.	「新聞과 社會敎育」『社會敎育』, 現代敎育叢書出版社
1.	「言論은 항상 民의 편이다 : 韓國民主主義의 再建」『思想界』103
3.	「韓國史 -近世前期編」(震檀學會 編) 草稿作成(1955~1962)
12.	「單刊制以後의 新聞」『思想界』115
1963.	「近代化와 民主化의 두 바퀴로 달려라」『東亞春秋』2-2, 希望社
1964. 2.	「李成桂가 위화도 回軍을 하지 않았더라면」『世代』2-2, 世代社
4.	「新聞의 指導的 機能은 과연 衰頹하고 있는가」『新聞評論』1, 한국신문연구소
7.	「新聞의 漢字制限에 관한 管見」『新聞評論』4, 한국신문연구소
9.	「人事次來社」『文學春秋』16, 文學春秋社
10.	「<新聞倫理綱領>과 <新聞倫理 實踐要綱>의 再檢討」『新聞評論』7, 한국신문연구소
11.	「韓國言論의 責任을 위한 努力」『新聞評論』8, 한국신문연구소
	「中共核實驗의 影響力 :「델리」에서 : 現地에서 본 世界의 脈博」『新東亞』4, 東亞日報社
1965. 7.	「書評 : 國民 앞에 開放되는 國史 :「韓國의 人間像」과「人物韓國史」『新東亞』11
1966.	「새 學風의 先驅者 -柳馨遠」『韓國의 人間像』4, 新丘文化社
	「北學派의 先鋒將 -洪大容」『韓國의 人間像』4, 新丘文化社
1.	「民衆의 抗議 짓밟지 말라 : 새 해를 맞이하여」『思想界』155
	「近代韓國名論說集」『신동아』1월호 부록(제작 참여)
2.	「韓國新聞製作의 問題點」『製紙界』63, 한국제지공업연합회

12.	「戰後의 韓國新聞界」『新聞評論』20
1967.	「(續)近代韓國名論說集」『신동아』 부록(제작 참여)
1968. 6.	「金玉均에서 李承晩까지」『思想界』182
1969. 9.	「國史教育의 一提言」『새교육』21, 대한교육위원회
12.	「高級綜合誌로서 獨步的 存在」『思想界』200
1970.	「批判 · 實證 · 實用의 精神 磻溪隨錄 柳馨遠」『韓國의 名著』, 玄岩社
	「最大의 制度 文物史 增補文獻備考 高宗命撰」『韓國의 名著』
	「科學과 科學精神으로 武裝한 實學 湛軒書 洪大容」『韓國의 名著』
7.	「巨擘' 朴亨一 : 잊을 수 없는 사람」『新東亞』71, 東亞日報社
	「韓國學의 方向」『藝術界』2, 한국예술문화단체총연합회
8.	「書評 : 韓國開化史研究(이광린 저)」『歷史學報』46
10.	「3 · 1 運動 研究의 問題點 : 亞細亞의 民族主義 運動 <討論>」『東洋史學研究』4, 東洋史學會
1971.	「言論人으로서의 丹齋」『나라사랑』3, 외솔회
3.	「3 · 1운동과 민족운동」『다리』3, 월간다리사
9.	「知性의 社會的 實踐」『創造』1, 創造社
12.	「咸先生의 韓國史觀」『씨알의 소리』7, 씨알의소리사
1972.	「任那日本府의 虛構」『독서신문』(<한국사의 재조명> 연재)
	「廣開土王陵碑의 解釋 問題」『독서신문』(<한국사의 재조명> 연재)
	「6 · 25 특별좌담 : 그날을 상기하여 자유이념구현하자」『북한』6, 북한연구소
3.	「三一節을 맞는 國民의 姿勢 <對談> / 千寬宇 · 金東吉」『基督教思想』16, 大韓基督教書會
1973.	「民衆運動의 저널리스트 -張志淵」『송건호 편 巨人은 사라지더라도』, 徽文出版社, pp.170~178
	「韓國史大系』(全12冊) 감수 및 年表, 便覽 編著
	「任那問題について」『韓』2-2, 韓國研究院
	「廣開土王陵碑と任那問題」『韓』2-3
	「任那問題(續)」『韓』2-6
	「朝鮮後期實學思想史序說」『韓』2-8
	「任那問題(續) その一」『韓』2-11
1.	「廣開土王陵碑의 새 解釋」(한국신문협회 주관), 한국고대사 세미나 발표문
5.	「高句麗 七〇年戰爭」『씨알의 소리』22, 씨알의소리사

「廣開土王碑文の新しい解釋」『アジア公論』2, アジア公論社

「丁茶山講讀：途韓校理使燕序・湯論」『다리』4

6. 「丁茶山講讀：監司論」『다리』6

「民族主體性의 再發見」『統一世界』31, 세계기독교통일신령협회

9. 「丁茶山講讀：技藝論」『다리』9, 월간다리사

10. 「韓國民族主義の構造：韓國民族主義の諸問題 <特輯>」『アジア公論』10, アジア公論社

11. 「言論人이 본 오늘의 言論 自由」『씨알의소리』28

1974. 「韓國日報 二十年』寫眞 및 年誌(제작참여), 平和堂印刷株式會社

「任那問題ーその二ー」『韓』3-11

「朝鮮後期實學思想史序說 Ⅱ」『韓』3-12

「柳聲遠 -實學의 先驅」『朝鮮實學의 開拓者10人』, 新丘文化社

「朝鮮後期 實學槪觀」『韓國의 大思想』34, 徽文出版社

2. 「三國の形成と都市國家：韓國史の再建とその問題點 <座談>」『千寬宇 外 アジア公論』3

10. 「韓國史の再發見」, 一潮閣(1976, 田中俊明 譯, 『韓國史への新視点』, 學生社)

「산 歷史와 죽은 歷史」『讀書新聞』, 독서신문사

12. 「言論自由의 새아침에」『기러기』119, 흥사단

「言論自由의 새아침에」『씨알의 소리』39, 씨알의소리사

1975. 「朝鮮後期實學思想史序說 Ⅲ」『韓』4-4

「朝鮮後期實學思想史序說 Ⅳ」『韓』4-5

「槪說1 -先史時代~三國統一」『韓國文化史新論』, 中央大學校出版局

3. 「홍이섭의 사학 -실학・독립운동사 정리와 연구」『나라사랑』18

12. 「韓國古代史研究の現況」『アジア公論』39

「書評：淸朝文化 東傳의 研究 (藤塚隣 著)」『歷史學報』68

1976. 「기자조선은 靑銅文化를 옮겨왔다」『淸州韓氏世德史』, 淸州韓氏世德史編纂會

「韓國古代史研究の現況」『東アジアの古代文化』8, 大和書房

「우리 歷史를 어떻게 볼 것인가：韓國史大討論』1(三星文化文庫 88)

2. 「箕子攷抄」『월간 自由』9-2

4. 「仁村과 民主言論」『新東亞』140

7. 「한국사의 전환점① -朝鮮侯의 稱王」『현대인』3-7, 主婦生活社

8. 「한국사의 전환점② -衛滿朝鮮의 對漢抗戰」『현대인』3-8

9.	「한국사의 전환점③ -三國時代의 開幕」『현대인』 3-9
	「3·1運動의 意義」『서울대학교신문』(1976.9.13)
10.	「한국사의 전환점④ -儒教와 佛教의 傳來」『현대인』 3-10
11.	「한국사의 전환점⑤」『현대인』 3-12
12.	「個性 있는 通史: 이기백 저」『한국사 신론』(개정판)『창작과 비평』 1976년 겨울호
1977. 2.	「韓國史からみた騎馬民族説 -とくに南韓의騎馬倭王의源流·倭韓連合説について」『アジア公論』 53
12.	「修堂의 民族精神과 思想」『나라사랑』 28
1978.	「近代 抵抗運動에 나타난 宗教人의 態度」『市民論壇』, YMCA社會開發局
	「灤河下流의 朝鮮—中國東方州郡의 設置,廢止에 關聯して」『韓』 7-7
1979. 6.	「書評 : 現代史를 기록하는 視覺과 勇氣,『韓國現代史論』, 宋建鎬 著』『창작과 비평』 52
	「학술좌담 : 단재 신채호론(천관우 외)」『韓國學報』 여름호, 일지사
8.	「오늘은 어떻게 기록될 것인가」『씨알의 소리』 86
9.	「학술좌담 -신채호의 광복회 통고문과 고시문(천관우 외)」『韓國學報』 가을호
1980.	「韓民族과 그 문화」『溫陽民俗博物館 編 (圖說)韓國의 民俗』, 啓蒙社
	「4·19革命의 現代史的評價」『季刊三千里』 22, 三千里社
3.	「三·一精神과 抵抗精神, 解放後 三十六年의 三·一節에」『月刊中央』 141, 중앙일보사
	「申采浩의 民族主義思想과 文章」『忠淸』 3-118, 충청사
1981. 4.	「고운 최치원」『신인간』 386, 신인간사
6.	『民世 安在鴻選集』 1권(지식산업사) 責任編輯(1973~)
	「<학술좌담 : 담헌 (湛軒) 홍대용> 천관우 외」『韓國學報』 여름호, 일지사
7.	「民族統一 의 意志的 決意」『정우』 1, 국회의원 동우회
8.	「統一, 그 길은 멀고 험난해도 하나씩 갈피를 잡아야지요. 對談(千寬宇-梁好民)」『月刊朝鮮』 8월호
11.	「分斷의 克服 統一政策 을 말한다 (兪鎭午,千寬宇 對談)」『馬山商議』 185, 馬山商工會議所
1982.	「仁村과 民族言論」『仁村 金性洙의 愛族思想과 그 實踐』, 東亞日報社
3.	「<書評>『韓國民族獨立運動史 研究 -滿洲地域을 中心으로』, 朴永錫著』『歷史學報』 93
9.	「日本! てれでいいだろらか; 歷史的過誤をそり返してはならない」『アジア公論』 119, 韓國國際文化協會

1984. 2.	「廣開土王代の高口麗の領域について」『アジア公論』136
3.	「六十自敍」『文學思想』3月호, 文學思想社
4.	「廣開土王代의 高口麗領域에 대하여」『文藝振興』91, 한국문화예술진흥원
12.	「日本書紀에 의한 加耶史 복원 試論」『思想과 政策』2-1, 京鄕新聞社
1985. 2.	「廣開土王陵碑文再論(上)」『アジア公論』148
3.	「廣開土王陵碑文再論(下)」『アジア公論』149
12.	「(自撰) 年譜略」『千寬宇先生還曆紀念 韓國史學論叢』, 정음문화사
1986. 9.	「甲申政變과 韓國近代史의 性格 <討論> /千寬宇 外」『民族文化論叢』7, 嶺南大學校民族文化研究所
1987. 4.	「古朝鮮의 몇 가지 問題」『史談』2-4, 希望出版社
5.	「古朝鮮에 관한 몇가지 問題」『新東亞』332
	「古朝鮮의 몇 가지 問題」『自由』165, 自由社
7.	「단군조선은 초기부터 국가였는가」『한배달』2

※ 이상 천관우 선생의 年譜와 著作目錄은 「千寬宇先生 略年譜」(『韓國思想史學』4·5合輯, 韓國思想史學會, 1993, pp.553~556) 및 「천관우선생 연보·학술 업적」(『資料로 본 大韓民國建國史』, 지식산업사, 2007, pp.400~402), 윤용구, 「문창로 선생님의 글(천관우의 사학과 한국고대사연구)을 읽고」, 한국고대사학회 학술대회 토론문, 2008), 천관우선생 추모문집간행위원회, 「千寬宇先生 年譜」(『우리시대의 '言官 史官' 巨人 천관우』, 일조각, 2011, pp.685~692)를 바탕으로 수정·보완했음. 특히 서평 및 기타 글에 대한 목록 작성에는 윤용구, 앞의 글(2008)에 힘입은 바 크며, 지면을 통해 감사의 뜻을 전한다.

【『인물로 본 한국고대사』 목차 발췌】

인물	목차	세부목차	비고(주제어)
제1장 檀君	1. 檀君에 대한 關心과 民族意識	江華島와 九月山『檀君信仰과 民族意識』「韓人은 모두 檀君의 子孫」「배달」민족	한민족의 기원, 한·예·맥, 단군의 조선건국, 단군신화와 동이
	2. 古朝鮮의 祖神에서 韓民族 共通의 祖神으로	韓·濊·貊 / 考古學에서 본 韓民族 / 韓·濊·貊의 여러 갈래 / 民族共通의 祖神이 된 檀君 / 形質人類學은 말한다	
	3. 天帝의 아들, 地上의 곰, 그리고 檀君	<三國遺事>의 檀君神話 / 桓因·桓雄 / 桓雄의 降臨 / 檀君의 誕生 / 檀君의 朝鮮 建國 / 箕子朝鮮으로	
	4. 古시베리아系와 北몽골-알타이系의 融合	檀君神話와 샤머니즘 / 檀君神話와 韓·濊·貊 / 곰과 범, 古시베리아系 / 하늘과 太陽, 北몽골-알타이系 / 檀君神話와 東夷	
	5. 道家書의 檀君「諸國」說과 東夷	<揆園史話> / 道家와 道家書 / 檀君「諸國」說과 中國 上古文明 / 東夷란?	
제2장 朝鮮侯	1. 大洞江 방면에 나타난 最初의 國家 朝鮮-前四世紀	<魏略>의『朝鮮侯』/ 韓國史上 最初의 國家 / 城邑國家와 領域國家 /『古人本不誤』	최초의 국가 조선, 기자조선과 조선후, 남·북 삼한
	2. 鐵器文化가 시작된 前四~三世紀라는 時點	이른바 王 / 領域 및 鐵器文化 / 韓國史의 古代 시작되다 / 古朝鮮은 大洞江 方面	
	3. 朝鮮侯의 祖上이라는 箕子와 箕子族	朝鮮侯와 箕子 /『殷人』箕子는 東夷系 / 箕子朝鮮 始末	
	4. 朝鮮侯의 北三韓과 朝鮮·眞番	北三韓과 南三韓 / 北馬韓=朝鮮 / 北辰·弁韓=眞番 /『燕人』衛滿은 朝鮮(眞番)系	
제3장 王調	1. 朝鮮-漢 戰爭과 樂浪郡-前二世紀末	朝鮮王國의 崩壊 / 朝鮮 右渠王과 漢 武帝 / 武帝의 朝鮮 侵入 /『金甌無缺』은 없다	조선의 붕괴와 한사군, 낙랑군과 한·예, 낙랑군의 역사적 의의
	2. 樂浪 原住民 王調의 抵抗運動-後一世紀	三十餘年間의 漢四郡 / 王調의 反亂 / 樂浪郡과 高句麗, 好童王子 / 樂浪郡과 韓·濊	
	3. 韓·滿地域의 玄菟·遼東·樂浪·帶方	中國 東方諸郡의 消滅 / 漢四郡에 대한 歪曲 / 歪曲에 대한 反撥	
	4. 樂浪郡은 韓國史에서 어떤 의미를 갖는가	樂浪郡의 政治的·軍事的 意義 / 樂浪郡의 經濟的·文化的 意義 / 漢字圈文化로의 轉換 / 帶方郡으로부터의 文化吸收	

인물	목차	세부목차	비고(주제어)
제4장 朱蒙	1. 北夫餘·東夫餘와 朱蒙의 卒本夫餘(高句麗)	네 개의 夫餘 / 北夫餘와 東夫餘의 시작 / 卒本夫餘(高句麗)의 시작	북부여와 동부여, 졸본부여 (고구려) 시작, 남부여(백제)의 시작
	2. 高句麗에 吸收된 東夫餘	帶素의 나라와 朱蒙의 나라 / 東夫餘와 高句麗 / 東夫餘의 最後	
	3. 北夫餘의 盛衰, 그리고 韓國史의 舞臺로서의 滿洲	『未嘗破壞』의 北夫餘 / 高句麗의 成長 / 北夫餘의 衰亡 / 韓國史의 舞臺로서의 滿洲	
	4. 溫祚의 南夫餘(百濟)	南夫餘(百濟)의 시작 / 沸流系와 溫祚系 / 辰王 / 「黃鳥歌」	
제5장 首露	1. 弗矩內·脫解·閼智의 斯盧(新羅)	新羅의 朴·昔·金 三氏 / 朴氏의 祖, 弗矩內 / 昔氏의 祖, 脫解 / 金氏의 祖, 閼智 / 金-朴-昔의 順	斯盧(新羅)의 박·석·김 3씨, 伐休의 昔氏王祖, 拘邪(加耶)의 首露
	2. 首露의 狗邪(加耶)	加耶의 祖, 首露 / 辰·弁韓人의 南下 / 辰·弁韓人의 定着 / 首露王妃와 아요디아	
	3. 『辰韓十二國』과 新羅, 『弁辰十二國』과 加耶	伐休의 昔氏王祖 / 『辰韓 十二國』과 『弁辰 十二國』 / 加耶 「部族聯盟」說 / 加耶(任那)諸國	
	4. 首露降臨神話와 日本의 天孫降臨神話	「騎馬民族」說 / 狗邪의 弱化가 意味하는 것 / 金海金氏의 族譜 / 「바지·저고리民族」說	
제6장 近肖古	1. 原三國時代로부터 三國時代로	原(프로토)三國時代 / 三國時代의 上限 / 三韓時代라는 槪念	삼국시대의 상한, 근초고왕대의 북방·남방 진출, '任那日本府'의 실체
	2. 三國時代로의 轉換期, 四世紀 中葉	四世紀 中葉까지의 整理 / 四世紀의 麗·濟·羅·夫餘·加耶의 脫落	
	3. 百濟史 最大의 領域을 이룩한 近肖古王-四世紀	近肖古王의 登場 / 近肖古의 北方進出 / 百濟史에 있어서의 禮成江線 / 近肖古의 南方進出	
	4. <日本書紀>神功紀 四十九年條의 近肖古	『加羅』등 七國과 『南蠻』 / 倭軍으로 變造된 百濟軍 / 『辟中』·『古四』등	
	5. 任那日本府는 實在하지 않았다	소위 任那日本府 / 大勢論에서 / <古事記>와 <日本書紀>에서 / 中國史料에서 / 金石文에서	
	6. 「倭의 任那支配」의 正體는 「百濟의 加耶支配」	梁의 <職貢圖> / 任那日本府의 實權者이었다는 人物 / 任那日本府가 管轄했다는 地域 / 任那日本府의 實體	
제7장 談德 (廣開土王)	1. 高句麗史 最大의 領域과 『廣開土境』-四, 五世紀	아시아의 高句麗 / 東界는 豆滿江 下流, 南界는 牙山灣-迎日灣 / 西界는 遼河 / 北界는 開原-寧安(?)線 / 南界만이 談德 이후의 征服地	고구려의 최대영역, <광개토왕비문> 에 보이는 정복활동, <능비>의 倭
	2. 廣開土王陵碑에 보이는 征服活動(上)	永樂 五年의 契丹 征討 / 永樂 六年의 百濟 征討 / 永樂 八年의 肅愼 征討 / 永樂 十年의 百濟·加耶·倭 征討	
	3. 廣開土王陵碑에 보이는 征服活動(下)	永樂 十四年의 百濟·倭 征討 / 永樂 十七年의 後燕 征討 / 十七年條가 對 後燕인 理由 / 永樂 二十年의 東夫餘 征討	
	4. 廣開土王陵碑에 보이는 『倭』	陵碑의 『辛卯年條』 / 辛卯年조 解釋의 新試案 / 陵碑의 『倭』 / 韓國 古代史上의 三次의 倭兵	

<참고자료 4>

【한국고대사 약연표】

구분	夫餘 · 高句麗 지역	朝鮮 지역	百濟 · 加耶 · 新羅 지역
		- 前2333(傳) : 檀君이 平壤에 朝鮮 건국	
前4세기		- 前332~322경 : 箕子의 자손이라는 失名의 朝鮮侯가 平壤에서 王을 칭함. 이 朝鮮王國을 한국사상 최초의 국가로 봄 - 前322~279경 : 戰國 燕이 遼東방면 침입, 蓋平-博川선이 朝鮮과 燕의 경계	<참고> 前300경 : 한반도 전역에 걸쳐 靑銅器2期 · 鐵器1期 문화 시작 (金元龍설)
前3세기	- 前222경 : 秦이 遼陽에 遼東郡을 둠	<참고> 前221 : 秦 始皇帝의 中國 統一, 中國내의 東夷 소멸 - 前214 : 秦이 長城 쌓기 시작, 遼東방면의 北眞番(北辰 · 弁韓)이 남하하여 황해도와 한강 하류로 이동 시작	
前2세기	- 前107 : 漢이 高句麗人의 거주지에 玄菟郡을 둠	- 前194~180 : 箕子朝鮮(北馬韓왕조)이 끝나고, 衛滿朝鮮(北辰 · 弁韓왕조)이 시작. 朝鮮이 황해도의 南眞番(南辰 · 弁韓)과 함남 남부의 臨屯을 정복 시작 - 前109~108 : 漢이 朝鮮王國을 멸하고 舊朝鮮의 땅에 眞番 · 臨屯 · 樂浪郡을 둠. 漢子文化의 유입	- 前194~180경 : 箕子朝鮮의 末王인 準(北馬韓人)이 남하하여 益山(혹은 稷山)에 馬韓國을 세움 - 前109경 : 한강 하류에 南辰 · 弁韓 系의 辰國 존립
前1세기	- 前75 : 漢의 玄菟郡이 遼東郡 동북방으로 撤收 - 前59(傳) : 解慕漱가 農安 · 長春 방면에 北夫餘를 세웠다고 함. 北夫餘 땅의 解慕漱가 이에 앞서 琿春 방면의 東夫餘로 옮겨갔다 함. - 前37(傳) : 朱蒙이 桓仁에 高句麗를 세웠다 함. 고구려는 이때부터 주변지역의 征服 시작	- 前82 : 漢이 眞番 · 臨屯郡을 廢止 <참고> 西曆紀元 前後 : 한반도 전역에 걸쳐 鐵器2期 文化 시작됨	- 前57(傳) : 弗矩內가 慶州에 斯盧(新羅)를 세웠다 함 - 前18(傳) : 溫祚가 서울 江東에 伯濟(百濟)를 세웠다 함. 백제는 이때부터 주변지역의 征服을 시작. 한강 하류의 辰國(南辰 · 弁韓)系가 다시 南下를 시작('古之辰國')

구분	夫餘 · 高句麗 지역	朝鮮 지역	百濟 · 加耶 · 新羅 지역
1세기	- 3년(傳):고구려의 琉璃가 수도를 桓仁에서 輯安으로 옮겨 <輯安-서울 江東-慶州> 시대 시작됨 - 22년(傳):고구려의 無恤(大武神王)이 東夫餘를 흡수 - 32년:고구려의 無恤이 처음으로 중국(後漢)에 사신을 보냄(遣使는 文物의 직접 교류하는 면에서 특히 주의) - 49년:북부여왕이 처음으로 중국(後漢)에 사신을 보냄 - 53년:고구려의 宮(太祖王)이 즉위. 왕권이 涓奴部에서 桂婁部로 옮겨감	- 25~30:낙랑군에 本土人 王調의 반란 <참고> 57년:倭奴國이 중국(後漢)에 사신을 보냄	- 8년(傳):伯濟의 溫祚가 馬韓國을 흡수
2세기		- 196~200경:後漢末의 公孫氏 遼東政權이 樂浪郡의 남반부에 帶方郡을 둠	- 103~108:신라의 婆娑가 주변 지역의 征服을 시작 - 184:慶州로 남하한 辰韓계인 伐休가 즉위, 朴氏왕조 끝나고 昔氏왕조 시작됨. 신라의 정복 활동 본격화 - 184 전후(어쩌면 162=壬寅):金海로 남하한 弁ㅁ韓계인 首露가 狗邪(金官加耶)를 세운 것으로 봄(<삼국유사>에는 서기 42)
3세기	- 244:고구려의 憂位居(東川王)가 魏의 공격을 받고 수도 輯安이 함락 됨 - 285:북부여의 依慮가 遼西 大凌河 방면의 鮮卑 慕容氏의 공격을 받고 자살	<참고> 238:倭 邪馬大國의 女王 卑彌呼가 後漢의 親魏倭王에 봉해짐 <참고> 265:三國 魏 망함. 따라서 <三國志> 東夷列傳은 3世紀 중엽의 상황임	- 201:金官加耶(首露가 죽은 뒤)가 신라에 和를 청함(그 주력이 일본열도로 이동?) - 234:백제의 古爾 즉위. 왕권이 일시 溫祚계에서 沸流계로 옮겨감 - 249:신라의 沾解가 辰韓지역의 통합을 거의 끝냄. 弁韓지역은 끝내 가야의 통합을 이루지 못함 - 277:백제의 古爾가 처음으로 중국(晉)에 사신을 보냄 - 280:신라의 味鄒가 처음으로 중국(晉)에 사신을 보냄
	300년경:高句麗 · 百濟 · 新羅에 鐵器時代 끝나고 古墳期 시작됨		
4세기	- 342:고구려의 乙弗(美川王)이 慕容燕(337년에 慕容氏가 燕王을 칭함)의 공격을 받고 수도 輯安이 함락됨	- 313~314:고구려의 乙弗(美川王)의 압력으로 樂浪郡 · 帶方郡이 撤收하여 鮮卑 慕容氏의 지배 하로 들어감	- 346:백제의 近肖古 즉위(~375). 王權이 溫祚계로 다시 돌아감

구분	夫餘·高句麗 지역	朝鮮 지역	百濟·加耶·新羅 지역
	- 347 : 북부여왕 玄이 慕容燕의 공격을 받고 납치됨(이 무렵의 북부여는 開原 방면?). 夫餘는 이로부터 한국사의 主軸에서 脫落		- 356 : 신라의 奈勿 즉위. 昔씨왕조 끝나고 金씨왕조 시작됨 - 369 : 백제의 近肖古가 全南해안까지 진출하고 洛東江유역을 세력권에 넣어(北은 禮成江 선), 百濟의 最大領域을 이룩함. 加耶는 이로부터 한국사의 主軸에서 脫落됨
	369 : 고구려의 斯由(故國原王)와 백제의 近肖古가 황해도 방면에서 첫 衝突. <三國鼎立> 시작됨		
	- 372 : 고구려의 丘夫(小獸林王) 때, 前秦(東境은 遼河)에서 佛敎 들어옴 - 391 : 고구려의 談德(廣開土王) 즉위. 북은 대체로 琿春-寧安(?)-開原-遼河선을, 남은 臨津江선을 경계로 하여, 高句麗의 最大領域을 이룩하기 시작함. 이 代에 고구려의 압력으로 遼東郡·玄莵郡이 撤收하여 後燕 慕容氏의 지배하로 들어감		- 384 : 백제의 枕流왕때, 東晋에서 佛敎 들어옴
5~7세기	- 427 : 고구려의 巨璉(長壽王)이 수도를 집안에서 평양으로 옮겨「平壤-서울江東-慶州」시대 시작됨. 이 代에 고구려의 南鏡이 牙山灣-鳥嶺-迎日灣까지 뻗음 - 611 : 고구려의 乙支文德이 淸川江에서 隋軍을 大破 - 645 : 고구려의 양(양)만춘이 요동 안시성에서 당군을 격퇴 - 668 : 고구려 망함	<참고> 527~528 : 倭에 磐井의 亂. 일본 機內의 倭 세력이 北九州에 미침 <참고> 646 : 일본에 大化改新이 시작되어 古代天皇制가 확립됨	- 417~458 : 신라의 訥祇때, 高句驪에서 佛敎 들어옴 - 475 : 백제의 문주가 수도를 서울 강동에서 공주로 옮겨「平壤-公州-慶州」시대 시작됨 - 527 : 신라의 原宗(法興王), 佛敎를 公認 - 538 : 백제의 명농(성왕)이 수도를 공주에서 부여로 옮겨「平壤-夫餘-慶州」시대 시작됨 - 540 : 신라의 彡麥宗(眞興王) 즉위. 三國期 新羅의 最大 領域을 이룩하기 시작함 - 660 : 百濟 망함
	676 : 新羅의 唐軍 축출 成功. 三國統一 이룩함.		

* 위의 <한국고대사 약연표>는 천관우 선생이 구상했던 한국고대사의 흐름을 개관하는데 도움이 된다(천관우, 『인물로 본 한국고대사』, 정음문화사, 1983, pp.114~118의 내용을 추려서 정리).

제3편
삼한의 성장과 인식 변천

제1장
마한과 백제,
마한의 세력범위와 백제국

제2장
진한과 신라,
사로국의 성장과 낙랑

제3장
변한과 가야,
'변한-가야' 인식의 변천과 연구성과

제3편 제1장

마한과 백제,
마한의 세력범위와 백제국

Ⅰ. 머리말

『삼국지』위서 오환선비동이전 한전(이하 '한전'으로 줄임)에 보이는 백제국伯濟國은 마한 사회를 구성하는 제소국諸小國 가운데 하나로서 백제百濟의 모태가 되었던 정치체이다. 마한 북부에 자리한 한강 유역을 중심으로 성장했던 백제국은 주변 소국들을 통합하면서 세력범위를 넓혀갔다. 곧 마한제국諸國 가운데 하나였던 백제국의 성장은 기존 마한의 중심 세력이었던 목지국目支國이 쇠퇴해 갔음을 의미한다. 또 공간적으로는 마한의 세력범위가 북쪽에서 남쪽 방면으로 잠식당하는 셈이 된다.[1] 그리하여 백제국

---

1) 伯濟國의 成長과 馬韓의 勢力範圍에 대한 접근은 백제의 성립과 성장, 마한의 사회상, 백제와 마한의 역학관계 등의 문제와 밀접한 연관을 갖는다. 이에 대한 연구성과 가운데 본고와 관련하여 참고한 논고를 소개하면 다음과 같다(千寬宇,「三韓의 成立過程」『史學研究』26, 1975;『古朝鮮史 · 三韓史研究』, 一潮閣, 1989; 李丙燾,『韓國古代史研究』, 博英社, 1976; 李鍾旭,「百濟의 國家形成」『大丘史學』11, 1976;『한국의 초기국가』, 아르케, 1999; 李賢惠,『三韓社會形成過程研究』, 一潮閣, 1984; 全榮來,「百濟南方境域의 變遷」『千寬宇先生還曆紀念韓國史學論叢』, 正音文化社, 1985; 盧重國,「百濟의 成立과 發展」『震檀學報』60, 1985;「馬韓의 成立과 變遷」『馬韓 · 百濟文化』10, 1987;『百濟政治史研究』, 일조각, 1988; 金貞培,『韓國古代의 國家形成과 起源』, 高麗大出版部, 1985; 李基東,「馬韓

의 성장은 내부적으로 구성 집단을 결속시키고, 외부적으로 북방의 중국 군현郡縣 및 동북방의 말갈靺鞨 세력과 항쟁하면서 남쪽으로 목지국 중심의 마한 연맹체를 잠식하는 방향으로 전개되었다.[2]

　초기 백제는 일정한 기간 마한의 영향권 아래에 있었던 만큼, 백제의 성립과 성장 과정은 마한과의 관계 속에서 접근하였다. 일찍이 마한의 중심 세력으로 목지국과 그 지배자로서 진왕辰王의 존재가 주목되었다. 진왕은 삼한 사회에서 유일하게 왕호王號를 칭한 존재로서 삼한 제국을 대표했던 인물로 부각하기도 했지만, 관련 기록에 대한 구구한 해석으로 그 실상에 접근하기가 쉽지 않았다.[3] 이와 함께 백제의 마한통합과 관

　　領域에서의 百濟의 成長』『馬韓·百濟文化』 10, 1987; 「백제국의 성장과 마한병합」『백제논총』 2, 1990; 『百濟史研究』, 일조각, 1996; 張元燮, 「百濟初期 東界의 形成에 관한 一考察」『淸溪史學』 7, 1990; 武田幸男, 「三韓社會における辰王と臣智(上)」『朝鮮文化研究』 2, 1995; 金杜珍, 「馬韓社會의 構造와 性格」『馬韓·百濟文化』 12, 1990; 『韓國古代의 建國神話와 祭儀』, 一潮閣, 1999; 兪元載, 「百濟 湯井城 研究」『百濟論叢』 3, 1992; 「晉書의 馬韓과 百濟」『韓國上古史學報』 17, 1994; 『中國正史百濟傳硏究』, 學研文化社, 1995; 權五榮, 「百濟의 成立과 發展」『한국사』 6, 국사편찬위원회, 1995; 朴燦圭, 「百濟의 馬韓征服過程 硏究」, 단국대학교 박사학위논문, 1995; 「백제의 마한사회병합과정 연구」『국사관논총』 95, 2001; 姜鳳龍, 「百濟의 馬韓併呑 新考察」『韓國上古史學報』 26, 1997; 김수태, 「3세기 중·후반 백제의 발전과 馬韓」『馬韓史 硏究』, 忠南大學校 出版部, 1998; 「百濟의 對外交涉權 掌握과 馬韓」『百濟研究』 33, 2001; 朴淳發, 「前期馬韓의 時·空間的 位置에 대하여」『馬韓史 硏究』, 1998; 『漢城百濟의 誕生』, 서경, 2001; 윤용구, 「『三國志』 韓傳 對外關係記事에 대한 一檢討」『馬韓史 硏究』, 1998; 李道學, 「새로운 摸索을 위한 點檢, 目支國 研究의 現段階」『馬韓史 硏究』, 1998; 朴賢淑, 「百濟 地方統治體制 硏究」, 고려대학교 박사학위논문, 1998; 金英心, 「百濟 地方統治體制 硏究」, 서울대학교 박사학위논문, 1998; 姜鍾元, 「4世紀 百濟 政治史 硏究」, 충남대학교 박사학위논문, 1998; 김기섭, 『백제와 근초고왕』, 학연문화사, 2000; 文昌魯, 『三韓時代의 邑落과 社會』, 신서원, 2000; 문안식, 『백제의 영역확장과 지방통치』, 신서원, 2002).

2) 權五榮, 앞의 논문, 1995, p.28.

3) 마한 사회에서 차지하는 진왕의 위상 및 그 실체에 대한 접근으로 다음의 논고가 참고된다 (千寬宇, 「目支國考」『韓國史研究』 24, 1979; 金貞培, 「目支國小攷」『千寬宇先生還曆紀念韓國史學論叢』, 1985; 盧重國, 「目支國에 대한 一考察」『百濟論叢』 2, 1990; 武田幸男, 「魏志東夷傳における馬韓」『馬韓·百濟文化』 12, 1990; 兪元載, 「百濟의 馬韓 征服과 支配方式」『百濟論叢』 6, 1997; 李賢惠, 「3세기 馬韓과 伯濟國」『百濟의 中央과 地方』, 忠南大學校 百濟研究所, 1997; 윤용구, 「三韓의 對中交涉과 그 性格」『國史館論叢』 85, 1999; 權五榮, 「백제국에서 백제로의 전환」『역사와 현실』 40, 2001; 尹善泰, 「馬韓의 辰王과 臣濆

런하여 『삼국사기』 백제본기(이하 '백제본기'로 줄임)에 온조왕 대의 기사를 중심으로 전개된 논의 역시 관련 자료의 신빙성 문제를 비롯한 마한의 병합 시기, 마한과 초기 백제의 세력범위 등에 견해차를 보여온 것이 사실이다.

백제국의 성장과 함께 변화해 갔던 마한의 세력범위를 살펴보기 위해서는 관련 사료에 대한 신중한 접근이 모색되어야 한다. 이를 위해서는 먼저 사서史書에 전하는 마한에 대한 인식과 그 역사적 실체를 분명히 할 필요가 있다. 또한 백제국의 성립과 관련하여 인접 낙랑군樂浪郡 세력의 부침浮沈과 대방군帶方郡의 치폐置廢, 서북한西北韓 방면 유이민의 남하 등에 연계되어 직·간접적인 영향을 받았던 마한 사회의 변화양상도 고려해야 할 것이다. 이와 함께 백제에 의한 마한 세력의 통합과정을 해명하기 위해서는 마한 목지국의 실상과 진왕의 실체에 대한 접근 역시 반드시 짚고 넘어가야 할 과제이다.

본고에서는 마한제국의 하나였던 백제국이 성장함에 따라 변화해 갔던 마한의 세력범위를 추구하면서 다음과 같은 논지를 전개하려고 한다. 우선 마한이 역사적 산물이라고 할 때, '마한'의 역사적 실체는 시간의 흐름에 따라 세력범위를 달리하며 변화하는 추이를 조망할 수 있을 것이다. 곧 문헌을 통해서 확인되는 '마한' 인식과 실제 마한의 역사적 실상을 구분하여 마한 사회의 변화양상을 정리하고자 한다. 그런 다음 백제본기에 보이는 온조왕 대의 기사를 통하여 마한과 백제 사이에 전개되었던 역학관계의 흐름을 살펴보면서 그 역사적 의미를 새겨 보고자 한다. 이와 함께 한강 유역의 유력한 소국으로 상정되는 백제국의 성장에 따른 주변 제소국 곧 '근군제국近郡諸國'과의 관계를 통해서 마한 북부 세력의 실상에 접근하고, 이를 통해 초기 백제의 국가적 성장 과정을 알아보려고 한다. 마지막으로 목지국 진왕의 출현과 마한제국의 세력 분포를 살펴보면서, 마한 목지국의 실상과 진왕의 정치적 위상을 그려보려고 한다. 그리하여 마한의 세력범위와 한성 도읍기 초기 백제의 역사적 실상에 대한 일단을 엿보려고 한다.

沽國 -領西濊 지역의 歷史的 推移와 관련하여-」『百濟硏究』 34, 2001; 鄭載潤, 「魏의 對韓政策과 崎離營戰鬪」『中原文化論叢』 5, 2001; 박대재, 「『三國志』 韓傳의 辰王에 대한 재인식」『韓國古代史硏究』 26, 2002; 文昌魯, 「'三國志' 韓傳의 辰王에 대한 이해방향」『韓國學論叢』 26, 2003; 李富五, 「1~3세기 辰王의 성격 변화와 三韓 小國의 대외교섭」『新羅史學報』 창간호, 2004).

II. '마한' 인식과 실제

　삼한의 형성과정과 세력범위에 대해서는 기왕에 여러 견해가 제시되었다.**4)** 대체로 마한은 한반도 중남부지역의 서쪽 방면에 자리했던 것으로 이해되는데, 마한의 형성과 세력범위를 가늠하기 위해서는 다음 기록을 참고할 수 있다.

> (1) 한韓은 세 종족이 있으니 하나는 마한馬韓, 둘째는 진한辰韓, 셋째는 변진弁辰이다. 마한은 서쪽에 있으며 54국國이 있다. 그 북쪽은 낙랑樂浪, 남쪽은 왜倭와 접하였다. 진한은 동쪽에 자리하며 12국이 있는데 그 북쪽은 예맥濊貊과 접하였다. 변진은 진한의 남쪽에 있으며 역시 12국이 있는데 그 남쪽은 왜와 접하였다. 모두 78개국이고 백제伯濟는 그 가운데 한 나라이다. 대국大國은 1만여 호戶이고 소국小國은 수천 가家인데, 각기 산과 바다 사이에 있어 전체 땅의 넓이가 사방 4천여 리가 된다. 동쪽과 서쪽은 바다를 한계로 하니 모두 옛 진국辰國이다. 마한이 가장 강하여 그 종족이 함께 왕을 세워 진왕辰王으로 삼아 목지국目支國에 도읍하여 전체 삼한 지역의 왕으로 군림하는데 (삼한의) 제국왕諸國王의 선대는 모두 마한 종족의 사람이다(『후한서』 한전).**5)**
>
> (2) 한韓은 대방帶方의 남쪽에 있으며 동쪽과 서쪽은 바다를 한계로 삼고 남쪽은 왜倭와 접하였으니 면적이 사방 4천 리가 된다. (韓은) 세 종족이 있으니 하나는 마한, 둘째는 진한, 셋째는 변한弁韓이다. 진한은 옛 진국이다. 마한은 서쪽에 있다. … 모두 50여 국이 있다. 대국은 1만여 가家이고 소국은 수천 가로서 모두 10여만 호이다. 진왕은 월지국(목지국)을 통치한다(『삼국지』 한전).**6)**

　위 기록에 의하면 삼한 또는 진한은 각각 '옛 진국(古之辰國)'이라고 한 점으로 보아(1)

---

4) 文昌魯, 앞의 책, 2000, pp.27~40.

5) 『後漢書』 東夷列傳, 韓, "韓有三種 一曰馬韓 二曰辰韓 三曰弁辰 馬韓在西 有五十四國 其北與樂浪 南與倭接 辰韓在東 十有二國 其北與濊貊接 弁辰在辰韓之南 亦十有二國 其南亦與倭接 凡七十八國 伯濟是其一國焉 大者萬餘戶 小者數千家 各在山海間 地合方四千餘里 東西以海爲限 皆古之辰國也 馬韓最大 共立其種爲辰王 都目支國 盡王三韓之地 其諸國王先皆是馬韓種人焉".

6) 『三國志』 魏書, 東夷傳, 韓, "韓在帶方之南 東西以海爲限 南與倭接 方可四千里 有三種 一曰馬韓 二曰辰韓 三曰弁韓 辰韓者古之辰國也 馬韓在西 … 凡五十餘國 大國萬餘家 小國數千家 總十餘萬戶 辰王治月(目)支國".

(2), 이들은 진국辰國의 뒤를 잇는 정치체로 인식되었다. 진국의 역사적 실체는 『사기史記』와 『한서漢書』에서 확인되어 시기적으로 전한사前漢史에 국한되는 존재라고 이해할 수 있으므로, 마한 성립의 하한은 늦어도 기원을 전후한 시기까지 내려갈 수는 없다. 이미 마한의 성립은 청동기 문화를 수용한 진국의 출현에 주목하여 서기전 3세기경에 성립된 것으로 보기도 하지만,7) 서북한 방면 준왕準王 세력의 남하를 기점으로 하는 서기전 2세기경으로 파악할 수 있다.8)

한편 (1)은 삼한의 위치를 '북여낙랑北與樂浪'이라고 하여 북으로 서북한 일대의 낙랑군과 접경한다고 하였다. 그리고 (2)에서는 낙랑군 남쪽의 황해도 일원에 대방군이 설치되면서 삼한이 '대방지남帶方之南'에 위치했다고 전한다. 곧 삼한은 시기에 따라서 낙랑군 혹은 대방군과 경계를 이루며 한반도 중ㆍ남부 일대에 자리했던 것으로 인식되었다. 이처럼 중국 군현과 북쪽 경계를 접했던 마한은 '마한재서馬韓在西'라고 전하여 한반도 중ㆍ남부의 서쪽 방면에 위치하였다고 본다.9) (1)과 (2)에서 마한은 진ㆍ변한에 비해서 상대적으로 큰 세력으로 인식되었으며,10) 50여 국國으로 구성되었다고 하였다. 『삼국지』 한전에는 마한 제소국의 국명國名이 일일이 수록되었으나, 개별 소국의 구체적인 위치를 전하는 기록이 없어 상세한 정보를 얻기 어려운 형편이다.

그런데 중국 군현의 이남인 한반도 서ㆍ남부지역 일대에 분포한 마한의 영역은 충청ㆍ전라지역으로 상정하거나,11) 마한이 성립된 이후 처음 영역은 충청ㆍ전라지역을

---

7) 盧重國,「馬韓의 成立과 變遷」『馬韓ㆍ百濟文化』 10, 1987, pp.25~29에서 마한은 기원전 3세기경 청동기ㆍ초기철기문화를 배경으로 성립한 소국연맹체로 이해하였다.

8) 千寬宇, 『古朝鮮史ㆍ三韓史研究』, 一潮閣, 1989, pp.171~173.

9) 『三國史記』 卷1, 新羅本紀1, 始祖 赫居世居西干 38年, "前此中國之人 苦秦亂 東來者衆 多處馬韓東 與辰韓雜居 至是寖盛"이라고 하여, 마한의 동쪽에 자리한 진한지역에 秦亂을 피해 온 중국 이주민이 다수 정착한 사실을 전한다. 또한 같은 왕 39年, "馬韓王薨 或說上曰西韓王前辱我使 今當其喪征之 其國不足平也"라고 하여, 馬韓王은 곧 '西韓王'이라고 칭하였다. 이러한 사실을 통해서도 新羅(辰韓)의 서쪽에 馬韓(西韓)이 위치했던 인식을 유추할 수 있다.

10) 『三國史記』 卷1, 新羅本紀1, 始祖 赫居世居西干 38年, "春二月 遣瓠公聘於馬韓 馬韓王讓瓠公曰 辰卞二韓爲我屬國 比年不輸職貢 事大之禮 其若是乎"라고 하여, 마한이 진한과 변한을 속국으로 취급했던 경험을 언급하고 있다.

11) 李丙燾, 『韓國古代史研究』, 博英社, 1976, p.258.

포괄하다가, 한강 유역을 중심으로 존재한 진국 세력이 해체된 뒤에는 경기지역까지 세력범위를 확대한 것으로 파악하기도 한다.[12] 그런가 하면 한강 이남을 마한 세력의 북쪽 범위로 보기도 한다.[13] 다만 마한제국 가운데 북부지역에서 군현과 접경했던 '근군제국'의 존재를 고려한다면, 한강 이북의 경기 북부지역도 마한의 세력범위에 포함해도 좋을 듯싶다. 특히 대방군의 치소治所를 황해도 일대로 상정한다면, 마한의 북쪽 세력범위는 예성강 · 임진강 유역을 한계로 하여 그 이상을 넘어설 수는 없을 법하다.[14]

이처럼 문헌상 확인되는 마한의 세력범위가 경기 · 충청 · 전라지역을 포괄한다고 할 때, 삼국 출현 이전부터 마한 전 지역을 하나의 문화권 내지는 정치세력권으로 묶기에는 매우 넓은 범위라고 생각된다. 사실 마한의 50여 국을 하나의 세력권으로 인식한 것은 중국사가中國史家들이 중국 군현 이남의 한반도 중 · 남부지역에 대한 한정된 정보를 바탕으로 재해석했던 역사상歷史像으로 이해될 수 있다.[15] 이는 곧 중국 측에 의해 자의적으로 기술된 막연한 '마한' 인식이 중국 사서에 반영된 결과라고 할 수 있다.

실제로 중국사서 가운데 『사기』의 '천자天子에 입현入見하지 않았으며 진번眞番 주변의 진국(여러 나라)이 글을 올려 천자에게 알현謁見하는 것도 가로막아 통하지 못하게 했다'라는 기사 및 『한서』의 '천자에게 입현하지 않았으며 진번眞番 · 진국辰國이 글을 올려 천자에게 알현하는 것도 가로막아 통하지 못하게 하였다'라는 기록으로 보아,[16] 한漢은 고조선 멸망 이전부터 그 남쪽 세력을 '진국辰國' 혹은 '중국衆國'이라고 하여 하나의 교섭 주체로 인식했던 것으로 본다. 또한 『삼국지』 한전에 인용된 『위략魏略』의 기

---

12) 盧重國, 앞의 논문, 1987, pp.29~31.

13) 林永珍, 「馬韓의 形成과 變遷에 대한 考古學的 考察」 『三韓의 社會와 文化』, 신서원, 1995, pp.118~119.

14) 馬韓의 北方限界는 대략 禮城江 · 臨津江 유역에 한정시킬 수 있을 것으로 상정하였는데(成周鐸, 「馬韓 · 初期百濟史에 對한 歷史地理的 管見」 『馬韓 · 百濟文化』 10, 1987, pp.164~165), 이곳은 帶方郡이 설치된 황해도 지역과의 교섭지점이 되며, 옛 진번군 이남 지역에도 해당한다고 하였다.

15) 崔盛洛 편, 『榮山江流域의 古代社會』, 학연문화사, 1999, pp.302~303.

16) 『史記』 朝鮮列傳, "又未嘗入見 眞番旁辰(衆)國欲上書見天子 又擁關不通"; 『漢書』 朝鮮傳, "又未嘗入見 眞番辰國欲上書見天子 又雍關弗通".

사에서 확인되는 '진국'[17]의 존재 역시 앞서 고조선 남쪽 세력을 '진(중)국'이라고 지칭하였던 사실과 같은 맥락에서 이해할 수 있다. 그렇다면 고조선 멸망 이후 중국 군현 이남의 한반도 중·남부지역을 과거 진국과 계통을 같이 했던 하나의 세력권으로 취급한 결과, (1)과 같이 삼한 전체를 '옛 진국(古之辰國)'에 결부시켰는지도 모르겠다. 곧 중국사서의 '마한' 인식에는 전통적으로 중국 군현 이남에 존재했던 하나의 세력권이라는 지역적 개념이 근저에 자리하였을 법하며, 자연 마한으로 표기된 정치체가 반드시 마한의 역사적 실상과 들어맞는다고 단정하기는 어려울 듯하다.

이와 관련하여 백제본기의 온조왕 27년에 정작 마한이 멸망했다고 전하지만, 마한의 존재는 그 뒤에도 확인할 수 있다.[18] 곧 온조왕 대에 나타나는 마한의 역사적 실체는 경기·충청·전라지역을 포괄하는 마한 전체라고 파악하기보다는 마한을 구성하는 특정한 일부 정치체 내지는 세력권으로 한정하여 접근할 수 있다. 어쩌면 온조왕 대에 멸망한 마한은 마치 『삼국사기』 고구려본기(이하 '고구려본기'로 줄임) 대무신왕大武神王 20년에 멸망한 '낙랑'의 실체와 비견될 수 있을지도 모르겠다. 고구려본기의 대무신왕 대에는 다음과 같이 서로 다른 역사적 실체로 상정할 수 있는 2개의 낙랑을 확인할 수 있어 주목된다.[19]

> (3) 여름 4월에 왕자 호동好童왕자이 옥저沃沮에 놀러 갔을 때 낙랑왕樂浪王 최리崔理가 나왔다가 그를 보고 물어 말하기를, "그대의 안색을 보니 예사 사람이 아니오. 어찌 북국北國 신왕神王의 아들이 아니겠는가"라고 하였다. 마침내 함께 돌아와 딸을 아내로 삼게 하였다. 그 뒤 호동이 환국하여 몰래 사람을 보내어 최리의 딸에게 알려 말하기

---

17) 『三國志』韓傳, "朝鮮相歷谿卿以諫右渠不用 東之辰國 時民隨出居者二千餘戶 亦與朝鮮貢蕃不相往來".

18) 溫祚王 27年의 '馬韓遂滅' 이후에도 『三國史記』 卷1, 新羅本紀1, 脫解尼師今 5年, "秋八月 馬韓將孟召 以覆巖城降"이라고 하여, 신라에 항복한 마한의 일부 세력으로 馬韓의 장수 孟召가 거느린 복암성의 존재가 확인된다. 또한 마한은 『三國志』韓傳 및 『後漢書』韓傳에서 구성 소국을 비롯한 구체적인 생활상을 전하며, 실제로 『晉書』東夷列傳 馬韓條에서 咸寧 3年부터 太熙 元年까지 晉나라에 遣使한 기록이 전해지고 있어 3세기 후반까지 마한의 역사적 활동을 확인할 수 있다.

19) 『三國遺事』 卷1, 紀異2, 樂浪國, "國史云 赫居世三十年 樂浪人來投 又第三弩禮王四年 高麗第三無恤王 伐樂浪滅之 其國人與帶方投于羅 又無恤王二十七年 光虎帝遣使伐樂浪 取其地爲郡縣 薩水已南屬漢"에서 같은 내용을 확인할 수 있다.

를, "만일 나라의 무기고에 들어가 북을 찢고 나팔을 부수면 내가 예로써 맞이할 것이요, 그렇지 않으면 맞이하지 않을 것이오"라고 했다. 이에 앞서 낙랑은 북과 나팔이 있어 만약 적병이 있으면 저절로 소리를 냈다. 그런 까닭으로 그것을 부수게 한 것이다. 이에 최리의 딸이 예리한 칼을 가지고 몰래 창고 안에 들어가 북 가죽을 찢고 나팔 주둥이를 쪼개고 호동에게 알렸다. 호동은 부왕에게 권하여 낙랑을 습격하였다. 최리는 북과 나팔이 울리지 않았기 때문에 대비하지 못했다. 우리 병사가 엄습하여 성 아래에 다다른 후에야 북과 나팔이 모두 부서진 것을 알았다. 마침내 딸을 죽이고 나와 항복했다(대무신왕 15년, A.D.31).[20]

(4) 왕이 낙랑을 습격하여 멸망시켰다(같은 왕 20년, A.D.37).[21]

(5) 가을 9월에 한漢 광무제가 병력을 보내 바다를 건너 낙랑을 치고 그 땅을 빼앗아 군현으로 삼으니, 살수薩水 이남이 한漢에 속하게 되었다(같은 왕 27년, A.D.44).[22]

먼저 (4)의 대무신왕 20년(A.D.37)에 멸망한 '낙랑'은 바로 신라본기 유리이사금 14년(37)에 '고구려왕 무휼無恤이 낙랑을 습격하여 멸망시키자 그 나라 사람 5,000명이 투항해 오니 6부에 나누어 살게 하였다'[23]라고 한 사실과 같은 맥락에서 파악할 수 있다. 이때의 낙랑은 (3)에 보이는 대무신왕 15년(A.D.32)에 왕자 호동好童이 옥저에 유람하다 만났던 '낙랑'왕 최리의 낙랑국으로 이해된다.

한편 사료 (5)와 같이 대무신왕 27년(A.D.44)에 후한 광무제가 바다 건너 파병하여 낙랑을 정벌하고 그 땅을 한군현으로 삼았던 '낙랑'의 존재는 고구려 미천왕 14년(A.D.313)에 축출했던 바로 서북한 방면에 자리한 낙랑군으로 생각된다.[24] 그렇다면 온조

---

20) 『三國史記』 卷14, 高句麗本紀2, 大武神王 15年, "夏四月 王子好童遊於沃沮 樂浪王崔理出行因見之 問曰 觀君顔色 非常人 豈非北國神王之子乎 遂同歸以女妻之 後好童還國 潛遣人 告崔氏女曰 若能入而國武庫 割破鼓角 則我以禮迎 不然則否 先是 樂浪有鼓角 若有敵兵則自鳴 故令破之 於是 崔女將利刀 潛入庫中 割鼓面角口 以報好童 好童勸王 襲樂浪 崔理以鼓角不鳴不備 我兵掩至城下 然後知鼓角皆破 遂殺女子 出降".

21) 『三國史記』 卷14, 高句麗本紀2, 大武神王 20年, "王襲樂浪 滅之".

22) 『三國史記』 卷14, 高句麗本紀2, 大武神王 27年, "秋九月 漢光武帝遣兵渡海伐樂浪 取其地 爲郡縣 薩水已南屬漢".

23) 『三國史記』 卷1, 新羅本紀1, 儒理尼師今 14年, "高句麗王無恤 襲樂浪滅之 其國人五千來投 分居六部".

24) 평양 일대에 존재한 '낙랑'은 『三國史記』 卷14, 高句麗本紀2, 閔中王 4年, "冬十月 蠶友落

왕 대에 마한이 멸망했음에도 그 뒤 서기 3세기 후반까지 마한의 실체가 역사서에 확인되는 사실은 마치 고구려본기에 대무신왕 대 멸망한 낙랑의 존재와는 별개로 실제 4세기 초반경 서북한 지방에서 축출된 낙랑군의 사례에 비견될 수 있겠다.[25]

한편 『삼국사기』 초기 기록에서 신라와 고구려에 병합된 소국들은 대체로 '국國' 단위에 한정된 세력범위를 넘어서지 않는다. 예컨대 신라본기에 보이는 우시산국于尸山國 · 거칠산국居漆山國 · 음즙벌국音汁伐國 · 실직국悉直國 · 압독국押督國 · 이서국伊西國 · 골벌국骨伐國 · 사벌국沙伐國 · 소문국召文國 등은 신라에 편입되기 전에 독자적 세력을 형성한 정치체로 소국 곧 '성읍국가'의 범주에 포함될 수 있다.[26] 이와 함께 고구려본기에 보이는 송양국松壤國을 비롯하여 성읍 및 군현으로 편제되었던 행인국荇人國, 갈사국曷思國 등은 물론 황룡국黃龍國 · 개마국蓋馬國 · 구다국句茶國 등도 역시 고구려에 정복, 합병되기 전에는 각각 개별 소국 단위로 존재하였을 것이다. 또한 비류국沸流國에 상정되는 비류나沸流那를 비롯하여 관나貫那 · 조나藻那 · 주나朱那 등의 '나那' 역시 소국의 범주를 크게 벗어나지 않는 것으로 본다.[27] 이처럼 신라본기와 고구려본기에 보이는 일련의 소국 병합 사례에서 개별 소국의 규모에는 다소의 차이가 있겠지만 그 세력범위는 적어도 한전의 '국' 단위를 크게 넘어서 상정하기는 어렵다.

이에 비해 유독 백제본기에는 고구려나 신라처럼 여러 소국을 병합해 가는 사례를 확인할 수 없는 실정이다. 다만 온조왕조에 수록된 마한 병탄 기록이 눈에 두드러질 뿐이다. 그렇다면 온조왕 대에 수록된 백제의 마한 정복 기사는 앞서 고구려와 신라 국가의 성장 과정으로 주변의 소국을 병합해 갔던 사례에 일정 부분이 부합할 수 있는 여지를 남긴다. 곧 온조왕 대의 마한 병탄 기록은 백제가 고대국가로 성장하는 과정에서 남쪽 방면의 여러 소국을 병합해 갔던 사실이 일부 함축된 것으로 유추할 수도 있다.

실제로 백제는 온조왕 26년에 마한의 국읍國邑을 병합하고, 이듬해 끝까지 저항하

部大家戴升等一萬餘家 詣樂浪投漢", 같은 책, 高句麗本紀5, 美川王 14年, "冬十月 侵樂浪郡虜獲男女二千餘口" 등의 기록을 통해서 확인할 수 있다.

25) 沈正輔, 「百濟의 馬韓征服과 支配方法에 대한 討論要旨」『第2回 百濟史 定立을 위한 學術세미나-제1부 百濟의 建國과 漢城時代』, 百濟文化開發研究院, 1996, p.39.

26) 李鍾旭, 『新羅國家形成史研究』, 一潮閣, 1982, pp.73~90.

27) 李基白, 「高句麗의 國家形成 問題」『韓國 古代의 國家와 社會』, 一潮閣, 1985, pp.83~90.

는 원산圓山, 금현錦峴 2성의 항복을 받아 마한을 완전하게 병탄한 것으로 전한다.**28)** 마한의 국읍이 무너진 뒤에도 2성을 중심으로 마한 잔여 세력이 항쟁한 사실을 고려한다면, 이때의 마한은 앞서 신라와 고구려에 병합된 소국 단위보다는 넓은 세력범위를 가졌음이 분명하다. 또 백제는 마한의 요충지에 대두산성大豆山城을 쌓았고, 그 뒤 온조왕 34년에 마한 구장舊將 주근周勤(?~16)이 우곡성牛谷城에서 일으킨 반란을 제압했다. 이와 함께 온조왕 36년에는 탕정성湯井城을 축조하여 마한의 민호民戶를 나누어 살게 하였으며, 원산성과 금현성을 고치고 수리하는 한편 고사부리성古沙夫里城을 쌓았다고 전한다.**29)**

이처럼 백제가 마한을 병합하면서 확보한 세력범위는 마한 국읍國邑을 비롯하여 원산, 금현 2성과 대두산성, 탕정성, 우곡성 등 여러 성城을 포괄한다. 결국 온조왕 대에 수록된 마한의 실체는 경기 · 충청 · 전라를 포괄하는 '마한' 전체로 취급하기는 어렵지만, 그렇다고 '국' 단위에 한정된 범위로 축소하여 이해할 수도 없다. 곧 백제본기의 마한은 고구려와 신라에 병합된 소국의 규모에 비해서 상대적으로 광역의 세력권을 상정할 수 있는 정치체로 상정할 수 있다.**30)**

마한 50여 국이 자리한 경기 · 충청 · 전라지역은 지형상 남쪽으로 내려가면서 소백산맥 이서以西 방면은 동쪽에서 서쪽으로 빗겨 내리는 차령산맥과 노령산맥 등에 의해 뚜렷하게 구분되는 지형을 이루고 있다. 그 사이를 타고 흐르는 한강, 안성천, 금강, 영산강 일대에는 마한의 주요 소국들이 분포하였을 법하다. 이미 차령산맥과 금강을 경계로 그 북쪽과 남쪽, 그리고 노령산맥과 영산강으로 형성된 지형적 특성을 설정하면서, 이를 바탕으로 마한 54국을 크게 세 부류로 구분하기도 한다.**31)** 곧 차령과 금강의

---

28) 『三國史記』 卷23, 百濟本紀1, 溫祚王 26年.

29) 『三國史記』 卷23, 百濟本紀1, 溫祚王 36年, "秋七月 築湯井城 分大豆城民戶居之 八月 修葺圓山錦峴二城 築古沙夫里城".

30) 백제본기에 수록된 마한의 역사적 실체는 적어도 소국의 범위를 넘어선 대국을 중심으로 주변의 소국들이 결합한 소국 연맹체 내지는 연맹왕국 체제에 진입한 것으로 여겨진다. 실제로 국읍과 여러 '성'을 포괄하는 '마한'의 구체적인 실상은 목지국을 중심으로 주변 소국들이 결집한 광역의 정치체일 가능성이 매우 클 것으로 생각된다.

31) 兪元載, 「百濟의 馬韓 征服과 支配方式」 『제2회 百濟史 定立을 위한 學術세미나』, 1996; 『百濟論叢』 6, 1997; 『榮山江流域의 古代社會』, 學研文化社, 1999, pp.146~150.

이북 지역에 있던 목지국 중심의 마한 세력, 차령산맥과 금강 유역에 자리했던 건마국乾馬國 중심의 마한 세력, 그리고 노령산맥과 영산강 유역에 자리한 나머지 마한 세력 등이 그것이다. 그런가 하면 고고학적인 성과를 바탕으로 마한 지역을 한강 유역권, 아산만 유역권, 금강 유역권, 영산강 유역권 등 4개의 문화권역으로 구분한 견해도 같은 맥락에서 이해할 수 있다.[32] 이처럼 마한 지역의 지형적인 특징에 의해 구분되는 주요 세력권은 각각 중심 소국, 곧 『삼국지』한전의 마한 대국大國이 중심이 되어 주변의 소국들이 결속된 연맹체를 이루었던 것으로 여겨진다.

실제로 마한 지역에 소국연맹체를 형성한 주요 세력권의 중심 소국으로는 한강 유역의 백제국을 위시하여 진왕이 다스렸던 목지국, 그리고 그 남쪽에 자리한 건마국 등을 꼽을 수 있다. 이들은 마한제국 중에 바로 '대국'에 해당하는 정치체로서, 마한과 전통적으로 깊은 연관을 맺는 저명한 '국'으로 이해될 수 있다. 곧 한강 유역권의 중심 세력으로 백제국을 상정할 수 있다면, 아산만 일대의 중심 세력으로 목지국을,[33] 금강 유역권의 중심 세력으로 건마국 등을 각각 부각할 수 있다.[34] 결국 사서에 확인되는 '마한'의 역사적 실체는 시·공간을 달리하며 변천한 마한의 역사상으로 그려질 수 있다. 그리하여 시간의 흐름에 따라 변화했던 마한의 세력권 혹은 공간적인 범위를 고려한다면, 사서에 전하는 마한에 대한 인식과 마한의 역사적 실상은 서로 구분하여 이해할 필요가 있다.

---

32) 朴燦圭,「百濟의 馬韓征服過程 硏究」, 단국대학교 박사학위논문, 1995, pp.15~49.

33) 지금까지 目支國에 대한 위치 비정은 인천, 한성, 경기 광주 등 한강유역으로 보기도 하지만, 대체로 직산, 예산, 천안 등 아산만 일대로 보는 견해와 공주, 익산 등 금강 유역 일대로 상정하는 견해로 양분할 수 있다. 그런데 목지국의 위치를 추정하는데 고려할 점으로 한반도 중부권에 소재하면서 ①중국 군현과의 교섭이 편리한 지역, ②마한제국을 영도하기에 입지적으로 유리한 점, ③청동기문화의 기반을 지닌 유서 깊은 중서부 지역 등을 제시하면서, 충남 아산 일대로 상정한 견해가 참고된다(李道學,「새로운 摸索을 위한 點檢, 目支國 硏究의 現段階」『馬韓史硏究』, 충남대학교 출판부, 1998, pp.121~122).

34) 이와 같은 견지에서 백제의 마한 병탄 과정을 시·공간적으로 그려볼 때, 한강 유역의 '마한' 소국인 伯濟國이 성장하여 남쪽 방면으로 그 세력을 확대하면서 먼저 아산만 일대의 '마한'인 目支國 세력을 병합하고, 시간이 흐르면서 다시 남진하면서 금강 유역 일대의 '마한'인 乾馬國 세력을, 마지막으로 영산강 유역 '마한' 세력의 병합이라는 축차적인 과정을 설정할 수 있다. 마한의 大國으로서 伯濟國, 目支國, 乾馬國 등과 함께 마한의 주요 세력권으로 영산강 유역의 新彌國 등이 상정될 수 있는데, 이에 대해서는 별도의 접근이 필요하다.

III. 마한의 세력범위와 백제국伯濟國의 성장

1. 마한과 백제국의 관계

널리 알려졌듯이 『삼국사기』에 의하면 백제국가의 출발은 부여계 고구려 이주민 세력인 위례慰禮 지역의 온조溫祚 집단과 미추홀彌鄒忽 지역의 비류沸流 집단을 중심으로 하였다고 한다.[35] 특히 온조 집단은 남하하여 마한왕에게 마한 지역의 동북쪽 1백 리 땅을 할양받아 한강 유역에 정착하여 백제국을 세웠던 것으로 전한다.[36] 그런데 『삼국유사』에 의하면 삼한 70여 '국'의 규모는 평균 사방 100리이며 인구는 각각 1만 호 정도라고 하였다.[37] 초기 백제가 마한에 정착하는 과정에서 할양받은 '백리지지百里之地'는 바로 소국에 해당하는 규모로 이해할 수 있다.[38]

한편 『후한서』 한전과 『삼국지』 한전에 전하는 마한의 주요 구성단위는 50여 개의 '국'으로 상정된다. 삼한 제국의 성립은 국읍, 별읍別邑, 소별읍小別邑, 읍락邑落 등의 세력 단위와 깊은 연관을 갖는다. 국읍과 별읍, 소별읍 등은 본래 읍락을 기반으로 하여 성장 분화한 정치체이며, '국' 내부에 속하는 하부단위로 이해된다.[39] 곧 소국은 국읍

---

35) 『삼국사기』와 『삼국유사』의 기록에서 백제의 시조인 온조와 비류 등이 모두 주몽의 아들로 기록된 점, 백제 왕실이 부여를 왕성으로 삼은 점, 성왕 대에 국호를 남부여로 사용한 점, 건국 초부터 동명왕묘를 세우고 제사 지낸 사실 등을 통해서 부여계 고구려 이주민으로 추정한다.

36) 백제국의 위치에 대해서는 대체로 한강 하류인 현재의 강남구 송파구 일대를 중심으로 존재하였으며, 국읍으로 몽촌토성이나 풍납토성을 상정하고 있다.

37) 『三國遺事』 卷1, 紀異2, 七十二國, "通典云 朝鮮之遺民 分爲七十餘國 皆地方百里 後漢書 云 西漢以朝鮮舊地 初置爲四郡 後置二府 法令漸煩 分爲七十八國 各萬戶".

38) 『孟子』 卷10, 萬章章句(下), "天子之制 地方千里 公侯皆方百里 伯七十里 子男五十里 凡 四等 不能五十里 不達於天子 附於諸侯 曰附庸". 곧 전국시대의 제후 가운데 公侯의 봉지는 '方百里'라고 전하는데, 이를 통해 마한으로부터 '百里之地'를 할양받는 초기 백제는 마한의 제후국으로 인식되었을 법하다.

39) 『三國志』 韓傳, "其俗少綱紀 國邑雖有主帥 邑落雜居 不能善相制御 無跪拜之禮 … 信鬼 神 國邑各立一人主祭天神 名之天君 又諸國各有別邑 名之爲蘇塗 立大木 懸縣鈴鼓 事鬼 神 … 弁辰亦十二國 又有諸小別邑 大者名臣智 其次有險側 次有樊濊 次有殺奚 次有邑 借"라 하여, 國의 구성단위로 國邑, 別邑, 小別邑, 邑落 등을 상정할 수 있다.

을 중심으로 주변 읍락이 결합한 정치체로서 독자적인 운동력을 지녔던 것으로 파악된다. 『후한서』와 『삼국지』 한전에 마한을 구성하는 하나의 소국으로 인식된 백제국 역시 독자적인 운동력을 가진 정치체라고 할 수 있다.

그런데 온조 집단은 선주 세력인 마한의 양해 아래 마한의 세력권에 정착하여 국가를 성립시켰기 때문인지 마한의 속국으로 인식되었다.[40] 대체로 그들은 마한의 북부에 해당하는 한강 유역을 터전 삼아 선진 철기문화를 바탕으로 성장하면서 주변 소국으로 영역을 확대해 갔던 것으로 이해하였다.[41] 그렇다면 비록 백제국은 마한제국의 하나에서 출발했지만, 언제부터인가 목지국과 더불어 마한제국 중에 비교적 유력한 국으로 부각하였을 법하다.[42] 이런 사실은 '백제의 시초가 동이東夷의 삼한국三韓國, 곧 마한 54국 가운데 하나로서 뒤에 점차 강대해져서 여러 소국을 합쳤다'라고 하는 전승[43]과 부합할 수 있다.

백제본기에 온조왕 대 기록은 백제가 마한 일부로 존재하였던 시기의 역사적 편린片鱗이 부분적으로 투영되기도 하였지만, 기본적으로 백제와 마한의 관계가 경쟁·대립한 이후의 입장에서 서술되어 '백제는 마한의 일부'라고 하는 의식은 배제되었다고 보았다.[44] 다만 신라본기와 백제본기에는 진한과 변한이 마한의 속국이었던 사실을 전하거나,[45] 백제가 마한의 양해 아래 동북 방면에 정착하여 마한 왕의 통제를 받았던 기

---

40) 『周書』異域列傳, 百濟, "百濟者 其先蓋馬韓之屬國 夫餘之別種 有仇台者 始國於帶方 故其地界東極新羅 北接高句麗 西南俱限大海 東西四百五十里 南北九百餘里"라고 하여, 처음 백제국은 마한의 속국이었다고 전한다.

41) 權五榮, 앞의 논문, 1995, pp.25~29.

42) 『後漢書』韓傳, "馬韓在西 有五十四國 其北與樂浪 南與倭接 辰韓在東 十有二國 其北與濊貊接 弁辰在辰韓之南 亦十有二國 其南亦與倭接 凡七十八國 伯濟是其一國焉". 곧 소국 가운데 유일하게 백제국을 거명한 것은 아마도 목지국과 함께 마한의 유력한 소국으로서 인식되었던 면을 반영한 것으로 생각된다.

43) 『梁書』東夷列傳, 百濟, "百濟者 其先東夷有三韓國 一曰馬韓 二曰辰韓 三曰弁韓 弁韓辰韓各十二國 馬韓有五十四國 大國萬餘家 小國數千家 總十餘萬戶 百濟即其一也 後漸强大 兼諸小國".

44) 李賢惠, 「3세기 馬韓과 伯濟國」『百濟의 中央과 地方』, 忠南大學校 百濟硏究所, 1997, p.8.

45) 『三國史記』卷1, 新羅本紀1, 赫居世居西干 38年, "春二月 遣瓠公聘於馬韓 馬韓王讓瓠公曰 辰卞二韓 爲我屬國 比年不輸職貢 事大之禮 其若是乎"라고 하여, 진한과 변한이 마한

록 등을 전하기 때문에, 전통적으로 마한은 한강 이남의 중·남부지역 전체를 이끌어 가는 맹주였다는 인식을 확인할 수 있다.[46] 곧 마한은 한강 이남의 중·남부 전역을 자신의 세력범위로 하는 정치체였다는 인식이 전제되었기 때문인지, 백제본기에는 마한의 국읍이 백제에 병합되어 멸망한 뒤에도 일부 세력이 남아서 백제에 저항하거나 신라에 투항했던 사실을 전하는지도 모르겠다.

한편 지금까지 백제의 성장에 따라 변화해 갔던 마한과의 역학관계를 추정하는 데에는 아래에 제시한 『삼국사기』 백제본기 온조왕 대 일련의 기록을 주목하였다.

(6)-① 왕이 사냥을 나가서 신비로운 사슴을 잡아 마한馬韓에 보냈다(10년 9월).[47]
　　② 마한에 사신을 보내 천도遷都 사실을 알리고 마침내 강역을 구획하여 정했다. 북쪽으로 패하浿河에 이르고 남쪽은 웅천熊川을 경계로 하며 서쪽은 큰 바다에 닿고 동쪽은 주양走壤에 이르렀다(13년 8월).[48]
　　③ 말갈이 갑자기 습격해왔다. 왕이 군사를 거느리고 칠중하七重河에서 맞서 싸워 추장 소모素牟를 사로잡아 마한馬韓에 보내고 나머지 적들은 모두 구덩이에 묻었다(18년 10월).[49]

(7)-① 왕이 웅천책熊川柵을 세우자 마한 왕이 사신을 보내어 나무라며 말하기를 "왕이 처음 강을 건너왔을 때 발을 디딜 만한 곳도 없었는데 내가 동북쪽 100리 땅을 떼어주어 편안히 살게 했으니 왕을 대우함이 후하지 않았다고 할 수 없다. 마땅히 이에 보답할 생각을 해야 할 터인데, 지금 나라가 완성되고 백성들이 모이자 '나와

───────────

의 속국이었다는 인식을 확인할 수 있다. 또한 『三國史記』 卷23, 百濟本紀1, 溫祚王 24年, "秋七月 王作熊川柵 馬韓王遣使責讓曰 王初渡河 無所容足 吾割東北一百里之地安之 其待王不爲不厚 宜思有 以報之 今以國完民聚 謂莫與我敵 大設城池 侵犯我封疆 其如義何 王憖遂壞其柵"이라고 하여, 마한과 백제가 웅천책 설치를 계기로 갈등했을 때에도 '東北一百里之地' 할양 사실을 환기하면서 전통적 신속 관계를 강조하였다.

46) 마한이 진·변한을 속국으로 삼았던 사실은 마치 『후한서』 한전에서 辰國의 전통을 이은 辰王이 목지국을 도읍으로 삼아 삼한 전체를 다스렸던 인식을 연상하게 한다.

47) 『三國史記』 卷23, 百濟本紀1, 溫祚王 10年, "王出獵獲神鹿 以送馬韓".

48) 『三國史記』 卷23, 百濟本紀1, 溫祚王 13年, "遣使馬韓告遷都 遂畫定疆場 北至浿河南限熊川西窮大海東極走壤".

49) 『三國史記』 卷23, 百濟本紀1, 溫祚王 18年, "靺鞨掩至 王帥兵逆戰於七重河 虜獲酋長素牟 送馬韓 其餘賊盡坑之".

대적할 자가 없다'라고 하며 성과 연못을 크게 설치하여 우리의 강역을 침범하니 어찌 의리에 합당하다고 할 수 있겠는가"라고 하니, 왕이 부끄러워하여 마침내 그 목책을 헐었다(24년 7월).**50)**

② 왕궁의 우물물이 갑자기 넘치고 한성漢城의 민가에서 말이 소를 낳았는데 머리 하나에 몸은 둘이었다. 일자日者가 말하기를 "우물물이 갑자기 넘친 것은 대왕께서 우뚝 일어날 조짐이요 소가 머리 하나에 몸이 둘인 것은 대왕께서 이웃 나라를 병합할 징조입니다"라고 하였다. 왕이 이 말을 듣고 기뻐하여 마침내 진한과 마한을 병탄할 마음을 가졌다(25년 2월).**51)**

③ 왕이 이르기를 "마한이 점점 약해지고 윗사람과 아랫사람의 마음이 갈리어 그 형세가 오래 갈 수 없을 것 같다. 만일 남에게 병합된다면 입술이 없으면 이가 시린 격(脣亡齒寒)이 될 것이니 후회한들 이미 늦을 것이다. 차라리 남보다 먼저 취하여 훗날의 어려움을 면하는 것이 더 나을 것이다"라고 하였다. 겨울 10월에 왕이 군사를 내어 겉으로는 사냥 간다라고 말하면서 몰래 마한을 습격하여 마침내 그 국읍國邑을 병합하였다. 오직 원산성圓山城과 금현성錦峴城 2성은 굳게 지켜 항복하지 않았다(26년 7월; 10월).**52)**

④ 2성이 항복하였다. 그 백성들을 한산漢山 북쪽으로 옮겼으니 마한이 드디어 멸망하였다. 가을 7월에 대두산성大豆山城을 쌓았다(27년 4월; 7월).**53)**

(8)-① 마한의 옛 장수 주근周勤이 우곡성牛谷城을 근거지로 삼아 반란을 일으켰다. 왕이 친히 군사 5,000명을 거느리고 이를 토벌했다. 주근이 스스로 목매어 죽자 그 시체의 허리를 베고 그의 처자도 아울러 죽였다(34년 10월).**54)**

---

50) 『三國史記』 卷23, 百濟本紀1, 溫祚王 24年, "王作熊川柵 馬韓王遣使責讓曰 王初渡河 無所容足 吾割東北一百里之地安之 其待王不爲不厚 宜思有 以報之 今以國完民聚 謂莫與我敵 大設城池 侵犯我封疆 其如義何 王慙遂壞其柵".

51) 『三國史記』 卷23, 百濟本紀1, 溫祚王 24年, "王宮井水暴溢 漢城人家馬生牛 一首二身 日者曰 井水暴溢者 大王勃興之兆也 牛一首二身者 大王幷鄰國之應也 王聞之喜 遂有幷呑辰馬之心".

52) 『三國史記』 卷23, 百濟本紀1, 溫祚王 26年, "王曰 馬韓漸弱 上下離心 其勢不能久 儻爲他所幷 則脣亡齒寒 悔不可及 不如先人而取之 以免後艱 冬十月 王出師 陽言田獵 潛襲馬韓 遂幷其國邑 唯圓山錦峴二城固守不下".

53) 『三國史記』 卷23, 百濟本紀1, 溫祚王 27年, "二城降 移其民於漢山之北 馬韓遂滅 秋七月 築大豆山城".

54) 『三國史記』 卷23, 百濟本紀1, 溫祚王 34年, "馬韓舊將周勤據牛谷城叛 王躬帥兵五千 討

② 탕정성湯井城을 쌓고 대두성大豆城의 백성들을 나누어 살게 하였다. 8월에 원산성圓山城과 금현성錦峴城 2성을 수리하고 고사부리성古沙夫里城을 쌓았다(36년 7월; 8월).**55)**

(6)에서 백제는 온조왕이 전렵田獵하면서 잡은 신록神鹿을 마한에 바치거나(①), 마한에 사신을 파견하여 천도遷都 사실을 보고한 뒤에 백제의 영역을 명확히 구별하여 정하였다고 전한다(②). 또 침입해온 말갈의 추장 소모素牟를 사로잡아 마한으로 보낸 사실(③) 등을 통해서 마한과 백제가 신속 관계에 있었던 것으로 볼 수 있다.

이러한 관계는 (7)-①과 같이 백제가 마한의 동북 1백여 리를 할양받아 정착했던 데서 연유한 것으로 생각되는데, 이 기록은 위만조선의 성립과정과 비교 고찰이 가능한 것으로 이해되기도 한다.**56)** 곧 위만이 연燕으로부터 망명하여 고조선 준왕에게 '백 리의 땅을 분봉分封 받아서 서쪽 변경을 지켰다'라는 사실은**57)** 마한이 온조 집단에 동북계東北界 백 리의 땅을 내주어 마한 동북 변경의 방파제로 삼았던 점에 비견된다.**58)** 자연 백제는 마한의 동·북방면으로 밀려오는 말갈 및 낙랑, 그리고 북방 유이민 세력의 남하 물결을 차단하는 역할을 담당하였으며, 이를 통해서 온조 집단은 마한과 군사적인 부용 관계에 있었던 일면을 엿볼 수 있다고 한다.**59)** 나아가 위만이 준왕의 제후적 성격을 갖는 존재라고 한다면, 온조왕 대의 초기 백제는 마한의 제후국과 같은 존재로

之 周勤自經 腰斬其尸 并誅其妻子".

55) 『三國史記』 卷23, 百濟本紀1, 溫祚王 36年, "築湯井城 分大豆城民戶居之 八月修葺圓山錦峴二城 築古沙夫里城".

56) 李鍾旭, 「百濟의 國家形成」 『大丘史學』 11, 1976, pp.44~45; 李康來, 「'三國史記'에 보이는 靺鞨의 軍事活動」 『領土問題研究』 2, 1985, pp.46~47; 박찬규, 「백제의 마한사회 병합과정 연구」 『국사관논총』 95, 2001, pp.11~15; 鄭載潤, 「魏의 對韓政策과 崎離營戰鬪」 『中原文化論叢』 5, 2001, p.38.

57) 『三國志』 韓傳 所引 『魏略』, "燕人衛滿亡命 爲胡服 東度浿水 詣準降 說準求居西界 故(收)中國亡命 爲朝鮮藩屛 準信寵之 拜爲博士 賜以圭 封之百里 令守西邊 滿誘亡黨 衆稍多乃詐遣人告準 言漢兵十道至 求入宿衛 隨還攻準 準與滿戰 不敵也".

58) 李鍾旭, 앞의 논문, 1976, p.45; 李康來, 앞의 논문, 1985, p.67.

59) 박찬규, 앞의 논문, 2001, p.15.

추론하였다. 이처럼 백제는 마한에 대해 조공 관계 또는 복속 의례를 다한 존재로서 초기 백제의 마한에 대한 종속적인 측면을 부각할 수 있다.[60] 결국 마한왕의 통제를 받았던 초기 백제는 마한의 영향권 아래 있던 외곽세력으로서 마한의 북쪽 경계에 자리했던 정치체로 이해된다.[61]

한편 (7)과 같이 백제의 웅천책熊川柵 설치를 계기로 마한과 백제는 갈등·대립의 관계로 변하였다(①). 곧 처음 온조 세력이 도하渡河하여 마한 동북계에 정착했다가 점차 마한과의 종속관계에서 벗어나는 모습을 상정할 수 있다. 실제로 성책이 설치된 웅천 지역은 백제가 남쪽 방면으로 영역을 확장하는 과정에서 마한과 경계를 삼았던 곳이므로, 백제의 남계이자 마한의 북계 지점으로서 주목된다. 마한과 백제의 경계 설정은 바로 백제의 성장을 전제로 할 때 가능한 것으로 생각된다.

비록 양측의 갈등은 마한이 전통적인 관계를 들어서 물리적 충돌을 피하지만, 얼마 뒤에 백제는 마한 병합의 뜻을 갖게 되었다고 한다(②). 당시 백제는 기존의 맹주국인 마한 세력과 경쟁에 들어섰을 법하며, 그 뒤 "마한이 점점 약해지고 윗사람과 아랫사람의 마음이 갈리어 그 형세가 오래 갈 수 없을 것 같다(馬韓漸弱 上下離心 其勢不能久)"라는 명분을 들어 마침내 마한을 습격하여 국읍을 병합함으로써(③) 백제와 마한의 관계는 반전하였다. 그리고 이듬해 백제는 끝까지 항거하던 원산, 금현 2성을 함락하여 마한을 멸망시켰다(④). 그 뒤 (8)처럼 마한의 옛 장수 주근이 우곡성을 근거로 반발하자 백제왕이 직접 군사를 이끌고 토벌하여 마한의 남은 세력을 진압하였다(①). 나아가 마한 점령지의 성곽을 수리하거나 대두산성, 탕정성, 고사부리성 등을 신축하면서(②) 마한 정복에 따른 사후 수습 노력을 기울였다.[62]

그리하여 온조왕 38년에는 이미 백제의 강역으로 획정되었던 동쪽의 주양走壤, 북쪽의 패하浿河까지 국왕이 여러 곳을 돌아다니며 백성들을 위로하고 달래는 순무巡撫를 하였다.[63] 동·북방면의 국경까지 국왕이 순무를 시행한 것은 이미 백제가 남쪽 경계

---

60) 姜鳳龍,「百濟의 馬韓併呑 新考察」『韓國上古史學報』26, 1997, p.142.

61) 鄭載潤, 앞의 논문, 2001, p.38.

62) 大豆城·湯井城·古沙夫里城 등의 築城은 아산만 유역에 진출한 백제가 이 지역의 안정적인 지배를 위해 시행한 사업으로 이해된다(박찬규, 앞의 논문, 2001, p.14).

63) 『三國史記』卷23, 百濟本紀1, 溫祚王 38年, "春二月 王巡撫 東至走壤 北至浿河 五旬

인 웅천을 넘어서 아산만 유역의 '마한' 지역에 대한 영토확장이 일단락되었음을 의미하는 셈이다.[64] 이제 마한의 잔여 세력까지 정리한 백제는 이전보다 한 단계 성숙한 것으로 상정할 수 있다.

이처럼 백제본기의 온조왕 대 기록은 백제 국가의 성장에 따른 마한 병합과정의 추이를 조망할 수 있는 자료이지만, 그 기년과 내용을 그대로 취하기보다 후대의 사실을 소급·부회한 것으로 접근하는 견해가 우세한 실정이다. 예컨대 온조왕 13년의 '강역획정彊域劃定' 사실은 이른바 고대국가 체제가 어느 정도 구축된 뒤에나 거론될 수 있을 법한 언급이다. 또 온조왕 대 동북 방면 강역이 고이왕 대까지 약 300여 년 가까이 변화가 없었다는 사실 역시 (6)-②의 기사가 온조왕 대보다 후대의 사실일 가능성을 알려준다.[65]

그렇다면 백제가 마한 전역을 통합하는 것은 적어도 4세기 이후의 일이 되므로, 온조왕 27년의 마한 병합 기사는 3세기 중반부터 진행된 마한 '목지국'과 '백제국'의 경쟁,[66] 내지는 '백제국'에서 '백제'로의 전환과정[67]을 밝히는 데에 효과적으로 활용할 수 있는 자료로 취급할 수 있을 법하다.

而返"

64) 온조왕 38년의 동북 방면 巡撫는 바로 한해 전에 발생했던 饑荒으로 인해 백제의 漢水 東北部落民이 대거 고구려로 流亡한 사실과 관련된 것으로 생각할 수도 있다. 곧 『三國史記』 卷23, 百濟本紀1, 溫祚王 37年, "夏四月旱 至六月乃雨 漢水東北部落饑荒 亡入高句麗者 一千餘戶 浿帶之間 空無居人"이라고 하였기 때문이다. 다만 온조왕 13년에 이미 백제의 동·북계로 확정되었던 주양과 패하 지역으로 국왕이 장기간 순무한 것은 백제가 온조왕 36년까지 남쪽 방면으로 추진했던 마한 정복 및 정복지에 대한 성곽 수리와 축성 등 사후 수습 작업이 마무리되면서 백제의 남쪽 경계가 안정된 뒤에 이루어진 정치적 행위로 이해될 수 있다.

65) 張元燮, 「百濟初期 東界의 形成에 관한 一考察」 『淸溪史學』 7, 1990, p.99에서 특히 백제본기의 동북 지역에 관한 기록은 백제가 말갈 세력에 대하여 수세적인 입장이었음에도 거의 변화가 없었으므로, 온조왕 대의 강역 관계 기록은 이보다 후대의 사실일 가능성이 크다고 하였다.

66) 李賢惠, 앞의 논문, 1997, p.8.

67) 권오영, 「백제국에서 백제로의 전환」 『역사와 현실』 40, 2001.

2. 백제국의 성장과 '근군제국近郡諸國'

마한의 북부에 자리 잡은 백제가 건국 초기부터 교섭했던 주요 세력으로는 백제본기 온조왕 대에 등장하는 낙랑, 말갈, 마한, 남옥저 등의 존재를 꼽을 수 있다. 그 가운데 초기 백제의 성장 과정에서 낙랑과 말갈의 잦은 침입은 무엇보다 우선 해결할 과제였다. 이와 함께 남쪽 방면에 자리한 '마한' 역시 백제가 고대국가를 지향해 갈 때 반드시 극복해야 할 대상이라 할 수 있다. 특히 백제본기에는 건국 초기부터 북쪽 경계를 중심으로 하는 '말갈'의 군사 활동을 백제에 가장 위중한 사안으로 전하며, '낙랑' 또한 말갈을 부용 세력으로 삼아서 백제를 침략하여 직접 위례성까지 불사를 정도로 매우 위협적인 세력으로 그려졌다. 그래서 온조왕 14년에 백제가 천도를 단행한 동기를 바로 낙랑과 말갈 세력의 잦은 침략 때문이라고 할 정도였다.[68]

그런데 백제는 천도를 단행하기 위해서 사전에 마한의 양해를 구한다거나, 말갈의 추장을 사로잡아 마한에 압송한 사실 등으로 미루어 보아 초기 백제는 마한의 통제에서 벗어나지 못하고 그 세력권에 포함되었던 것이 분명하다. 한강 유역의 소국으로 출발한 백제국은 성장하면서 주변의 소국 세력을 결집하여 연맹체를 형성해 갔으며, 점차 백제국은 마한 북부의 제국 가운데 저명한 소국의 하나로 대두하였을 듯하다. 그리하여 백제본기의 온조왕 대에 보이는 '백제'와 '마한'의 관계는 한강 하류 지역에서 성장한 백제국 중심의 연맹 세력과 기존 선주민 사회를 기반으로 성장했던 목지국 중심의 연맹 세력 사이에 전개된 역사적 사실을 반영한 것으로 이해하였다.[69]

한편 『삼국지』동이전의 삼한 관련 기사는 낙랑군이나 대방군을 통하여 제공된 자료들이 큰 비중을 차지하였으며, 특히 삼한의 정치적 동향을 관심 있게 주시하였던 중국 군현의 입장으로는 그들과 가까이 경계를 접했던 마한의 내부 정보를 확보하기 위

---

68) 『三國史記』卷23, 百濟本紀1, 溫祚王 13年, "夏五月 王謂臣下曰 國家東有樂浪 北有靺鞨 侵軼疆境 少有寧日 況今妖祥屢見 國母棄養 勢不自安 必將遷國 予昨出巡觀漢水之南 土壤膏腴 宜都於彼 以圖久安之計". 곧 백제국의 천도 동기를 낙랑과 말갈의 잦은 침략 때문이라고 하면서 천도 지역의 지형 지세에 대해 언급하였다. 일정 기간 천도의 준비과정을 거쳐서 이듬해인 온조왕 14年 "춘정월에 도읍을 옮겼다"라고 하여 실제로 천도를 단행하였다.
69) 權五榮, 「百濟의 成立과 發展」『한국사』6, 국사편찬위원회, 1995, p.23.

해 노력했을 것이다.[70] 그 가운데 한강 이북 지역은 중국 군현 세력의 안정을 위해서 회유와 통제를 강화할 수밖에 없는 곳이었다. 자연 중국 군현 당국은 인접한 마한 북부의 제국에 대한 정치적 영향력을 관철하기 위해서 다각적인 접근을 시도하였을 것이다. 그래서인지 『삼국지』 한전에는 "㉠그(마한) 북방北方의 군군에 가까운 여러 국國은 점차 예속禮俗을 알고 있지만, ㉡그 먼 곳은 마치 죄수들(囚徒)과 노비奴婢가 서로 모여 있는 것과 같았다"[71]라는 내용을 특별히 기록되었는지도 모르겠다.

이 기사에 의하면 우선 마한을 구성하는 여러 소국은 이른바 군현의 '예속'을 수용하는 정도에 따라 북방의 제소국과 그 남쪽 방면의 제소국으로 구분할 수 있다. 비록 마한의 풍속과 관련하여 언급한 내용이지만, 중국 군현에 의해서 점차 마한에 전파되었던 '예속'의 의미는 마한 사회에 대한 군현 당국의 영향력 곧 통제권을 전제로 이해될 수 있다. 이른바 '근군제국近郡諸國' 곧 마한 북부의 제소국이 점차 '예속'을 알게 되었다는 사실(㉠)에는 군현 당국이 인접한 백제국을 비롯한 마한 북부의 소국들에 모종의 정치적 영향력을 꾸준히 행사했던 사실을 반영한 것으로 생각된다.[72] 또 중국 군현과 멀리 떨어져 직접적인 영향권에서 벗어나 있던 마한 남부의 제소국은 상대적으로 '예속'을 모르는 죄수들과 노비가 모인 곳과 같다고 하여(㉡) 의도적으로 폄하를 하는 기록으로 볼 수 있다.

그런데 백제국처럼 마한 북부지역의 제소국을 이끌었던 중심 '국'으로서 대국大國의 지배자일수록 처음에는 군현 세력과 연결되었을 가능성이 매우 크다. 백제가 건국한 지 얼마 지나지 않은 온조왕 4년 낙랑에 사신을 파견하여 수호修好했다는 기록도 이와

---

70) 李道學, 『백제 고대국가 연구』, 一志社, 1995, pp.30~31.

71) 『三國志』 韓傳, "其北方近郡諸國 差曉禮俗 其遠處 直如囚徒奴婢相聚".

72) 중국 고대의 예속이 갖는 의미는 정치・사회적 질서 유지와 통합기능의 측면에서 이해될 수 있다. 곧 '禮'는 정치・교화・도덕・형법이 통합되어있는 구조로서 명분을 확실히 정하고 존비귀천을 구별하여 정치와 사회의 질서를 유지하는 기능을 지니며, '俗'이란 집단생활 가운데 생긴 공통의 경향으로서 '습속'을 가리키는데, 이는 집단생활의 주요한 가치판단의 기준이 되므로 집단의 질서를 강조하게 된다고 한다(장인성, 『백제의 종교와 사회』, 서경문화사, 2001, pp.40~41). 곧 이 기사에서 한군현의 마한 소국에 대한 정치적인 영향력 행사라는 점을 고려할 수 있다. 중국 군현 당국이 삼한 소국의 거수들에게 의책과 인수를 사여한 내용과 결부시켜보면, 위 기사는 중국 군현이 마한을 비롯한 삼한 제국의 분열을 획책했던 면과도 서로 맥이 닿을 듯 하다.

무관하지는 않을 듯싶다.[73] 그렇다면 '근군제국'에 해당하는 세력으로는 먼저 마한 북부의 한강 유역 일대에 자리했던 백제국과 그 주변 소국들이 포함될 수 있다.[74] 또 백제본기에서 이른 시기부터 백제의 북변을 침입한 '말갈' 세력 가운데 일부는 백제와 중국 군현 사이에 있던 소국으로 상정할 수 있다.[75] '말갈'이 낙랑의 부용 세력으로 이해할 수 있다면,[76] 이른바 '예속'을 점차 알았던 '근군제국'에 제법 부합하는 세력으로 취급할 수 있다. 이와 함께 마한과 낙랑군 사이에 자리했던 미추홀의 비류 세력, 칠중하七重河 북쪽의 소모素牟 세력,[77] 석두성石頭城 · 고목성高木城 세력[78] 등도 주목할 수 있다. 특히 '말갈'과의 전투에서 두각을 나타냈던 백제 북부의 진씨眞氏 세력, 북부인北部人 해루解婁 세력, 동부의 흘우屹于 세력도 '근군제국'의 범주에 포함될 수 있다.

한강 유역에서 백제국이 중심이 되어 이른바 '근군제국'을 결속하여 소국연맹체를 구축하면서 백제 국가의 외연이 확대되는 시기는 서기 2세기 중엽 이후로 추정된다.[79] 일찍이 『삼국지』 한전에서 환제 · 영제 말(桓靈之末, 147~189)에 한예韓濊가 강성하여 군현이 제대로 통제할 수 없게 되자, 군현의 많은 주민이 남쪽 방면의 한국韓國에 유입

---

73) 『三國史記』 卷21, 百濟本紀1, 溫祚王 4年, "秋八月 遣使樂浪修好".

74) 『삼국지』 한전에 거명된 마한 50여 국의 순서는 중국 군현에 가까운 곳에서부터 수록했다는 견해를 취한다면(千寬宇, 「馬韓諸國의 位置試論」『古朝鮮史 · 三韓史硏究』, 一潮閣, 1989, p.418), 적어도 백제국 앞에 나열된 7국을 포함한 백제국 인근의 소국들은 '근군제국'에 포함될 수 있다. 특히 이들을 한강 유역의 서북 방면에서 구한다면 대체로 삼국 말부터 통일신라 초에 이 방면의 郡名인 漢陽郡, 來蘇郡, 交河郡, 堅城郡, 鐵城郡, 富平郡, 兎山郡, 牛峯郡, 開城郡, 海口郡, 永豊郡 등과 관련지을 수 있으며, 이 가운데 임진강의 이남 지역과 예성강 유역 일부가 포함되어 있으므로 임진강 유역 이남으로 한정하면 7~8개의 군이 해당하게 된다고 하였다(成周鐸, 앞의 논문, 1987, pp.164~165). 곧 '근군제국'은 한강 이북에서 북방한계인 임진강 이남에 산재했던 소국 세력으로 이해할 수 있다.

75) 金起燮, 「'三國史記' 百濟本紀에 보이는 靺鞨과 樂浪의 位置에 대한 再檢討」『淸溪史學』 8, 1991, p.12.

76) 백제본기에는 백제와 말갈의 잦은 충돌에도 불구하고 낙랑과의 직접 교전 기사가 거의 확인되지 않는다. 이는 백제의 북쪽 방면, 곧 한강 북쪽으로부터 예성강과 임진강 방면에 이르는 지역에 여러 소국이 존재했을 가능성을 암시한다.

77) 『三國史記』 卷23, 百濟本紀1, 溫祚王 18年.

78) 『三國史記』 卷23, 百濟本紀1, 溫祚王 22年.

79) 盧重國, 「百濟의 成立과 發展」『震檀學報』 60, 1985, p.226.

되었다는 사실80)은 서기 2세기 중엽 이후 후한의 세력 약화로 인해 한군현의 지배에 있던 서북한 방면의 토착민들이 대거 삼한 사회로 유입되었던 당시 정황을 알려준다. 중국 군현의 통제가 약화하는 상황에서 이 시기의 유이민 파동은 마한을 비롯한 삼한 사회 전반에 직간접인 영향을 끼치게 되었을 것이다. 특히 군현과 인접했던 백제국과 같은 특정 소국은 급격한 성장과 함께 주변 소국과의 관계를 변화시키면서 소국 간의 결속을 더욱 강고하게 진행하였을 것이다.

한편 백제본기에는 온조왕 8년에 백제가 건국 초부터 우호 관계를 맺던 낙랑과 축성 활동을 계기로 갈등을 겪게 되었다고 전한다. 이러한 양자의 갈등은 백제국의 성장을 전제로 이해될 수 있으며,81) 나아가 군현이 제대로 통제를 못할 만큼 성장한 한강 유역의 백제국을 중심으로 하는 '근군제국'이 낙랑군과 마찰을 겪게 되는 서기 2세기 중엽 이후의 사실에도 부응하는 것으로 보인다.82) 또 대방군의 설치는 2세기 이후 한강 유역의 정치적 성장이 현저하였음을 방증하는 것이므로,83) 실제로 그 주역은 백제국을 중심으로 한 마한 북부의 소국들 곧 '근군제국'이 다수 포함되었을 가능성이 매우 크다. 이제 한강 유역의 중심 세력인 백제국은 점차 기왕의 마한 중심 세력인 목지국의 통제와 영향에서 벗어나 독자적인 세력권을 구축하게 되었을 법하다. 이러한 상황은 백제본기에 온조왕 13년 백제가 마한과 웅천을 경계로 삼아 강역을 획정한 사실에 반영된 것으로 추론할 수 있다.

대체로 백제국과 마한의 전통적인 관계가 반전되는 것은 서기 3세기 중반 조위曹魏 정시연간正始年間(240~249)에 벌어진 기리영崎離營 전투를 기점으로 삼고 있다. 그렇다면 백제본기의 온조왕 27년에 웅천을 넘어서 백제가 '마한'을 멸망시키는 기사는 실제 3세기 중반 이후의 사실을 반영하는 셈이 된다.84) 이때 백제에 멸망한 마한의 역사적

---

80) 『三國志』韓傳, "桓靈之末 韓濊彊盛 郡縣不能制 民多流入韓國".

81) 축성은 단순한 방어시설의 조성일 뿐만 아니라, 다수의 인원동원을 통한 국력의 집중이며 왕권의 신장을 뜻한다(申瀅植, 「三國時代 戰爭의 政治的 意味」『韓國史研究』43, 1983; 『韓國古代史의 新研究』, 一潮閣, 1984, p.298). 곧 백제가 성책을 세운 사실은 백제의 국가적 성장을 전제로 이해될 수 있다.

82) 盧重國, 앞의 논문, 1985, p.226.

83) 權五榮, 앞의 논문, 1995, p.28.

84) 馬韓의 멸망을 수록한 온조왕 27년 기사는 백제본기에서 확인할 수 있는 백제의 마한 정복

실체는 웅천 곧 안성천 이남에서 아산과 온양 그리고 예산을 연결하는 차령 이북 사이에 존재했던 소국연맹의 세력권을 상정할 수 있다.[85] 이들은 곧 아산만 유역의 '마한' 세력으로서 마한의 맹주였던 목지국의 실질적 세력범위[86]와 서로 통할 수 있다. 그렇다면 백제본기의 초기 기록에 등장하는 '마한왕'은 『삼국지』 한전의 마한 목지국에 자리했던 '진왕'과 서로 맥이 닿을 수 있는 인물로 상정할 수도 있다.

Ⅳ. 마한 목지국目支國과 진왕辰王의 실상

1. 진왕의 출현과 마한제국馬韓諸國

『삼국지』 한전에 등장하는 진왕은 마한의 유력한 소국인 목지국을 자신의 통치 기

에 대한 유일한 기록이다. 사실 백제가 성장하기 전까지 목지국이 마한 전체를 영도하였기 때문에, 백제의 마한 정복은 백제사 전체에서 중요한 의미를 차지하여 온조왕 대에 부회한 것이라고 해석될 수 있다. 실제로 盧重國, 앞의 논문, 1987, p.38에서는 백제본기의 초기 기록을 분해해 보는 관점에서 온조왕 27년의 기사를 3세기 중엽경 고이왕 대로 추정하여 참고된다. 나아가 백제본기 고이왕 27년에 6좌평 16관등제 설치 기사는 마한의 영도권을 장악하게 된 백제가 집권력을 보다 강화하기 위한 정치적 조치를 반영한 것으로 파악하였다. 한편 백제는 마한의 국읍을 병합한 뒤에 大豆城과 湯井城을 쌓았는데, 이 지역은 대체로 아산 일대에 비정한다. 축성은 해당 지역을 정복한 이후 그곳을 지배하기 위한 조치로서 檐魯가 城邑에 해당한다는 이해와도 부합할 수 있다. 그렇다면 온조왕 대에 병합된 마한은 아산만 일대의 목지국 세력과 밀접한 연관 갖는 것으로 여겨진다. 다만 新彌諸國으로 전하는 영산강 유역의 마한 세력이 3세기 말까지 西晉과 교섭할 정도로 백제의 통제권에서 벗어났던 것으로 이해된다. 이 때문에 근초고왕 대에 영산강 일대의 마한에 대한 정복사업은 백제사에 중요한 업적으로 평가될 수 있으므로 온조왕대의 마한 정복기사에 부회되었을 여지는 남아있다.

85) 兪元載, 앞의 논문, 1999, p.148; 박찬규, 앞의 논문, 2001, pp.14~15.
86) 목지국을 중심으로 한 아산만 유역 마한 연맹체의 세력범위를 구체적으로 상정하기는 힘들다. 다만 『擇里志』, 八道總論, 忠淸道, "自木川磨日嶺以西 內浦以東 車嶺以北 有天安稷山 平澤牙山新昌溫陽禮山等七邑大同俗 … 天稷則南北大路"라고 한 기록은 지리적으로 하나의 세력권을 상정하는데 참고할 만하다. 곧 목천의 마일령 서쪽, 내포 서쪽, 차령 북쪽의 천안·직산·평택·아산·신창·온양·예산 등은 아산만 유역의 세력권으로 묶을 수 있는 지리적 조건을 갖고 있다.

반으로 삼았던 것으로 전한다. 진왕은 삼한 사회에서 유일하게 '왕'호를 지닌 존재로 주목되지만, 정작 문헌에서는 진왕 관련 내용이 소략하여 구체적인 모습을 가늠하기 힘든 형편이다. 자연 '진왕'에 대한 접근은 그와 직·간접적으로 관련된 진국, 삼한, 마한, 목지국 등의 정치체와 연관하여 꾸준히 논의되었다.[87]

삼한의 진왕은 전한前漢(B.C.202~A.D.8)에 국한되는 '진국'과는 시간적 범위에서 뚜렷하게 구분된다.[88] 실제로 앞서 언급한 바와 같이 『후한서』 한전과 『삼국지』 한전에서 진국은 각각 삼한과 진한의 연원이 되는 '옛 진국(古之辰國)'으로 전한다. 이러한 전승을 통해서 일단 '진국과 삼한' 혹은 '진국과 진한' 사이에 이어지는 상호 계통성을 상정할 수 있지만, 다른 한편 양자 사이에 시간적 선후 관계가 분명하여 '진왕'과 '진국'을 직접적으로 결부시키는 것은 자연 부정적으로 받아들여졌다.[89]

그런데 진국의 실체는 삼한에 앞서 한반도 중·남부 지역에 존립했던 유력한 정치체로 이해할 수 있다.[90] 곧 진국의 해체과정은 삼한 사회의 대두와 서로 표리관계를 이루게 된다. 그래서 '진왕'의 호칭에서 진국을 계승했던 측면을 추정하여 '진왕'의 어의를 '옛 진국 지역의 왕'으로 풀이한 바 있다.[91] 나아가 동이전에 수록된 제반 왕호의 용례를 살펴볼 때, 동이 제족이 갖는 왕호의 성어成語는 [통치 대상(지역)+왕]의 구조로 이루어져 진왕의 호칭에서 [진辰(통치대상)지역+왕]이라는 의미를 엿볼 수 있다.[92] 이는

---

87) 마한 목지국과 진왕의 실상에 대한 접근은 백제국의 성장에 따른 마한과의 역학관계 및 마한 세력의 변화상을 가늠하는데 필요한 과제이다. 본장의 논지는 앞서 필자가 진왕의 출현과 진국과의 관계, '진왕' 인식의 변화를 통하여 살펴보았던 목지국의 실상과 진왕의 정치적 위상을 중심으로 정리하였다(文昌魯, 「'三國志' 韓傳의 辰王에 대한 理解方向」 『韓國學論叢』 26, 2003, pp.8~36).

88) 박대재, 「『三國志』 韓傳의 辰王에 대한 재인식」 『韓國古代史研究』 26, 2002, p.38.

89) 金貞培, 「'辰國'과 '韓'에 關한 考察」 『史叢』 12·13合, 1968, p.355.

90) 李賢惠, 『三韓社會形成過程研究』, 一潮閣, 1984, pp.8~11; 盧重國, 「百濟의 成立과 發展」 『震檀學報』 60, 1985, p.222에서는 한강 유역의 衆國을 대변하는 세력으로 辰國을 상정하였다.

91) 千寬宇, 「『三國志』 韓傳의 再檢討」 『震檀學報』 41, 1976; 『古朝鮮史·三韓史研究』, 1989, pp.242~243.

92) 박대재, 앞의 논문, 2002, pp.58~59에서는 진왕의 통치시기에 비록 진국이 소멸하였지만, 그 옛 땅은 한동안 '辰'으로 지칭했을 법하며, 자연 진왕의 통치 영역과 관련된 '진'이라는 지

마치 '백제왕'의 호칭을 통해서 '백제+국(지역)'을 다스리는 지배자가 상정되듯이, '진왕' 역시 '진+국(지역)'을 다스리는 왕으로 설정할 수 있다. 그렇다면 진왕은 본래 진국의 활동 무대로 인식되었던 한반도 중·남부 지역, 특히 옛 진국 지역의 전통을 잇는 유력한 정치체의 지배자로서 접근할 수 있는 인물이다.

한편 동이전에는 중국 군현과 삼한 사이에 전개된 일련의 주요 사건들이 소개되었다.[93] 이는 중국 측이 삼한에 대한 통제의 관점에서 시대적 순서에 따라 정리한 것이라고 할 수 있다.[94] 그렇다면 '준왕의 후손이 끊어져 없어지게 되자 마한사람이 다시 자립自立하여 진왕이 되었다'라는 『후한서』한전의 기록은 진왕이 출현하는 시점과 관련하여 주목할 수 있는 대목이다. 곧 진왕은 준왕이 남천을 단행한 서기전 2세기 초부터 건무建武 20년(44) 이전의 어느 시기에, 늦어도 서기전 1세기경에는 출현했던 것으로 이해된다.[95] 이와 함께 진왕의 출현을 전후하여 한韓의 염사인廉斯人 소마시蘇馬諟 등이 낙랑에 조공했다는 사실이나 한漢 대에 삼한이 낙랑군에 속하여 철마다 조알朝謁하였다고 하는 상황 등을 전하여, 진왕은 중국과의 조공이라는 대외관계 측면에서 뚜렷하게 부각하는 존재로 인식되었다. 그리하여 진왕은 과거 진국의 전통을 계승한 삼한의 저명한 지배자로서, 서기전 1세기 이후 출현한 이래 대중국 교역의 교섭권 행사에서 주도적 역할을 행사했던 인물로 상정할 수 있다.

이처럼 '진왕'이 동이전에 입전된 배경에는 무엇보다 그의 대외적 위상과 역할을 고려할 수 있다. 이와 함께 대내적으로도 진왕은 마한 사회에서 목지국을 중심으로 확고

역에 대해서는 역사적으로 『사기』 및 『한서』에 실린 조선전에 보이는 진국과 깊은 연고를 맺는 것으로 이해하였다.

93) 실제로 『후한서』한전에는 서기전 2세기경 준왕이 남천하여 마한에서 한왕이 되었다가 그 후손이 끊기자 마한인이 진왕이 되었던 사실, 건무 20년(A.D.44)에 한의 염사인 蘇馬諟 등이 낙랑에 조공한 상황, 靈帝(A.D.168~189) 말년의 정황 등이 차례로 기술되었다. 또한 『삼국지』한전에서도 준왕의 남천과 한왕을 자칭한 사실로부터 삼한이 낙랑군에 속하여 조알했던 상황, 桓靈之末(A.D.146~189)의 정황, 건안 연간(A.D.196~220) 公孫康의 대방군 설치, 그리고 景初年間(A.D.237~239)의 대방군 기리영 사건 등이 수록되었다.

94) 李富五, 「1~3세기 辰王의 성격 변화와 三韓 小國의 대외교섭」 『新羅史學報』 창간호, 2004, pp.6~7.

95) 진왕이 마한 목지국을 다스렸다는 기록을 고려한다면, 목지국을 중심으로 마한의 소국연맹체가 결성하는 시기는 진왕의 출현 시점에서 크게 벗어나지는 않을 듯싶다.

하게 자신의 세력 기반을 거느렸던 지배자였을 것이다. 사실 중국 군현은 마한과 남북으로 직접 경계를 접하였고 때로로 갈등과 마찰을 일으켰다.[96] 군현의 입장에서는 삼한 가운데 상대적으로 마한 사회의 내부 동향에 관심이 컸을 것이며, 자연 진왕은 주요 관심 인물로 취급되었을 법하다. 어쩌면 진왕과 관련된 기록에는 그의 정치적 위상을 가늠할 만한 흔적이 반영되었을지도 모른다. 이와 관련하여 다음 기록을 참고할 수 있다.

> (9) 처음 조선왕朝鮮王 준準이 위만衛滿에게 패하자 남은 무리 수천 명을 이끌고 바다를 통해와서, 마한을 공격하여 쳐부수고 스스로 한왕韓王이 되었다. 준의 후손이 절멸絶滅하자 마한사람이 다시 자립하여 진왕辰王이 되었다(『후한서』 한전).[97]

고조선의 준왕은 위만 세력에 밀려 남하하였다고 전한다. 이는 고조선 방면의 유이민 세력이 마한 지역으로 남하했던 사례 가운데 하나로 취급할 수 있다. 그래서 (9)는 청동기문화를 배경으로 성립된 마한 사회에 고조선 방면으로부터 새로운 철기문화의 유입상황을 설명할 수 있는 문헌 자료로 접근할 수 있다. 준왕은 마한으로 남하하기 이전인 서기전 2세기경에 이미 삼한보다 선진적인 정치체제를 경험하였던 지배자였다. 특히 준왕은 무리 수천 명의 세력을 이끌고 남하하면서 마한을 공격하여 쳐부수고, 그곳에서 스스로 '한왕韓王'이 되었던 존재이다. 곧 준왕은 당시 마한의 중심 지역에서 새로운 정치적 변화를 이끌어갔던 대표적인 유이민 세력이자 목지국 이전의 영도 세력으로도 이해할 수 있다. 왜냐하면 준왕의 후손이 끊기자 그 뒤를 이어 마한인이 스스로 세웠던 '진왕'은 목지국에 도읍한 지배자로서, 앞서 '한왕'이 이끌었던 정치체제에 비견되는 세력 기반과 정치적 입지를 다졌던 존재로 상정할 수 있기 때문이다.[98] 그렇다면

---

96) 옛 진번군 지역인 황해도 일대에 대방군을 설치한 배경에는 삼한지역에 대한 통제 강화의 의도가 있었다고 한다(金哲埈, 『韓國文化史論』, 1976, p.92). 실제로 대방군은 마한제국과 개별 교섭을 통해 세력 분열에 간여하였으며, 특히 마한은 진한 8국 분할 사건을 계기로 대방군 기리영을 공격하여 한군현과 전쟁을 벌이기도 하였다.

97) 『後漢書』 韓傳, "初朝鮮王準爲衛滿所破 乃將其餘衆數千人走入海 攻馬韓破之 自立爲韓王 準後絶滅 馬韓人復自立爲辰王".

98) 準王이 남하하여 처음 삼한지역에 정착할 당시에는 소국의 범주를 크게 벗어나지 못하는

진왕은 마한 제소국의 중심적 역할을 했던 목지국의 왕에 귀결될 수 있으며, 그의 위상은 바로 마한의 대국이 주변 여러 소국을 결속하여 광역의 세력권을 성립시켰던 소국 연맹체의 맹주로서 그려볼 수 있다.

삼한 가운데 진왕이 존재했던 마한은 가장 크고 세력이 강하였던 것으로 전하여, 마한이 진·변한에 대해 전통적으로 우위를 확보하고 모종의 영향력을 행사했던 것으로 추측된다. 어쩌면 진왕의 출현은 의식상으로 삼한 제소국 전체를 대표하는 '우두머리'라는 인식이 내포되었음을 연상케 한다. 『후한서』 한전에는 이른바 '삼한총왕설'의 근거가 되는 다음 내용을 전한다.

> (10) 마한이 가장 강대하여 그 종족들이 함께 왕을 세워 진왕辰王으로 삼아 목지국에 도읍하여 삼한 지역의 왕으로 군림하였다(『후한서』 한전).[99]

삼한 가운데 마한이 가장 큰데 이때 '공립共立'한 진왕은 목지국에 도읍하여 그 통치력이 삼한 지역 전체에 미쳤다고 전한다. 그래서인지 (10)의 기록 바로 앞에 "한韓의 면적이 사방 4천여 리가 되고 동쪽과 서쪽은 바다를 경계로 하며 모두 옛 진국이었다"[100]라고 소개했는지도 모르겠다. 삼한 전체가 모두 '옛 진국'이었다는 인식에는 진국의 전통을 이은 저명한 지배자로서 진왕을 상정한 뒤에, 그의 통치권역으로서 삼한 제국을 하나의 세력범위로 여겼던 일종의 '연맹왕국'이라는 의식이 있었기 때문으로 이해할 수도 있다.[101] 같은 맥락에서 『삼국지』 한전에서 마한 50여 국의 이름을 일일이 거론하면서 인구가 총 10여 만 호였음을 밝힌 뒤에, 바로 진왕이 목지국을 다스렸다는 사실을 거론한 점도 결코 우연은 아닌 듯싶다. 곧 진왕은 목지국을 중심으로 마한 제소국을 이

영역을 확보했을지라도, 그가 자칭한 韓王은 이전 고조선 사회에서 聯盟王이었던 경험에서 나온 상징적 칭호로 이해된다(金杜珍, 「馬韓社會의 構造와 性格」 『馬韓·百濟文化』 12, 1990, p.87).

99) 『後漢書』 韓傳, "馬韓最大 共立其種爲辰王 都目支國 盡王三韓之地".

100) 『後漢書』 韓傳, "凡七十八國 … 地合方四千餘里 東西以海爲限 皆古之辰國也".

101) 이는 『史記』와 『漢書』 등에서 확인되는 고조선 멸망 이전부터 그 남쪽 세력인 '辰國'을 하나의 교섭 주체로서 인식하였던 전통이 『後漢書』 韓傳의 辰王에 투영된 것으로도 이해될 수 있을 듯하다.

끌었던 맹주이자 삼한을 대표하는 상징적 지배자라는 인식이 반영되었던 존재로 생각할 수 있다.

2. 목지국 진왕의 정치적 위상

한전의 진왕은 삼한 사회와 함께하는 역사적 실체라고 간주할 때, 진왕의 실상과 통치범위는 삼한 사회의 발전과정에 따라서 변모했을 법하다. 곧 중국 사서에 전하는 진왕 관련 서술의 차이에는 어쩌면 시대를 달리하며 변화해 갔던 '진왕' 인식의 반영으로 해석될 수도 있다.[102] 『후한서』 한전에서 진왕의 통치력은 삼한 전체에 미치는 데 비해서, 『삼국지』 한전의 진왕은 목지국을 맹주로 하는 마한제국의 지배자로 인식되었다. 자연 진왕의 통치범위와 위상이 후한 대에 비해 삼국시대에는 상대적으로 축소된 모습을 보여준다. 그런가 하면 『진서』 동이열전에서는 진왕의 존재를 더 이상 확인할 수 없다.

그런데 삼한의 진왕에 대한 이해를 더하기 위해서는 『삼국지』 한전의 다음 기록을 조금 더 관심 있게 살펴볼 필요가 있다.

> (11)-① 마한은 서쪽에 있다. 그 백성은 토착 생활을 하고 곡식을 심으며 누에치기와 뽕나무 가꿀 줄을 알고 면포綿布를 지었다. 각각 장수長帥가 있어 세력이 큰 사람은 스스로 신지臣智라 하고, 그 다음은 읍차邑借라고 했다. 산과 바다 사이에 흩어져 살았으며 성곽이 없었다. 원양국爰襄國 … 초리국楚離國 등 모두 50여 국이 있다. 대국은 만여 가이고 소국은 수천 가로서 총 10여만 호이다. 진왕辰王은 목지국을 다스린다. 신지에게 간혹 우대하는 호칭인 '臣雲遺支報 安邪踧支 濆臣離兒不例 狗邪秦支廉'의 호칭을 더하기도 한다. 그 관직에는 '魏率善 · 邑君 · 歸義侯 · 中郎將 · 都尉 · 伯長'이 있다.[103]
>
> ② 변진 역시 12국이 있다. 또 여러 소별읍이 있으며 각각 거수渠帥가 있다. 세력이 큰 사람은 신지라 하고, 그 다음에 험측이 있고 다음에 번예가 있고 다음에 살해

---

102) 李道學, 앞의 논문, 1998, pp.125~126.

103) 『三國志』韓傳, "馬韓在西 其民土著 種植 知蠶桑 作綿布 各有長帥 大者自名爲臣智 其次 爲邑借 散在山海間 無城郭 有爰襄國 … 楚離國 凡五十餘國 大國萬餘家 小國數千家 總 十餘萬戶 辰王治月支國 臣智或加優呼臣雲遣支報安邪踧支濆臣離兒不例拘邪秦支廉之 號 其官有魏率善 · 邑君 · 歸義侯 · 中郎將 · 都尉 · 伯長".

가 있고 다음에 읍차가 있다. 이저국已柢國 … 우유국優由國이 있어 변한과 진한의 합계가 24국이다. 대국은 4~5천 가이고 소국은 6~7백 가로 총 4~5만 호이다. 그 12국은 진왕에게 신속되어 있다. 진왕은 항상 마한인으로 왕을 삼아 대대로 왕위를 이었으며, 진왕은 자립하여 왕이 되지는 못했다.**104)**

③ 변진은 진한과 뒤섞여 산다. 또 성곽이 있고 의복과 거처는 진한과 같으며, 언어와 법속法俗이 서로 비슷하다. 귀신에게 제사하는 것은 다르다. 부엌은 모두 집의 서쪽에 두었다. 그 중에 독로국瀆盧國은 왜와 경계를 접하고 있다. 12국에도 왕이 있다. 그곳 사람들의 몸집은 모두 크고 의복은 청결하며 장발이었다. 또 폭이 넓은 고운 베(세포)를 짜며 그 법속은 매우 준엄하다.**105)**

①의 진왕은 마한의 목지국에 존재하였다. 그런데 ②에서 변진弁辰의 12국은 진왕에 신속되었다고 한다. ③에서는 변진 12국에 또한 '왕'이 있었다는 사실을 전한다.**106)** 특히 변진 12국이 신속한 진왕과 마한의 목지국에 존재했던 진왕의 관계를 어떻게 설정할 것인가는 견해의 차가 있지만, 일단 ②의 변진조에서 '진왕은 항상 마한인으로 왕을 삼아 대대로 왕위 계승을 하였으며, 진왕은 자립하여 왕이 되지는 못했다'라고 한 점으로 보아 ①의 마한 목지국을 다스린 진왕과는 구분하여 접근할 수 있다.**107)**

②와 관련된 『위략』의 일문逸文에는 변진조의 진왕 기사와 관련하여 "그들은 옮겨온 사람들이 분명하기 때문에, 마한의 통제를 받았다(明其爲流移之人 故爲馬韓所制)"라고 하였다. 곧 그들은 본래 유이민이 분명하여 마한의 통제를 받는다고 하였다. 이는 마한의

---

104) 『三國志』 韓傳, "弁辰亦十二國 又有諸小別邑 各有渠帥 大者名臣智 其次有險側 次有樊濊 次有殺奚 次有邑借 有已柢國 … 優由國 弁辰韓合二十四國 大國四五千家 小國六七百家 總四五萬戶 其十二國屬辰王 辰王常用馬韓人作之 世世相繼 辰王不得自立爲王".

105) 『三國志』 韓傳, 弁辰與辰韓雜居亦有城郭 衣服居處與辰韓同 言語法俗相似 祠祭鬼神有異 施竈皆在戶西 其瀆盧國與倭接界 十二國亦有王 其人形皆大 衣服絜淸 長髮 亦作廣幅細布 法俗特嚴峻".

106) 변진 지역에 진왕과 별도로 존재했다는 12국의 '王'은 국 단위의 지배자로서 '각각 거수가 있다(各有渠帥)'라고 했던 전승과 같은 범주에서 이해할 수 있다.

107) 마한인으로서 목지국의 진왕에 오르는 것은 당연한 사실일 것이다. 그러함에도 변진 소국이 속했던 진왕에 대해서 새삼스럽게 마한인으로 진왕을 삼아 대대로 세습했다는 것은 어색한 대목이다. 이러한 표현이 특기된 것은 어쩌면 변진조의 진왕이 마한의 진왕과 구별되는 존재였기 때문일지도 모르겠다.

동계東界로 이주해왔던 진한인의 유래를 염두에 둔 서술로 생각할 수 있다. 실제 변진
조 ③에서 변진(변한) 12국에도 왕이 있다는 것으로 보아, ②의 진왕은 그 통치 대상이
변한이 아닌 진한 12국과 관련된 것으로 이해될 수 있다. 또한 ②에서 "자립하여 왕이
되지 못했다"라고 하는 진왕의 위상은 마한의 목지국을 치소로 삼고 "其官有~"의 관직
을 두었던 진왕에 비해서 한계를 보여준다. 곧 변진조의 진왕은 마한의 진왕과 구별되
는 존재로 변·진한과 밀접한 연관이 있는 인물로 여길 수 있다.[108]

이제 ③에서 12국 또한 왕이 있다고 전하는 기록에서 '왕'의 존재가 변한 12국과 관
련이 있는 지배자를 가리킨다면, ②에서 '그 12국은 진왕에 신속되었다'라고 한 진왕은
진한 12국이 신속했던 지배자로 상정할 수 있다. 곧 그는 진한 12국 가운데 우세한 중
심 소국으로 성장했던 사로국의 지배자로서 진한의 소국연맹체를 이끌어 갔던 '진한
왕'으로 이해할 수 있다.[109]

한편 서기 3세기 중반에 접어들면서 중국 군현과 무력 대결을 벌였던 '한韓' 세력은
백제국을 중심으로 한 한강 유역의 연맹 세력으로 이해된다.[110] 이른바 대방군 기리영
전투를 주도한 '신지臣智'는 목지국 진왕과는 구별되는 존재이며,[111] 마한 대국의 지배
자로서 백제국과 긴밀히 연결되는 존재로 볼 수 있다. 『진서』 동이열전에서 '진왕'의 존
재가 사라졌던 배경은 바로 위 사건과 무관하지 않을 것으로 생각된다. 이제 『진서』에
서는 진왕을 대신하여 마한제국의 지배자인 '마한주馬韓主'[112]와 진한 제국의 지배자로

---

108) 변진조의 진왕은 목지국 진왕과 관련이 없는 존재였으며 더구나 진왕은 삼한의 총체적인
　　　 왕은 아니었다고 이해한다(金貞培, 「'辰國'과 '韓'에 關한 考察」『史叢』12·13合, 1968,
　　　 pp.348~372). 나아가 『삼국지』 한전의 진왕은 각각 변진조의 진왕은 진한왕으로서 사로국
　　　 왕을 이르는 것이며, 마한조의 목지국 진왕은 백제국왕을 가리키는 것으로 파악하였다(千
　　　 寬宇, 앞의 책, 1989, pp.234~239).

109) 박대재, 앞의 논문, 2002, pp.38~47에서는 진변한의 진왕은 진한왕의 착오이며, 마한의 진
　　　 왕과는 무관한 존재로 상정하여 참고된다.

110) 李賢惠, 앞의 책, 1984, p.174.

111) 『三國志』 韓傳, 初中 明帝密遣帶方太守劉昕樂浪太守鮮于嗣越海定二郡 … 部從事吳林
　　　 以樂浪本統韓國 分割辰韓八國以與樂浪 吏譯轉有異同 臣智激韓忿 攻帶方郡崎離營 時
　　　 太守弓遵樂浪太守劉茂興兵伐之 遵戰死 二郡遂滅韓'.

112) 『晉書』 東夷列傳, 馬韓, "武帝 太康 元年 二年 其主頻遣使入貢方物 七年 八年 十年 又頻
　　　 至 太熙 元年 詣東夷校尉何龕上獻 咸寧 三年 復來 明年 又請內附"이라고 하여, 馬韓主

서 '진한왕'[113])의 존재가 삼한 사회의 유력한 지배자로서 등장할 뿐이다.

특히 『진서』 동이열전에서는 변진한 24국이 모두 진한에 속했다고 전한다.[114)] 『삼국지』 한전의 변진조에서 진왕에 속했던 변진 12국은 이제 마한의 영향권에서 이탈하여 진한 곧 진한왕에 신속했다는 사실을 유추할 수 있다. 그리하여 『삼국지』 한전에서 변진조의 진왕으로 전해진 존재는 진한왕과 밀접한 연관이 있었음을 알려준다. 또한 목지국 진왕의 소멸과정에서 삼한의 역학관계에 큰 변동이 수반하였음을 암시하는데, 이는 4세기 이후 백제와 신라의 본격적인 성장과 맥을 같이 하는 것으로 생각된다.[115)]

한편 마한 목지국의 진왕은 『삼국지』 한전이 찬술된 서기 3세기 중후반의 시점에도 그 지위가 이미 대대로 이어졌다고 인식한 존재이다. 지금까지 진왕의 실상을 이해하는데 아래 기사는 중요하게 취급되었다.

> (12)-① 辰王治目支國
>
> ② 臣智或加優呼臣雲遣支報安邪踧支濆臣離兒不例拘邪秦支廉之號
>
> ③ 其官有魏率善邑君歸義侯中郎將都尉伯長(이상 『삼국지』 한전)

이 기사에 대해서는 ①의 진왕을 중심으로 ②와 ③의 내용이 서로 연결되는 것으로 파악하여, ②의 '臣智或加優呼' 이하에 열거된 관호官號는 진왕의 겸호兼號로 보거나 진

곧 馬韓王의 존재를 확인할 수 있다.

113) 『晉書』 東夷列傳, 辰韓, "武帝 太康 元年 其王遣使獻方物 二年 復來朝貢 七年 又來所制 也"라고 하여, 辰韓王의 존재를 확인할 수 있다.

114) 『晉書』 東夷列傳, 辰韓, "初有六國 後稍分爲十二 又有弁辰亦十二國 合四五萬戶 各有渠 帥 皆屬於辰韓 辰韓常用馬韓人作主 雖世世相承 而不得自立 明其流移之人 故爲馬韓所 制也"라고 하여, 변진 12국이 속했던 진왕의 존재는 확인할 수 없다. 대신 弁辰韓 24국이 모두 辰韓主(王)에 속하는 것으로 나타난다.

115) 『晉書』에서 마한왕과 진한왕이 각각 조공한 기록을 보면 군현을 통하지 않고 직접 西晉과 교섭한 사실을 알려준다. 이는 西晉이 삼한 유력 소국의 현실적인 지배권을 인정하고 이를 교섭 대상으로 받아들였던 것으로 이해된다(李富五, 앞의 논문, 2004, p.13). 곧 교섭대상이 이전의 상징적인 辰王에서 현실적인 馬韓王(百濟王)과 辰韓王(新羅王)으로 바뀌었음을 의미한다.

왕이 신지에게 간혹 더하여 주는 '우대하는 호칭' 등으로 간주하기도 했다.[116] 이에 따라 ③에 '其官有~' 이하에 열거한 읍군 이하의 관명은 진왕 직속의 조직과 관련된 관제 官制로 파악하려는 경향이 강하였다.

그런데 ①의 목지국을 치소로 삼아 다스렸던 '진왕'과 ②의 '간혹 우대하는 호칭(或加優呼)'을 더했던 '신지'는 본래 '국' 단위를 세력 기반으로 하여 성장했던 지배자였다. 사실 ②의 '加優呼'했던 호칭이 마한과 변진 지역에 존재했던 제국 가운데 유력한 대국의 신지와 관련된 칭호로서 '신운견지보臣雲遣支報', '안야축지安邪踧支', '분신리아불례濆臣離兒不例', '구야진지렴拘邪秦支廉' 등으로 나눌 수 있는 것인지, 혹은 진왕이 겸한 칭호로서 전체가 하나의 명칭인지는 불분명한 점이 있다. 다만 마한제국의 신지 가운데 '진왕'으로 성장했던 존재나 '혹가우호' 했던 신지의 존재는 그렇지 못했던 제소국의 거수 혹은 장수보다 상대적으로 우월한 지배자라고 할 수 있다.

『삼국지』 한전에 마한제국의 '장수' 가운데 세력이 강대한 사람은 스스로 '신지'라고 하였고, 그 다음은 '읍차'라고 하였으므로, '신지'와 '읍차'라고 하는 제국의 장수는 왕호를 칭한 '진왕'과는 분명하게 구분할 수 있다. 신지와 읍차의 세력 기반은 각각 '마한의 대국은 만여 가이고 소국은 수천 가이다'라고 하는 사실과 관련이 깊다. 대국의 성립이 소국의 단계를 거쳐서 성장한 것이라고 할 때, 대국은 마한제국 가운데 우세한 '국'이 주변의 '국'과 '읍락' 등의 세력을 통합하면서 대두한 정치체로 상정할 수 있다. 곧 소국이 국읍을 중심으로 주변의 읍락을 결속한 정치체라고 할 때, 적어도 대국은 거기에 더해 '별읍別邑' 세력을 포함하는 보다 큰 규모의 정치체로 이해할 수 있다.[117]

주지하듯이 동이전에 수록된 부여와 고구려의 사회상은 삼한을 비롯한 동예나 옥저에 비해서 발전한 모습을 보여주며, 읍루挹婁는 그보다 뒤떨어진 사회상을 전한다. 곧 마한의 목지국과 같은 대국을 중심으로 성립한 소국연맹체가 다음 단계로 진전하게 되면 부여국과 같은 정치적 성장을 이룰 수 있을 것으로 예상된다. 어쩌면 마한 소국연맹

---

116) 李道學, 앞의 논문, 1998, pp.123~125; 尹善泰, 「馬韓의 辰王과 臣濆沽國 -領西濊 지역의 歷史的 推移와 관련하여-」『百濟研究』34, 2001, p.28.

117) 삼한의 소국은 성읍국가로, 대국은 소국보다 큰 규모의 성읍국가로서 소연맹국으로 상정하였다(金杜珍, 「三韓 別邑社會의 蘇塗信仰」『韓國 古代의 國家와 社會』, 一潮閣, 1985, pp.95~98).

이 결성될 당시 목지국 진왕의 정치적 위상은 초기 부여의 군왕이 가졌던 모습에서 크게 벗어나지 않았을 듯하다.[118]

『삼국지』 한전의 진왕은 아직 부여전의 군왕이나 고구려전의 왕이 갖는 정치적 권력이나 종교적 권능에 비견될 정도의 인물은 분명 아니었다.[119] 실제로 진왕은 고구려의 '책구루幘溝婁'에서 상정할 수 있는 중국의 분열 책동을 막아냈던 고구려왕의 정치적 위상과 비교하더라도 상대적으로 한계를 드러낸 존재이다.[120] 다만 진왕은 언제든지 부여의 군왕으로까지 성장할 소지를 갖추었던 인물로, 그의 정치적 성장은 부여 군왕의 대두와 같은 맥락에서 접근할 수 있다. 곧 마한 대국의 신지 가운데 성장·분화하면서 등장했을 법한 목지국의 진왕은 연맹왕국 체제를 구축하였던 부여국의 군왕에 비견될 수 있다.[121] 이를 통해 목지국 진왕을 대신하여 마한의 맹주로 등장했던 백제국의 왕이 갖는 정치적 위상을 유추할 수 있을 것으로 기대된다.

마한 대국의 신지 가운데 성장하여 정치적 권력을 강화해 갔던 목지국의 진왕과 같은 인물은 주변의 소국을 편입시켜 연맹왕국 체제를 지향해 갔으며, 이 과정에서 편입된 주변 제소국의 신앙 의례를 흡수·통합하면서 부여에서 시행된 '국중대회國中大會' 차원의 제천의례로 발전해 갔을 것으로 본다.[122] 마한 소국연맹의 신앙의례가 국읍의

---

118) 『三國志』 夫餘傳, "舊夫餘俗 水旱不調 五穀不熟 輒歸咎於王 或言當易 或言當殺". 곧 부여 군왕의 한계성을 유추할 수 있는 교체 가능 기사가 확인된다. 이는 초기부여의 성격 및 왕권의 한계를 알려준다.

119) 文昌魯, 「夫餘의 王과 祭天儀禮」 『北岳史論』 10, 2003, pp.13~18.

120) 尹善泰, 앞의 논문, 2001, p.28.

121) 동이전에 보이는 진왕의 정치적 위상은 부여 및 고구려 초기의 '군왕' 또는 왕과 서로 통할 수 있다. 진왕의 실질적인 세력범위가 목지국을 중심으로 주변 소국들에 한정된다고 하더라도 인적 규모에 있어서 3만 호인 고구려에 뒤떨어지지 않는다. 또한 『후한서』 한전의 진왕이 삼한을 통치한다고 전한 사실을 고려하면, 적어도 목지국의 진왕은 마한 대국의 신지급 내지는 그보다 성장했던 존재로 이해할 수 있다.

122) 제천의례는 읍락이나 소국 차원의 제의가 연맹왕권에 의해 국가적인 차원으로 통합되면서 행해진 것이라 할 수 있다. 곧 연맹왕국의 지배 세력은 자기들의 祖先에 관한 '天' 관념, 그리고 천신을 중심으로 그 안에 통합된 다른 씨족의 조상인 '地'에 관한 神, 곧 천신과 지신을 함께 받드는 제의 체계는 초부족적인 연맹왕국을 기반으로 시행한 것으로 생각된다 (文昌魯, 「三韓時代 邑落社會의 信仰儀禮와 그 變遷」 『北岳史論』 5, 1998, pp.34~35).

천군에 의해 '천신 제사를 주관(主祭天神)'하면서도 아직 부여 국가의 '국중대회' 차원까지 전개되지 못한 것은 소국연맹체 내의 제의권을 하나로 통합하지 못했던 목지국 진왕의 정치적 위상을 알려주는 일면으로 보아도 좋을 듯싶다.

V. 맺음말

마한제국의 하나였던 백제국의 성장은 기존 마한 중심 세력의 쇠퇴와 표리관계에 있었다. 곧 초기 백제의 성장과 외연의 확대로 목지국 진왕의 위상이 약화하고 그 세력범위도 점차 백제에 잠식되었던 셈이다. 본고는 마한의 세력범위와 백제에 대한 본격적인 이해를 위해서 백제국의 성장 및 마한 목지국 진왕과의 관계를 해명하는 데 초점을 두었다. 곧 문헌 자료의 '마한'에 대한 인식과 실제를 비롯하여 마한과 백제국의 성립, 백제국의 성장과 '근군제국'의 관계, 그리고 마한 목지국과 진왕의 정치적 위상 등의 문제를 살펴보았다. 지금까지 살펴본 내용을 요약하여 맺음말에 갈음하려고 한다.

먼저 마한의 역사적 실체는 시·공간을 달리하며 변화된 역사상으로 그려질 수 있다. 시간의 흐름에 따라 변화했던 마한의 세력 내지는 공간적 범위를 고려한다면, 문헌에 보이는 '마한' 인식과 그 역사적 실상은 구분해서 접근해야 한다. 실제로 중국 사서의 '마한' 인식에는 진국 이래로 중국 군현 이남에 존재했던 하나의 세력권이라는 지역적 개념이 반영되었기 때문에, 마한으로 표기된 정치체가 반드시 역사적 실상과 부합한다고 보기 어렵다. 또한 백제본기의 '마한' 인식 역시 같은 맥락에서 접근할 수 있다. 곧 온조왕 대에 '마한'이 멸망했음에도 이후 서기 3세기 후반까지 '마한'의 실체가 확인되는 것은 고구려본기의 대무신왕 대에 멸망한 '낙랑'과는 별개로 실제 4세기 초반 한반도에서 축출된 '낙랑군'의 사례에 비견될 수 있다.

온조왕 대 백제의 마한 병탄 기록에는 백제가 고대국가로 성장하는 과정에서 남쪽 방면의 여러 소국을 차례로 병합해 갔던 과정이 일부 함축된 것으로 이해된다. 사실 온조왕 대에 보이는 마한의 역사적 실상은 경기·충청·전라지역을 포괄하는 마한 전체로 취급하기는 어렵지만, 그렇다고 하여 '소국' 단위에 한정된 범위로 상정할 수도 없다. 실제로 백제본기의 마한은 '국읍'과 여러 '성城'을 포괄하는 광역의 정치체로 나타나기 때문에, 고구려와 신라에 각각 병합되었던 여러 소국의 사례에 비해서 상대적으로 넓은 범위를 포괄하는 것으로 보인다. 이때 마한의 실체는 구체적으로 목지국을 중심으로 주변 소국들이 결속한 아산만 일대의 소국연맹체 세력과 맥이 닿을 수 있다.

한강 유역의 소국에서 출발한 '백제국'은 선진 철기문화를 바탕으로 성장하면서 주변의 소국 세력인 이른바 '근군제국'을 결속하여 소국연맹체를 구축해 갔다. 중국 군현과 가까운 곳에 자리한 제소국 곧 '근군제국'에는 말갈과의 전투에서 두각을 나타냈던 백제 북부의 진씨와 해루 세력, 동부의 흘우 세력을 비롯하여 비류 세력, 칠중하 북쪽의 소모 세력, 석두성과 고목성 세력 등을 들 수 있다. 또한 이른 시기부터 백제의 북변을 침입한 말갈 세력의 일부도 포함될 수 있는데, 낙랑의 부용 세력으로서 말갈은 이른바 '예속'을 알았던 '근군제국'에 부합된다. 이처럼 '백제국'이 마한 북부의 제소국을 결속하여 백제국가의 외연을 확대해 갔던 것은 후한의 세력 약화로 서북한 방면의 유이민 파동을 겪는 서기 2세기 중엽 이후로 이해할 수 있다. 이때부터 한강 유역의 '백제국'은 점차 기존 마한의 중심세력인 목지국의 영향권에서 벗어나기 시작했으며, 백제본기에서 마한과 웅천을 경계로 강역을 획정했던 사실은 이러한 정황을 반영한 것으로 추정된다.

백제본기의 온조왕 대 기록은 백제의 국가적 성장에 따른 마한병합 과정의 추이를 조망할 수 있는 자료이지만, 그 기년과 내용은 후대의 사실을 소급·부회한 것으로 접근하였다. 백제가 마한 전역을 통합하는 시기는 대체로 4세기 이후의 일이 되므로, 온조왕 27년의 마한병합 기사는 3세기 중반부터 진행된 마한 목지국과 백제국의 경쟁, 내지는 '백제국伯濟國'에서 '백제百濟'로의 전환과정을 밝히는 데에 유용한 자료로 취급할 수 있다.

백제국과 마한의 전통적인 관계가 결정적으로 반전되는 기점은 3세기 중반에 벌어진 대방군 '기리영' 전투로 파악된다. 곧 백제본기에서 백제가 웅천을 넘어 '마한'을 멸망시키는 기사는 실제 3세기 중반 이후의 사실을 반영하는 셈이다. 이때 마한의 실체는 웅천 곧 안성천 이남에서 아산과 온양, 예산을 연결하는 차령 이북에 존재했던 아산만 일대의 '마한' 세력으로 보인다. 곧 이들은 마한의 맹주였던 목지국의 실질적 세력범위와 서로 통할 수 있으므로, 백제본기의 마한왕은 『삼국지』 한전의 마한 목지국에 자리했던 진왕과 서로 무관하지 않은 존재로 이해된다.

일찍이 진왕은 본래 옛 한지韓地 전체를 대표하는 정치체였던 진국의 전통을 잇는 지배자로 인식되었으며, 서기전 1세기 이후 출현한 이래 중국 군현과 교섭에서 삼한을 대표하는 상징적 인물로 부각하였을 법하다. 진왕은 목지국의 왕으로서 마한제국 전체를 이끌어갔던 연맹왕으로 인식했을지라도, 실제로 그의 세력 기반인 목지국은 소연맹국 단계의 마한 대국에서 크게 벗어나지 않는 규모로 이해할 수 있다.

서진西晉 대에 이르러 진왕을 대신하여 등장하는 '마한왕(주)'은 마한제국을 대표하는 새로운 인물로 대두한 '백제왕'으로 상정할 수 있다. 진왕이 등장하게 되는 배경은 마한 대국의 '신지'급 주수가 정치적으로 성장하는 데서 찾을 수 있다. 목지국은 마한제국 가운데에 맹주국으로 발전하는 모습을 엿볼 수 있는데, 이는 동이전에 보이는 부여와 같은 연맹왕국 체제의 성립과 연결될 수 있다. 곧 신지 가운데 성장한 목지국 진왕은 언제든지 부여의 군왕과 서로 맥이 닿을 수 있는 존재였다. 자연 부여의 군왕에서 유추할 수 있는 정치적 위상과 종교적 권위를 소급하면 목지국 진왕을 대신하여 마한의 새로운 맹주로 등장했던 백제왕의 위상에 접근할 수 있을 것으로 기대한다.

제3편 제2장
진한과 신라,
사로국의 성장과 낙랑

Ⅰ. 머리말

서기전 108년 고조선古朝鮮 멸망 이후 평양 일대를 중심으로 한 서북한西北韓 지역에는 낙랑군樂浪郡이 설치되었다. 낙랑군을 비롯한 한군현漢郡縣의 존재는 고대 한국과 중국 사이에 전개된 한漢과 고조선이라는 두 나라의 국제관계가 낳은 역사적 산물로서 주목되지만, 그 자체가 '식민지 군현'이라는 부정적인 측면을 내포하고 있어서 관련 연구가 상대적으로 미진했던 점이 없지 않다.[1] 사실 낙랑군은 서기 313년에 한반도에서 축출될 때까지 약 420여 년간 서북한 지역에 존속하면서 중원 제국의 흥망성쇠와 동이東夷사회의 변동에 따라 부침을 거듭했기 때문에, 본래 설치될 당시의 군현으로서 지녔던 정치적 성격과 위상이 변모할 수밖에 없었다.[2]

---

1) 낙랑 관련 연구의 전반적인 흐름과 전망은 다음 논고를 참조할 수 있다(權五重, 『樂浪郡研究』, 一潮閣, 1992; 高久健二, 『樂浪古墳文化研究』, 學研文化社, 1995; 徐榮洙, 「對外關係史에서 본 樂浪郡」 『史學志』 31, 1998; 김한규, 『한중관계사』 Ⅰ, 아르케, 1998; 이영훈·오영찬, 「낙랑문화연구의 현황과 과제」 『樂浪』, 국립중앙박물관, 2001; 조법종, 「낙랑군의 성격문제」 『한국고대사연구』 32, 2003).
2) 權五重, 『樂浪郡研究』, 一潮閣, 1992, pp.1~2.

그런데 낙랑군 설치를 기점으로 서북한 이남의 한반도 중·남부 지역에서는 청동기시대 이래 자체적으로 꾸준히 성장해온 토착 읍락邑落 세력들이 새로운 변화의 물결을 맞이하게 되었다. 이와 함께 초기국가의 성장과 관련하여 주목되는 『삼국지』 위서 동이전 한조(이하 '한전'으로 줄임)의 '한제국韓諸國'이 낙랑군과 직·간접적인 교섭을 통하여 한漢의 앞선 문물과 접하면서 사회발전을 꾀할 수 있었다.[3]

그리하여 '낙랑'으로 상징되는 고대 중국의 철기 문화가 삼한 지역에 널리 보급되었던 점에 주목하여 이른바 '원삼국시대原三國時代'가 시작된 것으로 설정하기도 했다.[4] 나아가 이 시기는 낙랑을 통한 중국 한대漢代 문물의 본격적인 파급을 계기로 대두하는 남한南韓지역에서의 '국가형성기'로 규정하기도 했다.[5]

신라의 모태가 되는 사로국斯盧國의 성립과 발전과정에도 서북한 방면을 중심으로 한 유이민 집단과 그들의 앞선 문물들이 꾸준하게 들어오면서, 경주 일대의 선주 토착 세력에도 적지 않은 영향을 끼쳤던 것으로 이해된다. 실제 서기전 3세기 이래로 중국의 진秦·한漢 교체에 따른 유이민 파동을 비롯하여 위만衛滿 세력의 등장과 준왕準王 집단의 남하, 조선상朝鮮相 역계경歷谿卿 집단의 이동, 그리고 위만조선의 멸망과 한군현 설치로 인한 고조선계 유이민 집단의 남하 등이 지속해서 이어졌다. 자연 이러한 일련의 정치적 변동과정에서 경주 일대에 유입된 이주민 집단은 이미 철기문화를 바탕으로 한 선진적 문물과 통치 질서를 경험했던 세력이었기 때문에, 이 지역에 앞서 정착한 세력

---

3) 낙랑 방면에서 유입된 문물은 이전부터 존속하던 고조선 토착문화에 새로이 漢式 문물이 가미되어 복합 문화적 성격을 띠었는데, 실제로 木槨墓와 같은 墓制와 함께 打捺文土器, 韓國式銅劍, 鐵劍 관계 유물, S자형 재갈, 철 단검 등 고조선 전통의 문물, 각종 漢式 土器, 漢鏡, 曲棒形帶鉤, 靑銅鼎, 각종 화폐 등의 漢式 文物, 그리고 銅鍑, 鐵鍑, 動物文帶鉤, 안테나식 검파 등과 같은 북방 문물이나 제작 기술이 유입되었다고 한다. 특히 다양한 철기문화의 유입은 삼한 사회의 변화를 더욱 가속했던 것으로 이해된다(김길식, 「삼한지역 출토 낙랑계 문물」 『樂浪』, 국립중앙박물관, 2001, pp.237~248).

4) 金元龍, 『韓國考古學槪說』, 一志社, 1986, pp.128~130.

5) 한강 유역과 영산강 유역의 전남지역에 철기문화가 등장하는 시점이 낙랑군 설치 이후인 서기전 100년경을 전후한 점, 영남지방에서 새로운 토기 문화가 낙랑의 영향으로 등장하는 점, 그리고 낙랑 등 중국 군현의 통제력 상실 내지는 무력화 시점과 남한지역에서의 국가단계 정치체 출현 시기가 거의 일치되고 있는 점 등의 고고학적 사례를 들어서 이때를 '국가형성기'로 상정하였다(박순발, 「前期 馬韓의 時·空間的 位置에 대하여」 『馬韓史의 새로운 인식』, 1997; 『馬韓史研究』, 忠南大學校出版部, 1998, p.24).

과 결합하면서 사로국의 성립 및 그 성장 과정에 영향을 끼쳤던 것은 널리 알려진 사실이다.

특히 서기 2세기 중·후반경에 중국 후한後漢의 세력 약화로 진행되었던 낙랑 방면의 유이민 파동은 사로국의 지배 세력 교체에도 적지 않은 영향을 주었던 것으로 상정하였다.[6] 또한 『삼국지』 한전에는 진한辰韓사람들이 낙랑 사람들을 가리켜 '아잔[阿(我)殘]'이라고 하여 본래 자신들의 남은 무리로 여겼던 사실을 전한다. 이는 어쩌면 사로국의 성장 과정에서 서북한 방면의 낙랑계 유이민이 유입되었던 역사적 사실을 반영한 기록으로 이해할 수 있다. 좀 더 부연하면 서기 3세기 중후반 경 찬술된 중국 사서에 진한(신라)의 낙랑에 대한 강한 연고 의식을 알려주는 전승으로 생각할 수도 있겠다. 이처럼 낙랑군 설치 전후부터 지속되었던 서북한 방면 유이민 집단의 신라 사회로의 유입 현상은 서기 4세기 초 고구려의 낙랑군 축출을 계기로 일단 그치게 되었다.

이후 신라사의 전개 과정에서 낙랑군과의 관계를 살필 수 있는 흔적은 기록으로 확인하기 힘든 형편이다. 다만 신라가 중국왕조와의 직접 교섭을 통해 받았던 신라 국왕의 책봉호冊封號에서 줄곧 '낙랑군왕樂浪郡王', '낙랑군공'이라는 명칭이 확인된다. 또 고려 왕조로부터 신라 마지막 임금인 경순왕 김부金傅가 상보尙父로서 책봉을 받던 고명誥命에도 '낙랑왕'의 명호名號가 포함되어 신라와 낙랑의 상호 연관성을 부각할 수 있어 주목된다. 곧 삼국 가운데 신라사의 전개 과정에서 상대적으로 낙랑과의 관계를 연상케 하는 흔적이 뚜렷하게 있어 신라의 낙랑에 대한 연고 의식 내지는 친연 의식이 형성되었던 일면을 다소나마 엿볼 수 있을 것으로 기대된다.

이와 같은 점을 염두에 두면서 낙랑군 설치 이후 신라사의 전개 과정에서 확인되는 '낙랑' 또는 '낙랑군(국)'이라는 역사적 실체가 남겼을 만한 흔적을 찾아 그것이 갖는 역사적 의미를 생각해보려고 한다.

이를 위해 먼저 서북한 방면의 유이민 파동 및 남하 과정에 낙랑계 유민의 사로국 일대 유입에 대한 전반적인 흐름과 그 의의를 정리하고자 한다. 그런 다음 『삼국사기』 신라본기의 초기 기록에 나타난 '낙랑'이라는 존재가 평양 일대를 중심으로 하는 서북한지역의 '낙랑군'과 어떤 관계에 있는지 그 실상을 알아보려고 한다. 이와 함께 낙랑

---

6) 李基東, 「신라의 성립과 변천」 『韓國古代史論』, 한길사, 1988, p.81.

방면의 유이민 파동을 신라 초기의 석탈해 세력 등장과의 관련성을 추구하려고 한다. 나아가 경주지역 토광목곽묘의 출현에 주목하여 석씨 왕계의 대두에서 엿볼 수 있는 신라 지배 세력의 변동양상을 유추해 보고자 한다. 삼국 정립 이후에 신라를 곧 낙랑이라고 지칭하는 '신라=낙랑'이라는 친연 의식이 부각하는 측면을 신라 국왕의 책봉호를 중심으로 살펴보려고 한다. 그리하여 신라사의 전개 과정에서 보이는 '낙랑'의 실체와 그 의미를 생각해봄으로써 신라와 낙랑의 관계에 대한 역사적 실상의 일면을 엿보려고 한다.

II. 서북한西北韓 방면 유민의 진한 유입

『삼국사기』 신라본기에는 사로국의 형성 및 그 성장 과정에서 외부로부터 유입된 여러 세력을 확인할 수 있다. 조선유민朝鮮遺民, 변한卞韓, 진한유민辰韓遺民과 중국인 동래자東來者, 왜인倭人, 북명인北溟人, 낙랑인樂浪人 5천 등의 존재가 있다.[7] 이밖에 『삼국지』, 『수서隋書』 등 중국 사서에 보이는 낙랑계와 고구려계, 백제계 등의 유이민집단 역시 크고 작은 군집을 이루면서 시차를 두고 경주일대로 유입되면서 사로국 성장에 보탬이 되었을 것이다.[8] 이들 가운데 6촌장六村長을 비롯하여 박朴 · 석昔 · 김金의 이른바 3성 세력은 가장 유력한 유이민 집단으로 상정할 수 있다.[9] 따라서 신라사의 전개 과정에서 낙랑과의 관계를 살펴보는 출발점은 아무래도 고조선 유민을 비롯하여 북쪽에서

---

7) 『三國史記』卷1, 新羅本紀, 赫居世居西干 卽位年, "先是 朝鮮遺民 分居山谷之間爲六村"; 같은 왕 19년, "春正月 卞韓以國來降"; 같은 왕 38년, "瓠公者 未詳其族姓 本倭人初以瓠繫腰度海而來 故稱瓠公"; 南解次次雄 16년, "北溟人耕田 得濊王印獻之"; 儒理尼師今 14년, "高句麗王無恤襲樂浪滅之 其國人五千來投 分居六部".

8) 『三國志』魏書東夷傳, 辰韓, "辰韓在馬韓之東 其耆老傳世 自言古之亡人避秦役來適韓國 … 名樂浪人爲阿殘 東方人名我爲阿 謂樂浪人本其殘餘人"; 『隋書』列傳, 新羅國, "新羅國在高麗東南 居漢時樂浪之地 或稱斯羅 魏將毌丘儉討高麗破之 奔沃沮 其後復歸故國 留者遂爲新羅焉 故其人雜有華夏高麗百濟之屬". 곧 樂浪系, 華夏 및 高(句)麗系, 百濟系 주민의 유입을 유추할 수 있다.

9) 朱甫暾, 「斯盧國을 둘러싼 몇가지 問題」『新羅文化』21, 2003, p.26.

남하한 여러 계통의 유이민 집단이 경주 일대의 사로 지역으로 유입되는 데서 찾아야 할 것이다.

주지하듯이 『삼국사기』에 전하는 신라 건국 기사에는 박혁거세의 거서간 즉위 및 개국 사실을 알려주는데, 거기에는 "이에 앞서 조선의 유민遺民들이 산골짜기 사이에 나누어 살면서 6촌을 이루었으며 … 이것이 진한辰韓의 6부가 되었다"[10]라는 사실을 전한다. 여기에서 6촌은 사로 지역 일대로 남하한 조선의 유민들이 산골짜기(山谷)를 근거로 성립시켰던 읍락 사회이며, 이들은 청동기 문화를 배경으로 하는 서로 대등한 관계의 독자적인 세력 집단으로 추정된다.[11]

특히 사로 6촌의 성립을 이끌어간 '조선유민'의 실체는 제정일치적인 경향이 강한 시기의 고조선계 유민이었으며, 연燕의 동방 경략 시기부터 준왕 집단의 남천 시기 사이에 경주 일대에 정착했던 것으로 이해된다.[12] 그런가 하면 이들은 위만衛滿 세력에 밀려서 남하하여 마한 지역에 들어가 한왕韓王을 자칭했던 준왕準王계와는 구분되는 세력으로서, 구체적으로 위만조선이 멸망하기 전에 남하했던 위만조선 계통의 유민들이 큰 비중을 차지했던 것으로도 상정하였다.[13] 곧 신라 초기에 보이는 사로 6촌의 성립은 서북한 지역에서 이미 위만조선의 정치체제를 경험했던 고조선계 집단이 경주분지 일대에서 지석묘 사회를 조성했던 선주집단과 결합하여 형성된 정치세력으로 이해할 수 있다. 따라서 사로 6촌장 세력은 신라 건국을 주도해 갔던 박씨 세력보다 앞선 시기에 경주 일대로 이주하여 건국의 기틀을 마련했던 것으로 여겨진다.[14]

그런데 사로국은 『삼국지』 한전에 보이는 진한 제국諸國 가운데 유력한 소국이었다. 6촌과 같은 읍락 사회를 구성단위로 하는 소국의 성립, 곧 사로국의 성립은 읍락의 거

---

10) 『三國史記』 卷1, 新羅本紀1, 赫居世居西干 卽位年, "始祖姓朴氏 諱赫居世 前漢孝宣帝五鳳元年甲子四月丙辰卽位 號居西干 時年十三 國號徐那伐 先是朝鮮遺民分居山谷之間爲六村 一曰閼川楊山村 二曰突山高墟村 三曰觜山珍支村 四曰茂山大樹村 五曰金山加利村 六曰明活山高耶村 是爲辰韓六部".

11) 李賢惠, 『三韓社會形成過程硏究』, 一潮閣, 1984, p.112.

12) 金炳坤, 「斯盧 六村의 出自와 村長의 社會的 性格」 『韓國古代史硏究』 22, 2001; 『신라왕권 성장사연구』, 학연문화사, 2003, pp.132~140.

13) 朱甫暾, 앞의 논문, 2003, pp.26~27.

14) 李鍾旭, 『新羅國家形成史硏究』, 一潮閣, 1982, pp.58~59.

수거수水渠帥 곧 6촌의 촌장이 이끄는 개별 읍락(촌) 단위를 넘어서 그들을 하나로 결속할 수 있는 정치세력의 등장을 설정할 수 있다.[15] 그것은 바로 '국國' 단위의 통치자인 국읍國邑의 주수主帥로 상정되는 거서간居西干의 대두와 맥을 같이 한다.[16] 이와 관련하여 사로국의 성립은 기록상 "서기전 1세기경(B.C.57)에 고허촌장高墟村長 소벌공蘇伐公을 비롯한 6촌장의 추대로 박혁거세를 거서간으로 삼고 나라 이름을 서라벌徐那伐이라고 하였다"[17]는 데서 찾을 수 있다. 곧 사로국은 서기전 1세기 전후부터 경주 일대에 유입된 고조선계 유민의 정착과 함께 기존 6촌장 세력과의 결합으로 성립한 것이라고 이해된다.[18] 실제로 혁거세赫居世가 사로국의 지배자인 거서간으로 등장하는 과정에는 박씨 세력이 고허촌高墟村과 같은 특정 읍락 집단과 연결되어 중심 세력(國邑)을 이루면서 주변의 촌(읍락)을 결속해 갔을 것으로 생각된다.

사실 혁거세로 상징되는 박씨 세력의 출자出自 기록은 명확하게 전해지지 않지만, 위만조선 멸망 이전부터 남하했던 6촌장 세력을 염두에 둔다면, 박씨 세력은 대체로 위만조선 멸망 이후에 남하한 유민들이 주류를 이루고 이들은 위만조선 계통의 철기문화를 소지했던 것으로 상정할 수 있다.[19] 왜냐하면 고고학 유물의 편년에 의해 6촌은 서기전 3~2세기경 청동기문화를 배경으로 경주 일대에 형성되었던 다수의 읍락으로 이해하며, 혁거세의 대두와 6촌의 통합과정은 서기전 1세기 전반경 위만 조선계 유민

---

15) 文昌魯, 「三韓時代 邑落 渠帥와 그 政治的 成長」 『韓國古代史研究』 12, 1997.

16) 『三國史記』 卷1, 新羅本紀1, 始祖 赫居世居西干 卽位年, "居西干 辰言王(或云呼貴人之 稱)". 居西干은 '辰言' 곧 辰韓에서 王이라고 불렸던 존재이므로 진한 小國의 우두머리인 國邑 主帥에 견줄 수 있다.

17) 『三國史記』 卷1, 新羅本紀1, 始祖 赫居世居西干 卽位年, "前漢孝宣帝 五鳳元年甲子四月 丙辰卽位 號居西干 時年十三 國號徐那伐 … 高墟村長蘇伐公望楊山麓 蘿井傍林間 有馬 跪而嘶 則往觀之 忽不見馬 只有大卵 剖之 有嬰兒出焉 則收而養之 及年十餘歲 岐嶷然夙 成 六部人以其生神異 推尊之 至是立爲君焉".

18) 衛滿朝鮮期의 鐵器文化를 경험한 古朝鮮系 유민의 등장으로 청동기문화의 성숙과 철기사 회로의 전개 속에 斯盧國이 형성되었으며, 이를 기반으로 사로국은 주변의 辰韓 小國을 통합해 갈 수 있는 능력을 갖추어 갔던 것으로 이해된다(金炳坤, 앞의 책, 2003, p.167).

19) 李鍾旭, 앞의 책, 1982, pp.56~58; 朱甫暾, 앞의 논문, 2003, pp.11~12; 金炳坤, 앞의 책, 2003, pp.161~164.

과 철기문화의 유입 등을 중요한 배경으로 추정할 수 있기 때문이다.[20]

특히 경주 일대의 토광목관묘土壙木棺墓에서 철기를 반출하는 청동기 유물은 서북한 방면의 위만 조선계 청동기·철기문화와 강한 계승성이 확인된다고 하여, 서기전 2세기 말~1세기 초 경주지역에서 나타나는 토광목관묘는 신라의 모체가 되는 사로국 성립의 배경이 되는 것으로 파악된다.[21] 그렇다면 토광목관묘는 낙랑군 설치 이전인 위만조선 시기에 서북한 지역에서 남하를 개시했던 유이민 세력, 곧 박씨 세력이 경주지역에 정착하면서 성립시킨 주요 묘제로 상정할 수 있다.

한편 사로국이 성립한 뒤로도 삼한 지역에는 서북한 방면의 이주민 세력이 계속 유입되었다. 특히 진한에서 확인되는 낙랑계 유물은 크게 2단계에 걸쳐 파급되었으며, 경주 입실리·죽동리·구정동·조양동 5호분 등지의 유적에서 확인된 낙랑계 유물은 서기전 1세기대 이후 낙랑군 설치와 함께 서북한 방면의 유이민과 그 문물이 사로 지역에 파급되었던 사실을 알려준다고 보았다.[22] 또 2세기 중후반 이후 대형 목곽묘의 사용과 함께 동한경東漢鏡, 동정銅鼎, 동복銅鍑 등 낙랑계 문물을 껴묻는 현상 역시 같은 맥락에서 이해했다.

이와 관련하여 『삼국지』 한전의 진한 관련 기록에 진한사람들은 낙랑인을 '아잔阿殘'이라고 했는데, 그 뜻을 '낙랑인은 본래 그(진한인의) 남은 무리'[23]라고 했던 사실이 주목된다. 이는 사로국을 중심으로 한 진한인들의 기억 속에 자신들이 본래 낙랑 방면의 유민이었다는 사실이 자리하였으며, 그것이 한전에 일정하게 반영된 것으로 해석될 소지가 있다. 나아가 낙랑 계통의 유이민이 경주지역을 비롯한 진한 사회에 지속적으로 유입했음을 강하게 암시한다.

또한 『삼국유사』의 '낙랑국' 관련 기사에는 전한前漢 대에 고조선 멸망 후 낙랑군 설치를 언급하면서 낙랑 방면 유민들의 신라 유입을 상정할 수 있는 내용을 확인할 수 있다.[24] 곧 '국사國史'를 인용하면서 시조 혁거세왕 30년(B.C.28)에 낙랑인들이 신라에 와

---

20) 李賢惠, 앞의 책, 1984, pp.72~74.

21) 崔秉鉉, 「新羅의 成長과 新羅 古墳文化의 展開」 『韓國古代史研究』 4, 1991, p.141.

22) 김길식, 앞의 논문, 2001, p.260.

23) 『三國志』 韓傳, "名樂浪人爲阿殘 東方人名我爲阿 謂樂浪人本其殘餘人."

24) 『三國遺事』 卷1, 紀異2, 樂浪國, "國史云 赫居世三十年 樂浪人來投 又第三弩禮王四年 高

서 투항하였다거나,[25] 제3대 노례왕弩禮王(유리왕) 14년(A.D.37)에는 고구려 제3대 무휼왕無恤王(대무신왕)이 낙랑을 정벌하여 멸망시킬 때 낙랑 사람들이 대방인帶方人과 더불어 신라에 투항했다고 한다.[26] 이때 '낙랑'으로 표현된 실체에 대한 접근은 장을 달리하여 살펴보겠지만, 일단 사로국 성립 이후에도 낙랑계통의 유이민들이 들어오면서 사로국 성장 과정에 그 구성원으로 편입되었던 사실을 반영하는 전승으로 이해할 수 있다.

III. 『삼국사기』 신라본기의 '낙랑'과 그 실체

『삼국사기』 초기 기사에는 '낙랑' 관련 기록을 여기저기서 볼 수 있다. 특히 신라본기와 백제본기에 등장하는 낙랑의 존재는 평양 일대의 낙랑군과는 지리적으로 떨어져 있어서 그 실체에 대해 여러 논의가 계속 이어졌다.[27] 『삼국사기』 신라본기에는 '낙랑'이 주로 신라 북변의 위협 세력으로 나타나는데, 다음과 같이 시조 혁거세 대부터 유리왕 14년에 멸망하기까지 모두 5차례 확인된다.[28]

⑴ 낙랑인樂浪人이 병사를 이끌고 침략해 왔다. 변경 사람들이 밤에 문을 걸어 잠그지 않고 곡식을 쌓아 들판에 널린 것을 보고 서로 말하기를, "이곳 백성들은 서로 도둑질 하지 않으니, 가히 도道가 있는 나라라고 할 수 있다. 우리가 군사를 몰래 내어 습격한

麗第三無恤王 伐樂浪滅之 其國人與帶方(北帶方)投于羅".

25) 『三國史記』卷1, 新羅本紀1, 赫居世居干 30年, "樂浪人將兵來侵."

26) 원본에는 노례왕 4년으로 되어 있지만, 『삼국사기』의 기록과 대조하면 노례왕 14년이 옳다고 한다(姜仁求 외 4인, 『譯註 三國遺事』 I, 韓國精神文化研究院, 2002, p.169). 곧 『三國史記』卷1, 新羅本紀1, 儒理尼師今 14年, "高句麗王無恤 襲樂浪滅之 其國人五千來投 分居六部"라고 하였다.

27) 『三國史記』에 보이는 樂浪에 대한 연구사 검토는 조법종, 앞의 논문, 2003, pp.165~167 참조.

28) 이밖에 『三國史記』卷1, 新羅本紀2, 基臨尼師今 3年, "三月 至牛頭州 望祭太白山 樂浪帶方兩國歸服"이라고 하여, 기림왕 3년(300)에 帶方國과 더불어 신라에 歸復하였던 樂浪國의 존재가 확인되지만 이들은 신라 초기에 보이는 樂浪과는 구분되는 존재이다.

것은 도적과 다를 바 없으니 부끄럽지 않겠는가?"라고 하며 곧 병사를 물려서 돌아갔다(시조 혁거세 거서간 30년).

(2) 가을 7월에 낙랑樂浪 병사들이 와서 금성金城을 여러 겹으로 에워쌌다. … 적이 얼마 있지 않아 물러나 돌아갔다(남해차차웅 원년).

(3) 왜인倭人이 병선 1백여 척을 보내 바닷가의 민가를 노략질했다. 6부六部의 날랜 병사를 발동하여 이들을 막게 하였다. 낙랑樂浪이 내부가 비었을 것이라고 하고 금성金城을 급하게 공격했다. 밤에 유성流星이 적의 진영에 떨어지니 그 무리 들이 두려워하여 물러나 알천閼川의 주위에 주둔하며 돌무지 20개를 만들어 놓고 떠났다(남해차차웅 11년).

(4) 가을 8월에 낙랑樂浪이 북쪽 변경을 침범하여, 타산성朶山城을 공격해 함락시켰다(유리이사금 13년).

(5) 고구려왕 무휼無恤이 낙랑樂浪을 습격하여 멸망시켰다. 그 나라 사람 5,000명이 투항해 오니 6부六部에 나누어 살게 했다(유리이사금 14년).

위 기록에서 낙랑은 ①신라 건국 초기부터 신라 변경 혹은 북변을 침공했던 존재로서(1)(4), 심지어 ②경주 금성까지 침공하여 궁성을 포위하는 위협적인 존재이기도 하였지만(2)(3), ③고구려 대무신왕의 공격을 받아 낙랑이 멸망하면서 그 국인國人이 대거 신라에 투항하였던 존재이다(5).

사실 신라본기에 ①과 ②처럼 수도인 경주지역까지 침범했던 낙랑의 역사적 실체에 대해서는 해석방법에 따라 구구하게 갈렸다. 곧 평양 일대에 설치한 중국 군현인 낙랑군으로 보는가 하면,[29] 또 다른 '낙랑'으로서 낙랑군 동부도위東部都尉와 관련 깊은 옥저지역의 세력,[30] 『삼국사기』의 편찬과정에서 발생한 후대 사실의 부회,[31] 혹은 진한

---

29) 진한계가 남하하던 도중에 낙랑군과의 충돌 사실을 기록한 것으로 보거나(千寬宇,『古朝鮮史・三韓史硏究』, 一潮閣, 1989, pp.178~183), 또는 교역을 위해 해로를 통해서 경주일대로 왔던 낙랑군의 상인, 군대 등의 교역집단(李鍾旭,「新羅를 비롯한 韓・倭의 政治勢力과 中國郡縣과의 關係」『新羅文化祭學術發表會論文集』9, 1988, pp.146~147) 등으로 이해한다.

30) 곧 崔理의 樂浪國은 後漢 建武 6년 東部都尉가 폐지된 뒤에 자치 상태에 있던 영동 7현 가운데 옥저지역의 토착 세력이 '낙랑'을 자칭하였던 것으로 이해하였다(文安植,「『三國史記』新羅本紀에 보이는 樂浪・靺鞨史料에 관한 檢討」『傳統文化硏究』5, 1997; 全德在,「尼師今時期 新羅의 成長과 6部」『新羅文化』21, 2003).

31) 新羅本紀 유리왕 14년조에 수록된 ③의 낙랑은 6세기 중엽 신라가 함흥지역에 진출한 사실

지역의 다른 정치집단들과 관련된 활동 내용을 초기 신라사에 일괄 수록하면서 설정한 존재,[32] 그리고 특정 사실에 대한 오해와 착오로 인한 '진한'의 개칭[33] 등 다양한 견해가 제시되었다.

그런데 사료 (3)에서는 남해왕 11년 왜인이 동해 바닷가로 쳐들어오자 신라가 6부병을 동원하여 막았는데, 그 틈을 타서 낙랑이 금성을 공격했다가 알천閼川 방향으로 물러갔다고 하였다. 당시 토함산 동쪽으로부터 추격한 신라군에게 알천 방면으로 밀려났던 낙랑은 알천 북쪽에서 형산강지구대를 따라 포항 방면으로 퇴각했을 것이다.[34] 그렇다면 낙랑 군대는 동해안 인근을 따라 내려왔을 것으로 추정되므로, 고구려 대무신왕 대에 국인이 투항한 ③의 낙랑은 일단 서북한 방면의 평양 일대에 존재한 낙랑군일 가능성과는 멀어진다.[35]

이와 관련하여 『삼국사기』 고구려본기의 대무신왕 대에는 다음과 같이 서로 다른 '낙랑'의 존재를 확인할 수 있어 주목된다.[36]

　　(6) 여름 4월에 왕자 호동好童이 옥저沃沮에 놀러 갔을 때 낙랑왕樂浪王 최리崔理가 나왔다가 그를 보고 물어 말하기를, "그대의 낯빛을 보니 예사 사람이 아니오. 어찌 북국北

　　　을 1세기 중엽 고구려가 옥저지역을 영유한 사실에 부회하여 기록한 것이라 하였다(宣石悅, 『新羅國家成立過程研究』, 혜안, 2001, p.71).

32)　이 시기 斯盧國의 영역이 지금의 경주분지를 벗어나지 못하였을 것으로 상정하여 辰韓地域의 다른 정치집단과의 관련된 활동내용으로 보는 것이 타당하다고 하였다. 곧 후일 이들 집단이 사로국에 편입되었으므로 여과 없이 초기 신라사에 다루어진 결과로 보았다(李炯佑, 「斯盧國의 성장과 주변小國」『國史館論叢』21, 1991;『新羅初期國家成長史研究』, 영남대학교 출판부, 2000, pp.65~66).

33)　姜鍾薰, 「三國史記 初期記錄에 보이는 '樂浪'의 實體」『韓國古代史研究』10, 1995;『신라상고사연구』, 서울대학교 출판부, 2000, p.110.

34)　全德在, 앞의 논문, 2003, pp.176~177.

35)　高句麗에 복속된 沃沮지역의 樂浪人이 신라에 투항했다는 기사는『三國史記』편찬자가 고구려의 호전성에 대비하여 신라를 '유교적 이상국가'라고 상대적으로 부각하려는 것이고 후대 사실의 부회라고 이해하기도 한다(宣石悅, 앞의 책, 2001, p.71).

36)　같은 내용이『三國遺事』卷1, 紀異2, 樂浪國, "國史云 赫居世三十年 樂浪人來投 又第三弩禮王四年 高麗第三無恤王 伐樂浪滅之 其國人與帶方投于羅 又無恤王二十七年 光虎帝遣使伐樂浪 取其地爲郡縣 薩水以南屬漢"으로 수록되었다.

國 신왕神王의 아들이 아니겠는가"라고 했다. 마침내 함께 돌아와 그 딸을 아내로 삼게 했다. 뒤에 호동이 나라로 돌아와 몰래 사람을 보내 최씨의 딸에게 알려 말하기를, "만일 그대 나라의 무기고에 들어가 북을 찢고 나팔을 부수면, 내가 예로써 맞이할 것이오. 그렇게 하지 않는다면 맞이하지 않을 것이오"라고 했다. 이에 앞서 낙랑에는 북과 나팔이 있어 만약 적병이 있으면 저절로 소리를 냈다. 그런 까닭에 이를 부수게 한 것이다. 이에 최리의 딸이 예리한 칼을 가지고 몰래 창고에 들어가 북의 면面과 나팔의 주둥이를 부수고 호동에게 알렸다. 호동은 왕에게 권하여 낙랑을 습격했다. 최리는 북과 나팔이 울리지 않았기 때문에 대비하지 못했다. 우리 병사가 엄습하여 성 아래에 다다른 다음에야 북과 나팔이 모두 부서진 것을 알았다. 마침내 딸을 죽이고 나와 항복했다(대무신왕 15년).

(7) 왕이 낙랑을 습격하여 멸망시켰다(같은 왕 20년).

(8) 가을 9월에 후한後漢의 광무제光武帝가 병력을 보내 바다를 건너 낙랑을 치고, 그 땅을 빼앗아 군현으로 삼으니, 살수薩水 이남이 한漢에 속하게 되었다(같은 왕 27년).

먼저 사료 (7)의 대무신왕 20년(A.D.37)에 멸망한 '낙랑'이 있다. 이 기사는 바로 사료 (5)의 신라본기와 같은 해에 이루어진 사건으로, ③의 낙랑 관련 사실과 서로 맥이 닿는 것으로 파악할 수 있다. 이와 관련되는 존재로서 사료 (6)에 보이는 대무신왕 15년(A.D.32)에 왕자 호동이 옥저지방에 유람하다 만났던 낙랑왕 최리의 '낙랑국'이 있다.

다른 하나는 사료 (8)과 같이 대무신왕 27년(A.D.44)에 후한 광무제가 바다 건너 파병하여 그 땅을 빼앗아 군현으로 삼고 살수 이남을 한漢에 속하게 했다는 '낙랑'의 존재이다. 이는 서북한 방면에 자리한 한군현으로서 고구려 미천왕 14년(A.D.313)에 축출했던 바로 평양 일대의 낙랑군으로 생각된다.[37]

일찍이 손진태는 낙랑군 체제를 단순히 중국 한나라의 군현체제로만 이해하던 입장에서 벗어나 낙랑군의 이중적인 구조를 부각하면서 낙랑군 내에 '낙랑왕국'이 존재했다는 견해를 제시한 바 있다.[38] 이처럼 '낙랑군'과 '낙랑국'의 병존을 상정한 견해에 주

---

37) 『三國史記』 高句麗本紀에서 평양 일대 낙랑의 존재는 "冬十月 蠶友落部大家戴升等一萬餘家 詣樂浪投漢"(閔中王 4年), "冬十月 侵樂浪郡虜獲男女二千餘口"(美川王 14年) 등의 기록을 통해서 확인할 수 있다.

38) 孫晉泰, 『韓國民族史概說』, 乙酉文化社, 1948, pp.95~99.

목하면서 낙랑군 체제는 한漢의 군현체제와 더불어 군현 내에 원주민집단의 재래적인 국읍 체제가 허용되었던 이원적인 형태를 설정하기도 했다.[39] 그리하여 『삼국사기』에 보이는 '낙랑국'은 낙랑군에 소속된 여러 국읍 중에 하나로서, 낙랑군 설치 이전부터 원주민사회가 보유하였던 국읍 체제가 연장된 것이며, 이때 거명된 '낙랑왕'은 이른바 '현중거수縣中渠帥'로서 후侯에 임명되었던 옥저와 동예지역의 영동嶺東 7현에 비정되는 규모를 거느렸던 것으로 이해했다.[40]

그렇다면 『삼국사기』 신라본기에 이른 시기부터 북쪽에서 출현했던 낙랑의 실체는 일단 중국 군현인 평양 일대의 낙랑군과는 구별될 수 있는 존재이다. 곧 신라 초기에 나타난 낙랑은 함경남도와 강원도 북부에 소재했던 영동 7현의 국읍(낙랑국) 세력이 동해안 방면을 따라서 출현했던 사실이 기록에 반영되었을 가능성이 크다.

이와 관련하여 『삼국유사』에서 낙랑과 관련하여 언급한 "백제 온조왕의 말에 '동쪽에 낙랑樂浪이 있고 북쪽에 말갈靺鞨이 있다'라고 하였으니, 아마 옛날 한漢나라 때 낙랑군樂浪郡 속현屬縣의 땅일 것이다"[41]라고 했던 사실을 주목할 수 있다. 곧 백제의 동쪽에 있었던 '낙랑'을 가리켜 '낙랑군지속현지지樂浪郡之屬縣之地' 곧 낙랑군 속현의 땅이라고 했다면, 이는 바로 평양 일대에 있던 낙랑군의 군치郡治와 구분되는 속현의 존재를 상정할 수 있게 한다. 그렇다면 신라본기 초기 기록에 등장하는 낙랑의 존재 가운데는 낙랑군 동부도위와 관련된 흔적으로서 동예·옥저지역의 토착 세력 내지는 영동 7현 지역의 국읍 세력과도 서로 맥이 닿을듯싶다.

한편 『삼국사기』 신라본기의 초기 기록에 신라와 접촉한 '낙랑'의 실체를 낙랑군 동부도위 관할 아래 있었던 동해안 옥저지역의 토착 세력으로서 고구려 대무신왕이 멸망시킨 최리의 '낙랑국'이었을 것이라는 견해[42]는 이와 같은 이해에 도움이 된다. 특히 신라본기에서 '낙랑'의 유민이 대거 신라 6부에 나뉘어 살았다는 기록은 『삼국지』 동옥저

---

39) 權五重, 앞의 책, 1992, pp.39~59.

40) 權五重, 앞의 책, 1992, pp.54~55.

41) 『三國遺事』 卷1, 紀異2, 樂浪國, "又百濟溫祚之言曰 東有樂浪 北有靺鞨 則殆古漢時樂浪郡之屬縣之地也".

42) 文安植, 앞의 논문, 1997, pp.22~23.

전에 전하는 현후縣侯로서 군현의 상징성을 이용하여 '낙랑왕'으로 자칭하던 최리崔理 집단의 세력권이 고구려의 압력에 밀려서 남하하는 과정을 알려준다는 지적은 귀담아 들을 만하다.[43] 이는 신라 건국 과정에서 경주일대로 유입되었던 북방 유이민과 그 문물의 주요 유입 루트로서 대체로 ①내륙을 관통하여 소백산맥을 넘어오는 육로, ②서남해안을 통한 해로 등 크게 두 방향으로 설정되는데, 여기에 더해서 동해안과 그 주변의 해상루트를 통한 이주민 세력의 실체를 부각한다는 점에서도 의미가 있다.

다만 옥저 방면으로 상정한 신라 초기의 '낙랑'을 석탈해 세력의 대두와 연결한 점은 좀 더 숙고할 필요가 있다. 왜냐하면 신라본기에서 탈해는 '낙랑'과의 전투가 있던 시기에 대보大輔로서 군국정사軍國政事의 중요 임무를 수행했기 때문이다. 곧 신라에 침입한 '낙랑' 군사에 맞서 신라의 6부병을 총지휘했던 존재는 대보인 탈해로 귀결될 가능성이 크기 때문이다. 따라서 석탈해 세력을 옥저 방면의 '낙랑'과 계통을 같이한다고 보는 데는 주저되는 면이 없지 않다.

IV. 낙랑계樂浪系 유민 파동과 석탈해昔脫解 세력의 대두

『삼국사기』 신라본기에서 석탈해는 남해차차웅 5년에 왕의 장녀와 혼인하고(A.D.8), 2년 뒤에 대보大輔로 임명되어 군국정사軍國政事의 중책을 맡았다고 전한다.[44] 탈해는 그 뒤에 박씨왕계인 3대 유리이사금儒理尼師今(A.D.24~57)의 뒤를 이어서 마침내 석씨로는 처음으로 왕위에 올랐다(A.D.57).[45] 신라의 왕위는 4대 탈해이사금 이후에 다시 5대 파사이사금婆娑尼師今(A.D.84~112)부터 8대 아달라이사금阿達羅尼師今(A.D.154~184)까지 박씨왕계로 넘어갔다가 탈해의 손자인 9대 벌휴이사금伐休尼師今

---

43) 文安植, 앞의 논문, 1997, pp.21~24; 全德在, 앞의 논문, 2003, pp.17~18.
44) 『三國史記』 卷1, 新羅本紀1, 南解次次雄 5年, "春正月 王聞脫解之賢 以長女妻之"; 같은 왕 7年, "秋七月 以脫解爲大輔 委以軍國政事".
45) 『三國史記』 卷1, 新羅本紀1, 脫解尼師今 元年, "脫解尼師今立 時年六十二 姓昔 妃阿孝夫人".

(A.D.184~196)이 즉위한 이후,[46] 본격적으로 석씨 왕실을 이어갔던 것이다. 곧 기록상 탈해가 박씨 왕실과의 혼인을 통하여 경주지역에 지배 세력으로 출현하는 것은 서기 1세기 전반경이 되며, 이른바 '박씨왕계' 시대에 석씨로서 탈해가 왕위에 오른 이후 약 100년이 넘는 공백기를 거쳐서 다시 석씨 왕실을 열어간 것은 벌휴이사금이 즉위하는 서기 2세기 후반경이 된다.

신라본기 초기 기록의 왕실 계보에 있어서 기년 상 불합리한 점이 다분히 지적될 수 있지만,[47] 박씨왕대에 유이민으로서 경주에 정착했던 석탈해가 왕위에 오른 사실이나 그 뒤 벌휴이사금으로 연결되는 석씨왕계의 본격적인 등장은 주목되는 대목이다. 곧 석씨왕계의 등장은 초기 신라 국가의 지배 세력 변동을 의미하는 것으로 서기 2세기 후반경에 전개된 신라 사회의 변화상을 상정해볼 수 있다.

사실 탈해이사금은 야철冶鐵의 능력을 지닌 강자였지만 족적族的 기반이 취약하여 그 일대一代로 끝났기 때문에 같은 석씨인 벌휴이사금과는 서로 계통을 달리하거나,[48] 계보적系譜的 의제擬制에 지나지 않는 것이라고 이해하기도 하며,[49] 탈해를 왕실 계보에서 제외하는 견해도 있었다.[50] 그렇지만 신라 왕실의 계보를 존중하는 관점에 선다면, 양자가 '석씨'로 분명하게 왕계가 연결되는 전승은 그 나름대로 의미를 찾을 수 있을 법하다.[51]

---

46) 『三國史記』卷1, 新羅本紀2, 伐休尼師今 元年, "伐休尼師今立 姓昔 脫解王子仇鄒角干之子也 母姓金氏 只珍內禮夫人".

47) 李弘稙, 『韓國古代史의 研究』, 新丘文化社, 1971, p.431.

48) 北方에서 南下한 伐休系가 慶州에 來到한 뒤, 경주지역에서 이미 吐含山神으로 숭배되고 있던 北方系 脫解의 後孫이라고 附會 自稱했을 것이라 하였다(千寬宇, 「三韓의 國家形成」『古朝鮮史・三韓史研究』, 一潮閣, 1989, p.300).

49) 李基東, 「新羅의 建國과 發展」『韓國史講座』I(古代篇), 一潮閣, 1982, pp.148~149.

50) 金哲埈, 「新羅 上古世系와 그 紀年」『歷史學報』17・18집, 1962; 『韓國古代社會研究』, 知識産業社, 1975, pp.71~79.

51) 일반적으로 冶匠 설화를 지닌 탈해 세력은 먼저 도착한 박씨 세력보다 발달한 철기 제작 기술을 가지고 이주한 집단으로 이해된다. 탈해 세력이 비록 선주 세력보다 발달한 冶鐵 능력을 소유한 강자였으나 탈해 이후 벌휴가 등장하기까지의 공백은 사로 지역에서의 族的 기반이 약했기때문으로 여겨진다. 이에 대해서는 석탈해 이후 파사-지마-일성-아달라의 박씨 왕들을 지나 벌휴왕대에 본격적인 석씨왕 시대를 여는 과정을 계기적으로 이해한 견해가

신라 초기 박씨에서 석씨로의 왕계 변화는 탈해로 상징되는 후발 이주민 집단이 사로 일대에 정착하면서 점차 새로운 지배 세력으로 대두하여 신라의 국가적 성장에 탄력을 주는 계기가 되었을 것이다. 실제로 『삼국사기』 신라본기와 『삼국유사』 왕력王曆에는 탈해이사금 대에 알지閼智의 탄생을 계기로 사로국의 국호를 '계림鷄林'으로 삼았다는 내용이 전해지는데, 정치적 변화와 긴밀하게 연동해서 이해할 수 있는 신라 국호의 변경이 굳이 탈해왕 대에 이루어지는 사실도 이와 무관하지는 않을 듯싶다.[52]

신라 사회에 등장하는 탈해 세력의 성격과 그 실체를 유추하는 데는 다음 기록을 참고할 수 있다.

> (9) 탈해치질금脫解齒叱今, 남해왕南解王 때 가락국의 바다에 어떤 배가 와서 닿았다. 가락국 수로왕이 신하 및 백성과 더불어 북을 치고 환호하며 맞이해 장차 그곳에 머무르게 하려 했으나 배가 급히 나는 듯이 달려 계림의 동쪽 하서지촌 아진포에 이르렀다. 당시 포구 주변에 '아진의선阿珍義先'이라는 할멈이 있었는데, 이가 바로 혁거세왕 때의 고기잡이(海尺)의 모母였다. 그 배를 바라보며 말하기를 "이 바다 가운데에 바위가 없는데 어찌해서 까치가 모여서 울고 있는가?" 하고 배를 끌어 살펴보니 까치가 배 위로 모여들고 배 안에 상자 하나가 있었다. 길이는 20자이고 폭은 13자였다. 그 배를 끌어다가 나무숲 밑에 매어두고 이것이 흉한지 길한지 몰라 하늘을 향해 고했다. 잠시 후 열어보니 단정히 생긴 사내아이가 있고, 또 일곱 가지 보물과 노비가 그 안에 가득하였다. 7일간 잘 대접하니 이에 말하기를 "나는 본시 용성국 사람(혹은 정명국正明國 혹은 완하국琓夏國이라고도 한다. 완하는 혹 화하국花廈國이라고도 한다. 용성은 왜 동북 1천리에 있다)으로 우리나라에 일찍이 28 용왕이 있는데, 모두 사람의 태胎에

참고된다(張彰恩, 「新羅 朴氏王室의 分岐와 昔氏族의 집권과정」 『新羅史學報』 창간호, 新羅史學會, 2004, pp.39~73).

52) 『三國史記』 卷1, 新羅本紀1, 脫解尼師今 9年(65), "春三月 王夜聞金城西始林樹間 有鷄鳴聲 黎明遣瓠公視之 有金色小櫝 掛樹枝 白鷄鳴於其下 瓠公還告 王使人取櫝開之 有小男兒在其中 … 乃收養之 及長 聰明多智略 乃名閼智 以其出於金櫝 姓金氏 改始林名鷄林 因以爲國號"라고 하여, 鷄林을 國號로 삼았다고 전한다. 또한 『三國遺事』 卷1, 王曆1(第一赫居世), "國號徐羅伐 又徐伐 或斯盧 或鷄林 一說至脫解王時 始置鷄林之號"라 하여, 탈해왕 때에 처음 계림의 호칭을 두었다고 하였다. 곧 '鷄林'이라는 國號는 주로 金氏 始祖 閼智의 탄생과 관련하여 주목되지만, 굳이 '鷄林' 國號와 관련된 사실이 脫解王代에 이루어진 배경은 이 시기에 신라 사회에서 진행된 모종의 정치적 변화와 관계가 있을 것으로 생각된다. 곧 國號 改稱 사실은 신라 사회의 커다란 변화상을 암시한다.

서 태어나 5~6세부터 왕위에 올라 만민을 교화하고 정성正性을 닦았습니다. 그리고 8품八品의 성골姓骨이 있지만 간택하는 일이 없이 모두 왕위에 올랐습니다. 이때 우리 부왕 함달파含達婆가 적녀국積女國의 왕녀를 맞이하여 왕비로 삼았는데 오래도록 자식이 없으므로 구하기를 기도하여 7년 만에 큰 알 한 개를 낳았습니다. 이에 대왕께서 군신을 불러 모아 말하기를 '사람이 알을 낳는 일은 옛날부터 오늘날까지 없었으니 이는 좋은 일이 아닐 것이다' 하고 궤를 만들어 나를 넣고 더불어 일곱 가지 보물과 노비를 배 안에 실어 바다에 띄워놓고 축언하기를, '인연이 있는 곳에 닿는 대로 나라를 세우고 집을 이루라'고 했습니다. 그러자 붉은 용(赤龍)이 나타나 배를 호위하고 여기까지 오게 된 것입니다"라고 했다(『三國遺事』 卷1, 紀異2, 第四脫解王).

(10) 갑자기 완하국琓夏國 함달왕含達王 부인이 임신하여 달이 차서 알을 낳았고, 알이 바뀌어 사람이 되니 이름을 탈해脫解라고 했다. 탈해가 바다를 따라 가락국에 왔다. 키가 9척 7촌이고 머리둘레가 3척 2촌이었다. 기꺼이 대궐로 가서 왕에게 말하기를, "나는 왕위를 빼앗고자 왔다"라고 했다. 왕이 대답하기를 "하늘이 명하여 내게 왕위에 오르게 한 것은 장차 나라를 안정시키고 백성을 편안하게 하려 함이니, 감히 하늘의 명을 어기고 왕위를 내줄 수도 없고, 또한 우리나라와 백성을 너에게 맡길 수도 없다." 탈해가 말하기를 "그러면 술법術法으로 겨루어 보겠는가"라고 하니 왕이 좋다고 했다. 잠깐 사이에 탈해가 변해 매가 되니 왕은 변하여 독수리가 되었고, 또 탈해가 변해 참새가 되니 왕은 변하여 새매가 되었다. 이때 조금도 시간이 걸리지 않았다. 탈해가 본 모습으로 돌아오자 왕도 역시 본래 모습이 되었다. 탈해가 이에 엎드려 항복하고 "제가 술법을 겨루는 곳에서 매가 독수리에게, 참새가 새매에게 잡히기를 모면했는데, 이는 대개 성인聖人이 죽이기를 미워하는 어진 마음을 가져서 그러한 것입니다. 제가 왕과 더불어 왕위를 다툼은 진실로 어렵습니다." 곧 왕께 절을 하고 나가서 이웃 교외郊外 나루에 이르러 중국에서 온 배가 와서 정박하는 물길로 갔다. 왕은 마음속으로 머물러 있으면서 난을 꾀할까 염려해 급히 수군水軍 500척을 보내 쫓으니 탈해가 계림鷄林 국경으로 달아나므로 수군이 모두 돌아왔다. 여기에 실린 기사記事는 신라와 많이 다르다(『三國遺事』 卷2, 紀異2, 駕洛國記).

(11) 탈해는 본래 다파나국多婆那國에서 태어났다. 그 나라는 왜국倭國 동북 1천 리에 있다. 처음에 그 국왕이 여국女國 왕의 딸을 맞아 아내로 삼았는데, 임신한 지 7년 만에 큰 알을 낳았다. 왕이 말하기를, "사람이 알을 낳은 것은 상서롭지 않다. 마땅히 버려야겠다"라고 하자, 그 여자가 차마 그렇게 못하고 비단에 알을 싸고 보물과 더불어 궤짝에 넣어 바다에 띄워서 가는 대로 두었다. 처음에 금관국金官國 바닷가에 닿았는데, 금관국 사람이 괴이하게 여겨 취하지 않았다. 다시 진한辰韓 아진포구阿珍浦口에 이르니, 바로 시조 혁거세赫居世 재위 39년이었다. 이때 바닷가의 할멈이 줄로 끌어서 해변에 매어두고 궤짝을 열어보니 어린아이 한 명이 안에 있었다. 할멈이 거

두어 길렀다. 장성하니 신장이 9척이었고, 풍채가 빼어나며 지식이 남달랐다. … 양
산楊山 아래 호공瓠公의 집을 바라보고는 길지吉地라고 여겨 속임수를 써서 취하여
거기에 살았는데, 그 땅이 뒤에 월성月城이 되었다(『三國史記』卷1, 新羅本紀1, 脫
解尼師今 元年).

먼저 석씨 세력의 성격은 탈해가 가야의 수로왕과 김해지역의 통치권을 놓고 이른
바 '술법'을 통해 패권을 다투었던 사료 (10)의 「가락국기」 기사에서 단적으로 나타난
다. 특히 사료 (9)에서 탈해가 계림鷄林의 세력권인 아진포에 도달하는 동안 배를 호위
했던 붉은 용(赤龍). 그리고 배 안에 실린 일곱 가지 보물과 노비는 탈해의 세력 기반으
로 상정하기도 한다. 곧 붉은 용과 노비로 상징되는 무사단을 이끌고 소국을 정복하면
서 신라 사회로 들어왔던 탈해 세력의 성격은 신라 건국 신화 중에 탈해 신화가 새로운
천지를 찾아 떠나 국가를 건설해 가는 영웅 전승적인 성격을 갖게 했던 것으로 이해된
다.[53] 그래서인지 『삼국사기』 신라본기에서 탈해이사금을 이어 즉위하는 파사이사금
대에 음즙벌국音汁伐國을 비롯하여 실직悉直 · 압독押督 · 가야加耶 · 비지比只 · 다벌多伐
· 초팔국草八國 등 주변 세력을 본격적으로 정벌하고 병합해 갔던 사실[54]은 결코 우연
한 일이 아닐 것이다.

신라는 탈해이사금 대에 신장한 전쟁 수행 능력을 바탕으로 파사이사금 대에는 주
변의 소국들을 정벌하여 고대국가 형성에 필요한 영토적 기반을 마련하였던 것으로 파
악된다.[55] 그리하여 야장설화冶匠說話를 지닌 석탈해 세력이 대두하면서 인근 지역과의
빈번한 전투 기사와 주변 소국들에 대한 정복 사실을 뚜렷하게 남긴 것은 신라가 이전
의 소국(사로국) 단계를 벗어나 영역을 확대해 가는 전환점을 마련했던 것이라 이해할
수 있다.[56]

---

53) 金杜珍, 「新羅 脫解神話의 形成基盤 -英雄傳說的 性格을 중심으로-」 『韓國學論叢』 8,
1986; 『韓國古代의 建國神話와 祭儀』, 一潮閣, 1999, pp.274~275.

54) 『三國史記』 卷1, 新羅本紀1, 婆娑尼師今 23年, 29年 참조.

55) 金瑛河, 「新羅의 發展段階와 戰爭」 『韓國古代史研究』 4, 1991; 『韓國古代社會의 軍事와
政治』, 高麗大學校 民族文化研究院, 2002, pp.109~112.

56) 千寬宇, 「三韓의 國家形成」, 앞의 책, 1989, pp.291~295; 李宇泰, 「신라의 성립과 발전」
『한국사』 7, 국사편찬위원회, 1997, pp.281~283; 金瑛河, 앞의 논문, 1991; 앞의 책, 2002,

그런데 탈해이사금의 출신지는 위 사료와 같이 '다파나국多婆那國'·'용성국龍城國', '정명국正明國'·'완화국琓夏國'·'화하국花廈國' 등 기록상 여러 가지로 전승하기 때문에, 탈해의 출자는 야장왕冶匠王 성격을 지닌 북방의 대륙계통,[57] 난생설화와 관련된 남방의 해양 계통,[58] 낙랑과 관련된 계통[59] 등 실로 다양한 견해가 제시되었다.[60] 단순하게 탈해의 출신과 이동과정을 살펴보면 김해 지역(金官國, 駕洛國)을 거쳐서 경주 동쪽의 해안(阿珍浦) 일대에 정착했다가 토함산을 넘어 사로 지역으로 진출한 이주민으로 소개되었다. 이는 탈해 세력의 이주 경로가 한반도 중남부 내륙을 관통하는 육상루트이기보다는 아마 바닷길을 통해 서남해안을 거쳐 경주의 동쪽 해안으로 상륙했던 경험이나 전승이 반영된 까닭으로 추정해 볼 수 있다.[61]

---

pp.111~112.

57) 탈해는 북방계통의 야장왕적 성격을 갖는 존재로서 흉노 계통(千寬宇, 앞의 책, 1989, pp.281~283), 또는 북아시아의 기마민족 계통(李宇泰, 앞의 논문, 1997, pp.38~39), 북방시베리아 계통(羅喜羅, 『신라의 국가제사』, 지식산업사, 2003, pp.114~115) 등 여러 견해가 제시되었다.

58) 탈해왕 세력의 출자에 대해서는 중국 양자강 상류, 혹은 양자강과 황하 상류 부근에서 내려와 양자강 하구를 거쳐온 해양 세력(姜仁求, 「新羅王陵의 再檢討(2)-脫解王陵」『尹武炳博士回甲紀念論叢』, 1984; 『古墳研究』, 學研文化社, 2000, pp.441~445 및 「昔脫解와 吐含山, 그리고 石窟庵」『정신문화연구』82, 2001, p.124), 탈해의 구체적인 출신지는 밝히지 않았지만 해양활동과 관련된 해양 세력(崔光植, 「신라의 건국신화와 시조신화」『한국사』7, 국사편찬위원회, 1997, pp.20~23) 등의 견해가 있다.

59) 탈해 세력을 서북한 방면의 낙랑계 이주 세력(金泰植, 『加耶聯盟史』, 一潮閣, 1993, pp.54~55), 혹은 동해안 옥저지역의 樂浪國 유이민 세력(文安植, 앞의 논문, 1997; 『한국고대사와 말갈』, 혜안, 2003, pp.149~160) 내지는 동예와 옥저의 주민들이 다수를 차지하는 낙랑계통 유이민(全德在, 앞의 논문, 2003, pp.15~19), 그리고 고조선으로부터 한사군의 문화역량을 경험한 이주민집단(金炳坤, 「新羅初期王室集團의 出自와 社會的 性格」『史學研究』65, 韓國史學會, 2002; 앞의 책, 2003, pp.215~216) 등으로 파악하였다.

60) 昔脫解集團의 出自 및 이동 경로에 대한 기왕의 견해는 張彰恩, 앞의 논문, 2004, pp.42~46을 참조.

61) 탈해는 한강 하류 일대에서 해로로 남하하여 김해를 거쳐 경주로 유입, 정착했던 것으로 이해하기도 한다(千寬宇, 앞의 책, 1989, p.283). 곧 『隋書』 列傳, 新羅國, "新羅國 在高麗東南 居漢時樂浪之地 或稱斯羅 … 其王本百濟人 自海逃入新羅 遂王其國 傳祚至金眞平"라 하였고, 같은 기사가 『北史』 列傳, 新羅, "新羅者 其先本辰韓種也 地在高麗東南 居漢時樂浪地 … 其王本百濟人 自海逃入新羅 遂王其國 … 傳世三十至眞平"이라고 했던 기사에

사실 기록만을 가지고는 탈해 세력의 출신 지역을 더 이상 분명히 하기는 어렵지만, 사료 (10)에서 탈해는 수로와의 경쟁에서 패한 뒤에 낙랑군樂浪郡 방면과 통하는 물길, 곧 중조中朝에서 온 배가 정박하는 해로로 가려고 했던 점을 주목할 수 있다.[62] 곧 이 기록을 통하여 탈해는 서남해안 항로를 이용해서 이주한 서북한 방면의 낙랑과 직·간 접적으로 연관될 수 있는 세력 집단임을 추정하는 단서를 제공한다.[63]

일찍이 "환영지말桓靈之末[환제桓帝(A.D.147~167), 영제靈帝(A.D.168~189)]에 한예韓 濊가 강성하여 한군현漢郡縣이 제대로 통제하지 못하니 군현의 많은 주민이 한국韓國으 로 유입했다"라는 기록은[64] 서기 2세기 중후반경에 후한後漢의 세력 약화로 한군현의 지배 아래에 있던 서북한 방면의 토착민들이 대거 남쪽 삼한 사회로 유입되었음을 알 려준다. 한군현의 통제가 약화하는 상황에서 이 시기 유이민 파동은 마한을 비롯한 삼 한 사회 전체에 직·간접적인 영향을 주었다. 특히 사로국과 같은 유력한 소국 중에는 급격히 성장하면서 주변 소국과의 관계를 변화시키고 소국 간 결속을 활발하게 진행했 을 것이다. 이와 함께 유이민 파동은 사로국의 지배 세력 교체에도 영향을 끼쳤을 것으

주목하였다. 여기서 '自海逃入新羅'하여 신라왕이 된 인물로서, 26대 진평왕부터 30대 앞 선 초기 왕 가운데 해로로 들어온 왕은 바로 脫解일 가능성이 크다고 하였다. 또한 그가 百 濟人이었다는 것은 서울 강남의 伯濟國이거나 그 부근 출신임을 시사한다고 하였다. 그런 데 『隋書』 列傳, 百濟, "東明之後 有仇台者 篤於仁信 始立其國于帶方故地 漢遼東太守公 孫度以女妻之 漸以昌盛 爲東夷强國"라고 하여, 東明의 후손인 仇台가 처음 나라를 대방 의 옛땅에 세웠으며, 公孫度 딸과의 혼인을 계기로 크게 성장하였다고 전한다. 백제의 건국 지를 '帶方故地'라 하고, 구태의 건국과 대방군을 설치한 공손씨와의 혼인관계가 결부된 표 현은 어쩌면 新羅王이 되었던 '百濟人'이 '帶方人'이라는 인식의 연장선상에서 이해될 수도 있다. 물론 '帶方故地'는 과거의 중국 郡縣名을 통해 삼국을 蕃國으로 파악하려는 隋의 중 화의식과 관련된 것으로(林起煥, 「百濟始祖傳承의 형성과 변천에 관한 고찰」 『百濟研究』 28, 1998, p.12), 帶方은 백제의 영역 곧 백제를 상징하는 표현으로 이해되기도 한다(尹龍 九, 「仇台의 백제건국기사에 대한 재검토」 『백제연구』 39, 2004, pp.11~12). 위 기사에 대해 서는 상론이 필요하지만, 일단 신라왕이 된 '百濟人'의 실체가 반드시 탈해가 아닐지라도 신 라 초기의 지배 세력 가운데는 백제 곧 대방고지에서 서남해안의 해로를 통해 신라로 유입 된 이주민 세력이었음을 암시하는 것으로 이해할 수 있다. 나아가 脫解 세력이 신라로 유입 되는 루트가 서남해안 항로를 통했을 가능성을 상정하는 데 보탬이 된다.

62) 李鍾旭, 앞의 논문, 1988, p.147; 金泰植, 『加耶聯盟史研究』, 一潮閣, 1993, p.53.

63) 金泰植, 위의 책, 1993, p.54.

64) 『三國志』 韓傳, "桓靈之末 韓濊彊盛 郡縣不能制 民多流入韓國".

로 상정할 만큼,[65] 초기 신라 사회에 적지 않게 파장을 주었다.

　이와 관련하여 서북한 방면의 연속적인 유이민 파동이 고고학적으로 신라 고분 문화의 전개와 맥락을 같이하는 것으로 상정하고 그 실상 해명을 위해 노력했다. 곧 서기전 2세기 말~1세기 초 경주에 도달한 선발 유이민 세력(박씨계)의 묘제인 토광목관묘土壙木棺墓를 뒤이어 서기 2세기 중후반 경에 등장한 '토광목곽묘土壙木槨墓(B)'는 한군현 설치로 인한 중국 간섭을 피해서 경주에 정착했던 고조선 계열의 후발 유이민 세력(석씨계)의 주요 묘제였다고 본다.[66] 따라서 서기 2세기 중후반 무렵 경주지역에 새롭게 출현하는 토광목곽묘는 토기와 철기를 다량 부장한 특징을 갖는데, 그 기원은 서북한 지역의 귀틀무덤 곧 나무곽무덤의 영향을 받은 낙랑계통 분묘에서 찾을 수 있다는 것이다.[67]

　이와 같은 현상은 서북한 방면 유이민의 도래와 이에 따른 새로운 정치 질서를 사로국에 성립한 것으로 이해될 수 있다.[68] 특히 조양동 5호분 및 38호분과 사라리 130호분을 기점으로 부장품에 성격 변화가 확인되는데, 이를 청동기 유물의 비중이 급격히 떨어지는 대신 철기 유물이 압도적 우세를 보이는 문화교체기로 상정했다.[69] 이처럼 경주지역의 묘제가 토광목관묘에서 토광목곽묘로 이행하면서 서기 전후부터 철기 부장품이 증가하고 2세기 중·후반경에 철기가 전용專用되는 현상은 낙랑 방면의 철기문화가 본격적으로 경주에 유입되는 상황을 알려주며,[70] 야장冶匠을 특징으로 하는 석탈

---

65)　李基東, 앞의 논문, 1988, p.81.

66)　崔秉鉉, 앞의 논문, 1991, pp.140~148. 다만 토광목곽묘(B)는 벌휴계 석씨왕 시기에 사로국 최고지배층 묘제로 보면서, 탈해를 석씨 왕계에서 제외했다. 또한 적석목곽분 출현을 마립간 시기 묘제로 설정하여 味鄒王을 계보 상 奈勿王 앞으로 옮겼다(최병현, 앞의 논문, 1991, pp.155~156).

67)　崔秉鉉, 앞의 논문, 1991, p.146; 李盛周, 「木棺墓에서 木槨墓로」『新羅文化』14, 1997, pp.12~14.

68)　李宇泰, 앞의 논문, 1997, pp.35~36.

69)　金炳坤, 앞의 논문, 1999, pp.199~201.

70)　신라사회는 서기전 1세기 초를 전후한 입실리 유적 이후 청동제 儀器가 점차 사라지고, 경주 조양동 유적의 토광목관묘가 조성되는 서기 전후기를 기점으로 부장품은 철제유물이 주류를 이루면서 청동유물이 일부 잔존할 뿐이며, 그 뒤 서기 2세기 중반부터는 철기가 專用되었던 것으로 이해된다(金炳坤, 앞의 논문, 1999, p.202).

해 세력과 밀접한 연관이 있는 것으로 해석할 수 있다.[71]

그렇다면 낙랑 방면으로부터 새로운 유이민 세력이 경주지역에 도래하면서 출현하는 토광목곽묘는 단순히 묘제 변화에 국한되지 않고, 탈해로 상징되는 석씨왕계의 등장이라는 신라 초기 지배 세력의 변동을 알려주는 현상으로 접근할 수 있다.[72] 곧 낙랑 방면의 유이민 파동에 따른 탈해 세력의 등장은 신라사의 전개 과정에서 '낙랑'과의 관계 및 교류에 따른 영향, 나아가 당시 신라 사회의 변동을 유추해 볼 수 있는 상징적인 흔적으로 생각된다.

V. 신라에서의 '낙랑' 인식

앞서 살펴본 바와 같이 서북한 방면 이주민 집단의 신라 사회 유입 현상은 기록상 한군현 설치 전후부터 이어지면서 신라의 모체인 사로국 형성 및 발전과정에 직·간접적인 영향을 끼쳤다. 낙랑 방면의 유이민 파동은 마침내 석씨 왕계의 등장과 결부된 신라 지배 세력의 변화에도 깊숙이 관계되었던 것으로 이해되나, 서기 4세기 초에 고구려의 낙랑군 축출 이후 신라와 낙랑의 관계는 사실상 단절되었다고 해도 과언이 아니다. 그러함에도 불구하고 『북사北史』를 비롯한 일부 중국 정사에는 신라를 낙랑과 결부시키려는 인식을 전하고,[73] 『삼국유사』에는 신라인들이 자신들을 스스로 낙랑이라고도 했기 때문에, 고려시대에도 이와 같은 연유로 '낙랑군부인樂浪郡夫人'이라고 했다는 사실을 확인할 수 있다.[74]

---

71) 朱甫暾, 「斯盧國을 둘러싼 몇가지 問題」 『新羅文化』 21, 2003, p.33; 全德在, 앞의 논문, 2003, p.187.

72) 崔秉鉉, 앞의 논문, 1991, p.147.

73) 『北史』 列傳, 新羅, "新羅者 其先本辰韓種也 地在高麗東南 居漢時樂浪地"; 『隋書』 列傳, 新羅國, "新羅國 在高麗東南 居漢時樂浪之地 或稱斯羅"; 『舊唐書』 列傳, 新羅國, "新羅國 本弁韓之苗裔也 其國在漢時樂浪之地 東及南方俱限大海 西接百濟 北鄰高麗"; 『新唐書』 列傳, 新羅, "新羅 弁韓苗裔也 居漢樂浪地". 곧 이들 사서에서는 新羅가 漢나라 때에 樂浪의 땅에 있었다고 전한다.

74) 『三國遺事』 卷1, 紀異2, 樂浪國, "新羅人亦以稱樂浪 故今本朝亦因之 而稱樂浪郡夫人".

이처럼 언제부터인지 삼국 가운데 유독 신라인들 사이에는 '낙랑'과 서로 밀접하게 관련되었다는 연고 의식이 형성되었고, 그것은 신라 말까지 전승되었던 것이 분명하다. 그 단서는 아마도 다음 기록을 통해서도 찾을 수 있을 듯싶다.

> (12) 진한辰韓은 마한馬韓의 동쪽에 자리하고 있다. (진한의) 노인들은 대대로 전하여 말하기를, "(우리는) 옛날의 망명인으로 진秦나라의 고된 노역을 피하여 한국韓國으로 왔는데, 마한이 그들의 동쪽 경계 땅을 나누어 떼서 우리에게 주었다"라고 하였다. 그곳에는 성책城柵이 있다. 그들의 말은 마한과 달라서 나라(國)를 방邦이라 하고, 활(弓)을 호弧라고 하고 도적(賊)을 구寇라고 하고, 술잔을 돌리는 것(行酒)을 행상行觴이라고 한다. 서로 부르는 것을 모두 도徒라 하여 진秦나라 사람들과 흡사하니, 단지 연燕 · 제齊나라의 명칭만은 아니었다. 낙랑 사람을 아잔阿殘이라고 했는데, 동방東方 사람들은 나(我)라는 말을 아阿라고 하였으니, 낙랑인들은 본디 그중에 남아 있는 사람이라는 뜻이다. 지금도 (진한을) 진한秦韓이라고 부르는 사람이 있다(『삼국지』 위서동이전 한전).

위 기록에서 낙랑인을 진한사람이 자신들의 남은 무리로 인식하여 '아잔阿殘'이라 했던 것은 낙랑계통의 유이민들이 신라로 많이 유입되었기 때문일 것이다. 앞서 진한의 노인耆老들이 대대로 전하여 스스로 이야기했던 '진秦의 고된 노역을 피하여 한국韓國 곧 삼한으로 갔던 집단'과 연관하여 진한辰韓을 '진한秦韓'이라고 불렀던 점을 고려한다면, 위 내용은 아무래도 고조선 멸망 이후 낙랑군 설치와 함께 본격적으로 진행된 서북한 방면의 유이민들이 사로국을 중심으로 진한 지역에 남하했던 사실을 반영한 전승이라고 생각할 수 있다.[75] 곧 '진한'과 '낙랑'의 상호 관련성을 알리는 '아잔阿殘' 곧 '우리의 남은 무리'라는 인식은 뒷날 '진한=신라의 전신'으로 이해하는 과정에서 신라의 낙랑에 대한 강한 연고 의식을 남기는데 적지 않은 영향을 준 것으로 보인다.

신라의 '낙랑'에 대한 연고 의식은 신라가 중국과의 외교 관계를 직접 수립하는 과정에서 더욱 두드러졌을 것으로 생각된다. 대체로 중국과의 외교 관계는 조공 사절을 지속적이고 정기적으로 파견하면서 중국으로부터 국왕에 대한 책봉이 이루어져야 정상

---

75) 全德在, 앞의 논문, 2003, p.186.

화되는 것이라고 하였다.[76] 신라를 비롯한 삼국의 국왕들이 받은 책봉호는 '낙랑태수
樂浪太守', '낙랑군공樂浪郡公', '대방군공帶方郡公', '요동군공遼東郡公' 등이 확인되는데, 이
들은 주로 한군현의 명칭에서 유래한 것이 특징이다. 중국이 우리나라 삼국의 국왕에
게 각각 책봉호로서 고구려는 '요동군', 백제는 '대방군', 신라는 '낙랑군'이라는 군현의
명칭을 일관되게 구분하여 지급한 사실은 삼국을 번국蕃國으로 파악하려는 중화의식
의 발로로 이해된다.[77] 이러한 현상은 중국 북제北齊 시기부터 나타나 중원을 통일한
수당隋唐 대에는 더욱 확고한 모습을 갖춘 것으로 전한다.

그런데 수隋나라 건국 이전의 책봉호를 살펴보면, 진晉에서 백제와 고구려에 각각
'낙랑태수'(근초고왕 27 : 372년)와 '낙랑공'(장수왕 원년 : 413년),[78] 송宋에서 고구려에
'낙랑공'(장수왕 8 · 10 : 420 · 422년)을 주었다.[79] 대체로 진晉 · 송宋 · 남제南齊 · 양梁
으로 이어지는 중국 남조의 책봉호로 백제에 '낙랑'과 '대방'을, 고구려에 '낙랑'의 명칭
을 주었는데, 그것은 백제와 고구려를 중국 중심에서 각각 '낙랑' 혹은 '대방'이라는 관
념 속에서 이해하였기 때문이라고 하였다.[80] 곧 낙랑군이 서북한 지역에서 이미 축출
된 뒤에도 이처럼 백제와 고구려왕의 책봉호에 '낙랑'이라는 명칭이 결부된 것은 당시
중국 남조에서 '낙랑'이라는 역사적 실체의 현존 여부와 관계없이 중화 세력권의 영향
에 있는 동방 지역으로서 동이(고조선) 지역에 대한 범칭, 곧 과거 낙랑군 등 한군현 설
치로 상징되는 고구려, 백제, 신라 삼국 지역에 대한 전통적 중화의식의 발로로 사용된

---

76) 全海宗, 『韓中關係史研究』, 一潮閣, 1970, pp.35~42.

77) 林起煥, 앞의 논문, 1998, p.12.

78) 백제왕에게 내린 책봉호는 『晉書』卷9, 帝紀9, 簡文帝 咸安 2年 6月, "遣使拜百濟王餘句
爲鎭東將軍領樂浪太守"라고 하여 百濟國王 餘句(近肖古王)에게 '樂浪太守'를 주었다. 또
한 고구려왕에게 준 책봉호로는 『宋書』卷97, 列傳57, 夷貊, "高句麗王高璉 晉安帝義熙
九年 遣長史高翼奉表獻赭白馬 以璉爲使持節都督營州諸軍事征東將軍高句麗王樂浪公"
; 『三國史記』卷18, 高句麗本紀6, 長壽王 元年, "遣長史高翼入晉奉表獻赭白馬 安帝奉
王高句麗王樂浪公"이라 하여 高句麗王 高璉(長壽王)에게서 '樂浪公'의 책봉호를 확인할
수 있다.

79) 『宋書』列傳, 夷貊, "高祖踐阼 詔曰 使持節 都督營州諸軍事 征東將軍 高句麗王 樂浪公璉
… 七年 詔曰 使持節 散騎常侍 都平營二州諸軍事 征東大將軍 高句麗王 樂浪公璉"이라고
하여, 고구려왕에게 '樂浪公'의 책봉호를 지급했다.

80) 兪元載, 「中國正史의 百濟觀」『韓國古代史研究』 6, 1993, pp.183~191.

것인지도 모르겠다.

그러다가 고구려는 북조北朝의 위魏 대에 장수왕 23년(435)과 79년(491), 문자명왕文
咨明王 원년(492)과 3년(494), 안장왕安藏王 2년(520), 안원왕安原王 2년(532), 그리고 북
제北齊에게 양원왕陽原王 6년(550), 평원왕平原王 2년(560), 그리고 주周 대에 평원왕平原
王 19년(577)에 이르기까지 줄곧 '요동군개국공고구려왕遼東郡開國公高句麗王'이라는 책
봉호를 받음으로써,[81] 고구려왕은 '요동군공'이라는 책봉호가 뚜렷하게 고정되었다.
이에 따라 고구려왕에게서 '낙랑'이라는 명칭의 책봉호는 사라졌다. 또 백제는 북제北
齊로부터 위덕왕威德王 17년(570)에 '대방군공(왕)백제왕帶方郡公(王)百濟王'의 책봉호를
받았으며, 이후 의자왕 대까지 '대방군공'의 호칭이 계속되었다.[82]

신라는 '낙랑'과 관련한 책봉호를 북제北齊로부터 처음 받았으며, 그 뒤 수·당 대에
걸쳐서도 그 호칭을 계속 받았다. 실제로 진흥왕眞興王 26년(565)에 '낙랑군공樂浪郡公'
책봉호를 받았고 진평왕眞平王 16년(594)과 동왕 46년(624), 선덕왕善德王 4년(635), 진
덕왕眞德王 원년(647), 무열왕武烈王 원년(654) 그리고 문무왕文武王 2년(662)에 이르기
까지 그 명칭이 지속되었다.[83]

---

81) 『三國史記』卷18, 高句麗本紀6, 長壽王 23年 6月, "遺員外散騎侍郎李敖 拜王爲都督遼海
諸軍事征東將軍領護東夷中郞將遼東郡開國公高句麗王"; 같은 왕 79年 12月, "遺謁者僕
射李安上 策贈車騎 大將軍太傅薄遼東郡開國公高句麗王"; 같은 책, 高句麗本紀7, 文咨明
王 元年 3月, "魏孝文帝遣使拜王 爲使持節都督遼海諸軍事征東將軍領護東夷中郞將遼東
郡開國公高句麗王 賜衣冠服物車旗之節"; 같은 왕 3年 7月, "齊帝策王 爲使持節散騎常侍
都督營平二州征東大將軍樂浪公"; 같은 책, 安藏王 2年 2月, "魏封王 爲安東將軍領護東
夷校尉遼東郡開國公高句麗王"; 같은 책, 安原王 2年 3月, "魏帝詔 策使持節散騎常侍領
護東夷校尉遼東郡開國公高句麗王 賜衣冠車旗之節"; 같은 책, 陽原王 6年 9月, "北齊封
王 爲使持節侍中驃騎大將軍領護東夷校尉遼東郡開國公高句麗王"; 같은 책, 平原王 2年
2月, "北齊廢帝封王 爲使持節領東夷校尉遼東郡公高句麗王"; 같은 책, 平原王 19年, "王
遺使入周朝貢 周高祖拜王 爲開府儀同三司大將軍遼東郡開國公高句麗王".
82) 『三國史記』卷27, 百濟本紀5, 威德王 17年, "高齊後主拜王 爲使持節侍中車騎大將軍帶方
郡公百濟王"; 같은 왕 28年, "王遣使入隋朝貢 隋高祖詔拜王 爲上開府儀同三司帶方郡公"
; 같은 책, 法王 25年 正月, "冊命爲柱國帶方郡王百濟王"; 같은 책, 百濟本紀6, 義慈王 元
年, "冊命爲柱國帶方郡王百濟王".
83) 『三國史記』卷4, 新羅本紀4, 眞興王 26年 2月, "北齊武成皇帝詔 以王爲使持節東夷校尉
樂浪郡公新羅王"; 같은 책, 眞平王 16年, "隋帝詔 拜王爲上開府樂浪郡公新羅王"; 같은
왕 46年 3月, "唐高祖降使 冊王爲柱國樂浪郡公新羅王"; 같은 책, 新羅本紀5, 善德王 4年,

한편 수隋가 등장하면서 백제는 위덕왕 28년(581)에 '대방군공'의 책봉호를 받았고, 고구려는 평원왕 23년(581)과 영양왕嬰陽王 2년(591)에 '요동군공'을, 그리고 얼마 뒤 신라는 진평왕 16년(594)에 '낙랑군왕'의 책봉호를 받았다. 이와 같은 조치는 중원의 통일 세력으로서 수 왕조가 중국 중심의 일원적 국제질서의 수립을 추구했던 측면에서 이해할 수 있다.[84]

그런데 수나라가 과거 중국의 군현명 가운데 신라에 '낙랑'의 책봉호를 지급한 것은 지역적 명칭을 고려한 조치로 이해되기도 한다.[85] 이와 관련하여 삼국의 왕에게 내린 첫 책봉호가 모두 '낙랑' 관련 명칭이어서 주목된다. 실제로 고구려의 첫 책봉호는 고국 원왕(355)이 전연前燕에게 "영주제군사정동대장군영주자사낙랑공고구려왕營州諸軍事征東大將軍營州刺史樂浪公高句麗王"을,[86] 백제는 근초고왕(372)이 동진東晉으로부터 "진동장군영낙랑태수鎭東將軍領樂浪太守"를,[87] 그리고 신라는 진흥왕(565)이 북위北齊로부터 "사지절동교위낙랑군왕신라왕使持節東夷校尉樂浪郡王新羅王"을[88] 각각 받았다.

고구려의 경우 고국원왕 대의 '낙랑공' 관련 책봉호가 비록 형식적인 성격이라고 하지만, 부왕父王 미천왕 때의 낙랑군 축출 이후 그 지역에 대한 현실적인 지배 내지는 영유권을 추인받는 의미가 내포된 것으로 이해된다. 또 백제는 고구려 평양성을 공격하여 고국원왕을 전사시킨 이듬해인 근초고왕 27년(372)에 '낙랑태수' 관련 책봉호가 주어졌는데, 이는 백제가 과거 낙랑군 지역에 대한 영향력을 갖게 된 데에 따른 것으로

"唐遣使持節冊命王爲柱國樂浪郡公新羅王 以襲父封"; 같은 책, 眞德王 元年 2月, "唐太宗遣使持節 追贈前王爲光祿大夫 仍冊命王爲柱國 封樂浪郡王"; 같은 책, 武烈王 元年 5月, "唐遣使持節備禮 冊命爲開府儀同三司新羅王"; 같은 책, 新羅本紀6, 文武王 2年 正月, "唐使臣在館 至是 冊命王爲開府儀同三司上柱國樂浪郡王新羅王".

84) 林起煥, 「南北朝期 韓中 冊封・朝貢 관계의 성격」 『韓國古代史研究』 32, 2003, pp.42~43.

85) 隋가 등장하면서 삼국은 경쟁적으로 수와의 외교적 접근을 모색하게 되자, 삼국왕을 각기 대등한 거리를 두고 대하게 되면서 각기 지역적인 명칭을 고려하여 책봉호를 수여했던 것으로 파악하기도 한다(申瀅植, 『韓國古代史의 新研究』, 一潮閣, 1984, pp.312~313).

86) 『晉書』 卷110, 載記10, 慕容儁, "高句麗王釗遣使謝恩 貢其方物 儁以釗爲營州諸軍事征東大將軍營州刺史奉樂浪公 王如故".

87) 앞의 각주 78) 참조.

88) 앞의 각주 83) 참조.

생각할 수 있다.[89] 그렇다면 신라 역시 진흥왕 대에 한강 유역을 비롯하여 옥저와 예맥濊貊의 옛 땅으로 낙랑군 동부도위(영동7현)가 있었던 함경남도와 강원도 일대를 신라의 영토로 확보했기 때문에, '낙랑군공'의 책봉호를 받았던 것으로 추측해 볼 수 있다. 그리하여 삼국의 왕들이 '낙랑'과 관련된 책봉호를 받을 당시에는 각기 과거 낙랑군 지역에 대해서 현실적으로 연고권을 내세울 수 있을 만큼 성장했다는 점, 곧 중국에서 동이지역을 대표할 만한 유력한 세력으로 인정했던 점이 삼국의 국왕에 내린 책봉호에 '낙랑' 관련 명호名號를 반영했던 것은 아닐까 싶다.

삼국 가운데 국가적 성장이 시기적으로 늦은 신라는 진흥왕 대 이후 한강 유역을 차지하면서 비약적인 발전을 이룩하였으며, 이때 '낙랑군공'의 책봉호를 받게 되면서부터 '신라=낙랑'이라는 인식이 뿌리를 내리는 계기가 되었을 것이다. 그리하여 『북사』를 비롯하여 『수서』, 『구당서』, 『신당서』 등에 이르기까지 신라전에는 '신라가 한대漢代의 낙랑 땅, 혹은 낙랑 땅에 살았다'라는 기록이 전해지는 사실은 이와 무관하지는 않을 것이다.[90]

신라의 '낙랑' 관련 연고 의식은 삼국통일 이후로 더욱 확고하게 전해져서 신라 말을 거쳐 고려시대에까지 전승되었다. 『삼국사기』 신라본기에는 경순왕 김부金傅가 고려 태조의 장녀 낙랑공주와 결혼했다는 사실을 전한다.[91] 이에 대해서 『삼국유사』에서는 고려 태조(왕건)가 맏딸인 안정숙의공주安貞淑儀公主를 신라 경순왕 김부에게 출가시키면서 '낙랑공주'로 불렀다고 하였다. 이와 함께 "신라인이 자신들을 낙랑으로 불렀으므로 오늘날 고려 역시 이것으로 인하여 '낙랑군부인'이라고 불렀다"[92]는 사실 또한 주목할 수 있다. 거기에 더해서 경순왕 김부를 상보尙父로 책봉하는 고명誥命에서 '낙랑왕'이 포함된 '관광순화위국공신상주국낙랑왕觀光順化衛國功臣上柱國樂浪王 · 정승政承 · 식읍팔

---

89) 金起燮, 『百濟와 近肖古王』, 學研文化社, 2000, pp.156~158.

90) 앞의 각주 73) 참조.

91) 『三國史記』卷12, 新羅本紀12, 敬順王 9年, "太祖出郊迎勞 賜宮東甲第一區 以長女樂浪公主妻之".

92) 『三國遺事』卷1, 紀異2, 樂浪國, "新羅人亦以稱樂浪 故今本朝亦因之 而稱樂浪郡夫人 又太祖降女於金傅 亦曰樂浪公主".

천호食邑八千戶'라고 하는 책봉호가 주어졌던 『고려사』의 기록[93] 역시 우연으로 넘길 수 없는 사실이다.

이렇듯 신라사의 전개 과정에서 서북한 지역의 낙랑군 설치를 전후하여 이 방면의 유이민이 사로 지역을 비롯한 진한으로 꾸준히 유입되면서, 마침내 진한사람들이 낙랑인을 자신들의 남은 무리 곧 '아잔阿殘'이라고 했다는 전승을 남긴 것이다. 이와 같은 기록은 점차 '진한=신라의 전신前身'이라는 인식이 굳어지면서 낙랑과 신라의 상호 관련성을 뚜렷이 부각하였을 것이다. 이후 신라의 국가적 성장과 한강 이북으로의 영역 확장으로 국왕의 책봉호가 '낙랑군공(왕)'으로 고정되어 신라 말까지 이어졌음을 알 수 있다.

VI. 맺음말

신라의 모태가 되는 사로국은 진한 소국 가운데 하나이다. 본고는 신라 국가의 성립과 성장 과정에서 등장하는 낙랑의 존재와 그 역사적 의미를 중심으로 신라와 낙랑의 관계에 대한 역사적 실상의 일면에 접근하려고 하였다.

신라사의 전개 과정에서 낙랑과의 관계를 살펴보는 출발점은 고조선 유민을 비롯한 서북한 방면의 유이민 집단이 사로 지역으로 유입하는 데서 찾을 수 있다. 진秦·한漢 교체기 이후 위만조선의 멸망과 한군현漢郡縣 설치로 이어지는 일련의 정치적 변동 과정에서 사로 지역에 도래한 이주민 세력은 이미 선진 문물과 정치체제를 경험하였기 때문에 선주민先住民과 결합하면서 사로국의 성립 및 그 성장에 영향을 끼쳤다.

실제로 사로국을 구성하는 기본적인 세력 단위였던 6촌六村은 청동기문화를 배경으

---

93) 『三國遺事』卷2, 紀異2, 金傅大王, "觀光順化衛國功臣上柱國樂浪王政承食邑八千戶金傅世處鷄林 … 開寶八年十月日 侍中署 侍中署 內奉令署 軍部令署 軍部令無署 兵部令無署 兵部令署 廣坪侍郎署 廣坪侍郎無署 內奉侍郎無署 內奉侍郎署 軍部卿無署 軍部卿署 兵部卿無署 兵部卿署 告推忠愼義崇德守節功臣尙父都省令 上柱國樂浪都王食邑一萬戶金傅奉勅如右符到奉行";『高麗史』卷2, 世家2, 景宗 元年, "冬十月甲子加政丞金傅爲尙父制曰 … 觀光順化衛國功臣上柱國樂浪王政承食邑八千戶金傅 世處鷄林".

로 남하한 조선유민朝鮮遺民이 산곡山谷을 근거로 성립시킨 읍락邑落이었다. 이들 조선유민은 신라 초기 왕실의 박씨 세력보다 앞서 이주했던 6촌장 세력으로, 지석묘支石墓 사회를 조성한 사로 지역의 선주집단과 결합함으로써 6촌의 성립을 이끌어갔던 존재이다. 신라의 모체가 된 사로국 성립은 혁거세의 대두와 함께 진행된 6촌의 통합과정이라고 할 수 있다. 혁거세로 상징되는 박씨 세력은 위만조선 멸망 이후 남하한 유민집단이 주류를 이루었으며, 그들은 위만조선계 철기 문화를 소지했던 것으로 이해된다.

『삼국사기』 신라본기에 보이는 '낙랑樂浪'은 이른 시기부터 동해안 방면을 따라 남하한 신라 북변의 위협 세력으로 나타난다. 이들은 고구려 대무신왕 대에 멸망하면서 그 국인國人들이 대거 신라에 투항하였다. 평양 일대의 낙랑군과 구분되는 이들의 실체는 『삼국유사』에서 언급한 한漢나라 때 낙랑군의 속현屬縣으로서 낙랑군 동부도위東部都尉와 관련 있던 영동7현嶺東七縣, 곧 동예·옥저 방면의 토착 세력과 맥이 닿을 수 있는 존재이다.

경주지역의 묘제가 토광목관묘土壙木棺墓에서 토광목곽묘土壙木槨墓로 이행하면서, 기원을 전후한 때부터 철기 부장품이 증가하였고, 서기 2세기 중·후반 무렵에 다량의 토기와 철기가 전용專用되는 현상은 이 시기 후한後漢 세력의 약화와 관련되는 낙랑 방면의 유이민 파동 및 그 철기 문화가 본격적으로 경주 일대에 유입되는 상황을 알려준다. 야장冶匠설화를 지닌 석탈해는 서남해안 항로를 통해서 이주한 낙랑 방면의 세력집단으로 이해할 수 있다. 신라는 탈해 세력이 대두하면서 주변 소국을 정벌·병합하는 등 빈번한 전투 기사가 확인되는데, 이는 신라가 이전의 소국 단계에서 벗어나 영역을 확대해 가는 전환점을 마련한 상황으로 이해된다. 이는 탈해이사금 대에 신라의 국호를 '계림鷄林'으로 삼았다는 내용이 굳이 전해지는 것과도 무관하지는 않을 듯싶다. 그리하여 낙랑계통의 분묘에서 기원을 찾을 수 있는 경주지역 토광목곽묘의 출현은 단순한 묘제 변화에 국한되지 않고 석씨 왕실의 출현이라는 신라 왕실 세력의 변동을 의미하며, 나아가 신라의 국가적 성장에 한층 탄력을 주는 계기가 되었던 것으로 해석할 수 있다.

낙랑 방면의 유이민 파동은 석씨 왕계의 등장과 결부된 신라 지배 세력의 변화과정에 깊숙이 관계하였지만, 고구려의 낙랑군 퇴축 이후 신라와 낙랑의 직접적인 관계는 사실상 단절되었다. 그러함에도 불구하고 삼국 가운데 유독 신라인들 사이에는 '낙랑'과 서로 밀접하게 관련되었다는 연고 의식이 남았고, 그것은 신라 말까지 줄곧 이어졌다. 그 단서는 『삼국지』 한전에 진한辰韓 사람들이 낙랑인樂浪人을 '아잔阿殘'이라고 하여, 자신들의 남은 무리로 인식했던 전승에서 찾을 수 있다. 곧 낙랑인이 진한인의 남은 무리였다고 하는 기록은 서기 3세기 후반경 중국 사서에 보이는 신라의 낙랑에 대한 강한 연고 의식을 알려주며, 뒷날 진한이 신라의 전신으로 이해되는 과정에서 신라의 '낙랑' 친연 의식을 남기는데 적지 않은 영향을 주게 되었다.

한편 신라가 중국왕조와 직접 교섭을 통해 진흥왕부터 문무왕에 이르기까지 받았던 '낙랑군공(왕)樂浪郡公(王)'이라는 책봉호는 북제北齊로부터 수隋ㆍ당唐 대에까지 줄곧 고정되었다. 곧 '낙랑군공'의 책봉호는 신라를 낙랑과 결부시키는 인식이 뿌리를 내리는 계기를 마련했다. 그리하여 『북사』를 비롯하여 『수서』, 『구당서』, 『신당서』 등의 신라전新羅傳에서 신라가 한漢대에 낙랑의 땅이라거나 혹은 낙랑 땅에 살았다고 전해지는 것은 결코 이와 무관하지 않다. 신라의 '낙랑'에 대한 연고 의식은 통일 이후로 더욱 확고하게 전해져서 신라 말을 거쳐 고려시대까지 전승되었다. 곧 『삼국유사』에서는 고려 태조가 맏딸인 안정숙의공주安貞淑儀公主를 신라 경순왕 김부金傳에 출가시키면서 '낙랑공주'로 불렀다고 하였다. 나아가 신라인은 자신들을 스스로 낙랑이라 했기 때문에 고려도 이런 까닭으로 인하여 '낙랑군부인樂浪郡夫人'이라고 했다는 사실 또한 주목할 수 있다. 이밖에 고려 경종景宗 대에 김부金傳를 상보尙父로 책봉하는 고명誥命에서 '낙랑왕'이 포함된 책봉호를 준 기록 역시 우연으로 넘길 수 없다. 곧 삼국 가운데 신라의 역사 전개과정에서 상대적으로 '낙랑'의 흔적이 뚜렷하고 오래 남아있어, 신라의 '낙랑'에 대한 강한 친연성 내지는 연고 의식이 전승되었던 면을 더듬어 볼 수 있다.

제3편 제3장

변한과 가야,
'변한-가야' 인식의 변천과 연구성과

I. 머리말

근대 역사학이 시작된 이래 하나의 유력한 학설이나 연구 경향이 자리를 잡는 데는 짧지 않은 기간 해당 주제에 대한 연구자들의 집중적인 탐색 과정을 거쳤다. 물론 그 결과물은 관련 연구자들 사이에 치열한 논쟁이 오가며 더욱 정교하게 다듬어져 논문이나 저서의 형태로 발표하였다. 기실 오늘날 학계의 통설로 인정받는 연구성과는 오랜 기간 이른바 '정-반-합'의 변증법적인 과정을 거치면서 켜켜이 쌓인 역사적 산물이라 해도 과언이 아닐 것이다. 자연 그간 이루어진 '변한과 가야' 관련 연구의 동향과 과제를 정리하는 작업 또한 신중해야 할 것이다. 사실 방대한 분량의 기존 연구성과를 제대로 거르고 그 의미를 바르게 짚어내기에는 개인 차원의 접근으로는 근본적인 한계를 가질 수밖에 없다.

널리 알려졌듯이 문헌 기록에는 가야가 약 600여 년의 역사를 가졌지만, 정작 가야의 흥망성쇠를 알려주는 자체의 연대기적 기록은 확인할 수 없는 형편이다. 그나마 국내외의 역사서에 전하는 관련 기록은 가야사 연구를 위한 기본 자료로 주목받았지만, 대부분이 단편적이거나 가야를 구성하는 특정한 소국에 국한된 기사이며, 그 내용도 고대 삼국 또는 중국 및 일본 등과의 대외관계 속에서 포함되어 전한다.[1] 곧 가야 관련 문헌 자료는 가야 자체에 의해 생성된 기록보다는 타자의 관점으로 기록된 자료만 전해지고, 이마저도 뒷날 편찬 당시의 지식과 역사관에 의해 그 내용이 고쳐지기도 하고 때론 빼거나 덧붙였을 가능성도 배제할 수는 없겠다.

근대 이후 우리나라 고대사를 체계적으로 구축하려고 할 때 반드시 밝혀야 할 과제가 적지 않았지만, 가야사 연구는 고구려·백제·신라 등 삼국시대 연구에 비해서 부진했다. 특히 광복 이후에 진행된 가야사 연구도 문헌자료의 제약은 물론 '임나일본부설'로 상징되는 일제 식민사학의 폐해로 인해 한국 고대사 연구에서 상대적으로 한계를 보였으며, 주로 임나일본부설의 극복이라는 측면에서 논의가 진행되었다. 자연 가야사 연구는 임나일본부설과 연계된 대외관계 측면에 집중되었고, 백제 또는 신라와의 관계에서도 가야는 주변 또는 부수적인 존재로 인식된 면이 있다.

그러다가 1970년대 이후 본격적으로 진행된 가야 지역의 유적·유구에 대한 발굴조사와 자료의 축적, 가야사 관련 문헌 자료의 수집과 정리, 문헌 자료에 바탕을 둔 고고학적 연구성과의 수용, 거기에 더해 1980년대 이후 확산한 『일본서기』 관련 기록의 비판적인 활용 등으로 가야사 연구가 활기를 띠었다. 가야사 연구에 활용할 수 있는 관련 자료의 확대와 다양한 접근의 모색으로 연구내용이 심화하였고, 가야사 전개 과정의 전체적인 맥락을 복원할 수 있게 되었다.

가야의 모태가 된 변한은 대체로 낙동강 이서 영남지역에서 서기 300년경 전후까지 존속했던 것으로 이해된다. 『삼국지』 한전은 변한을 구성하는 정치체로서 '변진~국'이라는 이름으로 열거한 10여 개 소국을 전한다. 대체로 진한이 소멸하면서 신라가 대두하듯이 이웃에 있는 가야의 등장은 변한의 존재가 사라지면서 이루어진다고 볼 수 있다. 다만 변한 제국과 가야 제국은 공간적으로 함께했고 시간적으로도 이른바 '죽순'과 '대나무'의 관계처럼 서로 맥을 같이하는 연속 선상에 이해할 수 있어서 가야 제국의 기원은 변한 제국에서 찾을 수 있다. 본고에서 다룰 '변한과 가야'라는 주제에 한정할 경우, 이때의 가야는 이른바 '전기 가야' 혹은 '가야의 전신'으로서 변한이 존속했던 시간적 범주 속에서 접근하려고 한다.

---

1) 金泰植, 「加耶史 연구의 제문제」『韓國上古史-연구현황과 과제』, 民音社, 1989, pp.238~239; 이영식, 「가야사연구의 성과와 전망」『한국고대사입문』2, 신서원, 2006, p.195.

문헌 자료로 볼 때, 변한과 가야에 대한 논의는 최치원의 삼한 인식에서 출발할 수밖에 없다. 조선 후기 실학자들에 의해 '변한=가야'의 역사적 인식이 정착되기 이전에는 전통적으로 최치원이 제시한 '삼한=삼국' 인식이 정설로 계승되었다. 곧 전근대 '변한과 가야' 인식의 추이는 최치원의 삼한 인식을 충실히 계승하거나, 그것을 극복하는 과정으로 요약할 수 있다. 이에 먼저 전근대 변한과 가야에 관한 인식의 변천을 살펴보려고 한다. 이를 위해 최치원 이래 고수했던 '변한=백제' 인식의 전승과 그것을 극복해 갔던 조선 후기 실학자들의 '변한=가야' 인식을 정리하려고 한다. 그런 다음 근대적 방법론을 빌려 추진했던 일제강점기 식민사학자들의 연구 경향과 함께 그 대척점에 섰던 반反식민사학자들의 연구내용을 살펴보려고 한다. 나아가 광복 이후 최근까지 이루어진 관련 연구의 주요 성과를 중심으로 그 흐름과 특징을 부각하고자 한다. 그리하여 변한-가야 관계를 둘러싼 쟁점과 과제를 정리하면서 그 의미를 되새겨 보려고 한다.

변한과 가야 관계에 관한 연구성과는 이미 삼한 및 가야사에 관한 선행 연구를 통해서 주요 쟁점별로 여러 차례 검토가 이루어진 바 있다.[2] 이를 통하여 연구사적으로 의

---

2) 金貞培,「三韓位置에 對한 從來說과 文化性格의 검토」『史學硏究』20, 1968; 李萬烈,「三韓」『韓國史論』1(古代), 國史編纂委員會, 1981; 李賢惠,『三韓社會形成過程硏究』, 一潮閣, 1984;「三韓 硏究의 方法論的 問題」『韓國上古史-연구현황과 과제』, 民音社, 1989; 金泰植,「加耶史 연구의 제문제」『韓國上古史-연구현황과 과제』, 民音社, 1989;『加耶聯盟史』, 一潮閣, 1993;「초기 고대국가론」『강좌 한국고대사』2, 가락국사적개발원, 2003; 朱甫暾,「序說-加耶史의 새로운 정립을 위하여」『加耶史硏究』, 慶尙北道, 1994;「가야사 인식과 사료문제」『한국고대사와 고고학』, 학연문화사, 2000;「가야사 연구의 새로운 進展을 위한 제언」『한국고대사연구』85, 2017;『가야사 새로 읽기』, 주류성, 2017;『가야사 이해의 기초』, 주류성, 2018; 白承忠,「加耶의 地域聯盟體史 硏究」, 釜山大學校 博士學位論文, 1995; 文昌魯,「'三韓社會' 硏究의 成果와 課題」『韓國史硏究』96, 1997;「광복 이후 가야사 연구의 동향과 과제」『한국학논총』37, 2012; 부산대학교 한국민족문화연구소,『가야각국사의 재구성』, 혜안, 2000;『한국고대사 속의 가야』, 혜안, 2001;『가야고고학의 새로운 조명』, 혜안, 2003; 노중국,「가야사연구의 어제와 오늘」『한국고대사 속의 가야』, 혜안, 2001; 南在祐,『安羅國史』, 혜안, 2003;「식민사관에 의한 가야사연구와 그 극복」『韓國古代史硏究』61, 2011;「전기 가야 연구의 성과와 과제」『한국고대사연구』85, 2017; 白承玉,『加耶各國史硏究』, 혜안, 2003; 申鉉雄,「三韓 硏究의 現況과 管見」『新羅文化』21, 2003; 權珠賢,『가야인의 삶과 문화』, 혜안, 2004; 이영식,「가야사 연구의 성과와 전망」『한국고대사입문』2, 신서원, 2006;『가야제국사연구』, 생각과 종이, 2016; 박대재,「삼한의 기원과 국가형성」『한국고대사입문』1, 신서원, 2006;『고대한국 초기국가의 왕과 전쟁』, 경인문화사, 2006; 송호정,「고조선·부여·삼한」『한국고대사연구의 새 동향』, 서경문화사, 2007; 홍보식,「전

미 있는 논문들이 어느 정도 걸러졌기 때문에, 선행 연구를 정리하는 데에 참고가 되었고 본고 작성에도 도움이 되었다.

II. 전근대 '변한과 가야' 인식의 변천

1. '변한=백제' 인식의 전승

우리나라 전근대 사회에서 변한-가야 관계의 인식을 살펴보려면, 그 출발점은 최치원의 삼한 인식에서 찾을 수 있다. 그런데 그의 삼한 인식에서는 변한과 가야가 서로 관계있다는 사실을 확인할 수 없으며, 오히려 변한은 백제라고 단정하여 가야와는 무관한 존재로 본 듯하다. 그래서 오늘날 우리가 변한-가야 관계를 상호 계통적으로 이해하거나 양자를 같은 역사적 실체로 인식하게 되는 과정은 최치원 이후 이어진 전통적인 삼한 인식을 극복하는 흐름과 궤를 같이한다고 하겠다.

최치원이 언급한 '변한=백제' 인식은 조선 후기 실학자들에 의해서 '변한=가야' 관계로 새롭게 상정될 때까지 통설로 받아들여졌다. 최치원이 제기한 삼한 인식은 (1)『삼국사기』 권46, 열전6, 최치원전, (2)『삼국유사』 권1, 기이1, 마한 및 변한백제, (3)「봉암사지증대사적조탑비」 등의 기록에서 확인할 수 있다. (1)에서는 최치원이 당의 사신으로 가서 시중에게 올렸던 글 가운데 일부를 전하는데, 거기에서 최치원은 '삼한=삼국'이라는 인식에 기초하여 마한은 고구려, 진한은 신라, 그리고 변한은 백제로 파악했다.[3] 실제로 그는 진한辰韓이 진한秦韓의 이름을 그릇되게 쓴 것이라고 하면서 진한을 우리나라 곧 신라라고 했다.[4] 나아가 고구려와 백제 멸망 뒤의 신라를 '삼한'으로 지칭하여 '삼한일통'의 인식을 보이기도 한다.[5] 최치원이 변한을 백제로 인식한 사실은 (2)에

기 가야의 고고학적 연구 쟁점과 전망」『韓國古代史研究』 85, 2017; 김세기, 「대가야 고대국가론」『韓國古代史研究』 87, 2017.

3) 『三國史記』 卷46, 列傳6, 崔致遠.

4) 『東文選』 卷33, 謝賜詔書兩函表; 같은 책, 권47, 奏請宿衛學生還蕃狀.

5) 『東文選』 卷47, 與禮部裵尙書瓚狀.

서도 (1)과 같은 내용을 인용해서 전한다.[6] 이처럼 최치원은 변한을 백제라고 인식했으며, 변한과 가야의 관계에 대한 언급은 확인할 수 없다.

한편 근래 최치원이 찬술했던 (3)「봉암사지증대사적조탑비」에 실린 '백제소도지의百濟蘇塗之儀'에 주목하여,[7] 최치원이 '마한=백제'라는 인식을 가졌던 것으로 보기도 한다.[8] 그렇게 되면 그가 언급한 '변한=백제' 인식은 새롭게 해석할 여지도 있다. 그런데 최치원이 마한의 소도가 아니라 굳이 백제의 소도라고 언급했던 점, 그리고 (3)의 '백제소도지의'에 대한 서술 맥락 등을 고려하면 좀 더 신중하게 접근할 필요가 있다. 최치원은 (3)의 비문 첫머리에서 군자가 사는 우리나라(海東)에 불교가 들어와 당시 매우 성행했음을 강조했고, 이어서 삼국시대의 불교 전래에 대해 거론했다. 실제로 그는 우리나라 불교 전래 과정에서 맨 처음 백제에 소도 의식이 있었는데, 이는 마치 감천궁 '금인제사'와 같다고 했다. 또한 고구려는 중국 서진으로부터, 신라는 고구려로부터 불교를 수용했던 사실을 중국의 사례에 견주어 전한다. 곧 최치원이 삼국의 불교 전래를 백제, 고구려, 신라 순으로 보면서 '백제의 소도 의식'을 '감천궁의 금인 제사'에 빗대어 설명한 것은 군자가 사는 신라의 고유 의식이 석가모니불을 예배하는 의식과 같은 의미로 거행되었음을 강조한 것으로 풀이할 수 있다.[9] 그렇다면 '백제소도지의'에서의 백제는 마한과 선후 관계에 있는 역사적 존재로서 이해하기보다는 최치원이 찬술할 당시 신라에 통합되었던 옛 백제지역으로 상정했을 법하다. 따라서 최치원은 '삼한=삼국'이

---

6) 『三國遺事』卷1, 紀異1, 馬韓; 같은 책, 卞韓百濟.

7) 「鳳巖寺智證大師寂照塔碑」, "昔當東表鼎峙之秋 有百濟蘇塗之儀 若甘泉金人(之)祀 厥後 西晉曇始之貊 如攝騰東入 句驪阿度度于我 如康會南行".

8) 李康來, 「최치원의 고대 인식과 그 함의」 『孤雲學報』 24, 2004; 金炳坤, 「崔致遠의 三韓觀 再考」 『韓國史研究』 141, 2008. 한편 마한-백제 인식은 후삼국기 전주에 입성한 견훤의 발언에서도 확인되기 때문에, 당대 지식인들 사이에 마한-고구려 외의 이질적 인식이 공존했을 것으로도 본다(趙法鍾, 「후백제 甄萱의 역사계승의식 -高句麗 및 百濟의 馬韓계승 인식을 중심으로」 『史學研究』 58 · 59, 1999; 이강래, 「고려와 조선전기의 백제 인식」 『百濟史叢論』(百濟文化史大系 研究叢書1), 충청남도역사문화연구원, 2007).

9) '金人祭祀'는 중국에서 남북조시대 이후 불교가 유통되기 시작했던 사건으로 받아들였다. 唐 대에는 금인을 '浮圖金人' · '불상' 등으로 인식했으며 이후 근대에 이르기까지 널리 확산하였다. 백제의 소도 의식은 불교 의식을 지칭하는 것으로 볼 수 있다(문창로, 「문헌자료를 통해 본 삼한의 소도와 제의」 『百濟學報』 22, 2017).

라는 인식을 바탕으로 '마한=고구려', '변한=백제'로 파악한 것이며, (3)에서 백제의 불교 전래로 거론했던 '백제소도지의' 기사를 근거로 삼아 최치원이 '마한=백제' 인식을 하였다고 보기는 어렵다.

그런데 최치원은 변한과 별개로 가야에 대한 나름의 역사적 지식을 가졌던 듯하다. 최치원이 대가야와 금관가야에 대한 전승을 알고 있었던 사실은 『신증동국여지승람新增東國輿地勝覽』 권29, 고령현 건치연혁조에 인용된 기록을 통해 확인할 수 있다. 거기에는 최치원의 「석이정전釋利貞傳」에 천신과 가야 산신이 결합하여 탄생한 대가야왕 뇌질주일과 금관국왕(가야) 뇌질청예에 대한 시조 설화, 그리고 「석순응전釋順應傳」에는 대가야국의 왕계에 대한 전승을 각각 전한다. 이로 보아 최치원은 가야 시조 설화를 알았고, 나름대로 대가야와 금관가야에 대한 역사적 지식을 가졌던 것으로 본다.[10] 곧 최치원은 변한을 백제로 인식하면서 가야(대가야 및 금관가야)의 존재에 대해서도 파악했던 점으로 보아, 그는 변한과 가야가 서로 무관한 별개의 역사적 실체로 이해했음을 유추할 수 있다.

최치원의 삼한 인식은 12세기 중엽 편찬된 『삼국사기』(1145)에 그대로 계승되었다. 『삼국사기』 권34, 잡지3, 지리지1에서는 신라 강역의 경계에 대한 옛 기록으로 두우의 『통전』과 송기의 『신당서』, 가탐의 『사이술』 등을 살피는 가운데 최치원의 삼한 인식을 거론하면서 변한=백제 설을 인용했다.[11] 최치원의 삼한 인식이 『삼국사기』에서 지리지에 언급된 것으로 보아, 강역적 관점에서 파악했을 것으로 이해된다.[12] 곧 『삼국사기』 편찬 당시에는 삼한과 삼국을 지리적인 범주에서 양자가 선후 관계로 연계되는 것으로 인식하는 계통적인 이해의 일면을 엿볼 수 있다.[13]

한편 『삼국사기』 지리지에서는 『신·구당서』에 전하는 "신라가 변한의 후예들로서 낙랑에 있었다"라는 기사를 거론하면서 이를 실제 역사적 사실로 받아들이지 않았다.

---

10) 최치원의 역사적 관심은 삼국과 함께 가야의 역사도 포함할 수 있으므로 「제왕연대력」에 이들 국가의 제왕에 대한 연표가 정리되었을 것으로 보았다(조인성, 「崔致遠의 歷史敍述」 『歷史學報』 94·95合, 1982, pp.49~50).

11) 『三國史記』 卷34, 雜志3, 地理1.

12) 조성을, 「조선 중·후기 백제사 인식」 『百濟史叢論』, 충청남도역사문화연구원, 2007, p.183.

13) 조법종, 「삼한사회의 형성과 발전」 『한국사』 2, 한길사, 1994, p.154.

편찬자인 김부식이 『신·구당서』의 기사를 실록으로 수용하지 않았던 까닭은 최치원의 '변한=백제'라는 인식을 따랐기 때문으로 보인다. 곧 『삼국사기』에서는 가야와 변한이 서로 관계없는 것으로 이해한 듯하다. 그래서인지 신라본기 시조 혁거세 19년에 "변한이 나라를 들어 항복했다"라는 기사를 전하는가 하면, 같은 책 파사이사금 23년에는 음즙벌국과 실직곡국이 국경을 두고 다툴 때 금관국 수로왕의 의견을 물었다는 기사를 전하기도 한다.[14] 변한이 신라에 항복하여 소멸한 이후 금관국 수로왕으로 상징되는 가야의 존재가 확인되는 것은 변한과 가야가 서로 무관함을 전제로 했던 인식을 반영한 기록이라고 볼 수 있다.

그런데 『삼국사기』 신라본기에서 변한과 별개의 존재였던 금관국이 같은 책의 지리지에도 등장한다. 지리지에서는 신라의 주·군·현 편제의 기원이 되었던 10여 개 소국 이름을 수록하고 금관국이 가야를 구성했던 여러 소국 중에 하나로 전한다.[15] 실제로 이른 시기 편입되었던 신라 주변의 사벌국(상주), 소문국(문소군), 감문소국(개령군), 압독국(장산군), 골화국(임천현), 음즙벌국(읍즙화현) 등은 물론이고 소경 및 군으로 편제되었던 가야 지역의 고령가야국(古寧郡), 아시량국(함안군; 아나가야), 대가야국(高靈郡) 등과 함께 금관국(김해소경; 가락국, 가야)의 존재를 확인할 수 있다. 이를 통해 신라 상고기 국가적 성장에 따라 편입되었던 주변의 소국들은 세력 규모에 따라 각각 주·군·현으로 편제되었음을 알 수 있다. 특히 『삼국사기』를 찬술한 편찬자의 관점에서는 옛 가야의 소국들이 신라 상고기 이래로 각각 신라에 편입된 것이라고 보았기 때문에, 금관국을 비롯한 가야 제소국이 신라본기 시조 혁거세 19년(B.C.39)에 나라를 들어 항복해왔던 '변한卞韓'과는 무관한 존재로 이해했음을 유추할 수 있다.

최치원의 삼한 인식은 13세기 후반에 간행했던 『삼국유사』(1281)에도 확인되는데, 『후한서』 한전의 진한을 신라로, 변한을 백제로 보았다. 다만 『삼국유사』 권1, 기이편에서는 삼한에 해당하는 '변한 백제', '마한', '진한' 등을 각각 고구려, 신라, 오가야와는 서로 다른 항목으로 편제했다. 특히 변한과 백제를 하나의 항목으로 묶어 '변한 백제'로

---

14) 물론 『三國史記』에서 '변한=백제'의 관계를 받아들이면서도 정작 백제본기에는 마한과의 관계 기사는 있지만 변한과 관련한 기사는 없는 실정이기 때문에, 『삼국사기』에 수록된 '변한' 및 '가야' 관련 기사가 갖는 일정한 한계를 엿볼 수 있다.

15) 『三國史記』 卷34, 雜志3, 地理1.

설정하여, 최치원의 '변한=백제' 인식을 충실하게 수용한 것으로 보인다. 곧 '변한 백제' 라고 하는 항목의 설정에는 변한과 백제를 하나의 계통 내지는 양자가 시간적 선후 관계에 있는 동일 존재로 여겼던 편찬자의 역사 인식을 반영한 결과로 이해할 수 있다.

이와 관련하여 『삼국유사』에 실린 최치원의 삼한 인식에 대한 편찬자의 안설按說은 『당서唐書』에서 언급한 '변한의 후손들이 낙랑에 살았다'라는 기사가 백제를 건국한 온조의 뿌리는 동명에서 비롯되었기 때문에 그렇게 된 것임을 밝혔다.[16] 이는 변한과 백제가 시간적 선후 관계에 있음을 염두에 두고 기록한 것으로 짐작할 수 있다. 곧 백제를 세운 온조왕 이전에 그 뿌리가 되었던 변한은 낙랑의 땅에서 나라를 세웠으며, 마한 등과 함께 대치했다고 보았던 셈이다. 결국 변한과 함께 대치했던 마한 등은 백제 온조가 남하하기 이전에 있었던 정치체로 인식한 것이다. 일연의 이러한 인식은 최치원의 삼한 인식을 충실하게 수용한 것이며, 변한이 백제에 앞선 정치체로서 양자가 서로 밀접한 관계였음을 전제로 한 것으로 생각된다.[17] 다만 『삼국유사』에서는 "변한을 고구려라고 하는 설은 잘못된 것"이라고 비판했는데, 이는 『삼국유사』 편찬 이전에 최치원의 삼한-삼국 인식과 다른 견해도 존재했던 사실을 유추할 수 있다.

한편 신라 통일기에 형성되었던 '삼한일통의식'은 후삼국기를 거치면서 '삼한유민의식'에 일시 가려지기도 했지만, 고려 왕조 개창과 함께 '삼한'을 재통합하면서 후삼국 재통일의 이념적인 기반이자 '고려'라는 국가 단위의 집단의식을 형성하는 바탕이 되었을 것으로 이해된다.[18] 그리하여 고려 태조를 비롯한 고려국가의 지배 엘리트들은

---

16) 『三國遺事』卷1, 紀異1, 卞韓百濟, "唐書云 '卞韓苗裔在樂浪之地' 云者 謂溫祚之系出自東明故云耳 或有人出樂浪之地 立國於卞韓與馬韓等並峙者在溫祚之前爾 非所都在樂浪之北也".

17) 『三國遺事』卷1, 紀異1, 卞韓百濟, "或者濫九龍山亦名卞那山 故以髙句麗爲卞韓者盖謬" 라고 하였다. 곧 혹자는 九龍山을 또한 함부로 변나산이라고 한 때문에, 고구려를 변한이라고 하는데 대체로 잘못이라고 밝혔다고 전한다. 최치원의 '변한-백제' 인식을 따랐던 『삼국유사』에서는 변한을 고구려라 하는 것은 잘못된 것으로 비판했다. 변한-고구려 인식은 삼한 인식에서 진한-신라와 함께 마한-백제 인식과 연동되는 관계이므로, 『삼국유사』 편찬 이전에 전통적인 최치원의 삼한-삼국 인식과는 다른 견해도 존재했을 법하다.

18) 노명호, 「삼한일통의식과 고려국가」『고려국가와 집단의식』, 서울대학교출판문화원, 2009, pp.90~91.

신라와 함께 후백제, 그리고 고구려의 후계임을 자처했던 고려까지를 포괄하여 '삼한'으로 인식했던 것으로 보았다.[19] 사실 고려가 '일통'한 '삼한'이란 실제로는 '후삼국後三國'이었으며, 그것은 '전삼국前三國'과 맥락을 같이하는 것으로 인식했기 때문에,[20] 당시 고려국가가 내세운 '삼한일통'의 논리는 신라 통일기에 대두했던 '삼한일통의식'과 맥을 같이하는 것으로 생각된다.

이처럼 고려 전기에는 고려 왕조의 건국 위업을 널리 알리고, '삼한' 곧 후삼국을 통합한 '일통국가'로서 고려의 역사적 정통성을 다지기 위해 삼한일통을 강조했는데, 그 뒤 대몽항쟁을 수행하는 과정에서 '삼한일통의식'은 더 강화되었다.[21] 실제로 국가적 차원에서 부각한 고려의 '삼한일통의식'은 크게 고구려 유민계열과 신라계열로 나뉘며, 전자의 경우는 발해 유민까지 포함하는 고구려계승의식을 가진 데에 비해서 후자는 발해 유민을 배제하는 신라계승의식을 드러낸 것으로 보았다. 곧 고려시대의 '삼한일통의식'이 갖는 유동성은 12세기 중엽 이후 김부식을 중심으로 하는 신라계열의 '삼한일통의식'을 부각하면서, 고려 건국 초기부터 대두하던 고구려계열의 그것과 병존하며 고려 말까지 이어졌던 것으로 본다. 그리하여 고려 후기에는 우리 역사의 시원으로서 고조선에 주목하고, 삼국 이전에 하나의 통일체로서 고조선의 존재를 인식했다.[22] 실제로 『삼국유사』에서는 역사적 실체로서 고조선을 맨 앞에 두었으며, 특히 시간적 관점에서 고조선과 마한을 연결하여 '고조선→삼한(마한 포함)→삼국'으로 이어지는 계통적 인식이 있었음을 헤아려 볼 수 있다.[23]

고려 후기의 삼한 인식을 살펴보기 위해서는 이승휴의 『제왕운기』에 주목할 수 있다. 『제왕운기』는 마한·진한·변한을 각각 고구려·신라·백제로 서술하여 최치원의 삼한=삼국 인식을 그대로 계승했던 것으로 이해된다.[24] 비록 『제왕운기』는 서사시 형

---

19) 金炳坤, 「崔致遠의 三韓觀에 대한 認識과 評價」 『韓國古代史研究』 40, 2005, pp.230~231.

20) 이강래, 앞의 논문, 2007, p.127.

21) 노명호, 앞의 책, 2009, pp.89~126.

22) 盧泰敦, 「三韓에 대한 認識의 變遷」 『韓國史研究』 38, 1982, pp.144~150.

23) 金炳坤, 앞의 논문, 2005, pp.238~239.

24) 신라는 진한 땅에서, 고구려는 마한 왕검성에서 개국했으며, 특히 백제 시조 온조는 변한 땅에서 나라를 열었다고 전하여 최치원의 삼한 인식과 같은 사실을 확인할 수 있다(『帝王韻

태를 취하였지만, 고조선을 시작으로 삼한-삼국-고려로 이어지는 일원적인 계통을 제시했다. 또 부여 · 비류 · 옥저 · 예맥 등의 여러 정치체도 모두 단군으로부터 계승되었던 것으로 인식하여,[25] 고조선을 시원으로 삼는 상고사 체계를 상정했다.[26] 자연 고조선을 잇는 삼한은 시 · 공간적으로 삼국에 앞선 역사적 존재로서, 이후 삼한의 존재시기에 대한 상고사 체계의 시계열성을 부각할 수 있는 실마리를 주었다. 이와 함께 고려 말기에는 '조선朝鮮' 인식이 확산하면서 삼한 대신에 '아방我邦(우리나라)'을 의미하는 대명사로서 '조선'을 쓰게 됨에 따라, '삼한'에서 '아방'의 의미는 희석되고 삼한 본래의 역사상에 근접할 수 있게 되었다.[27] 이제 '변한'을 비롯한 삼한의 존재는 시 · 공간적으로 삼국에 앞선 역사적 실체로서 이해될 소지가 커지게 되었다.

최치원의 삼한=삼국 인식은 고려시대를 거쳐서 조선 전기까지 통설로 이어졌지만, 조선 건국 초기에 들어 권근 등의 일부 비판이 제기되었다. 실제로 권근은 『신당서』에 "변한은 낙랑의 땅에 있었고, 평양은 옛날 한漢나라 낙랑군에 있다"라는 기록을 바탕으로 최치원의 '마한-고구려' 인식이 잘못된 것임을 지적했다.[28] 그리고 그는 『후한서』에서 변한이 남쪽에 있었다는 기록은 중국 한나라의 경계인 요동을 기준으로 언급한 것으로 파악하고 변한을 고구려에 비정했다. 따라서 그는 전통적으로 계승되던 최치원의 삼한 인식과 견해를 달리하면서 마한-백제 · 진한-신라 · 변한-고구려로 이어지는 삼한 인식을 상정했다.

사실 권근의 변한-고구려 인식은 앞서 『삼국유사』 기이편에서 삼한에 대한 이설異說로 비판의 대상이 되었던 '변한=고구려' 인식의 존재를 고려한다면, 그 연원은 고려 후기 이전으로 소급할 수도 있다.[29] 권근의 삼한 인식은 그 뒤에 편찬되었던 『고려사』 지

紀』卷下, 因分此地爲四郡 및 같은 책, 新羅始祖奕居世, 高句麗紀, 百濟紀).

25) 『帝王韻紀』卷下, 因分此地爲四郡, "次有尸羅與高禮 南北沃沮穢貊膺 此諸君長問誰後 世系亦自檀君承 其餘小者名何等".

26) 河炫綱, 「高麗時代의 歷史繼承意識」 『韓國의 歷史認識』(上), 創作과 批評社, 1976, p.209.

27) 盧泰敦, 앞의 논문, 1982, pp.150~156.

28) 『三國史節要』外紀, 三韓.

29) 박인호, 「13~16세기 역사지리인식의 추이」 『조선시기 역사가와 역사지리인식』, 이회, 2003, p.98.

리지(1451) 및 『세종실록』 지리지(1454)는 물론 『동국통감』(1485) 등에서도 확인된다. 곧 최치원 이래 전통적으로 이어졌던 '변한-백제' 인식은 조선 초기 권근에 의해 재검토되면서 '변한-고구려' 인식이 대두했고, 한동안 하나의 통설로 수용되어 사서 편찬에 영향을 끼친 것으로 이해된다. 그러함에도 삼한을 삼국에 비정했던 최치원의 삼한 인식은 그 뒤 『신증동국여지승람』, 『지봉유설』 등에서 정론으로 받아들였으며,[30] 조선 후기 실학자들에게까지 꾸준히 영향을 주었던 것으로 보인다.[31]

2. '변한=가야' 인식의 확산

최치원 이래로 '삼한=삼국'을 상정한 인식은 전통적으로 견고하게 계승되다가, 조선 후기 실학자들의 역사 지리적 연구 경향에 힘입어 새롭게 모색되었다.[32] 일찍이 한백겸(1552~1615)은 『동국지리지』를 통해 기왕의 '변한=백제'라는 최치원 설은 물론 권근의 '변한=고구려' 설을 모두 잘못된 것이라고 비판하면서 삼한의 지리적 위치와 분포 범위에 대해 구체적인 고증을 시도했다.[33] 그는 우리나라 상고기로부터 고려시대까지를 삼국 이전-삼국시대-고려시대로 구분했다. 그 가운데 『한서』 조선전 및 『후한서』 동이열전에 수록된 삼한을 동옥저, 예 등과 하나로 묶어 삼국 이전으로 편제했다. 그런가 하면 신라에 덧붙여 기록했던 가야(금관국, 가야국-대가야)는 삼국시대에 두었다. 이를 삼국시대 이전으로 설정한 삼한과 견주어 보면 그는 마한을 백제, 진한을 신라, 변진을 가야와 서로 각각 연결되는 것으로 인식했음을 알 수 있다.

한백겸은 북쪽의 고구려까지 삼한의 범주에서 접근했던 이전의 전통적인 인식을 비판하고, 삼한의 지리적 범위를 한강 이남 지역으로 비정했다. 곧 그는 『후한서』 삼한전에 대한 안설按設에서 우리나라 상고사의 전개 과정을 일원적으로 파악했던 기왕의 입

---

30) 『新增東國輿地勝覽』 卷6, 京畿; 『芝峯類說』 卷2, 諸國部, 本國.

31) 李賢惠, 「崔致遠의 歷史認識」 『明知史論』 創刊號, 1983, p.14.

32) 文昌魯, 「조선 후기 실학자들의 삼한 연구」 『韓國古代史研究』 62, 2011, pp.84~94.

33) 한백겸이 『동국지리지』를 저술한 동기는 吳澐의 『東史纂要』에 보이는 삼한·사군의 위치 비정을 고치려는 데서 출발했다고 본다(尹熙勉, 「韓百謙의 『東國地理誌』」 『歷史學報』 93, 1982; 「韓百謙의 學問과 『東國地理誌』 著述動機」 『震檀學報』 63, 1987).

장에서 벗어나 남과 북으로 나누어 보았다. 한백겸은 한강을 남과 북을 구분 짓는 천참 天塹(교통에 지장을 주는 천연적인 하천)이라고 하여 뚜렷한 경계로 파악하면서, 그 남 쪽과 북쪽 지역은 제각기 독자적인 역사를 전개하여 서로 관련이 없다고 했다.[34] 특히 그는 북쪽 방면의 고구려는 요하 이동~한강 이북 지역의 고조선 옛 땅을 모두 차지했 던 것으로 보아,[35] 삼한과 무관한 것으로 파악했다. 그리하여 한강 북쪽 지역은 삼조선 (단군·기자·위만)-사군-이부-고구려로 연결되며, 그 남쪽 방면은 조선(단군·기자)- 삼한(마한·진한·변진)-백제(마한)·신라(진한)·가야(변진)에 이어지는 이원적인 상 고사 인식체계를 제시했다.

한백겸이 추구한 삼한의 위치 비정은 조선 후기 학인들에게 당색을 떠나서 여러모 로 영향을 주었다. 그는 삼한 당시에 비록 우리나라 문자가 없었다고 해도 『전·후한 서』에 모두 열전이 있으니 고증하여 년대年代의 상하와 지계地界의 원근을 살핀다면, 삼 한의 위치를 판별할 수 있다고 했다. 또한 중국 사서에서 변한을 칭할 때에는 늘 '변진 弁辰'이라고 했고 진한과 변진이 서로 섞여 살았다는 기록 등에 주목하여, 변한은 진한 의 부용국 처지였으며 서로 가까운 거리에 있었다고 파악했다. 그리하여 그는 삼한의 '국國'을 당시 군현 규모로 추정하고 마한 54국과 진·변 각 12국의 소국 수를 감안 해서 마한의 지역적 범위를 호서와 호남으로, 진한을 경상도 동북 지역, 변한을 경상도 서남 지역에 설정했다(『동국지리지』 후한서 삼한전). 이처럼 한백겸은 삼한-삼국의 계 승 관계에 치중했던 전통적인 접근을 벗어나서 마한-백제, 진한-신라, 변한-가야(가락) 의 계승 관계와 그 위치를 한강 남쪽 방면에서 찾았다.[36] 특히 한백겸이 삼한 시기의 변한을 가야로 인식한 것은 변진(변한)을 전기 가야 혹은 가야의 전신으로 이해하는 현 재의 통설과 맥을 같이한다는 점에서 의미가 있다.

일찍이 신경준(1712~1781)의 『여암전서旅菴全書』에 실린 「강계고」는 편찬과 내용 면 에서 유형원(1622~1673)의 『동국여지지東國輿地志』와 함께 한백겸의 『동국지리지』를 충실하게 따른 역사 지리서로 꼽힌다.[37] 자연 한백겸의 역사 지리 인식은 신경준의 삼

---

34) 『東國地理誌』 後漢書, 三韓.
35) 『東國地理誌』 後漢書, 三韓, "而高句麗繼起 盡有朝鮮舊地云 則遼河以東漢江以北".
36) 尹熙勉, 앞의 논문, 1982, p.27.
37) 鄭求福, 『韓國近世史學史』, 경인문화사, 2008, p.191.

한 인식에도 영향을 주었던 것으로 보았다.[38] 신경준은 영조의 명을 받아 『여지승람』을 감수하고, 1770년에 『동국문헌비고』를 편찬할 때 「여지고」를 맡았으며, 또한 같은 해에 『동국여지도』를 감수했다. 『동국문헌비고』 여지고는 관찬 사서이지만, 신경준이 편찬을 맡고 그의 안설을 실었기 때문에, 「여지고」에 보이는 역사 지리 인식은 「강계고」 내용을 축약해 정리한 것으로 이해된다.[39] 이를 통해 신경준의 변한-가야 인식을 확인할 수 있다(『동국문헌비고』 권7, 여지고2, 역대국계 하, 삼한변설 및 진국, 변한국). 곧 신경준은 「여지고」 2의 '삼한변설'에서 그동안 삼국을 삼한의 옛 땅에 분배했던 논의가 잘못된 것이라고 하여, 최치원과 권근의 삼한설을 함께 비판했다. 그는 한백겸의 '남자남북자북南自南北自北'설을 정론으로 삼고,[40] 한강 이북 방면은 3조선(단군조선국-기자조선국-위만조선국)→한사군→이부·이군→고구려로, 남쪽 방면은 진국→삼한 (마한-진·변한)→신라·백제·가야로 계승되었다고 본다.[41] 곧 그는 마한-백제, 진한-신라, 변한-가야로의 계통성을 강조하여 북쪽의 고구려를 삼한과는 단절된 정치세력으로 상정했다.

신경준은 『후한서』 한전을 받아들여 진국을 삼한에 앞선 정치체로 인식했으며, 『삼국지』 한전의 진한을 옛 진국(古之辰國)으로 파악했던 당나라 초기 학자 안사고顔師古 (581~645)의 견해는 잘못된 것이라고 했다(같은 책, 여지고2, 역대국계 하, 진국). 곧 진국은 고조선 때에 남쪽에 세워진 나라이며, 진국의 뒤를 이어 마한이 성립했고, 다시 마한이 나뉘어 삼한이 되었다고 했다. 자연 변한의 성립 시기를 마한 성립 이후로 상정했다. 이와 함께 그는 『후한서』 한전에 진한 12국이 있다고 했음에도 『삼국지』 한전에 13국명을 열거한 사실에 대하여 진한 12국을 거명한 끝에 군미국軍彌國이 있고 변한 12 국명을 열거한 첫머리에 변군미국弁軍彌國이 있으므로, 이는 거듭 기록되었거나 신라의 처음 이름인 사로국이 섞여 들어간 것으로 보았다. 특히 『후한서』 한전의 '마한재서馬

---

38) 李相泰, 「申景濬의 歷史地理認識」 『史學研究』 38, 1984; 박인호, 「신경준의 『동국문헌비고』 「여지고」」 『朝鮮後期 歷史地理學 研究』, 이회, 1996.

39) 박인호, 앞의 논문, 1994; 앞의 책, 1996, p.172.

40) 『旅菴全書』 1, 疆界考, 三韓地分諸說에서도 같은 입장을 확인할 수 있다.

41) 『旅菴全書』 1, 疆界考, 我東國別號; 『東國文獻備考』 卷7, 輿地考2, 歷代國界 下, 三韓辨說.

韓在西'는 마한이 진한의 서쪽에 자리한 것을 말하며,[42] 진·변한의 남쪽은 모두 왜倭와 접했고, 진한 남쪽에 있던 변한 12국은 가야 곧 '가락'의 터와 합치하는 것으로 여겼다. 그는 변한의 사방 경계가 가야와 부합하며, 그 증거로『문헌통고』에서 '가야금을 변한 금'이라고 한 기록을 들었다(같은 책, 여지고2, 역대국계 하, 변한국). 그리하여 신경준은 한백겸의 설을 이어 진국-삼한 관계는 물론 변한-가야의 계승 관계를 보다 분명하게 하였다.

한편 이익(1681~1763)은 조선 후기 근기남인近畿南人 계열의 학문적 종장으로서, 그를 따르는 문인들을 '성호학파'라고 부를 정도로 조선 후기 실학과 그 역사 인식을 이해하는데 첩경이 되는 인물이다. 이익은『성호사설』「천지문天地門」과「경사문經史門」등에 삼한과 관련된 역사·지리 고증 논설을 실어 그의 변한과 가야 관련 인식을 엿볼 수 있다. 대체로 이익은 '삼한금마三韓金馬'·'삼한'·'삼한시종三韓始終'·'호강왕虎康王'·'기자지후箕子之後' 등의 항목을 통해 삼한의 연원 및 강역, 역사 전개 과정 등을 언급했고, '국중인재國中人才'·'제주濟州'·'최문창崔文昌'·'가락가야駕洛伽耶'·'전대군신사前代君臣祠'·'신라시말新羅始末'·'수로허후首露許后' 등의 항목에서도 부분적으로 변한 및 가야와 관련한 논설을 수록했다.

이익은 한백겸의 삼한설을 충실하게 계승하면서도, 정작 한백겸이 비판했던 최치원의 삼한-삼국 인식에 대해서는 오히려 적극적으로 옹호했다. 그는 앞서 최치원을 비판하는 주장들이 본래 최치원의 삼한설에 내포된 뜻과 맥락을 제대로 헤아리지 못했기 때문이라고 단정했다. 그는 확실한 전적이 없는 한 당시의 사람인 최치원이 착오를 일으킨 주장을 할 리가 없다고 했다. 그리하여 최치원이 변한을 백제라고 했던 까닭은 변한이 본래 신라에 복속되었다가 훗날 백제에 편입되었던 데서 찾았다(『성호사설』제2권, 천지문, 삼한금마).

이익은 종래 한씨韓氏 성을 기자의 후손과 연결하여 '삼한이라는 명칭이 기준의 남하에서 비롯했다'라는 설은 잘못이라고 비판하면서(같은 책, 제21권, 경사문, 기자지후), 한의 유래를 전국 7웅의 하나인 한韓의 유민으로부터 찾아서, 삼한의 연원을 중국

---

42) 『東國文獻備考』卷7, 輿地考2, 歷代國界 下, 馬韓國.

유이민 세력에 닿는 것으로 보았다(같은 책, 제21권, 경사문, 발해).**43)** 그는 북쪽의 조선과 뚜렷이 구별되는 한강 남쪽에 삼한이 있었는데, 이때 '한'은 국호로 상정했다. 진한은 중국 진나라 망명객들이 세운 것이 분명한데 그 이유를 진辰과 진秦이 서로 같은 데서 찾았으며, 진한은 한韓에 '진辰'을 더하여 마한과 구별했던 것으로 본다. 또 변진은 진한에 뒤이어 진秦나라에서 좇아 나온 사람이므로 처음에 이름을 진辰이라고 한 듯하며, 진한에서 나뉘었으므로 '변'자를 더하여 진한과 구별했는데 그 실상은 '변진한弁辰韓'이라고 했다(같은 책, 제15권, 인사문, 화령).

이익은 기준箕準이 남쪽으로 내려와 마한왕의 지위를 빼앗고 무강왕武康王이 되었는데, 이때 기준에게 쫓겨났던 선주민들이 마한과 진한 사이에 따로 변한을 세워서 변진이 되었다고도 했다(같은 책, 제3권, 천지문, 삼한). 앞서 변한의 유래를 중국 유이민 세력과 연결했던 견해와는 다른 언급이라서, 그의 변한 인식에 다소 혼선을 빚는 대목이다. 다만 그는 변한이 마한의 후예로서 기준에게 신속되었다고 주장한 점은 이전 삼한과 관련한 여러 설에서 변한의 출자를 알지 못한다고 했던 통념을 벗어난 것으로 주목한다.**44)** 그리하여 그는 진한과 변한은 마한의 속국이며, 삼한의 성립순서를 마한-진한-변한 순으로 파악했다(같은 책, 제19권, 경사문, 삼한시종). 그는 한백겸의 설에 따라 삼한 지역을 한강 이남으로 보았다. 실제로 대수帶水 곧 한강을 경계로 북쪽 방면의 고조선 강역은 황해·평안도이며, 그 남쪽을 한韓의 강역으로 상정했다(같은 책, 제3권, 천지문, 삼한). 또한 삼한의 동쪽에는 진한과 변한이 있으며, 이들은 낙동강을 중심으로 동쪽과 서쪽에 각각 자리했다고 본다.

그런데 이익은 변한과 가야의 지역적 범위가 같은 것이라고 상정했던 한백겸과 달리 양자의 범위를 서로 구분해서 보았다. 본래 변한이 신라에 항복해 올 때는 그 범위가 지리산 이남의 진주 등 몇 개 고을에 국한되며, 가야의 범위는 지리산 북쪽의 5가

---

43) 이는 성호 이익이 중화 문화를 계승하는 문화국가로서 조선의 이미지를 강조하려는 점을 내포한 것으로 이해한다(金文植, 「星湖 李瀷의 箕子 인식」 『退溪學과 韓國文化』 33, 경북대학교 퇴계학연구소, 2003, pp.81~82).

44) 韓永愚, 「18세기 전반 南人 李瀷의 史論과 韓國史 理解」 『朝鮮後期史學史硏究』, 一志社, 1989, p.219.

야와 가락(금관국)을 포함한 이른바 6가야로 상정했다.[45] 또한 이익은 변한과 가야의 역사적 전개 과정을 추론했다. 변한은 처음 마한에 신속되었다가 뒤에 한漢 원제元帝 (B.C.43~39) 때 신라에 부속되었고 다시 백제에 편입되었던 것으로 추정했다. 나아가 변한과는 별개로 신라와 백제의 중간지대에 잔존 했던 가라와 임나는 수隨 문제(581~604) 이후 신라에 병합된 것으로 보았다(같은 책, 제2권, 천지문, 삼한금마).

이익의 학맥을 계승한 안정복(1712~1791)은 이익의 사론을 받들어 주자의 정통 · 무정통의 예에 따라서 『동사강목』의 편찬체계에 반영했다.[46] 그는 삼한 가운데 마한 을 정통으로 삼고 진한과 변한을 더하여 하나의 항목으로 편제했다. 안정복은 비록 한 백겸의 삼한설을 정론으로 받아들였지만, 스승 이익의 입장을 충실히 따르면서 최치원 의 삼한 인식을 적극적으로 옹호했다. 곧 최치원이 '변한을 백제'라고 한 사실은 변한의 반면半面이 백제에 통합되었기 때문으로 추정했다. 그리하여 그는 삼한을 삼국에 분배 하려고 했던 최치원의 입장에서 '변한-백제'설이 착오라고 할 수 없다고 단언하면서 정 설로 삼았다(『동사강목』 부록 하권, 삼한고). 또한 그는 이익의 견해와 같이 삼한의 연 원을 중국 진나라를 피해 망명한 유민에서 찾았으며, 한의 명칭을 한종韓終의 무리에서 얻은 것으로 보았다(같은 책, 부록 상권, 잡설, 삼한진국설).

안정복은 낙동강 서쪽 방면에 자리한 변한의 강역이 서남쪽으로 지리산을 걸쳐서 전라도 동남지역에 이르고, 동쪽 방면은 진한과 섞여 살아서 경계가 불분명하며, 서북 쪽으로는 마한과 접하고 동남쪽은 바다를 건너 왜와 통한다고 했다(같은 책, 삼한고). 또한 변한은 처음 마한에 복속되었으며 그 뒤 신라에 항복했다고 이해했다. 그는 마 한과 진한의 강역에 대해서는 이익의 설을 따랐지만, 변한과 가야의 강역을 따로 구분

---

45) 『星湖僿說』第19卷, 經史門, 駕洛伽耶, "嶺南 지방에 처음 辰韓과 弁韓이란 두 나라가 있 었는데 신라가 일어날 때까지도 이 두 나라는 아직 남아있었다. 또 駕洛과 다섯 伽耶가 가 장 강대할 때에는 신라와 병립했으나, 그 뒷일은 상고할 수 없다. … '赫居世 19년에 변한이 신라에 항복했다'라고 했으니 이 항복했다고 쓴 것을 보면 쳐서 섬멸시킨 것은 아니었다. 그때 변한 지방은 지금 晉州 등지의 몇 고을인 듯한데, 결국 백제에게 병합되었으니 六朝 시대에 이르러서는 이미 백제로 들어간 지 오랬기 때문에 여기에 말하지 않은 것이다"라고 했다.

46) 姜世求, 『東史綱目研究』, 民族文化社, 1994, pp.142~143;「柳馨遠 · 李瀷과 安鼎福의 學問 的 傳乘關係」『實學思想研究』5 · 6, 1995, pp.121~126.

하지 않고 변한 땅이 나뉘어 가야 여러 나라의 땅이 되었다고 했다.[47] 특히 변한의 지리산 서쪽에 있는 땅, 곧 전라도 동남지역은 백제에 흡수되었던 것으로 인식하여(같은 책, 부록 하권, 경위선분야도), 오늘날 전북 남원·임실·장수·진안 등지에서 확인되는 가야문화의 고고학 자료와 부합할 수 있어 주목되는 견해로 보기도 한다.[48]

안정복은 김해의 가락국과 고령의 대가야를 중심으로 가야의 왕계를 제시하면서(『동사강목』도(상), 동국역대전수지도), 가야에 관한 생각을 언급했다. 특히 그는 가락국의 왕계에 덧붙여 "가락국은 지금의 김해. 한 광무제 임인년(42)에 개국하여 양梁 무제 임자년(532)에 망하니 전세 10군君, 역년歷年은 4백 91년이다. 가락은 후에 국호를 금관으로 고쳤다. 상고하건대, 수로의 형제 6인이 나뉘어 군장이 되어, 수로는 가락왕이 되고, 나머지도 가야에서 왕을 일컬었으나, 모두 문헌에 증거가 없으므로 아래에 대가야大伽倻를 약기略記하고 나머지는 모두 생략한다"라고 했다(『동사강목』도(상), 부가락국). 그는 가야를 구성하는 제국諸國으로 '가락' 곧 금관국을 비롯한 6가야를 상정하고 수로의 형제 6인이 각각의 군장이 되었다고 했다. 이는 「가락국기」에 전하는 금관가야의 시조 전승에 바탕을 둔 것으로 이해할 수 있다.

사실 안정복은 「괴설변증怪說辨證」 항목을 통해 가야의 수로와 허황후를 비롯한 삼국의 시조 전승이 '괴설'에 해당하는 허황한 사실이기 때문에 그것을 역사적 사실로 취급해서는 안 된다고 하는 견해를 피력했다.[49] 그렇다면 그가 비록 건국 시조의 신성성에 대해 기본적으로 비판적인 자세를 취했지만, 역사적 실체로서 건국 시조의 존재까지 모두 부정하지는 않았던 면을 엿볼 수 있다.

일찍이 이익의 삼한 인식은 그의 학맥을 잇는 후학들에게 계승되었지만, 전면 수용된 것은 아니었다. 안정복이 이익의 삼한 인식을 비교적 충실하게 따르는 데에 비하여 정약용(1762~1836)은 최치원 이래 삼한을 삼국에 분배했던 인식이 잘못되었다고 하여 입장을 달리했다. 곧 한강 이북 지역은 본래 삼한 땅이 아닌데 선유先儒들이 매번 삼한을 삼국에 나누어 비정했던 것은 사실이 아니라고 했다(『여유당전서』 제6집, 지리1, 강

---

47) 『東史綱目』附錄 下卷, 疆域沿革 考正에서 낙동강 서쪽의 근해에서 지리산까지의 지역은 변한에 속하며, 뒤에 6가야의 땅이 되었다가 멸망해서 신라에 흡수되었다고 전한다.

48) 이영식, 「가야사 연구의 성과와 전망」『한국고대사입문』2, 신서원, 2006, pp.196~197.

49) 『東史綱目』附錄 上卷 中, 怪說辨證.

역고, 삼한총고). 그는 선학 중에 삼한을 삼국의 전대前代라고 잘못 인식해서 아득히 먼 상고시대에 비정한 것이 문제라고 보았다(같은 책, 진한고). 실제로 삼한은 중국의 양한兩漢 대부터 위진魏晉 대에 걸쳐 존재했기 때문에 중국 사서에 삼한이 입전된 것으로 파악했다. 이는 정약용이 삼한의 존재시기를 분명히 하고, 마한·진한·변한을 초기의 백제·신라·가야와 표리관계에 있었던 것으로 인식했음을 알려준다.

정약용은 한백겸의 설을 정론으로 삼아 중국 진·한대에 열수洌水(한강)의 북쪽에는 조선이 있고, 그 남쪽은 삼한의 전신이었던 한국(진국)이 자리했던 것으로 상정했다(같은 책, 삼한총고). 또 그는 삼한의 연원을 전국시대의 한韓나라에서 찾았던 선학의 견해를 비판하면서, 삼한은 한강 이북과 관계없으며 궁벽하여 그 토착민들이 추호酋豪를 추대하여 '한韓'이라고 일컫는 데서 한국(진국)이 성립했다고 보았다.[50] 그리하여 삼한의 연원이 되는 한국(진국)을 북쪽의 고조선과 같은 시기에 존재했던 것으로 상정하고, 북쪽은 조선→사군→고구려→발해로, 남쪽은 한국(진국)→삼한(마한→백제, 진한→신라, 변진→가야)에 연결되는 양자 병립의 이원적인 고대사 체계를 세웠다.[51]

정약용은 진한과 변진이 지형상 서북쪽과 동남쪽으로 각기 산과 바다에 둘러싸여서 하나의 권역을 이루었던 영남지역에 있었다고 했다(같은 책, 삼한총고). 또한 진한의 남쪽에 있던 변진의 강역은 김해·거제·함안·고성 등 경남 해안의 인접 지역으로 설정했다(같은 책, 변진고). 그는 한백겸의 설을 받아들여 변진을 수로왕이 일어난 곳으로 곧 '가락'이라고 파악하면서 진한과 변한의 구분을 시도했다. 따라서 '변한卞韓'이란 명칭은 본래 없었으며 '변진弁辰'이라고 칭하는 것이 옳은데, 이는 이마에 쓰는 관책冠幘이 진한과 다르기 때문에 '변진'으로 명했다는 것이다. 그리하여 그는 변弁은 가락이고 가락은 가야라고 하여, '변진'을 '가야'라고 파악했다(같은 책, 변진고).

정약용은 처음 가야가 6국이었다가 뒤에 12국으로 성장했으며, 변한의 중심지는 김해지역 일대의 구야국(금관가야)이고 금관국의 수로왕이 바로 변진 12국의 총왕이 된다고 보았다(같은 책, 변진별고). 특히 변한의 김수로와 진한의 석탈해는 모두 서한西

---

50) 이는 정약용이 箕準 死後에 마한의 토착 세력이 왕으로 복위하였으며, 마한은 箕氏가 아니라고 인식했던 사실(『與猶堂全書』第6集, 地理1, 疆域考, 馬韓考)과도 맥을 같이한다.

51) 韓永愚, 앞의 책, 1989, p.370; 趙誠乙, 「정약용」『한국의 역사가와 역사학』(상), 창작과비평사, 1994, p.332.

韓 계통 곧 마한 출신으로 추정하여, 진·변한 지배층의 뿌리를 마한에서 찾아 주목된다. 그는 삼한이 갖는 자연 지리적인 환경을 염두에 두고 마한과 진·변한 관계를 이해했다. 실제로 자연 지리적으로 궁벽한 영남지역의 진·변한에 비해 마한은 상대적으로 윤택하여 삼한의 패자覇者가 되었다고 본다. 그래서 마한은 진·변한의 왕을 세우는 데에 간섭할 만큼 강성했다는 것이다(같은 책, 삼한총고). 특히 가야는 바다 어구에 자리한 유리한 지리적 조건을 이용하여 중국과의 교역에서 신라보다 앞섰던 것으로 추론했다. 따라서 그는 두 나라의 형세를 가라(가야)가 주인이고 신라는 부용附庸이 되었던 것으로 상정하여 가야의 위상을 강조했다.

한편 한치윤(1762~1814)은 삼한의 전개 과정과 관련하여 최치원과 권근의 설을 모두 비판하면서, 진한과 변한의 위치를 경상도 지역으로 비정했다(『해동역사』 권3, 세기3, 삼한). 그는 삼한의 성립에 대해 먼저 정착한 마한, 그 뒤에 중국 진나라 사람들이 망명을 오자 마한이 동쪽 땅을 떼어서 세운 진한, 그리고 진한의 일부가 나뉘어 변진이 되었던 순으로 보았다. 그리고 삼한 중에 마한이 가장 강성하여 진한과 변진을 복속했던 것으로 인식했다.

『해동역사』 지리고는 한치윤 사후에 그 조카인 한진서가 작성한 것으로 하나의 독립된 역사 지리서로도 손색없는 것으로 평가된다. 『해동역사』 지리고는 정약용의 『강역고』와 비슷한 시기에 편찬되었으며, '결론(大綱)→자료인용(事實)→평가(按說)'로 이어지는 서로 같은 서술방식을 보여 그 영향을 받았을 것으로 이해된다.[52] 한진서는 「지리고」의 삼한 강역에 대한 총론에서 '구암동국지리지久菴東國地理誌'라고 서두序頭를 하여 삼한의 위치는 '남자남南自南 북자북北自北'에 입각한 구암(한백겸)의 주장을 정론으로 삼았다(『해동역사속』 권3, 지리고3, 삼한, 강역총론). 또한 최치원의 삼한설과 권근의 삼한요동설(『요사』)은 모두 잘못된 견해로 인식했다. 곧 한진서는 한수漢水 이남 지역을 한국 혹은 진국이라고 했으며, 진국은 그 뒤 삼한으로 나뉘었던 것으로 파악했다. 또한 그는 한국을 진국이라고 칭한 것은 한국의 총왕을 진왕이라고 했기 때문이라고 했다.

한진서는 「지리고」 1에서 <고금강역도古今疆域圖> 및 <고금지분연혁표古今地分沿革

---

52) 韓永愚, 앞의 논문, 1985, pp.173~174.

表>를 제시하여, 「지리고」에 서술한 내용을 집약하여 지도와 도표로 전한다. 먼저 그는 역대로 지형을 나타냄에 있어 글로는 모두 언급할 수 없으므로 '강역도'를 만들어 제시한다고 했다. <고금강역도>의 '삼한국'에서는 열수(한강) 이북을 낙랑군계로 삼았고, 웅천 이남 지역에 마한(목지국)을 표시했다. 그리고 소백산맥을 경계로 마한과 진·변한을 구분하고 그 남쪽 지역에 낙동강을 경계로 진한(사로국)과 변한(구야국)을 각각 동·서 방면에 표기했다(『해동역사속』 권1, 지리고1, 고금강역도, 삼한국).

이어서 한진서는 <고금지분연혁표>에서 지리의 연혁을 상고하는 데에는 표보다 상세한 것이 없다고 하여, '8도표八道表'를 제시하고 역대 연혁을 간략히 수록했다. 경기지역은 한수 이북과 이남으로 나누었다. '8도표' 가운데 삼한에 해당하는 지역은 경기도의 한수 이남과 충청도·전라도·경상도로, 이를 정리하면 다음 <표 1>과 같다.

<표 1> 삼한 관련 지분 연혁 발췌(『해동역사속』 권1, 지리고1, 고금지분연혁표)

시기 / 지역	周 (B.C.1046 ~B.C.771)	漢 (B.C.202~A.D.220)	魏晉 (220~419)	南北朝 (420~589)	이후 연혁 (唐·遼金·元·本朝)
京畿 漢南地	韓國	馬韓 홍가 3년(B.C.18) 百濟 점령 哀帝 代(B.C.26~B.C.1) 한수 이북에서 河南慰禮城(廣州) 으로 천도	百濟	百濟 (웅진· 사비 천도)	漢州(新羅)→弓裔→關內道·楊廣道(高麗)→楊廣道(元)→京畿
忠淸道		馬韓 哀帝 代(B.C.26~B.C.1) 금강 이북지역 百濟 편입			熊州(新羅)→甄萱→中原道·河南道(高麗)→楊廣道(睿宗)→忠淸道 (明宗·恭愍王)
全羅道		馬韓諸國 [總王 都邑(益山)=目支國] 漢初 箕準 점령, 이후 마한으로 복구 哀帝 代(B.C.26~B.C.1) 그 北界가 百濟에 편입			全州·武州(新羅)→甄萱→江南道·海陽道(高麗)→全羅道(高麗)
慶尙 左道		辰韓12國[總王이 五鳳 1년(B.C.57) 慶州에 都邑, 국호는 斯盧國(新羅)이라 함]	新羅	新羅	尙州·良州·康州(新羅)→嶺南道·嶺東道·山南道(高麗)→慶尙道(高麗)→左道·合(本朝)
慶尙 右道		弁辰 12국[總王이 金海府에 都邑, 국호는 狗邪國(伽倻國)이라 함]	伽倻諸國	梁陳時期 신라 편입	慶尙道(高麗)→右道·合(本朝)

한진서는 삼한의 구체적 범위를 상정하여 마한은 한강을 경계로 북쪽에 낙랑과, 남ㆍ서쪽으로 바다와 접했다고 본다. 마한의 북쪽 경계를 한강으로 상정한 것은 마한이 떼어준 동북방 땅에 세운 백제가 낙랑과 접했다고 전하는 『삼국사기』 백제본기에 근거했다. 또한 신라가 지리산을 서쪽 경계로 삼았기 때문에 그곳이 곧 마한의 동쪽 경계가 되었다고 했다. 진한의 북쪽은 예ㆍ맥과 접하였으며 그 경계를 구체적으로 조령鳥 嶺에 설정하고 『삼국사기』 신라본기에서 근거를 찾았다. 특히 변진의 범위는 가야의 경계를 감안하여 동쪽으로는 낙동강, 북쪽으로는 가야산, 서쪽으로는 지리산으로 삼고 남쪽은 바다와 접한다고 했다(『해동역사속』 권3, 지리고3, 삼한).

한진서는 경상우도 연해 지역에 있던 변진 12국이 처음 진한에 복속되었다가 뒤에 따로 갈려서 나왔다고 본다. 그는 변진 곧 가야 제국의 위치고증에 음운학적인 방법을 사용했다. 예컨대 '가라加羅', '가야伽倻', '가락駕洛'은 모두 같은 명칭이라고 보고, 우리 말에 '구狗'를 '가이伽伊'라고 하는데 음은 바뀌었어도 뜻은 같은 것이라고 했다. 따라서 '구야'는 '가라'이므로 '변진구야국'을 가라국(가야ㆍ가락)에 비정하고 그 도읍은 김해로 추정했다. 그리하여 구야국은 삼한의 종족이기 때문에 '구야한국狗邪韓國'이라고도 했는데, 그 실체는 후한後漢 초기에 김수로가 세웠던 김해 금관가야라고 했다. 또한 임나任那는 임라任羅로도 표기하는데, 본래 가라국 수로왕과 같은 종족인 고령지역의 대가야로 상정했다. 임나는 미마나彌摩那로 개명했는데 '미마나'는 '변진미오야마국弁辰彌烏邪馬國'의 음이 변한 것으로 추정했다. 그리고 변진고자국弁辰古資國의 '고자'는 고성固城의 옛 이름이기 때문에 '소가야'로 고증했다. 이와 함께 『일본서기』 신공황후 49년 조의 7국 평정 기사를 인용하면서 그곳에 등장하는 '비자발比自㶱' 등 여러 나라는 가야의 제국(族類)으로서 임나(대가야)와 이웃했던 변진의 제소국으로 보았다(『해동역사속』 권 3, 지리고3, 삼한).

한편 한진서는 「지리고」에서 삼한-백제ㆍ신라ㆍ가야와의 관계를 양자가 분리된 것이 아닌 상호 계기적인 관계로 인식했다. 그는 삼한을 구성하는 소국들 가운데 백제(伯濟國)ㆍ신라(斯盧國)ㆍ가야(狗邪國)가 포함되었기 때문에 가야 제국은 곧 변진의 소국들로 이해했다. 따라서 그는 변진이 바로 가야이며, 변진과 가야는 결단코 전후로 있었던 별개의 두 나라 호칭이 아니라고 보았다. 이와 관련하여 『삼국사기』 신라본기 혁거세 19년 조에 보이는 변한 항복 기사는 이후 중국 사서에서 변한 12국 등이 확인되기 때문에, 변한이 일시에 무너진 것이 아니라 시차를 두고 복속된 것이라고 해석했다.

위에서 살펴본 바와 같이 한백겸 이래로 전개된 조선 후기 실학자들의 변한-가야 인식은 이익과 안정복을 거치면서 문헌 고증과 폭넓은 관련 사료의 축적이 이루어졌고, 이를 바탕으로 정약용과 한치윤에 이르러 접근 방법과 자료 활용 면에서 근대적 역사 연구의 튼실한 토대를 제공하였다. 실학자들의 학문적 성과는 한말까지 이어졌으며, 일제 강점기에 전개된 일본인 학자들의 관련 연구에도 직 · 간접적으로 영향을 끼쳤다.

III. 근대 이후 관련 연구의 성과

1. 식민사학의 극복과 역사상 복원

근대적 연구 방법의 가야사 연구는 개항 이후 일본인 연구자들에 의해 비롯되었다. 이 시기 가야사 연구는 지명 고증작업에 중점을 두면서 진행되었는데,[53] 그것은 한국에 대한 일본제국주의 침탈과정과 궤를 같이하는 경향이 크다. 일찍이 동경제국대학에 사학과가 설치된 1887년 이래 초창기의 한국사 연구는 에도(江戸) 시대 말기에 등장한 국학자들의 조선에 대한 우월감에서 비롯된 이른바 '정한론'의 전통에 크게 기울어진 모습을 보인다. 특히 19세기 말경 이루어진 한국사 분야 연구는 일본의 한국침략에 관한 역사적 근거를 고대 한 · 일 관계사 방면에서 추구하였다.[54] 그리하여 하야시(林泰輔)를 비롯한 요시다(吉田東伍), 나카(那珂通世) 등의 고대사 연구는 주로 한국사의 타율성 문제를 부각하는 데 힘썼다.[55]

일본은 1910년에 한국 병탄을 계기로 '일선동조론'의 틀을 갖추어 갔다. 곧 한 · 일 양국은 본래 언어나 형질이 같은 뿌리에서 시작되었으며, 일본의 '한국합병'은 바로 '동

53) 문창로, 「한국 고대사 연구의 주요 성과와 과제」 『한국역사학의 성과와 과제』, 일조각, 2007, pp.69~73.

54) 李萬烈, 「19世紀末 日本의 韓國史硏究」 『淸日戰爭과 韓日關係』, 一潮閣, 1985, p.81.

55) 林泰輔, 『朝鮮史』, 吉川半七藏版, 1892; 吉田東伍, 『日韓古史斷』, 富山房書店, 1893; 那珂通世, 「朝鮮樂浪玄免帶方考」 『史學雜誌』 5-4, 1894; 「三韓考」 『史學雜誌』 6-6, 1895; 西村豊, 『朝鮮史綱』, 敬業社, 1895.

조동근同祖同根'의 자손들이 본래대로 다시 합쳐진 것에 불과하다는 주장을 폈다. 이처럼 일본의 '한국합병'을 정당화하려는 데서 본격화된 가야사 연구 경향은 시라토리(白鳥庫吉)를 비롯하여 쓰다(津田左右吉), 이나바(稻葉岩吉), 이마니시(今西龍), 아유가이(鮎貝房之進) 등으로 이어졌다.[56) 이들은 주로 한반도 남부의 임나일본부와 밀접한 관계를 갖는 삼한지역의 지명고증 및 그 범위 설정 문제에 접근했다.

고대 한·일 관계에 중점을 둔 왜와 임나의 관계는 '왜의 임나 지배'라는 관점을 한결같이 견지하였다.[57) 가야사 연구의 주요 논점은 고대의 일본이 가야를 비롯한 한반도 남부지역 일대를 지배했고 그 통치기구로서 '임나부'를 설치했다고 하는 이른바 '임나일본부설'의 합리화로 귀결하였다. 그리하여 고대 일본은 이미 서기 3세기 중엽에 변진구야국弁辰狗邪國인 임나가라任那加羅를 거점으로 삼아 가야를 통제했으며, 『일본서기』 신공황후 49년조의 '가야 7국 평정' 기사로 보아 4세기 중엽에는 경상도 지역 대부분을 차지했다는 것이다. 나아가 일본은 6세기 중엽까지 임나일본부를 통해 가야를 비롯한 백제·신라 등의 한반도 남부를 지배하였다고 주장했다. 따라서 고대로부터 일본이 한국을 지배하였다는 '남선南鮮 경영'의 구체적 대상으로서 가야 지역은 바로 '임나일본부'였다고 하는 등식을 설정하여, 당시 일제의 한국침략을 역사적으로 정당화한 셈이다. 또한 일제의 식민 통치하에서 한국 민족의 존립 자체를 부정했던 동화정책의 논리적인 근거로도 활용되었다.[58)

그런데 쓰에마츠(末松保和)는 『대일본사』(1933)를 집필하는 과정에서 하나의 편목으로 「일한 관계」를 정리하였고, 일제가 패망한 뒤인 1949년에 『임나흥망사任那興亡史』를 출간하였다.[59) 이 연구는 겉으로는 임나 곧 가야 제국의 흥망을 주제로 삼았지만, 실제로는 고대 일본의 가야 지배라는 관점에서 서술했기 때문에, 한국에 대한 식민 통치의

56) 白鳥庫吉, 「漢の朝鮮四郡彊域考」 『東洋學報』 2-1, 1912; 津田左右吉, 「三韓彊域考」 『朝鮮歷史地理』 1, 1913; 稻葉岩吉, 「眞番郡の位置」 『歷史地理』 24-6, 1914; 今西龍, 「眞番郡考」 『史林』 1-1, 1916.

57) 金泰植, 「加耶史 연구의 제문제」 『韓國上古史 -연구현황과 과제』, 民音社, 1989, p.239.

58) 李萬烈, 「日帝官學者들의 植民主義史觀」 『讀書生活』 7月號, 1976; 『韓國近代 歷史學의 理解』, 文學과 知性社, 1981, pp.259~286; 金泰植, 「후기 가야연맹의 성장과 쇠퇴」 『韓國古代史論』, 한길사, 1988, p.90.

59) 末松保和, 『任那興亡史』, 大八洲出版, 1949; 『任那興亡史』(再版), 吉川弘文館, 1956.

이데올로기로 활용했던 '남선경영론'을 완성하고 식민사학의 연구성과를 집대성한 것으로 평가된다.[60] 이처럼 일제 강점기 일본인 연구자들은 '임나일본부설'에 입각하여 고대일본 즉 왜倭가 가야를 어떻게 지배했는가를 밝히는 데에 주력했기 때문에, 그 연구 결과는 가야사의 실상과 동떨어진 것으로 이해된다.

1970년대에 들어 일본학계의 관련 연구가 진전되면서 기존에 임나일본부를 바탕으로 하는 '남선경영설'을 반성하는 분위기가 일기 시작했다.[61] 그리하여 임나일본부의 실체는 한반도 남부 해안지대에 자리한 왜인집단의 거주지역,[62] 왜인 사신 내지는 외교 교섭단체,[63] 교역 기관,[64] 군사적 기관[65] 등으로 규정하여 그 성격을 달리 추정했다. 또한 임나일본부의 존속 기간도 축소해 보기도 하지만, 모든 관점은 '임나일본부'라는 기구의 성격 문제에 집중되어 정작 가야사 자체에 관한 관심[66]은 상대적으로 소홀한 경향을 띤다.

일찍이 일제의 식민사학에 저항하고 그것을 극복하기 위한 노력은 1920년대 들어 본격적으로 이루어졌다. 이 시기 한국 고대사 연구는 민족의식을 고취하면서 다른 한편 항일운동의 정신적인 바탕을 제공하였다. 여기에는 신채호를 비롯한 민족주의 역사학 계열에서 이룬 일련의 연구성과가 주목된다.[67] 신채호는 조선 후기 실학자의 연구성과는 물론 박은식의 연구를 계승하여,[68] 식민주의 역사학이 지어낸 '일선동조론', '한사군의 한반도 내재설', '임나일본부설' 등에 대해 통렬하게 논박했다. 실제로 그는

---

60) 김현구, 「임나일본부의 실체」 『韓國古代史論』, 한길사, 1988, pp.126~127.

61) 金泰植, 앞의 책, 1993, p.4.

62) 井上秀雄, 『任那日本府と倭』, 東出版, 1973.

63) 鈴木靖民, 「いわゆる任那日本府および倭問題」 『歷史學研究』 405, 1974; 鬼頭淸明, 「加羅諸國の史的發展について」 『古代朝鮮と日本』, 龍溪書舍, 1974; 奧田尙, 「任那日本府と新羅の倭典」 『古代國家の形成と展開』, 吉川弘文館, 1976.

64) 吉田晶, 「古代國家の形成」 『日本歷史』(古代2), 岩波書店, 1975.

65) 大山誠一, 「所謂任那日本府の成立について」 『古代文化』 32, 古代學協會, 1980.

66) 田中俊明, 「于勒十二曲と大加耶連盟」 『東洋史研究』 48-4, 1990; 『大加耶の連盟興亡と任那』, 吉川弘文館, 1992.

67) 金容燮, 「우리나라 近代 歷史學의 成立」 『韓國의 歷史認識』(下), 창작과 비평사, 1976, p.439.

68) 박은식은 중국에서 간행된 『한국통사』 등에서 星州의 星山加耶國을 언급하고, 김해는 김수로왕이 도읍한 곳임을 밝혔다(이영식, 앞의 논문, 2006, p.200).

백제사의 전개 과정에서 근구수왕近仇首王(375~384) 대의 요서遼西 경략, 동성왕東城王 (479~501) 대의 위군魏軍 격퇴, 그리고 고대 일본의 백제 속국화 등을 논거로 하는 '해외경략설'을 주장하여 임나일본부설에 맞서는 이른바 '반식민사학론'을 전개하였다.[69]

신채호는 한국 고대사에서 '삼국시대'를 대신하여 고구려 · 백제 · 신라의 삼국과 '동부여', '가라6국'을 포함하는 이른바 '열국쟁웅시대列國爭雄時代'를 설정하고 가야사의 존재를 부각했다. 이와 함께 삼한의 성립과정을 연나라 장수 진개의 요하 방면 침입으로 인한 '조선족의 이동'이라는 관점에서 추구하였다. 곧 그는 단군으로부터 준왕의 남하 이전까지 존재했던 북방의 '전삼한前三韓' 단계, 이후 한반도로 이동하여 준왕의 남하로 익산 방면에 세웠던 마한莫韓과 함께 진眞 · 번番의 이주민이 각각 세웠던 진한(眞) · 변한(番)의 '중삼한中三韓' 단계, 그리고 대규모 이동을 모두 마친 뒤에 삼한이 각각 백제 · 신라 · 가야로 발전했던 '후삼한後三韓' 단계로 구분하여 살폈다.[70] 따라서 삼한의 종족은 조선족(고조선) 계열과 직접 연결되며, 마한→백제, 진한→신라, 변한→가야로 발전한다는 견해를 제시했다. 특히 위만조선의 멸망을 계기로 변한의 가락국 등 여러 소국이 성립했다는 견해는 현재 학계의 통설과 맥이 닿는다. 신채호의 '삼한 이동설'은 일제강점기 우리 역사의 시 · 공간 확장을 통한 민족적 자긍심 고취와 식민사학의 극복을 위해 노력했다는 점에서 의미를 지닌다. 또 당시까지 지리 고증 차원의 연구에 치중한 경향에서 벗어나 이동설에 입각한 가야의 성립과정, 나아가 위만 이전의 고조선으로 소급되는 가야의 종족 문제 해명에까지 연구범위의 폭을 넓혔다는 점에서도 의미를 부여할 수 있다.

신채호의 역사의식은 '유교적 중세사학'의 한계를 극복하고 근대적 역사학을 성립시키는 계기를 마련한 것으로 평가되는데,[71] 그의 뒤를 잇는 정인보, 안재홍 등 민족주의 계열 역사가에게 직 · 간접적인 영향을 끼쳤다. 정인보의 삼한 인식은 신채호가 제시한 '삼한 이동설'에 바탕을 두고 진한 중심의 전삼한 단계와 마한 중심의 후삼한 단

---

69) 姜萬吉,「日帝時代의 反植民史學論」『韓國史學史의 研究』, 乙酉文化社, 1985, pp.241~243.

70) 申采浩,「前後三韓考」『朝鮮史研究草』, 1929; 독립기념관 독립운동사연구소 편, 『단재 신채호전집』 제2권, 2007, pp.370~393.

71) 李萬烈,『丹齋 申采浩의 歷史學 研究』, 文學과 知性社, 1980, pp.48~55.

계로 요약되는 이른바 '전·후 삼한설'을 주장하였다.[72] 또 그는 마한을 경기·충청·전라도 지역에, 변한과 진한은 경상도 지역으로 비정했으며, 마한(백제국)에서 백제로, 진한(사로국)에서 신라로, 변한(구야국)에서 가야로 각각 이어지는 계승 관계를 설정했다. 이와 함께 가야라는 이름은 '가운데 내'를 뜻하는 '갑우내'의 준말로 풀어서 가야 제국이 낙동강에 접했기 때문에 그 명칭이 생긴 것으로 보았다. 이밖에 『삼국사기』 신라본기에 수록된 가야 관련 사료를 바탕으로 가야와 신라의 전쟁 및 외교관계를 정리했다. 그리고 안재홍은 "삼한에 관하여 역대의 사가史家가 많이 이를 설說한 바 있으니 … 오인吾人은 우선 단재丹齋의 전삼한·후삼한의 말·신·불 설을 그 원형에서 수긍 및 승인할 바이다"라고 하여 신채호의 삼한 인식을 전적으로 수용했음을 확인할 수 있다.[73]

한편 사회경제사학적 입장에서 한국사의 보편성을 추구한 백남운 역시 한국사 전개과정의 체계화를 시도하면서 식민사학의 극복을 위해 노력했다. 곧 그는 "조선 민족의 발전사는 그 과정이 아무리 아시아적이라고 해도 사회구성의 내면적 발전법칙 그것은 전적으로 세계사적인 것으로서"라는 세계사적 발전법칙이 구현된 한국 고대사의 보편성을 상정했다.[74] 그리하여 그는 유물사관에 입각하여 가야의 전신前身인 변한을 원시부족국가 및 부족동맹의 형태로 파악했다. 이와 관련하여 신민족주의를 내세운 손진태 역시 세계사적 발전론을 바탕으로 전기 가야에 해당하는 변한은 3세기 말까지 '소부족국가' 단계에 머물렀으며, 이후 부족연맹 단계로 진전했을 것으로 상정했다.[75]

광복 이후 본격적인 가야사 연구는 이병도에서 비롯되었다.[76] 그는 가야의 건국 신화에 주목하여 김해와 고령을 중심으로 두 가지 전승 사실을 통해서 가야역사의 전개과정을 전기와 후기로 나누어서 살펴보았다. 서기전 2세기 이전 낙동강 유역의 김해지

---

72) 鄭寅普, 『朝鮮史研究』(上), 1947; 『舊園 鄭寅普全集』 3, 연세대학교 출판부, 1983, pp.68~73.

73) 安在鴻, 『朝鮮上古史鑑』(上), 民友社, 1947.

74) 白南雲, 『朝鮮社會經濟史』, 改造社, 1933.

75) 孫晉泰, 『朝鮮民族史槪論』, 乙酉文化社, 1948.

76) 이하 관련 연구 동향의 논지 전개는 다음 논고를 참고하여 보완 정리했다(이영식, 앞의 논문, 2006, pp.202~206; 남재우, 앞의 논문, 2011; 앞의 논문, 2017, pp.36~56; 문창로, 앞의 논문, 2012, pp.4~26).

역에 부족국가로서 가락국이 성립하였고, 가락국과 주변의 소국들은 당시 마한의 맹주였던 진왕의 세력권에 속했던 것으로 상정했다. 기원후 어느 시기에 변진 소국 중에 일부가 진왕의 세력권에서 벗어나면서 2세기 말에는 고령 대가야를 중심으로 전기 6가야 연맹체를 형성했다고 본다. 이후 3세기 전반경에 김해 본가야를 맹주로 하는 후기 6가야 연맹체가 결성된 것으로 파악했다.[77] 그의 연구는 관련 사료를 망라하여 가야사 전개의 큰 틀을 제시한 점에서 사학사적으로 의미가 있다.

그 뒤 정중환은 가야사 관련 문헌 자료를 광범위하게 수집·정리하여 『가라사초加羅史草』를 펴냈는데, 이후 관련 연구에 친절한 길잡이 역할을 했다.[78] 또 그는 '염사착廉斯鑡 설화'와 '가락국기'의 검토를 통해서 변진과 금관가야의 역사상에 접근하고, 가락국과 대가야의 역사를 중심으로 가야사의 전개 과정을 정리하여 가야사 대강을 조망했다.

김철준은 우리나라 고대국가 발달사를 살펴보는 과정에서 가야사의 전개 과정을 정리했다.[79] 곧 변한지역은 기원을 전후한 시기부터 유입된 북방 유이민의 철기문화가 확산하여, 3세기경에는 부족국가들이 형성되었다고 본다. 김해의 가락국은 3세기 중엽에 유이민 계통의 수로족首露族과 허왕후족許王后族이 결합하여 세워진 것으로 파악했다. 이후 낙동강 하류에서 성장한 금관가야와 중류의 대가야가 서로 대등하게 결속하여 '상·하 가야연맹'을 성립했지만, 이들은 아직 고대국가에는 도달하지 못했다고 보았다.

이병도의 연구 이래로 삼한의 위치 문제는 한강 이남 지역에 한정하여 접근하려는 연구 경향이 대세를 이루었다. 그러다가 천관우는 신채호의 삼한 이동설을 계승하여 가야사의 복원을 새롭게 시도했다. 그는 본래 요동 일대에 분포했던 변한이 남하하여 낙동강 서쪽 지역 및 경상도 남해안 방면에 정착한 것으로 보았다. 그리하여 김해의 구야국을 중심으로 하는 '조기早期 가야'가 성립되었고, 4세기경 백제에 편입되었다가 그

---

77) 李丙燾, 『韓國史』(古代篇), 震檀學會, 1959, pp.376~389; 「加羅史上의 諸問題」 『韓國古代史研究』, 朴英社, 1976, pp.303~350.

78) 丁仲煥, 『加羅史草』, 釜山大學校 韓日文化研究所, 1962; 「廉斯鑡說話考」 『大丘史學』 7·8合, 1973; 「駕洛國記의 文獻學的 考察」 『伽倻文化』 3, 伽倻文化研究院, 1990; 『加羅史研究』, 혜안, 2000, pp.14~250.

79) 金哲埈, 「韓國古代國家發達史」 『韓國文化史大系』 Ⅰ(民族·國家史), 高麗大學校民族文化研究所, 1964, pp.484~487; 「부족연맹 세력의 대두」 『韓國史』 2, 國史編纂委員會, 1977, pp.138~140.

뒤 백제와 신라 사이에서 각축을 벌이다 소멸하였다고 본다.[80] 특히 그는 가야사의 복원을 위해 『일본서기』에 자주 나오는 '임나' 관계 사료의 비판적 활용이 가능하다는 견해를 가졌다. 곧 『일본서기』를 근거로 하는 약 200년간 '왜의 임나(가야) 지배'의 실상은 '백제의 가야(임나) 지배'라는 관점에서 살폈다. 그 결과 '임나일본부'의 실체는 가야 방면에 파견되었던 백제군 총사령부와 같은 존재라고 파악했다. 광복 이후 금기시되었던 『일본서기』 기사에 대한 접근은 그의 연구를 계기로 가야사 연구에서 보충 자료로 활용할 수 있는 전환점이 되었다.[81]

1970년대 들어 김정학은 영남지역에서 출토된 고고학 자료를 활용하여 가야사의 전개 과정을 복원했다.[82] 그는 가야사를 '선先가야 시대(서기전 2세기~기원 전후)', '가야시대 전기(1~3세기)', '가야시대 후기(4~6세기)'로 각각 구분하여 설정했다. 이에 짝하여 가야의 사회발전단계는 각각 읍락국가(선가야시대)→읍락국가연맹(가야시대 전기)→가야연맹(가야시대 후기)로 상정했으며, 가야는 고대왕국 형성 이전단계에서 신라에 편입되었다고 본다.

한편 광복 이후 이루어진 북한학계의 변한과 가야에 관한 연구성과는 『조선전사』 제4권(1979)을 통해서 개관할 수 있다.[83] 북한학계는 『후한서』 한전을 바탕으로 고대

---

80) 千寛宇, 「復元加耶史」(上)·(中)·(下) 『문학과 지성』 28·29·30, 1977~1978; 『加耶史研究』, 一潮閣, 1991, pp.3~54.

81) 金鉉球, 「'任那日本府'연구의 현황과 문제점」 『韓國史市民講座』 11, 一潮閣, 1992, pp.1~16; 金泰植, 「任那日本府問題의 研究史的 檢討」 『加耶聯盟史』, 一潮閣, 1993, pp.321~355; 金鉉球 외, 『日本書紀 韓國關係記事 研究』(I~III), 一志社, 2002~2004.

82) 김정학은 가야사의 전개 과정을 김해 회현리 유적 등을 근거로 '先가야시대'와 진해 웅천 유적 등 남해안에서 확인되는 철기 및 도작 문화의 시작을 근거로 하는 '가야시대 전기', 그리고 창녕·고령 등지에 출현하는 고총 고분을 근거로 '가야시대 후기(4~6세기)'로 나누었다(金廷鶴, 「古代國家의 發達(伽倻)」 『韓國考古學報』 12, 1982; 「伽耶史의 研究」 『史學研究』 37, 1983; 「加耶의 國家形成段階」 『精神文化研究』 32, 1987, pp.123~139).

83) 사회과학원 력사연구소, 『조선전사』 4(중세편), 1979, pp.307~327. 북한은 1991년에 개정 출간한 사회과학원 력사연구소, 『백제·전기 신라 및 가야사』(조선전사 개정판), pp.331~407에서는 남한학계의 연구 성과를 반영하고 서술내용을 대폭 보강했다. 주요 목차는 다음과 같다(가야사; 제1장 가야국의 성립과 봉건통치제도 / 제2장 가야의 영역 / 제3장 생산의 발전, 봉건적 착취의 강화 / 제4장 가야의 백제, 신라, 고구려와의 관계 / 제5장 6가야의 형편, 가야국의 종말 / 제6장 가야사람들의 일본열도 진출과 소국형성 / 제7장 가야의 문화).

노예제 국가였던 '진국'이 '삼한'과 서로 같은 맥락에서 접근할 수 있는 존재로 본다. 진국의 역사적 실체는 고대 노예소유자적 경영방식을 지배 형태로 한 고대국가로서 존재했으며, 진국을 구성한 삼한은 모두 같은 종족이며, 그 가운데 변한의 실체를 마한, 진한과는 단지 지역적 구분에 지나지 않는 것으로 이해했다.[84] 특히 기원 초 낙동강 하류의 변한지역에는 가야를 중심으로 하는 봉건세력이 대두했다고 보았다. 곧 가야는 노예제 국가인 진국 내의 변한지역에서 성장하여 세워진 봉건제 국가로서, 노예들의 반노예적 투쟁으로 발생했던 봉건적 사회관계를 토대로 한다는 것이다.[85]

그리고 북한학계에서는 임나일본부설의 극복을 위해 이른바 김석형의 '분국설'로 상징되는 고대 한·일 관계사의 연구에도 노력을 기울였다. 그 결과 임나일본부의 실체를 선사시대 이래 일본열도에 진출했던 변한과 가야계통의 주민들이 히로시마와 오카야마 일대에 세웠던 가야계의 분국(임나국)에서 찾았다.[86] 곧 5세기 중반 야마토 왕조가 서부 일본을 통합할 때 가야계 분국인 임나국에 설치했던 통치기관이 바로 '임나일본부'였으므로, 임나일본부의 존재는 일제 식민사학에서 주장했던 고대 일본의 가야지역 진출과는 무관한 사실로 보았다.

2. 연구의 확장과 새로운 접근

가야사 연구는 문헌 위주의 연구 경향에서 점차 고고학 자료를 적극적으로 활용하는 방향으로 전환되어갔다. 그동안 축적된 영남지역 일대의 가야 유적·유구에 대한 고고학적 발굴성과에 힘입어, 묘제와 토기 등의 분석을 통한 가야의 사회구조와 문화권, 세력권 설정 등의 연구를 추구하였다.[87] 그리하여 가야사 연구는 문헌자료와 함께

---

84) 文昌魯, 「北韓의 古代史 認識과 연구경향」『韓國學論叢』29, 2006, pp.209~210.

85) 사회과학원 력사연구소, 앞의 책, 1979, pp.307~310.

86) 金泰植, 「北韓의 古代韓日關係史 研究動向」『北韓의 古代史研究』, 一潮閣, 1991, pp.104~105.

87) 李殷昌, 「伽耶墓制의 研究」『研究論文集』22, 大邱가톨릭大學校, 1980; 金世基, 「竪穴式 墓制의 研究 -가야 지역을 중심으로」『韓國考古學報』17·18, 1983; 金鍾徹, 「北部地域 加耶文化의 考古學的 考察」『韓國古代史研究』1, 1988; 安春培, 「伽耶土器와 그 領域의 연구」, 東亞大學校 博士學位論文, 1993; 金元龍, 「考古學에서 본 伽耶」『가야문화』5, 1992;

고고학 자료를 함께 활용하는 분위기가 대세를 이루었다. 특히 1980년대 이후 '변한과 가야' 관련 연구는 문헌 자료의 한계를 고고학 자료로 보완하면서 다양한 주제와 새로운 접근을 모색했다.[88] 가야사 전반을 다룬 다수의 저서와 박사학위논문이 나올 정도로 활기를 띠었고,[89] 그 결과 가야사 전개 과정의 전체적인 맥락을 짚을 수 있게 되었다.

일찍이 변한을 비롯한 삼한 사회의 형성과정을 논하면서 청동기문화 단계 이래 진행된 읍락의 분화와 소국의 형성에 초점을 맞추어 변한지역의 사회상을 조명했다.[90] 곧 가야 지역에는 서기전 1세기 후반 변진 소국 가운데 구야국이 형성되었고, 서기 2세기 무렵에는 이 지역에 산재한 여러 소국이 개별적인 정치체로서 대내외적인 활동을 했으며, 그 뒤 4~5세기까지도 소국 간에는 통합을 제대로 이루지 못하고 가야 세력이 소멸할 때까지 소국 단위로 병존한 것으로 상정했다.

그런가 하면 문헌 자료와 고고학 발굴성과를 적극적으로 활용하여 가야 연맹체의 추이를 중심으로 가야사 전개 과정을 본격적으로 탐색했다.[91] 곧 가야는 기원을 전후

崔秉鉉, 「新羅와 加耶의 墓制」 『韓國古代史論叢』 3, 1992; 崔鐘圭, 『三韓考古學硏究』, 書景文化社, 1995; 李熙俊, 「토기로 본 大伽耶의 圈域과 그 변천」 『加耶史硏究』, 慶尙北道, 1995; 이성주, 「新羅·伽倻社會의 政治·經濟的 起源과 成長」, 서울大學校 博士學位論文, 1998.

88) 李基東, 「加耶諸國의 興亡」 『韓國史講座』 1(古代篇), 一潮閣, 1982.

89) 李賢惠, 『三韓社會形成過程研究』, 一潮閣, 1984; 尹錫曉, 『伽倻史』, 民族文化社, 1990; 千寬宇, 『加耶史硏究』, 一潮閣, 1991; 田中俊明, 『大加耶の連盟興亡と任那』, 吉川弘文館, 1992; 金泰植, 『加耶聯盟史』, 一潮閣, 1993; 李永植, 『加耶諸國と任那日本府』, 吉川弘文館, 1993; 白承忠, 「加耶의 地域聯盟史 硏究」, 釜山大學校 博士學位論文, 1995; 이희진, 『加耶政治史研究』, 學研文化社, 1998; 權珠賢, 「加耶文化史 硏究」, 啓明大學校 博士學位論文, 1998; 『가야인의 삶과 문화』, 혜안, 2004; 南在祐, 「安羅國의 成長과 對外關係 研究」, 成均館大學校 博士學位論文, 1998; 『安羅國史』, 혜안, 2003; 白承玉, 「加耶 各國의 成長과 發展에 관한 研究」, 釜山大學校 博士學位論文, 2001; 『加耶各國史研究』, 혜안, 2003; 李炯基, 『大加耶의 形成과 發展 研究』, 景仁文化社, 2009.

90) 李賢惠, 앞의 책, 1984.

91) 金泰植, 「5世紀 後半 大加耶의 發展에 대한 研究」 『韓國史論』 13, 서울大學校 國史學科, 1985; 「6世紀 前半 加耶南部諸國의 消滅過程 考察」 『韓國古代史研究』 1, 1988; 「加耶의 社會發展段階」 『한국 고대국가의 형성』, 民音社, 1990; 「가야사 연구의 시간적·공간적 범위」 『韓國古代史論叢』 2, 駕洛國史蹟開發研究院, 1991; 앞의 책, 一潮閣, 1993; 「咸安 安羅國의 成長과 變遷」 『韓國史研究』 86, 1994; 「大加耶의 世系와 道設智」 『震檀學報』 81,

한 때부터 서기 3세기까지 김해 금관가야를 중심으로 가야 소국들이 결속한 '전기 가야연맹'을 형성했으며, 그 뒤에 연맹체가 이완되면서 소국 분립 상태로 있다가 5세기 후반 고령 대가야를 중심으로 '후기 가야연맹'을 결성했다고 본다. 그리하여 가야사의 전개 과정은 크게 보아 기원 전후 소국의 성립→서기 4세기 말까지 금관가야 중심의 '전기 가야연맹'→5세기 소국의 분립→5세기 말~멸망 때까지 대가야 중심의 '후기 가야연맹'으로 설정했다.[92] 이 연구를 통해 가야사가 한국 고대사에서 차지하는 본래의 위상을 되찾을 수 있는 밑돌 역할을 한 것으로 평가된다.

다른 한편 가야 전시기에 걸친 단일연맹체의 존재와 '연맹'의 개념에 대한 의문을 제기하고, 그에 대한 재검토가 이루어졌다. 먼저 『삼국사기』 신라본기에 수록된 신라와 가야의 전쟁 기사에 주목하여 기존의 '가야 연맹설'에 비판적인 견해를 제기하였다.[93] 곧 신진화 인류학 모델을 적용하여 문헌 기록에 전하는 가야의 대외전쟁 규모와 양상 등을 고려할 때, 가야는 서기 4세기 말 이전에는 군장사회(Chiefdom) 단계로, 이후 대가야와 아라가야는 1만 명이 넘는 인원을 전쟁에 동원한 것으로 보아서 도시국가(State) 단계에 도달했을 것이라고 상정했다. 특히 변한과 관련된 '전기 가야연맹'은 문헌과 고고학 자료 모두 증거가 부족하므로 그것의 실재를 회의적으로 보았다. 그런가 하면 가야 전체를 포괄하는 기왕의 단일연맹체설과는 입장이 서로 다른 견해를 제기했다.[94] 이에 전기 가야는 김해지역을 중심으로, 후기 가야는 고령과 함안 등을 중심으

1996; 「駕洛國記 所載 許皇后 說話의 性格」『韓國史研究』 102, 1998; 『미완의 문명 7백년 가야사』 1~3권, 푸른역사, 2002.

92) 김태식, 앞의 논문, 1990, pp.41~51. 그 뒤 가야의 정치적 전개 과정을 세분화하여, 전기가야시대[①가야문화 기반 형성기(B.C.1~A.D.1세기) ②가야제국 성립기(A.D.2세기) ③전기가야연맹 전성기(3~4세기)], 후기가야시대[①가야제국 복구시기(5세기 전반) ②후기가야연맹 중흥기(5세기 후반~520년대) ③가야연맹 소멸기(530년대~562년)]로 파악했다(金泰植, 앞의 책, 1993, pp.310~320).

93) 李永植, 「伽倻諸國의 國家形成問題 -'伽倻聯盟說'의 再檢討와 戰爭記事分析을 中心으로-」『白山學報』 32, 1985; 「九干社會와 駕洛國의 成立」『伽倻文化』 7, 伽倻文化研究院, 1994; 「大加耶의 領域과 國際關係」『伽倻文化』 10, 伽倻文化研究院, 1997.

94) 白承忠, 「1~3세기 가야세력의 성격과 그 추이」『釜大史學』 13, 1989; 앞의 논문, 1995; 「가야의 개국설화에 대한 검토」『역사와 현실』 33, 1999; 「가야의 정치구조 -'부체제' 논의와 관련하여」『韓國古代史研究』 17, 2000; 「가야 건국신화의 재조명」『한국고대사 속의 가야』,

로, 보다 제한된 시기의 소지역별 연맹으로서 '지역연맹체'라는 개념을 상정하여 가야의 역사상에 접근했다.

한편 가야 전시기에 걸쳐 존재했던 연맹체의 실제를 비판적으로 보는 관점에서, 가야를 구성하는 개별 소국에 대한 구체적인 역사상 복원을 위해 노력했다.[95] 곧 가라국과 안라국은 물론 고성의 고자국古自國과 창녕의 비사벌국比斯伐國 등에 관한 이해를 심화시켰다. 종래 김해의 '금관국사'와 고령의 '가라국사'에 편중된 연구 경향에서 벗어나 안라국사安羅國史의 복원에 초점을 맞춘 연구도 이루어졌다.[96] 곧 함안지역에는 서기전 1세기 말경 형성된 전기 가야의 '변진안야국弁辰安邪國'이 대국으로 성장했으며, 그 뒤 후기 가야의 '안라국'은 5세기경부터 본격적으로 발전하여 6세기대에는 대외교섭을 주도하는 정치체였음을 부각했다. 이밖에 그동안 정치 및 대외관계에 편중되었던 연구 경향에서 벗어나 가야 문화사에 주목하기도 했다. 이를 통해 가야인의 생활문화와 관련된 의복 · 음식 · 주거 문화 등을 비롯하여 혼인 및 장송 의례, 신앙과 습속, 그리고 미의식과 음악 등 가야 사회의 제반 문화상을 살펴보았다.[97]

가야사와 관련된 새로운 물질 자료가 더해지면서 연구 주제와 내용은 더욱 세분화하고 심화하였다.[98] 실제로 금관가야(가락국)의 성립과 9간 사회를 비롯하여 시조 전승과 성씨 문제, 동아시아와 가야의 관계 및 대외교역,[99] 대가야의 성립과 정치 · 사회

혜안, 2001.

95) 白承玉, 「新羅 · 百濟 각축기의 比斯伐加耶」『釜大史學』15 · 16合, 1992; 「比斯伐加耶의 形成과 國家的 性格」『韓國文化研究』7, 1995; 「固城 古資國의 성장과 변천」『韓國古代史研究』11, 1997; 「加羅 擬制縣의 존재와 그 정치적 성격」『伽倻文化』12, 伽倻文化研究院, 1999; 앞의 논문, 2001; 「전기 가야소국의 성립과 발전」『한국고대사 속의 가야』, 혜안, 2001; 앞의 책, 혜안, 2003; 「加耶諸國의 존재형태와 '加耶地域國家論'」『지역과 역사』34, 2014.

96) 南在祐, 앞의 논문, 1998; 앞의 책, 혜안, 2003.

97) 權珠賢, 앞의 논문, 1998; 앞의 책, 혜안, 2004.

98) 金泰植, 「加耶史研究의 現況」『韓國史市民講座』11, 一潮閣, 1992, pp.125~129; 盧重國, 「가야사 연구의 어제와 오늘」『한국 고대사 속의 가야』, 혜안, 2001, pp.10~11; 南在祐, 「식민사관에 의한 가야사연구와 그 극복」『韓國古代史研究』61, 2011, pp.180~183.

99) 金泰植, 앞의 책, 1993; 李永植, 「九干社會와 駕洛國의 成立」『伽倻文化』7, 伽倻文化研究院, 1994; 「文獻으로 본 駕洛國史」『가야각국사의 재구성』, 혜안, 2001; 백승충, 앞의 논문, 1995; 신경철, 「금관가야의 성립과 전개」『김해의 고분문화』, 1995; 李鎔賢, 「加耶의 姓氏와

구조, 강역의 범위와 변천[100] 등에 접근하였다. 또 가야 제국의 역사를 재구성하려는 연구가 이어지면서,[101] 아라가야[102]는 물론 비화가야 · 소가야 · 성산가야 · 다라국 · 변진 주조마국 등[103] 이른바 '가야 각국'의 성립 배경과 발전과정, 왕권과 국가적 성격 문제 등에 접근하여 역사상 복원을 위해 노력했다. 이와 함께 가야의 토착 신앙 및 불교, 순장 등의 해명을 통해 가야인의 정신세계를 살펴보기도 했으며,[104] 우륵과 가야

'金官'國」『史叢』48, 1998; 홍보식, 「考古學으로 본 金官伽耶」『考古學을 통해 본 伽耶』, 한국고고학회, 2000; 李文基, 「金官伽耶系의 始祖出自傳承과 稱姓의 변화」『신라문화제학술대회논문집』25, 2004; 이재현, 「금관가야의 성장과 대외교역 -교역로 변화를 중심으로」『加耶의 海上勢力』, 김해시, 2005; 白承玉, 「韓과 加耶의 譯人」『歷史敎育論集』42, 2009.

100) 李明植, 「大伽耶의 歷史 · 地理的 環境과 境域」, 1995; 金貞淑, 「大伽耶의 성립과 발전」, 1995; 盧重國, 「大伽耶의 政治 · 社會構造」, 1995; 李文基, 「大伽耶의 對外關係」, 1995; 李熙濬, 「토기로 본 大伽耶의 圈域과 그 변천」, 1995(이상『加耶史硏究』, 慶尙北道); 박천수, 「大加耶圈 墳墓의 編年」『韓國考古學報』39, 1998; 李炯基, 「大伽耶의 聯盟構造에 관한 試論」『韓國古代史硏究』18, 2009; 앞의 책, 경인문화사, 2009.

101) 부산대학교 한국문화연구소 편, 『가야 각국사의 재구성』, 혜안, 2000.

102) 金泰植, 「咸安 安羅國의 成長과 變遷」『韓國史硏究』86, 1994; 權珠賢, 「阿羅加耶의 成立과 發展」『啓明史學』4, 1994; 「安邪國에 대하여」『大丘史學』50, 1995; 李永植, 「6세기 安羅國史 硏究」『國史館論叢』62, 1995; 김형곤, 「阿羅加耶의 형성과정 연구」『加羅文化』12, 1995; 尹錫曉, 「阿羅加耶에 관한 硏究」『漢城史學』8, 1996; 南在祐, 「安羅國의 成長과 對外關係 硏究」, 成均館大學校 博士學位論文, 1998; 『安羅國史』, 혜안, 2003; 李炯基, 「阿羅伽耶聯盟體의 成立과 그 推移」『史學硏究』57, 1999; 李盛周, 「考古學을 통해 본 阿羅伽耶」『考古學을 통해 본 伽耶』, 韓國考古學會, 2000.

103) 白承玉, 「比斯伐加耶의 形成과 國家的 性格」『韓國文化硏究』7, 1995; 「固城 古資國의 성장과 변천」『韓國古代史硏究』11, 1997; 『加耶各國史硏究』, 혜안, 2003; 조영제, 「다라국의 경제적 기반」『加耶諸國의 鐵』, 신서원, 1995; 李炯基, 「小伽耶聯盟體의 成立과 그 推移」『民族文化論叢』17, 1997; 「星山加耶聯盟體의 成立과 그 推移」『民族文化論叢』18 · 19合, 1998; 인제대학교 가야문화연구소, 『加耶諸國의 王權』, 신서원, 1997; 權珠賢, 「古自國의 역사적 전개와 그 문화」『가야 각국사의 재구성』, 혜안, 2000; 안홍좌, 「弁辰走漕馬國의 형성과 변천」『지역과 역사』38, 2016.

104) 金煐泰, 「駕洛佛敎의 傳來와 그 展開」『佛敎學報』27, 1991; 洪潤植, 「伽倻佛敎에 대한 諸問題와 그 史的 意義」『伽倻考古學論叢』, 1992; 전호태, 「伽倻古墳壁畵에 관한 일고찰」『韓國古代史論叢』4, 1992; 金福順, 「大加耶의 佛敎」『加耶史硏究』, 경상북도, 1995; 李永植, 「가야불교의 전래와 문제점」『伽倻文化』11, 1998; 「가야인의 정신세계」『한국 고대사 속의 가야』, 혜안, 2001; 崔光植, 「大伽耶의 信仰과 祭儀」『加耶史硏究』, 경상북도, 1995; 權五榮, 「古代 嶺南地方의 殉葬」『韓國古代史論叢』4, 1992; 金世基, 「加耶의 殉葬

금을 통한 가야문화와 정치사회상을 고찰했다.[105]

　나아가 삼한의 대외교역체계를 비롯하여 가야의 대외관계가 변화하는 구체적 양상을 살펴보거나, 낙동강 하구의 지정학적인 위치에 주목하여 교역의 주체와 재분배 문제 등 가야의 해상권 및 교역체계 등을 밝히려는 일련의 연구가 이어졌다.[106] 또한 변한 및 가야 제국을 둘러싼 고대 동아시아 세계의 국제정세와 연동하여 가야의 대외교섭 문제를 구명하려는 연구도 진행되었다.[107]

　가야사 연구가 진전되면서 일반대중을 위한 개설서 성격을 띤 연구서가 연이어 출

過 王權』『加耶諸國의 王權』, 신서원, 1997; 노중국 외, 『대가야의 정신세계』(대가야학술총서7), 계명대학교 한국학연구원 · 고령군 대가야박물관, 2009.

105) 田中俊明, 「于勒十二曲と大加耶連盟」『東洋史研究』 48-4, 1990; 白承忠, 「駕洛國과 于勒 12曲」『釜大史學』 19, 1995; 권주현, 「于勒을 통해 본 大加耶의 文化」『韓國古代史研究』 18, 2000; 노중국 외, 『악성 우륵의 생애와 대가야의 문화』(대가야학술총서 3), 계명대학교 한국학연구원 · 고령군 대가야박물관, 2006; 김태식 편, 『악사 우륵과 의령지역의 가야사』, 홍익대학교 인문과학연구소 · 우륵문화발전연구회, 2009.

106) 李賢惠, 「4세기 加耶지역의 交易體系의 변천」『韓國古代史研究』 1, 1988; 「三韓의 對外交易體系」『李基白先生古稀紀念韓國史學論叢』, 一潮閣, 1994; 『韓國 古代의 생산과 교역』, 一潮閣, 1998; 「加耶의 交易과 經濟」『한국 고대사 속의 가야』, 혜안, 2001; 金廷鶴, 「加耶와 日本」『古代韓日文化交流研究』, 한국정신문화연구원, 1990; 申敬澈, 「金官加耶의 成立과 對外關係」『가야와 동아시아』, 김해시, 1992; 金鉉球, 「4세기 加耶와 百濟 · 야마토 倭와의 關係」『韓國古代史論叢』 6, 1994; 李文基, 「大伽耶의 外交關係」『加耶史研究』, 慶尙北道, 1995; 尹龍九, 「三韓의 朝貢貿易에 대한 一考察」『歷史學報』 162, 1999; 白承忠, 「文獻에서 본 加耶 · 三國과 倭」『韓國民族文化』 12, 2000; 김창석, 「고대 교역장의 중립성과 연맹의 성립 -3~4세기 加耶聯盟體를 중심으로-」『歷史學報』 216, 2012; 백진재, 「加耶諸國의 對外交涉과 浦上八國戰爭」『지역과 역사』 37, 2015.

107) 李永植, 「加耶의 國際關係」『가야사의 새로운 이해』, 慶尙北道 高靈郡, 1996; 李成市, 「加耶의 國際環境과 外交」『가야의 대외교섭』(김해시 제5회 가야사학술회의), 金海市, 1999; 李鎔賢, 『加耶と東アジア諸國』, 國學院大學 博士學位論文, 1999; 「加羅(大加耶)를 둘러싼 國際的 環境과 그 對外交涉」『韓國古代史研究』 18, 2000; 「가야의 대외관계」『한국 고대사 속의 가야』, 혜안, 2001; 연민수, 「加耶諸國과 東아시아」『한국 고대사 속의 가야』, 혜안, 2001; 金泰植, 「韓國 古代諸國의 對外交易 -가야를 중심으로-」『震檀學報』 101, 2006; 양기석 외, 『5~6세기 동아시아의 국제정세와 대가야』(대가야학술총서 5), 계명대학교 한국학연구원 · 고령군 대가야박물관, 2007; 선석열, 「3세기 구야국의 대군현 교섭과 진왕」, 2015; 연민수, 「변진시대 가락국의 성장과 외교」, 2015; 張學鋒, 「狗邪에서 加羅로」, 2015 (이상 『구야국과 고대 동아시아』, 주류성).

간되었고,[108] 이를 통해 가야사 연구 성과를 일반시민과 가깝게 공유할 수 있는 자리가 마련되었다는 점에서 평가할 만하다. 나아가 가야사 분야에서 축적된 연구 성과는 이웃한 백제와 신라의 대외관계사에 대한 이해를 심화시키는 데에 보탬이 되었다는 점에서도 의미를 지닌다.

IV. 주요 쟁점과 과제

'변한과 가야' 관련 연구의 성과와 과제는 주요 쟁점별로 앞선 연구가 있어서 본고를 정리하는 데 도움이 된다.[109] 변한과 가야 관련 연구의 주요 쟁점으로 무엇보다 가야사의 시기 구분 문제를 꼽을 수 있다. 그동안 변한의 소멸 시기에 주목하여 서기 3세기 말~4세기 초를 가야사 전개의 변곡점으로 설정하거나,[110] 혹은 가야 중심 세력이 변화하는 서기 4세기 말~5세기 초[111]를 시기 구분의 기준으로 삼기도 했다. 사실 가야사의 시기 구분 문제는 변한과 가야 관계에 대한 인식과 표리관계에 있다. 시간적 범주에 변

---

108) 李基白 편, 『韓國史市民講座』 11, 一潮閣, 1992; 부산 · 경남연구소, 『시민을 위한 가야사』, 집문당, 1996; 부산대학교 한국민족문화연구소 편, 『한국 고대사 속의 가야』, 혜안, 2001; 『학교교육과 사회교육으로서의 가야사』, 혜안, 2002; 김태식, 『미완의 문명 7백년 가야사』 (1~3권), 푸른역사, 2002; 가야사정책연구위원회 엮음, 『가야, 잊혀진 이름 빛나는 유산』, 혜안, 2004; 고령군 대가야박물관 · 계명대학교 한국학연구원, 『대가야 들여다보기』, 서울기획, 2006.

109) 이영식, 앞의 논문, 2006, pp.207~213에서 가야사의 쟁점으로 '전기론과 전사론', '가야연맹설의 비판적 검토', 그리고 전기가야의 문제로 '구간사회와 가락국의 성립', '해상왕국과 철의 왕국' 문제를 검토했다. 또한 남재우, 앞의 논문, 2017, pp.36~60에서 전기가야사 연구의 성과를 '사회발전단계', '변한과 가야', '가야사 시기구분', '각국사 연구', '포상팔국 전쟁', '발전원인', '대외관계'로 나누어 살폈고, 향후 과제로서 '가야의 정치적 발전단계 재인식', '문헌 자료의 재검토와 정리', '당대 한국사의 흐름 속에서 가야사 이해', '고고자료의 의존과 자의적 해석 문제' 등을 제시했다.

110) 李基東, 「加耶諸國의 興亡」 『韓國史講座』 1(古代篇), 一潮閣, 1982; 金廷鶴, 「加耶의 國家形成段階」 『精神文化研究』 32, 1987.

111) 千寬宇, 「『三國志』 韓傳의 再檢討」 『震檀學報』 41, 1976; 金泰植, 「5世紀 後半 大加耶의 發展에 대한 研究」 『韓國史論』 13, 서울大學校 國史學科, 1985.

한을 가야사에 포함할 것인지, 따로 구별할 것인지에 따라 이른바 '전기론前期論'과 '전사론前史論'으로 나뉜다.[112] '전기론'은 가야사의 출발을 변한지역의 소국 형성 시기로 소급할 수 있으므로 가야사의 출발을 기원을 전후한 시기 혹은 그 이전으로 상정한다. 반면 '전사론'은 변한과 가야를 따로 떼어서 보기 때문에, 가야의 실질적인 출발을 변한의 소멸과 맞물리는 서기 3세기 중반경 이후로 삼는 경향이 강하다.

그런데 '전기론'과 '전사론'은 삼한의 성립 또는 삼한이 삼국으로 전이되는 과정에 대한 설명에서는 접점이 적지 않은 것으로 보기도 한다.[113] 곧 전통적 입장의 '전대론'을 '전사론'으로, 그리고 '전사론'과 '전기론'의 공통점을 되짚어 양자를 묶어 크게 '원사론原史論'으로 이해할 것을 제안했다. 그리하여 향후 생산적인 논의를 위해 마한, 진한, 변한을 백제, 신라, 가야의 기원으로 삼국시대에 포괄하여 '원사'로서 상정하자는 의견을 제시했다. 사실 변한 제국과 가야 제국은 서로 '죽순'과 '대나무'의 관계처럼 연속선상에 있고,[114] 문화의 담당자나 내용 면에서 계통을 달리하거나 획기적인 교체 내지는 발전 양상을 확인하기 어려운 형편이다.[115] 곧 가야 제국의 연원은 변한 소국에서 찾을 수 있으므로 양자를 서로 단절된 것으로 보기보다는 변한의 역사를 가야사의 연장선에서 접근하는 것이 좋을 듯싶다.

변한의 변화과정과 가야의 성립에 대한 폭넓은 이해를 위해서는 삼한 전체의 변화과정에서 가야의 성립을 살펴볼 필요가 있다. 특히 변진은 이웃한 진한과 기록상 뚜렷한 차이를 확인하기 어려운 것이 사실이다. 실제로 『삼국지』 한전에는 변한 소국의 국명 앞에 '변진弁辰' 자를 더했지만, 변·진한 제국의 이름을 하나로 묶어서 소개한 뒤에 변한과 진한의 합계가 24국이 된다고 했다. 물론 변·진한 국명을 따로 나누지 않고 뒤섞어 나열했는데, 이는 '변진과 진한이 잡거雜居했다'라는 서술과 맥이 닿는다. 또 의복과 주택, 언어와 법속이 서로 같다고 하여, 변진과 진한을 마한과는 뚜렷이 구분했다. 따라서 영남지역을 하나의 권역으로 삼아 변진과 진한의 변화과정을 가야와 신라의 변

---

112) 朱甫暾, 「序說 -加耶史의 새로운 定立을 위하여-」 『加耶史硏究』, 慶尙北道, 1995.

113) 박대재, 「삼한의 시기를 둘러싼 논의의 접점」 『한국고대사연구』 87, 2017.

114) 千寬宇, 『加耶史硏究』, 一潮閣, 1991.

115) 이영식, 앞의 논문, 2006, p.208.

동 속에서 이해하자는 제안[116]은 귀담아들어야 할 것이다.

　'변한에서 가야'로의 변화과정을 설명하기 위해서는 진한과 마한 지역에서 소국연맹체의 한계를 극복하고 각각 백제와 신라라는 연맹왕국으로 성장하는 과정에 견주어 접근할 필요가 있다고 본다.[117] 이를 위해 '포상 8국蒲上八國의 난'에서 유추할 수 있는 통합조직의 역사 경험은 물론, 광개토왕릉비에 등장하는 '임나가라'를 통한 4세기대 가야 중심 세력의 실체, 그 통합 범위 및 강도 등의 해명이 뒤따라야 할 것으로 보았다. 삼한이라는 같은 뿌리에서 성장 발전한 백제, 신라와의 비교사적 관점의 접근을 통해서 변한과 가야 연구가 갖는 한계를 극복하는 데 유용할 것으로 기대한다. 결국 시기 별로 진행되는 변한 소국들과 가야 제국 간의 역사 전개 과정에서 그들만의 특수성과 공통점을 드러내는 것으로 귀결되는 문제이다. 이와 함께 가야의 역사는 시간적으로 약 600년 가까이 전개되었으므로, 이를 보다 동태적으로 파악하기 위해서는 크게 전기와 후기로 구분하는 경향에서 벗어나 보다 세분화시켜 접근해야 한다는 지적도 유념해야 할 것이다.[118]

　가야 제국의 사회발전단계와 관련된 '가야연맹'설의 존부存否 문제도 주목할 수가 있다. 가야가 전체 제국을 포괄하는 하나의 단일한 연맹체를 이루었다는 견해는 일찍이 '6가야연맹설'[119]이 제기된 이래 '상·하 가야연맹설',[120] 그리고 '전·후기 가야연맹설' 등으로 이어졌다.[121] 그런가 하면 변한은 구야국 중심의 단일연맹체로 상정하면서도 그 안에 복수의 '지역연맹체'가 형성되어 맹주국인 구야국을 중심으로 일정한 관계를 맺어 결속되었던 것으로 보기도 한다.[122]

---

116)　남재우, 앞의 논문, 2017, p.41.

117)　이현혜, 「<변한과 가야> 연구의 동향과 과제> 토론문」『가야사 연구의 기본문제』(2017 한국고대사학회 가야사 학술회의 발표문), 2017, pp.81~83.

118)　노중국, 「가야사연구의 어제와 오늘」『한국고대사 속의 가야』, 혜안, 2001, p.72.

119)　李丙燾, 『韓國史』(古代篇), 震檀學會, 1959;「加羅史上의 諸問題」『韓國古代史硏究』, 朴英社, 1976.

120)　김철준, 앞의 논문, 1977.

121)　金泰植, 앞의 책, 一潮閣, 1993.

122)　盧重國, 「辰·弁韓의 政治·社會구조와 그 운영」『진·변한사 연구』, 경상북도·계명대학교 한국학연구원, 2002.

한편 가야 제국은 구야국을 중심으로 단일한 연맹체를 형성하지 못했고 유력한 세력이 일정한 지역 세력권, 곧 '지역연맹체'를 형성한 것으로 이해하는 견해가 대두했다. 곧 김해 구야국·함안 안야국 등을 중심으로 하는 복수의 지역연맹체를 설정하거나,[123] 변한 제국은 단일한 연맹체는 아니지만, 경제적 네트워크를 기반으로 하는 지역연맹체를 형성했으며, 어떤 경우에는 변·진한 소국이 섞여 있었던 '혼합형 지역연맹체'도 존재했던 것으로 보기도 한다.[124] 나아가 변한 12국을 대표하는 '변한왕'은 대외 교섭 체계상의 왕자王者로 파악하고, 변한 사회는 각국의 원심력이 작용하는 '은하 정치체(Galactic Polity)'와 같은 분산적 구조를 지닌 것으로 추정했다.[125] 이밖에 변한의 여러 소국은 김해지역의 구야국을 중심으로 하는 연맹체를 형성하지 못했으며, 소국 단위로 병립했을 것이라는 견해도 제시되었다.[126] 이처럼 구야국 중심의 '단일연맹체설'에 비판적으로 접근했던 견해는 변한 내에 산재했던 다른 소국 내지는 지역 세력권의 역사상을 부각하면서 변한 제국에 관한 이해와 관심의 폭을 넓히는 데 도움이 되었다.

가야사의 연맹체 존부 문제는 『삼국지』 한전에 전하는 '변진 제국이 대국과 소국으로 나뉘고, 그 지배자들로 신지, 읍차 등의 거수가 있었으며, 또한 변진 12국에도 왕이 있었다'라는 기록의 해석과도 무관하지 않다. 변진의 여러 소국은 모두가 균질적인 정치체라고 파악하기보다는 대국으로 상정되는 구야국이나 안야국이 여타 소국들보다 사회발전이 앞선 단계로 보는 경향이 강하다.[127] 또한 변한 12국의 '왕'호는 변한 전체를 대표하는 왕으로서,[128] 국가(State)단계의 왕(King)으로 보는가 하면,[129] 변한 각국의 거수를 가리키는 것으로 해석하기도 한다.[130]

---

123) 白承忠, 앞의 논문, 1995; 李炯基, 앞의 논문, 1997; 白承玉, 앞의 논문, 2001.

124) 백승옥, 「변·진한 및 가야·신라의 경계」『한국고대사연구』 58, 2010, pp.66~67.

125) 박대재, 「弁韓의 왕과 浦上八國 전쟁」, 앞의 책, 경인문화사, 2006.

126) 李賢惠, 앞의 책, 1984; 李永植, 앞의 논문, 1985.

127) 金杜珍, 「三韓 別邑社會의 蘇塗信仰」『韓國古代의 國家와 社會』, 一潮閣, 1985; 최광식, 『고대한국의 국가와 사회』, 한길사, 1994.

128) 노중국, 앞의 논문, 2002.

129) 박대재, 앞의 책, 경인문화사, 2006.

130) 김정학, 앞의 책, 1990; 김태식, 앞의 책, 1993.

그간 진행된 '가야연맹'설에 대한 논의는 가야를 구성하는 소국 간의 관계를 비롯하여 사회발전단계 등 가야의 역사상 복원을 심화하는 데 긍정적으로 작용하였다. 다만 '연맹'이라는 개념이 중심부 소국과 주변부 소국 사이의 영속 관계를 전제로 한다면, 그것은 가야의 국가발전 단계 논의에 적용하기보다 가야 제국의 지배체제 해명에 유용할 수 있다는 지적에 유념할 필요가 있다.[131] 물론 사회발전단계가 서로 다른 정치집단 간에도 연맹을 이룰 수 있으므로, 가야사 전시기에 걸친 연맹 단계의 적용에 한계가 있다는 점에도 주의가 필요하다.[132] 사실 가야의 여러 소국 간에도 발전 정도에 편차가 있었을 것이므로, 앞으로 '가야연맹' 혹은 '지역연맹체' 등에 적용되는 연맹의 개념 규정을 위해서는 가야사 전개와 긴밀한 관계를 맺은 백제 및 신라의 사회발전상과의 비교를 통한 접근 노력이 더욱 요구된다.

변진 소국 및 가야의 성립과 관련하여 가야의 건국 신화를 어떻게 이해할 것인가 하는 문제도 관심의 대상이 된다. 한국 고대의 건국 신화는 대체로 우세한 부족의 시조 전승을 중심으로 성립되었다가, 그 후 피정복 부족의 시조 전승이 국가의 사전祀典 체계로 편제되었다고 본다.[133] 가야의 건국 신화에서 「가락국기」에 전하는 금관가야의 건국 신화는 수로 시조 전승을 중심으로 허왕후와의 혼인 이야기가 더해졌지만, 그 안에는 9간의 시조 전승과 함께 5가야 개국 신화 등이 얽혀있는 것으로 이해된다. 실제로 금관가야의 수로 시조 전승은 그 뒤에 유교 문화와 연관되어 중국 황제의 권위를 빌려 신성화되면서 소호금천씨少昊金天氏의 후예를 자처했으며, 허왕후 시조 전승은 인도 아유타국 공주로서 파사석탑을 가져오는 등 불교의 권위를 빌려 신성화 관념을 모색했던 것으로 보았다.

이와 함께 금관가야의 건국 신화는 '9간九干 사회에서 가락국으로의 이행'이라는 김해지역 소국 성립의 모델로서 접근하였다.[134] 이 지역의 고고학 자료와 대비하여 가락 9촌을 이끌었던 9간은 청동기 문화 단계의 재지 세력이며, 수로왕은 서북한 지역에서 도래한 철기문화를 지닌 세력으로 본다. 그리하여 9간에 영도되었던 9간 사회는 부족

---

131) 김영하, 「韓國古代國家의 政治體制發展論」『韓國古代史研究』17, 1991, p.74.
132) 이영식, 앞의 논문, 2006, p.209; 남재우, 앞의 논문, 2011, p.185.
133) 金杜珍, 「加耶 建國神話의 성립과 그 변화」『韓國古代의 建國神話와 祭儀』, 一潮閣, 1999.
134) 李永植, 「九干社會와 駕洛國의 成立」『伽倻文化』7, 伽倻文化研究院, 1994.

연합의 단계로, 가락국의 성립은 군장사회(Chiefdom) 단계로 각각 상정했다. 기록상 천강天降의 명분을 지닌 수로왕은 9간의 추대로 등극했기 때문에 재지 세력의 합의를 전제로 한 것으로 이해되지만,[135] 오히려 수로의 왕권 창출에는 수로의 강제성이 우월하게 작용했던 것으로 보기도 한다.[136]

대가야의 건국 신화에서는 천신과 가야 산신 사이에서 탄생한 대가야 시조 이진아시왕과 금관가야 시조 수로왕이 서로 형제 관계였음을 전한다. 일찍이 이를 상·하가야 연맹체의 성립 사실로 해석하기도 했지만,[137] 가야 지역의 연맹장 교체 이념이 본래의 시조 전승에 더해져서 성립한 것으로 보기도 한다.[138] 대가야의 건국 신화가 조성된 시기는 해인사 창건을 계기로 정리되었다고 보는 견해가 있는가 하면,[139] 수로왕 신화를 고려할 때 가야연맹의 패권이 김해의 금관국에서 고령의 대가야국으로 옮겨갔던 서기 5세기 후반 이후로 상정하기도 한다.[140]

대체로 제의 행위는 시조 전승을 바탕으로 이루어지기 때문에 건국 신화와 제의祭儀는 밀접하게 얽혀있는 것으로 이해하였다.[141] 지금까지 가야의 건국 신화와 그곳에서 이루어진 제의 행위가 어떠한 사회구조 속에서 성립되고 시행되었는가를 추구하는 노력은 다소 미흡한 형편이었다. 곧 가야의 건국 신화와 제의에 관한 연구를 사회 사상사로 정립하여 그것의 객관적인 보편성을 부각해내는 접근이 필요할 것으로 보인다. 기실 고대사회에서 이루어지는 제의 행위는 토착적인 성격을 강하게 내포하기 때문에 그것의 보편성을 찾아야 하며, 궁극적으로 한국 고대의 특수한 문화양상에 내재한 보편성을 찾아내는 노력으로 이어져야 할 것이다. 이와 함께 건국 신화와 제의에 대해 깊은 관심을 가져왔던 국문학·민속학·종교학 등 인접 학문 분야에서 축적한 연구 방법론

---

135) 金泰植,「駕洛國記 所載 許皇后 說話의 性格」『韓國史研究』102, 1998; 金杜珍, 앞의 논문, 1999.

136) 白承忠,「가야 건국신화의 재조명」『한국고대사 속의 가야』, 혜안, 2001.

137) 金哲埈,「부족연맹 세력의 대두」『韓國史』2, 國史編纂委員會, 1977.

138) 金泰植, 앞의 책, 一潮閣, 1993.

139) 白承忠, 앞의 논문, 2001.

140) 金泰植, 앞의 책, 1993.

141) 金杜珍, 앞의 책, 1999.

과 성과에도 좀더 세심한 관심이 요구된다.

한편 변한 및 가야 제국의 위치와 세력범위에 대한 문제도 주목된다. 가야의 강역과 관련하여 『삼국유사』 권2, 기이2, '가락국기駕洛國記'조에는 가야의 경계를 동쪽으로는 황산강(낙동강 하류), 서남쪽은 창해(남해), 서북쪽은 지리산, 그리고 동북쪽은 가야산 으로 전한다. 그런가 하면 같은 책, '오가야'조에는 비화가야와 성산가야를 각기 낙동 강 동쪽과 가야산 북쪽으로 비정하여 서로 차이가 난다. 그래서 '가락국기'조에 전하는 가야의 경계는 특정 시기의 축소된 범위를 수록한 것으로 이해하면서,[142] '오가야'조의 전승을 가야의 경계를 설정하는 기준으로 삼기도 했다.

그런데, '오가야'조의 기록은 나말여초의 정치적 상황을 배경으로 하는 후대의 산물 로 비판하고,[143] 『삼국지』 한전 및 『삼국사기』 신라본기의 초기 기록을 활용해서 전기 가야의 세력범위를 상정하였다.[144] 실제로 『삼국지』 한전에 전하는 변진 12국의 위치 를 비정하고 전기 가야의 세력범위를 낙동강 유역과 경남 해안 일대로 추정했다. 변진 12국의 위치 비정에 구야국(김해)과 안야국(함안) 등에 대해서는 이견이 없지만, 미오 야마국(창원 혹은 고령) · 반로국(성주 혹은 고령) · 독로국(부산 혹은 거제) 등은 연구 자들 간에 견해를 달리한다. 이와 함께 창녕의 비화가야와 성주의 성산가야를 전기 가 야의 범주에 포함하는 문제는 여전히 논란이 되고 있다.

또한 『삼국사기』 신라본기에 전하는 초기 신라와 가야의 전쟁 기사에서 당시 가야 는 전쟁지역 인근의 변진 계통의 가야 소국으로 보았다.[145] 그런가 하면 관련 기사를 서기 3세기 후반 낙동강을 경계로 신라와 가야의 대치 상황을 반영한 것으로 보고,[146] 양국의 경계를 추정하기도 했다. 사실 가야사의 전개 과정에서 가야 전체가 정치적으 로 통합된 적이 없으므로, 후대에 이루어진 역사적 인식의 산물이라 할 수 있는 『삼국 유사』 '5가야'조의 내용, 『삼국유사』 '가락국기'조의 가야 경역 기사 등으로 가야의 영

---

142) 李丙燾, 「加羅諸國의 聯盟體」 『韓國古代史研究』, 朴英社, 1976.

143) 金泰植, 앞의 책, 1993.

144) 千寬宇, 앞의 논문, 1976; 安春培, 앞의 논문, 1993; 金泰植, 앞의 책, 1993.

145) 李永植, 앞의 논문, 1985; 白承忠, 앞의 논문, 1989.

146) 김태식, 앞의 책, 1993.

역을 논하는 것은 사실상 무의미하다고 보았다.[147] 이는 오히려 일정한 시기에 형성된 연맹체의 세력범위 혹은 가야 각국의 영역을 논하는 데에 가능하다고 하는 입장을 피력했다.

가야의 세력범위를 설정하는 접근은 주로 영남지역의 분묘와 토기 양식의 분포를 활용한 방법으로 이루어졌다. 처음 분묘 양식은 크게 신라계통의 적석목곽분과 가야계통의 수혈식석곽분으로 나누었는데,[148] 점차 수혈식석곽분의 내부구조를 유형화하고 분포지역을 세분화하는 방향으로 진행되었다.[149] 토기 양식에 있어서 이 지역에 출토된 도질토기는 낙동강을 경계로 가야 양식과 신라 양식으로 구분하고, 그것의 분포양상에 따라 신라와 가야의 세력권을 설정하기도 했다.[150]

그런데 가야를 '지역연맹체'로 보는 견해에서 분묘와 토기 양식 등으로 구분되는 범고령권, 함안권, 김해부산권, 고성진주권 등은 문화적인 권역인 셈인데, 이를 과연 바로 정치적인 권역으로 설정할 수 있겠는가에 대해 의문을 제기하였다.[151] 곧 분묘와 토기 양식의 분포권이 반드시 정치적 세력범위와 일치한다고 볼 수는 없는 문제이기 때문이다. 따라서 특정한 고고학 자료의 분포를 기준으로 삼기보다는 문헌자료를 바탕으로 개별 소국의 세력범위의 윤곽을 설정한 뒤에, 고분과 토기 등의 고고학 자료를 종합적으로 활용하여 지역적 범위를 구체화하는 방법이 필요할 것이다.[152]

V. 맺음말

지금까지 변한과 가야의 관계를 살펴보기 위해서 먼저 전근대 '변한과 가야' 관계의

---

147) 백승옥, 앞의 논문, 2010, pp.75~76.

148) 李殷昌, 앞의 논문, 1982.

149) 金鍾徹, 「北部地域 加耶文化의 考古學的 考察」『韓國古代史研究』 1, 1988.

150) 金元龍, 『韓國考古學研究』, 一志社, 1987.

151) 백승옥, 앞의 논문, 2010, pp.72~73.

152) 朱甫暾, 앞의 논문, 1995, pp.28~29.

인식 변천을 탐색하였다. 이를 바탕으로 근대 이후 전개된 관련 연구의 동향과 연구성과를 정리하면서, 주요 쟁점을 중심으로 앞으로 추구해야 할 과제를 제시하였다.

전근대 시기 변한과 가야 관계에 대한 인식의 출발은 최치원의 삼한 인식에서 찾을 수 있다. 그는 삼한을 삼국으로 인식하여, 변한을 백제로 보고 가야와는 무관한 존재로 파악했다. 조선 초기에 권근 등이 변한을 고구려로 상정했지만, 조선 후기 실학자들에 의해 변한은 가야라는 인식이 정착될 때까지, 최치원의 인식은 통설로 이어졌다. 실학자들은 변한과 가야의 연원, 그 성립 시기와 역사 전개 과정, 가야 여러 소국의 위치와 세력범위 등을 고증하여 '변한에서 가야로'의 계승 발전 사실을 분명히 했다. 곧 한백겸 이래 전개된 변한과 가야 연구는 문헌 고증과 함께 사료를 폭넓게 활용했으며, 접근 방법과 자료 활용 면에서 이후 근대적 역사 연구의 바탕이 되었다.

근대 이후에 전개된 일본학자들의 연구는 한국에 대한 일제의 침탈과정과 궤를 같이했다. 주로 '임나일본부설'에 입각한 연구 결과는 가야사의 실상과 거리가 멀었다. 일제의 식민사학에 저항했던 신채호는 상고기 '조선족의 이동'이라는 관점에서 변한과 가야의 관계, 가락국의 성립 등을 부각했으며, 그의 뒤를 이었던 정인보, 안재홍 등 민족주의 계열 역사가들에게 직·간접적인 영향을 끼쳤다. 광복 이후에도 일제의 식민사학을 극복하고 변한과 가야의 역사상을 복원하려는 노력은 지속되었다. 1980년대 이후 고고학 자료의 증가와 『일본서기』의 비판적 활용으로 연구 자료의 외연이 넓어짐에 따라 가야사 연구가 본격적으로 이루어졌다. 문헌 자료를 바탕으로 고고학 자료를 함께 활용하는 연구 경향이 대세를 이루면서 다양한 주제와 새로운 접근을 모색했다. 특히 주변 나라들과의 관계사적 시각에서 벗어나 가야 각국의 역사에 관한 연구가 활발해지면서 가야 자체의 구체적인 역사상에 다가갔다.

가야사의 시기 구분 문제는 변한과 가야에 대한 인식과 표리관계에 있다. 가야 제국의 연원은 변한 소국들에서 찾을 수 있으므로, 변한의 역사를 가야사의 연장선에서 접근하는 것이 좋을 듯싶다. '변한에서 가야로의 변화'에 대한 이해를 심화하기 위해서는 삼한 전체의 변화과정 속에서 가야의 성립을 살펴봐야 할 것이다. 가야를 구성하는 여러 소국의 사회발전단계와 관련된 '가야연맹'설의 존부 문제도 삼한이라는 같은 뿌리에서 출발했던 마한과 진한이 각각 백제와 신라로 발전하는 과정에 견주어 접근하는 비교사적 관점이 요구된다. 나아가 가야의 건국 신화와 제의 행위가 어떠한 사회구조

속에서 전개되었는가를 추구하고, 민속학 · 종교학 등에서 일구었던 관련 연구 성과에 세심한 관심을 가지고 수렴해야 할 것이다. 가야의 세력범위는 문헌 자료를 바탕으로 개별 소국의 구체적 위치와 범위를 설정한 뒤에, 고고학 자료의 분포 등을 종합적으로 고려하여 조망할 필요가 있다.

제4편

삼한 이웃의 정치와 사회상

제1장
삼한 이웃의 정치상,
부여의 관제官制와 계통적 이해

제2장
삼한 이웃의 사회상,
동예의 읍락과 사회

제4편 제1장

삼한 이웃의 정치상,
부여의 관제官制와 계통적 이해

I. 머리말

초기국가의 성장 과정에서 비롯된 관등官等은 왕실의 휘하에 통합된 여러 세력 집단의 편제를 목적으로 시행되었다. 일찍이 김대문은 마립간의 어원을 "마립은 궐橛을 일컬으며 왕궐王橛이 중심이 되어 그 아래에 신궐臣橛이 차례로 배열되었기 때문"[1]이라고 하여 관등의 의미를 헤아리는 데 참고할 수 있다. 곧 관등은 국왕을 정점으로 관료들의 상하 서열을 규정하는 것으로 우리나라 고대국가의 발전과정과 긴밀한 연관 속에서 정비되었다.

고대 한국의 관등 관련 용례를 꼽아보면 고구려는 관위官位, 관급官級, 관등官等, 관명官名, 관호官號 등을 사용하였으며,[2] 신라에서는 관위, 관등, 관명, 관질官秩 등을 사

---

1) 『三國史記』 卷3, 新羅本紀3 訥祇麻立干 卽位年, "金大問云 麻立者 方言謂橛也 謂操誡操 准位而置 則王橛爲主 臣橛列於下 因以名之".

2) 이상 『三國志』 高句麗傳; 『周書』 高麗傳; 『魏書』 高麗傳; 『隋書』 高麗傳; 『舊唐書』 高麗傳; 『新唐書』 高麗傳 참조.

용하였고,3) 백제는 관품官品만이 확인된다.4) 기왕의 연구에서도 '관등'과 더불어 '관계官階', '위계位階', '관위' 등의 다양한 용어를 사용하였지만, 실제로 그 의미에 있어 뚜렷하게 차이가 있는 것은 아니다. 중국 사서에서는 주로 '관등'의 용례가 많이 보이며, 『삼국사기』와 『삼국유사』 등 국내 사서에서는 '관위'를 사용한 빈도가 가장 높게 나타난다. '관위'의 어의 자체가 등급 · 서열을 내포하고 있으므로 삼국 전체를 아울러 사용할 경우, 그 명칭을 '관등제'로 통일성을 기하는 것이 좋을 듯하다.5) 다만 본고에서는 고조선, 부여 그리고 고구려 초기의 관명을 주로 다루는데, 이 시기에는 관등과 관직이 뚜렷하게 분리되는 모습을 보이지 못하기 때문에 잠정적으로 '관제官制'라는 용어를 사용하기로 한다.

부여는 고조선에 이어 두 번째로 '고대국가'를 이루었던 정치세력이며, 늦어도 서기전 2~3세기경부터 우리 역사의 무대에 본격적으로 대두하였다.6) 물론 부여는 기록상 이보다 이른 시기부터 고조선과 함께 그 역사적 실체가 중국에 알려졌으며,7) 고조선 멸망 뒤에도 서기 5세기 말까지 존속하였다. 부여는 그 별종으로 전하는 고구려는 물론, 부여 계승의식을 표방했던 백제의 국가 성립과도 깊게 관련된 사실을 전한다. 그런가 하면 최근 가야 지역에서 청동 솥을 비롯한 북방 유목민족이나 부여 계통의 유물 출토 사실이 보고되는데, 이는 부여인들의 움직임이 한반도 남부지방까지 미쳤던 증거로 본

---

3) 이상 『三國史記』 職官(上); 『三國史記』 新羅本紀, 儒理王 9年; 『北史』 新羅傳; 『梁書』 新羅傳; 『隋書』 新羅傳; 『新唐書』 新羅傳 참조.

4) 이상 『三國史記』 百濟本紀, 古爾王 27年; 『周書』 百濟傳; 『隋書』 百濟傳; 『通典』 百濟傳 참조.

5) 盧重國, 「三國의 官等制」 『강좌 한국고대사(2) -고대국가의 구조와 사회』, 駕洛國史蹟開發研究院, 2003, pp.93~96.

6) 박경철, 「부여사의 전개와 지배구조」 『한국사 -원시사회에서 고대사회로(2)』, 한길사, 1994, pp.75~76; 송호정, 「부여」 『한국사 -초기국가: 고조선, 부여, 삼한-』 4, 국사편찬위원회, 1997, pp.149~153.

7) 伏生이 저술한 『尙書大傳』에 "武王克商 海東諸夷夫餘之屬 皆通道焉"이라고 하여 부여가 이미 武王 대에 존재했다는 전승이 전해지는가 하면, 『史記』 卷129, 貨殖列傳, "夫燕亦勃碣之間一都會也 … 北隣烏桓夫餘 東綰穢貊朝鮮眞番之利"라고 하여, 부여는 燕과 교섭을 하는 대상으로 확인된다.

다.[8] 특히 고조선과 함께 부여의 국가적 경험은 고구려 · 백제 · 신라로 계승되면서 삼국 초기의 정치구조와 운영 모습을 파악하는 데 실마리를 제공하는 것으로 이해된다.[9]

부여의 역사적 실상을 해명하기 위한 노력은 처음 부여의 역사 전반에 대한 개략적인 접근[10]에서 시작하여 부여 사회의 법속,[11] 부여 국가의 중심지와 경역境域의 변천과정,[12] 부여사의 전개 과정 및 대외관계 연구[13] 등으로 진행되었다. 나아가 부여의 지배구조와 사회상[14]을 해명하려는 노력으로 이어지면서, 이제 부여 사회의 역사적 실상은 어느 정도 윤곽을 잡게 되었다. 다만 부여 관제의 실상에 접근하기 위한 노력은 자료의 제약으로 여전히 미진한 편이다. 주로 '대사大使'의 직임을 통하여 부여 국가의 성격과 왕권의 위상을 추구하거나,[15] 연맹왕국 단계 부여 읍락에 존재했던 '호민豪民'의 실체와 그 분화과정에 주목한 연구가 있다.[16] 이밖에 족장으로서 초기국가의 성장 과

---

8) 송호정, 앞의 논문, 1997, pp.149~150.

9) 金瑛河, 「韓國 古代社會의 政治構造」『韓國古代史研究』 8, 1995; 宋鎬晸, 「古朝鮮 · 夫餘의 국가구조와 정치운영」『韓國古代史研究』 17, 2000.

10) 李丙燾, 「夫餘考」『韓國古代史研究』, 博英社, 1976.

11) 李基白, 「夫餘의 妬忌罪」『史學志』 4, 1970.

12) 盧泰敦, 「夫餘國의 境域과 그 變遷」『國史館論叢』 4, 1989; 공석구, 「廣開土王陵碑의 東夫餘에 대한 考察」『韓國史研究』 70, 1990; 金貞培, 「豆莫婁國 研究 -夫餘史 連結과 關聯하여-」『國史館論叢』 29, 1991; 李道學, 「方位名夫餘國의 成立에 관한 檢討」『白山學報』 38, 1991.

13) 朴京哲, 「扶餘史 展開에 關한 再認識 試論」『白山學報』 40, 1992; 김현정, 「부여의 성립에 대한 일고찰」『상명사학』 창간호, 1993; 吳倫京, 「夫餘의 初期 對高句麗 關係」『白山學報』 44, 1994; 윤내현, 「부여의 분열과 변천」『상명사학』 3 · 4합집, 1995; 宋鎬晸, 「부여의 성립」 「부여의 성장과 대외관계」『한국사』 4, 국사편찬위원회, 1997.

14) 朴京哲, 「扶餘史의 展開와 支配構造」『한국사2 -원시사회에서 고대사회로(2)』, 한길사, 1994; 「扶餘國家의 支配構造 考察을 위한 一試論」『韓國古代史研究』 9, 1996; 尹乃鉉, 「東扶餘의 國家와 社會性格」『白山學報』 49, 1997; 宋鎬晸, 「부여의 정치와 사회」『한국사』 4, 국사편찬위원회, 1997; 「고조선, 부여의 국가구조와 정치운영 -부 및 부체제론과 관련하여-」『韓國古代史研究』 17, 2000.

15) 井上秀雄, 「夫餘國王と大使」『柴田實古稀記念日本文化史論叢』, 1976; 金光洙, 「夫餘의 '大使'職」『水邨朴永錫敎授華甲紀念 韓國史學論叢』, 1993.

16) 文昌魯, 「三國時代 初期의 豪民」『歷史學報』 125, 1990.

정에서 중앙의 귀족층으로 편제되어 갔던 고구려의 '가加' 계급 연구를 통해 부여의 그 것을 이해하는 정도가 눈에 띈다.[17]

　본고에서는 부여 관제의 실상을 부각하기 위하여 부여 관제의 성립과 그 연원적인 속성, 그리고 관명의 계통적 이해를 추구하려고 한다. 이를 위해 먼저 부여의 군왕이 대두하면서 제가층을 중앙의 관제로 편제하는 과정을 살펴보고, 부여 왕의 위상과 관 제의 전개 과정을 초기국가의 발전과정에 결부하여 접근할 것이다. 이를 바탕으로 앞 선 시기의 고조선 관명으로 주목되는 '상相·장군將軍', 중국 군현의 강한 영향을 받은 동예 불내예국不耐濊國의 속리屬吏 등이 갖는 속성을 부여의 관명과 연결 지어 살펴보려 고 한다. 나아가 부여에 비해 상대적으로 자료가 풍부한 고구려 초기 관제와 견주어 봄 으로써 부여 관제의 실상에 대한 일면을 엿보려고 한다. 그리하여 부여 관제의 연원적 속성과 그 계통적 이해를 도모하려고 한다.

II. 부여 관제의 성립과 전개

1. 군왕君王의 위상과 제가諸加

　초기국가의 전개 과정에서 삼한의 대국은 주변 소국을 편입하면서 영역을 확대하였 는데, 그 모습은 부여 연맹왕국에서 찾을 수 있다. 『삼국지』 동이전에는 부여의 영토가 사방 2,000리에 미쳤으며, 도읍에는 군왕과 함께 관명으로 마가·우가·저가·구가 등 의 제가諸加, 이들과 구분되는 대사大使·대사자大使者·사자의 존재가 있었다고 한다. 그리고 읍락에는 지배층인 호민을 비롯한 하호下戶, 노복奴僕 등의 구성원이 확인된다. 특히 제가들은 별도로 사출도四出道를 두어 다스렸는데, 사출도는 큰 것이 수천 가家이 고 작은 것은 수백 가로 구분된다.

　부여는 여타 동이 사회와 비교할 때, 이른 시기부터 군왕이 존재하였고 정치적인 성

---

17) 金光洙, 「高句麗 前半期의 '加'階級」 『建大史學』 6, 1982; 李鍾旭, 「高句麗 初期의 中央政 府組織」 『東方學志』 33, 1982.

장을 이루면서 통치체제를 갖추었다.[18] 이미 부여는 한군현이 설치되면서 현도군과 밀접한 관계를 유지하였으며, 한나라 말에는 공손씨의 요동군으로 바꾸어 내속했던 것으로 전한다. 이로 미루어 보아 전한말前漢末에는 중국과의 책봉 조공 체제로의 전환이 이루어졌던 것으로 이해된다.[19] 특히 후한 광무제 건무 25년(49)에 부여 왕이 중국에 사신을 파견하는 것을 시작으로[20] 영제 희평 3년(174)까지 꾸준히 교섭 관계를 유지하였다.[21] 부여는 늦어도 이때부터 중국식 왕호를 사용하였으며, 이후에도 중국 사서에는 '부여 왕'의 존재가 여러 번 등장한다. 또한 부여의 위구태왕尉仇台王에게 요동의 공손씨가 외교적 조처로 그의 종녀宗女를 출가시켰던 것은 당시 부여 왕이 국제적으로 인정될 만한 일정한 국가적 통제력이 있었음을 보여주는 것이었다.[22] 이러한 사실은 부여의 국가적 성장을 염두에 둘 수 있으며, 또한 부여가 공식적으로 대중국 관계를 맺으면서 중국식 왕호를 사용하였던 것으로 이해할 수 있다.

부여 국가의 위상은 『삼국지』 동이전에 수록된 삼한이나 동예 등의 주변 사회상과 비교해 보아도 쉽게 확인된다. 삼한의 70여 제국은 각각 대국과 소국으로 병립하였으며, 그 지배자 역시 신지와 읍차 등으로 나뉘어 존재하였다. 또한 동예와 동옥저 내에도 '불내예국', '화려국華麗國' 등 여러 소국이 있었으며, 각각 거수층의 존재를 확인할 수 있다. 이에 비해서 부여는 군왕이 존재하여 중앙의 지배층을 중심으로 일정한 관제를 갖추었으며,[23] 읍락에는 거수를 대신하여 호민이 존재했다. 부여의 '국유군왕國有君

---

18) 『三國志』魏書30, 東夷傳, 夫餘, "今夫餘庫有玉璧珪瓚數代之物 傳世以爲寶 耆老言先代之所賜也 其印文言濊王之印 國有故城名濊城 蓋本濊貊之地 而夫餘王其中"이라고 하여 부여의 왕은 초기인 예맥 사회 단계의 '濊城'에 거처하였으며, '濊王之印'의 존재로 보아 일찍이 부여왕은 國璽를 소지한 것으로 이해하였다(宋鎬晸, 앞의 논문, 1997, p.202).

19) 金翰奎, 『韓中關係史』 1, 아르케, 1999, pp.133~134.

20) 『後漢書』東夷列傳, 夫餘, "建武中 東夷諸國皆來獻見 二十五年 夫餘王遣使奉貢光武厚答報之 於是使命歲通".

21) 『후한서』에 전하는 부여와 後漢의 교섭 관계 기사는 安帝 永初 5年(111), 永寧 元年(120), 延光 元年(122), 順帝 永和 元年(136), 桓帝 延熹 4年(161), 永康 元年(167), 靈帝 熹平 元年(174)에 각각 확인할 수 있다.

22) 李丙燾, 「夫餘考」 『韓國古代史研究』, 朴英社, 1976, pp.218~219; 宋鎬晸, 앞의 논문, 1997, p.202.

23) 『三國志』夫餘傳, "國有君王 皆以六畜名官 有馬加牛加猪加狗加大使大使者使者".

王' 기록은 동예와 동옥저에서 그 지배자의 정치적 한계를 지적할 수 있는 '무대군장無大君長'이나 '무대군왕無大君王'이라고 한 사실과 비교된다. 또한 '국유군왕'에서의 '국'은 군왕의 거소를 포함한 부여 국가의 중심 지역 곧 '국읍'과 서로 통할 수 있는 도읍으로서 수도인 왕경으로 이해된다.[24]

부여의 군왕은 삼한의 국읍 주수나 장수, 혹은 신지·읍차보다 크게 성장한 정치지배자의 실체로 상정할 수 있다. 왜냐하면 『삼국지』 동이전에 삼한의 국읍 주수는 읍락에 대해 '잘 통제하지 못하였으며(不能善相制御)', 동예의 불내예후는 '민간에 섞여 살았다(居處雜在民間)'라고 전하기 때문이다. 거기에 더해 『삼국지』 부여전에 전하는 '궁실과 창고와 뇌옥(감옥) 있다(有宮室倉庫牢獄)'라는 사실에서 확인할 수 있는 '궁실'과 '뇌옥'의 존재는 여타 동이 제족의 전승에는 찾을 수 없다. 곧 군왕의 전용 거소인 '궁실'과 국가 권력의 성장에 따른 법 집행을 상정해 볼 수 있는 '뇌옥' 등은 부여의 국가적 위상을 반영한 것으로 보인다. 그래서 부여는 "매우 부강하여 선대로부터 일찍이 무너진 일이 없었다"[25]라는 전승을 남긴 듯싶다.

부여 국가 내에는 삼한 제소국과 같이 각각의 국명國名을 고수할 수 없을 만큼 독립된 소국 세력이 해체되었기 때문에,[26] 그것을 거느린 거수층의 존재도 찾을 수 없다. 곧 부여 왕은 부여 내부의 결속력을 강화하면서 다른 한편으로 그 세력의 범위를 확대해 나갔을 것이다. 사실 영역 확대 과정에서 통치체제를 정비해 가는 것은 초기국가 성장 과정의 대세로 보아 자연스러운 일이며,[27] 부여는 지방 세력을 편입하면서 유력한 재지 세력을 중앙의 관제로 편제해 나가는 과정에 있었다. 실제로 삼국 초기인 고구려 태조왕 대에 주나 왕자 '을음乙音'을 고추가에 제수한 사실, 백제 다루왕이 동부 출신의 흘우屹于를 우보로 삼았다가 좌보의 설치와 함께 흘우를 좌보에, 북부의 진회를 우보에

---

24) 盧泰敦, 『고구려사 연구』, 사계절, 1999, p.159.

25) 『三國志』魏書30, 東夷傳, 夫餘, "魏略曰其國殷富自先世以來未嘗破壞".

26) 盧重國, 『百濟政治史硏究』, 一潮閣, 1988, pp.94~95;「韓國古代의 邑落의 構造와 性格」『大丘史學』38, 1989, p.40.

27) 예컨대 고구려는 태조왕 대에 안으로 압록강과 그 지류 동가강 유역의 여러 부족사회를 통합하였고, 밖으로 중국 군현을 공략하면서 정복 국가의 태세를 갖추었던 것으로 이해된다 (李丙燾, 『韓國史』(古代篇), 震檀學會, 1959, pp.236~237).

각각 임명한 사실, 그리고 신라 파사왕 대에 실직국과 압독국의 왕이 항복하고 조분왕은 항복해온 골벌국 아음부阿音夫에게 집과 전장을 하사하였던 일련의 사실 등이 참고된다. 이러한 사례는 소국 통합을 전제하는 고대국가 형성의 대세와 지방 세력이 중앙 귀족으로 편제되는 과정을 짐작할 수 있게 한다.[28]

한편 부여 왕국을 구성하는 읍락의 지배층으로 제가와 호민을 상정할 수 있다.[29] 부여에서는 가축의 명호를 빌린 마가·우가·저가·구가 등의 제가가 보이며, 고구려에는 상가·고추가·제대가와 함께 소가 등이 확인된다.[30] 이들은 자신의 읍락을 떠나 왕경인 도읍에 거주하면서 중앙의 관제에 편제되었던 존재였다.[31] 고구려의 왕경에서 이루어진 공회에 복식을 갖추고 참석한 대가와 소가는 모두 형식상 부여 왕권에 의해 편제된 신료로서 각각 그들이 갖는 정치적인 성격이나 신분이 공식적으로 구별되었다. 곧 공회의 복식이 외형상 대가는 '책'을 쓰고, 소가는 '절풍'을 썼던 것으로 분명한 구분이 있으며, 대가는 가신으로 사자·조의·선인 등을 스스로 두었던 데 비하여 소가는 그러한 기록이 찾아지지 않는다.

대가와 소가는 부여 왕의 신하로 존재하지만, 자신의 독자적인 세력 기반을 여전히 유지하고 있었다. 부여의 경우 제가가 별도로 관장하였던 수천 가에서 수백 가에 이르는 사출도는 읍락을 구성단위로 하는 제가의 세력 기반으로 이해된다. '사출도'는 그 자의字意로 보아 왕도를 중심으로 동·서·남·북의 사방에 통하는 가도街道와 주변의

---

28) 金瑛河, 「韓國 古代社會의 政治構造」 『韓國古代史研究』 8, 1995, pp.43~48.

29) 『三國志』 魏書30, 東夷傳, 夫餘, "邑落有豪民 民下戶皆爲奴僕"이라 하였고, 『後漢書』 東夷列傳, 夫餘國, "其邑落皆主屬諸加"이라고 하였다.

30) 『三國志』 魏書30, 高句麗, "其國有王 其官有相加對盧沛者古雛加主簿優台丞使者皀衣先人 … 其置官有對盧則不置沛者有沛者則不置盧 王之宗族其大加皆稱古鄒加 … 諸大加亦自置使者皀衣先人 名皆達於王 與卿大夫之家臣 會同坐起不得與王家使者皀衣先人同列 … 其公會衣服皆錦繡金銀以自飾 大加主簿頭著幘 如幘而無後 其小加著折風 形如弁".

31) '加' 계층은 기본적으로 족장인데 '대가'는 부족장이며 '소가'는 씨족장으로 구분한 뒤에, 이러한 구별은 족장의 지지기반에 따른 것으로 보거나(金哲埈, 「高句麗·新羅의 官階組織의 成立過程」 『李炳燾博士華甲紀念論叢』, 1956; 『韓國古代社會研究』, 知識産業社, 1975), 고구려 전반기의 '가'는 종래의 족장층이 그 사회적 발전에 따라 국왕 권력을 전제로 결집하여 일단 보편적 신분으로 편제된 지배계급으로 규정하였다(金光洙, 「高句麗 前半期의 加階級」 『建大史學』 6, 1982).

일정한 지역을 의미하는 것으로 본다.[32] 곧 제가가 관할한 사출도는 고대국가 지방지배의 기본이 되는 도로와 그 주변 읍락으로 상정할 수 있다.[33] 결국 제가는 자신의 세력 기반에 따라서 대가와 소가로 구분되었으며, 큰 곳(大者)에 해당하는 수천 가의 규모를 이끌던 지배자는 대가로, 수백 가의 규모를 이끌던 존재는 소가로 각각 편제되었을 것이다. 그렇다면 삼한의 제국이 그 규모에 따라 대국과 소국으로 나뉘었고 각각의 지배자를 세력이 큰 사람(大者)은 신지급 주수로, 세력이 작은 사람(小者)은 읍차급 거수로 나타나는 사실을 상기한다면, 대국을 이끌던 신지급 지배자는 부여와 같은 발전단계에 들어서면 대가大加로, 소국의 읍차급 지배자는 소가小加로 연결되었을 법하다.

그런데 고구려에서 국왕의 사자 · 조의 · 선인과 같은 열에 서지 못하였던 대가의 가신은 소가로 편제되기보다는 오히려 부여의 호민과 관련하여 주목되는 존재이다. 대가의 성립 기반을 삼한 대국의 신지급 주수에서 찾을 때, 대가의 가신은 그가 대국 단위의 지배자였을 때부터 거느린 신료로 이해될 수 있다.[34] 실제로 부여의 왕경에 있던 대가는 자신의 세력 기반이었던 사출도에 대한 통제를 직접 관여하기보다는 재지 읍락의 실질적 지배자였던 호민을 매개로 하였다. 부여의 읍락 호민은 예비 관료층의 성격을 갖고 있으면서, 읍락에 남아 재지 세력층으로 존재하였다. 그 가운데 상층 분화한 이들은 고구려 대가의 가신과 같은 하급 관료로 언제든지 등장할 수 있었던 예비 관료군의 성격을 갖고 있었다.[35] 그렇다면 고구려 대가의 가신은 본래 부여의 사출도에 비정되는 대가의 세력 기반을 실질적으로 관장했던 존재로 호민과 맥이 닿았던 것으로 상정된다. 이들은 고구려의 '대가(大家)'로서 농사를 짓지 않고 좌식하였던 1만여 인'의 지배층에 포함되며, 대가의 세력기반에 대한 조세수취 등의 실질적인 업무를 관장하였을 것이다.[36]

---

32) 宋鎬晸, 「古朝鮮 · 夫餘의 국가구조와 정치운영」 『한국고대사연구』 17, 2000, p.103.

33) 金哲埈, 앞의 논문, 1975, p.63.

34) 이에 대해서는 후술할 『삼국지』 동옥저전에서 동예를 이끌어가던 불내예후가 거느린 功曹 · 主簿 · 諸曹의 존재를 통해서도 유추할 수 있다.

35) 文昌魯, 「三國時代 初期의 豪民」 『歷史學報』 125, 1990.

36) 삼국시대의 部에는 호민으로서 部長 및 部內部長을 비롯하여 그 친족과 하급관인, 상인층, 鐵冶匠 등이 상정되며, 부의 지배계층으로서 호민은 부원의 부세와 집단 예민의 공납으로 생활 기반을 삼았던 좌식층으로 파악할 수 있다(盧泰敦, 「三國時代 '部'에 관한 硏究 -成立

2. 관제의 전개 방향

『삼국지』 부여전에는 부여 왕의 즉위가 종종 제가회의에서 '함께 옹립(共立)'한 것으로 나타난다. 특히 초기의 부여 왕은 날씨가 고르지 못하여 흉년이 들면 그 책임을 지고 교체되거나 살해되었던 상황을 전하여 왕권의 위상이 취약했던 사정을 짐작하게 한다. 그런가 하면 부여 왕권의 성장 내지는 강화를 배경으로 한 왕위의 세습, 특히 왕위의 부자 상속을 엿볼 수 있는 기록이 전해진다. 비록 설화적인 전승이지만 해부루의 태자였던 금와왕이 아들인 대소에게 왕위를 잇게 하였다고 한다.[37] 또한 서기 3세기 전반에 부여 왕 간위거가 죽자 서자인 마여가 왕위를 계승하였고, 뒤이어 마여가 죽은 뒤에는 6살의 어린 나이로 의려가 즉위하였다.[38] 부여 왕위 결정 과정에서 제가의 공립이라는 형식을 통한 제가회의의 관여를 상정할 수 있지만,[39] 다른 한편 부자 상속에 입각한 왕위계승의 사실을 통해서 부여 국가의 성장에 따른 왕제王制의 확립이라는 일면을 엿볼 수 있다. 그리하여 부여 왕의 위상은 부여사의 전개 과정에 따라 변모를 거듭했겠지만, 3세기 부여 왕권의 위상은 초기의 그것에 비해서 강화된 면모를 확인할 수 있다.

일찍이 성읍국가인 소국에서 성장한 삼한의 소연맹국 곧 대국이 주변 소국들을 편입하여 연맹권역을 확대하면서 부여와 같은 연맹왕국을 갖추어 갈 때 제가를 대표하는 존재로서 부여 왕의 초기 모습을 상정할 수 있다. 그러다가 왕권이 점차 강화되고 영역의 확대에 따르는 효율적인 지배체제의 구축을 모색하게 되는데, 그것은 바로 부여에

과 構造를 중심으로-』『韓國史論』2, 서울대학교, 1975; 「고대국가의 성립과 발전」『한국사』 2, 1980).

37) 『三國遺事』 卷1, 紀異1 東扶餘, "國號東扶餘 夫婁老無子 一日祭山川求嗣 所乘馬至鯤淵 見大石 相對俠淚流 王怪之 使人轉其石 有小兒 金色蛙形 王喜曰 此乃天賚我令胤乎 乃收 而養之 名曰金蛙 及其長 爲太子 夫婁薨 金蛙嗣位爲王 次傳位于太子帶素".

38) 『三國志』 魏書30, 東夷傳, 夫餘, "尉仇台死 簡位居立 無適子 有孽子麻余 位居死 諸加共 立麻余 … 麻余死 其子依慮年六歲 立以爲王".

39) 부여 국왕은 통치행위에 있어 귀족들의 합의 기구에 일정한 제약을 받았던 존재로서, 권력자이면서도 귀족의 대표자라는 양면성을 가진 것으로 이해된다(송호정, 앞의 논문, 1997, p.203). 그래서 부여 왕은 아직 제가 세력을 초월할 정도의 왕권을 행사하지는 못하였던 것으로 파악된다.

서 중앙의 관제를 정비해 갔던 면과 밀접한 관련이 있다. 이는『삼국사기』초기 기록에 보이는 국왕의 관직 설치 사례를 통해서 유추할 수 있다. 신라의 경우에 남해왕이 탈해를 대보로 삼아 군국정사를 맡겼으며,[40] 고구려는 동명성왕이 건국 과정에서 재사·무골·묵거에게 재능을 헤아려 각각 일을 맡겼고, 유리왕 때에 대보 합부의 간언에 진노하여 그의 벼슬을 파하고 관원官園의 사무를 보게 하였다.[41] 또한 백제는 온조의 족부族父 을음을 우보로 삼아 병마지사兵馬之事를 관장하도록 하였다.[42] 이처럼 삼국 초기에 최초의 관명으로서 대보와 좌·우보 등이 확인되고, 그 직능은 '군국정사軍國政事', '각임이사各任以事', '병마지사' 등 왕의 국정을 보필하거나 주요 군사 업무를 수행하는 일이었다.

삼국은 모두 최초의 관직 설치 이후 점차 관직이 분화되었고, 관직 수여자의 범위 또한 확대되는 양상을 보인다. 예컨대 신라는 대보를 설치한 이후에 탈해왕 11년과 17년에 이벌찬 또는 각간, 파사왕 5년에 이찬 등의 관명이 보이고, 백제는 우보 이후 다루왕 7년에 좌보가 설치되었으며, 고구려는 유리왕 때에 대보가 처음 확인된 이후 대무신왕 8년과 10년에 각각 우보와 좌보로 나뉘어 나타난다. 또한 백제는 온조왕실의 을음을 처음 우보로 임명하였고 그 뒤에 북부의 해루, 동부의 흘우 등을 각각 임명하여 관직 수여자가 온조의 족단에서 동부, 북부로 확장되었다. 이러한 현상은 왕권의 강화와 함께 지배기반이 확대되면서 통치체계 또한 정비되는 추세를 예상해 볼 수 있다.

상가相加와 관련 깊은 고구려의 국상國相은 그 직능이 '지내외병마사知內外兵馬事'라 하여 백제의 좌평 및 신라의 상대등이 설치되는 역사적인 배경과 맥을 같이한다. 곧 고구려의 국상은 국왕을 정점으로 중앙의 집권력이 강화됨에 따라 국왕의 지위와 품격이 제가 세력 위에 군림하는 존재로 격상되면서, 제족장 세력을 통제하고 그들의 이해관계를 조절하는 목적에서 설치되었다.[43] 나아가 고구려의 국상은 보다 행정 관료적인 성격을 갖는 존재로 파악하여 군신 회의에서 추천하여 국왕이 임명하는 형식으로 이루

---

40) 『三國史記』卷1, 新羅本紀1, 南解王 7年.
41) 『三國史記』卷13, 高句麗本紀1, 東明王 卽位年; 琉璃王 22年.
42) 『三國史記』卷23, 百濟本紀1, 溫祚王 2年.
43) 盧重國, 앞의 책, 一潮閣, 1988, p.105.

어졌을 것으로 상정하기도 한다.[44] 그것은 고구려 왕권의 성장으로 제가 세력의 귀족화가 이루어지는 과정에서 나타난 현상으로 생각된다.

이와 관련하여 부여 왕국의 '대사'는 왕권의 성장을 배경으로 국왕 직속의 관리가 되어 정치적 실권을 행사해 갔던 존재로 주목된다. 실제로 부여의 마여왕 때 우가의 조카인 위거位居는 '대사'로 임명되어 외교 및 국방의 실권을 장악하면서 대가를 지휘할 뿐만 아니라, 계부季父 우가와 그 아들을 반역 혐의로 처형까지 하였던 존재로 전한다.[45] 이 기록에서 '대사'는 중국에 사신을 파견하여 공헌하는 일, 현도태수의 교영郊迎에 대가를 파견하고 군량을 공급하는 일, 계부 우가의 반역을 진압하여 그 부자를 죽이고 재산을 몰수하는 일을 하였다. 그래서 대사는 부여 왕권을 배경으로 외교·국방·반역 처단의 국정 실무를 총괄하면서 대가 위에 군림하는 모습을 보인 것으로 이해된다. 이처럼 국왕 직속의 '대사'직을 수행하는 존재가 대두하고, 그 정치적 비중이 커지는 현상은 부여 왕권의 성장을 전제로 이해할 수 있다. 그리하여 부여의 정치기구에서 대사는 내외행정실무를 관장하였던 최고 관직이자, 제가층을 포괄하는 국정 실무의 최고위직으로 파악하기도 하며,[46] 나아가 귀족국가가 태동하는 하나의 예로 상정하였다.[47]

한편 삼한 대국이 영역 확대 과정에서 요구되는 소속 읍락에 대한 군사적인 측면의 통제는 『삼국사기』의 '열병'에 관한 기록을 통해서 유추할 수 있다. 국왕의 열병 실시는 외부와의 전쟁 수행에 앞서 군사력의 정비 및 검열의 목적과 함께 읍락 단위의 군사력에 대한 국읍 주수의 통수권을 확인, 강화하는 의미로 추정된다.[48] 실제로 신라에서 열병과 함께 서기 2세기 후반 무렵 군사 활동을 담당한 인물들의 분화된 지위가 대장군大將軍, 군주軍主 등 후대의 관직명으로 나타나는 것은, 그 당시 군대 지휘권이 삼한 대국의 주수主帥로 상정되는 '사로국의 왕'에게 집중·장악되면서 미숙한 형태의 군사 조직

---

44) 李鍾旭, 「高句麗 初期의 左右輔와 國相」 『全海宗教授華甲紀念史學論叢』, 1979, p.505.

45) 『三國志』 魏書30, 東夷傳, 夫餘, "牛加兄子名位居 爲大使 輕財善施 國人附之 歲歲遣使諸京都貢獻 正始中 幽州刺使毋丘儉討句麗遣玄兎太守王圻諧夫餘 位居遣大加郊迎 供軍糧 季父牛加有二心 位居殺季父父子 籍沒財物 遣使簿斂送官".

46) 金光洙, 「夫餘의 '大使'職」 『水邨朴永錫教授華甲紀念 韓國史學論叢』, 1992, pp.63~68.

47) 李基東, 앞의 책, 一潮閣, 1982, p.109.

48) 李賢惠, 앞의 책, 1984, pp.159~160.

과 서열이 발생한 것으로 볼 수 있기 때문이다.

　　종래 고구려의 제가들이 개별적으로 현도군의 고구려현령을 통한 대외교역에 대해서 명적작성名籍作成이라는 간접통제의 방식은 국경에 '책구루'라는 소성小城 설치와 함께 일원화되어 가면서 계루부 왕실에 의한 독점형식으로 변해가고 있었다.[49] 이에 따라 교역의 담당자는 왕권의 직접적인 통제 아래 놓여 있던 관직의 소유자였을 것으로 생각된다. 그리고 삼한 대국 곧 소연맹국의 소도 신앙이 국읍과 별읍의 이중적인 신앙 의례로 구성된 데에 비해서,[50] '국중대회國中大會' 차원에서 국왕 주관하에 거행된 부여의 영고는 제의권을 하나로 통합하여 국왕이 주관하는 거국적인 제천행사로 진행되었는데, 이 또한 부여 왕권의 정치적 성장을 전제로 이해될 수 있다.

　　부여 왕국의 통치체제는 그 안에 편입되어 들어오는 정치세력의 지배층이 갖는 전통적인 재지 기반을 인정해 주는 간접적인 지배방식이 상정될 수 있다. 다만 이들이 일단 제가로서 파악되어 왕경에 거주하고 있으므로 왕권에 의해 중앙지배층으로 편제되는 과정에서 일정한 제약을 받았을 것으로 추측된다. 곧 사출도와 함께 대가가 스스로 두었던 가신의 존재를 통해서 대가의 정치적인 독자성이 어느 정도 인정되었지만, 대가는 자신의 가신에 대한 명단을 국왕에게 보고해야 하고 대가의 가신이 국왕의 가신과 같은 열에 함께 할 수 없던 한계는 국왕의 권력 하에 대가가 편제되었던 사실을 알려준다. 이와 관련하여 『삼국사기』 잡지雜志에 수록된 색복色服조에는 신라의 17관등을 골품제에 따라서 자紫·비緋·청靑·황黃의 4가지 복색으로 구분하였으며, 백제의 16 관등도 좌평에서 내솔까지는 자색으로, 장덕에서 대덕까지는 비색 그리고 문독 이하는 청색의 3복색으로 나뉘어 착용했다고 전한다. 이와 함께 고구려의 공회公會에 참석하는 대가와 소가의 복장이 수록되었다. 대가와 소가의 복장이 색복지에 수록된 사실은 고구려 연맹왕권에 참여한 제가들이 관등을 받으며 신분제 속에 편제되었던 점을 반영한 것으로 생각할 수 있다.

　　왕권의 성장과 함께 중앙의 지배체계가 구축되면서, 지방에 대한 간접적인 통제방식도 점차 변화를 모색해 갔다. 『삼국사기』에는 고구려 왕경의 행정구역이 내부內部를

---

49) 李賢惠, 앞의 책, 1984, p.191; 金基興, 「고구려의 성장과 대외교역」 『한국사론』 16, 1987, p.38.

50) 金杜珍, 「三韓 別邑社會의 蘇塗信仰」 『韓國古代의 國家와 社會』, 一潮閣, 1990.

비롯한 동·서·남·북부와 같은 5부로, 백제의 왕경 역시 중부中部와 함께 상·전·하·후부의 5부로 편제될 뿐만 아니라 다시 각 부는 각각 5항巷으로 구분되었고, 신라의 왕경도 급량·사량·본피·모량·한기·습비부 등 6부로 편성되었다. 이는 왕권 중심의 중앙집권적인 귀족국가가 성립하면서 나타나는 현상으로 이해되지만, 그 과정에서 제가의 재지 기반에 대한 영향력은 점차 국왕에게 간섭받으면서 약화하였다.[51] 이로 인해 제가가 별도로 다스리던 사출도를 비롯한 지방에 대한 통치권은 점차 중앙으로 귀속되었고 그 통제방식도 중앙에서 파견된 지방관으로 대체되었던 것으로 이해된다. 이와 함께 사출도 등 과거 대국을 비롯한 소국 및 읍락 등의 세력 단위가 국가에 의해 새롭게 재편되면서 점차 성城, 촌村과 같은 행정단위로 편제되어 갔다.

III. 부여 관제의 계통적 이해

1. 고조선의 '상·장군'

고조선의 관제를 유추할 수 있는 현전 기록은 『사기』 권115, 조선열전과 『삼국지』 한전에 인용된 「위략」의 일문逸文에서 확인할 수 있다. 관련 기록을 간추려보면 다음과 같다.

> ⑴ 옛날 기자箕子의 후예인 조선후朝鮮侯는 주周가 쇠약해지자, 연燕이 스스로 높여 왕이라 칭하며 동쪽으로 침략하려는 것을 보고, 조선후 역시 스스로 왕을 칭하고 군사를 일으켜서 연나라를 역으로 공격하여 주周 왕실을 받들려고 하였는데, 그(조선왕)의 대부大夫 예禮가 간하여 중지하였다. 예禮를 서쪽에 파견하여 연나라를 설득하니 연나라가 전쟁을 멈추고 조선을 침공하지 않았다(『三國志』 韓傳所引 「魏略」).

> ⑵ 연燕나라 사람 위만衛滿이 망명하여 오랑캐 복장胡服을 하고 동쪽으로 패수浿水를 건너 준準에게 항복하였다. … 준왕은 그를 믿고 총애하여 박사博士로 임명하고 홀(圭)을 하사하며, 100리의 땅을 봉封해주어 서쪽 변경을 지키도록 하였다(『三國志』 韓傳所

---

51) 李基東, 「貴族國家의 形成과 發展」 『韓國史講座』 1(古代篇), 一潮閣, 1982, p.234.

引「魏略」).

(3) 좌장군이 이미 양군을 합하여 맹렬히 조선을 치니, 조선상朝鮮相 노인路人과 상상相 한
음韓陰, 니계상尼谿相 참參, 장군將軍 왕겹王唊이 서로 모의하였다(『史記』朝鮮列傳).

(4) 일찍이 우거右渠가 격파되기 전에 조선상朝鮮相 역계경歷谿卿이 우거에게 간하였으나
받아들여지지 않자 동쪽의 진국辰國으로 갔다. 그때 백성으로서 그를 따라가 거주했
던 사람이 2천여 호가 되었는데, 그들도 역시 조선에 조공하는 번국藩國과는 서로 왕
래하지 않았다(『三國志』韓傳所引「魏略」).

(5) 원봉元封 2년(B.C.109)에 한漢은 사신 섭하涉何를 보내어 우거右渠를 꾸짖고 회유하였
으나, 끝내 천자의 명을 받들려고 하지 않았다. 섭하가 돌아가면서 국경인 패수에 이
르러서 마부를 시켜 전송나온 조선의 비장(裨王) 장長을 찔러 죽이고 곧 (패수를) 건너
요새 안으로 달려서 들어간 뒤에 드디어 천자에게 '조선의 장수를 죽였습니다'라고
보고했다(『史記』朝鮮列傳).

(6) 원봉 3년(B.C.108) 여름에 니계상尼谿相 참이 사람을 시켜 조선왕 우거를 죽이고 항복
해왔으나 왕검성(王儉城, 王險城)은 함락되지 않았다. 죽은 우거의 대신大臣 성기成己가
또한 모반하여 다시 군리軍吏들을 공격하였다(『史記』朝鮮列傳).

서기전 4세기 후반 무렵의 관명으로 국왕에 간諫하고 연燕에 사행했던 (1)의 '대부'
예禮를 비롯하여,[52] (2)의 서기전 2세기 초 준왕이 위만을 '박사'로 임명한 사실에서 '대
부'와 '박사'의 관명을 확인할 수 있다. 또한 서기전 2세기 말 우거왕 때에 활동했던 인
물인 (3)·(4)의 '조선상' 노인路人과 역계경歷谿卿, '상相' 한음韓陰과 니계'상'尼谿相 참參,
(5)의 '비왕裨王' 장長, (6)의 '대신大臣' 성기成己, (3)의 '장군將軍' 왕겹王唊 등으로 보아 고
조선의 관명으로 '상'·'비왕'·'대신'·'장군' 등을 더할 수 있다. 여기서 고조선의 관명
은 조선후朝鮮侯의 칭왕稱王 사실 이후에 처음 확인되며, 말기에는 앞선 시기보다 다양
한 관명을 보여준다. 곧 고조선의 관제는 국가적 발전에 따라 (1)·(2)의 대부, 박사 등
의 관명에서 점차 (3)·(5)·(6)과 같이 상, 대신, 장군, 비왕 등의 관명을 더하면서 분화

---

52) '大夫'의 존재는 『後漢書』東夷列傳, 倭, "建武中元二年 倭奴國奉貢朝賀 使人自稱大夫 倭
國之極南界也";『三國志』東夷傳, 倭, "自古以來 其使詣中國 皆自稱大夫";『三國志』東夷
傳, 高句麗, "諸大加亦自置使者皁衣先人 名皆達於王 如卿大夫之家臣 會同坐起 不得與
王家使者皁衣先人同列" 등의 기록에서 확인된다. 곧 중국에 파견된 왜의 사신을 자칭 '대
부'라고 했으며, 고구려는 '대부'를 卿과 함께 제대가에 빗대어 사용하였다.

되어 갔을 것이다.

　그런데 고조선의 관명으로 확인되는 '대부', '박사', '상', '장군' 등은 일찍이 중국 관제에서 중심을 이룬 대표적 관명과 같은 것으로 이해된다.[53] 특히 『사기』 조선열전에 전하는 우거왕 대의 '상'·'비왕'·'대신'·'장군' 등은 서한西漢 대와 관련된 관직이며, 『삼국지』에 인용된 「위략」에 보이는 '대부'와 '박사' 등의 관명은 이보다 앞선 주대周代와 관련이 깊은 것으로 본다.[54]

　사실 고조선의 관명이 중국 고대의 그것과 같다고 하더라도, 그 직임이나 위상은 서로 달랐을 것이다. 실제로 (3)에 대한 「한서음의漢書音義」에 달린 주注에 "凡五人也 戎狄不知官紀 故皆稱相"이라 하였고, 응소應劭의 주에서도 역시 "凡五人[55] 戎狄不知官紀 故皆稱相也"라고 하여, 융적戎狄 곧 고조선에서는 관기官紀를 알지 못한 까닭에 모두 '상相'이라 칭하였다고 전한다. 고조선의 관명은 실제 고조선 고유의 통치체계에 바탕을 둔 것이지만, 그것을 기록한 사마천의 관점에서 중국식 관명으로 맞춘 것이라고 본다.[56] 거기에 더하여 고조선의 관명은 고대 한국어를 한자화한 것으로 상정하기도 하여, 고조선 고유의 성격을 지닌 관직으로 이해된다.[57]

　고조선은 서기전 4세기 후반경 조선후의 칭왕으로 상징되는 정치적 변화에 걸맞게 대부 등의 관직을 설치하면서 일정한 통치체계를 마련하였던 것으로 보인다. 곧 당시 고조선 사회는 아직 소국 간의 연맹 상태를 크게 벗어나지 못한 소연맹국 단계에 머물렀으며, 조선후는 대부 등의 신료를 두어 미약하나마 통치에 필요한 관제를 마련했던 것으로 이해된다. 여기서 조선후는 족장적 연원을 지닌 존재이며, 대부는 그 측근에서 보좌하는 관리의 역할을 하였기 때문에 사역적使役的 속성을 지닌 것으로 생각된다.

---

53) 金光洙, 「古朝鮮 官名의 系統的 理解」 『歷史敎育』 56, 1994, pp.1~20.

54) 본래 '大夫'라는 명칭은 周代 봉건 체제의 卿·大夫를 참작하여 수록한 관명으로 추정할 수 있으며, 위만의 등장 이후 고조선 말기에 보이는 相·裨王·大臣·將軍 등은 秦·漢代의 '相'制와 막료적 '將軍'職을 차용한 데서 연유한 것으로 생각할 수 있다.

55) 이에 대해 顔師古는 『漢書』 朝鮮傳, "相路人一也 相韓陶二也 尼谿相參三也 將軍王唊四也 應氏乃云五人 誤讀爲句 謂尼谿人名 失之矣 不當尋下文乎"라고 하였다.

56) 정찬영, 「고조선의 위치와 그 성격에 관한 몇가지 문제」 『문화유산』 60-3, 1960, p.50.

57) 宋鎬晸, 「위만조선의 정치체제와 삼국 초기의 부체제」 『國史館論叢』 98, 2002, pp.2~3.

서기전 2세기 초 전한前漢의 압박으로 연燕에서 망명한 위만은 (2)와 같이 준왕으로부터 박사의 관명을 제수받고 고조선의 서쪽 변방을 방어했던 인물이었다. 본래 박사는 '장통고금掌通古今'의 명의名義로 국왕의 자문 역할을 하던 현자적賢者的 칭호라고 한다. 위만에 대한 박사의 칭호는 정치적 계서를 초월한 특별 명칭이자 금속 기술을 포함한 대륙 방면의 선진문화에 밝은 사람에 대한 경칭敬稱으로 추측한 바 있다.[58] 그런데 위만이 유이민 세력이었다는 특별한 사정을 감안하더라도 준왕에게 '賜以圭 封之百里'라고 하여, 제후적인 성격을 지닌 '박사' 위만의 직임이 고조선 서쪽 변경 방어였음을 고려해야 한다. 왜냐하면 『삼국사기』에 온조 집단이 마한 왕에게 마한 동북계東北界 백리 땅을 할양받아 백제국을 세웠던 전승과 비견될 수 있기 때문이다. 이때 마한은 백제를 동북변의 방파제로 삼았던 것으로 이해된다.[59] 『삼국유사』에 의하면 마한 70여 국의 규모는 평균 사방 백리였다고 전하므로,[60] 초기 백제가 마한에 정착하는 과정에서 할양받은 '백리지지百里之地'는 바로 삼한 소국의 규모에 해당한다.[61] 곧 제후적 존재로 그려진 박사 위만의 직임은 뒤이어 등장하는 족장적 연원의 '상' 또는 '장군'의 관명과 맥이 닿을 수 있을 법하다.

한편 조선을 집권한 위만의 위상은 이전 준왕보다 한 차원 높은 단계의 왕격을 유지했던 것으로 본다.[62] 곧 서기전 2세기 말이 되면 위만조선은 족적 유대감이 강한 단위 정치체의 대소 족장 세력을 연맹·결속하면서 중앙의 지배 신분층으로 편제했던 연맹 왕국을 성립시켰다. 대체로 이 시기에 국왕 밑에서 주요 국무를 관장하던 대표적인 귀족 세력으로 '상相'을 꼽는다.[63] 당시 상은 (3), (4)와 같이 동시에 다수가 존재하였는데,

---

58) 金光洙, 앞의 논문, 1994, pp.9~10.

59) 文昌魯, 「馬韓의 勢力範圍와 百濟」『漢城百濟史料研究』1, 畿甸文化財研究院, 2005.

60) 『三國遺事』卷1, 紀異2, 七十二國, "通典云 朝鮮之遺民 分爲七十餘國 皆地方百里 後漢書云 西漢以朝鮮舊地 初置爲四郡 後置二府 法令漸煩 分爲七十八國 各萬戶".

61) 『孟子』卷10, 萬章章句 下, "天子之制 地方千里 公侯皆方百里 伯七十里 子男五十里 凡四等 不能五十里 不達於天子 附於諸侯 曰附庸"라고 하여, 전국시대의 제후 가운데 公侯의 봉지는 '方百里'라고 전한다. 곧 마한으로부터 '百里之地'를 할양받는 초기 백제는 마한의 제후국으로 인식되었을 법하다.

62) 金貞培, 「고조선」『한국사』4, 국사편찬위원회, 1997, p.100~101.

63) '相職은 衛滿집권 당시 漢의 官制이며, 秦에서는 '左右丞相制'를 실시하였고 『漢書』百公

(3)의 니계상은 자신의 세력 기반이었던 니계 지역을 '상'직에 관칭한 것으로 이해된다. 또한 (4)의 재지세력 출신인 조선상 역계경은 우거왕에게 건의했다가 받아들여지지 않자 휘하의 2천여 호를 이끌고 진국으로 이탈하였다고 전한다. 그리고 '상'이었던 니계상과 한음은 고조선 멸망 뒤에 한漢으로부터 각각 적저후荻苴侯와 홰청후澅淸侯로 봉해지고 1천 호에서 5백여 호를 사여 받은 사실[64]을 전한다. 이로 보아 당시 '상'이라는 관명을 가진 인물은 적어도 읍락이나 소국 규모의 독자적인 세력 기반을 가진 족장 출신이었다. 이들은 중앙 관제에 포함되어 왕경에 머무르면서 독자적으로 자신의 세력 기반을 통제할 수 있었다. 자연히 부여의 관제에 편제되었던 '제가는 별도로 사출도를 두어 다스렸는데, 사출도는 큰 것이 수천가이고 작은 것은 수백가로 구분된다'는 사실을 연상하게끔 한다.

본래 중국 춘추시대의 상相은 '入則相 出則將'이라고 하여 안에서는 재상으로 밖에서는 장수로서 문무를 겸하였는데, 전국시대에 들어와서는 문무의 역할이 분리되었다고 한다.[65] 곧 장군의 시원은 전국시대에 들어서 '상'직에서 '장군'직이 분리되는 형태로 이루어졌으며, 진한秦漢 대에는 국왕의 막료적 '장군'직으로 확대 강화되었다.[66] 대체로 고대국가의 성립과정에서 군사 관련 관직이 먼저 분화하는 것은 보편적 현상이기 때문에,[67] 당시 고조선의 장군은 전문 무관으로서 상설직 관료로 이해된다.[68] 곧 위만조선 말의 '상'직이 고조선의 문관 임무를 담당했다면, 체제 유지를 위한 상비군의 지휘자로서 무관의 임무는 '장군'이 맡았던 것으로 상정할 수 있다.

사실 고조선에서 장군과 관련된 사례는 (3)의 장군 왕겹 외에는 찾기 힘들다. 그렇지

卿表에 '相國'의 존재를 확인할 수 있다고 한다(金光洙, 앞의 논문, 1994, pp.4~5; 宋鎬晸, 앞의 논문, 2002, p.5).

64) 『漢書』 卷17, 景武昭宣元成功臣表 第5, "荻苴侯 韓陶 以朝鮮相將 漢兵圍之降 侯 五百四十戶", "澅淸侯 參 以朝鮮尼谿相 使人殺其王右渠降 侯 千戶".

65) 李春植, 『中國古代史의 展開』, 新書苑, 1995, p.150.

66) 金光洙, 앞의 논문, 1994, pp.14~15.

67) 金瑛河, 앞의 논문, 1995, p.39.

68) 당시 고조선 지배자의 무덤으로 인정되는 木槨墓에서는 많은 무기와 부장품이 출현하는데, 그것은 將軍이 국가체제 운영에서 형벌권을 행사하여 전쟁포로 이외에 형벌 노예를 재생산함으로써 자신의 경제기반을 확대한 것으로 보았다(宋鎬晸, 앞의 논문, 2002, p.8).

만 『사기』 조선열전에는 위만이 한으로부터 받은 병위재물兵威財物을 바탕으로 주변의 진번·임둔 등을 복속시켰다고 전한다. 그런가 하면 한 무제 원봉 2년(B.C.109) 위만조선은 한나라 5만 군사에 대적하여 궁지에 몰기도 하였고,[69] '패수상군浿水上軍'·'패수서군浿水西軍' 등으로 나타나는 단위부대의 존재는[70] 고조선 군사 조직체계를 상정하는 데 도움을 준다. 따라서 위만조선은 연맹왕국 내의 단위 군사력을 결속시킬 수 있는 군사조직을 갖추고, '장군'을 중앙의 관제에 편제하여 군사 업무를 체계적으로 관장하였던 것으로 짐작할 수 있다.

그런데 장군이었던 왕겹은 고조선 멸망 뒤에 한나라로부터 '평주후'로 봉해지고 약 1,500호를 사여 받았다고 전한다.[71] 어쩌면 고조선의 장군은 본래 상相과 함께 재지 기반을 가진 족장 세력 출신이었으며, 그 세력의 정도와 상황에 따라 국왕으로부터 관명을 부여받으면서 중앙의 관제에 포함되었던 존재일 가능성도 배제할 수는 없다. 그래서인지 위만조선 당시 중국 전국시대의 관료기구가 상부相府와 장군부將軍府를 축으로 구성되었던 점에 주목하여, 고조선의 '상'과 '장군'직으로 편제된 이들은 재지 기반을 가진 세습 귀족을 형성하고 왕 밑에서 귀족회의체를 구성하여 국가의 주요 업무를 처리하였던 것으로 보았다.[72]

한편 대신과 비왕은 고조선 사회의 상층 지배집단을 구성하는 관명으로 나타나는데, 그 성격을 분명하게 가늠하기는 쉽지 않다. 일반적으로 중신重臣에 대한 범칭으로 쓰인 대신大臣의 실체에 대해서는 어의에 충실히 따라서 '조선의 높은 관리'라는 뜻으로 쓰였던 범칭으로, 대신이 별도의 관직으로 존재한 것은 아니었다고 본다. 그런가 하면 대신은 고조선의 관직 분화를 염두에 두고 상 아래 위치했던 고위 관명이며, 그들은 한어漢語로 신臣으로 표기하였던 신라의 '대등大等'이나 고구려의 '대로對盧'와 같은 유

---

69) 『史記』卷115, 朝鮮列傳, "天子募罪人擊朝鮮 其秋 遣樓船將軍楊僕從齊浮渤海 兵五萬人 左將軍荀彘出遼東 討右渠 右渠發兵距險 左將軍卒正多率遼東兵先縱 敗散 多還走 坐法斬".

70) 金貞培, 앞의 논문, 1997, p.102.

71) 『漢書』卷17, 景武昭宣元成功臣表 第5, "平州侯 王唊 以朝鮮將 漢兵至降 侯 千四百八十戶".

72) 宋鎬晸, 앞의 논문, 2002, p.10.

형의 존재로 설명한다.[73] 대체로 비왕의 경우는 어의상 주군을 비보裨補할 수 있는 근친의 왕족에게 주어진 호칭으로 고구려의 '고추가'에 비교하거나 흉노 선우에 종속된 '부왕副王'적 존재로 상정한다. 다만 (5)에서 조선 비왕 장을 살해한 섭하가 천자에게 보고할 때 그를 '조선장朝鮮將'이라고 하였으므로, '비왕'은 흉노의 '비장裨將'과 같이 군사적 임무를 수행하는 직책으로 장군 아래 자리한 무관일 가능성도 고려할 수 있다.

이상 고조선 관명에 대해 살펴본 내용을 간단히 정리하면 <표 1>과 같다.

<표 1> 고조선 관명의 계통적 이해

관명	사례	시기	직임	관명의 계통	출전
大夫	大夫 禮	朝鮮侯 稱王 以後 (B.C.4세기 후반)	국왕에 諫言, 使節	加(부여, 고구려) 干(신라)	『三國志』 韓傳所引 「魏略」
博士	博士 衛滿	準王 代 (B.C.2세기 초)	고조선 西邊 방어 (移住 分封)	'侯'的 존재(?)	
相	朝鮮相 歷谿卿	右渠王 代 (B.C.108년)	주요 국정 관장 (족장 출신 高官)	大加(부여) 國相 / 相加(고구려) 大輔(백제)	『史記』 朝鮮傳
相	朝鮮相 路人				『三國志』 韓傳所引「魏略」
相	相 韓陰				
相	尼谿相 參				
大臣	朝鮮大臣 大臣 成己		重臣의 汎稱 / '相' 하위직	大使(부여) 對盧(고구려) 大等(신라) 佐平(백제)	『史記』 朝鮮傳
將軍	將軍 王唊		고위 무관	沛者(고구려) 左將(백제) 軍主(신라)	
裨王	裨王 長		裨王 / 裨將, 將士 ('將軍' 下位職)	古雛加 / 皂衣(고구려)	

2. 동예의 속리屬吏

『삼국지』 동이전에 전하는 예濊는 남쪽으로 진한, 북쪽으로 고구려 및 동옥저와 접

---

73) 金光洙, 앞의 논문, 1994, pp.13~14.

하였으며, 당시 조선朝鮮 곧 낙랑군 조선현의 동쪽은 모두 예濊 지역이었다고 한다. 또한 단단대령 서쪽은 낙랑군에 속하였으며, 그 동쪽에는 영동의 7현을 중심으로 위치했다고 전한다.[74] 여기서 말하는 예는 함경남도의 남반부와 강원도 북단 일대에 분포하였던 이른바 '동부예맥東部濊貊'이라는 족명의 약칭으로 '동예'를 가리킨다.[75]

　이른바 동예의 정치적 상황은 고조선 이래로 중국 군현 세력의 동향과 긴밀하게 연동되어 전개되었다.[76] 실제로 동예 일대의 동해안지역에는 늦어도 서기전 2세기경 이전부터 '임둔'이라고 불리는 정치세력이 형성되었으며,[77] 이들은 고조선 계통의 세형동검 문화와 긴밀한 교섭 관계에 있었다고 본다.[78]『사기』조선열전에는 위만이 서기전 2세기 초에 만이군장蠻夷君長의 천자天子 입현入見을 막지 않는다는 약속을 전제로 한漢의 외신으로 책봉되었으며, 이때 얻은 병위재물兵威財物을 바탕으로 위만은 동이의 소국으로 존재했던 진번·임둔 세력 등을 복속하였다.[79] 임둔은 위만조선의 멸망과 함께 한의 임둔군으로 편제되었으며 그 뒤 동예와 연결되는 정치세력이었다. 후한 대에 접어들면서 동예 지역은 요동 방면에서 성장한 고구려 세력의 영향력을 받기도 하였다. 이처럼 동예는 주변 세력의 지속적인 간섭으로 정치적 통합과 발전이 더뎠다. 그래서 동예는 물론 역사 전개 과정에서 비슷한 경험을 했던 동옥저에는 다음과 같이 대군장이 없었던 사실을 강조하였는지도 모르겠다.

---

74) 『三國志』魏書30, 東夷傳, 濊, "濊南與辰韓 北與高句麗沃沮接 東窮大海 今朝鮮之東皆其地也 … 自單單大山領以西屬樂浪 自領以東七縣 都尉主之 皆以濊爲民".

75) 李丙燾,「臨屯郡攷」『韓國古代史研究』, 朴英社, 1976, p.192.

76) 서기전 3세기경에 접어들면서 한반도로 유입되기 시작하였던 중국 戰國계 문물은 위만조선의 등장과 함께 그 보급 범위를 더욱 넓혀갔다(李賢惠,「한반도 서남부지방 청동기 생산활동의 쇠퇴 배경」『韓國古代史研究』40, 2005, pp.29~30). 특히 서기전 3~2세기경에는 고조선의 세형동검 문화가 한반도의 동해안 일대에까지 보급되었다고 한다(박진욱, 『조선고고학전서』(고대편), 과학·백과사전종합출판사, 1988, pp.168~172).

77) 李丙燾, 앞의 논문, 1976, pp.191~209; 李賢惠,「동예의 사회와 문화」, 앞의 책, 1997, pp.235~236.

78) 李賢惠, 『三韓社會形成過程研究』, 一潮閣, 1984, p.121.

79) 『史記』朝鮮列傳, "會孝惠高后時天下初定 遼東太守卽約滿爲外臣 保塞外蠻夷 無使盜邊 諸蠻夷君長欲入見天子 勿得禁止 以聞 上許之 以故滿得兵威財物侵降其旁小邑 眞番臨屯 皆來服屬 方數千里".

(7) 한漢 무제武帝는 조선을 정벌하여 멸망시키고 그 땅을 나누어 4군을 설치하였다. 그 이후로 호胡(동이)족과 한漢족 사이에 점차 구별이 생겼다. (동예에는) 대군장이 없고 한漢 대 이래로 그 관직에 후侯 · 읍군邑君 · 삼로三老가 있어서 하호下戶를 통치하였다. … 단단대산령單單大山領의 서쪽은 낙랑군樂浪君에 소속되었다. 영동의 7현은 (낙랑군의 동부)도위都尉가 통치하는데 모두 예인濊人을 그 백성으로 다스린다. 그 뒤 도위를 폐지하고 그들의 거수渠帥를 봉封하여 후侯로 삼았는데, 지금의 불내예不耐濊는 모두 그 후손이다. 한말漢末에는 다시 고구려에 예속하였다(『三國志』濊傳).

(8) 호수戶數는 5천인데, 대군왕大君王은 없고 읍락邑落에는 각기 대대로 장수長帥가 있다. … 한漢 초에 연燕에서 망명한 위만이 조선의 왕이 되니, 옥저沃沮는 모두 그에게 복속하였다. 한 무제武帝는 원봉 2년(B.C.109)에 조선을 정벌하여 위만의 손자인 우거를 죽이고, 그곳을 4군으로 나누었는데 옥저성을 현도군치玄菟郡治로 정했다. 뒤에 동이의 맥족夷貊(고구려)에게 침입을 받아서 (현도)군을 고구려의 서북쪽으로 옮겼다. 오늘날 이른바 현도의 고부故府라고 하는 곳이 바로 거기다. 옥저는 다시 낙랑군에 속하게 되었다. … 후한 광무제 건무 6년(30)에 변경에 있는 군郡을 줄였는데 이에 따라서 (동부)도위도 폐지되었다. 그 후에 각기 그 현에 있던 거수渠帥를 모두 현후縣侯에 임명하였는데, 불내 · 화려 · 옥저의 제현諸縣이 다 후국侯國이 되었다. … 옥저의 여러 읍락 거수渠帥는 스스로 삼로三老라고 일컬으니 곧 옛날(漢나라) 현국縣國의 제도가 남아있는 것이다(『三國志』東沃沮傳).

(7)과 같이 대군장이 없었던 동예는 전한 대 이래로 후 · 읍군 · 삼로 등의 관명을 소지한 존재가 하호를 다스렸으며,[80] (8)의 동옥저 역시 대군왕이 없었고 각 읍락에는 대대로 장수가 있었으며 옥저의 읍락 거수는 모두 자칭 '삼로'라고 하였다. 여기서 '其官有侯邑君三老'의 존재는 피지배층 일반인 하호에 상대되는 지배층으로 동예의 읍락 거수와 떼 놓고 생각할 수 없다.[81] 왜냐하면 서기 1세기 무렵 동예의 읍락 거수 가운데

---

80) '自漢已來'의 기사에 유의하면 시기적으로 전한 대에 한사군 설치 이후의 사정을 반영한 것으로(金貞培,「君長社會의 發展過程試論」『韓國古代의 國家起源과 形成』, 고려대학교 출판부, 1985, p.202), 늦어도 후한 초 建武 연간의 동부도위 폐지 이전까지로 상정할 수 있다.

81) '其官有' 이하의 존재는 본래 읍락 거수로서 다음 기록을 통해서도 유추할 수 있다. 곧『삼국지』한전에는 삼한 거수층의 크고 작음에 따라 "其官有魏率善邑君歸義侯中郎長都尉伯長"이라 하였고, 같은 책의 왜인전에 "其南有狗奴國 男子爲王 其官有狗古智卑狗 不屬女王"이라고 하여 '其官有' 이하의 '狗古智卑狗'는 狗奴國에 속한 읍락 거수로 볼 수 있기 때문이다.

중국 군현에 의해 불내예국의 '후'로 임명된 존재가 확인되며,[82] '읍군'의 경우에도 평양 정백동 1호분에서 출토된 '부조예군' 은인이나,[83] 삼한의 읍락 거수 소마시에게 사여한 '한염사읍군'의 사례를 통해 추정할 수 있기 때문이다.[84] '삼로'의 존재 역시 (8)과 같이 후한 건무 6년에 도위가 폐지된 뒤 동옥저의 읍락 거수들이 자칭 삼로라고 하였기 때문이다.

대체로 후·읍군·삼로는 한漢이 변방의 토착 재지 세력을 군현 조직에 편제하기 위해 그 세력의 크기에 따라 차등해서 준 관명으로 이해된다.[85] 곧 한대漢代 군현 조직 속에서 후는 후국侯國에 봉해진 자로 자신을 보좌하는 관리 기구를 갖추고 후국의 조세를 헌납받았던 존재이며, 읍군은 읍에 봉해진 자로 읍으로부터 일정한 조세를 받는 것에 그쳤고, 삼로는 현에 두어져 경제적 혜택보다는 예禮적으로 우대를 받는 자로 이해된다.[86] 그런데 동예의 '其官有侯邑君三老'는 (8)에서 삼로의 유제가 남아있는 것을 '故縣國之制'라고 파악하였으므로, 후한 초 동부도위가 퇴축되기 이전에는 한군현의 지배 방식과 긴밀하게 관련된 존재로 볼 수도 있다. 사실 후·읍군·삼로는 한군현에 의해 임명되기는 하였지만, 군현 지배기구 내에 편제되어 군현을 직접 움직이는 속리와는 구별되었다. 한군현은 재지 지배 세력을 속리로 편제하여 군현 지배에 직접 활용하는 방식을 쓰기도 하였지만, 후·읍군·삼로 등의 사여를 통하여 재지 지배 세력의 기반을 인정하는 동시에 읍락 사회에 대한 지배의 매개 고리로 활용하는 방식을 쓰기도 하였다.[87] 다만 『한서』 지리지 낙랑군조를 비롯한 현전하는 자료에는 낙랑군에 직접 속

---

82) 『三國志』魏書30, 東夷傳, 濊, "封其渠帥爲侯 今不耐濊皆其種".

83) 1958년 평양의 정백동 목곽묘에서 발견된 '夫租濊君'의 銀印을 비롯하여 1961년 그 부근 夫租長 高常賢墓에서 '夫租長印', '高常賢印'의 銀印이 출토되어 동예지역에 銀印을 소지한 수장층의 존재를 유추할 수 있다(백련행, 「부조예군 도장에 대하여」『문화유산』2, 1962; 이순진, 「부조예군 무덤에 대하여」『고고민속』4, 1964; 岡岐敬, 「夫租濊君をめじる諸問題」『朝鮮學報』46, 1968; 이순진, 「부조예군 무덤발굴보고」『고고학자료집』4, 1974; 「우리나라 서북지방의 나무곽무덤에 대한 연구」『고고민속논문』8, 1983; 金基興, 「夫租濊君에 대한 考察」『韓國史論』12, 서울대학교, 1985.

84) 『三國志』韓傳 및 『後漢書』韓傳 참조.

85) 文昌魯, 「三韓時代의 邑落渠帥와 그 政治的 成長」『韓國古代史研究』12, 1997, pp.453~457.

86) 金秉駿, 「중국고대 簡牘자료를 통해 본 낙랑군의 군현지배」『歷史學報』189, 2006, p.166.

87) 오영찬, 『낙랑군 연구』, 사계절, 2006, p.129.

한 동예의 후국이나 읍의 존재를 확인할 수 없기 때문에 동예에 대해서는 후자의 지배 방식을 적용하여 후·읍군·삼로의 관직을 토착세력인 읍락 거수에게 각각 사여하였을 가능성이 매우 크다.

　동옥저의 읍락 거수 가운데 현후가 지배했던 후국은 자칭 삼로라고 하는 거수가 이끄는 읍락보다 현실적으로 규모가 큰 세력일 뿐만 아니라, 정치적 입장에서도 여타 읍락의 중심적 역할을 담당한 것으로 이해된다.[88] 곧 동옥저의 현후가 지배하는 대읍락과 삼로가 다스리는 읍락은 그 규모나 기능 면에서 각각 삼한 대국의 국읍 주수와 읍락 거수에 비견된다. 삼한의 제국 사이에 세력의 크기나 우열에 따라 우세한 소국이 주변 지역을 편입하거나 흡수·통합하는 영역 확대가 이루어질 때, 성읍국가 단계의 소국과 구별되는 소연맹국 단계의 대국이 대두한 것으로 생각된다. 실제로 삼한의 대국은 마한 목지국이나 백제국처럼 여러 소국 가운데 성장한 유력한 정치체이며,[89] 대국의 구성단위로는 국읍과 읍락 외에 새롭게 편입된 별읍의 존재를 상정할 수 있다.[90] 이와 관련하여 서기 3세기 전반 신지를 비롯한 삼한 제국의 거수들은 조위曹魏로부터 읍군·읍장의 작호와 인수 등을 각각 받았는데,[91] 이는 삼한 제국의 세력 크기를 감안하여 차등 지급한 것으로 본다.[92] 그렇다면 동예 사회에서 본래 읍락별로 존재했던 거수가 후

---

88) 李賢惠, 앞의 책, 1984, pp.110~111.

89) 『삼국지』 한전에 보이는 국은 인구의 다소나 수장의 지위고하에 따라서 크게 세 유형으로 분류하였다. 곧 伯濟國·斯盧國과 같은 '영역국가', 그리고 狗邪國·安邪國이나 마한 남부 지역의 제소국과 같은 '성읍국가', 그밖에 甘路國(甘文國)·如甚國(召文國)과 같이 과거에 성읍국가였으나 百濟·斯盧國에 편입된 '城邑' 등으로 나누었다(千寬宇, 『古朝鮮史·三韓史研究』, 一潮閣, 1989, pp.271~273).

90) 金杜珍, 「三韓 別邑社會의 蘇塗信仰」『韓國古代의 國家와 社會』, 一潮閣, 1985, pp.94~102.

91) 『三國志』魏書30, 東夷傳, 韓, "景初中 明帝密遣帶方太守劉昕 樂浪太守鮮于嗣 越海定二郡 諸韓國臣智加賜邑君印綬 其次與邑長".

92) 『三國志』魏書30, 東夷傳, 韓, "其官有魏率善邑君歸義侯中郎長都尉伯長"이라 하였는데, 여기서 '其官有' 이하에 보이는 존재는 外臣的인 요소를 갖는 것으로 이해한다(千寬宇, 「三韓攷 第2部 -「三國志」 韓傳의 再檢討」『震檀學報』 41, 1976; 앞의 책, 1989, pp.238~239). 특히 '率善', '歸義', '歸德' 등의 冠辭는 外臣의 뜻을 갖는 것이며, '臣智'와 '其次'에게 각기 '邑君', '邑長'의 인수를 加授한 사실은 辰王의 宮庭官僚가 아닌 삼한의 大小 各 세력의 長

·읍군·삼로로 구분하여 관작을 소지한 사실은 그들이 거느리는 세력의 크기에 따라 현실적으로 차등 반영된 것이라 할 수 있다. 물론 동예의 읍락 거수들이 후·읍군·삼로 등으로 분화하였더라도, '대군장이 없다(無大君長)'는 사실을 특기한 것으로 보아 후로 성장했던 거수는 동예 사회 전체를 지배했던 존재로 상정하기는 어려울 듯 싶다.

한편 『삼국지』 동이전에 전하는 동예의 인구수는 2만여 호이며, 이는 고구려의 3만여 호에 비해 규모 면에서 크게 떨어지지 않는 셈이다. 오히려 마한 대국의 인구 1만여 호, 진·변한 대국의 수천 호인 점과 비교해도 상대적으로 큰 규모인 셈이다. 동예 사회의 정치적 발전을 읍락 단계에 국한하기도 하지만,[93] 불내예후의 존재에 주목하여 소국연맹체 또는 소연맹국 내지 연맹왕국 단계로 파악한 견해가 실상에 가까운 것으로 보인다.[94] 다음 기록을 참고할 수 있다.

(9) 한나라는 그(옥저) 지역이 넓고 멀리 떨어져 있으므로, 단단대령의 동쪽에 있는 지역을 나누어 동부도위東部都尉를 설치하여 다스리게 하며, 치소治所는 불내성不耐城으로 정하고 별도로 영동의 7현을 주관하게 하였다. 이때 옥저도 모두 현이 되었다. 후한 광무제 건무 6년(30)에 변경에 있는 군을 줄였는데 이에 따라서 (동부)도위도 폐지되었다. 그 후에 각기 그 현에 있던 거수渠帥를 모두 현후縣侯에 임명하였는데, 불내·화려·옥저의 제현諸縣이 다 후국侯國이 되었다. 그곳의 이적夷狄들이 서로 침공하여 싸웠으나, 오직 불내예후만이 오늘에 이르기까지 (후국의 면모를 유지하여) 공조功曹·주부主簿 등의 제조諸曹를 두었는데, 예민濊民이 모두 (그 관직을) 차지하게 했다(『三國志』東沃沮傳).

(10) 위魏 제왕齊王 정시正始 6년(245)에 낙랑태수 유무劉茂와 대방태수 궁준弓遵은 영동의 예濊가 고구려에 복속한 까닭으로 군사를 일으켜 정벌하였는데 불내후 등의 온 고을이 항복하였다. (정시) 8년(247)에는 (魏의) 조정에 가서 조공하자 (魏 齊王 芳이) 조명詔命을 하여 불내예왕不耐濊王으로 다시 임명하였다(『三國志』濊傳).

帥에게 지급했던 것으로 보았다.

93) 徐永大,「東濊社會의 虎神崇拜에 대하여」『歷史民俗學』2, 1992.
94) 李基東,「城邑國家와 聯盟王國」『韓國史講座』1 古代篇, 一潮閣, 1982; 李賢惠, 『三韓社會 形成過程研究』, 一潮閣, 1984; 金杜珍,「三韓時代의 邑落」『韓國學論叢』7, 1985; 盧重國, 「韓國 古代의 邑落의 構造와 性格」『大丘史學』38, 1989.

(9)에서 한漢은 단단대령의 동쪽에 있는 지역을 분리하여 낙랑 동부도위를 설치하였고, 그 치소를 불내현의 불내성으로 삼아 영동 7현을 주관하게 하였다고 한다. 실제로 동부도위의 관할구역인 영동 7현은 임둔군과 현도군 일부 지역을 포함한다. 그러다가 후한 광무제 6년(30)에 도위를 폐지하였고, 그 뒤 불내·화려·옥저현 등의 토착 세력을 후국으로 삼았다고 하였다. 이로 보아 적어도 이 지역에는 삼한의 국 단위에 상정할 수 있는 7개 이상의 정치체가 존재하였으며, 한군현의 직접적인 통제에서 벗어나 정치적으로 성장할 수 있는 계기를 마련하였던 것으로 보인다. 그 가운데 영동 7현의 거점이었던 불내현은 삼한의 대국에 견줄 수 있는 유력한 소국으로 주목할 수 있다. 화려와 불내 2현이 공모하여 신라의 북쪽 경계를 침략했다는 전승[95]은 동예 지역의 각 소국 사이에 간헐적으로 연맹 관계가 형성되었음을 반영하는 것으로 이해된다.[96] 곧 동예는 불내예국과 같은 유력한 소국을 중심으로 주변의 읍락 세력을 결속해갔던 것으로 상정할 수 있다.

한편 (10)과 같이 위제왕魏齊王 정시 8년(247)에 불내후는 조위曹魏의 조명詔命에 의해 불내예왕으로 봉작을 고쳐 받았다고 하였다. 비록 낙랑·대방 태수가 휘하의 군대로 동예를 항복시킨 결과였지만, 이때 불내현의 지배자인 후를 불내예왕으로 삼았던 것은 바로 불내예국이 전통적으로 동예의 유력한 세력으로 인식되었기 때문으로 보인다. 곧 읍락 거수가 불내예후를 거쳐서 불내예왕으로 변모해 간 사실은 동예사회의 발전과 맞물려 전개되었던 것으로 이해된다.[97] 그래서 (9)와 같이 "오직 불내예만이 오늘에 이르기까지 공조·주부 등의 제조를 두었는데, 예민濊民이 모두 그 관직을 차지하게 했다"라고 강조하였던 것으로 생각된다.

불내예후는 한 대漢代의 관제에서 확인되는 공조·주부 등의 제조와 같은 속리屬吏 곧 속관屬官을 거느리면서 후국으로서의 면모를 유지하였다. 여기서 군현 지배 시기에

---

95) 『三國史記』卷1, 新羅本紀1, 儒理尼師今 17年, "秋九月 華麗不耐二縣人連謀 率騎兵犯北境".

96) 李賢惠, 「동예의 사회와 문화」 『한국사』 4, 국사편찬위원회, 1997, p.242.

97) 동예의 읍락 거수 가운데 '불내후'가 되고, 그가 다시 '불내예왕'이 되었다는 사실은 군장사회에서 '왕'이 존재하는 사회로 정치발전단계가 이행한 것으로 본다(金貞培, 「君長社會의 發展過程試論」, 앞의 책, 1985, pp.202~203).

현에 두었던 속리 제도가 동부도위가 퇴축된 후에도 불내예국에 그대로 유지되고 있는 점이 특기되어 주목할 수 있다. 토착 지배 세력인 불내예후 예하에 두어졌던 속리는 군현체제의 계속적인 연장으로 보기도 하지만,[98] 이전 현縣 치하에서 현령을 보좌하던 공조와 주부 등의 속리는 불내예국 자체의 필요에 의해 존속했을 가능성이 커 보인다.[99] 곧 한군현 지배시기 영동 7현에 갖추어졌던 속리제는 동부도위가 폐지되면서 대부분 무너졌지만, 불내예국은 정치적 통합의 진전과 함께 통치에 필요한 독자적인 관제를 운용하면서 과거 속리제의 틀을 활용했던 것이었다.

불내예후가 거느린 공조 · 주부 등은 한군현의 속리제에 해당하는 관명이기 때문에, 앞서 이 지역에서 시행한 한군현의 정치적 운영 경험과 무관할 수는 없다. 대체로 한군현에는 속리를 두어 군현의 실질적 행정을 맡겼는데, 공조는 제조를 통괄하며 제사 · 고과 · 예악 등의 업무를 수행하며 지방통치의 실권을 위임받았으며,[100] 주부는 공납 수취와 관련된 문서와 장부를 관리하면서 지방관의 비서 겸 재정 관계를 담당하였다.[101] 따라서 서기 3세기 중엽에 불내예국은 동부도위의 치소 때에 속리로 상정되는 공조와 주부 등의 여러 관직을 존속하면서 불내예국에 속한 연맹체 내부의 공물 수취를 비롯한 실질적인 행정업무를 담당하게 하였을 것이다.

특히 이들은 고구려가 동옥저를 정복한 뒤에 그 지역의 유력한 수장층으로 파악되는 대인大人을 사자로 임명하여 '함께 통치하게 하였다(使相主領)'라는 사실과 맥이 닿을 수 있다.[102] 일찍이 고구려는 주변 소국과의 상호 교역을 통해 이루어졌던 물품을 고구려의 성장과 함께 고구려 영역에 편입하면서 수취체계의 공물로 전환하였는

---

98) 金翰奎,『古代中國的世界秩序研究』, 一潮閣, 1982, pp.358~368.

99) 오영찬, 앞의 책, 2006, pp.115~116.

100) 漢代 문헌에 보이는 郡의 功曹는 일반적으로 토착 유력자가 임명되는데, 그는 諸曹를 통할하고 제도상으로 郡太守에게 있는 掾 · 史의 임용권을 실제 행사하였으며, 지방통치의 실권을 군 태수로부터 위임받는 경우가 많을 정도로 막강한 직권을 가졌던 존재라고 한다(增淵龍夫, 「中國古代國家の構造」『古代史講座』4, 學生社, 1961, pp.184~185).

101) 李賢惠, 앞의 논문, 1997, p.241.

102) 고구려의 관제에서 사자 · 대사자 등의 官階名은 租賦統責의 업무를 수행하는 존재로 보았다(金哲埈, 「高句麗 · 新羅의 官階組織의 成立過程」, 앞의 책, 1975, pp.133~135).

데,103) 실제로 고구려의 공납 지배를 위해 불내예 지역에서 역할을 했던 존재는 사자로 귀결될 수 있기 때문이다.

3. 고구려 초기의 관명

『삼국지』 동이전에는 부여 중앙의 지배층을 중심으로 한 관명을 확인할 수 있어, 군왕이 머물렀던 왕경 곧 '국(읍)'을 정점으로 일정한 관제가 갖추어졌음을 알 수 있다.104) 부여를 비롯하여 삼국 초기의 관명은 비교적 관직과의 연계성이 약한 것으로 보인다. 사료에 나타나는 '관등'의 성격 역시 다수의 관직을 몇 단계로 구분하여 각 등급의 관직에 취임할 수 있는 자격을 나타냈던 관품官品적 성격보다는 오히려 작위爵位적인 면을 띤 것으로 이해한다.105)

부여의 관명은 그 어의나 유래 등을 감안할 때 크게 (1) 마가·우가·저가·구가 등 가축 명으로 구분되는 족장적 속성의 '가加' 관官, (2) 대사·대사자·사자 등 종속적 사역인 성격을 내포한 '사자' 관으로 구성되었음을 알 수 있다.106) 왜냐하면 '가'의 존재는 수천 가에서 수백 가에 이르는 사출도라는 세력 단위를 별도로 주관하면서 독자적으로 전쟁을 수행하는가 하면, 제가회의를 통하여 군왕인 마여를 공립共立했다고 전하기 때문이다. 이에 비하여 부여의 '사자'는 과거 족장 세력이었던 '가'의 휘하에서 수취업무 등 정치적 실무를 대신하였던 신료적 성격의 존재였다. 이는 고구려의 제대가諸大加가 스스로 두었던 사자 등의 존재를 마치 중국의 경대부卿大夫에 딸린 가신家臣에 비유한 사실에서도 미루어 짐작할 수 있다. 곧 부여의 '가' 관과 '사자' 관은 각각 그 속성이나 성립 연원에서 서로 구분되는 존재이다.

다만 대사의 경우는 기본적으로 '사자' 관에 속하는 존재이지만, 부여 국가의 성장과

---

103) 金基興, 「고구려의 성장과 대외교역」 『韓國史論』 16, 서울대학교 국사학과, 1987, p.42.

104) 『삼국지』 부여전의 '諸加'와 '使者' 중심의 관직류, 같은 책 고구려전의 '沛者', '于台(優台)' 등의 관직명이 출현하는 것은 이들 연맹왕국에 일종의 관료 조직이 등장하고 있음을 알려준다.

105) 노태돈, 「초기 고대국가의 국가구조와 정치운영」 『韓國古代史研究』 17, 2000, pp.20~21.

106) 金光洙, 「夫餘의 '大使' 職」 『水邨朴永錫教授華甲紀念韓國史學論叢』(上), 1992, p.64.

함께 국왕의 권력이 강해지면서 전통적인 '사자' 관의 신분적 한계를 넘어 '가' 관 계통의 인물이 보임되기도 하였다. 앞서 살펴본 바와 같이 서기 3세기경 '대사'는 부여 국왕 직속의 내외행정실무를 관장하였던 최고 관직으로 활동한 사실을 전하기도 하여, 전통적인 '가' 관 및 '사자' 관에서 벗어나 국왕의 집권적 행정 신료를 지향하는 존재로 생각된다. 이처럼 부여는 군왕이 등장하면서 연맹왕국 체제를 갖추어 갔고 초보적인 형태의 관료 조직을 구축했는데, 이는 곧 부여 왕권을 중심으로 한 통치체계의 모색과 맥을 같이한다.

특히 『삼국지』 고구려전에는 연맹왕국 체제를 성립시켰던 고구려의 관명으로 상가 · 대로 · 패자 · 고추가 · 주부 · 우태 · 승 · 사자 · 조의 · 선인 등이 있으며,[107] 이들 관명의 순서는 '신분의 높고 낮음에 따라 각각 등급을 두었다(尊卑各有差等級)'라고 하여 일정한 기준에 의한 등급이 반영되었음을 엿볼 수 있다. 실제로 『삼국사기』 고구려본기에는 차대왕 2년(147)에 환나桓那의 우태于台 어지류菸支留가 작위를 더하여 대주부大主簿로, 신대왕 2년(166)에 연나椽那의 조의皂衣 명립답부에게 작위를 더하여 패자沛者로, 그리고 봉상왕 3년(294) 남부의 대사자 창조리에게 작위를 올려 대주부大主簿로 삼았다고 전한다.[108] 이처럼 우태→(대)주부, 조의→패자, (대)사자→(대)주부로의 승진 사례로 보아 『삼국지』 고구려전의 관명은 나름의 서열에 의해서 제시하였음을 알 수 있다.

그런데 명립답부의 사례와 같이 작위의 승급은 대외전쟁이나 정치적 사건 등에서 행한 공훈에 대한 보상 차원에서 이루어졌다. 관등 사여와 승급에 내포된 정치적 의미는 바로 중앙의 왕실 세력과 거기에 편입된 족장 세력 간의 군신 관계가 이루어졌음을 상징한다. 이는 적어도 왕의 관등 사여 및 승급 등을 통하여 고구려 연맹체에 소속된

---

107) 『三國志』 魏書30, 東夷傳, 高句麗, "其官有相加對盧沛者古雛加主簿優台丞使者皂衣先人". 곧 국왕 아래에 相加를 비롯한 여러 관명을 소지한 존재를 확인할 수 있다.

108) 『三國史記』 卷15, 高句麗本紀3, 次大王 2年(147) "秋七月 左輔穆度婁稱疾退老 以桓那于台支留爲左輔 加爵爲大主簿 冬十月 沸流那陽神爲中畏大夫 加爵爲于台 皆王之故舊"; 같은 책, 新大王 2年(166), "拜夫爲國相 加爵爲沛者 令知內外兵馬兼領梁貊部落 改左右輔爲國相 始於此"; 같은 책, 烽上王 3年(294), "秋九月 國相尙婁卒 以南部大使者倉助利 爲國相 進爵爲大主簿".

나국 혹은 나부에 대한 결속력을 도모하고, 국왕의 지배력 관철을 강화하는 방향에서 이루어졌을 것이다.

서기 3세기경 고구려의 관제는 같은 시기 부여의 제가 · 대사 · 대사자 · 사자에 비하여 상대적으로 분화된 모습을 보인다. 국상에 비정되는 '상가', 봉작적인 성격이 강한 '고추가', 그리고 다른 기록에 나오지 않는 '승'을 제외한 나머지 관명은 대로=패자 · 주부 · 우태 · (승) · 사자 · 조의 · 선인 등 6등급으로 구성되었다고 본다.[109] 여기서 패자는 족장 출신으로 적어도 소연맹국 단계의 수장首長에서 고구려에 편입된 세력에게 지급된 관명으로 추측되며,[110] 패자와 교치交置하였던 '대로' 역시 '패자'에 준하는 같은 유형으로 볼 수 있다.

주부는 『삼국지』 고구려전에 "대가와 주부는 책을 쓴다"라고 하여 그는 대가와 비슷한 대우를 받았던 듯하지만, 대가와 서로 구분되는 존재이다. 주부의 어의는 행정업무와 연관된 관명으로 족장 출신이기보다는 왕권을 배경으로 설치된 사자使者의 속성을 지닌 것으로 보인다. 앞서 주부는 한군현의 속리로 불내예후가 거느린 관명으로 관찰되기 때문이다. 조금 더 억측하면 주부는 고구려의 경우 현도군의 지배를 겪으면서 고구려인에게 익숙해진 관직으로, 그 뒤에 고구려의 주요 관직이 되었을 가능성이 있다.[111] 특히 중국에서 주부는 외국 조서를 왕과 연명하여 받고 외교 업무를 처리하는 등 국왕 측근으로서 관직적인 성격이 강하였다.[112] 고구려의 경우 주부는 대가와 함께 공손탁公孫度의 부산적富山賊 공파 시, 그리고 조위曹魏의 공손씨 정벌 시에 대가와 함께 수천 명의 군대를 이끌고 파병된 사례가 보인다.[113] 주부의 속성과 역할 등으로 보아

---

109) 여호규, 「고구려 초기 정치체제의 성격과 성립기반」 『韓國古代史研究』 17, 2000, pp.143~144.

110) 태조왕의 명령으로 藻那와 朱那를 정벌했던 貫那部 達賈와 桓那部 薛儒는 독자적 군사력을 보유하고 동원할 수 있었던 존재로(『三國史記』 卷15, 高句麗本紀3, 太祖大王 20年; 같은 왕 22年 참조), 패자는 관나부와 환나부의 지배 세력에게 부여한 官名으로 이해된다.

111) 盧泰敦, 앞의 책, 1999, p.147.

112) 여호규, 앞의 논문, 2000, p.145.

113) 『三國志』 魏書30, 東夷傳, 高句麗, "嘉平中 伯固乞屬玄菟 公孫度之雄海東也 伯固遣大加優居主簿然人等助度擊富山賊 破之 … 景初二年 太尉司馬宣王率衆討公孫淵 宮遣主簿大加將數千人助軍".

부여의 '대사'직과 서로 맥을 같이 할 수도 있다.

우태는 계루부에 스스로 투항했던 갈사국의 왕손에게 수여된 사례로 보아,[114] 족장적인 속성을 지닌 관명으로 소국 단계의 수장에게 지급되었던 것으로 이해된다. 곧 패자와 우태는 그들이 거느린 집단의 세력 정도에 따라 주어진 관명으로 볼 수 있다. 그리고 대가가 스스로 두었던 사자·조의·선인은 적어도 소연맹국 단계에서 설치되었던 관명으로 하급행정·군사요원 등에게 주어진 것으로 짐작된다. 특히 고국천왕 13년(191)에 대사자를 수여 받은 안류鋤留, 동천왕 20년(246)에 구사자와 대사자를 각각 사여받았던 유유紐由와 다우多優 부자, 봉상왕 3년(293) 국상에 임명된 대사자 창조리 등의 사례는 고구려의 사자가 서기 2세기 말 이후 대사자 등으로 분화되면서 왕권을 뒷받침하는 주요 관직으로 자리해 갔음을 유추할 수 있다.

이상에서 살펴본 고구려 초기의 관명은 크게 (1) 족장적 속성의 상가·고추가·대로·패자·우태, (2) 종속적 사역 속성의 주부·(승)·사자·조의·선인 등으로 분류할 수 있다. 그리고 (1)은 다시 대가(相加·古雛加·對盧·沛者)와 소가(優台)로 구분할 수 있으며, (2)는 고위 행정관리(主簿)와 하급 행정관리(使者·皁衣·先人) 등으로 나눌 수 있다. 그렇다면 (2)의 주부·사자·조의·선인은 소국 및 소연맹국 단계에 설치되었던 관명으로 보이며, 거기에 더해 (1)의 대로·패자·우태는 그 뒤 소국이나 소연맹국의 수장을 중앙에 편제하는 방식으로 설치하여 고구려 연맹왕국의 관제를 성립시켰던 것으로 보인다. 이를 부여의 관명과 함께 앞서 살펴본 고조선·동예 등의 관명과 연결하여 정리하면 <표 2>와 같다.

<표 2> 초기국가 관명의 계통적 이해

국명	관명		시기 (발전단계)
고조선	(朝鮮侯)	大夫	B.C.4세기 후반 이전 (소연맹국 단계)
	博士(제후적 직임)/相, 神王/장군	大臣	B.C.2세기 초~말 (연맹왕국 단계)
동예	侯, 邑君(渠帥)	功曹·主簿·諸曹	A.D.1~3세기 (소연맹국 단계)

---

114) 『三國史記』 卷15, 高句麗本紀3, 太祖大王 16年 참조.

국명	관명				시기 (발전단계)
부여	大加(마가·우가·저가·구가)/小加		大使	大使者·使者/豪民	A.D.2세기 말~3세기 (연맹왕국 단계)
고구려	相加·古雛加	對盧=沛者, 優台	主簿, (丞)	使者·皂衣·先人	A.D.3세기 (연맹왕국 단계)
	'兄'계 관등		'使者'계 관등		
성격	중요 국무(諸加會議)		고급 행정관리	하급 행정관리	
	족장적 속성 (대·소국의 장/대·소가)		종속적 사역 속성		

Ⅳ. 맺음말

고조선 이래 정치사회의 역사적 경험은 부여를 비롯한 삼한 등지에 직·간접적으로 영향을 주었다. 또한 한군현의 통치체제를 경험하면서 그 조직이나 관명은 부여를 비롯하여 동예 및 고구려 등 삼국 초기에 원용하기도 하였다. 이러한 이해를 바탕으로 삼한에 이웃한 부여의 관제 성립과 그 계통적 이해에 접근하여 보았다. 그 내용을 정리하면 다음과 같다.

초기국가의 발전과정에서 소연맹국 단계의 삼한 대국이 연맹권역을 확대하면서 성장한 모습은 연맹왕국 체제를 성립시킨 부여의 사회상을 통해서 확인할 수 있었다. 이에 따라 부여 초기의 왕이 대두하는 과정은 삼한 대국의 국읍 주수가 정치적으로 성장하는 데서 찾을 수 있어 양자는 서로 맥을 같이하는 존재였다. 곧 삼한의 대국이 연맹왕국 단계로 성장할 경우, 국읍 주수는 자신의 세력 기반을 떠나서 부여의 왕경에 거주한 제가층으로 나타나게 되었고, 그들 가운데 최고 정점에 자리한 존재가 바로 부여의 '군왕'이라고 할 수 있다. 한편 읍락의 호민은 예비 관료군의 성격을 갖는데, 이들은 고구려에서 대가가 스스로 두었던 사자·조의·선인과 연결될 수 있다.

부여의 제가층은 그들이 별도로 관할하던 세력 기반인 사출도의 크기에 따라 구분되었다. 곧 부여의 제가층은 그 세력 기반에 따라 고구려의 대가와 소가로 분화되었다. 소연맹국의 지배자가 대가로 편제되었다면, 소가로 편입된 부류는 소국이나 읍락의 거수들 가운데 중앙으로 진출한 존재였다. 연맹왕국의 통치체제는 점차 연맹왕을 정점으로 하는 일원적인 지배체제를 지향해 갔다. 또한 지방에 대한 통치도 제가를 통한 간접적인 통제방식에서 벗어나 점차 직접적인 방식을 모색하면서 지방통치조직을 정비해 갔을 것이다.

고조선의 관명은 조선후의 칭왕 사실 이후에 처음 확인되며, 말기에는 앞선 시기보다 다양한 관명을 보여준다. 고조선의 관명은 실제 고조선 고유의 통치체계에 바탕을 둔 것이지만, 그것을 기록한 사마천의 관점에서 중국식 관명에 맞춘 것으로 이해된다. 먼저 제후적 존재로 그려진 박사 위만의 직임은 뒤이어 등장하는 족장적 연원의 '상' 또는 '장군'의 관명과 맥이 닿는다. 위만조선은 족적 유대감이 강한 단위 정치체의 대소족장 세력을 연맹·결속하면서 중앙의 지배 신분층으로 편제했던 연맹왕국을 성립시켰다. 곧 고조선의 지배체제는 부여·고구려의 '대가'와 같은 존재인 '상'직과 '장군'직을 중심으로 편제되었다. 당시 '상'이라는 관명을 가진 인물은 적어도 읍락이나 성읍국가 규모의 독자적인 세력 기반을 가진 족장 출신으로 장군 또한 상과 더불어 재지 기반을 가진 족장적 속성의 일면을 가졌다.

동예는 중국 군현과 고구려 등 주변 강대국의 간섭과 견제로 인적·물적 수탈을 강요당하였으며, 동예 읍락 거수의 관명을 비롯하여 불내예국의 속리제에 직·간접적으로 영향을 주었다. 동예 읍락의 거수들이 소지했던 후·읍군·삼로 등의 관작은 그들의 현실적인 세력 크기와 우열에 따른 차등 반영으로 이해된다. 또한 동부도위가 관할한 영동 7현의 존재는 동예지역에 삼한의 소국에 비견되는 정치체가 7개 이상 있었으며, 그 가운데 치소였던 불내현은 유력한 세력으로 부각된다. 실제로 불내예후는 공조·주부 등의 속리를 거느리면서 후국의 면모를 유지하여 동예 사회의 정치적 성장을 알려준다. 한군현 지배시기 영동 7현에 갖추어졌던 속리제는 동부도위가 폐지되면서 대부분 무너졌지만, 불내예국은 정치적 통합의 진전과 함께 통치에 필요한 독자적인 관제를 운용하면서 과거 속리제의 틀을 활용했다. 특히 불내후는 다시 불내예왕으로 임명되어 불내예국은 동예지역의 유력한 정치세력으로 삼한의 대국에 비정할 수 있으며, 그 속성은 부여나 고구려의 대가가 거느린 사자·조의·선인과 맥이 닿는다.

부여의 '가加' 관官과 '사자使者' 관의 성립 연원은 각각 족장적 속성과 그에 딸린 사역적 속성을 지닌 존재로 구분할 수 있다. '대사'의 경우 기본적으로 '사자' 관에 속하지만 부여의 국가적 성장과 함께 부여 왕 직속의 내외행정실무를 관장하였던 최고 관직으로 전통적인 '사자' 관의 신분적 한계를 넘어 '가' 관 계통의 인물이 보임되기도 하였다. 『삼국지』 고구려전의 관명은 나름의 서열에 의해 제시된 '관등'의 속성을 지녔다. 고구려왕은 관등 사여 및 승급을 통하여 고구려 연맹체에 소속된 나국 또는 나부에 대한 결속력을 도모하고, 국왕의 지배력 관철을 강화하였다. 고구려 초기의 관명으로 상가 · 고추가 · 대로 · 패자 · 우태는 족장적 속성을 지닌 부여의 '가' 관에, 그리고 사역적 속성의 주부 · (승) · 사자 · 조의 · 선인은 부여의 '사자' 관에 연결된다. 특히 주부 · 사자 등은 소국 및 소연맹국 단계에 설치되었던 관명으로, 그 뒤 대로 · 패자 · 우태는 소연맹국의 수장을 중앙에 편제하는 방법으로 설치하여 고구려의 관제를 갖추어 갔던 것으로 추정된다.

제4편 제2장

삼한 이웃의 사회상,
동예의 읍락과 사회

Ⅰ. 머리말

『삼국지』 동이전에 보이는 읍락邑落은 동예東濊 지역을 비롯한 한반도 및 만주 일대에 널리 분포하여, 동이 사회를 이루는 기본적인 취락 단위로 주목받았다. 읍락에 대한 이해는 일찍이 삼한의 전체적인 사회상을 조망하면서 '읍락' 용어의 어의語義에 관심을 두고 접근하거나,[1] 하호下戶를 비롯한 제가諸加, 호민豪民 등 관련 구성원들의 성격 문제를 검토하는 과정에서 그들의 활동 기반으로서 꾸준한 관심을 가졌다.[2] 읍락은 삼한 사회를 구성하는 주요 정치체로서 '국國' 혹은 '국읍國邑', 종교 의식과 관련된 '별읍別邑' 등에 관한 연구를 진행하면서,[3] 이들의 성립 연원이나 비교의 기준이 되는 존재로 중

1) 李丙燾,『韓國史(古代編)』, 震檀學會, 1959;『韓國古代史研究』, 博英社, 1976, p.279; 과학백과사전출판부,『조선전사2(고대편)』, 1979, p.174.
2) 武田幸男,「魏書東夷傳にみえる下戶問題」『朝鮮史研究會論文集』3, 朝鮮史研究會, 1967;『古代の朝鮮』, 學生社, 1974; 洪承基,「1~3世紀의 '民'의 存在形態에 대한 一考察 -所謂 '下戶'의 實體와 關聯하여-」『歷史學報』63, 1974; 金光洙,「高句麗 前半期의 '加'階級」『建大史學』6, 1982; 文昌魯,「三國時代 初期의 豪民」『歷史學報』125, 1990.
3) 李賢惠,「三韓의 國邑과 그 成長에 대하여」『歷史學報』69, 1976;「馬韓 小國의 形成에

요하게 취급했다. 곧 읍락은 삼한 소국을 구성하는 단위집단으로 주목했으며, 전통적으로 고수된 공동체적 성격 또한 강조되었다.

읍락 사회가 시대적 소산이라고 할 때, 읍락의 변천 과정은 개별 읍락에 국한된 문제가 아닐 것이다. 곧 읍락은 우리나라 고대의 국가 형성과정과 표리관계에 있는 단위집단으로 상정하고, 읍락에 대한 본격적인 해명을 시도하여 읍락의 성립과 변화, 구조와 성격 등 그 역사적 실체에 구체적으로 접근했다.[4] 그리하여 읍락은 고대국가 형성과정의 단계별 변화상을 해명하는 데 실마리를 제공하는 존재이자, 서기 3세기경 한국고대의 사회상을 이해하는 기본적인 사회구성 단위로 부각되었다.

한편 동예 사회에 관한 연구는 『삼국지』 동이전을 바탕으로 동예의 기원과 위치, 역사적 전개 과정, 그리고 사회와 문화에 접근하면서 그 실상을 개관한 바 있다.[5] 또 낙랑군을 비롯한 한군현의 대토착민 정책이나 고구려의 대복속민 정책, 그리고 동예 사회의 성장에 따른 대외관계의 변화와 사회상에 접근하기도 했다.[6] 이밖에 동예의 읍락

대하여」 『歷史學報』 92, 1981; 金貞培, 「三韓社會의 '國'의 解釋 問題」 『韓國史研究』 26, 1979; 白南郁, 「三國志 韓傳의 '國'에 관한 問題」 『白山學報』 26, 1981; 權五榮, 「三韓社會 '國'의 구성에 대한 고찰」 『韓國古代史研究』 10, 1995; 「三韓 國邑의 기능과 내부구조」 『釜山史學』 28, 1995; 金貞培, 「蘇塗의 政治史的 意味」 『歷史學報』 79, 1978; 金杜珍, 「三韓 別邑社會의 蘇塗信仰」 『韓國古代의 國家와 社會』, 일조각, 1985; 宋華燮, 「馬韓蘇塗의 構造와 機能」 『韓國宗敎』 17, 1992.

4) 金杜珍, 「三韓時代의 邑落」 『韓國學論叢』 7, 1985; 盧重國, 「韓國 古代의 邑落의 構造와 性格 -國家形成過程과 관련하여-」 『大丘史學』 38, 1989; 『백제사회사상사』, 지식산업사, 2010; 文昌魯, 「三韓時代의 邑落社會와 그 變遷過程」 『國史館論叢』 74, 1997; 『삼한시대의 읍락과 사회』, 신서원, 2000.

5) 李丙燾, 「沃沮와 東濊」 앞의 책, 朴英社, 1976; 李基東, 「城邑國家와 聯盟王國」 『韓國史講座 1(古代篇)』, 一潮閣, 1982; 日野開三郎, 「東濊考」 『日野開三郎 東洋史學論集 第14卷』, 三一書房, 1988; 朴京哲, 「옥저·동예·읍루」 『한국사2』, 한길사, 1995; 李成市, 「濊族の生業とその民族的性格」 『朝鮮社會の史的展開と東アジア』, 山川出版社, 1997; 金澤均, 「東濊考 -강릉 예국설과 관련하여-」 『강원문화연구』 16, 1997; 李賢惠, 「동예의 사회와 문화」 『한국사4』, 국사편찬위원회, 1997; 김창석, 「4세기 이전 한반도 중부지역의 정치체와 정세변동; 문헌자료를 중심으로」 『고고학』 13-2, 중부고고학회, 2014; 김재홍, 「生業으로 본 韓과 濊의 종족적 특성」 『韓國古代史研究』 79, 2015.

6) 權五重, 『樂浪郡研究』, 一潮閣, 1992; 윤내현, 『한국열국사연구』, 지식산업사, 1998; 盧泰敦, 『고구려사 연구』, 사계절, 1999; 文安植, 『한국고대사와 말갈』, 혜안, 2003; 「東濊의 성

에서 이루어진 호신虎神 숭배 현상에 주목하여 호신의 성격과 그 역사적 의미를 무천舞天 의례와 결부시켜 살펴보면서, 동예 사회의 발전단계를 보다 구체적으로 가늠해 보기도 했다.[7]

동예를 비롯한 한국 고대의 읍락사회를 둘러싼 안과 밖의 여러 문제를 해명하기 위해서는 읍락의 성립과 그것을 거느린 사회의 역사 전개에 따른 변화상, 읍락의 분화과정에서 대두하는 국, 국읍, 별읍과의 상호관계, 중국 군현을 비롯한 외부 세력과 읍락의 관계, 읍락의 공동체적 유대감을 고조시켰던 신앙 및 제의 양상, 구성원의 계층분화를 비롯한 읍락의 사회상 등에 대한 탐색이 필요할 것이다.

동예는 일찍이 위만조선衛滿朝鮮에 속했다가 고조선 멸망 이후 중국 군현과 빈번하게 접촉했으며, 고구려와 풍속 및 언어가 같다고 하여 동예는 고구려와도 긴밀한 관계에 있었다. 동예는 중국 군현과 고구려의 간섭을 번갈아 받다가, 낙랑군이 퇴축된 뒤에는 고구려의 세력권에 편입되었다.[8] 동예의 역사적 전개 과정은 고조선을 비롯하여 중국 군현 및 고구려 등 주변 세력의 부침과 긴밀히 연동되었기 때문에, 읍락의 변천에 따른 제반 사정을 살펴보는데 유효한 대상으로 취급할 수 있다. 또 읍락의 거수渠帥에서 성장한 불내예후不耐濊侯는 공조工曹 · 주부主簿 등의 속리屬吏를 두어 불내예국不耐濊國을 이끌었기 때문에, 동예지역의 읍락 분화와 지배 세력의 위상을 가늠하는데 주목되는 존재이다. 동예의 읍락 사이에 이루어진 '책화責禍'의 습속은 공동체적 면모를 엿볼 수 있으며, 그 배상물로서 우마牛馬와 함께 거론된 '생구生口'의 존재는 읍락 내의 계층분화와 무관하지 않다. 산천山川을 중시했던 사실이라든가 '동성불혼同姓不婚'의 혼인 풍속 문제, 무천 행사와 함께 이루어진 호신 숭배 등은 읍락 단위의 사회 경제 및 종교

장과 대외관계의 변화」『한국 고대사연구의 현단계』, 주류성출판사, 2009; 임기환,『고구려 정치사연구』, 한나래, 2004; 김현숙,『고구려의 영역지배방식 연구』, 모시는사람들, 2005; 오영찬,『낙랑군연구』, 사계절, 2006; 김미경,「高句麗의 沃沮方面 服屬過程과 扶餘關係」『고구려전기 대외관계 연구』, 연세대학교 박사학위논문, 2007; 정상민,「영동예 사회의 존재 양태와 주변국과의 관계」, 제108회 한국고대사학회 정기발표회, 2009; 李宗祿,「고구려의 東沃沮 정벌과 樂浪郡」, 고려대학교 석사학위논문, 2014.

7) 徐永大,「東濊社會의 虎神崇拜에 대하여」『歷史民俗學』2, 1992; 崔光植,『고대한국의 국가와 제사』, 한길사, 1994; 金杜珍,『韓國古代의 建國神話와 祭儀』, 一潮閣, 1999; 文昌魯,「東濊 邑落社會의 虎神信仰」『韓國學論叢』30, 2007.

8)『三國志』濊傳.

활동 등 읍락 사회의 실상을 살펴보는 데 도움이 될 것이다.

본고에서는 동예 사회의 기본적인 구성단위로 주목되는 읍락의 실상과 변천, 그리고 그 사회적 성격을 밝혀서 그것이 우리나라 고대의 국가 형성과정에서 차지했던 역사적 성격을 음미하려고 한다. 이를 위해 먼저 『삼국지』 동이전에 등장하는 읍락의 모습과 그 변천 과정을 정리하여 논지 전개의 바탕으로 삼고자 한다. 그런 다음 동예지역에서 영동 7현 가운데 유력한 세력으로 대두했던 불내예국과 그 지배자였던 불내예후의 정치적 위상을 부각하여 동예 사회의 발전단계를 살펴보려고 한다. 이를 바탕으로 동예 읍락 사회의 호신 숭배 및 계층분화 양상 등에 접근하여 그 사회상의 일면을 엿보려고 한다. 그리하여 동예 읍락의 사회상을 부여나 고구려의 그것과 비교하여, 우리나라 고대의 국가 형성과정에서 차지하는 역사적 위상을 가늠해 보려고 한다.

II. 읍락의 이해 방향

1. 용례와 성격

읍락의 사전적인 정의는 촌락村落, 부락部落 등과 같은 범주의 취락聚落 집단으로, 그것은 '각자유장各自有長'하는 존재가 이끄는 세력 단위로 추정할 수 있다.[9] 실제로 『삼국지』 동이전에 보이는 읍락과 관련된 다음 사료를 통하여 동이 사회 전역에 산재했던 읍락의 모습과 그 실체에 대한 대강을 그려볼 수 있다.

⑴ 國(邑)에는 君王이 있고, 모두 六畜의 이름으로 官名을 정하여 馬加·牛加·豬加·狗加·大使·大使者·使者가 있다. 邑落에는 豪民이 있으며, 下戶라 불리는 백성은 모두 奴僕이 되었다. 諸加들은 별도로 四出道를 주관하는데, 큰 곳은 수천家이며 작

---

9) 읍락의 사전적 용례는 ①村落. 村里. 邑里. (說文)聚, 一曰 邑落曰聚. (殷注)按, 邑落, 謂邑中村落. (說文通訓定聲)今曰 村曰 鎭, 北方曰 集, 皆是. (吳志, 黃蓋傳)餘皆奔走盡歸 邑落. ②部落. (後漢書, 東夷, 夫餘國傳) 其邑落皆主屬諸加. (北史, 勿吉國傳)勿吉國, 在高句麗北, 一曰 靺鞨, 邑落各自有長(이상, 諸橋轍次 著, 『大漢和辭典』 卷11, 1985, p.212).

은 곳은 수백家였다(부여전).

(2) 그 백성들은 노래와 춤을 좋아하여, 나라 안의 읍락(國中邑落)마다 밤이 되면 남녀가 떼 지어 모여서 서로 노래하며 유희를 즐긴다. … 建安 연간(A.D.196~219)에 公孫康 이 군대를 보내어 그 나라(고구려)를 공격하여 격파하고 읍락을 불태웠다(고구려전).

(3) 戶數는 5천인데, 大君王은 없으며 邑落에는 각각 대를 잇는 長帥가 있다. … 옥저의 여러 읍락 渠帥들은 모두 스스로를 三老라 일컬으니, 그것은 옛(漢나라) 縣國이었을 때의 제도이다. … 毌丘儉이 고구려를 토벌할 때 고구려 王인 宮이 옥저로 달아났으 므로 (毌丘儉은) 군대를 진격시켜 그를 공격하였고, 이에 沃沮의 邑落도 모두 파괴되 고, 3천여 명이 목 베이거나 포로로 사로잡히니 宮은 北沃沮로 달아났다. … 挹婁는 배를 타고 다니며 노략질하기를 좋아하므로 北沃沮는 그들을 두려워하여 여름철에 는 언제나 깊은 산골짜기의 바위굴에서 살면서 수비하고, 겨울철에 얼음이 얼어 뱃길 이 통하지 않으면 下山하여 村落에서 산다(동옥저전).

(4) 大君長은 없고 邑落마다 각각 大人이 있다. 항상 山林 속에서 살며 穴居생활을 한다. 大家는 그 깊이가 9계단이나 되며, 계단이 많을수록 좋다고 여긴다. 그 지방의 기후는 추워서 夫餘보다 혹독하다. … 東夷들은 음식을 먹을 적에 대부분 俎豆를 사용했으 나, 오직 挹婁만은 그렇지 못했으니, 법도나 풍속이 가장 기강이 없었다(挹婁전).

(5) 大君長이 없고 漢代 이래로 侯·邑君·三老의 관직이 있어서 下戶를 통치하였다. … 그 풍속은 山川을 중요시하여 산과 내마다 각기 부분이 있어 함부로 들어가지 않는 다. 同姓끼리는 결혼하지 않는다. … 읍락끼리 서로 침범하면 반드시 벌로 生口와 牛 馬를 부과하는데, 이를 責禍라고 한다(예전).

(6) 王莽의 地皇 연간(A.D.20~23)에, 廉斯鑡가 辰韓의 右渠帥가 되어 樂浪의 土地가 비 옥하여 사람들의 생활이 풍요하고 안락하다는 소식을 듣고 가서 항복하기로 작정했 다. 그가 살던 邑落을 나오다가 밭에서 참새를 쫓는 남자 한 명을 만났는데, 그 사람 의 말은 韓人의 말이 아니었다. 그 이유를 물으니 남자가 말하기를, "우리는 漢人으 로 이름은 戶來이다. 우리들 천 5백명은 材木을 벌채하다가 韓의 습격을 받아 포로가 되어 모두 머리를 깎이고 노비가 된 지 3년 되었다"고 했다(韓傳 所引, 『魏略』).

(7) 그 풍속은 기강이 흐려서, 國邑에 비록 主帥가 있으나 邑落이 뒤섞여 살기 때문에 제 대로 다스리지 못했다. 跪拜하는 禮 또한 없다. … 國邑에 각각 한 사람씩을 세워서 天神의 제사를 주관하게 하는데, 이를 天君이라 부른다. 또 여러 國에는 각각 別邑이 있으니 그것을 蘇塗라고 한다. … 弁辰도 12國으로 되어 있고 또한 여러 小別邑이 있 어 각각 渠帥가 있다(한전).

(1)에서 읍락은 '국유군왕國有君王'에 대비되는 '읍락유호민邑落有豪民'으로 보아 부여 중앙의 왕경과 구분되는 지방의 취락집단으로 보인다. 부여의 읍락은 사출도四出道 구성과 관계 깊은 존재로서, 사출도의 규모를 산정하는 '가家' 혹은 인구수를 전하는 '호戶'를 기초단위로 구성되었을 것이다. 그러할 경우 부여사회의 구성단위는 '家(戶, 落)→邑落→四出道(部)'로 이루어졌을 법하다.[10] 또 부여 읍락에 거주했던 구성원으로서 호민을 비롯한 민(하호), 노복 등은 읍락 내의 계층분화를 뚜렷하게 보여준다.

(2)에서 고구려는 '국중읍락國中邑落'이라 하여 '국읍' 혹은 '나라(國) 안의 읍락'으로 이해될 수 있다. 물론 건안建安 연간(196~219)에 공손강公孫康의 군대가 '기국其國' 곧 고구려를 공격하여 격파하고 '읍락'을 불태웠다는 사실을 통해서, '국중읍락'은 고구려 내에 있는 읍락으로 해석할 수 있다.

(3)에서 각 읍락에 있던 거수는 대대로 그 자리를 세습했다고 하여, 읍락은 지배자인 거수가 이끌어갔던 정치체로 이해될 수 있다. 또한 읍락은 관구검의 고구려 침략 여파로 모두 파괴되었다고 하여, 전통적으로 고수되었던 공동체적인 면모가 흐트러졌을 것이다.

(4)에서 대군장大君長이 없었던 읍루는 읍락에 각각 대인大人이 있었다. 혈거 생활이라는 주거 양식과 조두俎豆를 사용하지 않고 법속法俗에 기강이 없음을 특기하여, 읍루 사회의 후진적인 면과 함께 읍락의 원초적인 모습을 상정할 수 있다. 황초黃初 연간(220~226)까지 지속된 부여의 간섭과 수탈은 읍루 사회의 성장을 방해했을 것이고, 이로 인해 읍루의 읍락은 비교적 공동체적인 성격을 강하게 존속했을 법하다.

(5)에서 대군장이 없었던 동예는 후侯 · 읍군邑君 · 삼로三老 등의 거수층이 세력 크기에 따라 분화되었음을 엿볼 수 있어, 거수층에 딸린 읍락의 성장과 분화를 예상할 수 있다. 산과 내를 경계로 하는 읍락 사이에 침범할 경우, 경제적 배상으로 '책화'라고 하는 촌락공동체적인 유습이 이루어졌다. 동예에는 산천을 경계로 하는 복수의 읍락들이 각각 독자적인 생활영역을 갖고 있었음을 알 수 있다.

---

10) 오환과 선비사회는 '落→邑落→部'로 구성되었던 것으로 상정한다(金浩東, 「北아시아 遊牧國家의 君主權」 『東亞史上의 王權』, 한울아카데미, 1993, p.126). '落'은 유목민들의 가구를 세는 단위로 이동식 천막을 지칭하는데, 오환의 유목민 1戶는 평균 7인으로 대략 2~3호의 窮廬群에 속한 20여 명이 하나의 落을 구성한다고 본다(內田吟風, 『北아시아史研究(鮮卑 · 柔然 · 突厥篇)』, 同朋舍, 1975, pp.33~34; 이상 동북아역사재단 편, 『譯註 中國 正史 外國傳(三國志 · 晉書 外國傳 譯註)4』, 2009, p.36에서 재인용).

일반적으로 공동체적인 성격을 언급할 때, '공동체'가 갖는 사전적 의미는 특정한 사회적 공간에서 공통의 가치와 유사한 정체성을 가진 사람들의 집단으로 규정되며, 그 핵심적인 요소로는 지리적 공간, 사회적 상호작용, 공동의 연대를 꼽는다.[11] 촌락공동체는 구성원의 공통적인 이해와 관심에 의해 이루어지는 자급자족의 폐쇄적 사회로서, 촌락 내에 거주하는 공동체 성원은 공동체적 규제를 받으며 생활한다.[12] 곧 촌락공동체에서는 삼림과 하천 인근의 공유지, 수리시설, 공유의 재산, 씨족신 등에서 공동체적 규제나 공동체 의식을 확인할 수 있다는 것이다.

(6)과 (7)에서 삼한 사회의 구성단위로 읍락은 물론 국읍 및 별읍, 소별읍, 국 등 여러 정치체가 확인된다. 곧 삼한에는 일정한 등차를 알려주는 읍락, 국읍, (소)별읍, 국(소국·대국) 등의 정치세력들이 병존했던 것으로 나타난다. 읍락은 국읍, 별읍 등과 함께 '국' 내부에 존재했던 취락집단이자 구성단위로 이해된다. 물론 읍락은 국 혹은 국읍에 비해서 상대적으로 규모가 작거나 하위의 세력 단위라고 유추할 수 있다. 이들은 각기 독자적인 세력범위를 갖고 성장하면서, 다른 한편으로는 상호 간 통합과 복속, 결속과 이탈의 과정을 밟아갔을 것으로 예상된다. 또한 읍락의 거수 중에는 어떠한 계기가 주어지게 되면, 자신의 읍락으로부터 이탈하는 경우도 있었다. 비록 국읍에 주수가 있지만 읍락이 섞여 살아 잘 제어하지 못한다고 하여, 국읍 주수의 읍락에 대한 통제력에 일정한 한계가 있었다. 이때 삼한의 읍락은 국읍의 통제로부터 비교적 자신의 독자적인 성격을 강하게 유지했던 모습을 보이기도 한다.

일찍이 읍락은 소국 단계 이전의 촌락사회(酋長社會)로 상정하였으며, 신석기시대 말부터 독자적인 운동력을 가졌던 취락 단위로 설정했다. 읍락은 구성원 간에 동일한 혈족집단血族集團 인식을 가졌던 씨족사회에 기반했던 것으로 추정했다.[13] 실제로 읍락은 사로국 형성 이전의 사로 6촌에 해당하는 존재이며 그 안에 '씨족장이 거주했던 큰 마을(town)-가계장家系長이 거주하던 마을(village)-소가계 집단의 거주취락

11) 「공동체(community)」(『한국민족문화대백과사전』 ; http://100.daum.net/encyclopedia/view/14XXE0004262).

12) 「촌락공동체(Village community, Dorfgemeinde)」(『철학사전』, 중원문화, 2009; 『두산백과』 ; http://terms.naver.com/entry.nhn?docId=1147168&cid=40942&categoryId=31630).

13) 李鍾旭, 『新羅國家形成史硏究』, 一潮閣, 1982, pp.20~38.

(hamlet)'의 3단계로 구분되는 수십 개의 마을로 구성되었다는 것이다. 그리하여 읍락의 구성은 여러 개의 가계 집단으로 만들어진 몇 개의 혈통(lineage) 집단으로 이루어졌으며, 그것을 거느리는 씨족장이 읍락의 거수라고 보았다.[14]

한편 진한 사로국의 6촌이 각각의 시조 전승을 가진 것에 주목하여, 6촌의 실체는 혈연적으로 공통된 계보 의식을 갖는 집단으로 상정했다.[15] 읍락은 본래 혈연적인 유대감을 바탕으로 하는 촌락공동체적인 성격을 지녔기 때문에, 소속 읍락원의 공동 참여라는 운영원리가 작용하는 취락 단위로 이해된다. 읍락에는 구성원의 주거지는 물론 생업 활동과 관련된 공간으로 농경지와 천변川邊, 산곡山谷 등을 포함했는데,[16] 대외적으로 천변이나 산골짜기 등을 경계로 하는 활동공간은 개별 읍락의 독자적인 성격을 지키면서 자급자족의 경제생활을 영위하는 토대가 되었다. 읍락 단위의 자급자족 생활이 가능하기 위해서는 일차적으로 읍락민의 삶과 직결된 생활용수 및 경작지 확보, 지형과 방어 상의 편의, 교통 등 안정적인 생업 활동에 적합한 입지를 우선하여 선택했을 법하다.[17]

읍락은 혈연적 유대를 바탕으로 형성된 취락 단위였지만, 삼한 시기에는 이미 정치적 세력 단위로 성장하였다. 복수의 소규모 취락들로 구성된 읍락이 자기 완결성을 가진 하나의 단위집단으로 기능할 수 있었던 것은 혈연적인 유대만으로는 설명할 수 없으며, 읍락의 경제적 생산활동과 종교적 의식 행사 등을 통해서였다고 본다.[18]

『삼국지』 한전에 보이는 읍락의 원초적인 상태는 소국의 성립과정에서 파악되는 청동기를 사용한 대소 규모의 세력 집단에 비정하였다.[19] 곧 청동기문화를 배경으로 대

---

14) 金杜珍, 「三韓時代의 邑落」『韓國學論叢』 7, 1985, p.29.

15) 李賢惠, 『三韓社會形成過程研究』, 一潮閣, 1984, pp.121~122.

16) 金杜珍, 앞의 논문, 1985, pp.18~24.

17) 吳洪晳, 『聚落地理學』, 教學研究社, 1989, pp.286~338.

18) 철과 소금에 대한 읍락단위의 재분배는 물론, 농경과 관련한 수리시설의 개발·유지를 위해 여러 취락들로 구성된 읍락은 그 자체가 하나의 완결된 경제적 단위이며, 또한 읍락단위로 이루어진 책화의 공동배상이나 농경의례를 통한 종교적 단위로서 개별 읍락은 각각 완결성을 가졌던 세력단위로 이해된다(權五榮, 「三韓社會 '國'의 구성에 대한 고찰」『韓國古代史研究』 10, 1995, pp.44~46).

19) 李賢惠, 앞의 책, 1984, pp.114~120.

두한 삼한의 읍락은 형성 초기 단계에 평균 500~600호 미만의 정치체로 간주하였다. 읍락은 분화하여 삼한 소국의 기본적인 구성단위로 편제되는 경우, 그 규모는 약 1,000호 미만으로 추정했다. 또한 사로국의 6촌 관련 시조 전승에서 '성씨姓氏'는 비록 후대의 표현방식이지만, 각 촌이 동일한 성씨와 시조로써 서로 구분되는 집단이라는 점에서 읍락(촌)은 사회적으로 공동의 시조를 내세우는 의제적擬制的인 혈연집단으로 이해된다.[20] 나아가 각 읍락은 생산활동을 전개하는 공동의 경제영역을 갖고 독자적인 교역을 수행하는 개별적인 경제단위로 파악했다. 자연 각 읍락은 공간적으로 경제활동은 물론 각종 사회활동이 보장되는 고유영역을 지녔던 것으로 보았다.

2. 성장과 변천

읍락은 주변 읍락들과 교류하면서 관계를 맺어갔다. 족외혼은 씨족 내부의 범위를 넘어서 다른 씨족 혹은 다른 집단과의 혼인으로 상정할 수 있는데, 그것은 혈연적인 유대를 바탕으로 하는 읍락 간의 교류 및 유대를 다지는 연결 고리로 작용하면서 읍락의 외연을 확장해 갔을 가능성이 크다.[21] 읍락 사이에 전개된 물자의 교환 역시 경제적 측면에서 읍락 간의 결속력을 높였다.[22] 읍락 간의 유대와 결속은 개별 읍락을 넘어 활동 공간을 확장하면서 소국의 성립으로 귀결되었다. 삼한 소국의 성립은 이 지역에 산재한 읍락들이 철기 문화의 확산과 유이민의 이동이라는 정치·문화적 변화에 대응하여, 큰 읍락을 중심으로 통합되면서 지연地緣에 바탕을 둔 보다 확대된 정치집단으로 전개

---

20) 이와 함께 읍락 가운데는 부분적으로 Chiefdom의 일반적인 성격을 충족시킬 수 있는 집단이 존재했다고 본다. 그 특징으로 사회적 신분 면에서 서열이 존재하는 불평등사회이고, 종교적으로 제정일치적인 사회이며, 동일한 시조를 내세우는 족적 기반이 강한 집단 등을 꼽았다(李賢惠, 앞의 책, 1984, pp.121~124).

21) 盧泰敦, 「『三國志』濊傳」『中國正史朝鮮傳譯註 1』, 國史編纂委員會, 1987, p.280에서는 "部落外婚·同姓不婚 등 일정한 단위집단 바깥에서 배우자를 구하는 것은 집단 간의 연계관계를 통해 용이한 물품교환 및 상호안전을 도모하려는 데에서 비롯되었다"라고 풀이했다.

22) 鄭璟喜, 「先三國時代 社會와 經濟」『東方學志』41, 1984;『韓國古代社會文化研究』, 一志社, 1990, p.96.

되는 과정에서 찾았다.[23]

　삼한 지역에서 국읍은 읍락 가운데 규모가 크거나 혈연적으로 종宗에 해당했던 존재로 읍락 간의 등차화 과정에서 대두한 것으로 본다.[24] 대체로 서기 2세기 이후 삼한 사회는 국읍을 중심으로 읍락 간의 통합이 활발하게 진행되어 '소국'이라는 정치체를 성립시켰던 것으로 이해된다. 곧 소국은 국읍을 중심으로 주변의 읍락들이 결합한 2차적인 정치체로 볼 수 있다. 이와 관련하여 국읍은 경제적 측면에서 농업생산, 철·소금 등 기초물자의 확보, 정치 군사적 측면에서 공동방어 및 전쟁 수행의 주도, 종교적 측면에서 제의권 장악 등의 주요 기능을 하면서 삼한의 '국'을 단위 정치체로서 형성·유지·발전시켰던 것으로 추론했다.[25] 그래서인지 국읍은 때로 국으로 파악되기도 했다. 『삼국지』 왜인전에는 "왜인은 대방군 동남쪽의 큰 바다 가운데 살고 있는데, 산이 많은 섬에 의지하여 국읍을 이루었다. 이전에는 100여 국이었는데 …"라고 하여[26] '국읍'을 '국'과 연계하여 인식했음을 알 수 있다.

　삼한의 소국들은 대부분 크고 작은 읍락들을 포괄하는 지연집단으로서 단일한 지배자를 세우고 대외적으로 통합된 정치체로 기능하였고,[27] 각기 고유의 '국명國名'으로 서로 구분되었다. 실제로 『삼국지』 한전에는 삼한을 구성하는 제소국의 구체적인 위치나 내용을 전하지 않지만, 마한과 진·변한에 소속된 개별 소국에 대한 국명을 열거하였다. 이와 같은 현상은 각각의 '국명'으로 파악되는 개별 세력 단위의 존재를 전제로 이해될 수 있다. 나아가 중심 읍락인 국읍의 성장에 따른 소국의 정치적 통합을 상정할 수 있다. 그리하여 국읍은 소국을 주도적으로 이끌어 가는 정치체로서, 거기에 속한 읍락들은 점차 전통적인 자치능력을 제약받으며 소국의 구성단위로 편입되어갔다.[28]

---

23) 李賢惠, 「삼한의 정치와 사회」 『한국사』 4, 국사편찬위원회, 1997, p.267.

24) 국읍과 읍락은 본래 동일한 사회기반을 가졌던 것으로 이해하며, 國邑의 대두 현상은 읍락의 성장을 염두에 두고 접근했다(武田幸男, 앞의 논문, 1967; 앞의 책, 學生社, 1974, pp.26~27; 李賢惠, 「三韓의 國邑과 그 成長에 대하여」 『歷史學報』 69, 1976, pp.7~9).

25) 權五榮, 「三韓 國邑의 기능과 내부 구조」 『釜山史學』 28, 1995, pp.29~45.

26) 『三國志』倭傳.

27) 李賢惠, 앞의 책, 1984, pp.125~129.

28) 金杜珍, 앞의 논문, 1985, p.21.

한편 삼한을 구성하는 제국들은 인구 규모에 따라 대국과 소국으로 나뉘고, 그 지배자들은 세력의 크기에 따라 각각 신지臣智와 읍차邑借로 구분했다. 또한 진한과 변한의 제국도 대국과 소국으로 구분되었고 그 지배자들은 신지로부터 험측險側, 번예樊濊, 살해殺奚, 읍차 등이 있었다고 전한다.[29] 신지가 다스렸던 대국이 읍차가 거느린 소국의 단계를 거쳐서 성장한 것이라면, 삼한 제국의 본래 모습은 소국에서 찾을 수 있다. 그렇다면 대국과 소국 양자를 단순히 균질적인 정치체로 일축할 수는 없을 듯싶다. 곧 『삼국지』 한전에 보이는 제소국은 큰 규모의 국을 '영역국가', 작은 규모의 국들을 '성읍국가', 그리고 본래 성읍국가였으나 신라·백제에 편입된 '성읍' 등으로 나눌 수 있다.[30] 여기서 '영역국가'는 대국, '성읍국가'는 소국, 그리고 '성읍'은 (소)별읍에 각각 해당하는 셈이 된다.

이와 관련하여 "경초景初 연간(237~239)에 조위曹魏가 낙랑과 대방 2군을 장악하고 마한제국의 지배자 가운데 신지에게 읍군邑君의 인수印綬를, 그 다음(읍차)은 읍장邑長의 인수를 각각 주었다"[31]라는 사실이 주목된다. 이는 중국 입장에서 마한제국의 세력 크기를 감안하여 그 지배자에게 읍군이나 읍장의 인수를 차등 지급한 것이다.[32] 이를 통해 마한을 비롯한 삼한 제국이 갖는 세력의 우열과 규모에 따른 지배자의 서열화 현상을 엿볼 수 있다. 곧 당시 삼한 사회에서 대국과 소국이 병립한 현상은 본래 비슷한 기반에서 출발했던 제국 사이에 세력의 우열이 진행된 결과이며, 이때 대국은 우세한 소국이 주변의 세력(소국이나 소별읍, 읍락 등)을 편입하거나 흡수·통합하면서 성립한 것으로 추정할 수 있다.

삼한의 대국은 마한 목지국이나 백제국伯濟國, 진한의 사로국, 변한의 구야국狗邪國 등과 같이 소국 가운데 성장한 유력한 정치체로,[33] 국읍과 읍락 외에 새롭게 편입한 별읍 등을 구성단위로 상정할 수 있다.[34] 물론 별읍은 대국에 편입되기 전에는 본래 독자

29) 『三國志』韓傳.

30) 千寬宇, 『古朝鮮史·三韓史硏究』, 一潮閣, 1989, pp.271~273.

31) 『三國志』韓傳.

32) 千寬宇, 앞의 책, 1989, pp.238~239.

33) 김태식, 「초기고대국가론」 『강좌 한국고대사』 제2권, 한국고대사회연구소, 2003, pp.47~86.

34) 金杜珍, 「三韓 別邑社會의 蘇塗信仰」 『韓國古代의 國家와 社會』, 一潮閣, 1985, pp.94~102.

적인 읍락이나 소국과 같은 세력 단위로 생각된다. 별읍은 대읍인 국읍을 염두에 둔 상대적 표현으로 정치적 기능의 취락 단위로 해석될 수 있다.[35] 실제로 소국의 내부 구조가 하나의 국읍과 주변 읍락들로 이루어졌다면, 소국보다 규모가 크고 외연이 확대된 대국은 별읍을 포함하는 큰 규모의 성읍국가 내지 영역국가에 가까운 '소연맹국'으로 설정하기도 한다.[36] 사실 대국이라는 정치집단 내에서 차지하는 별읍의 위상은 주수主帥와 천군天君이 있었던 국읍에 비해서 현실적으로 열등했을 법하다. 『삼국지』 한전에서 소도蘇塗라고 불렸던 별읍은 비록 국읍의 정치적 영향력이 미치지 못한 신성한 구역으로 특별히 전하지만, 국읍에서 천군이 '주제천신主祭天神'하는 데에 비해서 별읍에서는 '사귀신事鬼神' 하였으므로 대국 안에서 차지하는 종교적인 권위와 비중 역시 제한적이었을 것이다.

대국의 구성단위는 국읍 · 읍락 · 별읍 등을 상정할 수 있으며, 이들은 본래 읍락에서 출발했을 것이므로 소국의 성장에 따른 읍락 사회의 분화 모습을 엿볼 수 있다.[37] 대국을 중심으로 주변의 소국들이 결합하는 세력권이 보다 확대되면서, 『삼국지』 동이전을 통해 확인할 수 있는 부여와 고구려 같은 연맹왕국 체제로 진입하였다. 대국의 정치적 중심지인 국읍 가운데는 이후 연맹왕국의 왕경王京으로까지 발전하는 경우를 상정할 수 있지만, 사회구성의 기본을 이루는 읍락들은 대부분 중앙의 지배력이 침투하면서 점차 본래의 공동체적인 성격이 해체되어 갔다. 그리하여 읍락은 그것이 속한 사회의 발전에 짝하여 전통적 유제가 해소되면서 질적 변화를 수반하였다. 삼한의 소국 및 대국 단계보다 성장했던 부여와 고구려에서는 읍락이 중앙의 권력에 의해 통제되는 행정적인 단위로 점차 전화되어 갔을 것이다. 곧 읍락 사회의 변화양상은 이른바 고대국가의 지배체제 구축과 영역 확대 과정에서 중앙의 지방 세력에 대한 재편을 추구하는 방향으로 전개되었을 것이라고 생각된다.

---

35) 『日本書紀』 卷14, 大泊瀨幼武天皇, 雄略天皇 21年(477) 3月조에서 '久麻那利가 任那國의 下哆呼唎縣의 別邑'이라고 하여, 하다호리현과 구마나리가 서로 영속관계에 있었던 사실을 전한다. 이를 통해 별읍은 大邑인 국읍을 염두에 둔 상대적 표현으로 정치적 기능의 취락단위로 파악했다(李道學, 『백제 고대국가 연구』, 一志社, 1995, pp.211~212).

36) 金杜珍, 「三韓時代의 邑落」 『韓國學論叢』 7, 1985, p.27.

37) 文昌魯, 「三韓時代의 邑落渠帥와 그 政治的 成長」 『韓國古代史硏究』 12, 1997, pp.452~453.

읍락의 변화는 문헌상 산견되는 홍수와 가뭄 등의 자연재해는 물론, 소국-대국의 단계를 거치는 과정에서 발생한 주변 지역과의 전쟁, 본격적인 철기 사용에 의한 생산력의 증대, 이에 따른 물자 교역과 재분배, 잉여생산물 축적과 사유재산의 발달로 발생하는 구성원 간의 경제적 불평등 현상 등을 꼽을 수 있다. 이에 따라 읍락 사회는 구성원의 계층분화가 진행되면서 공동체적인 성격도 함께 분해되었다.[38]

III. 불내예국의 대두와 읍락 분화

동예지역에는 서기전 2세기 무렵 문헌에 보이는 '임둔臨屯'이라는 정치세력이 형성되었는데,[39] 임둔은 이 지역의 크고 작은 정치집단의 집합체로서 고조선 계통의 세형동검 문화와 긴밀한 교섭 관계를 가졌던 것으로 추정한다.[40] 서기전 2세기 초에 위만은 '모든 만이蠻夷 군장君長의 천자天子 입현入見을 막지 않겠다'라는 약속을 전제로, 한漢의 외신外臣으로 책봉되었다.[41] 이로써 고조선의 위만은 군사적 위세와 재물을 바탕으로 주변 소읍小邑들을 장악했고 진번眞番과 임둔도 복속했다고 전한다. 고조선의 영향력이 미치기 이전 임둔의 정치세력은 고조선 주변의 '소읍' 정도에 비견되는 정치체로 존재했을 법하다. 이들은 고조선 멸망과 함께 한군현의 하나인 임둔군으로 편입되

---

38) 삼한 사회는 2세기 말에 國邑을 중심으로 읍락의 통합이 진행되면서 읍락의 전통적인 결속기반이나 기능에 변화가 초래되었으며(李賢惠, 앞의 책, 1984, pp.163~164), 4세기경 국읍으로 추정되는 신라지역에 축조된 高塚古墳의 출현을 국읍의 읍락에 대한 정치력의 관철로 보아 그 변화를 추정하기도 한다(全德在, 「新羅 州郡制의 成立背景研究」『韓國史論』 22, 1990, pp.20~22). 실제로 읍락사회는 4~6세기에 철기농기구와 우경의 보급과 확산, 수전의 확대에 따른 농업생산의 증대로 읍락민들의 계층분화가 심화되면서, 기존 공동체적 관계에 의존한 사회생활의 면모가 해체되었던 것으로 상정한다(전덕재, 『한국고대사회경제사』, 태학사, 2006, pp.86~141).

39) 李丙燾, 「臨屯郡攷」, 앞의 책, 1976, pp.191~209; 李賢惠, 「동예의 사회와 문화」, 앞의 책, 1997, pp.235~236.

40) 박진욱, 『조선고고학전서』(고대편), 과학 · 백과사전종합출판사, 1988, pp.168~172; 李賢惠, 「한국 初期鐵器時代의 政治體 首長에 대한 고찰」『歷史學報』 180, 2003, pp.3~7.

41) 『史記』 朝鮮列傳.

었으며, 뒷날 동예와 연결되는 정치세력이다. 곧 동예는 옛 임둔군의 잔현殘縣으로 '단단대산령單單大山領'의 동쪽인 영동 7현이 분포했던 함경남도의 남반부와 강원도 북단 일대의 정치세력을 가리킨다.[42] 동해안 지대에 인접한 북쪽의 동옥저는 역사 전개 과정에서 동예와 정치적 운명공동체 같았던 존재이다.

옛 고조선 지역 토착 세력의 저항으로 진번·임둔 2군이 폐지되면서 한반도 북부지역 대부분은 낙랑군에 편입되었고, 단단대령 동쪽에 자리한 옥저와 동예의 7현은 새로 설치된 낙랑군 동부도위가 불내성不耐城을 치소로 삼아 관할했다. 한漢의 임둔군 폐지, 동부도위 설치는 이 지역에 대한 한의 군현적 지배가 약화하였음을 뜻한다. 후한 대에 들어 동부도위가 철폐되면서 동예지역은 군현의 직접 지배에서 벗어나 한漢의 후국侯國으로 봉해졌는데, 요동 방면에서 성장한 고구려 세력이 진출하기 전까지 독립된 세력으로 존재했다고 본다.

동예에서 후·읍군·삼로 등의 관직명을 가진 이들은 읍락의 거수와 무관하지 않다. 먼저 '후侯'의 존재는 서기 1세기무렵 동부도위가 폐지된 뒤에 읍락 거수가 '불내예후'로 봉해졌던 사실을 통해서 확인할 수 있다.[43] '읍군邑君'은 평양 정백동 1호분 출토 '부조예군夫租薉君' 은인銀印의 존재를 통해서 추정되며,[44] 이는 삼한의 읍락 거수로 보이는 소마시蘇馬諟가 '한염사읍군漢廉斯邑君'에 봉해진 사실과 맥이 닿을 듯싶다.[45] 동옥저의 각 읍락 또한 대대로 장수長帥의 지위를 계승하는 지배자가 있었다. 거수渠帥로도 불렸던 동옥저의 읍락 장수는 스스로 삼로三老라고 했다. 그는 오환烏丸 사회의 읍락 소수小帥가 그 지위를 계승하지 못한 것[46]에 비해 현실적으로 읍락에서 차지하는 위상이

---

42) 李賢惠, 앞의 논문, 1997, p.237.

43) 『三國志』薉傳.

44) 백련행, 「부조예군 도장에 대하여」『문화유산』 2, 1962; 리순진, 「부조예군 무덤에 대하여」『고고민속』 4, 1964; 「부조예군 무덤 발굴보고」『고고학자료집』 4, 1974; 岡崎敬, 「'夫租薉君'銀印をめぐる諸問題」『朝鮮學報』 46, 1968; 金基興, 「夫租薉君에 대한 考察」『韓國史論』 12, 1985; 문안식, 「옥저의 기원과 대외관계의 변화」『고구려의 등장과 그 주변』, 동북아역사재단, 2009; 李丞鎬, 「漢의 沃沮 지배와 토착 지배층의 동향 -夫租薉君 사례에 대한 검토를 중심으로」『동국사학』 57, 2014.

45) 『後漢書』韓傳.

46) 『三國志』烏丸鮮卑傳.

안정적인 셈이다.[47] 동옥저의 읍락 거수들이 모두 스스로 삼로라고 했으므로, 결국 동예의 후와 읍군은 그 기반을 삼로라고 했던 읍락의 거수와 떼놓고 생각할 수 없을 것이다.

사실 후·읍군·삼로는 중국 군현 조직 속에서 각각 후국-읍-현 단위에 차등적으로 봉했던 관명으로 이해된다.[48] 곧 한漢의 동예지역에 대한 통제는 군현적 지배에서 벗어나 봉건적 지배방식으로 전환되면서, 이때 후와 읍군(읍장) 등은 한이 변방의 종족들을 세력에 따라 봉건적 원리에 의해 통제할 때 사용한 제도적 표현으로 볼 수 있다.[49] 한의 군현은 대체로 후·읍군·삼로 등의 사여를 통해서 재지 세력의 기반을 인정하여 읍락 사회에 대한 지배의 연결 고리로 활용했다.[50] 물론 후국을 봉하는 것은 형식상 간접적 지배방식을 추구한 것이지만, 광무제光武帝 이후 후한은 동예지역에 대한 지배를 사실상 포기한 것으로 이 지역 정치세력의 자립으로 이해할 수 있다.[51]

동옥저의 읍락 거수 중에서 현후縣侯가 다스렸던 후국은 자칭 삼로라는 거수의 읍락보다 규모가 컸던 정치체이며,[52] 현실적으로 주변 읍락들을 이끄는 중심적인 역할을 했을 것이다. 사실 동옥저는 인구가 5천 호로 규모 면에서 삼한 대국에 비견될 수 있고, 현후가 다스렸던 대읍락과 삼로가 이끄는 읍락은 규모와 기능 면에서 각각 삼한의 국

---

47) 『後漢書』 挹婁傳에는 "君長은 없고, 邑落마다 각각 大人이 있다"고 했다. 비록 읍루의 大人이 읍락단위를 이끄는 존재라고 하더라도 군장으로 파악되지 못했다. 그런데 『晉書』 肅愼氏傳에 "肅愼氏는 일명 挹婁라고도 하는데 … 父子가 대대로 君長이 되었다"라고 했다. 곧 읍루사회는 읍락의 대인이 성장하여 그 지위가 세습되는 군장이 되었을 것으로 추론해 볼 수 있다.

48) 실제로 漢나라 때의 군현 조직에서 侯의 존재는 후국에 봉해진 인물로서 자신을 보좌하는 관리 기구를 갖추어 후국 내의 조세를 헌납 받았으며, 邑君은 邑에 봉해졌던 인물로 읍의 일정한 조세를 받았고, 三老는 縣에 설치되어 경제적인 혜택보다 禮的 우대를 받았다고 한다(金秉駿, 「중국고대 簡牘자료를 통해 본 낙랑군의 군현지배」 『歷史學報』 189, 2006, p.166).

49) 김한규, 『한중관계사 I』, 아르케, 1999, p.129.

50) 오영찬, 『낙랑군 연구』, 사계절, 2006, p.129.

51) 『後漢書』 濊傳에는 "建武 6년 東部都尉의 관직을 폐지하고, 마침내 영동 지역을 포기한 뒤, 그 渠帥들을 封해 縣侯로 삼았다"고 했다. 곧 동부도위의 철폐는 후한의 '동예지역에 대한 포기'이며, 그것은 현후를 봉하는 형식으로 진행되었음을 알 수 있다.

52) 沃沮는 총 5千餘 戶의 사회로 여러 邑落(共同體)에 나뉘어 있었고, 각 읍락의 거수인 三老들은 맹주인 縣侯의 통솔 하에 있었다고 한다(이병도, 앞의 책, 1976, p.230).

읍과 읍락에 견줄 수 있다. 삼한 제국은 세력의 크기에 따라 신지는 읍군의 인수를, 그 다음(읍차)은 읍장의 인수를 받았다. 그렇다면 현縣 단위의 대규모 세력을 이끄는 군장은 현후로 봉해졌고 그보다 작은 규모의 군장은 각각 읍군 또는 삼로로 불렸을 법하다.

동예지역에서 후·읍군·삼로라는 존재는 읍락 거수층 사이에 진행된 분화 양상을 반영하는 셈이다. 자연 동예지역에서 유력한 지배자의 통솔 범위는 개별 읍락을 넘어 삼한의 소국 규모에 도달했을 것으로 생각된다.[53] 동예의 인구수는 2만여 호로 전하며, 이는 고구려의 3만여 호와 비교할 때 크게 적은 것이 아니다. 이때 동예는 부조군夫租縣을 제외한 낙랑군 동부도위에 속했던 동이東暆, 불이(내)不而(耐), 잠대蠶臺, 화려華麗, 사두매邪頭昧, 전막前莫 등 영동의 6현을 포괄한다. 그 가운데 후국으로 거론되었던 불내(안변)·화려(영흥) 등은 동예의 주요 정치세력으로 부각될 수 있다.[54] 그렇다면 불내예국은 규모 면에서 삼한 제국 가운데 소국보다는 오히려 대국에 가까울 수 있다. 곧 동예지역의 정치적 발전은 읍락 단계로 국한하기는 어려울 듯싶다. 이미 불내예후의 존재에 주목해서 동예 사회의 성격이 읍락 단계를 넘어선 것으로 파악했던 견해가 실상에 가까울 듯싶다.[55]

실제로 한 군현의 간섭과 통제에서 벗어난 동예지역에서 영동 7현의 치소였던 불내현不耐縣은 유력한 중심 세력으로 상정할 수 있다.[56] 그래서인지 "오직 불내예후만이

---

53) 동예의 인구 2만 호는 동부도위에 속했던 6현의 호수를 합한 것으로 상정할 경우, 이를 평균하면 각 현당 약 3천여 호가 되어 인구 면에서 삼한 각 小國의 규모와 비슷한 것으로 보았다(이현혜, 앞의 논문, 1997, p.240).

54) 동예지역에 임둔군을 설치할 당시에는 郡治가 東暆縣이었는데, 동이현에는 현령이 파견된 것으로 본다. 곧 『漢書』 卷30, 藝文志 第10에 '東暆令延年賦七篇'이라 하여 東暆縣의 현령 延年이 남긴 詩賦 7편이 있음을 전한다. 大縣에 파견된 현령의 존재로 보아 동이현은 불내현에 앞서 동예의 중심지였던 것으로 추정할 수 있다. 동예의 중심지가 동이현에서 불내현으로 이동하게 된 변화 과정에 대해서는 추후 좀 더 세심한 접근이 필요하다.

55) 李基東, 「城邑國家와 聯盟王國」 『韓國史講座』 1(古代篇), 一潮閣, 1982; 李賢惠, 앞의 책, 1984; 金杜珍, 앞의 논문, 1985; 盧重國, 앞의 논문, 1989; 문창로, 앞의 논문, 1997.

56) 尹龍九, 「平壤出土 '樂浪郡初元四年縣別戶口簿' 硏究」 『木簡과 文字』 3, 2009, pp.263~300에서는 서기전 45년 낙랑군 예하 25개 현의 호구수와 전년 대비 증감치에 대한 분석을 시도하였는데, 영동7현은 당시 총 6,616戶, 46,027口였으며, 그 가운데 불내현의 인구는 1,564호, 12,348구로 가장 많은 것으로 나타난다. 3세기 중반 이후 동예의 인구가 2만호로 3배 이상 증가한 점을 감안하면, 불내예국의 규모는 삼한의 대국에 가까웠을 것으로 보인다.

지금까지 공조·주부 등의 제조諸曹를 두었다"[57]라는 사실을 강조했을 법하다. 특히 "화려와 불내 2현縣 사람들이 함께 모의해 기병을 이끌고 신라 북쪽 변경을 침범했다"라는 전승[58]은 동예지역의 소국 간에 간헐적인 연맹 관계의 형성을 반영한 것으로 이해된다.[59] 곧 동예지역에는 불내예국을 중심으로 주변 읍락이나 소국 규모의 정치세력을 결속하여 세력권을 확대해 갔을 것으로 보인다.

이와 관련하여 『삼국지』 예전에는 정시正始 8년(247)에 불내예후가 조위曹魏의 조명詔命으로 불내예왕不耐濊王에 봉해졌는데,[60] 이는 동예지역에서 불내예국이 차지하는 세력 기반 내지는 그 위상 등을 고려한 조치로 이해된다. 이미 동예의 읍락 거수 가운데 불내예후를 거쳐 불내예왕으로 변모해 간 사실에 주목하여, 그것은 바로 동예 사회의 정치적 발전과정과 짝하여 전개되었던 것으로 보았다.[61] 사실 동예에서 '왕'으로 책봉된 불내예후의 정치적 위상은 적어도 읍락 단위의 거수를 넘어선 것이지만, 당시 부여의 '군왕'이나 고구려의 '왕'에 비해 한계를 갖는 존재가 분명하다. 곧 부여 왕경에는 궁실과 창고, 뇌옥 등을 두었는데, 국왕의 전용공간인 '궁실'과 국가의 재정·경제 등을 상징하는 '창고', 법 집행을 상징하는 '뇌옥' 등은 부여 왕의 권위는 물론 부여의 국가적 성장을 알려준다. 이에 비해서 불내예왕이 머물렀던 국읍은 아직 부여나 고구려와 같은 왕경으로까지 성장하지 못했기 때문에,[62] 불내예왕은 거처가 '민간잡재民間雜在'했다고 하여 궁실과 같은 전용공간이 뚜렷이 부각하지 못했음을 알려준다. 이는 삼한의 국읍 주수와 관련하여 언급된 '읍락잡거邑落雜居' 사실을 연상하게 한다.

그런데 후국이었던 불내·화려·옥저 가운데 오직 불내예후만이 『삼국지』 편찬 당시까지 한漢 대의 관제에서 확인되는 공조·주부 등 제조의 속리屬吏를 두었으며 모두 예민濊民이 맡았다고 했다. 서기 3세기 중반까지 공조·주부 등의 속리제가 오직 불내

---

57) 『三國志』 東沃沮傳.

58) 『三國史記』 卷1, 新羅本紀1, 儒理尼師今 17年.

59) 李賢惠, 「동예의 사회와 문화」 『한국사』 4, 국사편찬위원회, 1997, p.242.

60) 『三國志』 濊傳.

61) 군장사회에서 왕이 존재하는 사회로 정치발전단계가 이행되었음을 유추한 바 있다(金貞培, 앞의 책, 1985, pp.202~203).

62) 文昌魯, 앞의 논문, 『韓國古代史研究』 12, 1997, pp.462~464.

예국에만 존치되었던 것으로 보아, 한 군현 초기 이 지역에 설치되었던 군현체제의 하부구조는 후한 광무제 이후 대부분 소멸하였던 것으로 파악된다.[63] 동부도위가 폐지되기 이전, 과거 한 군현체제에서 현령縣令을 보좌했던 공조·주부 등의 제조, 곧 현부縣府의 속리 관직은 동부도위의 폐지와 함께 대부분 소멸하였으나 불내예국은 자체의 필요에 따라 존속했을 것이다.[64] 그리하여 3세기 중반 불내예후는 과거 동부도위의 치소에서 속리제로 운용했던 공조·주부 등의 존재를 존속시켜서, 그들에게 공물 수취는 물론 불내예국 통치를 위한 실질적인 행정업무를 맡겼을 것으로 본다.[65]

한편 한국 고대의 국가 성립과정에서 군왕의 권력 행사는 공공성과 합법성을 특징으로 하는데, 그 근거는 통치행위의 정당성을 보장하는 제사 의례에서 보편적으로 확인될 수 있다고 한다.[66] 곧 동예지역의 후국을 이끌어갔던 불내예후의 정치적 위상은 그의 종교적 권능을 가늠하면서 일면 유추해 볼 수도 있다.

읍락 사회의 발전에 따라 전개되는 신관神觀의 형성 및 변천, 거기에 수반된 제의 행위는 당시 사회상을 반영하는 시대적 소산이라고 할 수 있다. 예컨대 부여와 고구려는 '국중대회國中大會'의 제천의례로 통합된 제의 양상을 보이지만,[67] 동예는 무천 행사에서 '제천'과 함께 호신虎神을 숭배 대상으로 삼아 제사를 지냈으며, 그것은 각각 삼한 국읍의 천신과 함께 섬겼던 별읍의 귀신에 견줄 수 있다. 『삼국지』 동이전의 다음 기사를 참고할 수 있다.

(8) 해마다 10월에는 하늘에 제사를 지내는데, 밤낮으로 음주 가무를 하니 이를 舞天이라 한다. 또 호랑이를 神으로 여겨 제사지낸다(濊傳).

---

63) 金翰奎, 앞의 책, 1999, pp.128~129.

64) 오영찬, 앞의 책, 2006, pp.115~116.

65) 이들은 고구려가 동옥저를 정복한 뒤에 그 지역의 大人을 使者로 삼아 함께 통치하게 했던 사실과 서로 맥이 닿을 수 있다. 곧 고구려의 동예지역에 대한 지배방식은 동옥저와 같이 토착 수장층을 매개로 하는 간접지배였을 것으로 본다. 그렇다면 고구려의 공납지배를 위해 불내예 지역에서 그 역할을 수행한 존재는 使者로 귀결될 수 있다. 이들은 불내예국이 성장하여 고구려와 같은 정치적 발전단계에 이를 경우 '사자'계 관명과도 맥이 닿을 것으로 이해된다(金哲埈, 「高句麗·新羅의 官階組織의 成立過程」, 앞의 책, 1975, pp.133~135).

66) 김영하, 「三國時代의 王과 權力構造」 『韓國史學報』 12, 2002, p.246.

67) 『三國志』 夫餘傳 및 高句麗傳.

(9) 鬼神을 믿었고, 國邑에 각각 한 사람을 세워 天神 제사를 주관하는데, 이를 天君이라
고 부른다. 또 여러 國에는 각각 別邑이 있으니 그것을 蘇塗라고 한다. 큰 나무를 세
워서 방울과 북을 걸고 귀신을 섬긴다(韓傳).

일찍이 삼한의 별읍은 소도蘇塗로 파악되면서 종교적인 성격이 부각되었다. 종래에
는 소도를 천군과 연결하여 천군이 그곳을 주관하는 제사장으로 여겼지만,[68] 천군과
소도를 분리하여 파악하기도 한다.[69] 별읍에서 이루어진 제의 행위의 주제자로 천군
天君을 반드시 배제할 수는 없겠지만, 사실 천군은 국읍에 한 사람씩 세워져서 천신 제
사를 주관했다. 곧 국읍의 천군은 별읍에서 귀신을 섬겼던 인물과는 구분할 수 있으며,
별읍 제사는 무巫적인 존재가 주관했을 법하다.[70] 또한 천군이 주관하여 천신에 제사
했던 국읍의 제의 행위는 별읍의 그것보다 격이 높았을 것으로 보인다. 곧 천군이 국읍
에서 상위의 천신 제사를 주관했다면, 그 안에 편입해 있던 별읍에서는 무적인 존재가
'귀신'으로 기록된 토템신 내지는 지모신地母神과 같은 시조신에게 제사했던 것으로 상
정할 수 있다.[71]

소도에서 섬겼던 '귀신'은 사전적으로 '원시 신앙 및 종교의 대상인 범신론적인 존재'
혹은 '눈에 보이지 않으면서 사람에게 화복을 내려 준다고 하는 정령'을 뜻한다. 그런데
삼한의 국읍에서도 귀신을 믿었다는 사실을 고려한다면, 귀신은 넓은 의미에서 천신을

---

68) 金貞培, 「蘇塗의 政治史的 意味」『歷史學報』79, 1978.

69) 金杜珍, 「三韓 別邑社會의 蘇塗信仰」『韓國古代의 國家와 社會』, 一潮閣, 1985; 洪潤植,
「馬韓蘇塗信仰領域에서의 百濟佛敎의 受容」『馬韓 · 百濟文化』11, 1988; 崔光植, 「韓國
古代의 祭天儀禮」『國史館論叢』13, 1990.

70) 『三國志』倭人傳에는 "名曰卑彌呼 事鬼道 能惑衆"라 했고, 같은 내용을 『後漢書』倭人傳
에는 "名曰卑彌呼 年長不嫁 事鬼神道 能以妖惑衆"이라고 했다. 倭女王 卑彌呼가 섬긴 대
상을 각각 '鬼道' 혹은 '鬼神道'라고 하였는데, 여기서 귀신을 섬긴 행위는 주술신앙적인 샤
머니즘을 가리키며 비미호는 巫的인 성격을 지녔던 것으로 이해된다(나희라, 『신라의 국가
제사』, 지식산업사, 2003, p.105). 곧 별읍에서 귀신을 섬겼던 행위는 巫儀로, 그것은 巫的인
존재가 주관했을 것으로 보인다.

71) 別邑의 主祭者는 본래 祭政一致의 權能을 지닌 小國의 지배자였지만, 大國에 편입되면서
그의 정치적인 통치권을 제약받았을 법하다. 그렇더라도 그는 종교적인 권능을 고수하면
서, 소국의 전통적인 제의를 주관하는 기능을 유지하였을 것으로 이해된다(金杜珍, 앞의 논
문, 1985, p.111).

비롯하여 당시 믿었던 여러 신을 포괄하는 개념으로 이해될 수도 있다.[72] 다만 고구려는 궁실 옆에 세운 큰집에서 귀신에게 제사했고 영성靈星과 사직社稷에도 제사 지냈다. 또한 전왕족인 연노부도 종묘를 세우고 영성과 사직에 제사 지냈다고 한다.[73] 고구려 왕실에서 '입대옥立大屋'한 사실은 연노부에서 '입종묘立宗廟'한 사실에 견줄 수 있어,[74] 귀신은 조상신으로서 '종묘'에 모신 특정 지배 족단의 조상신祖上神으로 상정할 수 있다.

그리하여 삼한의 소도에서 섬기던 귀신의 실체는 국읍의 천신과는 별개로 별읍에서 신앙된 집단의 조상신일 가능성이 자못 크다. 자연 동예에서 믿고 제사를 지낸 천신과 호신 또한 제사 장소와 신격을 구분하여 볼 수 있다. 동예지역에서 불내예후와 같은 지배자가 국읍에서 '제천' 곧 천신 제사를 주관했다면, 읍락 단위에서는 무적인 존재가 호신 제사를 이끌어갔을 것이다. 사실 호신 제사가 읍락 단위에서 이루어졌더라도, 그것이 동예사회를 구성하는 읍락에서 시행되었기 때문에, 크게 보아 그것은 무천 의례에 포함되는 방향으로 전개되었을 법하다. 비록 불내예왕이 무천 의례에서 '제천'을 주관했지만, 부여와 고구려왕처럼 아직 '국중대회' 차원의 제천의례로까지 진행하지 못한 것은 후국 내에 포함된 세력들의 제의권을 통합하지 못했던 한계로 보아도 좋을 듯싶다.

IV. 읍락 사회의 실상

동예 사회에서 읍락 간의 통합이나 정치적 성장을 저해했던 큰 원인은 앞서 살펴보

---

72) 나희라, 앞의 책, 지식산업사, 2003, pp.105~107. 실제로 『三國志』烏丸鮮卑傳에는 "鬼神을 공경하였고 天地, 日月, 星辰, 山川에 제사지냈다. 또한 죽은 대인 중에서 용건하여 이름을 떨친 자에게도 역시 똑같이 소와 양을 바쳐서 제사를 지냈다"고 전한다. 곧 『三國志』에서 '귀신'은 天地를 비롯한 해, 달, 별, 산천, 그리고 죽은 대인 중에서 용건하여 이름을 떨친 자도 포함될 수 있는 개념이다.

73) 『三國志』高句麗傳.

74) 『三國志』高句麗傳에서 왕의 궁실 좌우편(於所居之左右)에 지었다는 大屋을 『梁書』高句麗傳에서는 "於所居之左立大屋 祭鬼神 又祠零星社稷"이라고 하여, 궁실 왼편에 大屋을 지었다고 했다. 고구려 왕실의 제사에 대한 『梁書』高句麗傳 기록은 『三國史記』卷32, 雜志1, 祭祀조에도 수록되었다. 궁실 왼편에 지은 大屋은 '左廟右社'의 左廟, 즉 神廟인 宗廟로 이해할 수 있기 때문에, 제사 대상이었던 鬼神은 왕실의 祖上神일 가능성이 크다.

앗듯이 위만조선 이래 중국 군현이나 고구려 등 주변 강대 세력의 부단한 간섭과 경제적 수탈 등에서 찾을 수 있다.[75] 이로 인해 동예 사회는 부의 축적에 따른 사회분화와 정치적 통합의 진전이 늦어져 읍락 단위의 공동체적인 요소가 비교적 강하게 지속되었던 것으로 이해된다.[76]

동예의 읍락은 인접한 동옥저 사회에서 거수의 지배를 받는 다수의 읍락을 확인할 수 있으므로(사료 3), 읍락별로 거수의 지배를 받았던 것으로 추정된다. 특히 『삼국지』의 다음 기록은 동예 사회를 구성하는 취락 단위로서 읍락의 공동체적인 면모를 유추하는 데 주목을 받았다.

> (10) 그 풍속은 山川을 중시하여 산과 내마다 각각 部分이 있어 함부로 서로 들어가지 않는다. 同姓끼리는 혼인하지 않는다. … 읍락을 서로 침범하면 반드시 벌로 生口와 牛馬를 부과하는데, 이를 責禍라고 한다(예전).

먼저 책화는 읍락을 서로 침범하면(相侵犯) 그 침범한 읍락에 대한 벌로 생구와 우마를 부과했다고 한다. 동예 사회에 경제적으로 배타적인 성격을 지닌 여러 읍락들이 산재했으며, 이때 책화는 개인보다는 읍락 차원의 공동책임이었을 것이다. 사실 읍락의 독자적 생활권에 대한 사회적 공인, 그리고 책화와 같은 배상관습의 유지는 읍락을 넘어선 상위의 정치력에 의한 통제라기보다는 읍락에서 전통적으로 고수했던 유습일 가능성을 배제할 수는 없다.[77] 곧 책화의 시행은 '기휘忌諱하는 것이 많았던' 동예 읍락 사회에서 전통적으로 이어졌던 씨족공동체적인 유제遺制로 볼 수 있다.[78]

한편 동예의 풍속은 산천을 중요시하여 산과 내마다 각기 '부분部分'이 있어 함부로

---

75) 비록 동예사회에 不耐濊侯와 같이 읍락단위의 거수보다 우월한 정치적 존재가 성장하더라도 강대한 주변세력의 지속적인 간섭은 이내 그 세력의 확장을 막는 장애요인으로 작용했을 것이다. 반면 이와 같은 외부의 자극은 읍락단위의 내부적 결속을 다지는 요인으로 작용하면서 전통적 유습을 고수해 갔을 법하다.

76) 노태돈, 『고구려사연구』, 사계절, 1999, pp.136~137.

77) 徐永大, 「東濊社會의 虎神崇拜에 대하여」 『歷史民俗學』 2, 1992, pp.78~79.

78) 金哲埈, 『韓國古代國家發達史』, 한국일보사, 1975; 『韓國古代史研究』, 서울大學校 出版部, 1990, p.16.

서로 들어가지 않는다고 했다. 여기서 함부로 들어갈 수 없는 '부분'이란 산과 내를 경계로 하는 일정한 지역으로 각 읍락에 귀속되었던 것으로 본다.[79] 곧 산과 하천을 경계로 각각 지역이 구획되어 있어 함부로 남의 구역에 들어갈 수 없다는 의미가 된다. 그런가 하면 '중산천重山川'은 읍락이 산천으로 둘러싸인 일정한 공간이었음을 뜻하고, 이를 전제로 '산천각유부분山川各有部分'은 읍락의 공간이 다시 몇 개로 나뉘었던 것으로 보기도 한다.[80] 그밖에 '부분'은 성지聖地 신앙과 관련된 구역으로 산과 내에는 특별한 부분이 있어 함부로 간섭하지 못한다고 이해했다.[81]

그런데 『후한서』 예전에서는 각기 '부계部界'가 있어 함부로 서로 간섭하지 않는다고 했다. 『후한서』의 찬자가 『삼국지』 예전의 기사를 전재하면서 그 뜻을 명확하게 하려고 '부분'은 '부계'로, '섭입涉入'은 '간섭干涉'으로 각기 고친 것으로 보인다.[82] 곧 『후한서』에서는 '부분'의 의미를 세력이 미치는 범위인 경계의 뜻으로 새겨, "산천마다 각 읍락의 경계(部界)가 있어 함부로 간섭하지 않는다"라고 전한다.[83] 이는 당시 동예사회에서 읍락 단위의 독자성 내지는 배타성이 온존했던 사실을 반영한 해석으로 볼 수 있다.

일찍이 읍락과 연관된 생활권으로서의 '부분'을 책화와 결부시켜, '동예는 각 씨족의 생활권이 정해 있어 함부로 다른 경계에 들어가서의 경제적인 활동을 금지'했던 사회라고 했다.[84] 산천을 경계로 하는 독자적인 경제생활 단위로서 읍락에 주목했던 견해인데, 그런 면에서 산천은 땔감이나 식료를 구할 수 있는 제공처라는 점에서 중시될 수 있다.[85] 이를 통해 개별 읍락의 경제적 배타성과 폐쇄성은 물론 읍락별 독자적인 생활권역의 확보라는 사실을 알 수 있다.

---

79) 盧泰敦, 앞의 논문, 1975; 「『三國志』 濊傳」 『中國正史朝鮮傳 譯註』 1, 國史編纂委員會, 1987, p.279.

80) 노중국, 앞의 책, 2010, p.32.

81) 全海宗, 「三國志 東夷傳 譯註」 『韓國史學』 16, 韓國精神文化研究院, 1996, p.35. 이에 대한 자세한 언급은 없으나 部分을 聖地信仰과 관련하여 山川의 특별한 구역으로 상정한다면, 혹 삼한의 '別邑'인 蘇塗와 연결하여 해석할 소지가 있을지도 모르겠다.

82) 盧泰敦, 「『後漢書』 濊傳」 『中國正史朝鮮傳 譯註』 1, 國史編纂委員會, 1987, p.159.

83) 『後漢書』 濊傳에 "其俗重山川 山川各有部界 不得妄相干涉"이라고 했다.

84) 金哲埈, 앞의 책, 1990, p.16.

85) 權五榮, 「三韓社會 '國'의 구성에 대한 고찰」 『韓國古代史研究』 10, 1995, p.46.

이때 각 읍락 구역 내의 산림과 하천, 초지草地, 호수와 늪(湖沼) 등은 읍락의 거수와 구성원 전체가 함께 갖는 공유지이며, 읍락 공유지는 읍락의 공동체적 결속을 뒷받침하는 물질적 토대가 되었을 것으로 이해된다.[86] 그 가운데 토지는 읍락인이 개별적으로 나누어 경작하더라도 그 땅에 대한 본원적인 소유권은 거수로 대표되는 읍락 구성원 전체에게 있었다고 본다. 곧 동예는 휴경농법이 행해진 공동소유-개별점유 단계에 해당하는 사회로, 읍락민의 경작지는 공동체적 토지소유 내부에 자리했던 개별 점유지로 상정할 수 있다.[87]

동예의 호신 숭배는 단순한 동물 숭배의 차원을 넘어선 토템 신앙의 범주에서 접근할 수 있으며, 이때 호신은 읍락 단위의 조상신으로 이해할 수 있다.[88] 그것은 집단의 결속 및 연대를 상징하는 혈연집단의 존재와 무관하지 않을 법하다.[89] 곧 신석기시대 이래 강한 혈연의식을 바탕으로 하는 호신 숭배는 읍락 단위의 제의로 자리하면서 소속 집단의 결속력을 강화하였을 것이다. 읍락 구성원들은 읍락제邑落祭를 통해 재앙 방지와 공동체의 안녕을 기원했다.[90] 또 제의 과정의 한 부분으로 진행된 집단적 가무 행위는 참여한 읍락민의 일체감 형성에 기여했을 것이다. 그리하여 동예의 호신 숭배는 읍락에 흩어져 있던 구성원들의 결속력을 강화하고 읍락 내부의 질서유지를 뒷받침하는 기능을 수행하면서,[91] 읍락 전체의 안녕과 풍요를 기원하는 정신적 기반을 제공했다. 곧 '책화'와 '호신 숭배'는 동예의 개별 읍락이 결속을 다지며 촌락공동체적인 성격을 강하게 유지하고, 자신의 독자적인 생활영역을 유지하는데 일조했던 면을 엿볼 수 있다.

한편 동예에서는 혼인풍속으로 '동성불혼同姓不婚'을 특기하였다. 예濊에는 아직 중

---

86) 盧泰敦, 앞의 책, 1999, pp.135~136; 김창석, 「공동체론」『한국고대사연구의 시각과 방법』, 사계절, 2014, p.254.

87) 동예 읍락에서 일반 농민층의 토지소유는 공동체적 소유에 기반을 둔 개별적 토지 점유의 상태에 있었으며, 이후 공동체 수장층이 사적 소유자로서 확립되는 단계로 변했을 것으로 본다(이인철, 『신라 정치경제사 연구』, 일지사, 2003, pp.409~410).

88) 文昌魯, 「東濊 邑落社會의 虎神信仰」『韓國學論叢』30, 2007, pp.510~513.

89) 金杜珍, 『韓國古代의 建國神話와 祭儀』, 一潮閣, 1999, pp.20~21.

90) 盧重國, 앞의 논문, 1989, p.14.

91) 서영대, 앞의 논문, 1992, pp.84~87.

국식의 성姓이 없었을 것이므로, '동성'이라는 용어에는 당시 일정한 집단 안에서 서로 혼인하지 않는 현상에 대한 중국인 나름의 인식이 반영된 것으로 보고, 이때 '동성'을 족내혼이 금지된 '씨족'으로 상정했다.[92] 곧 동예의 읍락은 동성불혼의 유습으로 보아 혈연을 기반으로 하는 강한 동족 의식을 가진 사회로서, 그것은 토템 신앙을 바탕으로 하는 신석기시대 이래의 혈연공동체에서 유래했던 것으로 본다.[93] 비록 읍락이 씨족적인 사회 단위로 간주되고 동예의 동성불혼에서 나타나는 족외혼의 습속이 주목되지만, 읍락 집단 자체가 하나의 족외혼 단위인지 또는 그 안에 다수의 통혼 단위가 존재한 것인지에 대해서는 분명하지 않은 점을 지적하였다.[94] 물론 공통의 조상을 표시하는 '성姓'은 씨족공동체를 가리키는 용어로 보면서 동성불혼을 통해 읍락 안에서 혈연을 같이 하는 집단끼리는 서로 결혼하지 않았던 사실을 전하는 것으로 유추한다.[95]

사실 동성불혼은 대체로 '남녀가 동성이면 그 자손이 번성하지 못한다'라고 하는 오랜 경험의 산물인 우생설優生說의 관점에서 보거나[96] 통혼을 통한 정치적 외연의 확대라는 입장에서 접근한다. 본래 부계父系가부장권의 상징인 '성'은 중국 서주西周(B.C. 11세기~B.C.771) 시대에 본격적으로 등장하며 동성불혼을 강제함으로써 이질적인 여러 족族(ethnic group, clan)의 통합에 따른 각 국國의 영역화가 촉진된 것으로 이해된다.[97] 그렇다면 동성불혼은 소국 단계를 넘어선 동예의 사회발전을 염두에 두면서 접근해 볼 수도 있다.

동예 사회는 후·읍군 등과 같이 그 지역에 산재한 여러 읍락을 넘어선 상위의 정치력이 대두하는 측면과 함께, 다른 한편으로 읍락 단위의 독자적인 생활 전통이 강하게

---

92) 金哲埈, 앞의 책, 1990, p.16.

93) 金杜珍, 앞의 논문, 1985, p.107.

94) 李賢惠, 앞의 책, 1984, p.122.

95) 읍락 내에 혼인하지 않는 집단과 혼인할 수 있는 집단이 있었던 것으로 보아 읍락은 다수의 친족집단(취락)으로 이루어졌다고 이해한다(노중국, 앞의 책, 2010, p.32).

96) 『左傳』僖公 23年에는 "男女同姓 其生不蕃"이라 했다. 이는 『國語』晉語4에서 "同姓不昏 惧不殖也"라고 하여 '동성불혼'의 혼속을 자손이 번성하지 않을까 두려워하는 데서 찾았다(李學勤 主編, 『春秋左傳正義』(莊公~僖公), 五南圖書出版股份有限公司, 2001, p.473).

97) 민후기, 「西周왕조의 族의 재배치와 同姓不婚 -東征 이후 西周王朝의 族 통일정책에 대한 검토-」『東方學志』153, 2011, pp.182~194).

남아 있는 상황이 공존했던 것으로 상정할 수 있다.[98] 이와 관련하여 '동성불혼'은 혈족을 단위로 하는 족외혼이기보다는 지연을 바탕으로 하는 일정한 단위집단 간의 외혼外婚(exogamy)으로 보아서 참고 된다.[99] 이는 '동성'을 씨족이라는 개념보다는 책화와 관련하여 '생활공간에 대한 배타적 점유권'을 단위로 했던 각 지역 집단으로 보는 견해[100]를 전제로 한다. 곧 동예의 '동성불혼' 규범은 단위집단 외부와의 혼인을 통해 관련 집단 간의 결속을 강화하여 전체의 생존 가치를 높이기 위한 전략에서 비롯한 것으로 보았다.

비록 '동성'에서 혈연을 같이하는 공동체적 성격을 찾더라도, '불혼'이 작동할 수 있는 강제력의 바탕은 오랜 전통의 습속으로 볼 수도 있지만, 다른 한편 당시 동예 사회의 정치적 성장과 연관하여 해석할 수도 있다. 사실 '동성' 내부에서의 통혼은 '동성' 단위의 결합과 응집력을 제고할 수 있지만, '동성' 밖과의 통혼은 오히려 '동성' 내부의 결속에 장애가 될 수도 있기 때문이다. 곧 '동성불혼'의 시행은 '동성' 내부의 결속력을 이완시키고 '동성' 단위의 상호 유대를 강화하는 방향에서, '불혼'의 강제력에 접근할 수 있는 여지를 준다. 이미 소국 단계를 넘어선 불내예국의 위상을 감안하면, '동성불혼'에 담긴 강제력과 기능에는 불내예국의 외연 확장을 추구하는 정치적 의도와 영향력이 일정하게 반영되었을 듯싶다. 동예에서 '동성불혼'의 강제는 불내예국과 같은 중심 소국의 성장 과정에서 불내예국을 구성하는 국읍과 읍락, 혹은 읍락과 읍락 간의 결속을 다지려는 불내예후의 정치력을 배경으로 이해될 수 있다.

한편 동예 읍락 사회의 실상에 접근하기 위해서는 실제로 읍락 단위에서 이루어진 계층분화에 관심이 필요하다. 동예에서 후·읍군·삼로 등의 거수층이 다스렸던 하호下戶는 읍락 사회를 구성하는 피지배층 일반 민으로 본다. 동부도위東部都尉의 통치 대

---

98) 이는 삼한 읍락의 사회상과 여러 면에서 비견된다. 곧 동예의 지배층으로서 '其官有侯邑君三老'의 존재는 삼한의 지배층을 가리키는 '其官有魏率善邑君歸義侯中郎將都尉伯長'의 존재와 견줄 수 있으며, 동예의 侯와 三老의 관계는 삼한 대국의 臣智급 主帥와 邑落 渠帥와 대비된다. 또한 濊의 舞天과 虎神崇拜는 삼한 국읍의 主祭天神 및 별읍의 事鬼神하는 모습과 맥이 통할 수 있다. 不耐濊侯의 정치적 한계로 생각되는 居處의 '民間雜在'는 삼한의 국읍 주수가 '邑落雜居'했다는 사실과 무관하지 않을 듯싶다.

99) 이강래, 「한국 고대 혼인의 사회사적 함의」 『호남문화연구』 49, 2011, p.16.

100) 李光奎, 「同性同本不婚의 史的 考察」 『韓國文化人類學』 8, 1976, p.2.

상으로 거론된 예인濊人[101)]으로 민民이 되었던 '예민濊民'의 실체는 대부분 피지배층을 지칭하는 것으로 생각된다. 곧 동부도위가 철폐되면서 동예 거수층이 다스렸던 대상은 하호였으며, 그들은 피지배층으로 이해되는 '예민'과 관계가 깊다. 동예의 하호가 피지배층 일반으로 파악된다면, 이들은 경제적으로 『삼국지』예전에 전하는 단궁檀弓을 비롯한 특산물은 물론 농경 및 해산물 수취 등의 생산활동을 직접 담당했으며,[102)] 군현의 지배를 받았을 때에는 조세와 사역의 주요 대상자였을 것이다.[103)] 다만 '예민'이라고 할지라도 불내예후가 설치한 공조·주부 등의 제조에 속리로 임명되었던 '예민濊民'은[104)] 하호와 같은 읍락 일반 민과는 분명히 구분되는 존재이다. 그들은 적어도 재지세력가로서 읍락의 거수 내지는 부여 읍락의 호민에 가까운 인물들로 생각된다.

동예의 하호는 피지배층으로서 읍락 구성원의 다수를 차지하지만, 그들은 읍락 단위의 공동 배상물로 받았던 생구의 존재와는 구별된다. 우마와 같은 취급을 받았던 생구의 처지는 읍락 내에서 하호보다 열악하였으며, 노복奴僕과 같은 대우를 받았을 법하다.[105)] 생구는 포로로서 속전贖錢으로 몸값이 비단 40필에 상당하는 존재,[106)] 또는 말갈靺鞨의 민民으로 참전했다가 백제에 붙잡혀 분사分賜된 포로 노비[107)]의 모습으로 나타난다. 곧 동예의 읍락 내에서 생구는 최하층에 자리했으며, 그 처지는 다른 읍락에서 배상물로 받은 우마牛馬와 같이 읍락의 공동재산으로 취급되었을 것으로 이해된다.[108)] 물론 읍락에서 생구가 우마와 같은 공동 생산수단으로 취급되었지만, 실질적인 소유는

---

101) 『三國志』濊傳에 "영동의 7縣은 東部都尉가 통치하는데 그 백성(民)은 모두 濊人이다"라고 했다.

102) 『三國志』濊傳.

103) 『三國志』濊傳에 "二郡에 戰役이 있어 租稅를 거둘 때에는 (濊의 백성에게도) 供給하게 하고 使役을 시켜서 마치 (郡의) 백성처럼 취급했다"라고 하였다.

104) 『三國志』東沃沮傳에 "오직 不耐濊侯만이 오늘에 이르기까지 功曹·主簿 등의 諸曹를 두었는데, 濊民이 모두 (그 職을) 차지했다"라고 하였다.

105) 『三國志』倭人傳에는 倭가 景初 2년과 正始 4년과 8년에 각각 男女生口를 중국에 바친 사실을 전한다. 이들 생구의 처지는 高句麗에 臣屬된 東沃沮가 헌상한 미녀를 비첩으로 삼아서 '奴僕'처럼 대우했다는 사실을 통해 그 실상을 유추할 수 있다.

106) 『後漢書』高句麗傳.

107) 『三國史記』卷23, 百濟本紀1, 溫祚王 22年.

108) 趙法鍾, 「韓國古代身分制硏究」『國史館論叢』52, 1994, pp.129~130.

현실적으로 읍락의 거수층에게 속했을 가능성이 크다.

읍락 구성원으로 존재한 생구나 하호는 당시 동예 읍락의 사회적 소산이다. 동예 사회가 소국 단계를 넘어서면서 그 안에서 진행된 계층분화 양상은 크게 읍락의 지배자인 거수층과 읍락 민인 하호층, 그리고 생구와 같이 하호에서 전락한 최하층으로 상정할 수 있다. 그리하여 읍락 단위의 구성원 사이에서 진행되었던 읍락 거수층과 읍락 민으로의 분화가 진전되면서, 동예 사회의 읍락은 거수층과 읍락 민 그리고 노비와 같은 처지의 생구로의 계층 분화가 전개되었을 것으로 생각된다. 다만 동예 사회는 부여나 고구려와 같은 사회발전에 이르지 못하였기 때문에, 읍락 내에서 호민층과 같은 존재가 뚜렷하게 등장하지 못했을 것이다.

V. 맺음말

『삼국지』 동이전에 수록된 읍락은 그것이 자리한 동이 사회의 발전과정에 따라 모습을 달리하지만, 그 역사적 실체는 국國을 구성하는 하위의 세력 단위이다. 읍락은 읍락 민의 생업과 관련한 활동공간으로 산천山川은 물론 주거지와 농경지 등을 포괄하였다. 본래 읍락은 혈연적 유대를 바탕으로 형성된 취락 단위였지만, 삼한 시기에는 이미 정치적 세력 단위로 성장했다. 읍락이 자기 완결성을 가진 하나의 세력 단위로 기능할 수 있었던 사실은 혈연적인 유대만으로는 이해될 수 없으며, 읍락의 경제적 생산활동과 종교적 제의 등도 고려해야 한다. 읍락의 변천양상은 초기국가의 발전과 함께 지배체제 구축과 영역 확대 과정에서 중앙의 지방 세력에 대한 재편을 추구하는 방향과 짝하여 진행되었다.

동예지역에서 형성된 정치세력의 동향은 고조선 이래로 중국 군현 및 고구려로 이어지는 주변 세력의 부침과 밀접한 관계를 맺으며 전개되었다. 서기전 2세기 무렵에 확인되는 '임둔'은 동예지역의 크고 작은 정치집단의 집합체로서 앞서 고조선의 멸망과 함께 임둔군臨屯郡으로 편제되었던 존재이다. 이후 한漢의 임둔군 폐지, 낙랑군 동부도위의 설치는 이 지역에 대한 중국의 군현적 지배가 약화하였음을 의미한다. 후한 대에 동부도위가 철폐되면서 동예지역은 후국으로 봉해졌으며, 요동 방면에서 성장한 고구려 세력이 본격적으로 진출하기 전까지 독립된 세력으로 존재했다.

동예의 읍락 거수들이 소지한 후·읍군·삼로 등의 관직명은 그들의 현실적인 세력 크기에 따라 차등 반영된 것으로 이해된다. 특히 동부도위東部都尉가 관할했던 '영동 7현'은 동예와 옥저지역에 삼한의 '국' 단위에 상정되는 정치체가 적어도 7개 정도 있었던 사실을 전하며, 그 치소였던 불내현은 중심 세력으로 추정된다. 실제로 불내예국을 다스린 불내예후만이 한漢 대의 관제官制에서 확인되는 공조·주부 등 제조諸曹의 속리屬吏를 두어, 동예 사회의 정치적 성장을 알려준다. 본래 읍락의 거수에서 성장한 불내예후는 다시 불내예왕으로 봉해져서, 불내예국은 동예지역의 유력한 정치세력으로 삼한의 대국에 비견될 수 있는 소지를 갖는다.

불내예왕의 정치적 위상은 그의 종교적 권능을 가늠하면서 일면 유추해 볼 수 있다. 부여의 영고나 고구려의 무천은 '국중대회'의 제천의례로 통합된 제의 형태를 보이지만, 동예의 무천舞天에서는 '제천'과 함께 호신을 숭배 대상으로 삼았다. 그것은 삼한의 천군이 국읍에서 상위의 천신 제사를 주관하였다면, 그 안에 편입해 있던 별읍인 소도에서는 하위의 토착적인 귀신에 제사를 지냈던 것과 맥을 같이한다. 동예의 호신 제사가 읍락에서 이루어졌더라도, 크게 보아 그것은 무천 의례의 범주에 포함되는 방향으로 전개하였을 것이다.

동예의 읍락 사회는 삼한의 그것에 비견될 정도로 분화되었지만, 본래 읍락이 지녔던 공동체적인 모습을 강하게 고수했다. 삼한 사회에서 '국읍의 읍락에 대한 통제가 잘 되지 않는다'라고 하는 사실은 바로 개별 읍락의 독자성과 자립성을 웅변하는 것이며, 동예의 책화責禍로 상징되는 읍락의 경제적 배타성과 폐쇄성은 독자적 생활권역 확보라는 동예 읍락 사회의 공동체적인 성격과 관계가 깊다. 다만 소국 단계를 넘어선 동예 불내예후의 정치적 위상을 고려한다면, '동성불혼'의 족외혼 습속은 중심 세력인 불내예국의 통혼을 통한 '동성' 단위의 상호 결속을 다지는 정치적 외연의 확장 차원에서 접근해 볼 수도 있다. 읍락의 구성원인 생구나 하호는 당시 동예 읍락의 사회적 소산이다. 동예 사회가 소국 단계를 넘어서면서 읍락의 계층분화 양상은 지배자인 거수층, 피지배층 일반으로서 읍락 민인 하호, 그리고 하호에서 전락하여 노비와 같은 처지에 있던 최하층의 생구 등으로 전개되었다. 다만 동예사회는 아직 부여와 같은 사회발전에 이르지 못했기 때문에, 읍락에는 호민층과 같은 존재가 뚜렷하게 대두하지 못했다.

보론
『삼국유사』의 '가락' 입전과 가야 인식

Ⅰ. 머리말

잘 알듯이 한국 고대사 연구에서 중요한 국내 사서를 꼽는다면 『삼국사기』와 『삼국유사』를 들 수 있다. 특히 『삼국유사』는 한국의 역사와 민족 문화의 원형을 전하는 '민족 문화의 보고'라고 평가할 만큼,[1] 한국 고대사와 그 문화를 탐색하고 복원하는데 디딤돌이 되는 역사서이다. 일찍이 『삼국유사』는 고려 충렬왕 대(1275~1308)에 보각국사 普覺國師 일연一然(1206~1289)이 지은 것으로 전하며 그 내용은 대부분 인용문으로 이루어졌다. 『삼국유사』는 애초에 단일한 책으로 이루어진 것이 아니므로, 글자 그대로 삼국의 역사와 관련하여 기왕의 역사서에서 빠뜨린 자료들을 모아서 합친 '삼국의 유사遺事'로 이해하였다.[2] 사실 '유사'가 존재하는 당위성은 무엇보다 '본사本史'에 빠져서 없거나 모자란 사료를 채우는 데 있다고 해도 과언이 아니다. 따라서 한국 고대사 복원

---

1) 김두진, 『삼국유사의 사학사적 연구』, 일조각, 2014, pp.414~421.
2) 『삼국유사』 기이편의 말미에 서술된 「후백제 견훤」조와 「가락국기」조는 서술 분량이 다른 조에 비해 많은 점을 들어 『三國遺事』의 '遺事'적 성격을 지적했다(김주성, 「삼국유사 기이편 신고찰」 『한국학논총』 34, 2010, p.518).

을 위한 자료로『삼국유사』가 지닌 사서적 위상은 기본적으로 '본사'인『삼국사기』의 보완에 있다고 할 수 있다.[3]

　『삼국유사』의 성립과 관련하여 처음에 각기 따로 작성되었던 「왕력王曆」(연표), 「기이紀異」(왕조사), 그리고 「흥법興法」(이하 불교사) 등의 편찬 서책들이 언제부터인가 '삼국유사'라고 하는 하나의 서책으로 합본했던 것이라고 본다.[4] 이와 같은 점에서『삼국유사』는 이른바 '책들의 책'으로 상정하였는데, 바로 이러한 복합적인 구성으로 인해서『삼국유사』는 그 성격을 둘러싸고 이런저런 혼선을 빚기도 했다는 것이다.[5] 자연『삼국유사』는 사료적 가치와 관련하여 조선 초기 이래로 그 서술 내용이 허황하여 믿기 어렵다는 평가를 받기도 했다. 또한 현존하는『삼국유사』와 관련하여 편찬자는 물론이고 그것의 찬술 및 간행 시기에 대해서 여러 가지 견해로 서로 갈리는 것도 사실이다. 실제로 현존 판본 중 '중종임신본(정덕본)'은 가장 완전한 판본으로 꼽히지만, 실제 서술 문장에는 잘못 쓴 글자는 물론 빠진 글자도 적지 않게 있으며 전도되거나 잘못 기재된 내용도 여기저기 보이기 때문이다. 그러함에도『삼국유사』는 단순히『삼국사기』를 보완하는 성격의 자료집 역할에 머물지 않으며, 일정한 체계를 갖추고 민족사나 민족 문화를 재구성하려는 의도를 지닌 사서로 보았다.[6] 곧『삼국유사』의 역사적 접근을 위한 기본적인 방향은 우선 그것을 바르게 교감한 바탕 위에 역사적 사실의 제 모습을 복원하고 그 의미를 되새기는 것이 되어야 할 것이다.

　『삼국유사』에는 '가락국기駕洛國記'를 비롯한 가야 관련 기록을 수록하고 있어서 영세한 문헌 기록으로 제약받는 가야사 연구에 주목의 대상이 되었다.『삼국유사』에는 주 편찬 대상인 삼국시대를 비롯하여 일부 고려시대의 사실도 단편적으로 전승되며 그

---

3) '고기'를 비롯한『삼국유사』에 새롭게 활용된 자료는 대체로 '본사'인『삼국사기』의 보완과 비판, 불교 신앙의 홍포 등을 위한 맥락에서 채택된 것으로 이해한다(李康來, 「『삼국유사』의 사서적 성격」『한국고대사연구』40, 2005, pp.333~334).

4) 남동신, 「『三國遺事』의 성립사 연구 -紀異를 중심으로-」『韓國思想史學』61, 2019, pp.199~240.

5) '삼국유사'라는 이름으로 成冊했던 찬자 일연의 관점에서 보면, 책들의 책인 '삼국유사'는 궁극적으로 '불교도의 눈에 비친 하나의 역사'로 수렴된다고 평가하였다(남동신, 앞의 논문, 2019, p.199).

6) 김두진, 앞의 책, 일조각, 2014, pp.414~421.

가운데 『삼국사기』나 『고려사』 등 정사에서는 확인할 수 없는 내용을 전한다. 곧 『삼국유사』에는 『삼국사기』와 대조적으로 삼국 이전과 이후 역사는 물론 삼국 이외의 정치체와 역사적 사실도 수록하여 주목된다. 그리고 『삼국사기』는 편목에 따라 차이가 있지만 「신라본기」에 실린 내용으로 보아 가야를 금관국 중심으로 인식하고 이를 독자적인 정치세력이 아닌 신라에 예속되어야 할 대상으로 서술했다고 보았다.[7] 이에 비해 『삼국유사』는 「왕력」편에 삼국과 함께 '가락'을 편목하고 「기이」편에 '5가야'와 함께 '가락국기' 등을 실었는데, 거기에 보이는 가야에 관한 인식은 『삼국사기』의 그것보다 인식 상에 큰 진전을 이룬 것으로 이해된다.[8]

『삼국유사』에 실린 가야 관련 자료에 대한 접근은 주로 '가락국기'에 대한 검토를 중심으로 이루어졌다고 해도 과언이 아니다. 일찍이 '가락국기'의 사료 비판과 함께 그것의 성립과정을 사적史的으로 연역하여 그 편찬의 초점을 고찰하면서 '가락국기'의 건국 신화를 집중하여 탐색했다.[9] 실제로 가락국 건국과 관련하여 시조 수로의 천강과 난생을 통한 등극, 탈해와 재주 겨루기 그리고 허황옥과의 혼인으로 이어지는 전개는 가락국 건국과 관련한 역사성을 담고 있는 것으로 상정하였다. 그리하여 건국 신화 형성의 역사적 배경과 내용 고찰은 물론 신라 및 일본의 건국 신화와의 비교를 통한 연구를 시도하여 이후 관련 연구의 길잡이 역할을 하였다. 그 뒤 '가락국기'에 전하는 시조 관련

---

7) 주보돈, 「가야사 인식과 사료」 『가야사 이해의 기초』, 주류성, 2018, pp.132~133.

8) 『삼국유사』는 『삼국사기』의 가야사 인식에 일정한 영향을 받았지만, 가야사를 신라사에 부속된 존재에서 삼국사와 대등하게 다루고 가야를 모두 금관국과 일치시키지는 않았으며 가야사 사료를 폭넓게 수집하고자 한 점 등으로 미루어 보아 가야사 인식 상에 큰 진전이 있었던 것으로 평가한다(주보돈, 앞의 책, 2018, pp.134~135).

9) 丁仲煥, 「駕洛國記의 文獻學的 考察」 『伽倻文化』 3, 伽倻文化研究院, 1990; 「駕洛國記의 建國神話」 『伽倻文化』 4, 伽倻文化研究院, 1991, pp.371~401에서 '가락국기'에 수록된 건국 신화를 검토하여 가락국의 건국은 9간이 다스린 가락 9촌을 배경으로 하며, 가야와 표리 관계에 있는 변한이 서기 1세기 초 가락국의 성립에서 비롯한 것으로 보았다. 또 건국 신화는 수로 왕족이 북방에서 가야 지역에 진출하면서 소지했던 선진적 문명과 권위를 배경으로 나라를 세우고 임금이 되었다고 하는 신화적 상징성을 가지고 구성된 설화로 이해하고, 건국 신화에 틈입한 불교적 요소에 문제를 제기했다. 나아가 신라 건국 신화 및 일본 건국 신화와의 비교를 통해 각각 양자의 동질적인 요소와 차이점을 살피면서, 문헌 사학의 입장에서 건국 신화를 비과학적인 것으로 취급하여 배제하기보다는 건국 신화가 문화적으로 중요한 전승이므로 향후 그 접근과 연구 활용에 필요성을 제기하였다.

전승 가운데 허왕후 설화가 지닌 성격을 살펴보고 그것을 역사적 측면에서 어떻게 이해할 수 있는지 모색하여 그 사료적 가치를 가늠하려는 노력으로 이어졌다.[10] 이와 함께 가락국의 역사서로서 '가락국기'에 대한 본격적인 검토가 진행되었다.[11] 곧 '가락국기'의 명칭과 편찬을 비롯한 『삼국유사』의 채록과정과 '가락국기'의 불교적 윤색 내용을 살피고, '가락국기'의 인용서 및 「왕력」편 그리고 '가락국기'에 실린 왕대기王代記와 명銘 등의 내용을 분석하여 '가락국기'를 가야 관련 연구에 효율적으로 이용하는 기반을 마련하였다.

그리하여 '가락국기'의 비판적 활용을 통하여 가락국의 역사상을 복원하려는 노력이 꾸준히 진행되었으며,[12] 최근에는 '가락국기'를 통하여 가락국 건국의 역사상을 복원하고 그것이 다른 가야 사회에도 적용이 가능한 것으로 전망하기도 했다.[13] 또 '가락국기' 편찬의 시대적 배경을 살피고 편찬에 활용한 저본을 검토하면서 '가락국기'의 역사적 의미를 탐색하였다.[14] 이와 같은 맥락에서 '가락국기'에 수록된 6가야설에 대한 검증을 통해 '가락국기' 편찬의 배경과 목적은 고려 문종 대 수로왕을 공통 시조로 하는 인주 이씨 세력이 금관가야의 권위를 표방하기 위한 것으로 파악하였다.[15] 이 밖에도 『삼국유사』의 사학사적 연구를 통하여 '가락국기'의 사서로서의 위상과 가야 인식

10) 金泰植, 「駕洛國記 所載 許王后 說話의 性格」 『韓國史研究』 102, 1998, pp.1~46.
11) 이영식, 「駕洛國記의 史書的 檢討」 『강좌 한국고대사』 5, 가락국사적개발원, 2002; 『가야제국사연구』, 생각과 종이, 2016, pp.186~245에서 신화체계와 사전체계로 이루어진 '가락국기'의 구성 체계 및 채록 상의 특징과 가야사 보완을 위한 편찬 의도를 살펴 '가락국기'의 사서적 성격을 『삼국유사』의 원자료에 대한 여과 없는 편집 태도, '가락국기' 편찬에 이용된 원자료 곧 가락국 영광을 강조하려는 '古記' 류와 같은 편향적 서술에 경도되지 않았던 점 등을 부각했다.
12) 김태식, 『미완의 문명 7백년 가야사』 1, 푸른역사, 2002; 白承玉, 『加耶 各國史 研究』, 혜안, 2003; 남재우, 「가락국의 건국신화와 제의」 『역사와 경계』 67, 2008; 「기록으로 본 가야문화의 성격」 『구결연구』 34, 2015; 유우창, 「『가락국기』에 보이는 가라국」 『지역과 역사』 39, 2016.
13) 안홍좌, 「「가락국기」로 본 가락국의 형성」 『지역과 역사』 48, 2021, pp.73~99.
14) 유우창, 「『가락국기』 편찬과 역사적 의미」 『한국고대사탐구』 36, 2020, pp.243~276.
15) 이도학, 「「駕洛國記」와 '6伽耶' 성립 배경 검증」 『歷史學研究』 83, 2021, pp.5~33.

에 관한 접근이 이루어졌으며,[16] 『삼국유사』에 실린 가야 관련 기록인 「왕력」편과 「기이」편의 '가락국기'·'오가야'조 사이의 상관관계를 해명하려는 시도가 있었다.[17]

한편 한국 고대의 건국 시조 전승과 관련하여 『삼국사기』에는 삼국의 건국 시조에 국한하여 수록했는데, 『삼국유사』에서는 거기서 제외된 고조선이나 가락의 시조 전승 등을 실어 주목받았다. 실제로 '가락국기'에는 고조선은 물론 고구려 등 삼국의 다른 어떤 상고대 왕권 신화보다도 '신이神異'에 관해 소상하므로, 그것은 가야의 문헌적 영세성을 보완하는 자료로서 '신이의 백미'라고 평가하기도 하였다.[18] 그런 면에서도 『삼국유사』에 실린 가야 관련 기록은 찬술 당시의 가야사 인식을 확인하고 가야의 건국과 관련한 역사상 복원을 위해서도 가치를 지닌 것으로 볼 수 있다.[19] 이와 관련하여 「왕력」편과 함께 「기이」편 '가락국기'에서도 인용한 '개황록(력)'의 존재는 대체로 금관국의 역사를 수록한 역사서로 추론하는데,[20] 책명에 쓰인 '개황開皇'의 의미와 함께 그것을 펴낸 주체와 시기 그리고 목적 등을 살펴보는 작업은 『삼국유사』의 가야 인식을 이해하는 데 보탬이 될 것이다. 물론 가야 관련 기록에서 '옛 기록'으로 인용된 '고기古記' 또한 그것의 유래와 성격 그리고 그 내용 등을 밝히는 노력도 가야사 인식과 그 변천 과정을 살펴보는 데 도움이 될 것으로 기대된다.

사실 건국 신화의 성립과 전승 과정은 그 자체가 역사적 산물이자 사회현상의 굴절된 반영이라고 할 수 있다. 고려시대 일연 선사에 의해 찬술된 『삼국유사』의 성격상, 거기에 실린 가야 관련 기록은 당대의 불교적 인식이나 윤색에 자유로울 수 없을 것이다.

---

16) 김두진, 『삼국유사의 사학사적 연구』, 일조각, 2014.

17) 『삼국유사』의 가야 관련 기록은 「왕력」편을 필두로 「기이」편 '가락국기'조, '오가야'조 순으로 작성되었으며, 이를 통해 『삼국유사』가 여러 과정을 거쳐 완성된 것으로 보았다(남무희, 「『삼국유사』 「왕력」과 「가락국기」·「오가야」조의 상관 관계」 『인문학연구』 29, 2020, pp.143~165).

18) '가락국기'가 적잖은 시차를 두고 간추려 재수록되었다고 하더라도, 그것은 가야 왕국의 문헌적 영세성을 보완하고도 남을 풍요한 신화적 그리고 전통 종교적 원형성을 구체적으로 갖추고 있다는 점에서 의미를 부여하였다(김열규, 「가락국기의 신화적 탐색」 『인문연구논집』 5, 2000, pp.43~67).

19) 김두진, 앞의 책, 일조각, 2014, p.202.

20) 주보돈, 「가야 인식과 사료」 『가야사 이해의 기초』, 주류성, 2018, p.130.

곧 삼국의 건국 신화처럼 가야의 건국 신화도 형성과 전승 과정에 뒷날 중국문화와 불교문화 등의 영향을 받으면서 변모하는 모습을 엿볼 수 있다. 예컨대 수로 시조 전승에서 '16나한十六羅漢'과 '7성七星'이 등장하거나 시조의 용모를 중국의 성제聖帝와 빗대어 설명하고, '가락국기'조의 수로 탄생과 허황옥 이야기가 '어산불영魚山佛影'조에서 북천축 가라국訶羅國과 불법佛法의 교화 내용을 덧붙이는 사례를 꼽을 수 있다. 이에 『삼국유사』에 실린 가야 관련 기록에서 후대에 더해지거나 윤색된 외피를 걷어내고 그 실상을 헤아려서 가야 사회의 역사성을 찾아내는 노력이 필요할 것으로 보인다.

이와 같은 이해를 바탕으로 본고에서는 『삼국유사』에 보이는 가야 관련 기록을 검토하여 거기에 담긴 가야사 인식과 그 이해 방향을 모색하려고 한다. 이를 위해 먼저 『삼국유사』 편찬 시에 '가락국'을 주목하고 '가야'를 입전하는 과정과 그 의미를 살펴보려고 한다. 그런 다음 현전하는 가야 관련 기록 가운데 상대적으로 많은 내용을 전하는 '가락국기'조에 접근하여, 기왕의 연구 성과를 바탕으로 가락국 곧 금관가야의 건국과 그 역사상을 찾아서 일별하려고 한다. 나아가 『삼국유사』에 실린 가야 관련 전승을 통해서 거기에 투영된 가야 인식과 변모하는 모습을 헤아려보려고 한다. 그리하여 『삼국유사』에 실린 가야 관련 기록에 대한 역사적 접근과 이해 방향을 가늠하고자 한다.

II. '가락' 입전과 의미

주지하듯이 가야는 같은 시기에 존재한 삼국에 비해서 국가적 통합을 이루지 못했다. 그래서 가야를 구성하는 여러 소국에 대하여 이른바 '5가야' 또는 '6가야' 등으로 후대에 인식되기도 했다. 문헌 기록에 따르면 서기 6세기 중반까지 이어졌던 가야加耶 제국諸國의 역사는 532년에 가락국駕洛國(금관가야), 그리고 562년에 가라국加羅國(대가야)이 각기 신라에 병합됨으로써 한국 고대사의 무대에서 자취를 감추었다. 이처럼 가야는 약 600여 년의 역사를 가졌으나 오늘날 가야의 흥망성쇠를 알려주는 자체의 연대기적 기록은 확인할 수 없는 형편이다. 그나마 국내·외 사서에 전하는 관련 기록들이 가야사 연구를 위한 기본 자료로서 주목받았다. 다만 그 내용이나 대상이 단편적이거나 특정한 가야 소국에 국한하였으며, 고대 삼국 또는 중국 및 일본 등과의 대외관계

속에서 가야를 서술함으로써 문헌 자료로서 한계를 갖는다.[21] 곧 현전하는 가야 관련 문헌 자료는 가야 제국이 스스로 생산한 것이기보다는 대부분 가야 바깥에 있는 타자의 시선에서 기록된 것들이다. 이마저도 뒷날 편찬 당시의 역사관이나 지식 등에 의해 그 내용을 의도적으로 고치거나 때로는 빼거나 덧붙였을 가능성이 크기 때문에, 이에 현전하는 전승 자료에 대한 신중한 접근이 필요하다.[22]

일연이 찬술한 『삼국유사』에서 '유사'라고 하는 명칭은 애초에 '정사正史' 편찬에서 빠진 유문遺文과 일사逸事 곧 남은 글들과 세상에 드러나지 않은 잡다한 사실을 채록하여 보충한다는 뜻을 담고 있다. 일연은 삼국의 '유사'를 마련하기 위해서 그보다 앞선 시기에 편찬된 삼국의 '정사' 『삼국사기』 발간 당시에 이런저런 사정으로 빠졌거나 특별히 다른 기록을 두루 모아 찬술을 꾀한 것으로 본다.[23]

『삼국유사』는 불교 관계 기록을 많이 참고하였으며 『삼국사기』와는 달리 유교 관계 저술은 거의 인용하지 않았다. 나아가 중국의 사서나 문헌을 주로 인용한 『삼국사기』에 비해서 『삼국유사』는 국내 사서와 문헌을 더 비중 있게 참고하였는데 실제로 고기古記와 향전鄕傳, 고문서, 비문 등을 비교적 많이 인용했다. 실제로 『삼국유사』는 대부분 문헌상의 출처를 밝힌 인용문으로 이루어졌기 때문에, 찬술 당시 수집한 원 사료의 모습을 비교적 충실히 보여주는 것이라고 이해할 수 있다. 그리하여 『삼국유사』는 단순히 『삼국사기』를 보완하는 성격의 자료집 역할에 머물지 않으며, 일정한 체계를 갖추고 민족사나 민족 문화를 재구성하려는 의도를 지닌 사서로서 평가하였다.[24]

『삼국유사』는 내용별로 편목을 9개로 나누었는데, 그 첫머리에 배정된 「왕력」편은 여러 편목 중에서 으뜸이라는 인상을 주며, 또한 『삼국사기』 연표와 비교할 때 상대적으로 중요한 사실들을 언급한 것으로 이해한다.[25] 곧 「왕력」편은 「기이」편에 없는 고

---

21) 金泰植, 「加耶史 연구의 제문제」 『韓國上古史 -연구현황과 과제』, 民音社, 1989, pp.238~239; 이영식, 「가야사연구의 성과와 전망」 『한국고대사입문』 2, 신서원, 2006, p.195.

22) 문창로, 「변한과 가야 연구의 동향과 과제」 『한국고대사연구』 89, 2018, p.43.

23) 일찍이 『三國遺事』는 '正史'인 『三國史記』의 권위를 존중하되, 그것이 결여한 부분을 채우려는 '遺事'로서의 성격이 명확한 점을 부각하였다(李基白, 「三國遺事의 史學史的 意義」 『震檀學報』 6, 1973, pp.162~165).

24) 김두진, 『삼국유사의 사학사적 연구』, 일조각, 2014, pp.414~421.

25) 『삼국유사』의 「기이」편을 首篇으로 설정하고 「왕력」편을 부록으로 취급하거나(三品彰英,

구려·백제·가락국의 역대 왕들에 관한 연대기를 간단명료하게 정리하여, 『삼국유사』를 역사서로서 주목받게 하였다.[26] 따라서 「왕력」편의 기록은 「기이」편 내용을 보강하면서 한국 고대사의 체계를 정립하는 데에 도움이 되는 큰 틀을 제시했다는 점에서 그 의미를 되새길 수 있다.[27]

한편 『삼국유사』는 삼국시대를 위시하여 고려시대의 사실을 설화 형태로 수록했다. 그 가운데 『삼국사기』는 물론 『고려사』 등의 여타 사서에 없는 내용들이 여기저기에서 확인된다.[28] 곧 『삼국유사』 「기이」편에는 기왕의 『삼국사기』 찬술에서 제외했던 고조선, 위만조선, 마한뿐만이 아니라 고조선 유민이 나뉘어 세운 72국, 낙랑국, 이서국, 5가야, 북부여, 동부여 등을 편찬 항목에 더하였다. 이들 여러 나라는 삼국과는 구분되는 정치체로서 시기적으로 삼국시대에 앞서 존재한 것이라고 인식했음을 유추할 수 있다. 특히 현전 국내사서 중에 『삼국유사』는 가야 관련 기록을 가장 많이 수록하였다. 『삼국유사』에 실린 가야 관련 기록으로는 「왕력王曆」편을 비롯하여 「기이紀異」편의 '5가야', '가락국기', 「탑상塔像」편의 '금관성파사석탑金官城婆娑石塔'과 '어산불영', 「피은避隱」편의 '물계자勿稽子' 등의 전승을 꼽을 수 있다. 이들은 현전하는 가야사 문헌 자료의 영세성을 감안한다면 모두 가야사 연구를 위해 보탬이 되는 기록으로 취급할 수 있다.

『삼국유사』 「왕력」편이 일종의 '연표'라고 한다면, 성격상 「기이」편은 신기하고 이상한 사실을 주로 기록한 '역사서술'로 상정할 수 있다. 이를 '본사'인 『삼국사기』의 체제

『三國遺事考証(上)』, 塙書店, 1975), 「왕력」편을 일연의 찬술이 아닌 것으로 보기도 한다(金相鉉, 「三國遺事 王曆篇 檢討」 『東洋學』 15, 1985, pp.236~237. 그렇지만 충렬왕 4년(1278)에 만든 「歷代年表」가 일연이 「왕력」편의 찬술을 위한 선행작업의 일환으로 간행한 것이라 이해되고(蔡尙植, 「至元15年 仁興寺刊 歷代年表와 三國遺事」 『高麗史의 諸問題』, 三英社, 1986, p.700) 또한 「왕력」편을 가볍게 부록으로 취급할 수 없음을 지적하였다(李基白, 「三國遺事 王曆篇의 檢討」 『歷史學報』 107, 1985, p.2; 김두진, 앞의 책, 2014, p.81).

26) 최광식·박대재 역주, 『삼국유사』 1, 고려대학교 출판부, 2014, p.16.

27) 김두진, 앞의 책, 2014, pp.101~175에서 『삼국유사』 편목의 내용을 '한국 고대의 역사 서술(「왕력」·「기이」편)', '불교 신앙의 홍포(「흥법」·「탑상」편)', '불교사상사의 정립(「의해」·「신주」편)', '사회와 신앙의 문제(「감통」·「피은」·「효선」편)'로 정리하였다. 특히 「왕력」편은 '연표로 본 한국고대사 체계'로, 「기이」편은 '설화로 엮은 역사기록'으로서 국가의 흥기와 계승 및 제왕의 출현과 홍국을 중심으로 저술한 것이라고 보아 참고된다.

28) 김두진, 앞의 책, 2014, p.412.

에 견주면, '유사'인『삼국유사』의「왕력」편은 지志의 '연표'에, 그리고「기이」편은 '본기本紀'에 각각 해당하는 셈이다.[29] 비록「왕력」편과「기이」편이 국가나 국왕을 중심으로 찬술한 일반 역사 기록에 해당하지만, 그 안에는 불교에 관한 기록이 제법 많이 포함되었다. 물론「흥법興法」편 이하 편목도 대체로 불교 신앙 관련 기록으로 되어 있는데 그 안에는 일반 역사 기록도 간간이 틈입했음을 확인할 수 있다. 그래서 역사 기술과 불교 신앙 기록으로 채워진『삼국유사』의 체제는 중국의 정사체 승전류에 영향을 받았던 것으로 보아서 그것을 '역사歷史 · 승전류僧傳類'로 상정했으며, 동아시아 사학사에서 그 유례를 찾기 어려운 독특한 체재로 평가하였다.[30] 곧『삼국유사』는 불교 신앙을 역사의 흐름 속에서 파악하려는 편찬자의 의도가 투영된 역사서로 볼 수 있다.

『삼국유사』는『삼국사기』에서 빠졌던 고조선, 삼한, 가야, 부여, 발해 등의 역사를 따로 항목을 두어서 찬술하였다. 삼국을 위주로 편찬한『삼국사기』에 비해서『삼국유사』에는 '고조선'을 비롯한 '삼한' 등 삼국 이전의 역사, 그리고 발해와 같은 삼국시대 이후 역사는 물론 '가락駕洛'을 통한 가야의 역사적 실체를 부각함으로써 시공간적으로 삼국을 넘어 보다 확장된 고대사 인식을 담고 있다. 특히「왕력」편에서는 가락 곧 금관 가야가 멸망하기까지 연표를 다섯 단으로 나누어, 그 첫째 단에는 중국 역대의 왕조와 연호로 절대연대를 표기했다. 그 아래 둘째 단부터 다섯째 단까지는 각기 신라, 고려

---

29)『삼국유사』「기이」편은『삼국사기』本紀의 체제를 수용한 편목임이 확실하지만, '金閼智 脫解王代'조, '奈勿王 金堤上'조, '神武大王 閻長 弓巴'조처럼 왕명과 함께 어떠한 인물을 항목의 이름으로 설정하거나 '金庾信'조, '處容郎 望海寺'조 등과 같이 특정한 인물을 내세운 항목은『삼국사기』의 열전에 해당하는 것으로 보았다. 결국「기이」편은 기전체의 '본기'와 '열전'을 하나로 묶어 정리한 편목에 해당하며, 그것은 곧 삼국의 정치사적 흐름을 다룬 부분으로 이해하였다(주보돈,「『삼국유사』를 통해본 일연의 역사 인식」『嶺南學』63, 2017, pp.138~141).

30) 김두진, 앞의 책, 2014, pp.88~89. 이와 관련하여『三國遺事』는 일반 역사와 불교사를 나누어 기술하되 하나의 史書로 통합했다는 점에서 독창적인 면모를 갖는다고 하였다(남동신,「『三國遺事』의 史書로서의 特性」『불교학연구』16, 2007, p.55). 실제로『삼국유사』의「왕력」편과「기이」편은『삼국사기』의「연표」와「본기」에, 그리고「열전」과「잡지」에 상응하는「흥법」편 이하 나머지 편목은 중국 고승전의 체재를 원용하여 불교 문화사로 대체 서술함으로써,『三國遺事』는 동아시아 사학사에서 그 유례를 찾기 어려운 독특한 체재를 가졌다고 보았다.

(고구려), 백제, 가락 순으로 편성 배치하여 각국의 역대 왕들에 관한 내력을 간략히 제시했다.[31] 특히 「왕력」편에는 "가락국駕洛國, 가야伽耶라고도 한다. 지금의 금주金州이다"라고 전하여[32], '가락=가야'라고 하였다. 이처럼 『삼국유사』에는 가락국을 삼국과 나란히 「왕력」편에 배치하여 가야의 역사를 삼국의 역사에 비견되는 대등한 수준으로 인식했던 일면을 엿볼 수 있다. 이와 같은 인식은 뒤이은 「기이」편의 끝부분에 '가락국' 곧 '금관가야'의 역사 기록인 '가락국기駕洛國記'를 별도 항목으로 설정한 데서도 확인할 수 있다.

「기이」편에는 가야를 구성하는 여러 정치세력을 다루었던 항목으로 '5가야'조를 따로 두었다. 『삼국사기』 본기에서 고구려·백제·신라 등 삼국 중심의 역사 편찬으로 인해 누락 했던 가야의 역사를 이제 『삼국유사』에서 새롭게 더함으로써 가야의 역사적 실체와 위상은 '삼국'과 공존하는 정치체로서 한국 고대사의 범주에 분명하게 부각하였다. 물론 『삼국유사』에 보이는 '가야' 관련 기록에는 가야를 삼국과 구분하면서도 '5가야' 등과 같이 여러 개의 독립적인 정치체가 존재한 것으로 인식했음을 유추할 수 있다. 다만 가야를 구성하는 여러 세력 중에서 가락 곧 금관가야를 중심으로 국왕 계보를 정리했으며 또한 5가야와 별개로 「기이」편에 '가락국기'만을 수록한 것은 가락국 중심의 역사 인식이 투영되었다는 점과 함께, 『삼국유사』 편찬 당시에 확보할 수 있었던 가야사 관련 자료의 부족에 따르는 한계로 볼 수 있다.

대체로 「기이」편에 수록된 개별 항목의 명칭들은 '고조선', '마한'을 비롯하여 '고구려', '백제', '신라' 등과 같이 대부분 나라의 이름을 사용했지만 유독 '가락국기'조는 다른 항목처럼 나라의 이름이 아닌 '가락국기'라고 하는 서책 명으로 수록되어 이채롭다. 이는 앞서 언급했듯이 『삼국유사』 「기이」편을 편찬할 당시에 '가야' 관련 자료의 부족이라는 현실적 한계에서 비롯한 것으로 생각된다. 『삼국유사』의 '가락국기'조는 '최초 작성한 『가락국기』'(이하 『(원본) 가락국기』)를 바탕으로 일연이 줄여서 실었기 때문

---

31) 『삼국유사』에서 기전체의 '연표'에 해당하는 편목인 '왕력'을 첫머리에 내세운 점은 물론 「왕력」편에 '가락국'을 삼국과 대등하게 배치한 구조가 가야를 신라사 속에 해소하여 독립적 대상으로 인정하지 않은 『삼국사기』의 본기와 분명한 차이를 보이는데, 이는 「기이」편에 '5가야'조 및 '가락국기'조를 실은 것과 함께 『삼국유사』가 가야의 독자적 실체와 위상을 인정하는 특징적 면모를 드러낸 것으로 보았다(주보돈, 앞의 논문, 2017, p.138).

32) 『三國遺事』 卷1, 「王曆」.

에,[33] 편찬 체제가 기전체나 편년체처럼 정연하지 못하고 서술 범위 또한 5가야 등을 포함하는 가야 제국 전체가 아닌 '가락국'이라는 개별 정치체에 국한하는 점에서도 일정한 한계를 가질 수밖에 없다.

고려 충렬왕 대에 편찬된 『삼국유사』 「기이」편의 '가락국기'조는 그보다 앞선 시기인 고려 문종 대(1047~1083)에 금관의 지주사 문인이 지었던 『(원본) 가락국기』를 대상으로 찬술했다. 이는 「기이」편의 '가락국기'조 첫머리에 달린 협주에서 "가락국기(문종조文宗朝 태강太康 연간에 금관의 지주사 문인이 지은 것이다. 지금 줄여서 싣는다)"[34] 라고 했던 기록을 통해 알 수 있다. 결국 '가락국기'조는 편찬 당시 원본 내용을 그대로 실은 것이 아니라 일연이 그것을 요약하여 옮겼기 때문에 찬술 과정에서 그의 역사 인식이 일정하게 반영된 것으로 이해된다.[35]

지금까지 『(원본) 가락국기』를 지었던 '금관지주사 문인'의 존재는 대체로 '금관지주사'와 '문인'을 같은 사람으로 보아 '금관(의) 지주사였던 문인 또는 금관지주사인 문인'이라고 풀이했다.[36] 이에 대하여 '금관지주사'와 '문인'을 반드시 동일 인물로 볼 수 있을지 의문을 제기하고, 그것을 "문종조의 태강 연간에 금관지주사의 문인이 지은 것이다"라고 해석하여 금관지주사와 문인을 구분하여 서로 다른 인물로 보기도 하였다.[37] 또한 문인과 관련된 '금관지주사'라는 명칭에 대해서 '지금주사知金州事'의 속칭으로 보

---

33) 『三國遺事』卷2, 「紀異2」.

34) 강인구 · 김두진 · 김상현 · 장충식 · 황패강, 『역주 삼국유사』 II, 이회문화사, 2002, p.256.

35) 백승충, 「가야 건국신화의 재조명」 『한국고대사 속의 가야』, 혜안, 2001, p.85.

36) 이병도 역주, 『삼국유사』, 두계학술재단, 1999, "가락국기[문종조 대강 연간 금관지주사 문인의 所撰이니 여기에 抄略하여 싣는다."; 최광식 · 박대재 역주, 앞의 책, 2014, p.641, "가락국기[문종조 대강 연간에 금관지주사로 있던 문인이 찬술한 것이다. 지금 그것을 줄여서 싣는다]."; 문경현, 『역주 삼국유사』, 민속원, 2015, p.281, "가라국기[문종조 대강 연간에 금관지주사 문인이 지은 것이다. 지금 개요를 간추려 싣는다]."

37) 남무희, 『가락국기 평전』, 한국학술정보(주), 2018, p.208. 그리고 이와 같은 해석은 국사편찬위원회에서 제공하는 한국사데이터베이스(https://db.history.go.kr)에서도 "駕洛國記[文宗代 大康 연간에 金官 知州事의 文人이 지은 것으로 이제 그것을 줄여서 싣는다](『삼국유사』 권2, 기이2)"라고 하여 확인할 수 있다. 다만 그것의 각주에서는 "『가락국기』는 고려 문종조 태강 연간(1075~1084)에 금관지주사인 文人이 지은 駕洛國의 사기이다"라고 하여 본문 해석과 차이 난다.

거나 그 표기가 올바른 것이라고 할 수 없다고 하였다. 곧 일연이 『삼국유사』에 '가락국기'조를 채록한 때와 그에 앞서 『(원본) 가락국기』를 찬술할 당시의 행정 구역명이 '금주金州'였으므로,[38] '금관지주사'라는 명칭은 본래 '지금주사'라고 하는 것이 옳다고 보았다.[39]

가락국의 역사를 기록한 『(원본) 가락국기』의 편찬 시기는 고려 문종 29~36년 사이로 추정할 수 있다. 『(원본) 가락국기』를 펴낸 시기의 연호인 태강太康 또는 대강大康은 중국 요遼 도종道宗(1075~1084) 연간이므로, 이는 고려 문종 29~36년에 해당하기 때문이다. 실제로 『(원본) 가락국기』의 편찬은 고려 문종 29~30년 사이에 진행되었고 문종 30년 병진丙辰(1076)에 작업을 완료하였으며, 그것의 찬자는 당시 지금주사로 봉직했던 김양일金良鎰이 아닌 다른 인물로 파악하였다.[40] 그런가 하면 『(원본) 가락국기』는 문종 34년(1080) 무렵에 편찬되었으며 편찬자는 금관지주사 김양일의 문인이었던 김양감金良鑑으로 상정하기도 한다.[41] 이와 관련하여 고려 문종과 선종 대에는 경원이씨 곧 인천이씨 인물들이 중앙정계에 진출하여 활발한 활동을 하고 있었다. 『(원본) 가락국기』를 편찬한 인물로 전하는 김양감은 고려 문종과 선종 대에 개경의 중앙 정치 무대에서 활동했으며, 당시 인천이씨 가문과 광양김씨 가문인 김양감은 상당히 가까운 사이로 이해할 수 있다.[42] 곧 왕명에 따라 『(원본) 가락국기』를 편찬한 이면에는 당시 왕실 외척으로 세력을 떨친 인천이씨 가문의 영향과 무관하지 않았을 것으로 짐작된다.[43] 이에 금관지주사 문인이 왕명에 따라 『(원본) 가락국기』를 펴내는 데에는 당시

---

38) 김해는 신라시대에 '金官小京', '金海小京' 등으로 불렸고, 고려 태조 23년(940)에 '金海府', 광종 22년(971)에 '金州都護府', 목종 3년(1000)에 '安東大都護府', 현종 3년(1012)에 '金州'로 불렸으며 문종 대에도 '金州'로 불렸다.

39) 丁仲煥, 『加羅史研究』, 혜안, 2000, p.342; 이영식, 「駕洛國記의 史書的 檢討」『강좌 한국고대사』 5, 가락국사적개발원, 2002;『가야제국사연구』, 생각과 종이, 2016, p.199.

40) 丁仲煥, 앞의 책, 2000, pp.339~340.

41) 남무희, 앞의 논문, 2020, pp.146~147.

42) 丁仲煥, 앞의 책, 2000, p.366.

43) 『(원본) 가락국기』의 편찬 배경은 위로는 '金庾信碑文'과 김유신의 현손인 長清의 '金庾信行錄', '開皇錄'의 정신을 계승하고 고려 문종 대에 왕실의 외척으로 권문의 영화를 누렸던 경원이씨 곧 인천이씨의 영향 아래 가락의 천강 씨족임을 자랑스럽게 기술하여, 인천이씨도 당당한 왕손이라는 사실을 널리 밝히고 시조의 능묘를 장엄하려는 의도에서 이루어졌다고

인천이씨 가문의 직간접적인 지원이 있었던 것으로 추정할 수 있다.

　고려 문종 대 『(원본) 가락국기』가 편찬되고 60여 년이 지난 인종仁宗 23년(1145)에 김부식은 『삼국사기』 편찬을 통하여 고려시대 이전의 역사를 정리했다. 그런데 『삼국사기』의 가야 관련 기록으로 미루어 보아 『삼국사기』 찬술에는 당시까지 전해지던 『(원본) 가락국기』를 애써 주목하거나 크게 참고하지 않았을 법하다. 이는 아마도 『(원본) 가락국기』 편찬에 관여했던 인천이씨 가문의 정치적 동향과 무관하지 않을 듯싶다. 실제로 이자의李資義(?~1095)는 왕위계승에 관여했다가 고려 숙종肅宗(1095~1105)에게 숙청되었다. 또한 이자량李資諒(?~1123)의 형인 이자겸李資謙(?~1126)은 인종 초기에 역모를 꾀하다가 제거되었다. 이와 같은 정치적 상황에서 김부식은 『삼국사기』 편찬 시에 비록 『(원본) 가락국기』의 존재를 알았더라도 제대로 취급하지 않았을 것으로 보인다.

　이에 반해서 고려 후기 일연은 『삼국유사』를 편찬하면서 『(원본) 가락국기』를 요약하여 「기이」편에 따로 '가락국기'조를 수록했다. 일연은 79세(1284, 충렬왕 10년)부터 입적하는 84세까지 경북 청도 운문사에 머물면서 『삼국유사』를 본격적으로 편찬했다. 이때 김부식이 『삼국사기』 편찬에서 참고하지 않았던 『(원본) 가락국기』를 일연이 『삼국유사』 「기이」편에 간추려 실은 것은 「왕력」편과 더불어 그의 가야 인식을 헤아리는 데 주목할 수 있다. 다만 일연은 『(원본) 가락국기』를 누가 저술했는지 구체적으로 밝히지는 않았다. 시간적인 간극을 보아서는 『삼국유사』 편찬 당시에 일연이 『(원본) 가락국기』의 편찬자와 그 저술 배경 등을 알았을 가능성이 있다. 다만 일연은 이자의와 이자겸의 국정농단에 비판적인 입장을 가졌기 때문에, 어쩌면 『(원본) 가락국기』를 저술한 사람의 이름을 구체적으로 밝히지 않았을 법하다. 그리고 삼국의 '유사' 찬술을 추구했던 일연의 입장에서는 가락국 역사를 상세하게 수록한 『(원본) 가락국기』를 외면할 수 없었기 때문에, 『삼국유사』 「기이」편 말미에 따로 '가락국기' 항목을 설정하고 그 첫머리에서 밝혔듯이 『(원본) 가락국기』를 간추려 채록했던 것으로 이해된다.**44)**

　최근 「기이」편에 초점을 맞추어 『삼국유사』의 성립과정 문제를 다루면서 '가락국기'라는 항목이 수록된 점을 통하여 그 사학사적 의미를 탐색한 연구가 참고된다.**45)** 곧

보았다(丁仲煥, 앞의 책, 2000, pp.363~370).
44) 이영식, 앞의 논문, 2002; 앞의 책, 2016, pp.204~205.
45) 남동신, 앞의 논문, 2019, pp.199~240.

(고본)『삼국유사』의 최종 성립 시기를 고려 공민왕 9년(1360) 겨울 무렵으로 추론하고, 현행본 『삼국유사』는 1360년 7월 이후에 그 편차가 마무리된 것이라고 보았다. 이때 「기이」편 끝부분에 '가락국기'를 덧붙여 수록함으로써 역사 인식의 범위를 넓혔으며, 「왕력」편에서도 삼국에 더해 '가락국'을 새로이 설정했다는 것이다.[46] 그리하여 「왕력」 편에서 '가락국'을 신설하고, 또한 「기이」편에는 '가락국기'조를 덧붙였던 후대의 인물에 의하여 가야의 역사가 재발견되었다는 점을 제시했다.[47] 『삼국유사』「기이」편에 수록된 '가락국기'는 그것을 채록한 인물이 일연 또는 후대의 다른 사람으로 추정하여 논란이 있지만, 종전의 『삼국사기』에 비하여 삼국 중심의 한국 고대사 인식 범위와 체계를 가야사까지 확장하여 보완했다는 점에서 사학사적 의미를 지닌다고 할 수 있다.

　『삼국유사』「왕력」편에서 삼국과 함께 '가락국'을 편성하고, 또한 기이편에 따로 수록한 '가락국기' 등을 통해 가야의 역사와 그 존재를 두드러지게 부각했더라도, 이러한 사실을 통하여 한국 고대의 역사 체계에서 '삼국시대'에 가야를 더해 이른바 '사국시대', 또는 '4국 체제'로 설정하려는 시도는 그리 바람직하지 못하다고 생각한다. 사실 일연의 한국 상고대 역사 인식은 무엇보다 『삼국유사』라는 서명에서 드러나듯이, '삼국'이라는 역사 체계의 범주와 흐름 속에 '유사'의 차원에서 가야의 역사를 포함했던 것으로 이해되기 때문이다. 곧 일연이 비록 『삼국사기』 등 이전 사서와 비교해 가야의 존재에 주목하고 드러냈다고 하더라도 그것이 전체 편목에서 차지하는 비중은 상대적으로 소략하다. 또 본래 삼국의 '유사' 찬술을 추구했던 『삼국유사』라는 명칭의 역사서에 '가락국사'가 하나의 항목으로 편제되었던 점 등도 염두에 두어야 할 것이다.

---

46) 『삼국유사』「왕력」편의 편찬자는 일연이 아닌 후대의 인물일 것으로 추정하고, 「가락국기」 조도 일연 이후의 제삼자가 「기이」편 말미에 추가로 실었을 가능성을 제기했다(남동신, 앞의 논문, 2019, pp.214~227). 이러한 견해와 달리 「가락국기」에는 「왕력」편에 전하지 않는 내용을 소개한다는 점 등을 들어서 고려 성종 대 이후 작성된 「왕력」편을 기초로 하여 그 뒤 문종 대에 「가락국기」가 찬술된 것으로 추정하기도 한다(남무희, 앞의 논문, 2020, pp.149~153).

47) 『삼국유사』「기이」편 말미에 전재한 「가락국기」는 일연이 『삼국유사』를 마무리한 뒤에 후대에 다른 사람이 추가한 것으로 보았다(李基白, 「三國遺事의 篇目構成」 『佛敎와 諸科學(東國大學校開校八十周年紀念論叢)』, 동국대출판부, 1987, p.989).

III. '가락국기'의 역사상

일반적으로 건국 신화는 '신화에서 역사로' 전환되는 지점에서 생성하는데, 실제로 종교사적 관점에서 건국 신화는 신화와 역사를 중개하는 기제로 이해되기도 한다.[48] 곧 건국 신화는 고대국가의 성립이라는 역사적인 사실을 반영한 국가 기원의 신화로 상정하기 때문에, 한국의 고대국가는 건국 신화를 통하여 자국의 기원과 정체성을 전한 것으로 보았다. 따라서 고대국가의 기원과 성립과정을 전하는 건국 신화는 그것을 배태한 집단의 역사적 소산이자 경험을 반영한 것이라고 할 수 있다.

널리 알려졌듯이 가야의 건국 신화는 크게 2가지 전승이 확인된다. 그 하나는 『삼국유사』 「기이」편의 '가락국기'조에 전하는 금관가야 건국 신화이고, 또 다른 하나는 『신증동국여지승람』 고령현 건치연혁조에 보이는 최치원의 「석이정전釋利貞傳」을 인용한 대가야 건국 신화다. 『삼국유사』에 실린 '가락국기'조의 내용은 시조 수로왕의 탄생과 건국, 수로와 탈해의 술법 겨루기, 허왕후와의 혼인 이야기 및 관제정비 등을 서술한 전반부, 그리고 수로왕과 허왕후가 죽은 뒤 이루어진 제향과 관련된 기이한 사건, 왕후사의 창건과 폐지, 가락국의 사적에 이어지는 제2대 거등왕부터 제10대 구형왕까지의 왕대기 등을 수록한 후반부로 크게 나눌 수 있다. 그래서 '가락국기'조의 전반부 내용은 신화체계 구성의 전형을 전하고, 후반부의 왕대기는 사전史傳 체계 구성의 전형적인 면모를 보여주는 것으로 이해한다.[49]

비록 '가락국기'조의 후반부 끝부분에 가락국의 국왕 계보를 간략하게 전하지만, 전반부의 수로왕 탄생을 중심으로 하는 건국 신화는 대체로 '가락국기'에 전하는 가야의 건국 과정에 관한 서술에서 가장 큰 비중을 차지한다고 해도 과언이 아니다. 다음 기록을 참고할 수 있다.

> (1)-① 천지가 열린 이후로 이곳에는 아직 나라 이름이 없었고, 또한 임금과 신하의 칭호도 없었다. 이때에 我刀干 · 汝刀干 · 彼刀干 · 五刀干 · 留水干 · 留天干 · 神天干

---

48) 문창로, 「韓國 古代 建國神話' 연구의 동향과 과제」 『한국학논총』 42, 2014, pp.58~60.
49) 이영식, 앞의 책, 2016, p.244.

·五天干·神鬼干 등 9간이 있었는데 이는 酋長으로 백성들을 통솔했으니 모두 1백 호로서 7만 5천 명이었다. 대부분 산과 들에 모여 살면서 우물을 파서 물을 마시고 밭을 갈아 곡식을 먹었다.

② 後漢의 世祖 光武帝 建武 18년(42) 임인 3월 계욕일에 사는 곳의 북쪽 龜旨에서 이상한 소리가 들렸다. 백성 2, 3백 명이 여기에 모였는데 사람의 소리 같기는 하지만 그 모습을 숨기고 소리만 내서 말하였다. "여기에 사람이 있느냐." 9간 등이 말하였다. "우리가 있습니다." 또 말하였다. "내가 있는 곳이 어디인가." 대답하여 말하였다. "구지입니다." 또 말하였다. "皇天이 나에게 명하기를 이곳에 가서 나라를 새로 세우고 임금이 되라고 하여, 이런 까닭에 여기로 내려왔으니 너희들은 모름지기 산봉우리 꼭대기 흙을 파면서 '거북아 거북아, 머리를 내밀어라. 만일 내밀지 않으면 구워 먹으리'라고 노래를 부르고 뛰면서 춤을 추어라. 그러면 곧 대왕을 맞이하여 기뻐서 뛰게 될 것이다." 9간들은 이 말을 따라 모두 기뻐하면서 노래하고 춤을 추었다.

③ 얼마 지나지 않아 하늘을 우러러 쳐다보니 자줏빛 줄이 하늘에서 드리워져서 땅에 닿았다. 그 줄이 내려온 곳을 따라가 붉은 보자기에 싸인 금빛 상자를 발견하고 열어 보니 해처럼 둥근 황금알 여섯 개가 있었다. 여러 사람이 모두 놀라고 기뻐하며 함께 수없이 절하고 얼마 뒤에 알을 다시 싸서 안고 我刀干 집으로 돌아와 책상 위에 놓고 그 무리는 각기 흩어졌다. 그 뒤 12시간이 지난 이튿날 아침에 무리가 다시 모여서 그 상자를 열어서 보니 여섯 알은 모두 어린아이가 되었는데 용모가 매우 훤칠하였다. 이에 이들을 평상 위에 앉히니 여러 사람이 절하고 賀禮하며 극진히 공경하였다. 나날이 자라서 10여 일이 지나니 키는 9척이나 되어 은나라 天乙과 같고, 얼굴은 용을 닮아 漢 高祖와 같으며, 눈썹에는 八彩가 있으니 唐의 요임금과 같고, 눈동자가 겹으로 된 것은 虞의 순임금과 같았다. 그달 보름에 왕위에 올랐다. 세상에 처음 나타났다고 해서 이름을 首露라 하였다. 혹은 首陵이라고도 한다.

④ 또 나라 이름을 大駕洛 또는 伽耶國이라고도 하니 곧 여섯 가야 가운데 하나다. 나머지 다섯 사람도 가서 각각 다섯 가야의 임금이 되었다. 동쪽은 黃山江, 서남쪽은 滄海, 서북쪽은 지리산, 동북쪽은 가야산이며 남쪽은 나라의 끝이었다(이상 『三國遺事』 卷2, 「紀異2」, 駕洛國記).

위 가락국(금관가야)의 건국 신화는 시조 수로왕의 신성성을 부각하고, 김해지역에 새로운 국가를 건설하는 역사적 사실이 반영된 것으로 이해할 수 있다. 곧 (1)은 가락국기의 전반부 주요 내용 가운데 수로왕의 탄생과 가락국의 건국과 관련한 전승인데, 그 첫머리는 천지가 열린 이래 '나라의 이름'과 '임금과 신하의 칭호'가 없었고 이때 아도

간을 비롯한 9간이 추장으로서 백성을 통솔했다고 하였다(①). 이는 가락국 성립 이전의 상황을 알려 주는 것으로, 9간의 존재는 가락국을 구성하는 9촌의 우두머리로서 각기 '촌' 단위를 이끌었던 상황을 짐작하게 한다.[50] 개벽을 필두로 '나라의 이름'과 '임금과 신하의 칭호'가 없었다는 언급은 단순히 신화적 요소를 담은 서사라기보다는 '가락국기'를 작성한 고려시대의 인물인 금관지주사 문인의 이른바 '중세적 합리주의'에 입각한 인식이 투영되었던 서술로 이해할 수 있다.

수로의 탄생과 관련한 내용(②)에서 9간을 비롯한 백성들이 구지봉에 모였던 3월 '계욕일禊浴日'은 김해지역에 해마다 정기적으로 전승되던 토착적인 제의가 행해졌던 날이라고 할 수 있다.[51] 실제로 '가락국기'조에 등장하는 계욕일은 수로왕 등장 이전부터 가락국 성립 당시까지 김해지역 일대에서 이어졌던 토착적 신앙과 그 의례의 일면을 반영하는 것으로 보았다.[52] 이때 이상한 소리로 전하면서 수로가 '황천의 명을 받아 구지봉에 내려왔으니, 산봉우리 꼭대기 흙을 파면서 '구지가'를 부르고 뛰면서 춤을 추면 대왕을 맞이하게 될 것'(②)이라고 했는데, 이는 수로를 맞이하기 위한 제의 행위를 포함하는 일종의 종교적 행사를 연상하게 한다. 이와 관련하여 건국 신화에서 시조의 탄생 유형은 대체로 하늘에서 지상으로 내려오는 경우와 외부에서 이동해 오는 경우, 그리고 땅에서 솟아나는 경우 등을 꼽을 수 있다.[53] 구지봉 정상에서 흙을 파면서 거북이 머리를 내밀라고 노래하는 행위는 땅에서 솟아나는 신의 용출聳出을 기원했던 신화

---

50) 일찍이 추장인 9간이 이끄는 9촌을 '추장사회(Chiefdom)'로 설정하는가 하면(李鍾旭, 『新羅國家形成史研究』, 一潮閣, 1982, p.19), 9간은 수로가 등장하기 이전에 김해지역의 재지 세력으로서 가락국을 구성하는 소단위 세력인 9촌을 이끌어갔던 것으로 보기도 한다(金泰植, 앞의 책, 1993, pp.35~36).

51) 金杜珍, 「加耶 建國神話의 성립과 그 변화」『韓國學論叢』19, 1996;『韓國古代의 建國神話와 祭儀』, 一潮閣, 1999, pp.236~237.

52) 이영식, 앞의 책, 2016, pp.196~199. 한편 『三國遺事』卷1, 「紀異1」, '新羅始祖 赫居世王'조에 전하는 신라 시조 탄생 설화에서도 "'東泉에 목욕(浴於東泉)'을 시키니 몸에서 광채가 나고 새와 짐승들이 모두 춤을 추며 천지가 진동하고 해와 달이 맑게 빛났다"라고 하여 禊浴을 시행한 사실을 알려주며, 가락국에서는 다만 '계욕일'이라고만 전하는데 이처럼 계욕하는 날의 종교적 행사는 곧 부족의 정치적 행사를 결정하는 날로 보았다(丁仲煥, 앞의 책, 2000, pp.62~63).

53) 김헌선, 「가락국기의 신화학적 연구」『시민인문학』6, 1998, pp.11~12.

적 상징의 변형태로 이해할 수 있다.[54]

일찍이 수로왕의 출현에는 고조선이나 고구려 계통 신화와 같은 천강天降 및 난생卵生의 요소를 포함하는 가락국 지배층의 신성 수식 관념이 관찰되지만, 천강 및 난생의 신이성은 크게 강조되지 않았던 것으로 보았다.[55] 물론 9간 등이 구지봉에서 행한 제의 행위 뒤에 출현하는 수로왕은 천신 계통을 표방하는 듯하지만, 수로가 하늘에서 자주색 노끈이 내려온 곳에서 6란 중 하나로 확인되는 전승(③)은 어쩌면 후대에 가식이 되어 전한 것으로 이해될 수 있다.[56] 곧 9간을 중심으로 구지봉에 모여 땅을 파며 거북의 머리를 내밀도록 했던 주술적인 가무 행위는 수로의 출현과 가락국 성립에 관련한 제의 행위이며, 본래 지신족地神族 신앙이 강하게 배어있었던 수로 시조 전승이 금관가야의 성장과 맞물려 변화하면서 후대에 천신족天神族 신앙체계로 다시 수립된 것으로 추정하였다.

사실 '가락국기'조에 전하는 건국 신화는 오랜 기간에 걸쳐서 여러 가지 전승이 더하여 형성된 것으로 이해할 수 있다. 곧 고대 한국의 건국 신화는 우세한 부족의 시조 전승을 중심으로 그 안에 편입되어 온 여타 부족의 시조 전승을 차례로 흡수하면서 성립하였고, 고대국가의 발전에 따라 점차 국가 사전祀典 체계 속에 편제된 것으로 보았다.[57] 실제로 '가락국기'에 전하는 건국 신화에는 수로왕 시조 전승을 중심으로 탈해를 술법으로 굴복시킨 이야기와 아유타국阿踰陀國 공주를 왕후로 맞이하는 혼인 이야기 등이 보태어졌으며, 그 안에는 수로왕 등장 이전에 선주 세력이었던 9간의 시조 전승과 나머지 다섯 가야의 건국 신화 등도 얽혀진 것으로 이해된다.[58]

---

54) 이른바 '龜旨歌'는 신을 맞이하는 <迎神歌>라 하고, 그 성격을 고대 인민들의 노동 생활과 결부된 집단적 구전가요의 하나로 이해하기도 한다. 곧 건국 설화의 이 자료는 가락국 형성 이전에 가락·가야 지방의 주민들에 의해 창조된 신화에 토대하여 이루어진 것이고 노래도 그때 사람들이 부른 것으로서 집단적 구전가요라고 상정했다. 그리하여 흙을 쥐고 춤추면서 부른 노래라고 한 것으로 보아 어떤 노동 활동 과정을 형상한 것으로 이해했다(사회과학원 력사연구소, 『조선전사2』(고대편), 1991, p.284).

55) 金泰植, 앞의 책, 一潮閣, 1993; 「가야의 성립」 『한국사』 7, 국사편찬위원회, 1997, p.314.

56) 金杜珍, 앞의 책, 1999, p.238.

57) 金杜珍, 앞의 책, 1999, pp.346~347.

58) 금관가야의 건국 신화를 이루는 주축은 수로왕과 허왕후의 시조 전승으로 구성되었지만,

그런데 시조 신화에 포함된 요소 중에 수로왕과 결합한 허황옥은 물론이고 수로와 재주를 겨루었던 탈해 등은 도래 신화의 주인공으로 상정할 수 있다. 대체로 도래 신화에서 외부로부터 들어온 주인공은 특이한 물건을 가져오거나 특별한 능력을 부여받아 시조가 되는 경우가 흔한 것으로 이해한다.[59] 실제로 허황옥은 서역의 아유타국 공주로서 가락국에 당도하여 비단 바지를 벗어 폐백으로 삼고 산신령에게 바치는 일종의 제의 과정을 거쳐 수로와 결합하였고, 그녀가 가지고 온 비단과 금은 주옥 등의 보물은 기록할 수 없을 만큼 많았다고 전한다. 또 탈해는 용성국왕龍城國王 함달파含達婆와 적녀국積女國 왕녀 사이의 소생으로 바다를 따라 가락국에 와서 수로와 왕위를 놓고 술법 겨루기를 하는 전승을 남겼다. 곧 건국 신화에 전하는 수로가 아유타국 공주 허왕옥과의 혼인담이나 탈해와 술법 겨루기를 통해서 물리친 이야기 등은 결국 수로 시조 전승에 결합하여 시조왕의 권능과 권위를 고양하고 신성화하려는 의도에 부합하는 기능을 발휘했을 법하다.

금관가야의 수로 시조 전승은 그 뒤 유교 문화와 연관되면서 탄생의 용모를 은나라 탕왕湯王(天乙)을 비롯한 중국 고대의 전설상 성제聖帝 권위를 빌려와 신성화하는데(③), 그것은 이른바 '헌원軒轅의 후예'이고 '소호금천씨少昊金天氏의 자손'임을 자처했던 중국적 내지는 유교적 윤색과 서로 맥이 닿을 수 있다.[60] 나아가 수로왕이 허왕후와 혼인하고 나라를 다스릴 때는 아직 절을 세우고 불법佛法을 받드는 일이 없었다고 하면서도,[61] 호계사虎溪寺의 파사석탑婆娑石塔을 수로왕의 비인 허황옥이 서역의 아유타국에서 싣고 왔다고 전하는 기록 등은 허왕후 전승의 불교적 윤색으로 상정할 수 있다.[62] 곧 후술하는 바와 같이 허왕후 관련 전승에는 뒷날 불법의 효험을 드러내는 의도에서 불교의 권위를 빌어 신성화 관념을 모색했던 불교적 윤색이 가해졌던 것으로 볼 수 있

그 전개 과정에서 중요한 역할을 한 9간의 시조 전승도 건국 신화에 포함되었으며, 금관가야 외에 5가야국도 본래 천신과 지신이 결합하는 개국 신화를 전승시켰을 것으로 보았다(김두진, 앞의 책, 1999, pp.227~233).

59) 김헌선, 앞의 논문, 1998, pp.18~19.

60) 『三國史記』 卷41, 「列傳1」, 金庾信.

61) 『三國遺事』 卷3, 「塔像4」, 金官城婆娑石塔.

62) 이영식, 앞의 책, 2016, p.218.

다. 허왕후가 도래하기 이전이었던 수로왕 즉위 이듬해에 도읍을 정하고, 바로 그곳이 '16나한'이 살만한 곳이라고 서술한 대목도 이와 같은 맥락에서 접근할 수 있다.[63]

한편 '가락국기'조에는 하늘로부터 내려온 여섯 개의 황금알 가운데 하나에서 태어난 수로를 9간 등의 무리가 왕으로 추대하고 나라 이름을 '대가락大駕洛'이라 하고 또는 '가야국'이라고도 했다고 전한다(④). 이와 같은 전승의 줄거리는 가락국 역사의 출발과 밀접한 연관을 가지며, 건국 과정의 일정한 역사성을 반영하는 자료로 접근할 수 있다.[64] 일찍이 수로왕과 관련된 시조 전승은 김해지역의 통합된 정치집단 형성,[65] 곧 '가락국'이라는 초기국가의 성립을 전하는 자료로 주목하였다. 또한 가락국의 건국 신화는 '9간 사회에서 가락국으로의 이행'이라는 김해지역 소국 성립의 모델로 상정하기도 하였다.[66] 가락 9촌의 수장인 9간은 이 지역의 고고학 자료와 대비하여 청동기문화 단계의 선주 세력으로, 그리고 수로왕은 서북한 지역에서 들어온 철기 문화 세력으로 파악하여 9간이 이끌었던 9간 사회는 부족연합 단계로, 가락국의 성립을 '군장사회(Chiefdom)' 단계로 각각 설정하였다. 그리하여 9간 사회는 가락국 성립의 기반이 되는 구성단위이며 이는 삼한의 국國을 성립시키는 주요 구성단위인 읍락邑落과 맥을 같이하는 정치체로 파악하였다.[67]

사실 기록상 하늘에서 내려왔다는 명분을 가진 수로는 9간의 추대로 왕이 되었기 때문에 선주 세력의 합의를 전제로 한 것으로 보기도 하지만,[68] 오히려 수로 등장에 따

---

63) '가락국기'조에 불교적 서술이 확인되는 것은 불교적 윤색이 분명할 뿐 아니라, 일연의 주석이 아닌 본문의 기술이기 때문에『삼국유사』채록 단계보다는 그 이전인「가락국기」편찬단계의 서술로 상정했다. 곧 수로왕의 건국 신화와 허왕후의 도래 전승에 붙여진 불교적 기술은 서기 5세기 중엽 김해지역에 전파된 불교 기원 전승에 불과한 불교적 윤색으로 보았다 (이영식, 앞의 책, 2016, pp.215~222).

64) 金泰植, 앞의 책, 1997, pp.314~315.

65) 金泰植, 앞의 책, 1993, p.37; 앞의 책, 1997, pp.313~316.

66) 李永植,「九干社會와 駕洛國의 성립」『伽倻文化』7, 伽倻文化研究院, 1994, pp.58~82.

67) 李鍾旭, 앞의 책, 1982, p.19; 金杜珍,「三韓時代의 邑落」『韓國學論叢』7, 1985, pp.27~28; 盧重國,「韓國 古代의 邑落의 構造와 性格 -國家形成過程과 관련하여-」『大丘史學』38, 1989, p.13.

68) 9간이 합의하여 천강의 명분을 지닌 수로를 왕으로 추대했다는 사실은 재지 세력의 합의

른 왕권 창출에는 모종의 강제성이 작용했을 가능성도 엿볼 수 있다.[69] 이와 함께 하늘에서 내려와 난생한 수로의 등장, 바다를 따라 가락국에 온 탈해와의 재주 겨루기, 그리고 아유타국 공주 허황후의 도래와 혼인 등으로 이어지는 일련의 전승을 통해서, 수로 집단의 등장과 가락국 성립을 전후하여 김해지역 일대에는 이주민 집단의 유입과 해양 문화의 교류가 활발했던 상황도 유추할 수 있다.

그런데 '가락국기'조에 전하는 건국 신화의 내용은 전승의 성격상 전통의 현재성을 강조하는 측면이 있으므로, 거기에서 전하는 개개의 호구 수는 물론 편년 기록이나 강역의 범위 등을 문자 그대로 신빙할 수는 없을 것이다.[70] 실제로 가락국 성립 이후 가야의 범위와 관련하여 동쪽으로는 황산강黃山江(낙동강 하류), 서남쪽 방면은 창해滄海(남해), 서북쪽은 지리산, 동북쪽은 가야산, 그리고 남쪽 방면은 나라의 끝이라고 전한다 (④). 이 기록은 시조왕의 등극과 중국 성제聖帝에 비견되는 용모, '수로'라는 호칭(③), 그리고 국호 '대가락' 및 나머지 5가야 성립에 이은 서술로서 가야의 세력범위를 구체적으로 언급하여 주목받기도 하였지만, 이를 가락국 건국 직후의 범위 곧 하나의 소국 단위에 적용하기는 지나치게 넓다. 가야 소국의 성장에 따른 점유 지역의 확대는 자연스럽게 예상할 수 있으므로, 이는 가락국 곧 금관가야의 정치적 성장에 따른 세력권 확장 혹은 뒷날 가락국(금관가야)을 부각하려는 인식의 반영, 곧 '가락국기' 편찬 당시까지 전하는 가야 세력권의 범위에 대한 후대의 인식이 투영된 것으로 이해할 수 있다.[71]

황산강은 현재 경남 김해시 상동면과 양산시 용원면 원동리 부근에서 낙동강 하구 을숙도 부근까지로 상정할 수 있다.[72] 그리고 서기 5세기 후반 또는 6세기 전반까지 백제와 가야의 국경선은 북쪽으로 가야산과 덕유산을 경계로 하며, 대체로 진안-임실-순

에 의한 왕권 창출로 이해했다(金泰植, 「가락국기 소재 허황후 설화의 성격」 『韓國史硏究』 102, 1998; 김두진, 앞의 책, 1999).

69) 백승충, 「가야 건국신화의 재조명」 『한국고대사 속의 가야』, 혜안, 2001, pp.79~94.

70) 金泰植, 앞의 책, 1997, p.313.

71) '가락국기'에 수록된 6가야 인식은 고려 문종 대인 서기 11세기 후반 고려 왕실의 외척으로 득세한 인주 이씨 세력과 엮어진 것으로, 당시 수로왕을 공통의 시조로 하는 인주 이씨 세력에 의해 금관가야의 권위를 나타내려는 목적에서 넓은 강역을 창출한 것으로 보았다(이도학, 「『駕洛國記』와 '6伽耶' 성립 배경 검증」 『歷史學硏究』 83, 2021, pp.5~31).

72) 金泰植, 앞의 논문, 1998, p.70.

창-곡성-구례-순천-여수반도를 잇는 선으로 설정한다.[73] 곧 가야 제국이 성장하여 주변 지역으로 확대되면서 차지했던 세력범위는 경상남·북도의 낙동강 유역과 그 서쪽 일대를 비롯하여 전라남·북도의 동부지역도 포함하는 것으로 보기도 했다.[74]

　　그런데 『삼국유사』 '5가야'조에는 비화가야와 성산가야를 각각 낙동강 동쪽의 창녕, 가야산 북쪽의 벽진으로 비정하여 '가락국기'조에서 전하는 범위(④)를 벗어난다. 그래서 '가락국기'조에 전하는 가야의 경계는 가야 멸망 직전의 사정을 알려주거나 특정 시기의 축소된 범위를 수록한 것으로 보고,[75] 그 대신에 '5가야'조 기록을 가야의 경계를 설정하는 기준으로 삼기도 하였다. 이후 관련 연구가 진전되면서 '5가야'조는 나말여초의 정치적 상황을 배경으로 하는 후대의 산물로 파악하였으며,[76] 『삼국지』 한전 및 『삼국사기』 신라본기의 초기 기록을 활용하여 전기 가야의 세력범위를 설정하였다.[77] 실제로 『삼국지』 한전에 보이는 변진 12국의 위치를 비정하면서 전기 가야는 김해·함안·밀양·동래 등의 낙동강 하류 일대와 고령·개령 등의 낙동강 중상류 일대, 그리고 고성·단성·진주 등 낙동강 지류인 황강과 남강 유역, 창원·의창 등지의 경남 해안 일대 등으로 그 세력범위를 추정했다. 다만 변진 12국 중에서 구야국狗邪國(김해)과 안야국安邪國(함안)의 위치 비정은 대체로 이견이 없지만, 미오야마국彌烏邪馬國(창원 혹은 고령)·반로국半路國(성주 혹은 고령)·독로국瀆盧國(부산 혹은 거제) 등은 서로 견해가 갈리기도 한다. 또 창녕의 비화가야와 성주(벽진)의 성산가야를 전기 가야의 범주에 포함하는 문제도 여전히 논란이 된다.

　　사실 가락국 곧 구야국과 사로국의 정치적 성장은 변한과 진한의 중심 세력이 서로 세력범위를 확장하는 것이기 때문에, 실제로 낙동강을 경계로 하여 양 세력 사이에 갈

---

73) 이동희, 「백제의 전남 동부지역 진출의 고고학적 연구」 『한국고고학보』 64, 2007, p.156; 남재우, 「기록으로 본 가야문화의 성격」 『구결연구』 34, 2015, p.34.

74) 남재우, 앞의 논문, 2015, pp.12~13.

75) 李丙燾, 「가라제국의 연맹체」 『韓國古代史研究』, 朴英社, 1976, pp.311~312.

76) 전기 가야의 영역은 김해, 함안, 밀양, 동래 등 낙동강 하류 지역을 중심으로 고령, 개녕 등의 중상류 지역과 고성, 단성, 진주 등 서부 경남지역, 그리고 창원과 합천, 성주지역 등을 공간적 범위로 설정하였다(金泰植, 앞의 책, 1993, p.80).

77) 金泰植, 앞의 책, 1993, pp.68~80.

등이 발생할 소지가 크다. 곧 『삼국사기』 신라본기에 확인되는 탈해이사금 21년(77)부터 지마이사금 5년(115)까지 벌어진 신라와 가야의 전쟁 기사에서 '가야'는 전쟁지역인 낙동강 가까이에 있는 변진계 가야 소국으로 보았다.[78] 그런가 하면 이들 신라와 가야의 전쟁 기사를 서기 3세기 후반 양산과 김해 사이의 낙동강 유역을 경계로 두 세력이 대치했던 상황을 반영한 것으로 이해하고 이를 바탕으로 당시 가야와 신라의 경계를 설정했다.

『삼국사기』에 보이는 가야 소국의 존재는 지리지에서 김해소경金海小京과 고령국高靈郡으로 각각 편제한 '옛 금관국古金官國(가락국)'과 '대가야국', 그리고 고동람군古多攬郡과 함안군咸安郡으로 삼았던 '고령가야국古寧加耶國'과 '아군가야阿郡加耶'(혹은 '아나가야阿那加耶') 등을 통해서 확인할 수 있다.[79] 이들 가야 제소국은 각기 시기를 달리하여 신라에 투항하거나 병합된 것으로 전한다. 곧 가야사 전개 과정에서 가야의 여러 소국이 모두 하나로 통합된 적이 없었으므로, 후대 역사적 인식의 산물이라 할 수 있는 '5가야'조와 '가락국기'조의 내용으로 가야 전체의 세력범위를 논하는 것은 사실상 무의미할 수 있다. 이에 가야의 세력범위는 일정한 시기 형성된 연맹체의 범위를 상정하거나 가야 소국 각각의 영역을 논할 수 있다고 하는 견해는 경청할 만하다.[80]

『삼국지』 한전의 변진 12국 이외에도 가야에 속했던 소국의 존재로는 『삼국사기』 및 『삼국유사』 등에 등장하는 포상팔국浦上八國을 통해서 유추할 수 있다. 곧 골포骨浦, 칠포柒浦, 고사포古史浦, 사물국史勿國, 보라국保羅國 등의 소국 존재를 확인할 수 있는데, 이들 정치체가 자리했던 지역도 넓은 범주에서 가야사의 공간적 범위에 포함할 수 있다. 그리고 『일본서기』 흠명기 23년(562)조에 전하는 가라국加羅國, 안라국安羅國, 사이기국斯二岐國 등 임나任那 10국 및 같은 책 2년(541) 4월조에 이미 멸망한 탁기탄啄己呑 등 3국의 존재 역시 서기 6세기 전반경 가야 지역에 산재한 여러 소국의 존재를 알려준

---

78) 李永植, 「伽倻諸國의 國家形成問題」 『白山學報』 32, 1985, pp.59~65; 白承忠, 「1~3세기 가야세력의 성격과 그 추이 -수로집단의 성격과 浦上八國의 亂을 중심으로-」 『釜大史學』 13, 1989, pp.27~31.

79) 『三國史記』 卷34, 「雜志3」, 地理1, 新羅.

80) 白承玉, 「加耶諸國의 존재형태와 '加耶地域國家論'」 『지역과 역사』 34, 2014; 『加耶各國史研究』, 혜안, 2003, pp.29~30.

다. 이들 이른바 '임나 13국'을 통해서 후기 가야의 범위를 가늠하는 데에 도움이 될 수 있다.[81] 또 우륵 12곡의 곡명 중에서 지역명 혹은 국명을 가리키는 존재[82]도 후기 가야의 대략적인 세력범위를 설정하는 데에 보탬이 될 것으로 보았다.[83]

앞서 '대가락'이라고 불렸던 가락국 성립과 함께 나머지 알에서 깨어난 다섯 명도 각각 돌아가 5가야의 주인이 되었다고 전한다(④). 이는 수로를 포함하여 여섯 개의 알에서 태어난 인물들을 제각기 시조로 하는 이른바 여섯 가야가 형성되었다는 인식을 알려준다. 곧 일연이 『(원본) 가락국기』를 토대로 '가락국기'조를 찬술할 당시에 '가야는 6개의 정치세력으로 이루어진 나라라고 하는 인식을 가졌던 것으로 짐작된다. 여기서 가장 먼저 탄생한 수로를 왕으로 세운 가락국을 '대가락'이라고 했던 것은 가야의 여러 나라 중에서 가장 큰 세력 내지는 중심 세력이라는 자존 의식이 반영된 것으로 추론할 수 있다. 그리하여 수로 시조 전승을 중심으로 하는 '가락국기'의 건국 신화는 금관가야를 가야의 제소국 가운데 주요 세력으로 부각하려는 후대의 인식이 투영된 것으로 상정할 수 있다.

IV. 관련 전승의 '가야' 인식

『삼국유사』의 「왕력」편에는 삼국과 함께 '가락국'을 입전하였음에도 「기이」편에서는 '가락국기'조에 앞서 '5가야'조를 따로 두었다. '5가야'조에는 가락국 곧 김해의 금관가야를 제외한 아라가야, 고령가야, 대가야, 성산가야, 소가야 등의 존재를 다음과 같이 언급하였다.

⑵ 五伽耶 (『駕洛記』의 贊을 살펴보면, "한 가닥 자줏빛 끈이 드리워 여섯 개 둥근 알을 내리니 다섯 개는 각 읍으로 돌아가고 한 개가 이 성안에 남았다"라고 했다. 곧 한 개

---

81) 金泰植, 앞의 책, 1997, p.344.
82) 『三國史記』卷32, 「雜志1」, 樂.
83) 남재우, 앞의 논문, 2015, pp.14~17.

는 首露王이 되고 나머지 다섯 개는 각기 다섯 伽耶의 임금이 되었다는 것이니 金官을 다섯의 숫자에 넣지 않는 것은 당연하다. 『本朝史略』에는 금관도 그 수에 넣고 昌寧이라고 함부로 기록한 것은 잘못이다.)

阿羅伽耶(지금의 咸安), 古寧伽耶(지금의 咸寧), 大伽耶(지금의 高靈), 星山伽耶(지금의 京山이니 碧珍이라고도 한다), 小伽耶(지금의 固城)이다. 또한 『本朝史略』에 이르기를 "태조 天福 5년 庚子(940)에 5가야의 이름을 고치니 첫째는 金官(金海府가 되었다), 둘째는 古寧(加利縣이 되었다), 셋째는 非火(지금의 昌寧이란 것은 아마도 高靈의 잘못인 듯하다), 나머지 둘은 阿羅와 星山(앞과 같이, 星山은 碧珍伽耶라고도 한다)이다"라고 하였다.[84]

먼저 5가야조에는 『가락기駕洛記』의 '찬贊'을 인용하면서 여섯 개의 둥근 알 가운데 수로왕이 가락국의 군주가 된 사실을 언급하였다. 이어서 금관가야를 뺀 5가야의 구체적인 국명을 거론하였다. 이는 가락국이 가야의 여러 나라 중에 가장 세력이 크거나 중심이 되었던 나라라고 하는 '가락국기'조의 인식이 반영되었음을 유추할 수 있다. 그래서인지 뒤이어 『본조사략本朝史略』을 인용하며 고려 태조 천복 5년(940)에 명칭이 바뀐 5가야의 존재로 금관가야, 고령가야, 비화가야, 아라가야, 성산가야 등을 꼽으면서 금관가야를 첫째로 언급한 것으로 보인다. 이는 고려 태조 23년(940)에 군현제 개편 시 본래의 5가야를 『본조사략』에서 거명한 5가야로 고쳐서 확정했다는 의미로 받아들일 수 있다. 곧 나말여초 5가야 선정에서 논란이 있던 것을 고려 초기에 재정리를 통해서 『본조사략』의 내용과 같이 5가야에 대한 인식이 정착되었던 것으로 이해된다.

일찍이 『삼국사기』 신라본기에 단편적으로 실린 가야 관련 자료는 대체로 김해 금관국의 입장으로 정리된 듯한데, 그런 면에서 『삼국유사』 「왕력」편에 '가락국'의 역대 제왕에 관한 기록이나 「기이」편에 실린 '가락국기'조 역시 비슷한 양상을 띤 것으로 보았다.[85] 그런데 자연 '5가야'조는 금관가야 중심의 전통적인 인식에서 벗어나 'ㅇㅇ가야'라고 일컫는 다섯 개 가야 정치체의 존재를 염두에 두고 가야사 연구에 접근할 수 있는 실마리를 제공한다. 이처럼 '5가야'조가 갖는 가야사 연구의 자료적 의미에도 불구하고 그것은 당대 사실을 반영하기보다 신라 말에 반독립성을 구가했던 지방 호족이

---

84) 『三國遺事』 卷1, 「紀異2」, 五伽耶.
85) 주보돈, 『가야사 이해의 기초』, 주류성, 2018, pp.26~27.

반신라적 명분을 걸었던 상황을 반영한 것으로 파악하여 그 사료적 한계를 지적한 바 있다.[86]

　‘5가야’조에는 가야를 구성하는 여러 개의 정치체가 다섯 혹은 여섯으로 서로 다르게 인식했던 원전 기록 중에서 어느 것 하나만을 취하지 않고, 『가락기』와 『본조사략』의 내용을 함께 소개하였다. 그러면서도 『삼국유사』에서는 『가락기』의 찬을 통해서 5가야 서술을 수긍하였고, 반면에 『본조사략』의 5가야 기록이 잘못되었다는 점을 지적했다. 여기서 일연이 찬술한 것이 분명한 ‘5가야’조에서 인용한 『가락기』는 바로 『가락국기』의 약칭으로 이해된다.[87] 곧 『가락기』의 ‘찬’은 바로 『가락국기』에 수록된 ‘찬’을 뜻하는 것으로, 이는 「기이편」의 ‘가락국기’조에 실린 ‘명銘’과 밀접하게 관련된다.[88] 왜냐하면 『삼국유사』에서 ‘명’을 소개한 곳은 ‘가락국기’의 끝부분에 수록한 사례가 유일할 뿐만 아니라, 그 내용 중에 “‘명銘’에 이르기를 … 6개의 둥근 알이 한 줄기의 자주색 끈에 달려 내려왔다. … 다섯 분은 각기 읍으로 돌아가고 한 분은 이 성에 계셨다”라는 기록이 바로 ‘5가야’조에서 언급한 『가락기』의 ‘찬’과 같기 때문이다.[89] 앞 구절의 문장에 뒤바뀜이 있지만 이처럼 양자가 모두 동일 문장으로 전하면서도 ‘가락국기’조의 ‘명’을 ‘5가야’조에서 ‘찬’이라고 한 까닭은 아마도 ‘명’에 수록한 내용이 가락국의 아름답고 훌륭한 행적을 기리는 문체로 일관하여,[90] 본래 ‘찬’이란 용어가 갖는 의미와 서로 부합하기 때문이 아닐까 싶다.

　‘5가야’조에서 인용한 『본조사략』은 문자 그대로 ‘본조本朝의 사략史略’ 곧 고려조

---

86)　金泰植, 앞의 책, 1993, p.73.

87)　「기이」편 ‘5가야’조의 주기에서 인용한 『駕洛記』는 물론이고 「塔像」편 ‘金官城婆娑石塔’조에서 언급한 『本國本記』는 ‘本國=駕洛國’의 ‘本記’이므로 양자 모두 『駕洛國記』로 상정할 수 있으며, 이는 다른 사람이 아닌 일연 자신이 『駕洛國記』를 『三國遺事』에 채록한 것으로 보았다(이영식, 앞의 책, 2016, pp.205~206).

88)　윤선태, 「『三國遺事』의 後人夾註에 대한 再檢討」 『韓國古代史硏究』 78, 2015, p.373.

89)　銘에서 언급한 『三國遺事』 卷2, 「紀異2」, 駕洛國記, “銘曰 … ‘下六圓卵 垂一紫纓 … 五歸各邑 一在玆城’.”과 贊에서 인용한 『三國遺事』 卷1, 「紀異2」, 五伽耶, “按駕洛記贊云 ‘垂一紫纓 下六圓卵 五歸各邑 一在玆城’.”은 앞부분 순서에 뒤바뀜이 있을 뿐, 서로 같은 문장임을 확인할 수 있다.

90)　장성진, 「가락국기 <명(銘)> 고찰」 『한국전통문화연구』 1, 1985, pp.208~209.

의 역사를 간추린 사서라는 뜻으로 풀이할 수 있다. 『본조사략』은 이제현李齊賢(1287~1367)이 1357년(공민왕 6)에 편찬한 『사략史略』일 가능성이 큰데, 이는 일연과 그의 제자인 무극無極(1251~1322)이 아닌 또 다른 인물이 (고본)『삼국유사』 편찬에 개입했음을 알려주는 것으로 이해된다.[91] 곧 조선 건국 초기에 고려의 역사를 편찬할 때, 정총鄭摠(1358~1397)의 「고려국사서高麗國史序」(1395)와 윤회尹淮(1380~1436)의 「진수교고려국사서進讎校高麗國史序」(1424) 등에서 이제현의 『사략』을 주로 참조했다는 사실을 예외 없이 밝히고 있다는 점에서 그러하다고 보았다.

앞서 언급한 '가락국기'조의 '명'은 수로왕릉의 비명碑銘으로 짐작할 수 있다. 수로왕릉의 비명은 고려 문종 대(1046~1083)에 지금주사 김양일金良鎰이 임인년壬寅年(1062)에 작성한 것으로 전한다. 비록 후대 자료이긴 하지만 조선 고종 대(1863~1907)에 공암孔巖 허전許傳(1797~1886)이 작성하여 1884년에 건립한 「가락국태조릉숭선전비駕洛國太祖陵崇善殿碑」에는 "고려 문종은 수로왕이 임금 자리에 오른 옛날 갑자甲子의 임인壬寅에 해당하는 해(1062)에 지금주사知金州事 김양일金良鎰에게 특별히 명령하여 능원을 수리하고 절차를 갖추어 정결하게 제사를 지내도록 하였다. 자세한 일은 김양일이 편찬한 비문에 갖추어져 있다. 글은 아직 남았으나 비석은 마멸되었으니 애석한 일이다"라고 하였다.[92] 수로왕릉의 경내에 세운 전각인 숭선전崇善殿은 수로왕과 왕비의 신위神位를 모시고 제사를 받드는 곳으로, 조선 고종 대에 수로왕릉을 개축하면서 사액하였다. '가락국태조릉숭선전비'라는 비명은 가락국 태조 곧 '수로왕릉비'를 가리키므로, 이는 고려 문종 재위 16년인 임인년(1062)에 시조 수로왕이 가락국을 세웠던 임인년을 기념하여 작성했던 것으로 추측할 수 있다.

이러한 '가락국기'의 '명'은 경사를 기리고 축하하는 축송祝頌 성격을 갖는 것으로 이해한다.[93] 곧 천명天命을 수행하는 수로를 중심으로 위대한 인간의 탄생과 그것을 가능하게 하고 그 인간을 통해 역사를 주관하는 천명의 밝음을 송축하는 것이라고 보았

---

91) 남동신, 앞의 논문, 2019, pp.232~234.

92) 許傳, 『性齋先生文集』卷19, 「碑文」, 駕洛國太祖陵崇善殿碑.

93) '가락국기'에 보이는 '명'의 서술내용은 천명의 결과로 탄생한 수로를 부각했는데, 곧 수로는 '受命於天' 곧 천명을 수행하는 인물로 파악하였기 때문에 그 성격을 수로왕 탄생의 神異함을 위주로 하는 서사적인 축송으로 보았다(장성진, 앞의 논문, 1985, pp.215~220).

다. 애초 '가락국기'조에 인용된 '명'은 가락국의 역사에 관한 관심보다는 수로왕 일대에 한정된 건국에 대한 축원에 무게를 두어 작성했을 법하다. 왜냐하면 '명'의 주요 내용이 건국자 수로의 탄생에서 즉위를 거쳐 죽음에 이르는 과정과 사후 제사를 받들었던 일련의 기록이 수로왕과 직접 관련된 사실만을 소재로 다루었을 뿐, 가락국의 역사 전개에 대해서는 크게 관심을 두지 않았기 때문이다. 따라서 '명'의 서사구조는 오로지 수로왕 개인의 위대한 탄생과 인품, 그리고 가락국을 세운 공적을 기리는 데에 초점을 두고 짜였다고 할 수 있다.

이처럼 지금주사 김양일이 남긴 '명'의 서술내용이 갖는 한계를 극복하기 위해서, 그 뒤 김양일과 다른 인물인 '금관지주사 문인'이 가락국의 전체 역사를 정리한 『(원본) 가락국기』를 편찬했을 것으로 보이며,[94] 일연은 이를 간추려 『삼국유사』의 '가락국기'조로 찬술한 것으로 추정할 수 있다. 이에 '가락국기'조에는 『(원본) 가락국기』를 토대로 수로왕 등장과 가락국 성립 이전에 9간이 영도하던 가락 9촌 사회를 소개한 것으로 보인다. 거기에 더해 한국 고대의 건국 신화에서 대부분 포함되었던 건국 과정의 시련기에 대한 언급을 수로왕과 탈해가 술법을 겨루는 형식을 빌려 극적으로 서술하였을 법하다. 나아가 일가—家의 형성이 곧 국가 성립의 완성임을 뜻하는 의미로 아유타국의 공주 허황옥과의 혼인담을 비교적 장황하게 전한 것으로 이해할 수 있다.

한편 『삼국유사』의 '가락국기'조에 인용한 자료에는 앞서 언급한 김양일이 지었다고 전하는 '명'뿐만 아니라 또 다른 자료도 참고했음을 확인할 수 있다. 다음 기록을 통해 알 수 있다.

> (3)-① 『開皇曆』에 말하기를 "姓은 金氏이니 대개 나라의 세조가 金卵에서 태어난 까닭에 金을 성으로 삼았다"라고 하였다(居登王).
> ② 『開皇錄』에 말하기를 "梁나라 武帝 中大通(529~535) 4년 壬子(532)에 신라에 항

---

94) 앞서 '가락국기'조에 인용한 '비명' 내용이 '5가야'조에 소개한 '가락기'의 '찬'과 일부 문구의 倒置가 있으나 기록이 모두 대동소이함을 보았다. 다만 '비명'을 '명'이라 하지 않고 '찬'이라고 한 것으로 보아 양자는 각각 작성한 인물이 서로 다를 가능성이 있다. 곧 수로왕 일대를 대상으로 하여 '비명'을 작성한 인물이 지금주사 김양일이라고 전하므로, 그 뒤 '비명'의 내용을 넘어서 '가락국기'를 찬술한 이는 금관지주사 문인으로 '5가야'조에 인용한 '가락기' 곧 『(원본) 가락국기』와 그 '찬'을 작성한 인물로 추론할 수 있다.

복하였다"라고 하였다(仇衡王).**95)**

　사실 『삼국유사』의 '가락국기'에 보이는 인용서목으로는 '개황력開皇曆' 또는 '개황록開皇錄'으로 전하는 기록이 유일하다.**96)** '개황력'이라는 서명은 「왕력」편과 '가락국기'조의 거등왕 대, 그리고 '개황록'은 '가락국기'의 구형왕 대에서 각각 확인된다. 대체로 양자는 서로 같은 자료로 이해할 수 있으며, '가락국기'에 인용되었으므로 가락국 곧 금관가야의 역사를 다룬 서책으로 볼 수 있다.

　'개황력'의 편찬 시기에 대해서는 가야인에 대한 우대정책을 강하게 시행한 진흥왕(540~576) 대를 비롯하여 서기 6세기 후반 수隋 개황開皇(581~600) 연간인 신라 진평왕(579~632) 대, 또는 신라 문무왕(661~681) 대 전후 그리고 신라 말 고려 초 등 다양한 견해로 갈린다. 그런데 『개황력』이 '가락국기'조에 인용된 사료이기 때문에, 여기서 '개황'이란 수나라의 연호보다는 가락국의 개창 곧 후천 개벽 이후에 "황국을 개창했다"라는 뜻으로 새길 수 있다.**97)** 이에 '개황력'은 시조 수로왕이 황천皇天의 명령으로 가락국을 세운 뒤부터 10대 구형왕이 532년 신라에 투항할 때까지의 역사를 수록한 것으로 짐작할 수 있다. 이러한 '개황력'은 태조 왕건이 궁예를 몰아내고 고려를 건국한 918년 이후부터 후삼국이 통일되는 936년 이전 시기에 김수로왕의 직계 후손 집안에서 가락국의 역사서로 저술했을 것으로 보았다.**98)** 당시는 후삼국시대로 하나의 특정 세력이

---

95) 『三國遺事』 卷2, 「紀異2」, 駕洛國記.

96) 고려 문종 연간에 金官知州事가 찬술한 『(원본) 가락국기』는 가야 왕실의 존엄성을 높이기 위해 편찬된 '개황력'을 비롯하여 당시 전해지던 기타자료 곧 고려 초까지 구전되던 創寺緣起 설화와 견문 등을 더하여 완성한 것으로 보았다(金泰植, 「駕洛國記 所載 許王后 說話의 性格」 『韓國史研究』 102, 1998, pp.25~43).

97) 丁仲煥, 앞의 책, 2000, p.362에서 「開皇錄」은 '皇國을 開創한 기록'이란 뜻으로, 가락 건국의 설화를 중심으로 하여 편찬된 것으로 추정했다. 그리고 주보돈, 앞의 책, 2018, pp.130~131에서도 '개황'은 '황국을 열었다'는 의미로 해석하여 삼국통일기에 편찬되었을 것으로 보았다.

98) '가락국기'조에는 신라 말 충지 잡간과 영규 아간 및 그의 아들 준필이 수로왕 묘의 제사권을 빼앗는 시도를 했고, 916년 이후부터 920년대에는 후백제 견훤의 침입이 있었다고 전한다. 『삼국사기』와 『고려사절요』에는 태조 왕건의 개입으로 견훤을 물리치는 것으로 전하지만 '가락국기'조는 수로왕과 거등왕의 역할을 강조했다. 또 開皇의 '皇'자 역시 우리 역사상

주도권을 장악했던 때가 아니었다. 이와 같은 시대적 분위기에서 수로왕의 직계 후손인 규림圭林과 간원경間元卿 집안은 자신들의 가문 의식을 선양하려는 취지에서 『개황력』을 저술했을 것으로 추측할 수 있다.[99] 이와 관련하여 『삼국유사』의 「왕력」편에는 왕건이 후삼국을 통합하는 936년까지를 서술 대상으로 삼았으므로 이를 통해서 '개황력' 찬술 시기의 하한으로 삼을 수 있다.

그런데 일연은 「기이」편의 '가락국기'조에서 가락국 멸망 시기와 관련하여 두 가지 자료를 제시했다. 곧 구형왕 대에 가락국이 멸망한 사실을 본문에서는 "보정保定 2년 임오壬午(562) 9월에 신라 제24대 군주인 진흥왕(540~576)이 군사를 일으켜 쳐들어오니 왕은 친히 군사를 지휘하였다. … 왕자 상손上孫 졸지공卒支公 등을 신라에 보내어 항복하였다"라고 했다가, 그 뒤에 다시 "『개황록』에 이르기를 '양梁 중대통中大通 4년 임자壬子(532)에 신라에 항복하였다'고 한다"라고 하였다.[100] 이처럼 가락국 멸망 시기가 서로 어긋나는 기록에 대해서 일연은 뒤이어 다음과 같은 의견을 제시하였다. 곧 일연은 "논평하여 말하면 『삼국사』를 살펴보면, 구형왕이 양 무제 중대통 4년 임자년에 국토를 바쳐 신라에 투항하였다고 하니 그러한즉 수로가 처음 즉위한 동한東漢 건무 18년 임인壬寅(42)으로부터 구형왕 말년 임자년까지를 헤아리면 490년이 된다. 만일 이러한 기록(가락국기)으로 고찰한다면 국토를 바친 것이 북위元魏 보정 2년 임오년이 된다. 그러면 다시 30년을 더하여 모두 520년이 된다. 이제 두 가지 기록을 다 실어둔다"[101]라고 하였다.

일연은 신라 진흥왕 23년(562) 가락국이 신라에 멸망 당한 것으로 기술하면서도, 다시 『개황록』의 기록과 관련해서 『삼국사(기)』의 내용을 살펴 가락국이 신라 법흥왕 19년(532) 신라에 투항했다고 하였다.

이와 같은 사실은 곧 '가락국기'조보다 앞서서 편찬된 『개황력』과 『삼국사기』에 532

흔히 쓰이는 용어가 아니지만, 918년에 궁예를 몰아낸 태조 왕건은 '하늘로부터 받았다'라는 뜻의 '天授'를 연호를 사용했던 사회적 여건에서 '개황록'도 편찬할 수 있었다고 보았다(丁仲煥, 앞의 책, 2000, p.363).

99) 남무희, 앞의 책, 2018, pp.180~185.
100) 『三國遺事』卷2, 「紀異2」, 駕洛國記.
101) 『三國遺事』卷2, 「紀異2」, 駕洛國記.

년 가락국이 신라에 합병된 것으로 전하며,[102] 그 뒤 찬술한 '가락국기'에서는 562년 가락국이 신라에 멸망 당한 것이라는 내용을 추가한 것으로 유추할 수 있다. 일연이 '가락국기'조를 찬술할 당시 가락국(금관가야)과 대가야의 멸망 시기를 명확하게 구분 하지 못했을 가능성도 있지만, 가락국이 신라에 자진 합병한 사실을 싫어하는 가락 왕 손에 의해서 대가야 멸망 사실을 의도적으로 인용한 데서 비롯한 것으로 짐작한다.[103] 다만 일연은 '가락국기'조를 찬술하는 과정에서 서로 상충하는 내용의 두 종류 기록을 가려서 어느 하나가 옳다고 자신의 의견을 밝히기보다는 양자를 존중하여 모두 제시했 을 것으로 보인다.[104]

　　한편 『삼국유사』에는 가락국의 불교와 관련되는 기사로 '가락국기'조를 위시하여 '금관성파사석탑金官城婆娑石塔'조 · '어산불영魚山佛影'조 등 3개의 항목을 전한다. 이들 자료는 일연이 가야 문화권 지역을 다니면서 현지에서 수집하여 정리한 것으로 이해된 다.[105] 먼저 '가락국기'조에는 가락국 건국과 함께 수로왕이 신답평에 도읍을 정하는 과정에서 그곳을 16나한이 살만한 곳이라고 하였다.[106] 여기서 가락국의 도읍지를 '七 星'이 살 곳이라고 관념한 것은 토착 신앙과 연관될 수 있는데,[107] 수로왕이 그곳을 '16

---

102) 『三國史記』 卷34, 「雜志3」, 地理1, 新羅.

103) 『開皇錄』이라는 서책 명은 이 책을 찬술할 당시에 가락 왕손의 씨족적 자각심에서 비롯 한 것으로 보았다(丁仲煥, 앞의 책, 2000, p.93). 나아가 구형왕 기사 중에 '개황록'의 신라 법흥왕 19년 자진 합병한 사실과 '가락국기'의 진흥왕 23년 신라에 멸망한 사실을 수록한 것은 고려시대에 합병을 싫어하는 가락 왕손의 씨족적 감정에서 대가야의 사실을 인용한 데서 유래한 것이라고 추론했다.

104) '가락국기'에서 서로 상충하는 두 가지 자료를 합리적으로 설명할 수 없었기 때문에, 모두 제시한 것으로 보기도 한다(남무희, 앞의 논문, 2020, p.152).

105) 주보돈, 『가야사 새로 읽기』, 주류성, 2017, p.69.

106) 『三國遺事』 卷2, 「紀異2」, 駕洛國記.

107) '七星'의 사전적 정의는 "북두칠성을 신격화한 聖神으로 도교에서는 인간의 길흉화복을 맡아 七星如來 또는 七牙星君이라고 한다. 불교 사찰 내의 칠성신은 약사신앙이 조화되어 완전히 불교적으로 토착화된 신이다. … 교의적인 종교로서 도교가 정착하게 된 시기는 고 려 때라고 할 수 있다. 도교사적인 것을 토대로 하면 칠성과 관계된 것은 『삼국유사』의 김 유신조에 나타난다. 여기에는 '김유신은 七曜의 정기를 타고났으므로 등에는 七星이라는 무늬가 있다'라고 기록되어 있다. 칠성은 곧 인간의 탄생과 관련된 신임을 알 수 있고, 나 중에 다양한 기능을 수행한 신앙적인 대상 신으로 역할한 것으로 보인다"(표인주, 『한국민

나한'이 살만한 곳에 비정한 것은 뒷날 수로 시조 전승이 불교 신앙의 영향을 받아 신성화한 것으로 추론하였다.[108] 특히 가야의 건국 신화에서 서역의 아유타국에서 도래하는 허황후 시조 전승은 수로 시조 전승보다 뚜렷하게 불교 신앙으로 신성화된 모습을 보여주는 것으로 이해된다. 이와 함께 질지왕 때에 수로왕과 허황후의 명복을 빌기 위해서 세운 절 이름을 특별히 허황후를 염두에 둔 '왕후사'라고 한 전승[109] 역시 불교 신앙과 더 깊게 연관된 것으로 볼 수 있다.[110]

그리고 「탑상」편 '금관성파사석탑'조에서 금관성 호계사에 있는 파사석탑은 허황옥이 서역의 아유타국에서 배로 싣고 왔다고 전한다.[111] 이는 가야의 남방불교 전래와 관련 있는 내용으로 취급되기도 하는데, 사실 '파사석탑'은 허황후의 배가 아유타국에서 금관국으로 오는 과정에서 파도 신의 노여움을 누르고 바다를 순조로이 건널 수 있도록 해 준 귀중한 물품이다. 그런데 '가락국기'조에는 허황옥이 배로 싣고 온 물건 중에서 정작 '파사석탑'의 존재는 확인할 수 없다. 오히려 '가락국기'조에는 배에 싣고 온 물품으로 각종 비단과 금은주옥, 장신구 등이 헤아릴 수 없을 만큼 많았다고 전한다. 이들 물품은 다시 '중국의 여러 물건(漢肆雜物)'이라고 한 것으로 보아,[112] 허황후 집단이 가락국에 가지고 들어왔던 문물과 문화계통은 실제로 서역 계통과는 무관하며 중국과 연관된 서북한 지역의 낙랑 계통 선진문물로 이해할 수 있다.[113] 또 허황옥이 서역 아유타국에서 출발하거나 파사석탑을 가져오는 내용은 허왕후 관련 설화가 전승되는 과정에서 훗날 덧붙여진 것으로 추정할 수 있다.[114]

속신앙사전』(가정신앙 편), 국립민속박물관, 2011; http://folkency.nfm.go.kr/minsok/index.jsp)라고 하여, 도교 혹은 불교와 관련한 토착 신앙으로 이해할 수 있다.
108) 金杜珍, 앞의 책, 1999, p.244.
109) 『三國遺事』 卷2, 「紀異2」, 駕洛國記.
110) 金杜珍, 앞의 책, 1999, p.246.
111) 『三國遺事』 卷3, 「塔像4」, 金官城婆娑石塔.
112) 『三國遺事』 卷2, 「紀異2」, 駕洛國記.
113) 이영식, 앞의 책, 2016, p.330. 이와 관련하여 해운을 이용해 가야 지역에 와서 漢系 文物을 교역하던 낙랑 상선의 도래와 관련된 염문일 수도 있다고 보았다(金泰植, 앞의 책, 1997, p.316).
114) 허왕후 관련 전승은 가락국 건립 당시에는 먼 이국에서 배를 타고 온 왕비와의 혼인 정도

일연은 '『(원본) 가락국기』'를 비롯하여 만어사 사적에 관한 『고기古記』 등 가야에 관한 여러 자료를 수집한 것으로 보이는데, '금관성파사석탑'조의 내용은 본래 「기이」편의 '가락국기'에 포함되었으나 이를 따로 떼어 「탑상」편에 실은 것으로 이해된다.[115] '금관성파사석탑'조에서는 '본국본기本國本記'를 인용하면서 제8대 질지왕 2년(452) 왕후사 창건과 남쪽의 왜를 진압한 사실을 전한다. 이어서 파사석탑에 대한 설명과 함께 금관국을 가락국이라고 이름한 것도 '본기本記'에 실려 있다고 했다.[116] 이처럼 왕후사를 지어 당시까지 복을 빌면서 또 남쪽의 왜를 진압하고 있다는 사실은 가야불교가 호국적 성격을 띠고 있다는 것을 강조한 대목으로 볼 수 있다.

그런데 수로왕이 허황옥을 맞이한 때로부터 질지왕 대까지 해동에 아직 절을 지어 불법佛法을 받드는 일이 없었다고 전한다. 또한 불교가 아직 들어오지 않아서 그 지방 사람(士人)이 믿지 않았으므로 '본기'에 절을 지었다는 기록이 없다고 하였다.[117] 서기 4~5세기경 전개된 삼국의 불교 전래 시기를 고려한다면, 대체로 질지왕 대(452)에 창건한 왕후사 관련 전승은 가야불교와 관련하여 역사성을 갖는 것으로 볼 수 있다. 따라서 시조 수로왕의 건국이나 허황옥의 도래 전승으로 실제 가야에 불교가 전래한 시기

의 줄거리만 존재하다가, 그 뒤 신라 중대에 王后寺 創建 緣起 등을 포함하여 고려 초기까지 여러 가지 創寺 緣起談 및 토착 지명 관련 전승 등이 더해지면서 허왕후 결혼 설화가 완성되어, 이를 고려 문종 연간 금관지주사에 의해 재정리되고 수식된 것으로 파악하였다(金泰植, 앞의 논문, 1998, pp.43~45).

115) 김두진, 앞의 책, 2014, pp.319~320.

116) '가락국기'조에는 없는 내용이 '금관성파사석탑'조에서는 확인되므로, 여기서 '本國本記' 혹은 '本記'란 아마도 현재 전하지 않는 『(원본) 가락국기』로 추정할 수 있다.

117) 가야불교의 전래와 관련한 연구로는 다음이 참고된다(金煐泰, 「駕洛佛敎의 傳來와 그 展開」『佛敎學報』 27, 1991; 洪潤植, 「伽倻佛敎에 대한 諸問題와 그 史的 意義」『伽倻考古學論叢』, 1992; 金福順, 「大加耶의 佛敎」『加耶史硏究』, 경상북도, 1995; 李永植, 「가야불교의 전래와 문제점」『伽倻文化』 11, 1998). 이와 함께 가야의 토착 신앙 및 순장 등을 해명하여 가야인의 정신세계를 살펴보기도 하였다(전호태, 「伽倻古墳壁畵에 관한 일고찰」『韓國古代史論叢』 4, 1992; 「가야인의 정신세계」『한국 고대사 속의 가야』, 혜안, 2001; 崔光植, 「大伽耶의 信仰과 祭儀」『加耶史硏究』, 경상북도, 1995; 權五榮, 「古代 嶺南地方의 殉葬」『韓國古代史論叢』 4, 1992; 金世基, 「加耶의 殉葬과 王權」『加耶諸國의 王權』, 신서원, 1997; 노중국 외, 『대가야의 정신세계』(대가야학술총서7), 계명대학교 한국학연구원·고령군 대가야박물관, 2009).

나 전래 사실을 밝히려는 것은 바람직하지 않다. 이는 오히려 뒷날 가야불교의 전래 사실을 소급하여 건국 신화에 덧붙여진 가야불교의 기원 전승으로 이해하는 것이 합리적인 접근이라고 할 수 있다.[118]

「탑상」편 '어산불영'조에서 인용한 '고기古記'에는 고려 명종 때 밀양의 자성산에 창건한 만어사 터가 시조 수로왕의 통치 과정에서 부처에게 재해 방지를 기원하는 설법을 청하여 독룡과 다섯 나찰녀를 순화한 곳이라고 했다.[119] 곧 '고기'의 첫머리에 수로왕의 탄생과 건국을 짧게 언급하면서 수로왕이 주술로 옥지玉池의 '독룡'과 만어산萬魚山에 거주한 '나찰녀'를 제압하지 못하자 부처에 설법을 요청한 사실을 전한다. 그런데 수로왕의 요청으로 다섯 명의 나찰녀가 오계를 받은 이후 재해가 없어졌으며, 뒤이어 이를 북천축北天竺 가라국의 부처 그림자 사적과 꼭 부합하는 것이라고 언급하였다. 이는 '가락국기'에 전하는 수로왕의 탄생 이야기가 '어산불영'에까지 이어지면서 불법 교화에 가라국 수로왕의 역할을 덧붙였던 것으로 보인다.

수로왕은 처음에 주술로 독룡과 나찰녀의 재해를 금하려 했는데, 이와 같은 주술 행위는 불교 유입 이전 가락국에 존재한 토속신앙과 연결할 수 있다. 곧 수로왕이 토속신앙에 기반한 전통적인 주술로 물리치려고 한 대상이 '독룡'과 '나찰녀'인데, 이들은 후대에 불교적으로 윤색한 것으로 이해된다.[120] 또 만어산 나찰녀를 교화하여 불법의 효험을 부각하는 불교적 설화에 '가라국'의 수로왕을 개입한 것은 가야의 불교 전래와는 무관하게 우리 상고사의 주요 왕조사 관계 영웅담의 범주에 포함할 수 있다고 보기도 한다.[121] 따라서 '어산불영'조에 보이는 수로왕과 불교의 교호는 결국 후대에 윤색되어 나타난 결과로 받아들일 수 있으며, 또한 불교 전파의 신화적 설정이 극단적으로 변모

---

118) 『三國遺事』에 보이는 가야불교 관련 기록은 내용상 크게 (1) 수로왕의 건국 신화, (2) 허왕후의 도래 전승, (3) 질지왕의 창사 전승 등으로 구분되며, (1), (2)는 후대의 불교적 윤색이 더해진 결과이고 (3)은 역사적 사실로 인정할 수 있어 5세기 중엽 경에는 가락국에 불교가 수용된 것으로 추론하였다(이영식, 앞의 책, 2016, pp.1070~1071).

119) 『三國遺事』 卷3, 「塔像4」, 魚山佛影.

120) 나아가 불교 전래 이전 가락국을 이끌었던 지배자의 위상은 초기 부여 왕과 같은 제정일치적 성격을 갖는 것으로 상정하였다(이영식, 앞의 책, 2016, p.1046).

121) 李康來, 「『삼국유사』의 사서적 성격」 『韓國古代史研究』 40, 2005, p.315.

한 모습이라고 이해할 수 있다.**122)** 그리하여 불교 전래 이후 가락국에 불교가 결부되어 편찬된 '고기'의 내용을 '가락국기' 찬술 시에 반영한 것으로 이해할 수 있다.**123)** 나아가 이는 김해 인근의 외곽지역에 불교적으로 윤색된 가야에 대한 새로운 인식이 확산하는 모습을 보여주는 용례로 추정할 수 있다.

V. 맺음말

본고에서는 『삼국유사三國遺事』에 보이는 가야 관련 전승을 검토하여 그 역사적 이해와 접근 방향을 모색하였다. 일연이 찬술한 『삼국유사』는 '정사'인 『삼국사기三國史記』를 보완하는 '유사'의 역할을 넘어서, 일정한 체계를 갖추고 민족사와 문화를 재구성하려는 의도를 지닌 것으로 평가받는다. 「기이紀異」편은 한국 고대의 역사적 흐름을 전하며 '고조선古朝鮮'·'삼한三韓'·'발해渤海' 등 삼국 이전과 이후의 역사도 포함하여 시공간적으로 확장된 고대사 인식을 확인할 수 있다.

『삼국유사』는 '가락국駕洛國'과 '5가야' 등과 같이 가야를 여러 개의 독립적인 정치체로 인식했다. 또 「왕력王曆」편에 삼국과 함께 '가락'을 설정하고 「기이」편에 '5가야'와 '가락국기' 등을 실어서 종전 삼국 중심의 고대사 인식 범위와 체계를 가야사까지 확장하여 보완했다는 점에서 의미가 있다.

일연一然은 「기이紀異」편 '가락국기駕洛國記'조를 현전하지 않는 『(원본) 가락국기』를 간추려서 실었다고 전한다. 『(원본) 가락국기』는 고려 문종 29~36년 사이 왕명에 따라 금관지주사 문인이 펴냈으며 편찬 당시 인천이씨 가문의 직간접적인 지원을 받은 것으로 이해된다. '가락국기'는 대부분 국명을 사용한 「기이」편의 다른 항목과 달리 서책 명으로 되었는데 편찬 당시 확보할 수 있는 관련 자료의 한계에서 비롯한 것으로 추정된다.

---

122) 김헌선, 앞의 논문, 1998, p.58.

123) '本記' 및 '古記' 등 『삼국유사』의 인용 자료와 '가락국기'의 내용을 서로 비교 분석하여 가야 관련 인식의 구체적 변화상 등을 해명하는 작업은 지면의 제약으로 별도 상론이 필요한데, 이는 후일의 과제로 남긴다.

'가락국기'는 하늘에서 내려온 여섯 개 황금알 가운데 하나에서 태어난 수로首露를 9간干 등의 무리가 왕으로 추대하고 나라 이름을 '대가락大駕洛'이라 하였다. 이러한 줄거리는 가락국 기원과 정체성을 전하며 건국 과정의 역사성을 반영한 것으로 보인다. 먼저 탄생한 수로를 왕으로 세우고 가락국을 '대가락'이라고 한 것은 가야의 여러 나라 중에 큰 세력 내지는 중심 세력이라는 자존 의식을 투영한 것으로 짐작된다. 건국 신화는 오랜 기간에 걸쳐 여러 전승이 더해지면서 점차 후대의 관념에 윤색되어 전한다. 수로가 아유타국阿踰陀國 공주를 왕후로 맞이하는 혼인 담과 탈해脫解를 술법으로 굴복시킨 이야기 등은 수로 시조 전승에 결합하여 시조 왕의 권능과 권위를 고양하고 신성성을 부각하려는 의도에 부합한다. 또 그 안에는 수로왕 등장 이전 선주 세력이었던 9간의 시조 전승과 나머지 다섯 가야의 건국 신화 등도 얽혀진 것으로 이해할 수 있다.

　수로 시조 전승은 뒷날 유교 문화와 연관되면서 탄생의 용모를 중국 고대의 전설상 성제聖帝 권위를 빌렸으며, 허황옥許黃玉 관련 전승은 불교의 권위를 끌어와 신성화 관념을 모색한 것으로 보인다. '가락국기'에 전하는 강역의 구체적 범위는 액면대로 신빙할 수 없다. 또 후대 역사적 인식의 산물이라 할 수 있는 '5가야'와 '가락국기'의 내용으로 가야의 세력범위를 논하는 것은 무의미할 수 있다.

　'5가야'조는 가야를 구성하는 정치체가 다섯 혹은 여섯으로 다르게 인식했던 원전 기록 중에서 어느 하나만 취하지 않고, 『가락기』의 '찬贊'과 『본조사략本朝史略』의 내용을 모두 전한다. 『가락기』의 '찬'은 '가락국기'에 실린 '명銘', 그리고 『본조사략』은 이제현李齊賢이 찬한 『사략史略』일 가능성이 크다. 지금주사 김양일金良鎰이 지은 '명'은 고려 문종 임인년(1062)에 작성한 수로왕릉의 비명碑銘으로 건국자에 대한 개인적 축송을 목적으로 찬술했을 법하다. 그 뒤 '금관지주사 문인'은 『(원본) 가락국기』를 편찬하면서 수로왕을 기리는 '명'의 서술내용에 수로왕 이후 역사를 추가 보완하고, 일연은 이를 간추려 '가락국기'조를 찬술한 것으로 보인다.

　'가락국기'조의 유일한 인용서목인 『개황력(록)開皇曆(錄)』은 가락국 역사를 기록한 것이며 고려 건국 시기에 수로왕의 직계 후손 집안에서 편찬한 것으로 추정된다. '가락국기'에 앞서 편찬한 『개황력』은 신라가 법흥왕 19년에 가락국을 합병했다고 전하는데, 그 뒤 일연은 '가락국기'에서 신라 진흥왕 23년에 가락국이 멸망한 사실을 추가한 것으로 보인다. 이는 가락국이 신라에 자진 합병한 사실을 꺼렸던 가락 왕손이 대가야 멸망 시기를 의도적으로 인용한 『(원본) 가락국기』에 바탕을 두었기 때문으로 짐작된다.

'가락국기'조에서 허황후 전승은 수로 전승보다 뚜렷하게 불교 신앙으로 신성화된 모습을 전한다. 이는 질지왕銍知王 대 수로왕과 허황후의 명복을 위해 세운 절 이름을 특별히 '왕후사王后寺'라고 한 전승을 통해서도 유추할 수 있다. '금관성파사석탑金官城婆娑石塔'조에 허황옥이 가져온 파사석탑 기록은 후대에 건국 신화에 덧붙여진 것으로 불교적 윤색에 따른 결과로 이해된다. 그리고 '어산불영魚山佛影'조에서 수로왕의 요청으로 만어산 나찰녀를 교화하여 불법의 효험을 부각하는 불교적 설화에 수로왕 탄생과 역할을 연결한 기록 역시 같은 맥락에서 이해할 수 있다. 이들 자료는 불교 전래 이후 가락국과 불교가 결부되어 편찬한 '고기古記' 내용을 '가락국기' 찬술 시에 반영한 것으로 짐작할 수 있다. 이를 통해서 김해 인근의 외곽지역에 불교적으로 윤색되어 변모한 가야에 관한 인식이 새롭게 확산해 가는 상황을 유추할 수 있다.

게재 논문의 서지 정보

참고문헌

1. 사료

『三國史記』, 『三國遺事』, 『高麗史』, 『世宗實錄地理志』, 『東國史略』, 『新增東國輿地勝覽』,
『東國文獻備考』, 『芝峯類說』, 『東國地理誌』, 『東國輿地誌』, 『記言』, 『星湖僿說』, 『疆界誌』,
『東史綱目』, 『四郡志』, 『與猶堂全書』, 『海東繹史』, 『林下筆記』, 『五洲衍文長箋散稿』,
『研經齋全集外集』, 『史記』, 『漢書』, 『三國志』, 『後漢書』, 『晉書』, 『魏書』, 『梁書』, 『周書』,
『北史』, 『隋書』, 『翰苑』, 『通典』, 『太平寰宇記』, 『册府元龜』, 『演繁露』, 『宣和奉使高麗圖經』,
『欽定滿洲源流考』, 『日本書紀』, 『續日本記』

2. 단행본

姜世求, 『東史綱目研究』, 民族文化社, 1994.

姜世求, 『성호학통연구』, 혜안, 1999.

姜仁求, 『古墳研究』, 學研文化社, 2000.

강인구 · 김두진 · 김상현 · 장충식 · 황패강, 『譯註 三國遺事 (Ⅰ)(Ⅱ)』, 韓國精神文化研究院, 2002.

姜鍾薰, 『신라상고사연구』, 서울대학교 출판부, 2000.

國史編纂委員會, 『中國正史 朝鮮傳 譯註 1』, 1987.

權五重, 『樂浪郡研究』, 一潮閣, 1992.

권인한 · 김경호 편, 『삼국지 동이전의 세계』, 성균관대학교 출판부, 2013.

權珠賢, 『가야인의 삶과 문화』, 혜안, 2004.

김기섭, 『백제와 근초고왕』, 학연문화사, 2000.

金基興, 『三國 및 統一新羅 稅制의 硏究』, 역사비평사, 1991.

金杜珍, 『韓國古代의 建國神話와 祭儀』, 一潮閣, 1999.

김두진, 『삼국유사의 사학사적 연구』, 일조각, 2014.

金炳坤, 『신라왕권성장사연구』, 학연문화사, 2003.

김석형, 『초기조일관계사』, 사회과학원출판사, 1966.

金世基, 『고분자료로 본 대가야 연구』, 학연문화사, 2003.

金元龍, 『韓國考古學槪說』, 一志社, 1986.

金烈圭, 『韓國神話와 巫俗硏究』, 一潮閣, 1977.

金瑛河, 『韓國古代社會의 軍事와 政治』, 高麗大學校 民族文化硏究院, 2002.

金貞培, 『韓國民族文化의 起源』, 高麗大學校 出版部, 1973.

金貞培, 『韓國古代의 國家形成과 起源』, 高麗大學校 出版部, 1985.

金哲埈, 『韓國古代社會硏究』, 知識産業社, 1975.

金哲埈, 『韓國古代史硏究』, 서울大學校 出版部, 1990.

金泰植, 『加耶聯盟史』, 一潮閣, 1993.

金泰植, 『미완의 문명 7백년 가야사 1~3권』, 푸른역사, 2002.

金翰奎, 『古代中國的世界秩序硏究』, 一潮閣, 1982.

김한규, 『한중관계사 I 』, 아르케, 1999.

金鉉球 외, 『日本書紀 韓國關係記事 硏究 (2)』, 一志社, 2003.

羅喜羅, 『신라의 국가제사』, 지식산업사, 2003.

남무희, 『가락국기 평전』, 한국학술정보(주), 2018.

南在祐, 『安羅國史』, 혜안, 2003.

노명호, 『고려국가와 집단의식』, 서울대학교 출판문화원, 2009.

盧重國, 『百濟政治史硏究』, 一潮閣, 1988.

盧重國 外, 『한국 古代國家의 형성』, 民音社, 1990.

노중국 외, 『대가야의 정신세계』, 계명대학교 한국학연구원 · 고령군 대가야박물관, 2009.

노중국, 『백제사회사상사』, 지식산업사, 2010.

盧泰敦, 『고구려사 연구』, 사계절, 1999.

동북아역사재단 편, 『譯註 中國正史 外國傳(三國志 · 晉書 外國傳 譯註) 4』, 2009.

리지린,『고조선연구』, 사회과학원 출판사, 1964.

문안식,『백제의 영역확장과 지방통치』, 신서원, 2002.

文安植,『한국고대사와 말갈』, 혜안, 2003.

文昌魯,『三韓時代의 邑落과 社會』, 신서원, 2000.

박대재,『고대한국 초기국가의 왕과 전쟁』, 景仁文化社, 2004.

박순발 편,『馬韓史硏究』, 忠南大學校 出版部, 1998.

朴淳發,『漢城百濟의 誕生』, 서경, 2001.

박인호,『朝鮮後期 歷史地理學 硏究』, 이회, 1996.

박인호,『조선시기 역사가와 역사지리인식』, 이회, 2003.

白承玉,『加耶各國史硏究』, 혜안, 2003.

부산대학교 한국민족문화연구소,『가야각국사의 재구성』, 혜안, 2000.

부산대학교 한국민족문화연구소,『가야고고학의 새로운 조명』, 혜안, 2002.

부산대학교 한국민족문화연구소,『학교교육과 사회교육으로서의 가야사』, 혜안, 2002.

宣石悅,『新羅國家成立過程硏究』, 혜안, 2001.

孫晉泰,『韓國民族史槪論 (상)』, 乙酉文化社, 1948.

孫晉泰,『朝鮮民族文化의 硏究』, 乙酉文化社, 1948.

申采浩,『丹齋申采浩全集 (上)(下)』, 乙酉文化社, 1972.

신채호,『朝鮮史硏究草』, 1929(『단재 신채호전집 제2권』, 독립기념관 한국독립운동사연구
          소, 2007).

신채호,『朝鮮上古文化史』, 1931(『단재 신채호전집 제3권』, 독립기념관 한국독립운동사연
          구소, 2007).

申瀅植,『韓國古代史의 新硏究』, 一潮閣, 1984.

安在鴻,『朝鮮上古史鑑 (上)』, 民友社, 1947.

延敏洙,『고대한일관계사』, 혜안, 1998.

오영찬,『낙랑군 연구』, 사계절, 2006.

吳洪晢,『聚落地理學』, 敎學社, 1980.

柳東植,『韓國巫敎의 歷史와 構造』, 延世大學校 出版部, 1975.

兪元載,『中國正史百濟傳硏究』, 學硏文化社, 1995.

兪元載,『榮山江流域의 古代社會』, 學硏文化社, 1999.

尹錫曉,『伽倻史』, 民族文化社, 1990.

李基東, 『百濟史硏究』, 一潮閣, 1996.

李基白, 『新羅政治社會史硏究』, 一潮閣, 1974.

李道學, 『백제 고대국가 연구』, 一志社, 1995.

李萬烈, 『丹齋 申采浩의 歷史學 硏究』, 文學과 知性社, 1980.

李丙燾, 『韓國史』 古代篇, 震檀學會, 乙酉文化社, 1959.

李丙燾, 『韓國古代史硏究』, 朴英社, 1976.

李　玉, 『高句麗 民族形成과 社會』, 敎保文庫, 1984.

이부오, 『신라 군·성[촌]제의 기원과 소국집단』, 서경, 2001.

이영식, 『가야제국사연구』, 생각과 종이, 2016.

李鍾旭, 『新羅國家形成史硏究』, 一潮閣, 1982.

李鍾旭, 『한국의 초기국가』, 아르케, 1999.

李春寧, 『한국農學史』, 民音社, 1989.

李春植, 『中國古代史의 展開』, 新書苑, 1995.

이필영, 『마을 信仰의 社會史』(韓國의 生活과 風俗史 4), 웅진, 1994.

李賢惠, 『三韓社會形成過程硏究』, 一潮閣, 1984.

李賢惠, 『韓國 古代의 생산과 교역』, 一潮閣, 1998.

李炯佑, 『新羅初期國家成長史硏究』, 영남대학교 출판부, 2000.

李弘稙, 『韓國古代史의 硏究』, 新丘文化社, 1970.

이희진, 『加耶政治史硏究』, 學硏文化社, 1998.

인제대학교 가야문화연구소, 『加耶諸國의 鐵』, 신서원, 1995.

인제대학교 가야문화연구소, 『加耶諸國의 王權』, 신서원, 1997.

장인성, 『백제의 종교와 사회』, 서경, 2001.

鄭求福, 『韓國近世史學史 -朝鮮中·後期篇-』, 景仁文化社, 2008.

全德在, 『新羅六部體制硏究』, 一潮閣, 1996.

전덕재, 『한국고대사회경제사』, 태학사, 2006.

全海宗, 『韓中關係史硏究』, 一潮閣, 1970.

全海宗, 『韓國과 中國-東亞史論集-』, 知識産業社, 1979.

全海宗, 『東夷傳의 文獻的 硏究』, 一潮閣, 1980.

鄭璟喜, 『韓國古代社會文化硏究』, 一志社, 1990.

鄭求福, 『韓國近世史學史 -朝鮮中·後期篇-』, 景仁文化社, 2008.

鄭寅普, 『朝鮮史硏究 (上)』, 서울신문사, 1947(『薝園 鄭寅普全集』, 延世大學校 出版部, 1983).

丁仲煥, 『加羅史草』, 釜山大學校 韓日文化硏究所, 1962.

丁仲煥, 『加羅史硏究』, 혜안, 2000.

조동걸 외 엮음, 『한국의 역사가와 역사학 (상)』, 창작과비평사, 1994.

조맹기, 『천관우의 언론 사상』, 커뮤니케이션북스, 2015.

趙誠乙, 『朝鮮後期史學史硏究』, 한울아카데미, 2004.

조희승, 『가야사연구』, 사회과학원출판사, 1994.

주보돈, 『가야사 새로 읽기』, 주류성, 2017.

주보돈, 『가야사 이해의 기초』, 주류성, 2018.

千寬宇, 『言官 史官 -韓國新聞의 體質』, 培英社, 1969.

千寬宇, 『韓國史의 再發見』, 一潮閣, 1974.

千寬宇 編, 『韓國上古史의 爭點』, 一潮閣, 1975.

千寬宇, 『人物로 본 韓國古代史』, 正音文化社, 1982.

千寬宇, 『韓國近代史散策』, 正音文化社, 1986.

千寬宇, 『古朝鮮史 · 三韓史硏究』, 一潮閣, 1989.

千寬宇, 『千寬宇 散文選』, 심설당, 1991.

千寬宇, 『加耶史硏究』, 一潮閣, 1991.

천관우선생 추모문집간행위원회, 『우리 시대의 '언관 사관' 거인 천관우』, 일조각, 2011.

崔光植, 『고대한국의 국가와 제사』, 한길사, 1994.

최광식, 『한국고대의 토착신앙과 불교』, 고려대학교 출판부, 2007.

최광식 · 박대재 역주, 『삼국유사 1』, 고려대학교출판부, 2014.

崔南善, 『六堂崔南善全集 2』, 玄岩社, 1973.

崔秉鉉, 『新羅古墳硏究』, 一志社, 1992.

崔盛洛 편, 『榮山江流域의 古代社會』, 학연문화사, 1999.

韓永愚, 『朝鮮後期史學史硏究』, 一志社, 1989.

한영우, 『역사학의 역사학』, 지식산업사, 2002.

韓㳓劤, 『星湖 李瀷 硏究 -人間 星湖와 그의 政治思想』, 서울대학교 출판부, 1980.

韓㳓劤, 『星湖 李瀷 硏究』(韓㳓劤全集 6), 한국학술정보, 2001.

E. E. Evans-Pritchard, Theories of Primitive Religion(Oxford, 1965 : 金杜珍 譯, 『原始宗敎論』, 探求堂, 1976).

馬持盈, 『史記今註 第6冊』, 臺灣商務印書館, 1979.

高久健二, 『樂浪古墳文化研究』, 學研文化社, 1995.

吉田晶 外, 『日本と朝鮮の古代史』, 三省堂, 1966.

武田幸男, 『高句麗史と東アジア』, 岩波書店, 1989.

三上次男, 『古代東北アジア史研究』, 吉川弘文館, 1966.

三品彰英, 『古代祭政と穀靈信仰』, 平凡社(東京), 1970.

三品彰英, 『三國遺事考證 上』, 塙書房(東京), 1975.

永留久惠, 『海神と天神』, 白水社, 1988.

佐伯有淸, 『古代の東アジアと日本』, 敎育社, 1977.

3. 논문

姜世求, 「柳馨遠·李瀷과 安鼎福의 學問的 傳乘關係」 『實學思想研究』 5·6合, 1995.

강병수, 「朝鮮後期 近畿南人의 對中國觀 研究 -星湖 李瀷의 중국사 이해를 중심으로」 『國史館論叢』 86, 1999.

강병수, 「조선후기 성호학파의 단군조선 인식 -『성호사설』·『동사강목 기사를 중심으로』」 『仙道文化』 2, 2007.

姜鳳龍, 「百濟의 馬韓倂呑 新考察」 『韓國上古史學報』 26, 1997.

강봉원, 「'성읍국가'에 대한 일고찰」 『先史와 古代』 3, 1993.

姜世求, 「柳馨遠·李瀷과 安鼎福의 學問的 傳乘關係」 『實學思想研究』 5·6, 1995.

姜世求, 「星湖 死後 星湖學統의 變遷과 性格」 『星湖學研究』 창간호, 2003.

姜世求, 「星湖 死後 星湖學派 後繼 論議와 育成에 관한 一考察」 『星湖學報』 8, 2010.

姜英卿, 「韓國古代社會의 女性」 『淑大史論』 11·12合, 1982.

姜仁求, 「新羅王陵의 再檢討 (2)-脫解王陵」 『尹武炳博士回甲紀念論叢』, 1984.

姜仁求, 「昔脫解와 吐含山, 그리고 石窟庵」 『정신문화연구』 82, 2001.

姜鍾元, 「4世紀 百濟 政治史 研究」, 忠南大學校 博士學位論文, 1998.

姜鍾薰, 「三國史記 初期記錄에 보이는 '樂浪'의 實體」 『韓國古代史研究』 10, 1995.

高柄翊, 「中國正史의 外國列傳 -朝鮮傳을 中心으로-」 『東亞交涉史의 研究』, 서울大學校 出版部, 1970.

高柄翊, 「韓·中·日의 古代史書」 『아시아문화』 2, 1987.

權五榮, 「初期百濟의 成長過程에 관한 一考察」『韓國史論』 15, 1986.

權五榮, 「三韓社會 '國'의 구성에 대한 고찰」『韓國古代史研究』 10, 1995.

權五榮, 「三韓 國邑의 기능과 내부 구조」『釜山史學』 28, 1995.

權五榮, 「百濟의 成立과 發展」『한국사』 6, 국사편찬위원회, 1995.

權五榮, 「三韓의 '國'에 대한 研究」 서울大學校 博士學位論文, 1996.

權五榮, 「백제국에서 백제로의 전환」『역사와 현실』 40, 2001.

권오영, 「馬韓의 종족성과 공간적 분포에 대한 검토」『한국고대사연구』 60, 2010.

權五重, 『樂浪郡研究』, 一潮閣, 1992.

權珠賢, 「阿羅加耶의 成立과 發展」『啓明史學』 4, 1994.

權鶴洙, 「加耶諸國의 成長과 環境」『白山學報』 30·31合, 1985.

權鶴洙, 「加耶諸國의 相互關係와 聯盟構造」『韓國考古學報』 31, 1994.

金 洸, 「蘇塗遺蹟의 調査研究」『國史館論叢』 19, 1990.

金光洙, 「高句麗 前半期의 '加'階級」『建大史學』 6, 1982.

金光洙, 「高句麗 建國期의 姓氏賜與」『金哲俊博士華甲紀念 韓國史學論叢』, 1983.

金光洙, 「高句麗 古代集權國家의 成立에 관한 研究」 延世大學校 博士學位論文, 1983.

金光洙, 「高句麗의 '國相職'」『李元淳停年紀念論叢』, 1991.

金光洙, 「夫餘의 '大使職'」『水邨朴永錫教授華甲紀念 韓國史學論叢』, 1992.

金光洙, 「古朝鮮 官名의 系統的 理解」『歷史教育』 56, 1994.

金光億, 「國家形成에 관한 人類學 理論의 模型」『韓國史市民講座』 2, 1988.

金洸鎭, 「高句麗社會の生産樣式」『普專學會論集』 3, 1937.

金起燮, 「『三國史記』百濟本紀에 보이는 靺鞨과 樂浪의 位置에 대한 再檢討」『淸溪史學』 8, 1991.

金基興, 「夫租薉君에 대한 考察」『韓國史論』 12, 서울대학교, 1985.

金基興, 「고구려의 성장과 대외교역」『한국사론』 16, 1987.

金基興, 「高句麗의 國家形成」『한국 고대국가의 형성』, 1990.

김길식, 「삼한지역 출토 낙랑계 문물」『樂浪』, 국립중앙박물관, 2001.

金杜珍, 「古代의 文化意識」『한국사』 2, 국사편찬위원회, 1978.

金杜珍, 「三韓時代의 邑落」『韓國學論叢』 7, 1985.

金杜珍, 「三韓 別邑社會의 蘇塗信仰」『韓國 古代의 國家와 社會』, 一潮閣, 1985.

金杜珍, 「新羅 脫解神話의 形成基盤 -英雄傳說的 性格을 중심으로-」『韓國學論叢』 8, 1986.

金杜珍,「新羅 建國神話의 神聖族觀念」『韓國學論叢』11, 1988.

金杜珍,「불교의 수용과 고대사회의 변화」『韓國古代史論』, 1988.

金杜珍,「馬韓社會의 構造와 性格」『馬韓·百濟文化』12, 1990.

金杜珍,「百濟 建國神話의 復元試論」『國史館論叢』13, 1990.

金杜珍,「高句麗 初期 東盟 祭儀의 蘇塗 信仰的 要素」『韓國學論叢』18, 1995.

金杜珍,「加耶 建國神話의 성립과 그 변화」『韓國學論叢』19, 1996.

金文植,「星湖 李瀷의 箕子 인식」『退溪學과 韓國文化』33, 2003.

김문식,「星湖의 歷史認識」『성호 이익 연구』(실학연구총서 1), 사람의 무늬, 2012.

김미경,「고구려전기 대외관계 연구」, 연세대학교 박사학위논문, 2007.

金炳坤,「斯盧 六村의 出自와 村長의 社會的 性格」『韓國古代史研究』22, 2001.

金炳坤,「新羅初期王室集團의 出自와 社會的 性格」『史學研究』65, 2002.

金炳坤,「崔致遠의 三韓觀에 대한 認識과 評價」『韓國古代史研究』40, 2005.

金炳坤,「崔致遠의 三韓觀 再考」『韓國史研究』141, 2008.

金秉駿,「중국고대 簡牘자료를 통해 본 낙랑군의 군현지배」『歷史學報』189, 2006.

김삼웅,「언관·사관의 천관우」『인물과 사상』2월호(통권 34호), 인물과 사상사, 2001.

金庠基,「韓·濊·貊移動考」『史海』1, 1948.

金庠基,「東夷와 淮夷·徐戎에 대하여」『東方學志』1·2合, 1955.

김세기,「대가야 고대국가론」『韓國古代史研究』87, 2017.

김수태,「3세기 중·후반 백제의 발전과 馬韓」『馬韓史 研究』, 忠南大學校 出版部, 1998.

김수태,「백제의 대외교섭권 장악과 마한」『백제연구』33, 충남대학교 백제연구소, 2001.

金壽泰,「百濟의 對外交涉權 掌握과 馬韓」『百濟研究』33, 2001.

김열규,「가락국기의 신화적 탐색」『인문연구논집』5, 2000.

金英心,「百濟 地方統治體制 研究」, 서울大學校 博士學位論文, 1998.

김영심·정재훈,「朝鮮後期 正統論의 受容과 그 變化 -修山 李種徽의 『東史』를 중심으로」
『韓國文化』26, 2000.

金瑛河,「新羅의 發展段階와 戰爭」『韓國古代史研究』4, 1991.

金瑛河,「韓國 古代社會의 政治構造」『韓國古代史研究』8, 1995.

김영하,「三國時代의 王과 權力構造」『韓國史學報』12, 2002.

김영하,「一統三韓의 실상과 의식」『韓國古代史研究』59, 2010.

金煐泰,「伽耶佛敎의 史的 考察」『伽耶文化』10, 1997.

金元龍, 「三國時代의 開始에 關한 一考察 -三國史記와 樂浪郡에 對한 諸檢討-」『東亞文化』 7, 1967.

金元龍, 「斯盧六村과 慶州古墳」『歷史學報』 70, 1976.

金元龍, 「韓國先史時代의 神像에 대하여」『歷史學報』 94·95合, 1982.

金元龍, 「考古學에서 본 伽耶」『伽耶文化』 5, 1992.

김재선, 「만주족 薩滿과 蘇塗」『新羅文化』 28, 2006.

김재홍, 「生業으로 본 韓과 濊의 종족적 특성」『韓國古代史硏究』 79, 2015.

金貞培, 「'辰國'과 '韓'에 關한 考察」『史叢』 12·13合, 1968.

金貞培, 「三韓位置에 對한 從來說과 文化性格의 檢討」『史學硏究』 20, 1968.

金貞培, 「韓國에 있어서의 南方文化論」『白山學報』 9, 1970.

金貞培, 「韓國古代國家의 起源論」『白山學報』 14, 1973.

金貞培, 「準王 및 辰國과 三韓正統論의 諸問題 -益山의 靑銅器文化와 관련하여-」『韓國史硏究』 13, 1976.

金貞培, 「衛滿朝鮮의 國家的 性格」『史叢』 20·21合, 1977.

金貞培, 「蘇塗의 政治史的 意味」『歷史學報』 79, 1978.

金貞培, 「君長社會의 發展過程試論」『百濟文化』 12, 1979.

金貞培, 「三韓 社會의 '國'의 解釋 問題」『韓國史硏究』 26, 1979.

金貞培, 「目支國小攷」『千寬宇先生還曆紀念韓國史學論叢』, 1985.

金貞培, 「劍·鏡·玉과 古代의 社會와 文化」『金三龍博士 華甲紀念 韓國文化와 圓佛敎思想』, 1985.

金廷鶴, 「書評: 爭點 남긴 最高水準—韓國上古史의 爭點」『新東亞』 137, 1976.

金廷鶴, 「加耶史의 硏究」『史學硏究』 37, 1983.

金廷鶴, 「加耶의 國家形成段階」『精神文化硏究』 32, 1987.

김주성, 「삼국유사 기이편 신고찰」『한국학논총』 34, 2010.

김창석, 「고대 교역장의 중립성과 연맹의 성립 -3~4세기 加耶聯盟體를 중심으로-」『歷史學報』 216, 2012.

김창석, 「공동체론」『한국고대사연구의 시각과 방법』, 사계절, 2014.

김창석, 「4세기 이전 한반도 중부지역의 정치체와 정세 변동; 문헌자료를 중심으로」『고고학』 13-2, 중부고고학회, 2014.

金哲俊, 「高句麗·新羅의 官階組織의 成立過程」『李丙燾華甲紀念論叢』, 1956.

金哲埈, 「新羅 上古世系와 그 紀年」『歷史學報』 17·18合, 1962.

金哲埈, 「韓國古代國家發達史」『韓國民族文化史大系』1, 1964.

金哲埈, 「韓國古代 政治의 性格과 中世政治思想의 成立過程」『東方學志』10, 1969.

金哲埈, 「三國時代의 禮俗과 儒教思想」『大東文化研究』6 · 7合, 1971.

金哲埈, 「高句麗 · 新羅의 官階組織의 成立過程」『韓國古代社會研究』, 知識産業社, 1975.

金哲埈, 「魏志 東夷傳에 나타난 韓國古代社會의 性格」『大東文化研究』13, 1979.

金泰坤, 「韓國 巫系의 分化變遷」『韓國民俗學』창간호, 1969.

金泰坤, 「蘇塗의 宗教民俗學的 照明」『馬韓 · 百濟文化』13, 1990.

金泰植, 「後期 加耶 聯盟의 성장과 쇠퇴」『韓國古代史論』, 한길사, 1988.

金泰植, 「加耶史 연구의 제문제」『韓國上古史-연구현황과 과제』, 民音社, 1989.

金泰植, 「加耶의 社會發展段階」『한국 고대국가의 형성』, 民音社, 1990.

金泰植, 「書評: 千寬宇 著『加耶史研究』(一潮閣, 1991, 239면)」『歷史學報』133, 1992.

金泰植, 「加耶聯盟의 諸概念 比較」『加耶諸國의 王權』, 신서원, 1997.

金泰植, 「駕洛國記 所載 許王后 說話의 性格」『韓國史研究』102, 1998.

김태식, 「초기고대국가론」『강좌 한국고대사 (2)-고대국가의 구조와 사회』, 駕洛國史蹟開發
    研究院, 2003.

金泰植, 「韓國 古代諸國의 對外交易 -가야를 중심으로-」『震檀學報』101, 2006.

김태식, 「가야」『한국고대사 연구의 새 동향』, 서경문화사, 2007.

金宅圭, 「韓國部落慣習史」『韓國文化史大系』4, 高麗大民族文化研究所, 1969.

金宅圭, 「新羅上代의 土着信仰과 宗教習合」『新羅文化祭學術發表論文集』5, 1984.

金澤均, 「東濊考 -강릉 예국설과 관련하여-」『강원문화연구』16, 강원대학교 강원문화연구
    소, 1997.

김헌선, 「가락국기의 신화학적 연구」『시민인문학』6, 1998.

金鉉球, 「'任那日本府' 연구의 현황과 문제점」『韓國史市民講座』11, 一潮閣, 1992.

金鉉球, 「가야의 대외관계」『한국사』7, 국사편찬위원회, 1997.

金浩東, 「北아시아 遊牧國家의 君主權」『東亞史上의 王權』, 한울아카데미, 1993.

나혜림, 「보령 명천동 유적을 중심으로 본 소도와 의례 공간」『百濟學報』22, 2017.

남동신, 「『三國遺事』의 史書로서의 特性」『佛教學研究』16, 2007.

남동신, 「『三國遺事』의 성립사 연구-紀異를 중심으로-」『韓國思想史學』61, 2019.

남무희, 「『삼국유사』「왕력」과 「가락국기」·「오가야」조의 상관 관계」『인문학연구』29,
    2020.

南相樂, 「星湖의 歷史觀」『儒敎思想研究』18, 2003.

南在祐, 「加耶史에서의 '聯盟'의 의미」『昌原史學』2, 1995.

남재우, 「가락국의 건국신화와 제의」『역사와 경계』67, 2008.

南在祐, 「식민사관에 의한 가야사연구와 그 극복」『韓國古代史研究』61, 2011.

남재우, 「기록으로 본 가야문화의 성격」『구결연구』34, 2015.

南在祐, 「전기 가야사 연구의 성과와 과제」『한국고대사연구』85, 2017.

盧明鎬, 「百濟의 東明神話와 東明廟」『歷史學研究』10, 1981.

盧重國, 「百濟의 成立과 發展」『震檀學報』60, 1985.

盧重國, 「馬韓의 成立과 變遷」『馬韓·百濟文化』10, 1987.

盧重國, 「百濟史의 再認識」『韓國古代史論』, 1988.

盧重國, 「韓國 古代의 邑落의 構造와 性格 -國家形成過程과 관련하여-」『大丘史學』38, 1989.

盧重國, 「目支國에 대한 一考察」『百濟論叢』2, 1990.

盧重國, 「大加耶의 政治·社會構造」『加耶史研究』, 慶尙北道, 1995.

노중국, 「가야사연구의 어제와 오늘」『한국고대사 속의 가야』, 혜안, 2001.

盧重國, 「三國의 官等制」『강좌 한국고대사 (2) -고대국가의 구조와 사회』, 駕洛國史蹟開發研究院, 2003.

盧泰敦, 「三國時代의 '部'에 관한 研究-成立과 構造를 중심으로-」『韓國史論』2, 1975.

盧泰敦, 「古代國家의 成立과 變遷」『한국사』2, 국사편찬위원회, 1977.

盧泰敦, 「三韓에 대한 認識의 變遷」『韓國史研究』38, 1982.

盧泰敦, 「朱蒙의 出自傳承과 桂婁部의 起源」『韓國古代史論叢』5, 1993.

노태돈, 「초기 고대국가의 국가구조와 정치운영」『韓國古代史研究』17, 2000.

都守熙, 「弁韓·辰韓語에 關한 研究 (Ⅰ)」『東洋學』20, 檀國大學校 東洋學研究所, 1990.

白南郁, 「三國志 韓傳의 國에 관한 問題」『白山學報』26, 1981.

文安植, 「『三國史記』新羅本紀에 보이는 樂浪·靺鞨史料에 관한 檢討」『傳統文化研究』5, 1997.

문안식, 「東濊의 성장과 대외관계의 변화」『한국 고대사연구의 현단계』, 주류성출판사, 2009.

文昌魯, 「三國時代 初期의 豪民」『歷史學報』125, 1990.

文昌魯, 「韓·日 高等學校 '歷史' 敎科書에 보이는 兩國의 加耶史 認識과 古代史像」『擇窩 許善道敎授 停年紀念 韓國史學論叢』, 1993.

文昌魯, 「'三韓社會' 研究의 成果와 課題」『韓國史研究』96, 1997.

文昌魯, 「三韓時代 邑落 渠帥와 그 政治的 成長」『韓國古代史研究』12, 1997.

文昌魯, 「三韓時代의 邑落社會와 그 變遷過程」『國史館論叢』74, 1997.

文昌魯, 「三韓時代 邑落社會의 信仰儀禮와 그 變遷」『北岳史論』5, 1998.

文昌魯, 「夫餘의 王과 祭天儀禮」『北岳史論』10, 2003.

文昌魯, 「『三國志』韓傳의 '辰王'에 대한 理解方向」『韓國學論叢』26, 2003.

文昌魯, 「新羅와 樂浪의 關係」『한국고대사연구』34, 2004.

文昌魯, 「『三國志』韓傳의 馬韓과 伯濟國」『韓國學論叢』27, 2004.

文昌魯, 「『三國志』韓傳의 伯濟國과 '近郡諸國'」『韓國學論叢』28, 2005.

文昌魯, 「고대사연구 60년의 동향과 과제」『韓國古代史研究』40, 2005.

文昌魯, 「東濊 邑落社會의 虎神信仰」『韓國學論叢』30, 2007.

문창로, 「한국 고대사 연구의 주요 성과와 과제」『한국역사학의 성과와 과제』, 일조각, 2007.

문창로, 「부여의 官制와 그 계통적 접근」『한국학논총』31, 2009.

文昌魯, 「千寬宇(1925~1991)의 史學과 古代史研究」『韓國古代史研究』53, 2009.

문창로, 「삼한사회의 소도와 신앙의례」『한국역사민속학강의』1, 민속원, 2010.

文昌魯, 「조선 후기 실학자들의 삼한 연구」『韓國古代史研究』62, 2011.

文昌魯, 「광복 이후 가야사 연구의 동향과 과제」『한국학논총』37, 2012.

文昌魯, 「三韓 '蘇塗' 인식의 전개와 계승」『한국학논총』39, 2013.

문창로, 「'韓國 古代 建國神話' 연구의 동향과 과제」『한국학논총』42, 2014.

문창로, 「星湖 李瀷(1861~1763)의 삼한 인식」『韓國古代史研究』74, 2014.

文昌魯, 「동예의 읍락과 사회상」『한국고대사연구』81, 2016.

문창로, 「후석 천관우의 고조선사·삼한사 연구」『白山學報』107, 2017.

문창로, 「문헌자료를 통해 본 삼한의 소도와 제의」『백제학보』22, 2017.

문창로, 「『삼국지』한전(韓傳)의 '삼한(三韓)' 인식」『東北亞歷史論叢』55, 2017.

문창로, 「'변한과 가야' 연구의 동향과 과제」『한국고대사연구』89, 2018.

문창로, 「'삼국유사'에 보이는 가야 관련 기록의 이해방향」『한국학논총』60, 2023.

閔斗基, 「淸初의 皇帝統治와 思想統制의 實際」『中國近代史研究』, 一潮閣, 1973.

閔賢九, 「해방 이후 韓國史學의 발전」『韓國史學의 성과와 전망』, 고려대학교 출판부, 2006.

민현구, 「천관우」『한국사시민강좌』49, 일조각, 2011.

민후기, 「西周왕조의 族의 재배치와 同姓不婚—東征 이후 西周王朝의 族 통일정책에 대한 검토」『東方學志』153, 2011.

朴京哲, 「扶餘史의 展開와 支配構造」『한국사2-원시사회에서 고대사회로 (2)』, 한길사, 1994.

박경철, 「扶餘國家의 支配構造 考察을 위한 一試論」『韓國古代史研究』9, 1996.

朴光用, 「檀君認識의 歷史的 變遷」『檀君-그 이해와 자료』, 서울대학교 출판부, 1994.

박대재, 「『三國史記』高句麗本紀의 「馬韓」에 관한 一考察」『史學研究』58·59合, 1999.

박대재, 「『三國志』韓傳의 辰王에 대한 재인식」『韓國古代史研究』26, 2002.

朴大在, 「三韓의 기원에 대한 사료적 검토」『韓國學報』119, 2005.

박대재, 「箕子朝鮮과 小中華」『韓國史學報』65, 2016.

박대재, 「삼한의 시기를 둘러싼 논의의 접점」『한구고대사연구』87, 2017.

박대재, 「三韓의 '國邑'에 대한 재인식」『한국고대사연구』91, 2018.

朴性鳳, 「馬韓認識의 歷代變化」『馬韓·百濟文化』12, 1990.

朴淳發, 「前期馬韓의 時·空間的 位置에 대하여」『馬韓史研究』, 충남대학교 출판부, 1998.

박인호, 「신경준」『한국의 역사가와 역사학』(상), 창작과비평사, 1994.

박재용, 「『三國志』「東夷傳」韓條에 나타난 '倭'」『한일관계사연구』16, 2002.

朴燦圭, 「百濟의 馬韓征服過程 研究」, 檀國大學校 博士學位論文, 1995.

朴燦圭, 「백제의 마한사회병합과정 연구」『國史館論叢』95, 2001.

朴賢淑, 「百濟 地方統治體制 研究」, 高慮大學校 博士學位論文, 1998.

朴昊遠, 「장승 솟대신앙 小考 -역사적 변천과정 및 그 기능」『古美術』여름호, 1988.

裵祐晟, 「안정복」『한국의 역사가와 역사학』(상), 창작과비평사, 1994.

白承玉, 「新羅, 百濟 각축기의 比斯伐加耶」『釜大史學』15·16합, 1992.

白承玉, 「전기 가야소국의 성립과 발전」『한국고대사 속의 가야』, 혜안, 2001.

백승옥, 「변·진한 및 가야·신라의 경계」『한국고대사연구』58, 2010.

백승옥, 「加耶諸國의 존재형태와 '加耶地域國家論'」『지역과 역사』34, 2014.

白承忠, 「1~3세기 가야세력의 성격과 그 추이」『釜大史學』13, 1989.

白承忠, 「加耶의 地域聯盟史 研究」, 釜山大學校 博士學位論文, 1995.

백승충, 「가야 건국신화의 재조명」『한국고대사 속의 가야』, 혜안, 2001.

白承忠, 「加耶의 地域聯盟論」『지역과 역사』17, 2005.

白承忠, 「가야의 '고대국가론' 비판」『釜大史學』30, 2006.

백진재, 「加耶諸國의 對外交涉과 浦上八國戰爭」『지역과 역사』37, 2015.

사회과학연구소, 「진국사」『조선전사』2, 과학백과사전종합출판사, 1991.

徐永大, 「蘇塗의 宗敎的 性格」『文理大學報』19, 1973.

徐永大, 「葛蟠地小考-蘇塗의 佛敎的 變容」『宗敎學研究』2, 1979.

徐永大, 「韓國古代의 '神'觀念의 社會的 意味」, 서울大學校 博士學位論文, 1991.

徐永大,「韓國宗教史 資料로서의『三國志』東夷傳」『韓國學研究』3, 仁荷大學校 韓國學研究所, 1991.

徐永大,「東濊社會의 虎神崇拜에 대하여」『歷史民俗學』2, 1992.

서영대,「한국 고대의 샤머니즘적 세계관」『강좌 한국고대사 (8)』, 駕洛國史蹟開發研究院, 2002.

徐榮洙,「對外關係史에서 본 樂浪郡」『史學志』31, 1998.

徐毅植,「辰國의 變轉과 '辰王'의 史的 推移」『歷史教育』114, 2010.

선석열,「3세기 구야국의 대군현 교섭과 진왕」『구야국과 고대 동아시아』, 주류성, 2015.

成周鐸,「馬韓・初期百濟史에 對한 歷史地理的 管見」『馬韓・百濟文化』10, 1987.

孫晉泰,「蘇塗考」『民俗學』4-4, 1932.

孫晉泰,「蘇塗考訂補」『朝鮮民俗』3, 朝鮮民俗學會, 1940.

宋贊植,「星湖의 새로운 史論」『白山學報』8, 1970.

宋鎬晸,「古朝鮮・夫餘의 국가구조와 정치운영」『韓國古代史研究』17, 2000.

宋鎬晸,「위만조선의 정치체제와 삼국 초기의 부체제」『國史館論叢』98, 2002.

宋華燮,「馬韓蘇塗의 構造와 機能」『韓國宗教』17, 1992.

宋華燮,「蘇塗關係文獻記錄의 再檢討」『韓國宗教의 再照明』, 1993.

宋華燮,「『三國志』魏志 東夷傳의 蘇塗와 浮屠」『歷史民俗學』4, 1994.

宋華燮,「馬韓蘇塗의 成立과 歷史的 意義」『韓國古代史研究』7, 1994.

宋華燮,「三韓社會의 宗教儀禮」『韓國古代史研究』10, 1997.

宋華燮,「日帝強占期 歷史民俗學의 胎動과 展開 -孫晉泰 民俗學을 중심으로」『南道民俗研究』23, 2011.

申敬澈,「金官加耶의 成立과 對外關係」『伽耶와 東아시아』, 김해시, 1992.

申敬澈,「금관가야의 성립과 연맹의 형성」『가야각국사의 재구성』, 혜안, 2000.

辛鍾遠,「幢竿造營의 文化史的 背景」『江原史學』3, 1987.

신채호,「古史上吏讀文名詞解釋法」『朝鮮史研究草』, 1929.

신항수,「李瀷의 經史해석과 현식인식」, 고려대학교 박사학위논문, 2001.

신항수,「李瀷의 筆法論과 역사인식」『韓國史學史學報』4, 2001.

신항수,「비판적 시각으로 살펴본 실학 연구」『내일을 여는 역사』21, 2005.

신항수,「성호 이익의 연구사」『성호학보』1, 성호학회, 2005.

申鉉雄,「『晉書』馬韓傳 記事의 性格」『新羅文化』26, 2005.

申瀅植,「三國時代 戰爭의 政治的 意味」『韓國史硏究』 43, 1983.

안승모,「고고학으로 본 한민족의 계통」『한국사시민강좌』 32, 일조각, 2003.

안홍좌,「弁辰走漕馬國의 형성과 변천」『지역과 역사』 38, 2016.

안홍좌,「「가락국기」로 본 가락국의 형성」『지역과 역사』 48, 2021.

梁在淵,「魏志東夷傳에 나타난 祭天儀式과 歌舞」『大東文化硏究』 13, 1979.

여호규,「고구려 초기 정치체제의 성격과 성립기반」『韓國古代史硏究』 17, 2000.

연민수,「변진시대 가락국의 성장과 외교」『구야국과 고대 동아시아』, 주류성, 2015.

오영찬,「조선 후기 고대사 연구와 漢四郡」『역사와 담론』 64, 2012.

오현수,「箕子 전승의 확대 과정과 그 역사적 맥락」『大東文化硏究』 79, 2012.

오현수,「箕子傳承의 형성과정 연구」『韓國史學報』 65, 2016.

원유한,「韓百謙의 『東國地理誌』成立背景」『실학사상연구』 13, 1999.

원재린,「성호학 연구 논저 목록」『성호학연구』 창간호, 2003.

유우창,「『가락국기』에 보이는 가라국」『지역과 역사』 39, 2016.

유우창,「『가락국기』 편찬과 역사적 의미」『한국고대사탐구』 36, 2020.

兪元載,「百濟 湯井城 硏究」『百濟論叢』 3, 1992.

兪元載,「中國正史의 百濟觀」『韓國古代史硏究』 6, 1993.

兪元載,「『晉書』의 馬韓과 百濟」『韓國上古史學報』 17, 1994.

兪元載,「百濟의 馬韓 征服과 支配方式」『百濟論叢』 6, 1997.

尹龍九,「『三國志』韓傳 對外關係 記事에 대한 일검토」『馬韓史硏究』, 忠南大學校 出版部, 1998.

尹龍九,「3세기 이전 中國史書에 나타난 韓國古代史像」『韓國古代史硏究』 14, 1998.

尹龍九,「三韓의 對中交涉과 그 性格」『國史館論叢』 85, 1999.

尹龍九,「仇台의 백제건국기사에 대한 재검토」『백제연구』 39, 2004.

尹龍九,「『三國志』韓傳에 보이는 馬韓 國目」『漢城百濟 史料 硏究』, 2005.

尹龍九,「平壤出土 '樂浪郡初元四年縣別戶口簿' 硏究」『木簡과 文字』 3, 2009.

尹善泰,「馬韓의 辰王과 臣濆沽國-領西濊 지역의 歷史的 推移와 관련하여-」『百濟硏究』 34, 2001.

尹容鎭,「大邱의 初期國家 形成過程—考古學的 資料를 中心으로」『東洋文化硏究』 1, 1974.

윤선태,「『三國遺事』의 後人夾註에 대한 再檢討」『韓國古代史硏究』 78, 2015.

윤희면,「韓百謙의 學問과 『東國地理誌』 著述動機」『震檀學報』 63, 1987.

李康來, 「'三國史記'에 보이는 靺鞨의 軍事活動」『領土問題研究』2, 1985.

李康來, 「최치원의 고대 인식과 그 함의」『孤雲學報』2, 2004.

李康來, 「『삼국유사』의 사서적 성격」『韓國古代史研究』40, 2005.

이강래, 「『삼국지』 동이전과 한국고대사」『전남사학』25, 2005.

이강래, 「한국 고대 혼인의 사회사적 함의」『호남문화연구』49, 2011.

이건호, 「성호학파의 한국 건국신화 인식」『한국언어문화』44, 2011.

李光奎, 「同性同本不婚의 史的 考察」『韓國文化人類學』8, 1976.

李基東, 「加耶諸國의 興亡」『韓國史講座』1(古代篇), 一潮閣, 1982.

李基東, 「韓國古代國家起源論의 現段階」『韓國上古史의 諸問題』, 1987.

李基東, 「馬韓領域에서의 百濟의 成長」『馬韓·百濟文化』10, 1987.

李基東, 「신라의 성립과 변천」『韓國古代史論』, 한길사, 1988.

李基東, 「백제국의 성장과 마한병합」『백제논총』2, 1990.

李基東, 「伽倻史 研究의 諸問題」『伽倻文化』4, 1991.

李基東, 「書評: 『古朝鮮史·三韓史研究』(千寬宇 著, 1989, 一潮閣, 429면)」『韓國古代史論叢』1, 韓國古代社會研究所, 1991.

李基白, 「三國遺事의 史學史的 意義」『震檀學報』6, 1973.

李基白, 「書評: 千寬宇 著『韓國史의 再發見』」『歷史學報』63, 1974.

李基白, 「新羅初傳佛教와 貴族勢力」『震檀學報』40, 1975.

李基白, 「高句麗의 國家形成 問題」『韓國 古代의 國家와 社會』, 一潮閣, 1985.

李基白, 「三國遺事 王歷篇의 檢討」『歷史學報』107, 1985.

李基白, 「三國遺事의 篇目構成」『佛教와 諸科學』, 동국대학교 출판부, 1987.

李基白, 「古朝鮮의 國家 형성」『韓國史市民講座』2, 一潮閣, 1988.

李基白, 「順菴 安鼎福의 合理主義的 事實考證」『韓國實學研究』1, 한국실학학회, 1999.

李南奭, 「青銅器時代 韓半島 社會發展段階問題」『百濟文化』13, 1985.

李道學, 「百濟의 起源과 國家形成에 관한 재검토」『한국 고대국가의 형성』, 1989.

李道學, 「百濟 集權國家形成過程 研究」, 漢陽大學校 博士學位論文, 1991.

李道學, 「새로운 摸索을 위한 點檢, 目支國 研究의 現段階」『馬韓史研究』, 忠南大學校 出版部, 1998.

이도학, 「『駕洛國記』와 '6伽耶' 성립 배경 검증」『歷史學研究』83, 2021.

李萬烈, 「韓國古代에 있어서의 토테미즘的 要素에 對하여」『李海南博士華甲紀念史學論叢』, 1970.

李萬烈,「十七·八世紀의 史書와 古代史 認識」『韓國史硏究』10, 1974.

李萬烈,「丹齋 申采浩의 古代史認識 試考」『韓國史硏究』15, 1977.

李萬烈,「19世紀末 日本의 韓國史 硏究」『淸日戰爭과 韓日關係』, 一潮閣, 1978.

李萬烈,「三韓」『韓國史論』1, 古代, 國史編纂委員會, 1981.

李文基,「新羅 上古期의 統治組織과 國家形成 問題」『한국 고대국가의 형성』, 1990.

李文基,「大加耶의 對外關係」『加耶史硏究』, 慶尙北道, 1995.

李文基,「金官伽耶系의 始祖出自傳承과 稱姓의 변화」『신라문화제학술대회논문집』25, 2004.

李丙燾,「三韓問題의 新考察 2」『震檀學報』3, 1935.

李丙燾,「首露王考」『歷史學報』17·18合, 1962.

李丙燾,「加羅史上의 諸問題」『韓國古代史硏究』, 博英社, 1976.

李丙燾,「三韓의 社會相」『韓國古代史硏究』, 朴英社, 1976.

李富五,「1~3세기 辰王의 성격 변화와 三韓 小國의 대외교섭」『新羅史學報』창간호, 2004.

李相泰,「申景濬의 歷史地理認識」『史學硏究』38, 1984.

李成珪,「史記의 歷史敍述과 文史一體」『中國의 歷史認識』(上), 創作과 批評社, 1985.

이성규,「고대 중국인이 본 한민족의 원류」『한국사시민강좌』32, 일조각, 2003.

이성규,「중국사학계에서 본 고조선」『한국사시민강좌』49, 일조각, 2011.

李成茂,「星湖 李瀷(1681~1763)의 生涯와 思想」『朝鮮時代史學報』3, 1997.

李成茂,「星湖 李瀷의 家系와 學統」『韓國實學硏究』2, 2000.

李盛周,「1~3세기 가야 정치체의 성장」『韓國古代史論叢』5, 1993.

李盛周,「木棺墓에서 木槨墓로」『新羅文化』14, 1997.

이성주,「新羅·伽倻社會의 政治·經濟的 起源과 成長」, 서울大學校 博士學位論文, 1998.

李鉄勳,「新羅 村落의 立地와 城·村名」『國史館論叢』48, 1993.

李丞鎬,「漢의 沃沮 지배와 토착 지배층의 동향-夫租薉君 사례에 대한 검토를 중심으로-」
        『동국사학』57, 2014.

李永植,「加耶諸國의 國家形成問題」『白山學報』32, 1985.

李永植,「加耶諸國의 外交形式」『韓國古代史硏究』7, 1994.

李永植,「九干社會와 駕洛國의 成立」『伽倻文化』7, 伽倻文化硏究院, 1994.

이영식,「駕洛國記의 史書的 檢討」『강좌 한국고대사』5, 가락국사적개발원, 2002.

李永植,「가야사연구의 성과와 전망」『한국고대사입문』2, 신서원, 2006.

이영훈·오영찬,「낙랑문화연구의 현황과 과제」『樂浪』, 국립중앙박물관, 2001.

李　玉,「朱蒙研究」『韓國史研究』7, 1972.

李　玉,「高句麗의 征服과 爵位(試論)」『東方學志』27, 1981.

李鎔賢,「加耶의 姓氏와 '金官'國」『史叢』48, 1998.

李鎔賢,「가야의 대외관계」『한국 고대사 속의 가야』, 혜안, 2001.

李佑成,「李朝後期 近畿學派에 있어서의 正統論의 展開」『歷史學報』31, 1966.

李佑成,「星湖의 春秋筆法論 批判과 그 聖人觀」『공자탄신 2540주년 기념논문집』(下), 1992.

李佑成,「李朝後期 近畿學派에 있어서의 史學의 形成과『東史綱目』」『대한민국학술원논문집』43, 2004.

李宇泰,「신라의 성립과 발전」『한국사』7, 국사편찬위원회, 1997.

李載昌,「寺院奴婢考」『黃義敦先生古稀紀念史學論叢』, 1960.

이재현,「금관가야의 성장과 대외교역-교역로 변화를 중심으로」『加耶의 海上勢力』, 김해시, 2005.

李宗祿,「고구려의 東沃沮 정벌과 樂浪郡」, 고려대학교 석사학위논문, 2014.

李鍾旭,「百濟의 國家形成」『大丘史學』11, 1976.

李鍾旭,「斯盧國의 成長과 辰韓」『韓國史研究』25, 1979.

李鍾旭,「高句麗 初期의 左右輔와 國相」『全海宗教授華甲紀念史學論叢』, 1979.

李鍾旭,「新羅 上古時代의 六村과 六部」『震檀學報』49, 1980.

李鍾旭,「高句麗 初期의 中央政府組織」『東方學志』33, 1982.

李鍾旭,「高句麗 初期의 地方統治制度」『歷史學報』94 · 95合, 1982.

李鍾旭,「百濟初期史 研究史料의 性格」『百濟研究』17, 1986.

李鍾旭,「韓國 初期國家의 形成 · 發展段階」『韓國史研究』67, 1990.

李鍾旭,「百濟의 建國과 統治體制의 編成」『百濟論叢』4, 1994.

李鍾旭,「『三國志』韓傳 정치관계 기록의 사료적 가치와 그 한계」『吉玄益教授停年紀念史學論叢』, 1996.

李鍾哲,「장승과 솟대에 대한 考古民俗學的 接近試考」『尹武炳博士回甲紀念論叢』, 1984.

이종철,「입대목, 솟대 제의의 등장과 전개에 대한 시론」『한국고고학보』106, 2018.

李泰鎭,「海東繹史의 學術史的 檢討」『震檀學報』53 · 54, 1982.

이필영,「南滄 孫晉泰의 역사민속학 연구」『韓國學報』41, 1985.

이필영,「마을공동체와 솟대신앙」『孫寶基停年紀念考古人類學論叢』, 1988.

李賢惠, 「三韓의 國邑과 그 成長에 대하여」 『歷史學報』 69, 1976.

李賢惠, 「崔致遠의 歷史認識」 『明知史論』 創刊號, 1983.

李賢惠, 「4세기 가야사회의 交易體系의 변천」 『韓國古代史研究』 1, 1988.

李賢惠, 「三韓연구의 방법론적 문제」 『韓國上古史—연구현황과 과제』, 1989.

李賢惠, 「韓國古代社會의 國家와 農民」 『韓國史市民講座』 6, 1990.

李賢惠, 「原三國時代論 檢討」 『韓國古代史論叢』 5, 1993.

李賢惠, 「3세기 馬韓과 伯濟國」 『百濟의 中央과 地方』, 忠南大學校 百濟研究所, 1997.

李賢惠, 「동예의 사회와 문화」 『한국사-초기국가: 고조선, 부여, 삼한』 4, 국사편찬위원회, 1997.

李賢惠, 「加耶의 交易과 經濟」 『한국 고대사 속의 가야』, 혜안, 2001.

李賢惠, 「한국 初期鐵器時代의 政治體 首長에 대한 고찰」 『歷史學報』 180, 2003.

李賢惠, 「한반도 서남부지방 청동기 생산활동의 쇠퇴 배경」 『韓國古代史研究』 40, 2005.

李炯基, 「星山伽耶聯盟體의 成立과 그 推移-加耶史에서의 地域聯盟體에 대한 一試論」 『民族文化論叢』 18 · 19合, 1998.

李炯基, 「大加耶의 聯盟構造에 관한 試論」 『韓國古代史研究』 18, 2000.

李炯佑, 「骨伐國考」 『嶠南史學』 3, 1987.

李炯佑, 「伊西國考」 『韓國古代史論叢』 1, 1988.

李炯佑, 「斯盧國의 성장과 주변小國」 『國史館論叢』 21, 1991.

이형원, 「삼한 소도의 공간구성에 대한 고고학적 접근 -중부지역의 환구유적을 중심으로」 『百濟學報』 24, 2018.

李熙濬, 「토기로 본 大加耶의 圈域과 그 변천」 『加耶史研究』, 慶尙北道, 1995.

林起煥, 「高句麗 初期의 地方統治體制」 『慶熙史學』, 1987.

林起煥, 「高句麗 集權體制 成立過程의 研究」 慶熙大 博士學位論文, 1995.

林起煥, 「百濟始祖傳承의 형성과 변천에 관한 고찰」 『百濟研究』 28, 1998.

林起煥 , 「南北朝期 韓中 冊封 · 朝貢 관계의 성격」 『韓國古代史研究』 32, 2003.

林炳泰, 「部族國家의 成長」 『한국사』 2, 국사편찬위원회, 1977.

林永珍, 「馬韓의 形成과 變遷에 대한 考古學的 考察」 『三韓의 社會와 文化』, 신서원, 1995.

任昌淳, 「辰韓位置考」 『史學研究』 6, 1959.

林孝澤, 「洛東江 下流域 加耶의 土壙木棺墓 研究」, 漢陽大學校 博士學位論文, 1993.

장성진, 「가락국기 <명(銘)> 고찰」 『韓國傳統文化研究』 1, 1985.

張元燮, 「百濟初期 東界의 形成에 관한 一考察」『淸溪史學』 7, 1990.

張彰恩, 「新羅 朴氏王室의 分岐와 昔氏族의 집권과정」『新羅史學報』 창간호, 2004.

張學鋒, 「狗邪에서 加羅로」『구야국과 고대 동아시아』, 주류성, 2015.

全京秀, 「신진화론과 국가형성론」『韓國史論』 19, 1988.

全德在, 「新羅 州郡制의 成立背景研究」『韓國史論』 22, 1990.

全德在, 「尼師今時期 新羅의 成長과 6部」『新羅文化』 21, 2003.

田鳳德, 「古代官名 '加' 研究」『韓國法制史研究』, 1968.

全榮來, 「百濟南方境域의 變遷」『千寬宇先生還曆紀念韓國史學論叢』, 正音文化社, 1985.

全榮來, 「馬韓時代의 考古學과 文獻史學」『馬韓 · 百濟文化』 12, 1990.

전진국, 「한(韓)의 유래와 명칭의 형성」『정신문화연구』 35-4, 2012.

전진국, 「三韓의 용례와 그 인식」『한국사연구』 173, 2016.

전진국, 「辰國 · 辰王 기록과 '辰'의 명칭」『한국고대사탐구』 17, 2017.

全海宗, 「古代中國人의 韓國觀-正史 朝鮮傳의 檢討에 의한 試論-」『震檀學報』 46 · 47合, 1979.

全海宗, 「三國志 東夷傳 譯註」『韓國史學』 16, 韓國精神文化研究院, 1996.

鄭求福, 「朝鮮後期의 歷史意識」『韓國思想史大系』 5, 韓國精神文化研究院, 1992.

鄭璟喜, 「東明型說話와 古代社會」『歷史學報』 98, 1983.

鄭璟喜, 「先三國時代 社會와 經濟-政治權力의 性格과 流通經濟의 發展을 中心으로-」『東方學志』 41, 1984.

鄭萬祚, 「星湖의 政治思想」『성호 이익 연구』(실학연구총서 1), 사람의 무늬, 2012.

鄭奭鍾, 「星湖 李瀷」『創作과 批評』 여름호, 1969.

鄭奭鍾, 「李瀷의 星湖僿說」『實學研究入門』(歷史學會編), 一潮閣, 1973.

鄭載潤, 「魏의 對韓政策과 崎離營戰鬪」『中原文化論叢』 5, 2001.

정재훈, 「실학자들의 한국사 탐구」『한국사시민강좌』 48, 일조각, 2011.

丁仲煥, 「辰國 · 三韓 及 加羅의 名稱考」『釜山大學校十周年記念論文集』, 1956.

丁仲煥, 「廉斯鑡說話考-加羅前史의 試考로서-」『大丘史學』 7 · 8合, 1973.

丁仲煥, 「駕洛國記의 文獻學的 考察」『伽倻文化』 3, 伽倻文化研究院, 1990.

鄭昌烈, 「實學의 歷史觀-李瀷과 丁若鏞을 중심으로」『璧史李佑成敎授停年退任記念論叢』(하), 창작과비평사, 1990.

鄭昌烈, 「李瀷의 歷史理論에 관한 研究」『韓國學論集』 36, 2002.

趙 珖, 「朝鮮後期의 歷史認識」『韓國史學史의 研究』, 乙酉文化社, 1985.

조맹기, 「천관우의 민족주의 언론사관」『한국언론인물사상사』, 나남출판사, 2006.

趙法種, 「韓國古代社會의 奴婢研究」, 高麗大學校 碩士學位論文, 1985.

趙法鍾, 「新羅 寺院奴婢의 起源問題에 관한 一考察」『史叢』 32, 1987.

趙法種, 「韓國古代身分制研究」『國史館論叢』 52, 1994.

조법종, 「삼한사회의 형성과 발전」『한국사』 2, 한길사, 1994.

趙法鍾, 「후백제 甄萱의 역사계승의식-高句麗 및 百濟의 馬韓계승 인식을 중심으로」『史學研究』 58·59, 1999.

조법종, 「고구려 사회의 檀君認識과 종교문화적 특징-蘇塗文化와의 관련성을 중심으로-」『韓國古代史研究』 21, 2001.

조법종, 「낙랑군의 성격문제」『한국고대사연구』 32, 2003.

조법종, 「丹齋 申采浩의 民族史學研究」『韓國宗教史研究』 13, 2005.

趙誠乙, 「『我邦疆域考』에 나타난 丁若鏞의 歷史認識」『奎章閣』 15, 1992.

趙誠乙, 「朱熹와 李瀷의 歷史理論 比較」『韓國史研究』 122, 2003.

조성을, 「조선 중·후기 백제사 인식」『百濟史叢論』, 충청남도역사문화연구원, 2007.

조인성, 「崔致遠의 歷史敍述」『歷史學報』 94·95合, 1982.

조인성, 「李丙燾의 韓國古代史研究」『韓國古代史研究』 56, 2009.

조인성, 「이병도와 천관우의 고조선사 연구」『한국사시민강좌』 49, 일조각, 2011.

曹佐鎬, 「魏志東夷傳의 史料的 價値」『大東文化研究』 13, 1979.

趙芝薰, 「서낭竿攷-注谷의 서낭信仰에 대하여」『新羅伽倻研究』 1, 1966.

趙芝薰, 「新羅의 原義와 詞腦歌에 대하여」『趙芝薰全集』 7, 一志社, 1973.

朱甫暾, 「韓國古代國家形成에 대한 연구사적 검토」『한국고대국가의 형성』, 1990.

朱甫暾, 「가야사 인식과 사료문제」『한국고대사와 고고학』, 학연문화사, 2000.

朱甫暾, 「斯盧國을 둘러싼 몇가지 問題」『新羅文化』 21, 2003.

朱甫暾, 「새로운 大伽耶史의 定立을 위하여-研究上의 새로운 도약을 기대하며」『嶺南學』 13, 경북대학교 영남문화연구원, 2008.

주보돈, 「가야사 연구의 새로운 進展을 위한 제언」『한국고대사연구』 85, 2017.

주보돈, 「『삼국유사』를 통해 본 일연의 역사 인식」『嶺學』 63, 2017.

池斗煥, 「조선후기 실학연구의 문제점과 방향」『泰東古典研究』 3, 1987.

池勝鍾, 「韓國古代社會의 奴婢의 創出과 移轉」『崔在錫教授停年紀念論叢』, 1991.

蔡尙植, 「至元15年 仁興寺刊 歷代年表와 三國遺事」『高麗史의 諸問題』, 三英社, 1986.

千寬宇, 「磻溪 柳馨遠 研究 (下)」『歷史學報』3, 1952.

千寬宇, 「國史學의 動向과 國史敎育」『歷史敎育』13, 1970.

千寬宇, 「南北의 古代國家」『新東亞』1972년 9월호.

千寬宇, 「三韓의 成立過程」『史學研究』26, 1975.

千寬宇, 「三韓의 國家形成」(上)·(下)『韓國學報』2·3, 1976.

千寬宇, 「辰·弁韓諸國의 位置試論」『白山學報』20, 1976.

千寬宇, 「三韓攷 第2部-'三國志' 韓傳의 再檢討」『震檀學報』41, 1976.

千寬宇, 「馬韓諸國의 位置試論」『東洋學』9, 1979.

千寬宇, 「目支國攷」『韓國史研究』24, 1979.

千寬宇, 「나의 韓國史 研究」『韓國史市民講座』2, 一潮閣, 1988.

崔光植, 「異次頓說話에 대한 新考察」『韓國傳統文化研究』創刊號, 1985.

崔光植, 「韓國 古代의 祭儀研究」, 高麗大學校 博士學位論文, 1989.

崔光植, 「韓國 古代의 祭天儀禮」『國史館論叢』13, 1990.

崔光植, 「대가야의 신앙과 제의」『加耶史研究』, 慶尙北道, 1995.

崔光植, 「新羅의 建國神話와 始祖神話」『韓國史』7, 國史編纂委員會, 1997.

최광식, 「『손진태 유고집』의 내용과 성격」『韓國史學報』30, 2008.

崔吉城, 「韓國 原始宗敎의 一考」『語文論集』11, 1968.

崔南善, 「不咸文化論」『朝鮮及朝鮮民族』, 朝鮮思想通信社, 1927(『六堂崔南善全集』2, 현암사, 1975).

崔夢龍, 「韓國古代國家形成에 대한 一考察-衛滿朝鮮의 例-」『金哲埈博士華甲紀念史學論叢』, 1983.

崔夢龍, 「古代國家成長과 貿易」『韓國古代의 國家와 社會』, 1985.

崔夢龍, 「漢城時代 百濟의 都邑地와 領域」『震檀學報』60, 1985.

崔鐘圭, 「무덤에서 본 三韓社會의 構造 및 特徵」『韓國古代史論叢』2, 1991.

崔秉鉉, 「新羅의 成長과 新羅 古墳文化의 展開」『韓國古代史研究』4, 1991.

최석기 외 3인, 「성호 연구논저 목록」『성호 이익 연구』(실학연구총서 1), 사람의 무늬, 2012.

崔英成, 「星湖 李瀷의 歷史認識」『韓國思想과 文化』4, 1999.

河炫綱, 「高麗時代의 歷史繼承意識」『韓國의 歷史認識』(上), 1976.

河宇鳳, 「星湖 李瀷의 日本認識」『全北史學』8, 1984.

河宇鳳, 「이익」『韓國의 歷史家와 歷史學』(상), 창작과비평사, 1994.

韓景成, 「統一 新羅의 手工業과 奴婢」『社會科學論集』 8, 1991.

韓㳓劤, 「古代國家 形成過程에 있어서의 對服屬民施策」『歷史學報』 12, 1960.

韓國思想史學會, 「千寬宇先生 略年譜」『韓國思想史學』 4·5合, 1993.

韓炳三, 「先史時代 農耕文靑銅器에 대하여」『美術史學研究』 112, 1971.

한승조, 「서평: 人物로 본 韓國古代史(千寬宇 지음: 正音文化社, 1983, 425면)」『精神文化』 16, 1983.

한영국, 「편집후기」『자료로 본 대한민국 건국사』, 지식산업사, 2007.

韓永愚, 「許穆의 古學과 歷史認識-『東事』를 중심으로-」『韓國學報』 40, 1985.

韓永愚, 「李瀷의 史論과 韓國史 理解」『韓國學報』 40, 一志社, 1987.

韓永愚, 「17세기후반~18세기초 洪萬宗의 會通思想과 歷史意識」『韓國文化』 12, 1991.

한영화, 「『三國志』東夷傳에 보이는 한국 고대사회의 俗과 法」『사림』 43, 2012.

韓㳓劤, 「星湖 李瀷 研究-그의 史論과 朋黨論」『社會科學』 1, 1957.

韓㳓劤, 「星湖 李瀷 研究」『震檀學報』 20, 1959.

韓㳓劤, 「星湖僿說」『民族文化』 3, 1977.

許回淑, 「蘇塗에 關한 研究」『慶熙史學』 3, 1972.

홍보식, 「전기 가야의 고고학적 연구 쟁점과 전망」『한국고대사연구』 85, 2017.

洪承基, 「1~3 세기의 民의 存在形態에 대한 一考察」『歷史學報』 63, 1974.

洪潤植, 「馬韓蘇塗信仰領域에서의 百濟佛敎의 受容」『馬韓·百濟文化』 11, 1988.

洪潤植, 「馬韓社會에서의 天君의 位置」『馬韓文化研究의 諸問題』, 1989.

洪潤植, 「伽倻佛敎에 대한 諸問題와 그 史的 位置」『伽耶考古學論叢』 1, 伽耶文化研究所, 1992.

黃元九, 「實學派의 史論」『延世論叢』 7, 1970.

黃元九, 「實學派의 史學理論」『韓國의 歷史認識』(下), 創作과 批評社, 1976.

黃元九, 「李瀷」『韓國思想의 傳統』, 朴英社, 1976.

黃元九, 「實學派의 歷史認識」『韓國史論』 6, 國史編纂委員會, 1981.

黃元九, 「海東繹史의 文化史的 檢討」『震檀學報』 53·54합(合), 1982.

葛城末治, 「朝鮮의 幢及幢竿에 就いて」『朝鮮金石考』 9, 1935.

岡崎敬, 「夫租薉君銀印をめぐる諸問題」『朝鮮學報』 46, 1968.

宮崎市定, 「三韓時代의 位階制について」『朝鮮學報』 14, 1959.

今西龍,「高句麗五部五族考」『史林』6-3, 1921.

今西龍,「百衲本史記の朝鮮傳について」『朝鮮古史の研究』, 圖書刊行會, 1970.

金宅圭,「蘇塗と卒土」『三上次男喜壽記念論文集』(歷史編), 平凡社, 1985.

那珂通世,「三韓考」『外交繹史』2, 1923.

末松保和,「魏志韓人傳寸考」『歷史學月報』11號, 1951.

末松保和,「魏志韓傳の別邑に就いて」『史學雜誌』64-12, 1955.

末松保和,「大馬の'神地'について」『朝鮮學報』81, 1976.

梅原末治,「晉率善穢佰長銅印」『考古美術』8-1, 1967.

木村誠,「新羅郡縣制の確立と村主制」『朝鮮史研究會論文集』13, 1976.

武田幸男,「魏書東夷傳にみえる下戶問題」『朝鮮史研究會論文集』3, 朝鮮史研究會, 1967.

武田幸男,「高句麗官位制とその展開」『朝鮮會報』86, 1978.

武田幸男,「朝鮮三國の國家形成」『朝鮮史研究會論文集』17, 1980.

武田幸男,「魏志東夷傳における馬韓-辰王と臣智に關する一試論」『馬韓·百濟文化』12, 1990.

武田幸男,「三韓社會における辰王と臣智 (上)」『朝鮮文化研究』2, 東京大學文學部 朝鮮文化研究室, 1995.

武田幸男,「三韓社會における辰王と臣智 (下)」『朝鮮文化研究』3, 東京大學文學部 朝鮮文化研究室, 1996.

白鍊行,「夫租薉君印について」『考古學研究』14-4(永島暉臣愼·西谷正 共譯), 1968.

白鳥庫吉,「朝鮮古代諸國稱考」『史學雜誌』48-7, 1937.

三上次男,「穢人とその民族的性格について」『朝鮮學報』2, 1951.

三上次男,「大邱の支石墓群と古代南鮮社會」『東方學論集』2, 1954.

三上次男,「南部朝鮮における韓人部族國家の成立と發展」『邪馬台國』, 朝倉書店, 1954(『古代東北アジア史研究』, 1966).

三池賢一,「新羅官位制度」上『法政史學』22, 1970.

三品彰英,「事實と考證─魏書東夷傳の辰國と辰王」『史學雜誌』55-1, 1944.

三品彰英,「新羅の古代祭政」『古代祭政と穀靈信仰』, 1973.

西谷正,「三國時代以前の朝鮮」『ゼミナール日本古代史』, 興文社, 1979.

成合信之,「三韓雜考-「魏志」韓傳にみえる韓の帶方郡攻擊事件をめぐって-」『學習院史學』11, 東京, 1974.

李成市,「穢族の生業とその民族的性格」『朝鮮社會の史的展開と東アジア』, 山川出版社, 1997.

日野開三郎,「東濊考」『日野開三郎 東洋史學論集 第14卷』, 三一書房, 1988.

前間恭作,「三韓古地名考補正」『史學雜誌』36-7, 1925.

前田直典,「東아시아에서의 '古代'의 종말」『中國史時代區分論』, 創批社, 1984.

田中俊明,「'三國史記' 中國史書 引用記事の再檢討」『朝鮮學報』104, 1982.

田中俊明,「于勒十二曲と大加耶連盟」『東洋史研究』48-4, 1990.

田村專之助,「魏書韓傳に見える蘇塗ついて」『史觀』29, 1936.

鮎貝房之進,「三韓古地名考補正考讀む」『史學雜誌』36-11, 1925;「韓·三韓」『雜攷』7-上, 1938.

井上幹夫,「魏志東夷傳にみえる辰王について」『續律令國家と貴族社會』, 吉川弘文館, 1978.

井上秀雄,「夫餘國王と大使」『柴田實古稀記念日本文化史論叢』, 1976.

井上秀雄,「神話に現われた高句麗王の性格」『朝鮮學報』81, 1976.

井上秀雄,「史記·漢書の東夷王者觀」『朝鮮學報』103, 1982.

井上秀雄,「三國志の東夷王者觀」『東北大文學部研究年報』31, 1982.

井上秀雄,「後漢書の東夷觀」『東方學論集』, 1982.

池內宏,「高句麗の五部及五族」『東洋學報』16-1, 1926.

津田左右吉,「三韓疆域考」『朝鮮歷史地理』1, 1913.

村上四男,「新羅の村主」『朝鮮古代史研究』, 1978.

川本達,「日韓同源と對馬の蘇塗」『朝鮮』143, 朝鮮總督府, 1927.

村山正雄,「"辰國"臆斷」『朝鮮學報』81, 1976.

村山智順,『朝鮮의 鬼神』(調査資料 25), 朝鮮総督府, 1929.

村上正雄,「魏志韓傳に見える蘇塗の一解釋」『朝鮮學報』9, 1956.

村上正雄,「辰國臆斷」『朝鮮學報』81, 1976.

坂元義種,「譯註中國史書百濟傳」『百濟史の研究』, 塙書房, 1979.

坪井九馬三,「三韓考」『史學雜誌』34-9, 1923.

찾아보기

ㄱ

ㅇ

大

문창로 文昌魯

경상북도 성주에서 태어났다. 국민대학교 국사학과를 졸업하고, 같은 대학교 대학원 국사학과에서 한국고대사를 전공, 「삼국시대 초기의 호민」으로 문학석사 학위를, 「삼한시대 읍락사회 연구」로 문학박사 학위를 받았다. 서울여자상업고등학교 교사, 국민대학교 한국학연구소 연구위원을 거쳐 국민대학교 국사학과 교수로 봉직하며 신문방송사 주간 교수, 대학박물관 관장 및 교사자료위원장, 문과대학 학장, 학생처장, 교무처장, 교학부총장 등을 역임했다.

주요 논저로는 『삼한시대의 읍락과 사회』(신서원, 2000), 『한국 역사학의 성과와 과제』(일조각, 2007, 공저), 『백제의 기원과 건국』(충청남도 역사문화원, 2007, 공저), 『실학자들의 한국 고대사 인식』(실학박물관, 2012, 공저), 『서울 2천년사(3) 한성백제의 건국과 발전』(서울특별시 시사편찬위원회, 2015, 공저), 『신라 천년의 역사와 문화 연구총서08(신라의 통치제도)』(경상북도 문화재연구원, 2016, 공저), 『신화의 역사화』(도서출판 진인진, 2018, 공저), 『가야사 연구의 현황과 전망』(주류성, 2018, 공저), 『삼한의 신앙과 의례』(국립 김해박물관, 2020, 공저) 등이 있다.

삼한三韓, 인식과 이해

초판발행일   2023년 11월 30일
지 은 이   문창로
발 행 인   김선경
책 임 편 집   김소라
발 행 처   서경문화사
            주소 : 서울시 종로구 이화장길 70-14(204호)
            전화 : 743-8203, 8205 / 팩스 : 743-8210
            메일 : sk8203@chol.com
신 고 번 호   제1994-000041호
ISBN   978-89-6062-255-5   93910

ⓒ 문창로 · 서경문화사, 2023